U0929754

2015

广西调查年鉴

GUANGXI SURVEY YEARBOOK

国家统计局广西调查总队 编

Compiled by Survey Office of the National Bureau of Statistics in Guangxi

中国统计出版社

China Statistics Press

图书在版编目（CIP）数据

广西调查年鉴. 2015：汉英对照/ 国家统计局广西调查总队编. —北京：中国统计出版社，2015.11

ISBN 978-7-5037-7679-3

Ⅰ.①广…　Ⅱ.①国…　Ⅲ.①统计资料－广西－2015－年鉴－汉、英　Ⅳ.①C832.67-54

中国版本图书馆CIP数据核字（2015）第249701号

广西调查年鉴—2015

作　　者/ 国家统计局广西调查总队
责任编辑/ 佘竞雄　李　冲
封面设计/ 蔡　英
出版发行/ 中国统计出版社
地　　址/ 北京市丰台区西三环南路甲6号　邮政编码/100073
电　　话/ 邮购（010）63376909　书店（010）68783171
网　　址/ http://csp.stats.gov.cn
印　　刷/ 广西民族印刷包装集团有限公司
经　　销/ 新华书店
开　　本/ 890mm × 1240mm　1/16
字　　数/ 1000千字
印　　张/ 36
版　　别/ 2015年11月第1版
版　　次/ 2015年11月第1次印刷
定　　价/ 300.00元

如有印装差错，由本社发行部调换。

编 者 说 明

一、《广西调查年鉴-2015》是国家统计局广西调查总队编辑出版的大型资料性年刊。本年鉴收录了2010—2014年全自治区农村、城市和企业等方面的各项统计调查数据，各市县（区）的主要统计数据，以及全国重要年份的主要社会经济指标、中国—东盟国家及世界主要国家和地区的主要社会经济指标。

二、全书内容分为5个篇章，即：1.综合；2.人民生活；3.价格调查；4.农业农村；5.企业调查；附录一：全国及各省市区主要统计调查指标；附录二：中国—东盟国家及世界主要国家和地区的主要社会经济指标。为方便读者使用，主要篇章末附有《主要统计指标解释》。

三、资料中所使用的度量衡单位均采用国际统一标准计量单位。

四、本年鉴总量指标计算所采用的价格均为现行价格。

五、本年鉴部分数据合计数或相对数由于单位取舍不同产生的计算误差均未作机械调整。

六、本年鉴中中国—东盟国家及世界主要国家和地区的相关统计资料由国家统计局国际统计信息中心提供，广西调查总队进行编辑。（注：中国数据除国土面积外，均未包括中国台湾省、香港特别行政区和澳门特别行政区。）

七、资料中部分药品、化学、矿产品名称采用中文汉语拼音拼写。

八、符号使用说明：

“…”表示数据不足本表最小计量单位数；

“#”表示其中的主要项；

“—”表示没有、不详或未掌握该项数据；

“①”表示本表下有注解。

九、在本年鉴的编辑过程中，得到了许多单位和同志的大力支持，在此我们深表谢意。限于我们的水平，年鉴中的错误和不足之处在所难免，恳请广大读者给予批评指正。

Editor's Explanatory Notes

Ⅰ. Guangxi Survey Yearbook-2015 is an annual statistics survey publication Survey Office of the National Bureau of Statistics in Guangxi was founded. The Yearbook has various statistical survey data about agriculture, city and enterprises, the main statistical data of city and county(district), and the Main Social and Economic Indicators of China – ASEAN Countries and the World's Major Countries and Regions.

Ⅱ. The yearbook contains the following five chapters: 1.General Survey; 2. People's Livelihood; 3. Price Survey; 4. Agriculture and Rural Areas 5. Enterprises Survey; Appendix I. Main Statistical Survey Indicators by Province, Municipality and Autonomous Region; Appendix II. Main Social and Economic Indicators of China - ASEAN and the World's Major Countries and Regions. Main Chapters are Equipped with Explanatory Notes of Main Statistical Indicators at the end.

Ⅲ. The units of measurement used in this yearbook are internationally standard measurement units.

Ⅳ. The computation of all the gross indicators in the Yearbook is equipped with current prices.

Ⅴ. The data about Ili Kazak Autonomous Prefecture in the present Xinjiang Survey Yearbook covers counties (cities) direct under Ili Prefecture, Tacheng Prefecture and Altay Prefecture.

Ⅵ. The Yearbook in China – ASEAN Countries and the World's Major Countries and Regions statistics from the National Bureau of Statistics International Statistical Information Center, Guangxi Survey Organization for editing. (Note: All data of China do not cover Taiwan Province, Hong Kong SAR and Macao SAR except data for the surface area.)

Ⅶ. Some of the materia medica, chemistry, mining product is adopted by Chinese spelling translation.

Ⅷ. Description of signs or symbols in the yearbook:

"…" for data with insufficient decimal place;

"#"stands for interim item;

"-" for absence of data indicators or ignorance of them;

"①"indicates footnotes at the end of the table.

Ⅸ. During the editions of this yearbook, we have won wide support from many departments and comrades, and we deeply thanks for this all. Based on our limited level, perhaps there are some mistakes in the book, we welcome all candid comments and criticism from our readers.

《广西调查年鉴—2015》

编委会和编辑工作人员

GUANGXI SURVEY YEARBOOK-2015

EDITORIAL BOARD AND STAFF

2014年8月4—5日，总队长邹伟忠陪同自治区党委危朝安副书记（前排中）赴河池市都安县、大化县调研扶贫生态移民工作

2014年7月11日，总队长邹伟忠陪同国家统计局党的群众路线教育实践活动第八巡回督导组到钦州调查队指导教育实践活动

2015年5月7日，总队领导向国家统计局数管中心领导汇报信息化建设工作

2014年12月19日，总队长邹伟忠会见南宁市人民政府市长周红波，双方就统计调查工作进行了深入交流

2015年1月11日，广西调查总队和自治区统计局召开工作座谈会

2014年11月2日，总队承办国家统计局组织的2014年统计系统西南地区足球友谊赛

国家统计局广西调查总队

2014年8月26日，总队组织副处级以上干部参观廉政展览

2014年，广西调查队系统深入贯彻落实党的十八大、十八届三中四中全会精神，紧紧围绕国家统计局的统一部署，在自治区党委政府的关心指导下，深入开展党的群众路线教育实践活动，以“业务改革巩固年”为主题，牢固树立“两个意识”，狠抓数据质量，圆满完成了各项工作任务。

党的群众路线教育实践活动扎实开展

第一批活动整改任务基本完成。总队45项整改任务已完成44项，16项专项整改任务全部完成，31项制度建设计划已完成25项。总队党组成员、处级领导干部整改任务已基本完成。第二批教育实践活动有序开展。各市县级调查队第二批党的群众路线教育实践活动规定动作扎实，创新动作务实，取得了初步成效。据统计，市县队“四风”问题整改任务1108项，已完成整改534项；专项整治任务846项，已完成507项；制度建设任务476项，已完成189项。钦州、百色、平南队开展活动的做法、成效和经验，得到国家统计局巡回督导组的肯定。

通过教育实践活动，干部作风明显改善，“三公经费”开支缩减，勤俭办队深入人心，文山会海有效遏制，制度管人管事效果显现，队伍面貌呈现新气象。

调查业务改革进一步巩固

联席会议作用进一步发挥。总队牵头建立和完善了分市县住户调查定期报表制度，加强了数据的会审和评估，强化了业务培训和检查。市级调查队利用联席会议平台，强化了与各有关部门之间的沟通和联系，加强了对辖区内各县（区）住户和贫

2014年9月17日，总队开展第十一届“中国—东盟博览会”参会人士满意度调查。图为总队长邹伟忠（前排右四）、副总队长杨锡虹（前排右五）与现场调查工作人员合影留念

困监测调查工作的组织和管理。分级管理模式进一步完善。分市县住户调查方面，自治区住调办将县（区）样本更替的实地核查、基础数据复核、汇总数据初步核定以及业务考评等部分业务下放到市级住调办，市级住调办在管理、组织和检查方面的作用进一步发挥。县级粮食产量调查方面，各市级调查队在执行方案、监控质量、规范流程等方面很好地发挥了作用。数据审核评估进一步规范。住户调查进一步加强了对数据审核评估的检查和指导，帮助基层队更好理解和规范执行数据审核评估办法。粮食产量调查利用GPS在全区建立188个固定观测点，每年定时、定向采集3次种植结构和长势的观测信息，用于数据审核和评估，提高了审核评估科学性。贫困监测强化实地调研，及时掌握扶贫开发“四到位”的落实效果，为基础数据审核评估提供了可靠的依据。

通过进一步巩固三项业务改革，调查队的影响力进一步扩大，调查数据得到各级党委、政府的高度重视，各级党委、政府及相关部门对调查队支持力度明显加大，在调查经费、人员配备、办公用房等方面给予大力支持。

2014年9月28日，总队在职党员一行22人到南宁市中华中社区开展为群众服务活动

常规报表圆满完成

进一步加强了基础工作。严格执行调查方案，规范样本维护和管理，加强业务培训，深入基层一线调研和指导，数据生产全过程进一步规范，调查业务基础不断夯实。狠抓了数据质量。畜禽监测调查开展了新台账的试点工作，有效保障了源头数据质量。住户调查进一步规范数据采集和上报工作。居民消费价格调查建立“采价员初审、后台人员全程复审、月报数据五个重点审核”的一整套数据审核流程。

2015年3月10日，总队副总队长梁开光（前排右一）到忻城开展城乡居民住户调查入户调研

署，还完成了小微企业和个体经营户跟踪调查、企业用工情况一次性调查、“千村调查”，组织人员参加了全国文明城市测评工作。

在完成国家统计局调查任务的同时，积极发挥调查队的职能优势，服务地方，承担了多项自治区党委、政府委托的调查任务。

投资环境监测调查建立了数据质量控制和分级责任制。批零住餐调查开展一对一帮扶，夯实基层基础。推广应用了新技术。规下服务业调查、工业生产者价格调查“一套表”联网直报全面铺开；固定资产投资价格和投资环境监测调查自主研发网上直报程序，成功实现联网直报；南宁队在试点基础上进一步扩大住户电子记账范围；党风廉政建设民意调查、国有企业反腐倡廉调查和“三经普”个体户抽样调查首次成功使用PDA开展现场调查。

一来年，全系统上下齐心，顺利完成一体化住户调查、粮食产量、贫困监测、CPI、PPI、商品零售价格、低收入居民基本生活费用价格、农业生产资料价格、房地产价格、固定资产投资价格、主要农产品中间消耗、农产品生产者价格、农产品集贸市场价格、农作物全年种植意向、农作物播种面积、主要畜禽、生猪调出大县、规下工业企业、规下服务业、批零住餐小微企业和个体户、采购经理、农户固定资产投资、农民工监测、退耕还林等国家常规调查任务。根据国家统计局的统一部

先后完成广西投资环境监测、广西农村党员培训情况、全区党风廉政建设和国有企业反腐倡廉民意调查、第六轮自治区文明城市测评工作、第十一届中国—东盟博览会参会人士满意度等调查任务。此外，根据自治区人民政府要求，开展了广西采购经理调查、2014/2015年榨季糖料蔗收购价调研等工作。

“三经普”积累新经验

在时间紧、任务重、大型普查经验缺乏的情况下，加强组织领导，整合力量，严格执行调查方案，强化培训，规范流程，严守“三条红线”，圆

2014年10月15—16日，总队副总队长杨锡虹（前排右二）到百色调研小微企业生产经营状况

满完成全区319个普查小区6万多个体经营户的普查任务。通过组织实施普查，在现场调查、大规模使用PDA采集上报数据和数据审核等方面积累了大型普查的宝贵经验。各地普查员不畏艰苦、任劳任怨，出色完成工作任务，涌现出了一批优秀的普查员和大量先进事迹。柳州、鹿寨两队分别荣获了“第三次全国经济普查先进集体”荣誉称号。崇左队李占欢、桂林队郑雯月分别被评为“第三次全国经济普查先进个人”。柳州队张柳芳被评为全国“最美普查员”。

服务型统计有新作为

服务党委、政府决策能力进一步提高。及时提供数据，为自治区党委、政府及有关部门分析判断形势提供依据。加强进度分析，加大对热点、难点问题的约稿力度，形成一批高质量的分析报告，为各级党委、政府决策提供了很好参考。一年来，总队共编发《调查信息》458篇，《调查报告》189篇。调查信息和调查报告获中央领导批示16篇次，同比增加6篇次；国家统计局领导批示15篇次。获中央两办采用53篇次。约稿信息获国家统计局“每日调查”采用累计得分在各调查总队中排第1位。获自治区党委办公厅采用64篇次，排中直单位第2位；获自治区政府办公厅采用63篇次，排中直、区直单位第19位。

服务社会公众领域不断扩大。按时发布季度和年度调查数据，编印《广西调查季度资料》和《1951—2013广西价格调查资料汇编》等资料，满足社会公众对调查数据的需求。利用“中国统计开放日”平台，制发宣传资料，发送手机短信，提高社会公众对调查工作知晓度。南宁、百色、来宾等队召开新闻发布会，对外公布调查数据，服务社会公众。桂林队开展“笔尖下的国家调查”活动，安排当地媒体记者实地见证CPI、居民收入等调查全过程，宣传调查工作。柳州队邀请柳州电视台、柳州日报、南国今报等多家主流媒体的记者参加居民收支调查媒体体验活动，走入记账户家中“零距离”详解居民收支调查，实地体验记账户的工作，见证了住户原始数据的真实可信和调查工作的科学规范。大新队在城乡住户调查网点举办文艺晚会，邀请2011年“共和国记账人”张飞敏同志参加晚会，介绍他的先进事迹，树立典型；设置有奖抢答环节，让调查对象、群众与专业演员一起参与，积极宣传城乡住户调查样本轮换工作，提高了居民的配合程度。

服务调查对象注重实效。固定资产投资价格和广西投资环境调查网上直报全面铺开，减轻调查对象工作负担；继续编发《企业填报指导手册》，指导企业正确填报报表；继续利用短信平台适时

2014年12月3日，总队纪检组长吴多明（左三）率总队检查组到贵港队进行年度考核现场检查

2014年12月4日，总队副巡视员邱洪刚到都安队检查规范化建设工作

提醒报表报送，保证企业按时上报；利用网上直报平台和其他方式，及时向调查对象反馈调查结果和提供有关信息，方便企业了解行业信息，帮助记账户管家理财。忻城队积极争取有关部门支持，帮助两个调查点修建了两条屯级水泥路和一个大型饮水池，有效解决了调查点行路难、饮水难的问题。兴安县队协调有关部门落实了30吨水泥用于调查户搬迁建房。扶绥队帮助调查户办理了25张甘蔗砍运证。基层队帮助调查对象解决实际困难的这些做法，密切了与调查对象的关系，提高了调查对象的配合程度。

2015年1月23日，总队总队长邹伟忠（左二）、副总队长梁开光带队到总队定点扶贫点百色市右江区永乐镇石平村、美丽广西活动联系点百练村调研扶贫和美丽乡村建设工作，并慰问困难党员群众

服务基层着力解决实际问题。进一步充实了一线调查力量，全年基层队招录新公务员5人、从地方选调干部11人。2014年下拨基层队经费比上年增长6.55%。支持防城港、来宾、藤县、田阳、阳朔等基层队改善办公条件。8个购车指标全部安排给基层队。采取跟班学习和“一对一”培训等方式，帮助基层队提高业务水平。

保障作用进一步发挥

行政文秘工作扎实开展。及时提出重要工作安排建议，服务领导决策。做好沟通协调，发挥了窗口、桥梁和枢纽作用。强化督查督办，推动了重要工作的落实到位。及时处理公文，保证了政令畅通。认真编发政务信息，全年共编发3037篇，国家

2015年1月20日，总队召开全区调查工作会议

统计局内网首页采用143篇。基层队创建上等级档案室工作成效明显，4个基层队成功创建上等级档案室。

法制工作步入常态化。深入开展统计法制培训和宣传。在布置任务、业务培训、访户访点、基层调研时，主动宣传统计法律知识，进一步增强调查对象统计法律意识；借助统计开放日、宪法宣传日等重要时间节点，组织开展现场宣传活动，社会公众对统计法的知晓率进一步提升。主动接受社会监督。设立统计违法违纪行为举报电话和举报邮箱，统计违法行为举报渠道进一步扩大。加强统计执法工作。全系统执法检查574个单位，发现统计违法行为65起，立案查处案件46起，结案57起。其中，实施警告处罚55件，罚款处罚11件。规范地方调查项目的审批和申报。全年审批36个地方调查项目，向国家统计局申报获批地方调查项目6个。

信息化建设继续推进。做好信息网络日常维护，保障调查数据、资料和公文的正常传输。初步构建了人防安全体系，保证了信息网络的安全。完成总队内网改版。南宁队加大了信息化建设的投入，建成标准化主机房，配置相应设备，搭建数据处理平台，研发综合数据管理系统，信息化水平有明显提高。

基本建设项目进展顺利。“三中心一基地”项目主体工程建设和外墙装修已经完工，内部装修招标工作正按计划扎实推进。

队伍建设进一步加强

干部培养力度不断加大。举办习总书记系列讲话精神、公务员初任、县级统计岗位知识培训班，累计培训362人次；选派外出参加培训143人次；派出7名干部到基层挂职锻炼。干部队伍结构不断优化。提拔处级、科级干部25人，交流培养干部35人，钦州、象州、平乐、博白、灵山队班子进一步健全。干部监督不断加强。完成领导干部个人事项报告工作，随机抽查核实8人，对存在漏报、错报或不规范填报的6名同志进行批评教育；清理社会化培训、在编不在岗、企业兼职、任职回避等专项工作圆满完成。

党风廉政建设扎实开展

全面部署全系统党风廉政建设工作，印发《广西调查队系统2014年党风廉政建设工作要点》，建立广西调查队系统党风廉政建设承诺制度，把党风廉政建设纳入市县级调查队领导班子和领导干部目标管理，与年度调查工作同部署、同检查和同考核。坚决落实中央八项规定，文风会风进一步转变，“三公”经费进一步压缩。狠抓行风建设，廉政专栏办出特色，廉政文化深入人心，廉政教育工作进一步强化。

2015年5月29日，总队举办“三严三实”专题教育党课

全区居民消费价格指数（上年=100）

Consumer Price Indices of Households (Preceding Year=100)

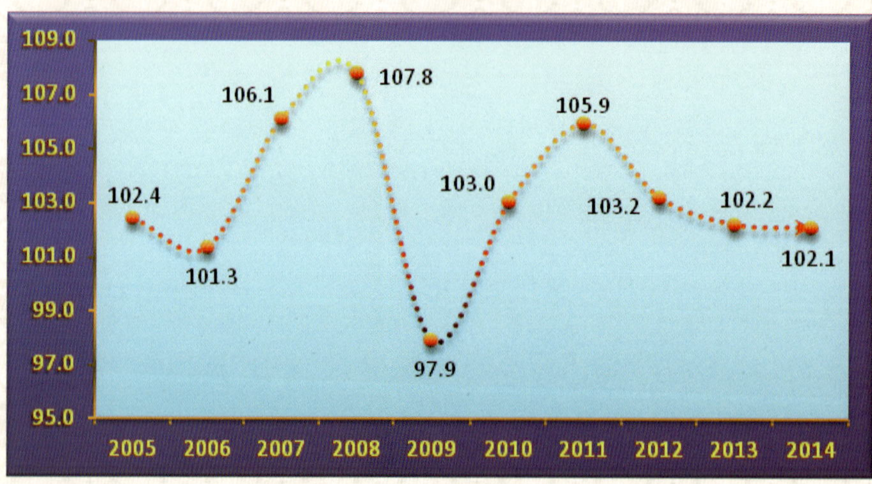

城市居民消费价格指数（上年=100）

Consumer Price Indices of Urban Households (Preceding Year=100)

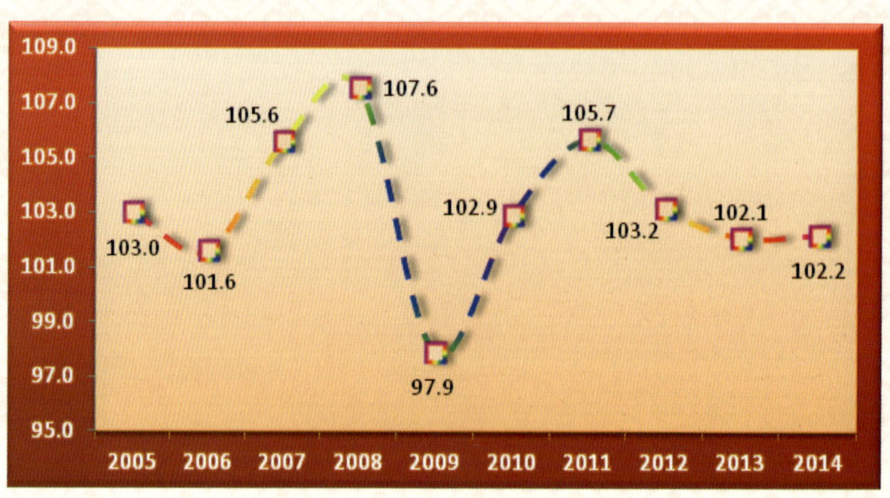

农村居民消费价格指数（上年=100）

Consumer Price Indices of Rural Households (Preceding Year=100)

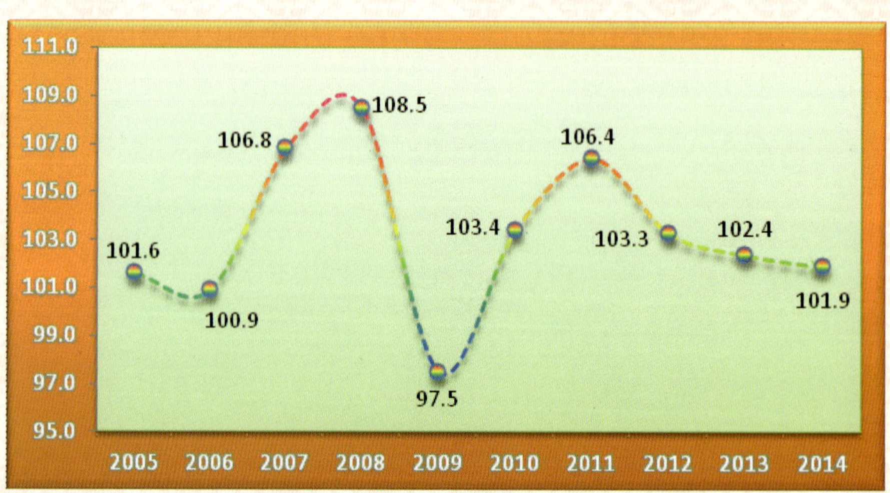

全区商品零售价格指数（上年=100）

Retail Price Indices of Province (Preceding Year=100)

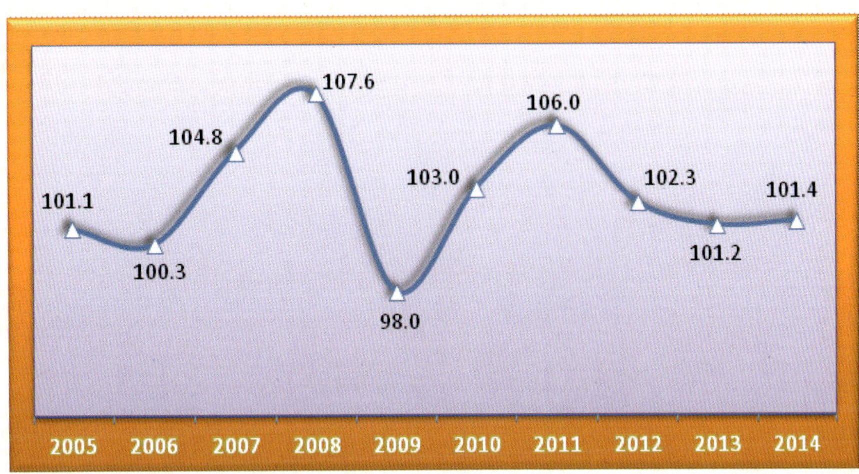

城市商品零售价格指数（上年=100）

Retail Price Indices of Urban Households (Preceding Year=100)

农村商品零售价格指数（上年=100）

Retail Price Indices of Rural Households (Preceding Year=100)

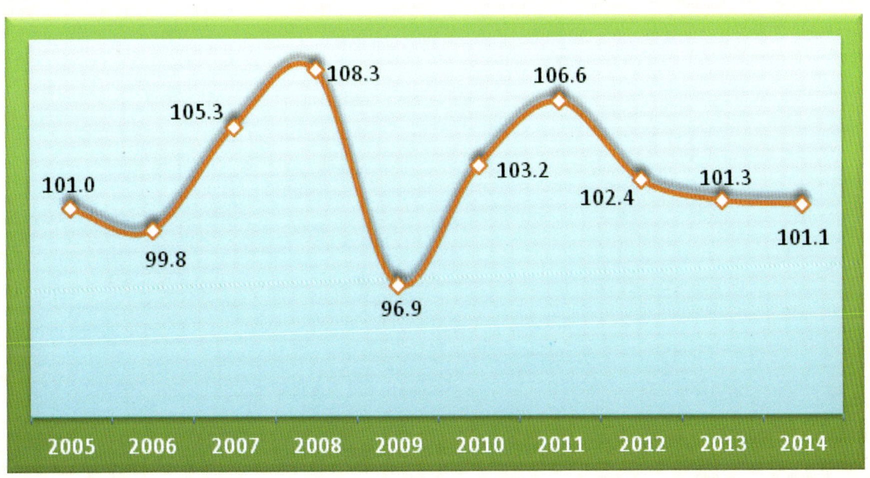

工业产品出厂价格指数（上年=100）

Ex-Factory Price Indices of Industrial Products (Preceding Year=100)

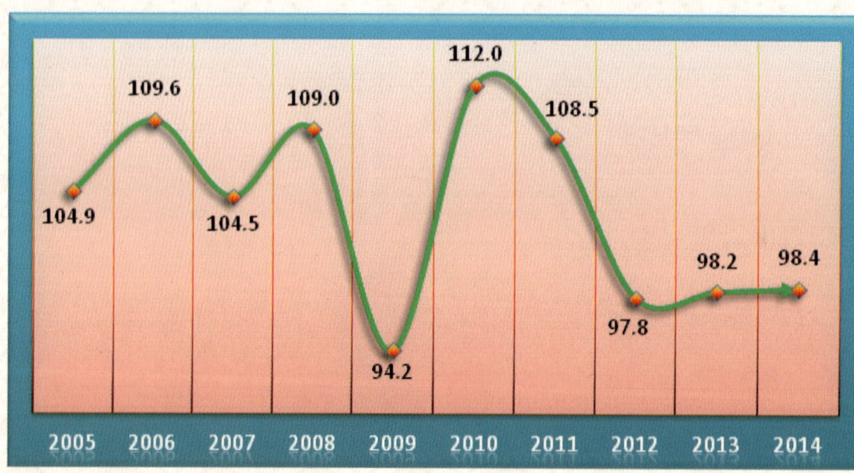

原材料、燃料、动力购进价格指数（上年=100）

Indices of Purchasing Prices of Raw Materials, Fuels and Power (Preceding Year=100)

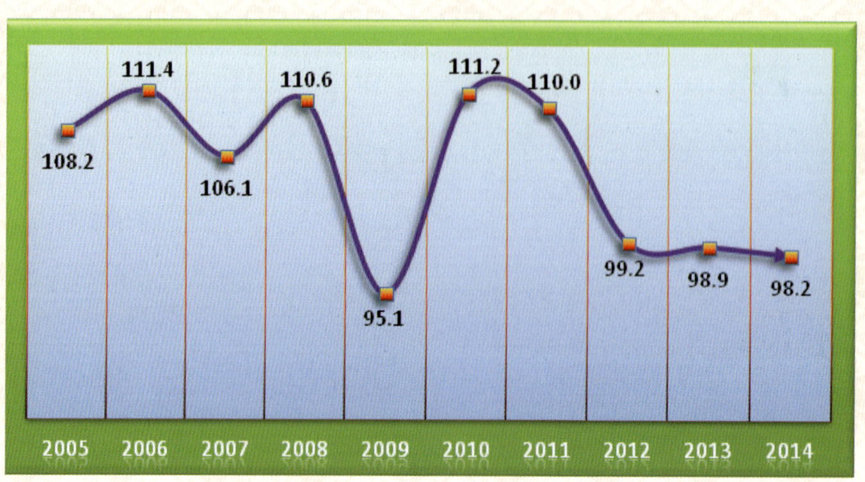

固定资产投资价格指数（上年=100）

Price Indices of Investment in Fixed Asset (Preceding Year=100)

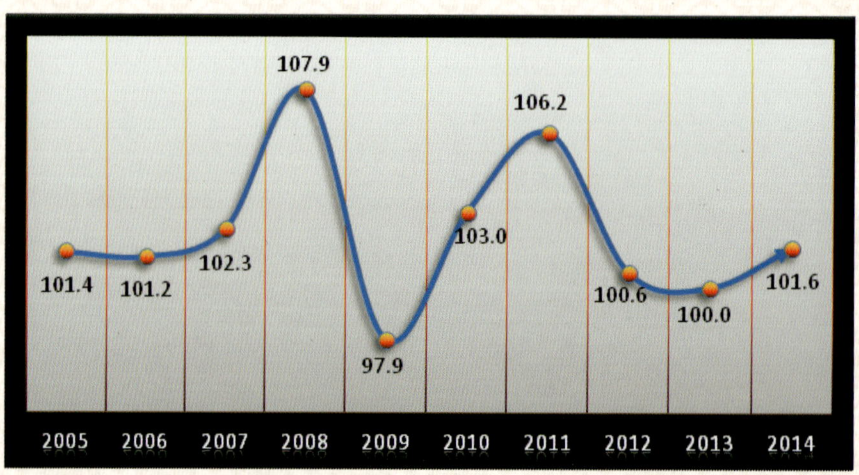

农业生产资料价格指数（上年=100）

Price Indices of Farming Production Material (Preceding Year=100)

农产品生产价格指数（上年=100）

Indices of Producers' Prices for Farm Products (Preceding Year=100)

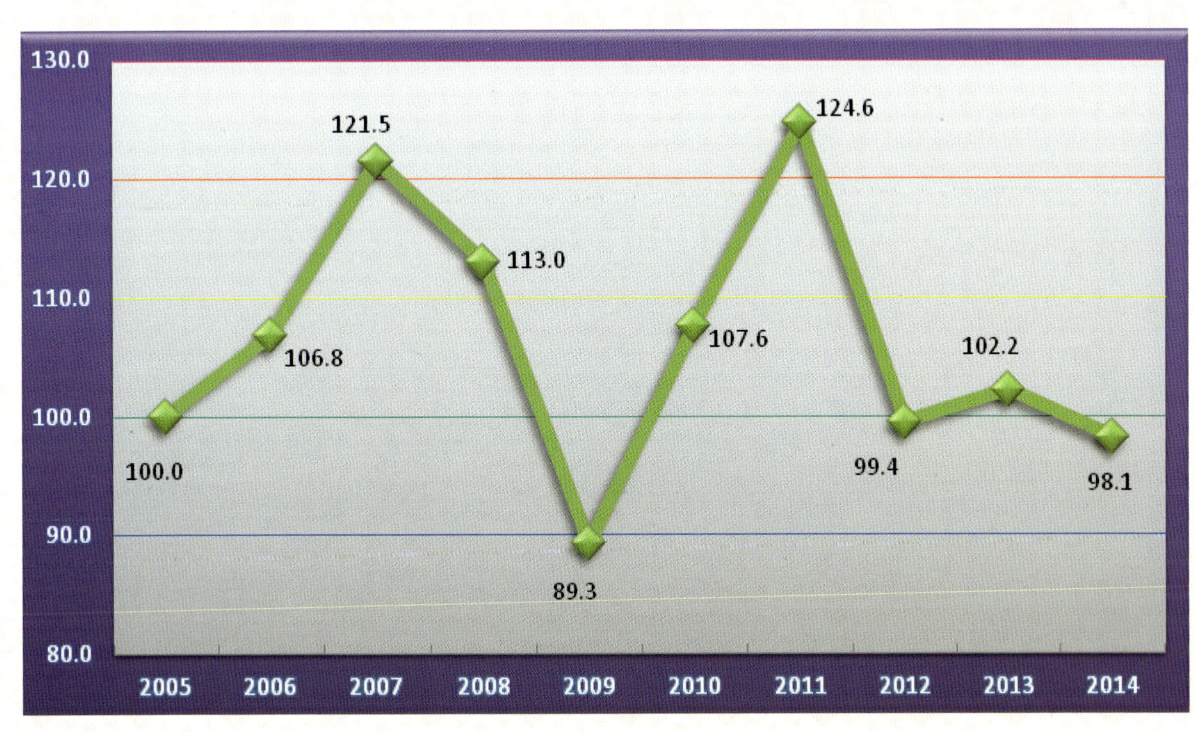

2014年全区居民消费价格指数（上年同期=100）

Consumer Price Indices by Each Month（2013）（Preceding Year=100）

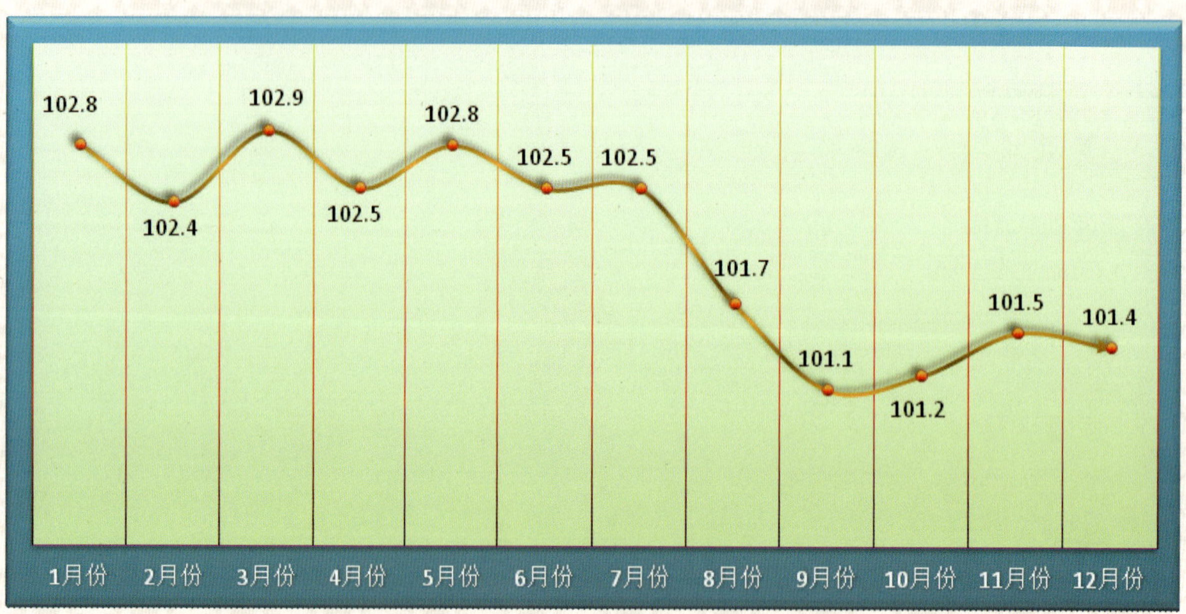

2014年全区工业产品出厂价格指数（上年同期=100）

Ex-Factory Price Indices of Industrial Products by Each Month（2013）（Preceding Year=100）

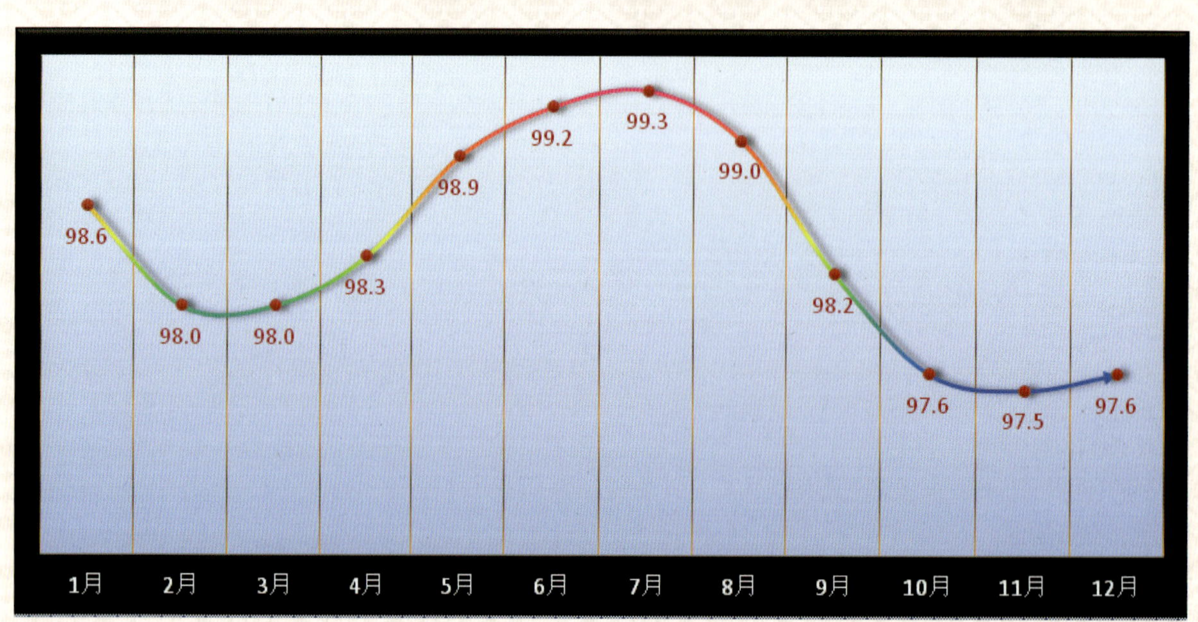

目 录

CONTENTS

第一篇 综 合
Chapter 1 General Survey

第二篇 人民生活
Chapter 2 People's Livelihood

第三篇 价格调查
Chapter 3 Price Survey

第四篇　农村农业
Chapter 4 Agriculture and Rural Areas

第五篇 企业调查
Chapter 5 Enterprises Survey

附录一：全国及各省市区主要统计调查指标
APPENDIX I Main Statistical Survey Indicators by Province, Municipality and Autonomous Region

附录二：中国—东盟国家及世界主要国家和地区经济、社会统计指标

APPENDIX II Main Social and Economic Indicators of China - ASEAN Countries and World Major Countries and Regions

第一篇　综　合

Chapter 1　General Survey

1-1 2014年广西城镇居民生活调查报告

2014年广西城镇居民收支保持平稳增长

2014年，广西出台并贯彻落实多项工资改革政策，扩大就业，改善创业及中小企业的投资、经营环境，建立健全社会保障体系，城镇居民收入“倍增计划”项目效果逐步显现，城镇居民收入和支出实现稳步增长。根据城乡一体化住户调查，2014年广西城镇居民人均可支配收入24669元，同比增加1980元，同比名义增长8.7%。增幅比全国平均水平低0.3个百分点，在全国排第22位；扣除物价因素，实际增长6.5%，比全国实际增幅低0.3个百分点。城镇居民人均消费支出15045元，同比增长4.0%。

一、城镇居民增收亮点

工资、经营、财产和转移四大项收入全面增加，其中经营净收入和财产净收入呈两位数增长（见下表1）。

表1 2014年广西城镇居民可支配收入变动情况（单位：元/人）

指 标	2014年	2013年	增幅（%）	构 成（%）	贡献率（%）
可支配收入	24669	22689	8.7	100.0	100.0
（一）工资性收入	13893	13346	4.1	56.3	27.6
（二）经营净收入	3431	2504	37.0	13.9	46.8
（三）财产净收入	2235	1973	13.3	9.1	13.2
（四）转移净收入	5110	4866	5.0	20.7	12.3

（一）工资性收入稳步增长

2014年，广西城镇居民人均工资性收入为13893元，同比增长4.1%，工资性收入占可支配收入的56.3%，对可支配收入增长的贡献率为27.6%，是城镇居民收入的主体。广西城镇居民增收的主要因素有：

一是推进工资收入分配制度改革。2014年1月1日起，广西区直机关津补贴标准从年人均3.26万元提高到3.98万元，年人均增幅为22.1%，补发和调整的津补贴已于今年底基本实施到位；2014年10月1日起，广西调整了县级机关公务员津贴补贴标准，将县级公务员津贴补贴标准从1.8万、2万、2.3万、2.7万元四个档次调整为2.5万、2.7万元两个档次，进一步缩小地区差距。调整工作实施后，全自治区共有62个县（市）津补贴标准得到提高，年人均增幅最高为9000元，最低为2000元。

二是进一步加强企业工资分配宏观指导调控。2014年，广西壮族自治区人力资源和社会保障厅发布了广西企业工资指导线，广西企业工资增长基准线为11%，上线（预警线）为18%，下线为2%。据广西人才网联系统中用人单位发布职位数据显示，一季度广西职位的平均薪酬为3175元/月；二季度为3332元/月；三季度为3393元/月，达到史上最高水平，职位平均薪酬水平维持增长势头。

三是各地积极实施就业创业惠民工程，就业人口平稳增加，就业质量提高，促进收入增长。2014年1—11月，广西城镇新增就业46.4万人，失业人员实现再就业9.4万人，就业困难人员实现就业2.8万人，分别完成全年计划的116%、118%、139%。第三季度末城镇登记失业率为3.2%，低于4.5%的全年控制目标。

（二）经营净收入涨势迅猛

在简政放权、减税改革等利好政策的带动下，广西的就业创业环境不断优化。在全面深化改革的大背景下，小微企业和非公经济活力逐步显现，经营净收入快速增长。2014年，广西城镇居民经营净收入同比增长37.0%，对可支配收入增长的贡献率为46.8%，涨幅和贡献率均居四大块收入之首。

1.从大环境而言，商事制度改革的不断推进，不仅大幅度降低了市场主体准入门槛，也极大地激发了市场活力。广西就业创业环境优化，企业数量“井喷”式明显增长，民间投资显著增加。自2014年1月24日启动注册资本登记制度改革以来，至12月20日，广西实有企业户数438118户，同比增18.8%。其中，新登记企业72964户，同比增长25.8%;新登记企业的注册资本总额达3398亿元，同比增长106%。新登记公司制企业56560户，同比增长93.8%;注册资本3120亿元，同比增长171.4%。新登记过亿企业421户，同比增长99.5%。新登记的私营企业70675户，私营占新登记的总数的97.2%。

2.从广西城镇住户调查网点就业情况来看，受益于新政放宽住所和经营场所的限制，越来越多的乡镇居民登记为个体工商户，在家做起生意。据调查数据显示，2014年度，广西常住人口中从事非农自营的人员数量同比增长了5.7%。

（三）财产净收入增长较快

2014年，广西城镇居民人均财产净收入同比增长13.3%，涨速较快。

一是广西高铁线路逐步从区内扩展至区外，为广西的旅游业带来了新的机遇，散客及网上营销客源大增，加之外来人口的增多、房价的持续上涨，一定程度上刺激了出租房屋数量增加以及租金水平上涨，带动2014年度广西城镇居民人均出租房屋收入同比增长37.2%。

二是随着经济的发展和城镇居民家庭财富的不断积累，投资渠道日趋多元化，城镇居民理财意识不断增强，理财能力不断提高，城镇居民投资收入显著增加。2014年广西城镇居民人均红利收入同比增长29.3%。

（四）转移净收入平稳增长。

2014年，广西城镇居民人均转移净收入同比增长5.0%，占可支配收入的20.7%。

一是年初继续启动企业退休人员基本养老金调整工作，此次普遍调整，企业退休人员养老金每人每月至少可增加113元。调查数据显示，广西2014年城镇居民人均养老金或离退休金同比增长3.3%。

二是社会保险待遇水平进一步提高。2014年广西城镇居民医保财政补助从280元提高到320元，增长14.3%。

三是城乡低保补助、高龄津贴、残疾抚恤金、养老保险全额补助、计生特殊困难家庭扶助等各类政策性补助的标准及覆盖范围逐步扩大。调查数据显示，2014年城镇居民人均社会救济和补助同比增长50.1%。

二、城镇居民消费特点

八大类消费“七增一降”。其中，食品烟酒、衣着、居住、生活用品及服务、教育文化娱乐、医疗保健、其它用品和服务支出均保持较平稳的增长;交通通信支出同比减少3.4%（见下表2）。居民消费方式呈现以下特点:

表2 2014年广西城镇居民生活消费支出及变动情况（单位：元/人）

指标名称	2014年	2013年	同比增幅（%）	构成（%）
消费支出	15045	14470	4.0	100.0
（一）食品烟酒	5293	4934	7.3	35.2
（二）衣着	794	765	3.8	5.3
（三）居住	3390	3263	3.9	22.5
（四）生活用品及服务	905	856	5.8	6.0
（五）交通通信	1846	1911	-3.4	12.3
（六）教育文化娱乐	1689	1666	1.4	11.2
（七）医疗保健	846	803	5.3	5.6
（八）其它用品和服务	282	272	3.9	1.9

（一）饮食消费注重营养、健康、方便。2014年，广西城镇居民人均食品烟酒消费支出5293元，同比增长7.3%。其中，人均购买烟酒、肉禽蛋及水产品消费占食品类消费的比重较上年分别下降0.1%、0.7%；而购买干鲜瓜果类的比重较上年上升0.5%。从食品消费结构来看，城镇居民在饮食方面更加注重搭配合理，营养健康。此外，随着消费观念的转变和餐饮业的发展，人们开始追求快速、便捷的就餐方式，聚餐、聚会在外就餐次数增多。2014年，广西城镇居民人均在外饮食支出同比增长12.8%。

（二）家居及生活用品类消费成为热点。生活水平的提高，使人们对“安居”的需求进一步提高，拉动了居住类消费支出。而在追求居住环境的舒适的同时，也增加了对家具及装饰用品的需求。2014年，广西城镇居民人均居住支出3390元，同比增长3.9%，占生活消费支出22.5%，成为消费新热点；人均生活用品及服务支出905元，同比增长5.8%。其中，家具及室内装饰品同比增长5.1%，家庭服务同比增长10.8%。

（三）保健意识强化，注重对健康的投资。随着健康理念的变化、保健意识的进一步增强，人们对滋补品、保健器具的消费需求日益增加。2014年广西城镇居民人均医疗保健消费支出同比增长5.3%。其中，人均医疗器具及药品消费同比增长3.9%。

（四）充电式教育支出快速增长。调查数据显示，2014年，广西城镇居民人均教育支出同比减少4.4%，主要原因是由于义务教育阶段各种学杂费用已经免除，中小学期间的教育费用随之减少。但另一方面，社会竞争的日益激烈使得一些充电式教育支出激增，更多家庭将教育费用花在高等教育期间的各项培训和课外辅导上。2014年，广西城镇居民人均中专职高教育费用支出同比增长13.3%，成人教育费用支出同比增长10.4%，成为城镇居民教育消费的主要增长点。

三、制约城镇可支配收入增长的不利因素

一是城镇居民工资增长渠道单一。从调查数据可以看出，工资性收入对城镇居民收入的增长作了主要贡献，但城镇居民工资提高主要依赖于政策规定，缺乏灵活高效的增长机制，难以随经济增长而增长、随企业效益同步增长，这成了当前制约城镇居民收入提高的主要因素。

二是经济下行压力增大，就业供需矛盾依

旧突出。广西工业、投资、财政、外贸等主要经济指标增速放缓，中小微企业融资不易、成本较高的结构性问题依然突出，这些问题在一定程度上导致了中小微企业在扩大规模、设备更新等方面都出现困难。此外，部分企业经营困难，用工需求减少，对就业、社保、收入分配等工作带来了影响。受公共就业服务能力不足、人口红利下降和产业升级等因素影响，就业总量压力和就业结构性矛盾并存的问题越来越凸显。

三是城镇居民财产净收入渠道有待进一步拓宽。2014年广西城镇居民财产净收入占可支配收入的比重仅为9.1%，财产净收入主要是出租房屋收入，财产增值不明显，城镇居民财产净收入增长乏力。

四、促进城镇居民增收的建议

（一）完善收入增长机制，确保增资政策有效落实

一方面要加快收入分配制度改革，建立收入增长长效机制，规范津补贴标准，缩小地区之间、行业之间的工资差距；提高工资指导线的基准线和下线，为企业增资提供制度支撑；尽快制定和落实不同行业的最低劳动报酬标准。另一方面及时兑现补发的各项津补贴，确保各项增资政策落实到位。

（二）扩大就业面，推动高质量就业

一是社会保障和民政部门应健全政府促进就业责任制度，承担起城镇居民就业的落实工作；二是帮扶就业困难群体，开发适合各类人员的就业岗位，让更多的就业困难人员实现就业；三是转变毕业大学生择业观念，帮助解决其首次就业；四是加强创业培训和创业服务，加强就业失业状况动态监测，创新职业技能培训模式，推动实现更高质量的就业。

（三）创造有利条件，拓宽投资渠道

建议政府进一步创造有利条件，引导居民逐步从存款保值向投资生财转变，拓宽城镇居民投资理财的渠道。

1-2 2014年广西农村居民生活调查报告

2014年广西农村居民收入保持较快增长

2014年，广西各级党委、政府高度重视“三农”工作，采取措施促进农民增收，农村居民收入保持较快增长。全年农村居民人均纯收入同比名义增长11.4%，高于全国平均水平0.2个百分点；扣除物价因素实际增长9.3%，高于全国平均水平0.1个百分点（详见下表）。

2014年广西农村居民纯收入情况表（单位：元/人）

指标名称	2014年	2013年	增幅（%）	贡献率（%）	构成（%）
全年纯收入	7565	6791	11.4	100.0	100.0
一、工资性收入	2967	2712	9.4	33.0	39.2
二、家庭经营纯收入	3732	3420	9.1	40.3	49.3
（一）第一产业纯收入	3106	2943	5.6	—	—
1. 农业	2142	2008	6.7	—	—
2. 林业	204	185	9.9	—	—
3. 牧业	658	654	0.7	—	—
4. 渔业	102	96	6.0	—	—
（二）第二产业纯收入	108	93	15.4	—	—
（三）第三产业纯收入	518	384	34.8	—	—
三、财产性收入	105	71	47.9	4.4	1.4
四、转移性收入	761	588	29.4	22.3	10.1

一、农村居民增收的主要特点

（一）增速快于全国平均水平，城乡居民收入差距缩小

据统计，2014年广西农村居民人均纯收入名义增速比全国平均水平高0.2个百分点，增速排各省（市、区）第12位。扣除物价因素，实际增速比全国收入水平高0.1个百分点。农村居民人均纯收入实际增幅高于城镇居民可支配收入实际增幅2.8个百分点，连续五年高于城镇居民收入的增速。据测算，2014年广西城乡居民收入比为3.26∶1（以农村居民人均纯收入为1），呈持续缩小态势。

（二）倍增政策落实到位，转移性纯收入占比提高

2014年，随着各项农民收入倍增政策的不断出台和落实，广西农村居民转移性收入的占比也不断提高。农村居民人均转移性收入为761元，比上年增加173元；占农村居民人均纯收入的比重为10.1%，分别比2012年和2013年高2.2和1.4个百分点。

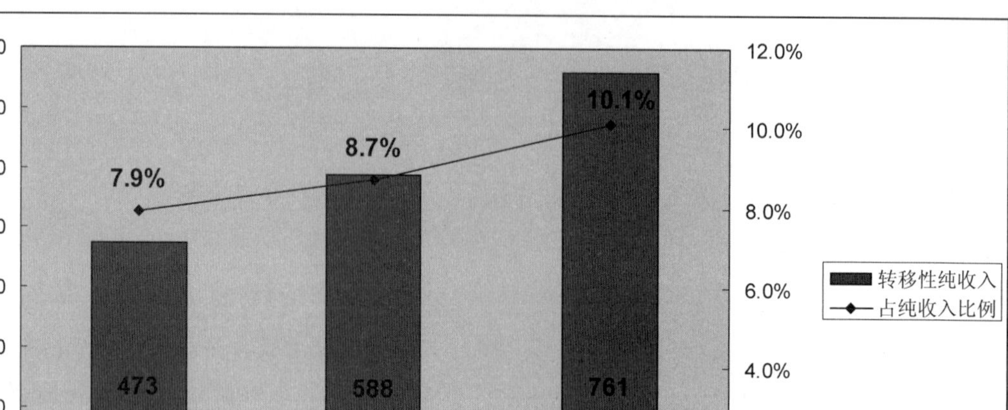

（三）产业调整显成效，家庭经营结构不断优化

近年来，广西各级政府加大产业调整力度，农村居民家庭经营结构不断优化，非农经营收入高速增长。调查数据显示，2014年广西农村居民人均家庭经营非农收入为626元，比上年增加148元；占人均家庭经营纯收入的比重为16.8%，比上年提高2.8个百分点。

二、农村居民增收的主要因素

（一）工资性收入增长较快

随着促进农民转移就业和自主创业有关政策的落实，以及农村基础设施建设深入开展和人工成本上升，就业机会增加，工资性收入增长较快。据调查，2014年，广西农民工总量达到1211万人，比上年增长3.9%；农民工月平均工资2720元，比上年增长5.6%。受这两个因素影响，全年农民人均工资性收入比上年增长9.4%。

（二）家庭经营纯收入稳步增长

水果和蔬菜价格上涨，人均农业收入增长5.1%。其中，人均出售荔枝、龙眼、芒果等水果销售收入增长4.9%。木材砍伐量增加，价格上涨，人均林业收入增长9.9%。渔业生产形势较好，人均渔业收入增长6.0%。牧业产销形势略有好转，人均牧业收入微增0.7%。二、三产业发展较快，人均收入分别增长15.4%和34.8%。

（三）土地租金和出租机械收入拉动了财产性收入高速增长

2014年，各地积极推进农村土地产权制度改革，提高了农村土地流转的效率，取得了积极的成效。农民人均土地租金收入由2013年的14.4元，增加到2014年的41.2元。

随着农机具购置补贴力度加大，农民购买农业机械积极性提高。人均出租农业机械租金收入由上年的1.1元，增加到9.6元。

（四）转移性收入保持快速增长

各部门积极落实新型农村养老保险、农村最低生活保障、新农合等农村社会保障政策，补贴标准提高。如，农村低保对象月人均补助水平由2013年的84元提高到110元，新农合医疗补助水平由2013年的280元提高到320元，增幅分别达到31.0%和14.3%。

落实农机购置、农作物良种和畜牧良种等补贴政策，农民得到的农业补贴收入大幅增长。据调查，全年农民人均得到的救济补助、惠农补贴分别增长28.7%和23.2%。

三、制约农村居民收入增长的不利因素

（一）甘蔗收购价持续下降

据调查，2013/2014榨季每吨进厂原料蔗价格只有440元，比上榨季下调35元，减幅达到7.4%。2014/2015年榨季每吨首付价仅为400元，比上一榨季又下调40元。甘蔗收购价格的持续下降，造成蔗农种植甘蔗的收入减少。2014年，因甘蔗收购价下跌，农村居民人均少收入94元。

（二）台风灾害影响农业生产

2014年9号台风“威马逊”、15号台风“海鸥”等对广西农业生产造成较大影响，灾害共造成种植业直接经济损失26.53亿元。

（三）工资性收入增速放缓

随着经济下行的压力加大，长三角和珠三角大量劳动密集型企业停工限产，农村居民工资性收入增速明显放缓。2014年，广西农村居民人均工资性收入增幅为9.4%，比上年回落11.4个百分点。

四、促进农村居民增收的几点建议

（一）稳定甘蔗生产

广西是甘蔗大省，甘蔗的生产形势和收购价格对农村居民收入有较大影响。建议加强对蔗农的服务，根据物价水平提高惠农补贴标准，推广“双高”甘蔗的种植，逐步淘汰落后品种，同时加快土地流转，提高甘蔗种植的机械化程度，稳定甘蔗种植效益。

（二）调整农业结构

目前，第一产业仍然是广西农村居收入的主要来源。继续调整农业产业结构，大力发展中药材、热带水果、特色养殖等特色农业，多渠道促进农民增收。同时，引导家庭农场和农业合作社发展，提高农业经营规模化水平，提升抵御市场风险能力。

（三）规范土地流转保护农民权益

加大普法力度，提高农民签订土地流转书面合同的比例，监督约束土地流转双方履约，保护农民权益。加快建立和健全土地交易市场，开展土地流转供求登记、信息发布、土地评估、政策咨询等服务工作，促进农村土地有序流转。

（四）加强农民工职业技能培训

根据外出务工的行业种类，有针对性的开展职业培训，提高外出农民工的技能水平。

1-3 2014年广西居民消费价格调查报告

2014年广西居民消费价格涨幅为近五年来最低

2014年广西居民消费价格（CPI）走势相对平稳，全年上涨2.1%，涨幅比上年回落0.1个百分点，为2010年以来最低涨幅。其中，工业品价格上涨0.2%，服务项目价格上涨1.8%；城市上涨2.2%，农村上涨1.9%。

一、CPI变动特点

（一）为五年来最低涨幅

2014年广西居民消费价格总水平比上年上涨2.1%，涨幅较上年同期回落0.1个百分点，涨势明显趋缓，为2010年来五年间的最低涨幅（如图一）。

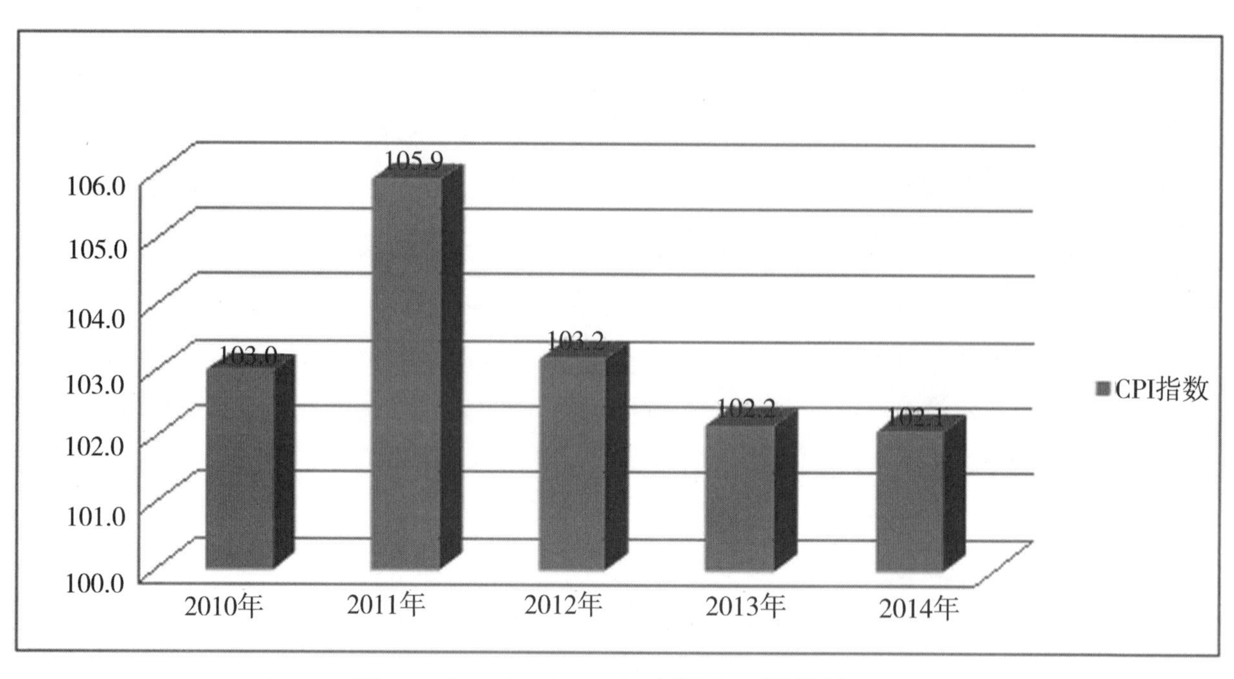

图一 2010—2014年广西CPI指数情况

（二）CPI同比涨幅低于调控目标

2014年CPI同比涨幅低于4%调控目标1.9个百分点，各月同比涨幅均在3%以内的较低区间运行，1—7月同比涨幅在2%以上，8月份以后跌至“1%”时代。

（三）环比月度间涨跌幅波动不大

各月环比涨跌互现，但涨跌幅波动不大，均在-0.2%～0.5%之间。全年12个月份中5涨4降3平。其中1月、2月份适逢元旦、春节，鲜果、水产品等消费量增加，CPI价格水平上涨，环比分别上涨0.4%和0.5%，也是全年最高涨幅。3-6月价格环比持平或下降，下半年除10月份环比下降外，其余月份环比持平或上涨0.2到0.8%之间。

（四）上涨面收窄

262个基本分类中，177个基本分类的指数大于100，上涨面为67.6%，与2013年相比，上

图二 2012年以来广西各月CPI（同比）变动趋势

涨面有所收窄，缩小了3.4个百分点；下跌的类有75，比2013年增加7类（如表1）。

表1 2013—2014年基本分类变动统计表

	2013年		2014年	
	个数（个）	比例（%）	个数（个）	比例（%）
大于100	186	70.0	177	67.6
等于100	8	3.1	10	3.8
小于100	68	25.9	75	28.6

（五）八大类消费价格呈六涨二降态势

八大类消费价格呈现六涨二降态势。其中，食品价格上涨4.3%，娱乐教育文化用品及服务类价格上涨1.5%，居住价格上涨1.5%，医疗保健和个人用品价格上涨1.0%，衣着类价格上涨0.4%，家庭设备用品及维修服务类价格上涨0.3%；交通和通信类价格下降0.1%、烟酒类价格下降0.8%。

（六）翘尾因素与新涨价共同影响

据测算，2013年CPI对2014年广西CPI的翘尾影响约1.1个百分点，影响程度为52.4%；2014年新涨价因素约为1.0个百分点，影响程度为47.6%。

（七）涨幅高于全国平均水平，居全国第12位

2014年广西CPI涨幅比全国平均水平高0.1个百分点，在全国31个省市中按涨幅由高到低排序，居全国第12位。翘尾因素高出全国约0.2个百分点，是导致广西CPI涨幅高于全国的主要原因。

（八）城市涨幅首次高于农村

2014年广西城市CPI上涨2.2%，比农村高0.3个百分点。主要原因是城市食品类价格涨幅比农村高1.0个百分点，城市服务项目涨幅比农村高0.6个百分点。

二、价格变动的主要成因

（一）影响物价上行的主要因素

1.主要鲜活食品涨幅仍较大。

（1）鲜瓜果价格高位运行。因生产成本普遍上升和产地气候的影响，2014年鲜瓜果价格一直保持高位运行态势，比上年上涨18.8%，比2013年涨幅扩大9.7个百分点，拉动居民消费价格总水平上涨约0.5个百分点，在CPI各类指数中涨幅和对CPI的影响度均位居第一位。全年各月同比涨幅均为二位数。

（2）禽类价格大幅上涨。禽类价格上涨11.6%，比2013年涨幅扩大10.7个百分点，影响居民消费价格总水平上涨约0.3个百分点。分月看，呈现先降后涨走势。受部分地区出现禽流感的影响，1—3月禽类价格连续三个月同比呈现下降，分别下降0.7%、5.7%和3.2%；4月份随着禽流感影响逐渐减弱，禽类价格大幅反弹，4—12月禽类价格同比涨幅均在二位数以上。

（3）水产品价格上涨。随着生活水平提高，鱼类和虾蟹需求旺盛，加上近几年水产饲料价格、燃油价格、运输成本、保鲜成本、人工成本不断上涨，推动水产养殖成本逐年攀升，拉动了水产品价格上涨。全年水产品价格上涨7.4%，比2013年涨幅扩大3.5个百分点，拉动居民消费价格总水平上涨0.2个百分点。

（4）牛肉价格一直坚挺。全年牛肉价格上涨9.6%，影响居民消费价格总水平上涨约0.1个百分点。2010年以来，四年间牛肉价格累计上涨88.2%。造成牛肉价格上涨的原因主要是近年来肉牛规模化发展迟缓，同时散户养牛减少，同时全国牛肉消费量越来越大，导致了牛肉供不应求牛肉供应紧张价格上涨。

2.服务项目价格继续上行，成为推动CPI的主要动力。

2014年广西服务项目价格在近年来持续上涨的基础上同比上涨1.8%，涨幅较上年低0.6个百分点，带动CPI上涨约0.5个百分点，对CPI的影响程度为23.8%。2010—2013年，广西服务项目价格分别比上年上涨0.4%、1.9%、2.6%和2.4%，对CPI的影响程度分别为3.3%、8.5%、21.9%和27.3%，服务项目价格持续上涨成为推动CPI的长期动力。主要是受人工成本持续上涨影响，部分市场定价程度较高的服务项目涨幅较大。如衣着加工服务费上涨3.5%，家庭服务及加工维修服务上涨4.7%，个人服务上涨3.5%，车辆修理服务费上涨3.0%。其次是随着2013年10月1日《旅游法》的正式实施，广西各旅行社的路线及价格有所调整。受其影响，旅游社收费上涨4.0%，景点门票价格上涨4.5%。最后，随着价格改革政策深入，一些公共服务出现上涨趋势，如高等教育上涨5.5%、学前教育上涨4.4%，停车费上涨6.5%，出租汽车上涨4.3%。

（二）影响物价下行的主要因素

2014年，由于生猪产能过剩、供大于求，猪肉价格持续低位运行；白酒消费受“三公消费”政策的制约，金银手饰品受世界金价市场不景气的影响，部分工业品供过于求，价格持续走低。

1. 猪肉价格同比指数一直处于下降区间。受全国生猪产能过剩、上游出栏价格下跌影响，猪肉价格总体低迷，全年各月价格均处于同比下行区间（详见图3）；尽管5—9月随着上游价格回升，猪肉价格环比连续上涨，但全年猪肉价格仍比上年下降2.7%。

2. 食用油“逢节涨”变“全年跌”。2014年“逢节必涨”的食用油却变成了“全年降”。食用油价格下降8.6%，其中食用植物油和植物油制品分别下降10.0%和5.9%。各月同比均呈现下降。主要受大豆进口价格持续下跌影

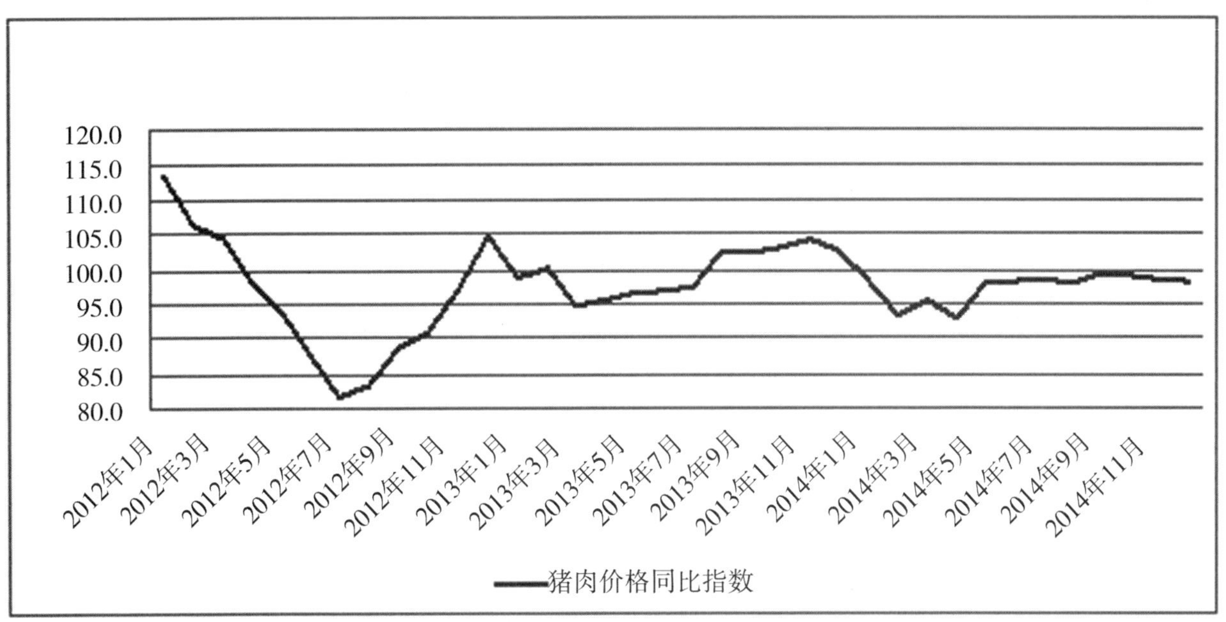

图三　2012年以来广西猪肉价格分月同比变动情况

响，食用油的成本下跌，引发连锁反应，各大食品油品牌纷纷下调旗下产品的价格。

3. 工业品产能过剩，需求增长有限，价格上涨乏力。据广西城镇居民平均每百户耐用消费品拥有量统计数据显示，2013年，除家用汽车、电脑、移动电话机数量比2000年增长较大外，洗衣机、电冰箱和彩色电视机拥有量则呈现负增长，与2000年比，分别下降1.2%、1.2%和14.7%。同时，随着科技发展，新工艺、新技术为多数工业消费品降低生产成本提供了可能。工业品产能过剩而市场消费需求增长有限导致部分工业品价格走低。如移动电话价格下降4.7%，照相机价格下降2.4%，洗衣机价格下降3.0%，电视机价格下降6.3%，轿车价格下降1.6%。

4.国际大宗商品全面大幅下跌传导影响。由于需求减弱和供应过剩，2014年大宗商品从工业金属到软商品及石油价格全面大幅下跌。国际原油价格大幅下跌，国内成品油也随之十连跌，同时国内全面供应国四标准车用汽油、一些地区继续启用国四柴油以及成品油税上调，抵销了汽柴油价格的零售价下降，全年汽油、柴油分别下降0.7%和3.9%。2014年国际金价下跌，带动国内首饰价格下降比上年下降10.3%。

三、2015年物价走势预判

国内外经济环境仍较为复杂，价格总水平运行中推动与抑制因素并存。由于人工成本上升是长期趋势，服务项目价格上涨具有刚性，在劳动力成本继续上升及服务需求不断增加的情况下，服务类价格持续上涨;同时农产品需求继续增长，价格长期上涨压力仍然存在。另一方面2015年经济增速稳中趋缓，需求对物价的推升力度有限；同时经济新常态下，稳健的货币政策大幅放松可能性较小，不具备抬升物价水平的货币条件；以石油为代表的国际大宗商品价格走低以及国内工业经济转型继续拉低PPI，同时我国工业领域的产能过剩、供大于求的局面仍然存在，很大程度抑制价格向消费终端传导，在一定程度上减轻下游产品价格上涨压力。

不确定因素：一是价格改革节奏问题。随着资源性改革的深化，资源性商品整体价格上涨必然会推动物价上涨，但价格改革节奏不确定。二是猪肉价格的变动趋势。三是国际地缘政治影响、大宗商品价格变动带来的输入性通胀因素的不确定性。

综合以上影响因素分析，由于涨价因素较弱、翘尾因素整体水平明显低于2014年，如没有其他不确定性因素出现，预计2015年居民消费价格总水平仍将维持稳中有升、略有上涨的趋势。

四、政策建议

（一）促进经济可持续健康发展，保持物价适度上涨

经济增长与物价上涨紧密联系，经济通缩又会带来物价的明显下滑，物价过高或过低都不利于经济健康持续的发展。既要防止通胀，又要遏制通缩，使物价保持在合理适度的水平，成为今后经济工作中的重中之重。保持物价基本稳定、避免大起大落应作为物价调控的重要目标，使价格上涨幅度与经济增长速度相适应，把价格总水平控制在合理范围之内。

（二）提高消费能力，提振消费信心

1.提高居民收入，增强消费能力。经济健康持续的增长是我国今后相当长时期内的经济常态，保持居民实际收入稳定增长，有利于形成一个“经济健康增长→居民收入水平提高→消费需求增加→经济持续健康增长→物价适度上涨”的良性循环。要进一步完善收入分配制度改革，合理调整国民收入分配格局，努力实现居民收入增长和经济发展同步。

2.完善社保体系，消除居民消费顾虑。按照全覆盖、多层次、可持续的要求，加快推进覆盖城乡居民的社会保障体系建设，真正让群众打消顾虑敢消费。一是提高医疗保障水平，全面推开大病保险。二是统筹推进社会救助体系，救助贫困人口，切实解决城市居民消费分流问题。三是完善养老保障，不断提升城市养老院的数量和质量，使得老百姓老有所养、老有所依。

（三）抓好农产品生产，保证市场供应

长期以来，农产品价格的波动对CPI，特别是食品消费价格起着决定性作用。因此，抓好农产品生产、供应，稳定农产品价格至关重要。一是加大农业生产投入力度，落实好各项农业补贴政策，努力提高农业综合生产能力。二是加大农业基础设施建设力度，增强抵御自然灾害的能力。三是加强重点农产品价格监测，提高农产品生产、消费等信息透明度，合理规划安排农产品生产，搞好供销平衡，避免农产品价格暴涨暴落，促进农产品价格平稳。四是积极推进订单农业、农超对接、农企对接、场店对接等新兴、高效的流通模式，降低流通费用，实现供需有效对接。

（四）保持政府适时调控，稳定市场物价

正负要加强调控，统筹好深化价格改革和稳定物价的关系，注意调价的力度和时机，寻找最佳的平衡点，尽量减少对居民生活的影响。一是建立和完善粮、油、猪肉等重要农产品的储备制度，保持一定的储备规模，增强政府调控市场的能力。二是把握好水、电、气等资源性产品及公共产品价格调整的节奏和力度，根据价格形势合理选择调价时间和调价项目。三是完善价格改革相关配套政策，加强政策宣传解读，把价格调整对市场和群众生活的影响降到最低。

1-4 2014年广西农业生产资料价格调查报告

2014年广西农业生产资料价格降幅扩大

受国内经济增速放缓、物价涨幅回落影响，广西农业生产资料价格总水平从2013年起开始下跌，2014年跌幅比上年扩大。据国家统计局广西调查总队调查，2014年广西农业生产资料价格下降1.1%，降幅比上年扩大1个百分点。

一、农业生产资料价格运行情况

（一）各月价格同比均下降

2014年各月，广西农资价格同比皆呈下跌趋势，其中3月份降幅最大，下降2.9%；11月份降幅最小，下降0.2%。

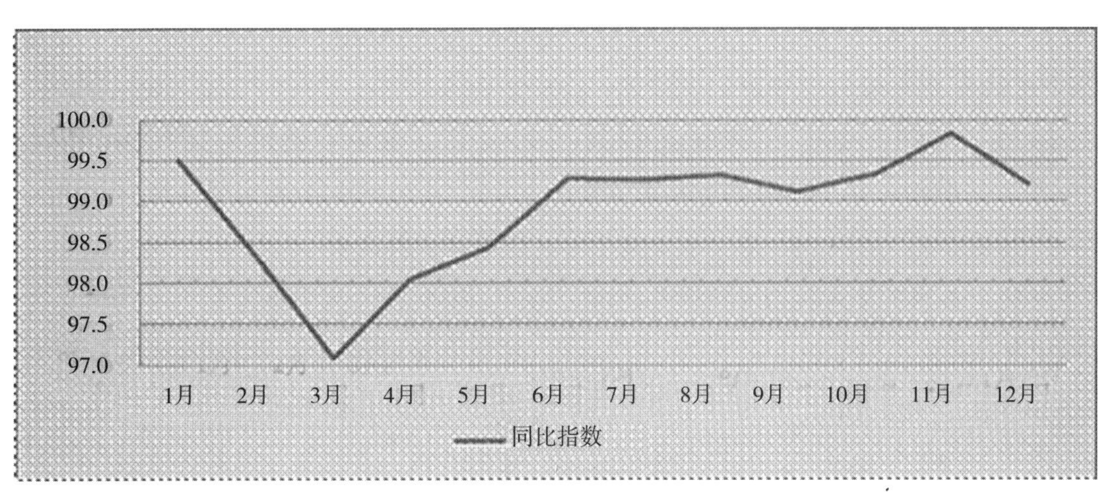

图一 2014年农业生产资料价格指数同比走势图

（二）各月价格环比波动频繁

2014年各月，广西农资价格环比呈六涨六跌的波动趋势。其中6月涨幅最高，上涨0.6%；12月降幅最大，下降0.6%。

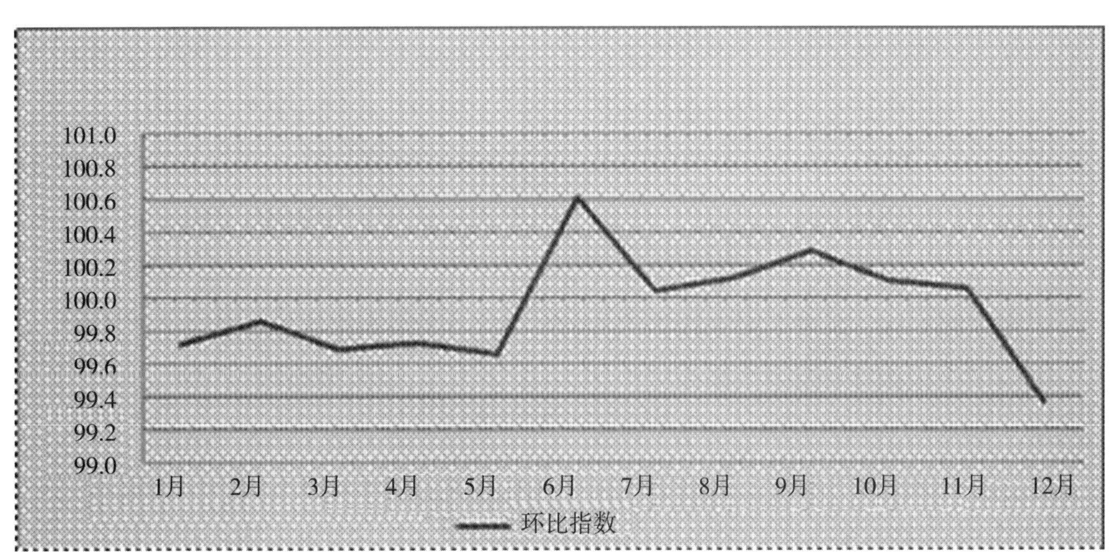

图二 2014年农业生产资料价格指数环比走势图

（三）十大类农业生产资料价格六升四降

与上年相比，调查的十大类农业生产资料中，上涨的有：农业生产服务价格上涨3.5%，其他农业生产资料价格上涨2.9 %，农用手工工具价格上涨2.6%，农药及农药器械价格上涨0.4%，产品畜价格上涨0.1%，机械化农具价格上涨0.1%；下降的有：化学肥料价格下降8.1%，农用机油价格下降2.0%，半机械化农具价格下降1.2%，饲料价格下降1.0%。具体变动情况是：

化学肥料价格下降明显。2014年化学肥料价格下降8.1%，拉动农业生产资料价格总水平下降1.8个百分点。各月同比均呈下降趋势，1—6月份降幅甚至在10%以上。其中：2014年氮肥价格比上年下降11.5%，磷肥下降4.4%，钾肥下降7.8%，复合肥下降5.6%。在十大类农资中，化学肥料价格的下降是拉动农资价格总水平下降的主要因素。

农用机油价格继续下降。农用机油连续两年价格下降。2014年降幅为2%，拉动农资价格总水平下降0.1个百分点。随着国内成品油价格的多次调价，农用机油价格不停波动，各月同比呈“三升九降”趋势。

饲料价格五年来首次下降。2014年广西饲料价格同比仅两个月上涨，其余十个月均呈下降趋势，全年下降1.0%，影响农资价格总水平下降0.2个百分点。其中：混合饲料价格上涨0.1%，其他饲料价格下降5.4%。

农用种子价格涨幅较大。2014年其他农业生产资料价格上涨2.9%，主要是受农用种子价格上涨4.4%的影响。农用种子价格各月同比均呈上涨趋势，涨幅最高的达11.2%。全年农用种子价格上涨拉动农资价格总水平上涨0.5个百分点。

农业生产服务价格增幅放缓。2014年农业生产服务价格上涨3.5%，拉动农资价格总水平上涨0.3个百分点。其中涨幅较大的排灌费上涨3.6%，农业用工价格上涨7.9%，分别影响农资价格总水平上涨0.1和0.2个百分点。

产品畜价格微幅上涨。2014年产品畜价格上涨0.1%。各月同比呈“七张一平四跌”的波动趋势，且月同比变动幅度大，降幅最大达到8.4%，涨幅最大也达到8.9%。

化学农药价格有所上涨。2014年化学农药价格上涨1.0%，拉动农资价格总水平上涨0.1个百分点。各月同比均呈上涨趋势，但涨幅不大，基本都在1%左右上下波动。

二、影响农资价格变动的主要因素

（一）化肥价格大幅下降是影响农资价格下降的主要因素

2014年化肥价格大幅下降，降幅达8.1%，拉动农资价格总水平下降1.8个百分点。主要原因：一是化肥原材料价格下降。由于化肥价格受石油，天然气等能源价格影响较大，近期受欧佩克坚持原油不减产等原因影响，国际原油价格大幅下跌，再加上氮肥，钾肥等受国际价格持续低迷影响，拉动化肥价格一路低迷。导致2014年上半年化肥各月同比价格降幅都在10%以上。二是化肥市场处于供大于求的状况。2014年我国化肥仍处于产能过剩的状况，市场供应充足，企业库存较高，且企业间竞争激烈，纷纷降价促销，即使是上半年春耕备耕期间，化肥价格依然低迷。持续的价格低迷加重了市场的观望情绪，国内化肥销量堪忧。

（二）农用机油价格继续下降

自从我国实行新的成品油价格机制以来，农用机油价格与国际原油价格关系更为密切。2014年以来受国际原油价格持续走低影响，我国柴油价格共调价18次，其中14次下调，仅4次上调。使得2014年农用机油价格同比9个月下降，仅3个月上涨。

（三）饲料价格近五年来首次下降

首先是2014年玉米，豆粕等饲料原材料受产量创新高、市场供大于求、经济增速放缓等因素影响，价格一路下行。受其影响，饲料价格从3月份以来开始同比下降，月同比降幅最大时达到2.1%。其次是产品畜需求不稳定。虽然2014年产品畜价格微涨0.1%，但仍有部分月份价格呈同比下降趋势，最大降幅达9.7%。由于2014年生猪价格较2013年略有上涨，但仍处于较低水平，且猪粮比价在5∶1之间上下波动，养殖户对生猪价格持悲观态度，补栏热情不高，对仔猪需求不旺盛，进而导致饲料需求不高，价格走低。

（四）种子和农药价格连续五年价格上涨

2014年受广西提高粮食收购价和“威马逊”台风影响，粮食价格全面上涨。2014年籼稻、玉米、大豆、籼米价格比2013年分别上涨2.4%、1.2%、1.8%和8.7%。粮食价格上涨提高农民种植热情，拉动种子和农药需求量增加，从而拉动种子和农药价格上涨。种子价格拉动农资价格总水平上涨0.5个百分点，影响程度仅次于化肥。

（五）农业用工价格快速上涨

近年来，随着物价逐年上涨和农村劳动力日渐紧缺，劳动力成本也随之提高，拉动农业用工价格上涨。近四年来农业用工价格涨幅均在7%以上，保持高速上涨态势。虽然农村劳动力价格逐年递增，如2014年广西农村居民工资性收入为2967元，比2013年上涨9.4%，但也依然难以解决农村用工难的问题。农业用工价格上涨在增加农民务工收入的同时，也导致农业生产投入压力加大。

综上所述，化肥、农用机油、饲料价格共拉动农资价格下降2.0个百分点，而农用种子、农药、农业用工价格共拉动农资价格上涨0.9个百分点，最终使得农资价格下降1.1%。

三、2015年农资价格走势的初步判断

根据2014年广西农资价格总体运行态势，结合影响农资价格走势的因素分析，预计2015年我区主要农资产品需求扩张空间有限，抑制因素作用强于促进因素，农资价格总体走势可能仍保持相对弱势格局。

从抑制因素看：一是受宏观基本面影响，我国经济增速放缓，特别是国际原油价格如继续走低，将使得国内成品油价格下降，原材料价格缺乏大幅走高的基础；二是供需市场短时间内难以改变，部分农资仍存在供大于求的情况，价格上涨乏力；三是2014年生猪生产再次出现相对过热态势，价格继续低迷，使得重要农资产品中的产品畜价格在2015年可能受到抑制。

从促进因素看：一是在农村居民工资性收入逐年上涨的情况下，劳动力成本将继续增加，拉动部分农资价格上涨；二是国家确保粮食生产安全及保护政策的实施，将在一定程度上刺激粮食生产，拉动农资需求增加；三是随着2015年关于涨工资和提高养老金的政策落实，将会刺激物价上涨，从而带动农资价格上涨。

四、保持农业生产资料价格平稳运行的政策建议

近五年来，广西农资价格呈大涨大跌的波动情况，既有2011年大涨11.2%，也有2014年下降1.1%。农资价格过山车般的行情严重影响市场价格的稳定。因此，应当进一步加强广西农资市场的监管，拓宽流通渠道的建设，做好

农资价格的监测预警，采取切实手段保持农资价格平稳，配合粮食直补、农资补贴等惠农政策，尽量减少农资价格波动。

（一）加强信息公开透明力度

近一两年以来，农产品供需情况变化较快，但农民获取市场供需信息途径少，导致对市场供需把握不准，往往在某农产品市场价格高涨时开始种植，却在市场价格低落时卖出，即使丰收也面临产品卖不出去的困扰。因此要加强市场需求信息的公开透明力度，增加市场供需信息获取渠道，把握好市场供需情况，提高种植收入。

（二）实行农资价格最高限价或实行差率控制的价格干预措施

加大对农资生产单位出厂价格和流通环节差率的检查力度，对违反价格政策乱涨价、乱收费的行为，依法从严处理。整顿和规范农资市场，坚决打击囤积炒作行为，有效抵制假冒伪劣农资混进市场，稳定农资价格。提高生产和流通企业的监测和巡视力度，加强价格信息预警和发布，正确引导广大农户对农业生产资料的消费预期。

（三）缓解农业生产服务价格持续上涨的矛盾

当前农业用工价格高的问题进一步凸显，农村青壮年劳动力普遍外出务工，种地老龄化现象越来越严重。“请不起人，请不到人”的问题在春耕、夏收等关键农时季节显得尤为突出。建议切实落实各项农业补贴，农忙时节加强农机作业和农业用工方面的服务及扶持，缓解农业生产服务价格持续上涨的矛盾。

1-5 2014年广西工业生产者出厂价格调查报告

2014年广西工业生产者出厂价格持续下降

2014年，广西工业生产者出厂价格（PPI）比上年下降1.6%，自2012年起连续第三年下降，降幅较上年收窄0.2个百分点。其中，轻工业下降2.6%，重工业下降1.3%；生产资料下降1.3%，生活资料下降2.5%。广西PPI降幅比全国小0.3个百分点，按降幅从大到小排位居第20位；与西部各省相比，降幅除比西藏大0.6个百分点外，均小于其他西部各省。2014年全区工业生产者购进价格比上年下降1.8%。

一、广西工业生产者出厂价格走势特点

（一）各月同比持续下降，环比涨少降多

与上年同月相比，2014年1—12月份分别下降1.4%、2.0%、2.0%、1.7%、1.1%、0.8%、0.7%、1.0%、1.8%、2.4%、2.5%和2.4%。自2012年2月份起，已连续35个月同比下降。上一次长时间持续下降（连续39个月）要追溯至1997年亚洲金融风暴时期。与上月相比，全年共有9个月下降，2个月上涨，1个月持平。其中，1—4月PPI环比分别下降0.4%、0.4%、0.4%和0.3%；5月止跌回升环比上涨0.1%，6月环比持平；7—10月环比再次下降，分别下降0.1%、0.1%、0.4%和0.4%；11月再次由降转升，上涨0.2%；12月又由升转降，下降0.2%。

（二）初级产品出厂价格降幅大于最终产品

2014年，广西初级产品出厂价格比上年下降3.4%，中间产品价格下降2.0%，最终产品价格下降0.5%。

（三）大类行业下降面较上年有所收窄

从大类行业分类看，广西36个大类行业中，2014年有22个大类行业产品出厂价格上涨，占全部大类的61.1%，上涨行业个数比上年多3个；有13个大类行业下降，占全部大类的36.1%，下降行业个数比上年少3个；还有1个大类行业持平。

（四）部分传统行业出厂价格降幅和影响大

2014年广西农副食品加工业产品出厂价格下降6.3%，影响PPI下降0.8个百分点；黑色金属冶炼和压延加工业下降6.8%，影响PPI下降0.9个百分点；有色金属冶炼和压延加工业下降3.9%，影响PPI下降0.2个百分点。这三个传统支柱行业共影响PPI下降1.9个百分点，是多数行业价格上涨但PPI总水平仍下降的主要原因。

二、重要工业品出厂价格变动情况

（一）食糖价格长时间低迷

由于全球食糖供大于求的市场状况未有改善，国际糖价持续低迷，而国内糖进口量激增，制糖企业库存高企，下游需求方买涨不买跌持币观望，食糖价格长期处于低于成本的低迷价位。2014年广西制糖业产品出厂价格比上年下降11.1%，且已连续35个月同比下降，连续两年同比降幅达到两位数。

（二）钢材价格降幅扩大

2014年长期受困于产能过剩的钢铁行业深

陷“钢贸危机”泥潭，华东、华南、山东等地接连发生钢贸行业大户不良贷款违约，资产被银行冻结、查封的事件，市场信心受挫，下游接货意愿大减，令钢材价格雪上加霜。广西钢材价格亦未能幸免。2014年广西黑色金属冶炼和压延加工业下降6.8%，降幅较2013年扩大了0.7个点。

（三）有色金属降幅收窄

2014年广西有色金属冶炼和压延加工业下降3.9%，降幅较2013年收窄2.4个点。上半年各月同比降幅较大，下半年降幅快速收窄并保持小幅度下降走势。一是2013年下半年有色金属价格走低的滞后影响；二是2014年全国有色金属产量增速回落，一定程度上缓解了供大于求的市场矛盾；三是建筑业等市场需求有所增长。

（四）水泥价格恢复上涨

在2012年和2013年连续两年下降后，2014年广西水泥迎来恢复性上涨，水泥制造产品出厂价格上涨4.9%。水泥行业地域性强，价格主要由本地市场供需状况决定。前期房地产行业低迷、固定资产投资放缓导致价格走低，2014年建筑业需求走强，水泥价格也随之恢复上涨。

（五）植物油加工业产品价格降幅高

2014年广西植物油加工业产品出厂价格下降13.7%，连续第二年降幅超过10个点。全年各月同比降幅均达到两位数。主要是国内外原材料供应过剩价格大跌、成品植物油市场需求不足所致。由于降幅较高，2014年植物油加工业也成为下拉PPI总指数较多的行业之一。植物油加工业对PPI的下拉影响已超过有色金属冶炼和压延加工业。

三、PPI持续下降的原因分析

（一）经济复苏缓慢市场需求不足

价格走势是市场供需状况的直接反应。由于全球经济复苏缓慢，我国经济处于转型调整期，增速放缓，经济活动数量减少、频率降低，导致市场需求明显减少，为重新达到供需平衡状态，在市场机制运作下价格必然走低。经济形势决定PPI的持续下降走势，PPI的持续下降走势是经济景气度低的具体反映。

（二）广西投资增速放缓

2014年前三季度，广西固定资产投资完成9025.59亿元，同比仅增长16.4%，为2001年以来同期最低增速。预计全年增速将回落到16%左右，是近11年来首次回落到20%以下。投资增速回落，影响了与投资相关度较高的钢铁、水泥等工业品的需求，造成相关工业品价格下降。

（三）传统行业产能过剩

国际金融危机以来，应对危机的大规模刺激政策客观上导致部分传统行业产能大幅扩张，我国钢材、水泥、有色金属等传统行业产品产量增长迅速。随着宏观调控政策回归常态，产能过剩问题凸显，产能利用率下降。虽然近年来通过关停并转等方式淘汰了部分落后产能，但部分工业品产能过剩的局面仍未扭转，甚至在一些体制机制作用下，产能持续逆势扩张，造成恶性循环，导致价格长时间低迷。

（四）外部输入性因素影响

2014年石油、有色金属、粮食、食糖等国际大宗商品价格走低，传导到国内，导致国内工业品价格下降。另外，人民币近两年来的升值也增强了国际大宗商品价格下降的影响。

（五）初、中级产品为主的产业结构抗跌性差

无论是全国还是广西，初级产品和中间

产品的价格下降幅度均大于最终产品。而广西支柱行业中，制糖业、黑色金属冶炼和压延加工业、有色金属冶炼和压延加工业、各类矿采选业等均处于产业链中上游，这些行业技术含量、劳动附加值偏低，对下游市场依赖大，多为高能耗高污染行业，且部分行业资金依赖度高，在市场不景气时，竞争力不足，应对措施有限，降价促销成为主要手段，因此这些行业的产品降幅较大。

四、2015年PPI走势预测

2015年广西PPI下降因素多，上涨因素少，短期内仍将维持下降态势，有可能超过历史最长的持续下降月数。能否止跌回升仍取决于国内外经济走势。

（一）推动PPI上涨的因素

1.下降面收窄，六成以上行业产品价格已回升。2014年广西36个大类行业中已有22个大类行业产品出厂价格比上年上涨，下降行业数比上年减少，下降面收窄。

2.水泥价格止跌上涨。2014年水泥价格连续二年下降走势终止，转为上涨，且1—11月实现利润总额为广西全行业之首。作为支柱产业之一，水泥价格如能保持坚挺，将对广西工业生产者价格回升形成有力支撑。

3.有色金属降幅收窄。2014年广西有色金属冶炼和压延加工业降幅较上年明显收窄。下半年有4个月同比降幅收窄到1个百分点内，11月、12月仅分别同比下降0.8%和0.6%。2015年有色金属价格如能止跌上涨，将有利于PPI回升。

（二）影响PPI下降的因素

1.基本面形势支撑不足。2015年国内外经济下行压力仍然较大，在没有大的刺激政策出台的情况下，经济回暖向好的过程仍将缓慢而曲折，使得PPI的回升也随之缓慢而曲折，持续低迷的态势难以快速改变。

2.国际市场大宗商品下行为主。由于全球经济复苏缓慢，石油等基础资源类产品价格连续下降使得生产成本随之降低，大宗商品价格基调仍以下行为主。大宗商品中石化、有色金属、钢材、植物油和食糖等农副产品对广西同类工业品价格都造成直接影响，使得广西PPI随之下降。

3.2014年四季度PPI下行势头加强。2014年四季度广西PPI降幅扩大，10—12月同比分别下降2.4%、2.5%和2.4%，而前9个月PPI同比降幅无一超过2个百分点。

4.工业结构仍以传统产业为主，产能过剩问题依旧困扰。广西以农副、黑色金属、有色金属、汽车、化工、水泥和电力等传统行业为主的工业结构未改变，这些传统行业大多数仍面临产能过剩问题，且除汽车和水泥外均为产业链上中游行业，其余行业均属产品附加值低抗跌能力差的行业。工业结构和产能过剩都不是短期能解决的问题，这使PPI持续低迷的态势短期也难以改变。

5.主要产品市场形势难改观。从主要产品看，汽车产品竞争激烈，价格上涨难度大，电力价格稳定，两者对PPI总指数上涨支撑有限。水泥价格季节性波动大，能否持续上涨仍存疑问。有色金属、钢材、化工类产品产能过剩，食糖新榨季到来，市场供大于求的形势难以改观，预计仍将继续扮演下拉角色，使PPI延续低迷走势。

1-6 2014年广西工业生产者购进价格调查报告

2014年广西工业生产者购进价格持续下行

受国际国内宏观经济环境不景气的影响，2014年广西工业生产者购进价格延续2012年和2013年的下降态势，全年累计下降1.8%，降幅比上年扩大了0.7个百分点，比全国平均水平小0.4个百分点。至2014年12月份，广西工业生产者购进价格已连续34个月同比下降，下降持续时间较长。

一、总体运行情况

（一）各月同比、环比均处于下降态势

2014年广西工业生产者购进价格各月同比均处于下降态势，1—4月降幅逐步扩大；5—7月有所收窄，8—12月再次扩大。各月分别同比下降1.3%、1.6%、1.9%、2.0%、1.7%、1.5%、1.4%、1.6%、1.7%、2.2%、2.3%和2.4%。价格下降趋势难以遏制。

2014年广西工业生产者购进价格各月环比也均处于下降态势。各月分别下降0.2%、0.1%、0.2%、0.3%、0.1%、0.2%、0.3%、0.2%、0.1%、0.3%、0.2%和0.3%。（具体如图一）

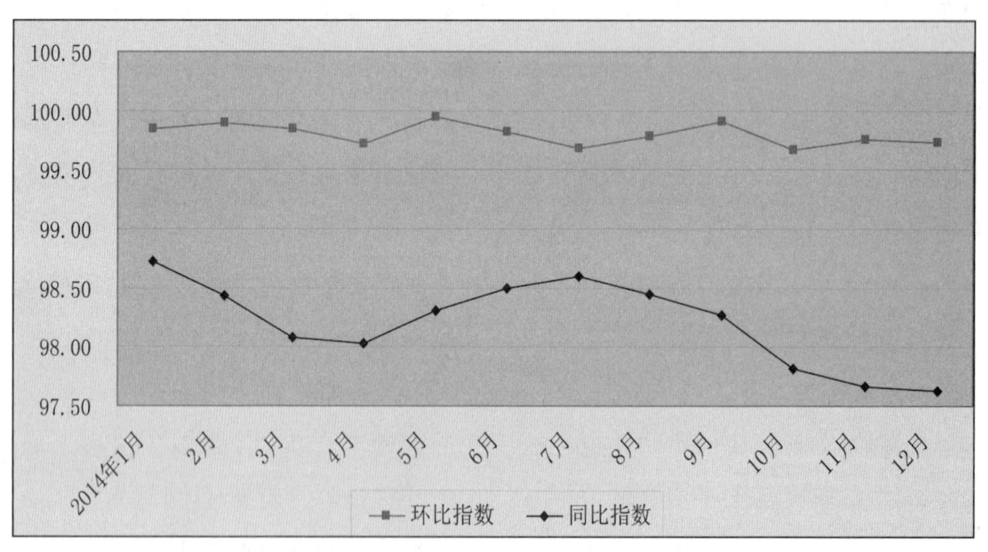

图一 2014年广西工业生产者购进价格指数走势图

（二）九大类购进价格2升7降

调查的九大类原材料中，只有2个大类购进价格上升，其余7个大类购进价格下降，下降面与2012年和2013年持平。其中，木材及纸浆类和建筑材料及非金属类购进价格分别比上年上涨了0.3%和0.2%，燃料、动力类购进价格下降1.6%，黑色金属材料类购进价格下降4.0%，有色金属材料及电线类购进价格下降3.3%，化工原料类购进价格下降0.4%，农副产品类购进价格下降1.9%，其它工业原材料及半成品类购进价格下降1.8%，纺织原料类购进价格下降0.2%。（具体情况见表1）

表1 2014年广西工业生产者购进价格变动情况

指标名称	2014年	2013年
工业生产者购进价格	-1.8	-1.1
（1）燃料、动力类	-1.6	-2.2
（2）黑色金属材料类	-4.0	-2.4
（3）有色金属材料及电线类	-3.3	-4.5
（4）化工原料类	-0.4	-1.9
（5）木材及纸浆类	0.3	0.2
（6）建筑材料及非金属类	0.2	-1.4
（7）其它工业原材料及半成品类	-1.8	-1.4
（8）农副产品类	-1.9	3.4
（9）纺织原料类	-0.2	-1.5

（三）行业大类购进价格下降面有所扩大

调查的39个行业大类中，购进价格上涨的有13个，持平的有3个，下降的有23个，下降面为58%，比2013年扩大了4个百分点。购进价格降幅较大的行业大类有：废弃资源综合利用业购进价格比上年下降9.9%，化学纤维制造业、黑色金属矿采选业、印刷和记录媒介复制业、电气机械和器材制造业、金属制品业、黑色金属冶炼和压延加工业、有色金属冶炼和压延加工业、有色金属矿采选业、农副食品加工业购进价格分别比上年下降8.5%、6.0%、4.6%、4.3%、3.7%、3.6%、3.5%、3.1%和3.0%。部分大类行业购进价格涨幅较大，林业、渔业、食品制造业购进价格分别上涨3.8%、7.3%和13.0%；铁路、船舶、航空航天和其他运输设备制造业购进价格比上年上涨18.2%。

二、主要产品购进价格情况

（一）废弃资源综合利用业购进价格下降幅度最大

2014年广西工业行业大类中购进价格下降幅度最大的是废弃资源综合利用业，降幅为9.9%。主要是其中的金属废料价格下降幅度较大，降幅为10.4%。这是受黑色金属钢铁和有色金属铜铝等价格下降的影响，以致其废弃的材料购进价格也大幅下降。其中熔炼用废钢价格下降10.7%，熔炼用废铁价格下降6.2%。而非金属废料价格下降幅度较小，降幅为1.2%。

（二）甘蔗购进价格持续下降

2014年广西甘蔗购进价格下降6.3%。受食糖价格持续下降、无力回升的影响，作为蔗糖主产区的广西，尽管甘蔗收购价是政府定价，但甘蔗的购进价格仍呈现不断下降的态势。2013/2014榨季自治区物价局制定的甘蔗首付价为440元/吨，由于食糖价格低迷未触发价格联动机制，甘蔗的最终收购价仍为440元/吨。因2014年食糖价格仍无回升迹象，自治区物价局制定的2014/2015榨季甘蔗首付价为400元/吨，比上一榨季的首付价减少了40元/吨。

（三）有色金属材料类购进价格下降

虽然2014年部分月份有色金属的需求有所回升，购进价格略有反弹，但经济不景气造成总体需求不足，导致有色金属材料的购进价格再次回到下行通道。2014年有色金属矿购进价格下降3.1%，有色金属冶炼和压延加工业购进价格下降3.5%。其中，常用有色金属矿购进价格下降3.2%，贵金属矿购进价格下降6.6%，常用有色金属冶炼购进价格下降3.6%，贵金属冶炼购进价格下降2.2%，有色金属压延加工购进价格下降3.6%。

（四）黑色金属材料类购进价格同比不断下降

2014年广西黑色金属材料购进价格不断下降，其中黑色金属矿购进价格下降6.0%，黑色金属冶炼和压延加工业购进价格下降3.6%。因为黑色金属钢铁等供大于求，导致购进价格下降，其原料黑色金属矿的价格也不断下降。其中，炼铁购进价格下降3.0%，炼钢购进价格下降1.3%，钢压延加工购进价格下降3.8%，铁矿购进价格下降6.3%，锰铬矿购进价格下降5.8%。

（五）渔业购进价格再次上涨，但涨幅回落

在水产品尤其是海产品的市场需求旺盛，出口需求较大拉动下，2014年广西渔业产品购进价格再次上涨，涨幅为7.3%，但受2013年需求持续较快上涨，需求释放过快影响，涨幅较上年回落了7.1个百分点。其中，水产养殖购进价格上涨6.3%，水产捕捞购进价格上涨10.4%，涨幅相比上年也都有所回落。在需求减弱的带动下，渔业购进价格涨幅也呈现出逐月回落态势，1月份的同比涨幅为16.7%，至12月份全年累计涨幅已回落了9.4个百分点。

（六）食品制造业购进价格同比大幅上涨

2014年1月份，乳制品需求供不应求，拉动乳制品购进价格大幅攀升。2014年广西食品制造业购进价格同比大幅上涨，涨幅为13.0%。其中在广西食品制造业中占据较大比重的乳制品制造购进价格上涨了14.0%。后因供需差距逐步缩小，乳制品制造购进价格涨幅逐月回落，涨幅有所缩小。1月份乳制品制造购进价格同比涨幅为21.1%，全年累计涨幅比1月同比涨幅回落了7.1个百分点，与国内乳制品的价格趋势一致。

三、工业生产者购进价格下降的主要原因

（一）宏观经济环境不景气

2014年国际国内宏观经济环境都不景气。国际上美国、欧洲、日本这些发达国家或经济体的经济环境都不景气，债务问题难以彻底解决，失业问题还是比较严重。而我国则正处于经济发展转型阶段，面临经济增长动力不足、部分行业产能过剩、地方债务风险、企业生产经营困难加剧等诸多问题，未来我国经济必将进入“中低速”增长区间。而2014年底，我国政府业已将2015年国内生产总值（GDP）增速目标降到7%了。

（二）市场整体需求不旺，影响原材料购进价格

2014年，国际国内市场疲软，需求不旺，诸多大宗商品价格不断下降。国际石油价格大跌，以致国内汽柴油价格随着十一连跌，企业的购进价格也随着下降。白糖、钢铁、煤炭、铜铝等产品也因产能过剩、需求不足等原因价格持续下降，导致其相关原料的购进价格也持续下降。

（三）政策只是采取微刺激经济良性发展

虽然我国经济持续下行两年多，但政府已明确表态不会采取大规模刺激经济的政策，坚持不扩大财政赤字，既不放松也不收紧银根，只是用一些微刺激政策促进经济良性发展。这些微刺激政策只是为了确保我国经济不出现断崖式跳水的下跌，实现平稳缓慢回落，在经济下行中优化我国产业结构，培育多个经济增长点，提高经济创新能力，不再单一依靠某些经

济产业。因此，我国经济将处于较长一段时间的调整期，确保平稳着陆，不会快速复苏。

四、2015年走势分析

2014年广西工业生产者购进价格仍延续2012年、2013年的下降态势，期间降幅虽略有收窄，但年底又再次扩大，且目前国际国内宏观经济环境不景气，我国经济发展速度放缓，2015年的GDP增速目标已降到7.0%，所以2015年广西工业生产者购进价格仍会处于下降状态。但随着经济结构优化初见成效，新的经济增长点的培养，促进经济平稳增长，新的消费方式逐步发展壮大，刺激消费增长，增加消费需求，企业库存逐步消化，生产需求渐渐复苏，推动企业补充原材料库存和增加原料需求，因此广西工业生产者购进价格将有所回升，但在我国经济总量已位居全球第二，而经济产业结构优化缓慢，经济复苏需要较长时间，决定了2015年广西工业生产者购进价格将缓慢波动回升。

1-7 2014年广西农产品生产者价格调查报告

2014年广西农产品生产者价格变动情况分析

在我国经济增速放缓、国内需求不旺、大宗农产品及石油价格下滑的大背景下，2014年广西农产品生产者价格下跌。其中：稻谷、油料、蔬菜、木材、家禽、鱼类等产品价格平稳上涨，水果价格小幅下降，甘蔗、生猪、桑蚕等农产品价格持续低迷。

一、农产品生产者价格变动情况分析

广西农产品生产者价格调查结果显示，2014年一至四季度广西农产品生产者价格同比涨跌幅度分别为0.9%、-4.8%、-1.3%、0.2%，全年比上年下跌1.9%。其中：农业（种植业，下同）和畜牧业产品价格分别比上年下跌1.6%和3.9%，林业和渔业产品价格分别比上年上涨3.2%和1.5%。

2014年广西农产品生产者价格指数

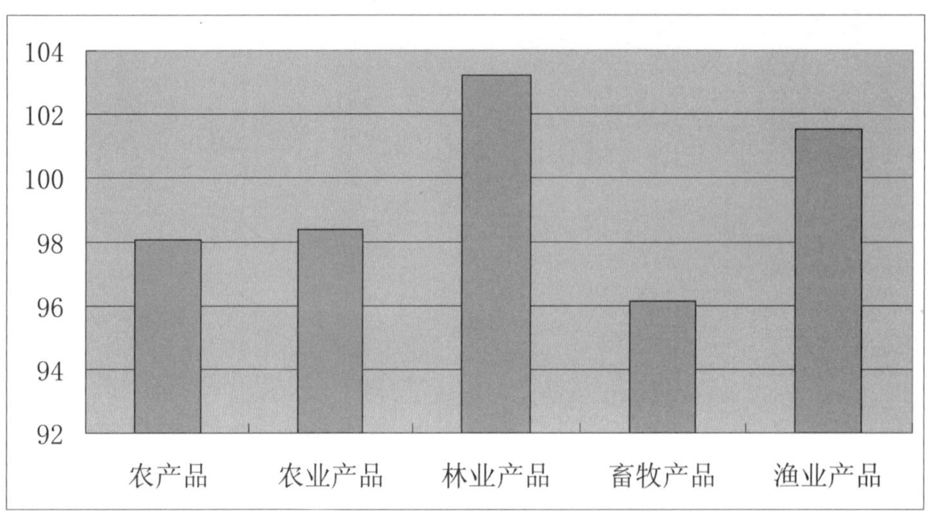

（一）农业产品价格下跌1.6%

2014年一至四季度广西农业产品生产者价格同比涨跌幅度分别为3.0%、-6.9%、0.5%、3.2%，全年累计下跌1.6%，其中：谷物、薯类、油料、生麻、未加工烟叶、蔬菜及食用菌、茶及饮料原料、中草药材价格分别比上年上涨2.4%、2.8%、1.5%、10.9%、2.1%、2.3%、2.3%和2.1%；豆类、糖料、水果及坚果分别下跌2.5%、7.1%、3.7%。种植业产品价格呈涨多跌少的态势。

1.谷物价格持续上涨。2014年一至四季度广西谷物生产者价格同比分别上涨1.8%、1.4%、1.9%和3.6%，全年累计上涨2.4%，呈小幅上涨的趋势。其中：稻谷、玉米价格分别比上年上涨3.0%和0.5%。上林县是广西粮源基地县，该县澄泰乡粮所2014年优质稻收购价为3.16元/公斤（已包含直补0.24元/公斤），比上年上涨9.0%；普通稻收购价2.94元/公斤，比上年上涨1.4%。

2.糖料蔗价格跌幅大。2014年广西糖料蔗生产者价格下跌7.1%。近两年来，由于市场糖价持续下跌，制糖企业亏损严重，2014/2015年榨季广西糖料蔗收购价格又下调到400元/吨，比上一榨季下降了9.1%。糖料是广西种植业的大宗农产品，广西食糖总产量占全国总产量的比重超过60%，糖料蔗价格的变动对农业产品价格走势影响较大，由于糖料蔗价格下跌，带动了全年农产品生产者价格下跌。

3.蔬菜和食用菌价格波动较大。2014年一至四季度广西蔬菜和食用菌生产者价格同比涨跌幅度分别3.3%、−10.7%、4.4%、2.7%，全年累计上涨2.3%。其中：叶菜类蔬菜、白菜类蔬菜、芥菜类蔬菜、根茎类蔬菜、茄果类蔬菜、莴苣及菊苣类蔬菜、水生类蔬菜和食用菌分别比上年上涨5.4%、6.5%、8.4%、6.7%、2.1%、10.8%、11.0%和4.0%，甘蓝类蔬菜、瓜菜类蔬菜、豆类蔬菜、葱蒜类蔬菜分别下跌7.4%、7.2%、2.8%和1.6%。2014年广西蔬菜价格受台风的影响，一些蔬菜生产减产，价格涨多跌少，波动幅度也比较大。

4.水果价格下跌。2014年一至四季度广西水果生产者价格同比涨跌幅度分别45.6%、−9.9%、−5.4%和8.7%，全年累计下跌3.7%。其中，柑橘类水果、葡萄、其他水果分别比上年上涨6.7%、6.9%、4.1%，热带水果、瓜果水果、食用坚果分别下跌5.5%、9.5%和3.4%。2014年广西逢荔枝、龙眼生产“大年”，主产地灵山县、浦北县、平南县等地荔枝、龙眼开花挂果率较高，产量大幅度增长，拉动了水果总体价格下跌。2014年广西龙眼、荔枝生产者价格分别下跌15.1%和23.6%。

（二）林业产品价格上涨3.2%

2014年一至四季度广西林业产品生产者价格同比分别上涨13.1%、0.7%、2.0%和1.5%，全年累计上涨3.2%。其中：育种和育苗价格与上年基本持平，木材采伐产品、竹材采伐产品、林产品的价格分别比上年上涨3.4%、4.6%和8.3%，林业产品价格呈现全面上涨的趋势。原木产品中，落叶松原木、马尾松原木、杉木原条、桉树原木价格分别上涨44.4%、1.0%、5.4%和7.4%；竹材产品中，毛竹和撑蒿竹的价格分别上涨6.5%和2.6%；林产品中，天然松脂、油桐籽、野生菌类、竹笋干的价格分别比上年上涨7.8%、11.9%、4.9%和4.9%。一方面，随着城镇化进程的加快，人们对木材的消费需求刚性上涨；另一方面，木材生长周期长，木材供需偏紧的状况长期存在，拉动了林业产品价格的上涨。

（三）畜牧业产品价格下跌3.9%

2014年一至四季度广西畜牧业产品价格同比分别下跌5.5%、4.6%、3.0%和2.3%，全年累计下跌3.9%。其中：活牲畜、畜禽产品价格分别比上年下跌4.3%和4.8%，活家禽价格上涨2.3%。

1.猪价持续下跌。2014年一至四季度广西猪价同比分别下跌5.4%、5.7%、3.7%和3.0%，全年累计下跌4.3%。其中：种猪、仔猪、中猪、可供出栏的肉猪价格分别比上年下跌11.4%、5.7%、2.7%和4.3%，能繁母猪价格上涨1.5%。尽管进入下半年后广西生猪价格环比有回升，但与上年相比，全年猪价仍呈下跌的态势。2014年广西猪价下跌的主要原因：一是猪肉供应充足，消费需求不旺；二是由于2014年生猪价格长时间低位运行，养殖户补栏积极性不高，仔猪难卖，价格低迷。生猪是广西大宗农产品，猪价下跌也带动了全年农产品生产者价格下跌。

2.活家禽价格上涨。2014年一至四季度广西活家禽价格同比涨跌幅度分别为−7.3%、6.8%、5.2%和5.3%，全年累计上涨2.3%。其中：活鸡、活鸭价格分别比上年上涨2.5%和1.6%。家禽价格上涨的主要原因是2013年二、三季度受“禽流感”疫情影响，广西家禽销量和价格大幅度下跌，与2013年暴跌的行情相比，2014年家禽价格反弹上涨。

3.蚕茧价格持续下跌。蚕茧是广西主要农产品之一，2014年二至四季度广西蚕茧生产者价格分别比上年同期下跌5.1%、8.7%和6.8%，全年累计下跌6.8%。据环江、宜州、上林等调查队反映，2014年发生桑瘿蚊、桑蓟马、青枯病和蚕脓病较多，很多蚕虫到“五龄”准备上竹结茧时就发病死亡，有的桑叶出现闷根死坏，蚕茧质量略差于上年，导致蚕茧价格下跌。上林调查队反映，受上林县税收清理政策的影响，该县30家鲜茧收购经营户要主动到税务部门申报纳税，并补缴往年交易产生的税费，这一规定使得收购商利润大大缩水，据蚕农反映，为挽回损失，部分收购商压低鲜茧收购价，三季度收购价普遍为32元/公斤～35元/公斤，而同质量的产品上年同期价格是36元/公斤～42元/公斤。

（四）渔业产品价格上涨1.5%

2014年一至四季度广西渔业生产者价格同比涨跌幅度分别3.1%、−1.9%、−0.2%和3.1%，全年累计上涨1.5%。其中：海水养殖产品、海水捕捞产品、淡水养殖产品、淡水捕捞产品价格分别比上年上涨3.2%、0.5%、1.1%和2.1%，渔业产品价格呈小幅上涨的趋势。渔业各品种呈涨多跌少的态势，如：在海水养殖产品中，鲈鱼、南美白对虾、牡蛎、珍珠价格比上年分别上涨4.8%、5.1%、3.1%和14.3%；海水捕捞产品中，角鲨、鲳鱼、石斑鱼、梭鱼、虾、蟹、墨鱼、鱿鱼价格分别上涨5.2%、1.9%、9.3%、9.0%、3.8%、1.5%、3.6%和4.6%；淡水养殖产品中，鲤鱼、胖头鱼、罗非鱼、鲢鱼、龟分别上涨4.3%、2.8%、0.8%、1.9%和6.3%。只有带鱼、海鳗、草鱼、鳖等少量鱼类产品价格下跌。2014年广西沿海受台风“威马逊”和“海鸥”的影响，沿海渔业生产遭受重创，海水养殖损失惨重，海产品养殖量下降，渔业产品价格有所上涨。

二、影响农产品价格变动的宏观因素分析

（一）经济增速放缓，对物价的影响相对温和

经济发展史表明，物价上涨周期与经济增长周期往往基本相同，高经济增长率会拉高物价水平，放缓的经济发展态势对物价水平的影响相对温和。当前我国国民经济进入发展新常态，由高速增长转为中高速增长，2014年我国生产总值（GDP）增长速度为7.4%，比上年降低0.3个百分点，广西2014年GDP增长速度为8.5%，比上年降低1.52个百分点。2014年全国乃至广西经济增速均有所放缓，对农产品总体价格水平的影响也比较温和。

（二）消费需求下滑，农产品价格上涨动力不足

因经济增速放缓，国内消费需求不旺。2014年社会消费品零售比上年增长12.0%，增速比上年回落1.1个百分点。特别是餐饮业的消费迅速下滑，大多数饭店对猪牛羊肉、家禽和蔬菜等食材的购买量大幅度下滑，生意惨淡，消费需求不旺是农产品价格下滑的主要原因。

（三）石油价格重度下跌，缓解了农产品上涨的压力

能源价格直接关系到农产品生产成本，近年来，能源价格波动对我国物价的影响越来越大。2014年国际油价上演大跌行情，受此影响，我国成品油连续10次下调，下调幅度超过

20%，石油价格的下跌减少了生产者的生产成本，降低了人民生活成本，同时也有利于减轻国内物价上涨的压力。

（四）大宗农产品产能过剩，拉动整体价格下滑

近两年来，广西大宗农产品糖料、生猪的生产获得好收成，2013/2014年榨季广西入榨糖料蔗7074万吨，同比增长4.8%；混合糖产量855.8万吨，增长9.2%；2014年广西生猪出栏3518万头，比上年增长1.8%。产能过剩的问题没有得到根本解决，大宗农产品供过于求的问题仍比较突出，在产能过剩的背景下，又面临着消费下滑，加剧了农产品生产价格水平的下滑。

（五）部分农产品价格倒挂严重，严重冲击国内市场

当前国际农产品成本优势明显，资源性农产品到岸税后价低于国内农产品批发价或到港价，且价格持续走低，国内外部分农产品价格倒挂严重，对我国农产品形成巨大冲击。如食糖、大豆、小麦等主要农产品国际市场价格价格远低于国内市场价格，由于价差明显，企业进口有利可图，食糖、大豆等主要农产品进口量大增，如2011年以来我国沿海地区糖商加大进口原糖加工，原糖进口连年增长，国外低成本食糖挤占国内市场，迫使国内食糖价格持续下行，糖料蔗收购价格也随之下滑。

三、农产品价格下跌带来的问题

（一）农产品价格下跌，“增产不增收”再遇尴尬

市场经济不可能没有价格波动，但大起大落对生产者和产业都会造成伤害。农产品价格下跌，带来的最直接影响是减少了农民的收入。就广西而言，甘蔗、生猪和桑蚕是我区大宗农产品，也是农民收入的主要来源之一，其价格下跌，意味着农民出售糖料蔗、生猪和蚕茧的收入也随之减少，“增产不增收”再遇尴尬。另外，这些产业在生产经营过程中出现了拖欠农民蔗款和蚕款的问题，白条现象再度出现。据忻城调查队反映，该县制糖企业因亏损无法及时支付蔗款，有的甚至拖至半年以上，桑蚕收购商也以赊账方式收购蚕茧，严重影响了农户的资金流转，农民增产不增收，影响了农户的种养积极性。

（二）农产品价格下跌，“谁来种田”的问题加剧

农产品价格下跌，农民从事种养业的比较收益下降，增收空间有限，家庭生产经营收入减少，农民被迫放弃农产品种养，趋向另谋职业，更多农民为了生计放弃了农田到城里打工，加快了农民外出打工的步伐。由于留守人员多为妇女、老人和小孩，能力有限，无力投入过多的精力从事农业生产，土地撂荒或土地“非粮化”现象更加突出，“谁来种田”的问题加剧，农民种养积极性受到打击，不利于农业生产稳定发展，也不利于农产品价格总水平稳定。

（三）农产品价格下跌，农产品生产风险加大

当前，我国农产品价格信息的监测和发布系统不健全，农户和生产经营企业往往无所适从，在广西大多农村地区，根本没有发布农产品产销信息的平台，群众了解农产品行情的渠道少，无法准确判断市场形势，往往是什么赚钱种什么，生产经营存在盲目跟风，如广西近年来生猪养殖和甘蔗生产就出现“一轰而上”的现象，千家万户的小生产与千变万化的大市场难以对接，供需脱节的问题突出，猪价、糖价巨幅波动，往往涨价时农民收益不多，但降价时农民却承担着绝大部分损失，有的甚至血本无归。农产品生产除了承受自然灾害、重大疫情等风险带来的产量下降外，还要承受价格大幅下跌造成的亏损风险，随着农产品价格的频繁波动，农业生产者的所承受的各种风险在加大。

四、几点建议

（一）确实转变职能，更新执政“新理念”

当前我国一些农产品价格“过山车”的现象，除了市场本身的盲目性外，还与政府干预过多或监管不到位有关系。因此，要处理好政府和市场的关系，确实转变职能，更新执政新理念，真正转向以宏观调控、市场监管、公共服务、社会管理与环境保护为己任，加强和优化公共服务，保障公平竞争；加强市场监管，维护市场秩序，推动可持续发展；加强服务工作，建设互联互通的信息化体系，及时构建农产品信息发布平台，改变像过去那种对资源的直接配置过多、不合理的干预太多的做法，解决目前政府职能越位、缺位和不到位的问题，真正发挥市场在资源配置中发挥决定性作用。

（二）调整生产结构，主动适应“新常态”

应充分利用市场信息、协调供需平衡、进行结构调整，主动适应经济趋缓、消费需求下降和结构调整的“新常态”，切实解决当前广西大宗农产品产能过剩的问题。一方面，种养业主应深入了解市场规律，准确把握农产品市场行情，根据市场变动情况，适时调整和优化种养结构，主动规避和化解市场风险，理智发展各项农业生产，根据市场需求合理组织生产，切忌“一轰而上”，尽可能解决好小生产对大流通的关系，切实解决产能过剩的问题，降低农业生产风险。

（三）开拓多种渠道，创新促销“新举措”

由于农产品价格下跌，农民“卖难”和“增产不增收”的问题仍比较突出，因此，应加大力度做好农产品促销工作，进一步开拓多种流通渠道，千方百计做好农产品生产、运输、加工、销售等工作，创新农产品流通“新举措”，大力发展农产品电子商务等现代交易方式，鼓励通过农超对接、农产品网店、厂家直销等多种方式建立产销对接平台，减少中间环节，降低流通费用，做好农产品促销工作。同时，在农产品运输通道、储藏加工、中间商销售利益分配、舆论宣传等方面也应及时跟进，解决歉收时“买难”，丰收时“卖难”等问题，确保农产品供需基本平衡。

1-8 2014年广西规模以下工业调查报告

2014年广西规模以下工业低速运行

2014年，面对国内经济增速放缓、市场需求疲软以及人工成本提高等制约因素，广西规模以下工业充分利用外在扶持政策，增强内在实力，总体上呈现低速增长态势，但在错综复杂的经营形势下，企业发展仍面临较大的下行压力。

一、规模以下工业运行状况分析

（一）规模以下工业总体保持低速增长

2014年全年规模以下工业可比价增速为3.7%，增速比前三季度下降0.8个百分点，比上年下降1.4个百分点，全年波动幅度在1个百分点以内。其中规模以下工业企业主营业务收入增长4.4%，比前三季度下降1.9个百分点。

（二）个体工业发展速度和质量稳定

据推算，2014年广西规模以下工业个体工业单位数为16.9万个，实现主营收入640亿元，比上年增长5.8%。资产总计为376.4亿元，个体工业资产为22.2万元/个，与上年基本持平。

（三）小微企业减税政策带动税金下降

2014年，广西规模以下工业企业税金总额比上年减少8.9%，减幅比前三季度扩大3个百分点；税金总额占主营业务收入的比重为3.4%，比上年降低0.5个百分点。

（四）企业生产设备利用率小幅上升

随着企业转型升级力度加大，以及水量较往年丰富带动小水电等行业生产设备利用率提高。2014年广西规模以下工业企业生产设备利用率为63.4%，比上年提高3.4个百分点。其中电力、热力生产和供应业生产设备利用率比上年提高7.2个百分点。

（五）企业应收账款大幅下降

2014年广西规模以下工业企业应收账款比上年下降19%，降幅比前三季度扩大3.1个百分点，比上年扩大32.4个百分点。主要原因是小微工业企业流动资金相对充足。据2014年4季度对475家小微工业企业调查问卷显示，61.7%的企业流动资金正常，比上年提高1.5个百分点。其中表示资金“宽裕”的占1.7%，比上年提高0.9个百分点。

（六）超七成半企业生产经营状况正常

调查问卷显示，有75.6%的企业认为当前生产经营状况正常，比上年提1.8个百分点。其中有14.5%的企业认为当前生产经营状况“良好”，61.1%的企业认为“一般”。

（七）招工需求偏弱，用工人数降低

调查问卷显示，17.7%的企业认为“招工难”是当前面临的主要问题，比上年下降1.5个百分点。四季度“无招工需求”的企业比重占66.3%，比上年提高1.4个百分点。受招工需求不足影响，2014年广西规模以下工业企业从业人员期末人数同比下降2.1%，降幅比前三季扩大3.2个百分点。

二、企业生产经营中面临的困扰因素

（一）企业成本上升快摊薄企业营业利润

问卷显示，分别有62.1%和46.9%的企业认为“用工成本上升快”和“原材料成本上升

快”是当前面临的最突出的问题。特别是用工成本上涨快，认可度比上年提高0.8个百分点。据调查，目前工业品销售市场整体处于供大于求格局，企业为了提升产品竞争力，保持和提高市场占有率，不能将用工成本和原材料价格上涨的压力直接转嫁给消费者，只能内部消化，对企业发展产生较大影响。2014年，广西规模以下工业企业主营业务成本增长2.4%，增幅比上年提高1个百分点。在多重成本压力挤压下，导致2014年企业营业利润比上年下降9.7%。

（二）企业抗风险能力弱致关停增多

受生产成本上升、市场竞争力弱等因素影响，广西目录企业关停并转比重不断攀高。在调查的842户规模以下工业目录样本企业中，2014年关停并转企业数比上年新增33家，关停并转比重比上年提高7.9个百分点。

（三）外部环境对小微工业企业发展带来影响

一是自然环境影响。北海市反映，2014年遭受了两次强台风的正面影响，尤其是超强台风“威马迅”的正面袭击，对北海市企业的生产经营影响较大。一方面台风对水电设施、通讯网络的破坏较大，“威马迅”过后，北海市城区内48小时以后勉强恢复通电，72小时以后才勉强恢复通水，部分受破坏较严重的乡镇可能需要好几个星期才能恢复水电、通讯网络，对生产影响较大。如北海市铁山港区盛伟刨木厂，由于台风影响电压长期不稳定，电锯无法使用导致2014年三季度无法正常生产；另一方面台风对工厂设备毁坏严重，如北海市侨港自来水有限公司，该企业地理位置靠海，厂房多为平房，容易受台风影响。威马迅台风毁坏了侨港自来水公司较多设备，部分设备维修后使用，部分设备只能报废后重新购买，购买和维修的成本过高，使得该厂今年利润大幅减少。二是市场价格波动。河池市某矿厂因目前矿产品价格太低，企业不愿意销售矿产品，造成矿产品积压现象，企业亏损严重。

（四）融资成本仍高企，融资难问题客观存在

调查显示，2014年小微工业企业融资成本仍相对较高，第四季度发生银行借款的企业年利息及费用率为8%，民间借款年利息率高达22.8%。19.8%的企业仍仍为融资难是当前面临的最突出问题，比上年提高3个百分点。

（五）国际市场需求不足致出口收入大幅下滑

在国际市场需求不足的影响下，部分企业没有承接国外订单，企业产品转内销，造成2014年广西规模以下工业企业出口产品销售收入比上年大幅下降60.23%。如南宁某公司生产的木衣架，2014年由于没有承接出口订单，出口收入减少791.7万元。宾阳某公司出口销售收入915.00万元，下降28.2%。

（六）自身管理能力欠缺导致企业经营不善

规模以下工业大多数是从个体工业户发展而来，经营管理者的素质相对较低，加之传统的“作坊式”或“家族式”管理模式，导致了许多企业疏于成本、营销和资产等方面的管理，忽略企业的科技投入和市场开拓，做大做强的动力和能力不足。如北海市某公司，由于管理能力不足，产品质量把关不严，屡次被国外客户退货，货款回收很慢，导致员工工资无法及时发放，员工离职率高，新招员工技术不扎实，又进一步影响产品质量。2014年该厂由于返工次数多，废品率较高，长期无法正常出口，主营业务收入大幅减少。

三、2015年一季度企业预期形势不容乐观

2014年四季度据对475家小微工业企业问卷调查显示，12%的企业认为2015年1季度生产增速会加快，较上季度减少2个百分点；认为会持平的企业占58.7%，较上季度减少1.6个百分点；29.3%的企业认为增速会减缓，较上季度增加3.6个百分点。

四、促进规下工业发展的对策建议

规模以下工业在活跃市场、吸纳就业、富民强省、县域经济等方面发挥的作用不断增强，是规模以上工业的最主要来源和支撑。因此，各级政府要高度重视规模以下工业发展，不但要在政策上给予重点扶持，同时，也要引导和鼓励企业自主创新，提升产品核心竞争力，促进规模以下工业持续健康快速发展。

（一）继续加大政策扶持力度，切实减轻企业负担

政府及相关职能部门要加大对规下工业企业政策扶持力度，优化规下工业企业发展环境，如对市场准入、税费、就业、用地等方面出台相关政策及扶持措施，同时通过放宽准入、改善服务、规范税费等多种方式吸引更多的民间资金投资规下工业企业，切实减轻企业税费负担，推动规下工业业企业不断发展壮大、提档升级，提高规下工业企业市场竞争力。

（二）建立小微企业金融服务长效机制

服务实体经济、扶持小微企业是一项长期的工作，一是继续做好小微企业贷款的宣传和营销工作，重点是要引导各金融机构深入企业，了解企业需求，提供适合的产品和优质的服务；二是引导各金融机构构建小微企业贷款绿色通道，将强化服务和提高效率作为提升核心竞争力的重要手段来抓，全力提高各个环节的工作效率，为小微企业提供专业化、一站式、综合性服务。

（三）加快推动科技创新

积极引导鼓励规下工业企业和个体与科研机构、大专院校合作与交流，通过购买、入股、合作等形式，促进科技成果转化，提升企业竞争力。建立规模以下工业科技创新专项扶持基金，引导和鼓励规下工业企业和个体自主创新，对市场需求大、发展前景好、科技含量高的科研成果，给予必要的政策和税费支持，尽快促进其转化。另外，加大宣传力度，提高企业对科技创新在促进企业发展、扩大市场份额、提升产品品质等方面的认识。

（四）规范企业内部管理，降低企业经营成本

针对原材料价格、用工成本上涨带来的经营成本上升的压力，企业应在抓好产品结构调整和提高服务质量的同时，要强化企业内部管理，严格控制成本费用支出，节能降耗，提高生产效率，从而有效地提高企业盈利水平。

1–9 2014年广西粮食生产调查报告

粮食种植面积基本稳定 单位面积产量再创新高

根据国家统计局广西调查总队粮食产量抽样调查结果，并经国家统计局核定，2014年广西全年粮食播种面积4601.5万亩，比上年减少12.5万亩，减少0.3%；亩产为333.5公斤，比上年增加3.6公斤，增长1.1%；总产量为1534.4万吨，比上年增加12.6万吨，增长0.8%。广西粮食单位面积产量增长幅度高于全国平均水平，在全国各省（市、区）增长幅度排位中列第14位，粮食单位面积产量创历史新高。

一、夏收粮食（国家口径，下同）产量增长2.5%

经国家统计局核定，2014年广西夏收粮食播种面积为169.8万亩，比上年增加7.5万亩，增幅4.6%；亩产为217.2公斤，比上年减少4.3公斤，下降1.9%；总产量为36.9万吨，比上年增加0.9万吨，增长2.5%。近年来，种植马铃薯效益较好，有关部门产业政策扶持力度加大，农户种植马铃薯的积极性较高，马铃薯种植面积扩大是夏收粮食产量增加的主要原因。

二、早稻总产量下降2.1%

经国家统计局核定，2014年广西早稻播种面积为1376.4万亩，比上年减少15.5万亩，下降1.1%；亩产394.7公斤，比上年减少4.2公斤，下降1.1%；总产量543.3 万吨，比上年减少11.9万吨，下降2.1%。在全国8个早稻主产区中，广西早稻面积及单产均列第3位。

（一）种植结构调整，早稻面积下降

受粮食生产效益低、农村劳动力不足和土地流转等因素的影响，粮食用地向高效益种植业转移，零星地块撂荒，致使2014年广西早稻播种面积比上年减少。

（二）农技推广面大，田间管理及时

据农业生产部门统计（下同），2014年广西早稻推广超级稻面积520.7千公顷，同比增长8.0%，为早稻单产稳定奠定了基础；大力实施粮食稳定增产增效“133” 示范工程（1000万亩水稻增产增效工程、300万亩低产玉米增产工程、新增30万亩马铃薯增粮增收工程）；继续实施“多播一斤种、增收百斤粮”增粮工程；积极培育种粮大户、种粮专业合作社等新型种粮主体，在主产区引导种粮大户等新型种粮主体开展工厂化育秧、大棚育秧等集中育秧，在核心示范区实施测土配方施肥、水气平衡栽培，在早稻生长中后期实施以“一攻三喷”为主的田间管理措施等技术，促进早稻苗情生长和孕穗抽穗取得成效。

（三）不良天气影响，早稻单产下降

尽管早稻生产期间大部分时段农业气象条件对早稻生产总体有利，但是部分地区早稻播种育秧、插秧期间，出现较长时间的低温阴雨寡照过程，早稻秧苗生长缓慢、黄弱，插后回青迟，早稻单产受到影响。同时，部分地区受9号台风“威马逊”影响，早稻损失严重。一方面，在预警强台风即将到来前夕，群众为减少损失抢收早稻，一些未完全成熟的早稻被迫提前抢收了；另一方面，未完全成熟的早稻因台风倒伏，在台风过后也被迫提前收割，对早稻单产影响较大。

三、秋收粮食（国家口径，下同）产量增长2.5%

经国家统计局核定，2014年广西秋粮播种面积为3055.3万亩，比上年减少4.5万亩，下降0.1%；亩产312.3公斤，比上年增加8.2公斤，增长2.7%；总产量954.2万吨，比上年增加23.6万吨，增长2.5%。晚稻播种面积为1439.6万亩，比上年减少11.5万亩，下降0.8%；亩产364.9公斤，比上年增加14.8公斤，增长4.2%；总产量525.3万吨，比上年增加17.3万吨，增长3.4%。中稻、玉米、晚稻等大宗作物单产呈全面增长态势。

（一）秋粮面积基本稳定

由于糖料蔗收购价格连续两年下降，农户减少甘蔗种植，部分蔗地改种玉米、薯类、豆类等粮食作物，秋粮种植面积得以基本保持稳定。2014年秋粮播种面积为3055.3万亩，比上年减0.1%。分品种看，玉米876.0万亩，比上年增加0.5%；豆类223.7万亩，比上年增加2.8%；薯类283.4万亩，比上年增加0.5%；中稻223.4万亩，比上年减1.6%；晚稻1439.6万亩，比上年减0.8%。

（二）病虫危害防控有效

2014年广西晚稻病虫害比正常年份轻，且监测预报及时，防控效果好，广西没有出现大面积的病虫危害。据广西调查总队深入乡村田间调研了解，大部份群众反映，晚稻病虫害危害程度轻微，农药喷杀虫治病的次数比往年少1-2次。

（三）良种良法推广有力

据农业部门农情统计，广西秋粮优良高产良种覆盖率超过了90%，其中晚稻超级稻面积420千公顷，占晚稻面积的43.1%，比上年增加14千公顷。广西开展“一攻三喷”晚稻面积400千公顷。高产玉米良种推广面积69千公顷，比上年增加11千公顷，玉米地膜覆盖栽培和免耕栽培面积比上年增加7千公顷。水稻、玉米测土配方施肥和病虫害综合防治实现了全覆盖。

（四）农业气象好于上年

据气象资料，3月下旬后期到4月下旬前中期，大部时段降水较多，气温基本处于正常范围，水热条件配合较好，利于春播玉米、豆类、薯类等旱粮作物播种和播种出苗生长；5月中下旬大部地区气温偏高，雨量、雨日虽然稍多，但光照仍然充足，没有出现“卡脖旱”，对玉米、豆类、薯类作物的抽雄吐丝、开花授粉有利，也利于中稻播种；6月中旬前期大部地区气温较高，光照充足，有利于大部地区玉米的灌浆和豆类长荚、薯类结薯及中稻插秧。7月大部分时段以高温晴热和分散性阵雨天气为主，光、温条件配合良好，对玉米、豆类作物的灌浆、成熟和收晒及中稻生长有利。7月18～20日9号台风“威马逊”及外围云系带来的强降雨天气给桂南、桂中地区带来充沛的降水，为晚稻灌溉提供了充足用水，同时较好的土壤墒情利于夏播玉米、豆类、薯类等秋旱粮作物的播种及出苗生长；8月上旬大部地区气温正常到偏高，降雨量偏少，日照时数偏多，对晚稻秧苗生长、移栽、栽后返青、分蘖和秋旱粮作物的播种、出苗、生长有利；8月中旬前期和后期，大部地区出现了持续性的强降雨天气，对抑制旱情的发生十分有利，8月下旬至9月上旬，广西各地以晴朗天气为主，雨水适宜，对晚稻及晚玉米、豆类、薯类等秋旱粮作物播种和生长、中稻灌浆成熟极为有利；9月16～17日，受台风“海鸥”影响，广西桂南及桂西地区出现降雨，土壤墒情趋于富饶，利于该地区的夏播玉米、豆类、薯类等秋旱粮作物生长，对秋粮生产的影响利大于弊。

在晚稻生长期间，广西晚稻主产区没有出现寒露风天气。根据各地反映，2014年9月和10月份，广西没有出现过寒露风天气过程，是近十年来寒露风天出现最晚的年份，对晚稻抽穗扬花十分有利。以全州县为例，正常年景出现第一次寒露风天气的时间在每年的9月中旬至下旬之间，但2014年至晚稻收获期间，该县仍未出现寒露风天气。

四、粮食生产存在的问题

（一）劳动力不足，耕地非粮化、有田不种面积增多

随着农村大批青壮年的外出打工，目前从事农业生产的劳动力大多是老、弱、病、残、妇，肩负着扶老携幼的家庭重任，很难全身投入到农业生产活动中去，农民的种粮积极性下降。许多市、县调查队反映，由于缺少劳动力，一批粮食用地转向非粮食生产（主要向林地、园地等专业性用地流转），同时，有田不耕种面积逐年增加。

（二）粮食价格涨幅不大，种粮效益依然较低

稻谷是广西的主要粮食品种，2014年一、二、三季度广西稻谷生产者价格同比分别上涨1.8%、2.3%和2.2%，呈小幅上涨的态势。近年来，由于人工成本快速上涨，种粮成本也快速增长，而粮食价格却平稳略涨，种粮比较效益依然较低，许多农村劳动力宁愿选择外出打工，也不愿意在家种粮，农民种粮的积极性不高。

（三）种粮大户不多，粮食生产专业化程度低

当前广西土地流转还存在连片流转难、土地租金变化大、难签订长期合同等问题，制约了种粮大户的发展。特别是一些农民认为土地流转会造成土地分界不明，为了避免纠纷宁可抛荒不种，也不愿意承包给他人。此外，绝大多数农户没有加入专业性的农产品生产经营协会组织，分散、零星的散户生产居多，粮食生产专业化程度低。

（四）农业基础薄弱，种粮难有较快突破

粮食生产高度依赖灌溉，但水资源分布不均、水土资源不匹配，农田水利对农业的支撑能力不足，基本排灌条件缺少，部分灌区工程不配套，老化失修严重，运行效率不高，水利设施薄弱仍是影响广西粮食生产稳定发展的最大硬伤，短期内粮食生产难有较大突破，粮食继续稳定增产的难度较大。

五、发展广西粮食生产的一些建议

（一）积极推进土地流转，提高土地利用率

土地承包经营权流转，既是一条有效促进土地有效利用的渠道，也是促进现代农业发展的重要手段。一方面可有效遏制外出务工造成的土地荒芜现象，另一方面利于农业机械化耕作。应加快建立健全土地流转机制，积极推进土地流转进度，有效整合土地资源，提高土地利用率。在资金、政策等方面重点扶持种粮大户发展粮食生产。在桂西北等适宜冬小麦种植的地区，大力推广冬小麦的种植，进一步抓好冬季粮食生产工作。

（二）提高农业机械化程度，有效缓解农村劳动力不足矛盾

受自然条件和机械作业费用高等多种因素影响，广西农业机械化程度比较低，粮食生产劳动生产率低、劳动强度大在一定程度制约了广西粮食生产的发展。建议加大农业机械研发

力度，提高机械使用率，降低机械作业成本，使更多农民能够用得起，使粮食生产能够从繁重的体力劳动中解放出来。

（三）加大耕地保护督查力度，确保粮食播种面积

从目前情况看，城镇开发、农村建房等违规占用耕地的行为并没有得到完全抑制，土地流转使耕地变性转移的现象时常发生，有些流转后的耕地由于用途改变，导致耕地难以复耕或无法复耕，耕地有名无实。各级政府有必要加大耕地保护力度，建立耕地流转使用年度报告制度，定期对流转耕地进行核查，保证流转后的耕地属性不被改变，确保粮食播种面积的稳定。

（四）加大农田水利建设投入，增强粮食生产抵抗风险的能力

广西属自然灾害频发区，每年发生的各种自然灾害都会给粮食生产带来损失，为此，必须继续加大农田水利建设投入，修复、巩固和提高现有水利工程的灌溉排涝作用。加大治理力度，积极防范自然灾害，增强粮食生产抵抗自然灾害和各种风险的能力，防止粮食生产大起大落。

1–10 2014年广西规模以下服务业监测调查报告

2014年广西服务业小微企业监测调查报告

为反映广西服务业小微企业的经营状况、经营环境，为政府宏观经济政策提供参考依据，国家统计局广西调查总队在广西开展了服务业小微企业监测调查，调查结果显示，2014年，广西服务业小微企业营业收入比上年增长13.5%，呈全面较快的发展态势。

一、小微服务业企业监测调查基本情况

服务业小微企业监测调查采用目录抽样方法，在全自治区范围10个服务业行业门类的全部40446家小微企业中，抽取了1765家样本企业开展监测调查，样本企业分布于各类行业、各经济类型、各地市中。

（一）行业分布情况

交通运输、仓储和邮政业企业345家，信息传输、软件和信息技术服务业企业138家，房地产业企业160家，租赁和商务服务业企业311家，科学研究和技术服务业企业201家，水利、环境和公共设施管理业企业90家，居民服务、修理和其他服务业企业192家，教育企业86家，卫生和社会工作企业48家，文化、体育和娱乐业企业194家。

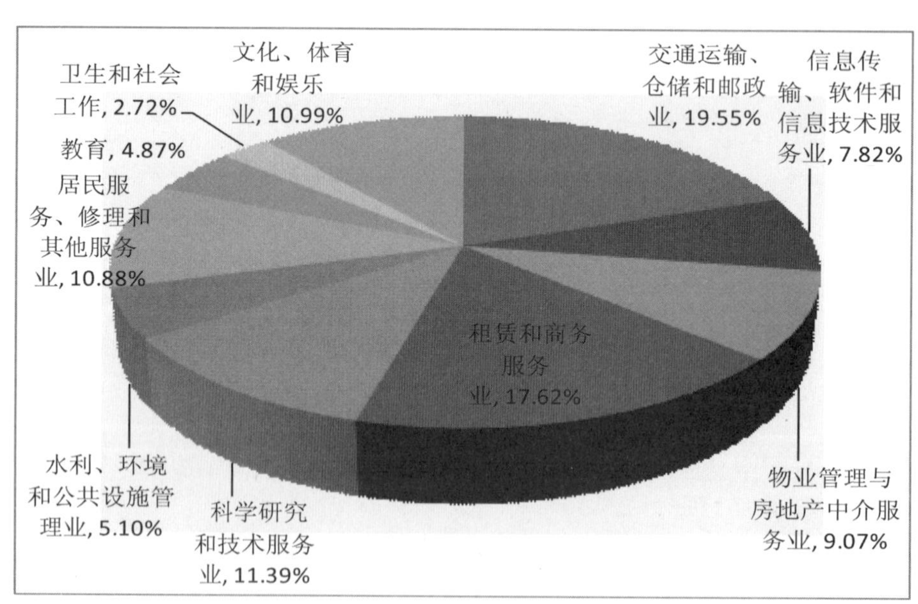

（二）经济类型分布情况

样本企业中的国有企业、集体企业、私营企业和港澳台商及外资企业等多种经营形式并存，其中，私营企业数占90.6%，处于主导地位。国有企业、集体企业和港澳台商及外资企业数分别占5.7%、3.0%和0.7%。

（三）地域分布情况

南宁市占22.9%，柳州市占13.5%，桂林市占7.9%，梧州市占4.2%，北海市占4.9%，防城港市占2.8%，钦州市占5.4%，贵港市占6.3%，玉林市占4.8%，百色市占6.0%，贺州市占2.3%，河池市占6.9%，来宾市占5.7%，崇左市占6.2%。

二、服务业小微企业总体呈较快发展态势

2014年，广西服务业小微企业营业收入保持较快增长、资产规模减少、社会贡献能力增强、员工收入增长社会保障水平提高，行业发展呈较快增长态势。

（一）营业收入保持较快增长

小微企业营业收入达319.3亿元，比上年增长13.5%。在经济下行压力下，增速虽比上年回落1.5个百分点，仍保持较快增长态势。

（二）企业转型资产规模减少

小微企业资产总计为3373.3亿元，比上年下降13.6%。其中，科学研究和技术服务业、租赁和商务服务业资产减少较大，分别比上年下降42.7%、16.3%。

（三）解决就业能力持续增强

小微企业新增企业3600户，比上年增长8.9%。共解决就业39.2万人，比上年增长6.9%，户均解决就业9人；从业人员月均薪酬为2246.3元，比上年增长16%。

三、服务业各行业小微企业全面发展

（一）物流服务业体现高活力

随着企业产业升级、优化结构、零库存管理等企业管理的改变以及快递行业的兴起，总量小、频率高的小物流企业体现出了较高的活力。交通运输、仓储和邮政服务业营业收入比上年增长18.5%。其中，邮政业、航空运输业、水上运输业发展迅速，营业收入分别比上年增长38.7%、35.4%和34.6%。

（二）软件和信息业技术水平不断提高

科技投入逐渐收到效果，软件和信息技术服务业行业增长较快。信息传输、软件和信息技术服务业企业营业收入比上年增长18.8%。其中，小微软件和信息技术服务业，互联网和相关服务业，电信、广播电视和卫星传输服务业营业收入分别比上年增长21.6%、4.6%和2.6%。

（三）租赁和商务服务业作用增强

租赁和商务服务业针对更细分的市场提供更专业的服务，在经济全面转型升级，提高经济效率中起的作用增强，行业发展体现出较强的竞争力。租赁和商务服务业营业收入比上年同期增长10.6%，其中，租赁业增长11.8%，商务服务业增长10.6%。

（四）科技服务和推广服务业平稳发展

广西科学研究和技术服务业起步晚，高新技术人才缺乏，小微科技企业主要集中在提供专业技术服务和科技推广应用方面，行业发展随市场需求平稳发展。企业营业收入比上年增长9.8%，其中，专业技术服务业、科技推广和技术服务业营业收入，分别增长10.4%和9.4%。

（五）水利、环境和公共设施管理业稳步推进

广西治理环境卫生，清洁乡村的活动效果明显，水利、环境和公共设施事业稳步推进，水利、环境和公共设施管理服务业营业收入为比上年增长15.4%，其中，水利管理业、生态保护和环境治理业、公共管理服务业分别比上年增长了5.3%、22.8%和14.6%。

（六）面向民生的服务业行业普遍增长

随着城镇化进程的不断加快，城市人口的不断增加、居民收入水平稳定提高及消费习惯的改变，面向民生的服务行业普遍增长较快，但是职业技能培训、卫生和社会工作存在“产能不足”，供给有限，收入增长空间小。居民服务、修理和其他服务业，文化体育和娱乐业，房地产服务业企业营业收入分别比上年提高25.4%、20.4%和14.2%；卫生和社会工作，教育业营业收入分别比上年提高4.6%和1.0%。

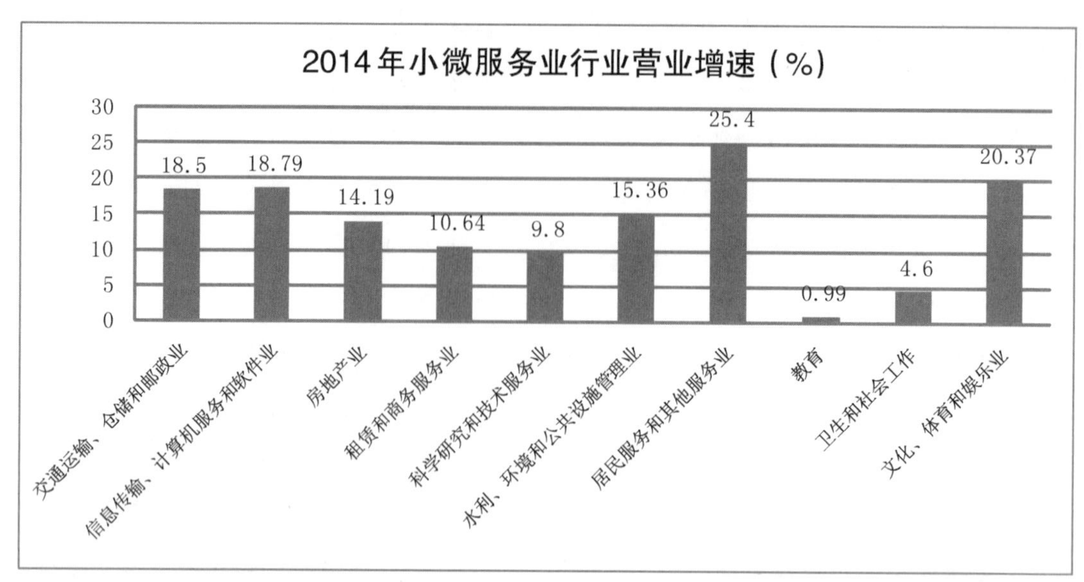

四、服务业小微企业地域发展不均衡

2014年，广西各城市服务业小微企业呈现不同程度的增长，但发展不均衡，增速最快的是防城港市，为22.4%，最慢的是桂林市，仅为8.1%。从各城市看，服务业小微企业的发展有三个特点：

（一）服务业小微企业集中在大城市

有51.4%的服务业企业分布在南宁、柳州、桂林三个城市，这三个市的服务业小微企业营业收入占全自治区的63.8%。

（二）北部湾城市发展较快

北部湾城市服务业小微企业营业收入增速均在全自治区速度之上。其中，防城港市增长22.4%、北海市增长17.0%、钦州市增长15.8%，南宁市增长13.7%。

（三）西江经济带的城市发展趋缓

贵港市、梧州市和玉林市等西江经济带城市的服务业小微企业发展趋缓，营业收入分别比上年增长11.1%、9.6%和9.2%，低于全自治区增速。

表2—2　广西各市小微服务业营业收入增长率

城市	增长率（%）	城市	增长率（%）
全自治区	13.53	—	—
南 宁 市	13.72	贵 港 市	11.13
柳 州 市	16.82	玉 林 市	9.15
桂 林 市	8.13	百 色 市	17.33
梧 州 市	9.57	贺 州 市	15.31
北 海 市	16.95	河 池 市	12.13
防城港市	22.35	来 宾 市	21.15
钦 州 市	15.80	崇 左 市	15.15

五、服务业小微企业经营状况有待改善

有27.9%的企业认为企业经营状况不佳；有59.1%的企业认为经营状况一般；有13.0%的企业认为经营状况良好。虽然服务业小微企业税费负担得到明显减轻，但经营状况仍有待改善。

（一）盈利能力下降

有26.8%的企业盈利能力改善，比上年下降8.3个百分点；有46.7%的企业盈利能力恶化，

比上年提高4.2个百分点。服务业小微企业数量增加带来的行业竞争，拉低个体企业的经济效益，影响经营质量。一是企业增收受影响。有36.9%的企业营业收入增加，比上年下降6.0个百分点；有35.1%的企业营业收入减少，比上年下降2.1个百分点；二是营业成本上涨依然突出。有51.0%的企业营业成本增加，比上年下降5.4个百分点；有12.5%的企业营业成本减少，比上年下降3.0个百分点。

（二）企业税费负担明显减轻

一是税收优惠面大幅增加。有56.0%的企业享受了优惠政策，比上年增加20.6个百分点；有11.0%的企业免税，比上年提高了0.5个百分点。二是政府部门减免收费力度大。有10.5%企业本期的政府部门比上期增加，比上年下降3.3个百分点；有32.9%的企业持平，比上年下降23.2个百分点；有9.9%的企业减少，比上年提高0.5个百分点；有36.3%的企业无政府部门收费，比上年提高15.6个百分点。三是营改增税制稳步推进。有47.5%的企业实行了增值税，比上年提高了14.6个百分点。

（三）融资难度降幅小

有51.5%的融资企业认为融资难，认同率比上年下降了3.4个百分点；有43.9%的企业有融资需求，比上年下降了0.6个百分点。广西政府实行大力促进中小企业贷款融资的政策，对服务业小微企业的发展起到一定的促进作用，但效果不明显。有12.5%的企业主要资金来源为银行贷款，比上年下降1.4个百分点；有35.4%的企业资金紧张，比上年提高了2.9个百分点。

（四）招工难有所缓解

有27.5%的企业认为招工难，认同率比上年下降2.3个百分点；有54.7%的企业认为用工成本上升快，认同率比上年下降7.7个百分点；有24.6%的企业劳动力需求增加，比上年下降0.7个百分点；有15.8%的企业劳动力需求减少，比上年下降1.8个百分点。

六、企业对政府有关部门的建议

监测结果显示，在对政府有关部门的要求与建议中，企业对扶持和优惠政策期盼最高，对转变政府工作作风、加强市场监管、引导方面也有较高诉求。

（一）加大政策扶持及落实力度

有59.0%的企业希望政府及有关部门进一步加大政策扶持及落实力度，认同率比上年下降3.9个百分点。企业反映目前政府的政策产生了一些有利影响，希望能进一步落实，带来更多实惠。

（二）减免税费

有56.3%的企业希望政府及有关部门进一步减免税费，认同率比上年下降2.2个百分点。企业反映政府部门减免税费的力度很大，切实减轻了企业压力，希望能继续保持或加大税收减免力度。

（三）加强引导和市场开拓

有25.0%的企业希望政府及有关部门加强引导和市场开拓，认同率比上年下降0.8个百分点。企业反映同行业企业数量增加，竞争加大，希望政府能加强引导和市场开拓，缓解竞争压力。

（四）转变部门工作作风，简化办事程序

企业认为政府的工作效率和服务意识还需进一步提高，有22.3%企业希望政府及有关部门转变部门工作作风，简化办事程序，认同率比上年提高了1.5个百分点。

（五）加强行业监管，营造公平竞争的市场环境

有20.6%的企业希望政府及有关部门加强行业监管，营造公平竞争的市场环境，认同率比上年下降1.5个百分点。

1-11 地区生产总值（1978—2014年）

Gross Domestic Product（1978—2014）

本表按当年价格计算
Data in this table are calculated by current prices.
单位：亿元 (100 million yuan)

年份 Year	地区生产总值 Gross Domestic Product	第一产业 Primary Industry	第二产业 Secondary Industry	工业 Industry	建筑业 Construction	第三产业 Tertiary Industry	人均地区生产总值（元/人） Per Capita GDP (yuan/person)
1978	75.85	31.01	25.81	23.29	2.52	19.03	225
1979	84.59	37.57	27.98	25.12	2.86	19.04	246
1980	97.33	44.07	30.79	27.78	3.01	22.47	278
1981	113.46	52.58	33.01	29.71	3.30	27.87	317
1982	129.15	63.15	34.72	30.98	3.74	31.28	354
1983	134.60	63.59	37.09	32.39	4.70	33.92	363
1984	150.27	66.26	43.26	36.97	6.29	40.75	399
1985	180.97	77.49	54.69	45.92	8.77	48.79	471
1986	205.46	85.62	69.03	58.41	10.62	50.81	525
1987	241.56	99.94	81.79	70.96	10.83	59.83	607
1988	313.28	118.25	100.69	86.38	14.31	94.34	770
1989	383.44	149.98	109.97	97.11	12.86	123.49	927
1990	449.06	176.77	118.45	104.79	13.66	153.84	1066
1991	518.59	195.17	141.02	123.66	17.36	182.40	1211
1992	646.60	233.03	187.48	161.44	26.04	226.09	1490
1993	871.70	250.11	321.10	273.03	48.07	300.49	1982
1994	1198.29	333.79	469.81	404.59	65.22	394.69	2675
1995	1497.56	453.15	535.86	461.25	74.61	508.55	3304
1996	1697.90	534.88	587.37	503.32	84.05	575.65	3706
1997	1817.25	582.74	614.07	524.49	89.58	620.44	3928
1998	1911.30	586.70	667.29	561.34	105.95	657.31	4346
1999	1971.41	567.72	682.34	570.76	111.58	721.35	4444
2000	2080.04	557.38	732.76	612.33	120.43	789.90	4652
2001	2279.34	576.34	771.18	639.55	131.64	931.82	5058
2002	2523.73	601.99	846.89	699.15	147.74	1074.85	5558
2003	2821.11	658.78	984.08	813.79	170.29	1178.25	6169
2004	3433.50	817.88	1253.70	1044.80	208.90	1361.92	7461
2005	3984.10	912.50	1510.68	1264.84	245.84	1560.92	8590
2006	4746.16	1032.47	1878.56	1592.33	286.23	1835.12	10121
2007	5823.41	1241.35	2425.29	2090.10	335.19	2156.76	12277
2008	7021.00	1453.75	3037.74	2627.39	410.35	2529.51	14652
2009	7759.16	1458.49	3381.54	2863.84	517.70	2919.13	16045
2010	9569.85	1675.06	4511.68	3860.46	651.22	3383.11	20219
2011	11720.87	2047.23	5675.32	4851.37	823.95	3998.33	25326
2012	13035.10	2172.37	6247.43	5279.26	968.17	4615.30	27952
2013	14449.90	2290.64	6731.32	5600.50	1134.24	5427.94	30741
2014	15672.89	2413.44	7324.96	6065.34	1263.87	5934.49	33090

1-12 财政、金融（1978—2014年）

Government Finance & Financial Intermediation（1978—2014）

单位：亿元 (100 million yuan)

年份 Year	财政 Finance			金融 Banking		
	总收入 Total Revenue	总支出 Total Expenditure	收支差额 Income & Expenditure Balance	各项存款年底余额 Total Saving Deposit Balance	各项贷款年底余额 Total Loan Balance	城乡居民储蓄存款年底余额 Urban and Rural Savings Deposits
1978	14.32	20.78	-6.46			
1979	12.05	20.60	-8.54			
1980	12.58	17.44	-4.86			
1981	12.73	16.04	-3.32			
1982	13.03	17.44	-4.41			
1983	13.58	18.84	-5.26			
1984	13.47	23.06	-9.59			
1985	20.18	29.75	-9.57	94.96	118.38	34.23
1986	25.23	42.22	-16.99	124.85	152.47	48.40
1987	30.54	47.70	-17.16	160.54	186.26	67.64
1988	33.89	53.27	-19.39	165.67	210.61	81.73
1989	41.41	57.74	-16.33	211.22	277.75	107.35
1990	46.83	65.00	-18.17	271.17	326.29	152.29
1991	55.92	71.61	-15.69	351.85	389.76	201.39
1992	61.20	78.48	-17.28	501.66	499.20	277.02
1993	95.93	107.49	-11.56	662.74	664.72	406.04
1994	62.26	124.93	-62.67	915.24	835.52	572.34
1995	79.44	140.59	-61.15	1152.32	1055.67	735.50
1996	90.51	157.01	-66.50	1361.17	1203.41	884.55
1997	99.16	170.83	-71.68	1568.83	1423.48	1013.14
1998	119.67	198.36	-78.69	1792.10	1516.49	1150.08
1999	133.56	224.98	-91.41	2010.14	1719.19	1257.26
2000	147.05	258.49	-111.43	2269.06	1613.25	1374.42
2001	178.67	351.65	-172.98	2518.94	1764.05	1538.95
2002	186.73	419.86	-233.13	2784.14	1941.07	1736.60
2003	203.66	443.60	-239.94	3175.34	2320.66	1971.66
2004	237.77	507.47	-269.70	3673.19	2759.65	2240.11
2005	283.04	611.48	-328.44	4202.84	3056.86	2561.34
2006	342.58	729.52	-386.94	4971.86	3595.25	2946.22
2007	418.83	985.94	-567.12	5749.94	4287.79	3185.28
2008	518.42	1297.11	-778.69	7024.10	5066.68	3851.95
2009	620.99	1621.82	-1000.83	9583.13	7268.41	4686.20
2010	771.99	2007.59	-1235.60	11746.77	8867.52	5702.43
2011	947.72	2545.28	-1597.56	13527.97	10646.43	6682.21
2012	1166.06	2985.23	-1819.16	15966.65	12355.52	8042.23
2013	1317.60	3208.67	-1891.06	18400.48	14081.01	9532.48
2014	1422.28	3479.79	-2057.51	20298.54	16070.95	10532.76

1-13 人口（1978—2014年）

Population（1978—2014）

单位：万人 （10 000 persons）

年份 Year	总户数（万户）Total Households（10 000 households）	总人口（年末）Total Population（year-end）	按性别分 By Sex 男性 Male	女性 Female	按城乡分 By Residence 城镇人口 Urban Population	乡村人口 Rural Population	人口密度（人/平方公里）Population Density（person/sq.km）
1978	661	3402	1753	1649			144
1979	666	3470	1786	1684			
1980	676	3538	1822	1716			149
1981	694	3613	1862	1751			
1982	706	3684	1902	1782			
1983	718	3733	1930	1803			
1984	734	3806	1970	1836			
1985	757	3873	2005	1868			164
1986	783	3946	2044	1902			
1987	808	4016	2082	1934			
1988	831	4088	2119	1969			
1989	867	4150	2152	1998			
1990	896	4242	2205	2037	641	3601	179
1991	918	4324	2250	2074			183
1992	950	4380	2285	2095			185
1993	973	4438	2317	2121			187
1994	997	4493	2346	2147			190
1995	1020	4543	2377	2166	838	3705	192
1996	1040	4589	2398	2191			194
1997	1069	4633	2421	2212			196
1998	1092	4675	2442	2233			198
1999	1110	4713	2463	2250			199
2000	1140	4751	2484	2267	1337	3414	201
2001	1178	4788	2506	2282	1350	3438	202
2002	1197	4822	2521	2301	1365	3457	204
2003	1235	4857	2542	2315	1411	3446	205
2004	1285	4889	2559	2330	1550	3339	206
2005	1329	4925	2587	2338	1567	3093	208
2006	1374	4961	2612	2349	1635	3084	209
2007	1416	5002	2634	2368	1728	3040	201
2008	1459	5049	2659	2390	1838	2978	203
2009	1499	5092	2681	2411	1904	2952	205
2010	1347	5159	2708	2451	1849	2761	195
2011	1359	5199	2730	2469	1942	2703	196
2012	1361	5240	2759	2481	2038	2644	197
2013	1383	5282	2772	2510	2115	2604	199
2014	1567	5475	2891	2584	2187	2567	201

1-14 就业和劳动报酬基本情况

Basic Statistics on Employment and Labor Remuneration

指 标	Item	2010	2011	2012	2013	2014
劳动力资源总数（万人）	**Total Resource of Labor Force（10 000 persons）**	**3732**	**3777**	**3349**	**3373**	**3399**
占人口总数比重（%）	Proportion in Total Population（%）	72.34	72.65	71.53	71.48	71.49
劳动力资源利用率（%）	Utilization Ratio of Resource of Labor Force（%）	77.79	77.73	82.65	82.49	82.30
就业人员合计（万人）	**Total Number of Employed Persons（10 000 persons）**	**2903**	**2936**	**2768**	**2782**	**2795**
第一产业	Primary Industry	1571	1565	1481	1478	1450
第二产业	Secondary Industry	544	562	520	529	540
第三产业	Tertiary Industry	788	809	767	775	805
就业人员构成（%）	**Composition of Employed Persons（%）**					
第一产业	Primary Industry	54.12	53.30	53.50	53.14	51.90
第二产业	Secondary Industry	18.74	19.10	18.80	19.01	19.30
第三产业	Tertiary Industry	27.14	27.60	27.70	27.85	28.80
按城乡分就业人员（万人）	**Number of Employed Persons by Urban and Rural Areas（10 000 persons）**					
城镇从业人员	Urban Employed Persons	1003	1035	1113	1120	1145
国有单位	State-owned Units	203.32	209.49	214.03	210.93	206.48
城镇集体单位	Urban Collective-owned Units	17.27	18.76	16.25	14.39	15.09
股份合作单位	Cooperative Units	2.96	2.78	3.29	2.18	2.04
联营单位	Joint Ownership Units	0.75	0.79	0.99	0.21	0.15
有限责任公司	Limited Liability Corporations	49.82	58.11	68.55	108.38	113.59
股份有限公司	Share-holding Corporations Ltd.	15.15	19.69	19.81	27.73	27.66
港澳台投资单位	Units with Funds from Hong Kong, Macao & Taiwan	8.23	9.53	11.18	17.41	17.20
外商投资单位	Foreign Funded Units	8.99	11.06	10.53	14.42	13.43
私营企业	Private Enterprises	100.00	123.00	137.00	130.00	
个体	Self-employed Individuals	141.00	157.00	139.00	168.00	
在岗职工人数	Number of Staff & Workers at Post	291.98	293.60	303.45	330.23	326.50
国有单位	State-owned Units	187.53	187.90	190.45	186.35	184.15
城镇集体单位	Urban Collective-owned Units	13.57	15.41	12.12	11.15	10.82
其他类型单位	Others	90.87	90.27	100.88	132.73	131.54
乡村就业人员	Rural Employed Persons	2387	2407	1655	1662	1635
城镇单位就业劳动报酬（元）	**Remu ner ation of Staff & Workers in Urban Units（yuan）**					
单位就业人员平均劳动报酬	Average Remuneration of Staff & Workers	30673	33032	36386	41391	45424
国有单位	State-owned Units	32587	34886	37706	42552	46065
城镇集体单位	Urban Collective-owned Units	21533	22123	28819	32197	36874
城镇登记失业人数（万人）	**Number of Registered Unemployed Persons in Urban Areas（10 000 persons）**	**19.07**	**18.81**	**18.94**	**18.09**	**18.66**
城镇登记失业率（%）	**Registered Unemployment Rate in Urban Areas（%）**	**3.66**	**3.46**	**3.41**	**3.30**	**3.15**

主要统计指标解释

地区生产总值（原国内生产总值） 是指一个地区所有常住单位在一定时期内生产活动的最终成果。地区生产总值有三种表现形态，即价值形态、收入形态和产品形态。从价值形态看，它是所有常住单位在一定时期内所生产的全部货物和服务价值超过同期投入的全部非固定资产货物和服务价值的差额，即所有常住单位的增加值之和；从收入形态看，它是所有常住单位在一定时期内所创造并分配给常住单位和非常住单位的初次分配收入之和；从产品形态看，它是最终使用的货物和服务减去进口货物和服务。在核算中，地区生产总值的三种表现形态表现为三种计算方法，即生产法、收入法和支出法。三种方法分别从不同的方面反映地区生产总值及其构成。根据国家统计局有关我国GDP核算和数据发布制度的规定，广西国内生产总值自2004年起更名为“广西生产总值”，简称“广西GDP”。

三次产业 是根据社会生产活动历史发展的顺序对产业结构的划分，产品直接取自然界的部门称为第一产业，对初级产品进行再加工的部门称为第二产业，为生产和消费提供各种服务的部门称为第三产业。

我国的三次产业划分是：

第一产业：农业(包括种植业、林业、牧业和渔业)。

第二产业：工业(包括采掘业，制造业，电力、煤气及水的生产和供应业)和建筑业。

第三产业：除第一、第二产业以外的其他各业。由于第三产业包括的行业多，范围广，根据我国的实际情况，第三产业又分为两大部分：一是流通部门，二是服务部门。

财政收入 是指国家财政参与社会产品分配所取得的收入，是实现国家职能的财力保证。财政收入所包括的内容几经变化，目前主要包括：（1）各项税收，包括增值税、营业税、消费税、土地增值税、城市维护建设税、资源税、城市土地使用税、印花税、房产税、车船使用税、屠宰税、个人所得税、企业所得税、关税、契税、农牧业税和耕地占用税等。（2）专项收入：包括征收排污费收入、城市水资源费收入、教育费附加收入、矿产资源补偿费收入。（3）其他收入，包括国有资产经营收益、国有企业计划亏损补贴、基本建设贷款归还收入、基本建设收入、罚没收入、行政性收费收入、其他收入等。

财政支出 是指国家为行使其职能，对筹集的财政资金进行有计划的分配使用的总称。国家财政支出，体现政府的活动范围和方向，反映财政资金的分配关系。财政支出主要包括：(1)基本建设支出；(2)企业挖潜改造资金；(3)地质勘探费；(4)科技三项费用；(5)流动资金；(6)支援农村生产支出；(7)农林水利气象等部门的事业费；(8)工业交通等部门事业费；(9)商业部门事业费；(10)城市维护费；(11)文教卫生事业费；(12)科学事业费；(13)其他部门事业费；(14)抚恤和社会福利救济费；(15)国防支出类；(16)行政管理费；(17)公检法支出；(18)价格补贴支出；(19)支援不发达地区支出；(20)专项支出；(21)农业综合开发支出；(22)行政事业单位离退休经费（23）其他支出等。

存款 指企业、机关、团体或居民根据资金必须收回的原则，把货币资金存入银行或其他信用机构保管并取得一定利息的一种信用活动形式。根据存款对象的不同可划分为企业存款、财政存款、机关团体存款、基本建设存款、城镇储蓄存款、农村存款等科目。它是银行信贷资金的主要来源。

贷款 指银行或其他信用机构根据资金必须归还的原则，按一定利率，为企业、个人等提供资金的一种信用活动形式。我国银行贷款分为流动资金贷款、固定资产贷款、城乡个体工商户贷款以及农业贷款等科目。

户数 包括家庭户(含单身独居)和集体户。

人口数 指一定时点、一定地区范围内有生命的个人的总和。

市镇人口 指市人口和县辖镇人口。

乡村人口 指县辖乡的全部人口。

Explanatory Notes on Main Statistical Indicators

Gross Domestic Product(GDP) refers to the final products of all resident units in a region during a certain period of time. Gross domestic product is expressed in three different forms, i.e. value added, income, and products respectively. The form of value added refers to the total value of all products and services produced by all resident units during a certain period of time minus total value of input of materials and services of the nature of non-fixed assets of the summation of the value added of all resident units; the form of income includes all the income created by all resident units and distributed primarily to all resident and non-resident units; the form of products refers to all final goods and services minus imports of goods and services. In the practice of national accounting, gross domestic product is calculated with three approaches, i.e. product approach, income approach, and expenditure approach respectively to reflect gross domestic product and its composition from different aspects.

Three Industries Industry structure has been classified according to the historical sequence of development. Primary industry refers to extraction of natural resources; secondary industry involves processing of primary products; and tertiary industry provides services of various kinds for production and consumption. Industry in China comprises:

Primary industry: agriculture (including farming, forestry, animal husbandry and fishery).

Secondary industry: industry (including mining and quarrying, manufacturing, and electricity, gas and water production and supply).

Tertiary industry: all other industries not included in primary or secondary industry. Since tertiary industry includes various trades and is with extensive coverage, it is divided into 2 parts according to our country's actual situation: circulation department and service department.

Government Revenue refers to the revenue of the government finance by means of participating in the distribution of the social products, which are the financial resources for ensuring the government to function. The contents of government revenue have been changed several times. Now it includes the following main items: (1) Various tax revenues, including value added taxes, business tax, consumption tax, land value added tax, tax on city maintenance and construction, resources tax, tax on use of urban land, stamp tax, tax on real estate, tax on the use of vehicles and ships, slaughter tax, personal income tax, enterprise income tax, tariff, contract tax, tax on agriculture and animal husbandry and tax on occupancy of cultivated land, etc. (2) Special income: including revenue collected from imposing fee on sewage treatment, revenue collected from imposing fee on urban water resources, extra-charges for education, and revenue collected from imposing fee on mine resources. (3) Other revenues, including profits from management of state-owned assets, subsidies to loss-making state-owned enterprise, revenue from the repayment of capital construction loan, revenue from capital construction, penalty, administration income and other incomes.

Government Expenditure refers to the (1) Expenditure for capital construction; (2) Innovation funds of the enterprises; (3) Geological prospecting expenses; (4) Expenditures for science and technology promotion; (5) Circulating funds; (6) Expenditure for supporting rural production; (7) Operating expenses of the departments of farming, forestry, water conservancy and meteorology etc; (8) Operating expenses of the departments of industry, transport; (9) Operating expenses of the department of commerce;

(10) Expenditure for city maintenance; (11) Operating expenses of the departments of culture, education and public health; (12) Operating expenses of the department of science; (13) Operating expenses of the other departments; (14) Pension for the disabled or for the families of the bereaved and relief funds for social welfare; (15) Expenditures for national defense; (16) Administrative expenses (17) Expenditure for public security agency, procurator agency and court of justice; (18) Expenditure for price subsidies; (19) Expenditure for supporting under-developed areas; (20) Special expenditure; (21) Expenditure for comprehensive development of agriculture; (22) Expenditure for retired persons in administrative department; (23) Other expenditures.

Deposit is a form of credit by which enterprises, institutions, organizations or residents can put money into banks and other credit institutions for safekeeping and interest earning under the principle of free withdrawal. According to different depositors, deposits are divided into enterprise deposits, treasury deposits, deposits of government agencies and organizations, capital construction deposits, urban savings deposits, rural deposits and other deposits. Deposits are major sources of the credit funds of banks.

Loan is a form of credit by which banks and other credit institutions provide funds at certain interest rate to enterprises and individuals in the light of the principle of unconditional repayment. Loans from Chinese banks include circulating capital loans, fixed assets loans, loans to urban and rural individuals engaged in industrial and commercial business and agricultural loans.

Households include family household (including single household) and collective households.

Total Population refers to the total number of people alive at a certain point of time within a given area.

Urban Population refers to city population and town population.

Country Population refers to the total population under the jurisdiction of country.

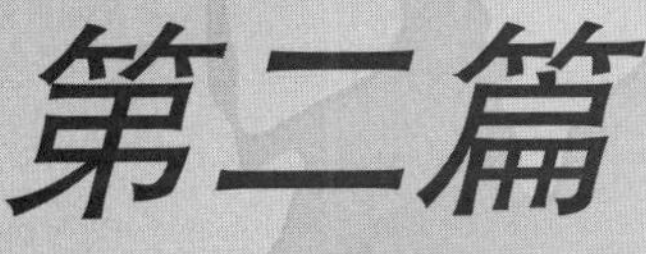

第二篇 人民生活

Chapter 2 People's Livelihood

2-1 城镇居民家庭人均收支及恩格尔系数（1980—2014年）

Per Capita Annual Income and Expenditure & Engle's Coefficient of Urban Households (1980—2014)

年 份 Year	城镇居民家庭人均可支配收入 Per Captita Annual Disposable Income of Urban Households		城镇居民家庭人均消费性支出 Average Urban Household Consumption Expenditure		恩格尔系数（%） Engel's Coefficient (%)
	绝对数（元） Value（yuan）	比上年±% Growth Rate Over Preceding Year（%）	绝对数（元） Value（yuan）	比上年±% Growth Rate Over Preceding Year(%)	
1980	114		103		57.4
1981	429		423		58.7
1982	427	-0.6	442	4.5	60.4
1983	444	4.1	466	5.3	61.4
1984	563	26.8	542	16.4	57.9
1985	683	21.4	664	22.5	56.6
1986	784	14.7	740	11.4	58.0
1987	899	14.7	861	16.4	59.1
1988	1159	28.9	1198	39.2	54.6
1989	1304	12.5	1296	8.2	59.3
1990	1448	11.0	1338	3.2	58.6
1991	1614	11.4	1584	18.4	55.3
1992	2104	30.4	1740	9.9	55.9
1993	2895	37.6	2303	32.4	53.7
1994	3981	37.5	3327	44.5	50.4
1995	4792	20.4	4046	21.6	51.0
1996	5033	5.0	4339	7.3	50.4
1997	5110	1.5	4453	2.6	47.5
1998	5412	5.9	4381	-1.6	46.3
1999	5620	3.8	4587	4.7	44.3
2000	5834	3.8	4852	5.8	39.9
2001	6666	14.3	5225	7.7	37.7
2002	7315	9.8	5413	3.6	40.7
2003	7785	6.4	5763	6.5	40.0
2004	8177	5.0	5862	1.7	44.0
2005	8917	9.0	6424	9.6	42.5
2006	9899	11.0	6792	5.7	42.1
2007	12200	23.2	8151	20.0	41.7
2008	14146	16.0	9627	18.1	42.4
2009	15451	9.2	10352	7.5	39.9
2010	17064	10.4	11490	11.0	38.1
2011	18854	10.5	12848	11.8	39.5
2012	21243	12.7	14244	10.9	39.0
2013	23305	9.7	15418	8.2	37.9
2014	24669	8.7	15046	4.0	35.2

注：1. 1980年度数据仅为第四季度；2. 1992年前可支配收入为生活费收入；3. 2014年收支数据为新口径数据，收入数据为常住居民人均可支配收入数据，消费数据为常住居民人均消费支出数据，与2013年及以前的数据不可比。

Note:1.The fourth quarter of the year 1980 only a few degrees; 2.1992 disposable income beforeDisposable Income for Living Expenses Income.3.2014 revenue and expenditure data for the new caliber data, income data for the resident population per capita disposable income data, consumer data for the resident population per capita consumption expenditure data, compared with 2013 and previovs data.

2-2 城镇居民家庭基本情况

Basic Conditions of Urban Households

单位：人 (person)

指　标	Item	2013	2014
年末住户常住成员数（人）	**Number of Permanent Residents Per Households（person）**	**8770.2**	**8794.1**
调查样本住户数（户）	**Number of Households Surveyed Sample（household）**	**2574.8**	**2611.1**
年末人均自有现住房面积（平方米）	**Per Capita Floor Space of Houses（sq.m）**	**36.1**	**37.7**
常住成员从业人数	**Number of Employed by Permanent Residents**	**4842.9**	**4983.1**
户主文化程度	**Degree of Education of Householder**		
未上过学	Not in School	34.7	32.0
小学	Primary School	370.5	339.3
初中	Junior Secondary Schools	923.8	931.5
高中	Senior Secondary School	663.0	681.7
大学专科	Junior College	340.9	366.6
大学本科	Undergraduate College	218.7	237.2
研究生	Graduate Student	23.3	22.8
常住从业人员就业类型	**Employed Types of Permanent Residents**		
雇主	Employer	98.2	86.0
公职人员	Public Officers	245.9	259.2
事业单位人员	Business Unit Personnel	554.1	529.0
国有企业雇员	State-owned Enterprises Employee	288.6	259.9
其他雇员	Other Employees	1558.2	1801.0
农业自营	Agricultural Own Business	1141.7	1054.8
非农自营	Non Agricultural Own Business	956.3	993.3
常住从业人员从事主要行业	**Engaged in Major Industries of Permanent Residents**		
第一产业	Primary Industry	1229.0	1138.4
第二产业	Secondary Industry	832.4	862.1
第三产业	Tertiary Industry	2781.5	2982.6

2-3 城镇居民人均收入与支出

Per Capita Disposable Income and Consumption Expenditure of Urban Households

单位：元 （yuan）

指　标	Item	2013	2014
可支配收入	**Disposable Income**	**22689.4**	**24669.0**
工资性收入	Income from Wages and Salaries	13345.9	13892.7
工资	Wages	12089.5	12730.1
实物福利	Benefit in Kind	60.1	53.5
其他	Other	1196.2	1109.1
经营净收入	Net Business Income	2504.0	3431.3
第一产业经营净收入	Net Business Income of Primary Industry	501.8	551.5
农业	Agriculture	386.4	376.8
林业	Forestry	23.8	6.5
牧业	Animal Husbandry	55.0	90.7
渔业	Fishery	36.6	77.5
第二产业经营净收入	Net Business Income of Secondary Industry	328.6	461.1
第三产业经营净收入	Net Business Income of Tertiary Industry	1673.7	2418.7
财产净收入	Property Net Income	1973.1	2235.0
转移净收入	Transfer Net Income	4866.4	5110.0
转移性收入	Income form Transfer	5759.5	6132.3
#养老金或离退休金	# Pensions and Retirement Pay	5017.0	5184.7
转移性支出	Transfer Expenditure	893.1	1022.3
#社会保障支出	# Social Secuity Expenditure	627.2	732.3
按收入五等份分组的城镇居民人均可支配收入	**Per Capita Disposable Income of Urban Households by Income Quintile**		
低收入户（20%）	Low Income Households	9314.2	10339.2
中等偏下户（20%）	Lower Middle Income Households	15704.2	16958.5
中等收入户（20%）	Middle Income Households	20897.0	23204.8
中等偏上户（20%）	Upper Middle Income Households	28386.6	30723.4
高收入户（20%）	High Income Households	49602.5	51949.9
消费支出	**Consumption Expenditure**	**14470.1**	**15045.7**
食品烟酒	Food, Tobacco and Liquor	4933.6	5292.8
衣着	Clothing	765.3	794.4
居住	Residence	3262.9	3390.1
生活用品及服务	Household Facilities, Articles and Services	855.8	905.7
交通通信	Transport and Communications	1911.4	1845.8
教育文化娱乐	Education, Cultural and Recreation	1666.4	1689.0
医疗保健	Health Care and Medical Services	803.2	845.7
其他用品和服务	Other Goods and Services	271.6	282.1

2-4 城镇居民人均现金收入与支出

Per Capita Cash Income and Expenditure of Urban Households

单位：元 （yuan）

指 标	Item	2013	2014
现金可支配收入	**Cash Disposable Income**	**21640.5**	**23434.6**
现金工资性收入	Cash Income from Wages and Salaries	13285.8	13839.2
工资	Wages	12089.5	12730.1
其他	Other	1196.2	1109.1
现金经营净收入	Cash Net Business Income	2773.1	3594.7
第一产业现金经营净收入	Cash Net Business Income of Primary Industry	452.5	443.5
农业	Agriculture	339.5	281.2
林业	Forestry	9.5	-10.2
牧业	Animal Husbandry	43.8	74.6
渔业	Fishery	49.5	97.8
第二产业现金经营净收入	Cash Net Business Income of Secondary Industry	445.0	554.5
第三产业现金经营净收入	Cash Net Business Income of Tertiary Industry	1875.6	2596.7
现金财产净收入	Cash Property Net Income	874.8	1065.3
现金转移净收入	Cash Transfer Net Income	4706.8	4935.4
现金转移性收入	Cash Income form Transfer	5599.4	5957.8
# 养老金或离退休金	# Pensions and Retirement Pay	5017.0	5184.7
现金转移性支出	Cash Transfer Expenditure	892.6	1022.3
# 社会保障支出	# Social Secuity Expenditure	627.8	732.3
现金消费支出	**Cash Consumption Expenditure**	**12276.7**	**12697.9**
食品烟酒	Food, Tobacco and Liquor	4823.3	5143.4
衣着	Clothing	763.5	794.0
居住	Residence	1338.5	1367.5
生活用品及服务	Household Facilities, Articles and Services	852.0	900.9
交通通信	Transport and Communications	1909.2	1844.1
教育文化娱乐	Education, Cultural and Recreation	1662.1	1688.5
医疗保健	Health Care and Medical Services	666.9	683.0
其他用品和服务	Other Goods and Services	261.3	276.5

2-5 城镇居民人均消费支出

Per Capita Consumption Expenditure of Urban Households

单位：元 （yuan）

指　标	Item	2013	2014
消费支出	**Consumption Expenditure**	**14470.1**	**15045.7**
食品烟酒	Food, Tobacco and Liquor	4933.6	5292.8
食品	Food	4042.8	4230.6
烟酒	Tobacco and Liquor	257.8	272.9
饮料	Beverages		84.1
饮食服务	Catering Services	633.0	705.2
衣着	Clothing	765.3	794.4
衣类	Clothes	609.3	630.5
鞋类	Footwear	156.0	164.0
居住	Residence	3262.9	3390.1
租赁房房租	Rental Housing Accommodation	169.9	149.2
住房维修及管理	Housing Maintenance and Management	345.7	337.6
水电燃料及其他	Water, Electricity and Other Fuels	844.2	908.8
自有住房折算租金	Owned Housing of Convert Rent	1903.0	1994.5
生活用品及服务	Household Facilities, Articles and Services	855.8	905.7
家具及室内装饰品	Furniture and Interior Decorations	137.9	144.9
家用器具	Household Appliances	252.2	254.2
家用纺织品	Home Textiles	68.1	71.7
家庭日用杂品	The Family Daily Sundry Goods	256.8	255.0
个人用品	Personal Products	90.8	124.6
家庭服务	Household Service	50.0	55.4
交通通信	Transport and Communications	1911.4	1845.8
交通	Transport	1282.9	1143.2
通信	Communications	628.5	702.6
教育文化娱乐	Education, Cultural and Recreation	1666.4	1689.0
教育	Education	998.7	954.7
文化娱乐	Cultural and Recreation	667.7	734.4
医疗保健	Health Care and Medical Services	803.2	845.7
医疗器具及药品	Medical Apparatus and Drugs	271.5	282.1
医疗服务	Medical Services	531.7	563.6
其他用品和服务	Other Goods and Services	271.6	282.1
其他用品	Other Goods	148.9	150.3
其他服务	Other Services	122.7	131.8

2-6 城镇居民人均现金消费支出

Per Capita Cash Consumption Expenditure of Urban Households

单位：元 (yuan)

指 标	Item	2013	2014
现金消费支出	**Cash Consumption Expenditure**	**12276.7**	**12697.9**
食品烟酒	Food, Tobacco and Liquor	4823.3	5143.4
食品	Food	3944.3	4102.0
烟酒	Tobacco and Liquor	257.6	272.9
饮料	Beverages		84.1
饮食服务	Catering Services	621.4	684.5
衣着	Clothing	763.5	794.0
衣类	Clothes	593.7	630.1
鞋类	Footwear	156.0	164.0
居住	Residence	1338.5	1367.5
租赁房房租	Rental Housing Accommodation	169.9	149.2
住房维修及管理	Housing Maintenance and Management	345.7	337.6
水电燃料及其他	Water, Electricity and Other Fuels	805.0	880.7
生活用品及服务	Household Facilities, Articles and Services	852.0	900.9
家具及室内装饰品	Furniture and Interior Decorations	125.2	144.5
家用器具	Household Appliances	252.2	254.2
家用纺织品	Home Textiles	68.1	71.7
家庭日用杂品	The Family Daily Sundry Goods	256.8	250.6
个人用品	Personal Products	90.8	124.6
家庭服务	Household Service	50.0	55.4
交通通信	Transport and Communications	1909.2	1844.1
交通	Transport	1281.8	1141.5
通信	Communications	627.3	702.6
教育文化娱乐	Education, Cultural and Recreation	1662.1	1688.5
教育	Education	999.4	954.7
文化娱乐	Cultural and Recreation	662.7	733.9
医疗保健	Health Care and Medical Services	666.9	683.0
医疗器具及药品	Medical Apparatus and Drugs	271.4	282.1
医疗服务	Medical Services	531.7	400.9
其他用品和服务	Other Goods and Services	261.3	276.5
其他用品	Other Goods	141.8	149.9
其他服务	Other Services	119.5	126.5

2-7 城镇居民人均购买主要食品数量

Per Capita Purchases of Major Foods of Urban Households

指 标	Item	单位	Unit	2013	2014
粮食	Grain	千克	kg	112.4	110.3
谷物	Cereal	千克	kg	103.9	101.7
薯类	Tuber	千克	kg	0.9	1.1
豆类	Beans and the Products	千克	kg	7.6	7.5
大豆	Soybean	千克	kg	0.6	0.6
油脂类	Grease	千克	kg	9.2	9.2
植物油	Vegetable Oil	千克	kg	8.7	8.7
蔬菜及菜制品	Vegetable and Vegetable Products	千克	kg	99.0	101.8
鲜菜	Fresh Vegetables	千克	kg	94.2	96.9
肉类	Meat	千克	kg	32.9	36.7
猪肉	Pork	千克	kg	29.8	30.4
牛肉	Beef	千克	kg	2.5	2.3
羊肉	Mutton	千克	kg	0.6	0.6
禽类	Poultry	千克	kg	16.4	19.7
水产品	Aquatic Products	千克	kg	14.7	14.3
蛋类及蛋制品	Eggs and Egg Products	千克	kg	6.1	6.2
奶和奶制品	Milk and Milk Products	千克	kg	14.7	10.6
干鲜瓜果类	Dried and Fresh Melons and Fruits	千克	kg	42.7	47.4
鲜瓜果	Fresh Melons and Fruits	千克	kg	21.2	44.3
坚果类	Nuts and Processed Products	千克	kg	2.4	2.5
糖果糕点类	Sweets and Cakes	千克	kg	5.9	5.6
#食糖	# Suger	千克	kg	1.7	1.8

2-8 城镇居民平均每百户年末主要耐用消费品拥有量

Ownerhip of Major Durable Consumer Goods Per 100 Urban Households at Year-end

指 标	Item	单位	Unit	2013	2014
家用汽车	Automobile	辆	unit	19.9	24.0
摩托车	Motorcycle	辆	unit	54.7	58.3
助力车	Electric Bicycle	辆	unit	57.5	63.6
洗衣机	Washing Machine	台	set	83.9	87.6
电冰箱（柜）	Refrigerator	台	set	87.4	90.1
微波炉	Microwave Oven	台	set	51.0	52.9
彩色电视机	Color Television Set	台	set	116.2	120.4
空调	Air Conditioner	台	set	85.2	94.8
热水器	Water Heater	台	set	85.0	90.9
排油烟机	Vacuum Cleaner	台	set	49.1	51.3
固定电话	Telephone	部	set	37.1	44.1
移动电话	Mobile Telephone	部	set	240.4	250.5
计算机	Computer	台	set	68.7	75.9
照相机	Camera	架	set	24.7	26.3

2-9 各市城镇居民恩格尔系数（1980—2014年）

单位：%

年 份 Year	南宁市 Nanning	柳州市 Liuzhou	桂林市 Guilin	梧州市 Wuzhou	北海市 Beihai	防城港市 Fangchenggang	钦州市 Qinzhou
1980	57.09	58.60	56.09	57.59	57.36		
1981	57.70	57.35	58.20	62.38	60.48		
1982	59.63	60.44	61.40	60.29	60.67		
1983	58.34	60.86	62.23	63.23	64.70		
1984	56.57	57.99	55.38	62.52	64.04		
1985	54.52	59.26	54.41	63.76	59.40		
1986	58.55	61.12	57.58	67.74	59.07		
1987	59.25	63.81	57.70	65.72	64.13		
1988	58.91	51.14	55.75	56.43	58.86		
1989	63.65	64.06	60.54	64.38	65.83		
1990	62.05	61.01	57.50	61.96	60.41		
1991	56.09	57.86	56.62	53.87	56.83		
1992	56.98	54.83	52.73	56.88	58.75		
1993	52.88	48.26	53.96	56.59	50.07		
1994	49.18	48.39	48.82	50.43	51.83		
1995	49.86	53.26	52.29	54.57	55.93		
1996	49.71	51.04	49.81	53.72	57.02		
1997	46.49	46.42	48.01	53.22	55.16		
1998	42.36	48.54	43.46	50.18	51.97		
1999	37.50	45.90	41.63	49.47	48.94		
2000	36.50	43.76	38.66	44.44	47.12		
2001	34.67	35.30	37.24	43.33	46.91		
2002	37.46	38.84	40.25	47.62	45.33		
2003	37.52	40.76	40.35	46.53	46.31		
2004	40.09	43.96	42.06	45.51	48.00		
2005	40.49	39.08	39.08	48.01	42.73		
2006	38.95	39.27	39.73	46.77	41.32		
2007	39.55	40.27	45.16	50.44	44.13		
2008	41.03	39.66	50.80	51.86	44.94		
2009	38.82	37.41	49.38	47.51	37.52		
2010	35.07	37.55	46.00	48.44	43.25		
2011	36.02	37.86	43.25	47.18	45.07		
2012	39.20	41.45	41.02	45.09	46.86		
2013	39.03	40.80	41.13	43.84	46.25	40.41	45.80
2014	38.81	40.46	40.58	42.78	46.08	40.85	45.72

Engle's Coefficient of Urban Households by City（1980—2014）

（%）

年 份 Year	贵港市 Guigang	玉林市 Yulin	百色市 Baise	贺州市 Hezhou	河池市 Hechi	来宾市 Laibin	崇左市 Chongzuo
1980							
1981							
1982							
1983	61.86		56.14	56.65			
1984	58.61		55.47	55.73			
1985	49.93		57.79	59.22			
1986	53.95		55.49	55.95			
1987	53.42		59.51	57.05			
1988	49.29		52.91	49.84			
1989	53.17		59.72	46.42			
1990	57.05		59.43	59.11			
1991	53.43		59.49	54.12			
1992	55.28		57.92	57.39			
1993	58.01		56.99	58.58			
1994	48.30		49.92	51.10			
1995	48.34		47.52	50.89			
1996	50.22		45.78	55.09			
1997	47.17		45.81	49.33			
1998	48.00		45.83	47.89			
1999	41.05		44.90	49.86			
2000	41.98		36.44	46.78			
2001	36.50		35.79	39.58			
2002	40.84		39.24	41.26			
2003	35.88		39.02	41.95			
2004	42.29		38.99	40.14			
2005	40.29		40.25	42.10			
2006	40.43		38.07	39.88			
2007	47.94		42.17	38.71			
2008	43.82		42.37	46.29			
2009	46.05		37.26	41.85			
2010	39.86		35.03	36.18			
2011	38.75		40.63	40.23			
2012	42.33		40.02	39.84			
2013	41.84	39.50	39.60	39.45	40.01	37.79	41.07
2014	41.69	40.00	39.12	38.90	33.82	37.58	39.21

2-10 各市城镇居民人均可支配收入（1980—2014年）

单位：元

年 份 Year	南宁市 Nanning	柳州市 Liuzhou	桂林市 Guilin	梧州市 Wuzhou	北海市 Beihai	防城港市 Fangchenggang	钦州市 Qinzhou
1980	123.7	97.0	111.3	115.4	119.9		
1981	445.2	385.3	442.0	437.6	432.5		
1982	477.7	419.6	498.5	458.5	485.5		
1983	512.6	447.2	505.1	436.2	490.9		
1984	623.6	540.0	621.2	545.0	701.0		
1985	715.6	668.3	757.4	708.1	751.4		
1986	850.6	760.9	884.3	849.1	895.0		
1987	949.1	871.2	1033.0	990.6	990.2		
1988	1165.9	1225.6	1228.2	1188.6	1296.3		
1989	1273.6	1307.5	1334.6	1327.3	1376.5		
1990	1454.3	1515.4	1500.7	1545.5	1591.5		
1991	1658.4	1794.3	1828.9	1789.6	1910.3		
1992	2105.5	2305.8	2452.7	2314.8	2726.8		
1993	3081.2	3544.3	3167.6	3246.3	4515.6		
1994	4543.6	4242.7	4672.0	4309.4	5649.2		
1995	5544.1	4884.1	5506.0	4909.0	6365.1		
1996	5973.4	5242.7	5976.9	4945.3	6395.5		
1997	5930.8	5457.1	6025.0	4933.9	6558.2		
1998	6570.0	5552.4	6230.0	4838.2	6306.0		
1999	6946.5	5327.6	6493.7	5414.8	6483.3		
2000	7447.8	5740.1	6996.9	5221.1	6167.3		
2001	7906.4	7546.5	7547.5	5837.5	7013.1		
2002	8796.2	7927.7	7852.3	6282.1	7692.4		
2003	9162.0	8369.3	8246.2	7062.1	8007.5		
2004	9531.4	9154.7	8802.8	7325.2	8773.4		
2005	10078.2	9986.2	9501.9	8190.3	9520.3		
2006	10905.4	10592.4	10243.9	8854.6	11070.9		
2007	12955.2	11919.1	11514.1	10123.3	13090.1		
2008	14983.5	14536.1	13664.5	13350.8	14624.8		
2009	16530.6	15395.2	15001.0	14617.4	15535.6		
2010	17740.7	17531.7	16565.8	16578.2	16611.6		
2011	19971.9	18630.6	17914.8	18531.2	18347.3		
2012	22024.5	22260.7	19449.6	21416.1	20296.1		
2013	24817.1	24355.0	24552.0	22537.1	23407.4	24423.2	23695.0
2014	27075.0	26693.0	26811.0	24272.0	25818.0	26523.0	25424.7

注：①1980年度数据仅为第四季度，1992年前可支配收入为生活费收入。

Per Capita Disposable Income of Urban Households by City（1980—2014）

（yuan）

年 份 Year	贵港市 Guigang	玉林市 Yulin	百色市 Baise	贺州市 Hezhou	河池市 Hechi	来宾市 Laibin	崇左市 Chongzuo
1980							
1981							
1982							
1983	416.0		442.2	400.7			
1984	525.2		548.9	519.7			
1985	694.9		663.5	653.2			
1986	787.2		784.2	776.3			
1987	981.1		947.2	926.2			
1988	1178.6		1162.7	1251.4			
1989	1304.3		1288.4	1521.4			
1990	1410.3		1421.5	1589.9			
1991	1522.9		1426.7	1615.4			
1992	1876.1		2002.3	2059.6			
1993	2417.4		2703.2	2535.8			
1994	4240.6		4017.1	3493.8			
1995	5258.1		5035.2	4354.8			
1996	4986.7		5180.1	4542.3			
1997	4927.2		5048.8	4520.3			
1998	5234.8		5495.1	4939.9			
1999	5590.3		5607.1	5199.5			
2000	5468.4		5747.2	5549.4			
2001	6117.6		6807.4	5996.6			
2002	6926.9		7215.4	7029.6			
2003	7607.0		7361.6	7868.6			
2004	7906.2		8532.4	10530.0			
2005	8252.8		9510.0	10105.0			
2006	8964.5		10116.4	10612.3			
2007	9880.0		11684.6	12019.7			
2008	11413.9		12984.1	13642.9			
2009	12455.1		14219.4	15013.2			
2010	14447.5		15553.7	16760.8			
2011	16276.4		16928.6	18611.8			
2012	18594.7		19241.8	21442.1			
2013	21361.4	24365.7	21458.1	21681.6	19653.0	23563.0	21288.2
2014	23262.1	26681.0	23282.0	23590.0	21363.0	25401.0	23184.4

Note:①The fourth quarter of the year 1980 only a few degrees,1992 disposable income before income for living expenses.

2-11 各市城镇居民人均消费支出（1980—2014年）

单位：元

年 份 Year	南宁市 Nanning	柳州市 Liuzhou	桂林市 Guilin	梧州市 Wuzhou	北海市 Beihai	防城港市 Fangchenggang	钦州市 Qinzhou
1980	110.7	91.2	102.0	104.4	106.4		
1981	440.3	397.8	423.5	413.8	428.2		
1982	455.6	394.3	458.3	461.2	447.0		
1983	499.0	435.3	479.9	440.1	449.6		
1984	565.6	503.0	568.3	512.3	507.8		
1985	723.5	645.4	813.5	691.1	712.6		
1986	824.8	718.3	883.4	793.8	855.2		
1987	943.8	861.9	1031.2	955.7	932.6		
1988	1229.1	1367.2	1366.0	1223.6	1257.3		
1989	1293.4	1357.1	1320.0	1332.8	1326.5		
1990	1360.0	1462.0	1444.9	1417.9	1448.6		
1991	1667.1	1755.0	1806.6	1780.3	1859.7		
1992	1852.5	1936.4	2178.6	1915.6	2091.4		
1993	2624.2	2915.8	2594.9	2509.9	3482.7		
1994	4287.7	3707.6	3935.0	3794.3	4481.9		
1995	5055.3	4385.1	4531.4	4404.6	5014.4		
1996	5424.6	4577.0	5081.8	4580.4	5302.3		
1997	5456.2	4732.4	5221.5	4454.7	5393.8		
1998	5800.0	4273.4	5358.0	4423.7	5213.8		
1999	6320.6	4351.3	5786.1	4474.8	5692.8		
2000	6705.3	4457.6	5893.5	4604.4	5092.2		
2001	7107.4	6010.0	6111.3	5116.2	5406.7		
2002	6969.7	5992.0	6123.5	5128.6	5898.2		
2003	7216.9	6033.5	6326.0	6136.2	5865.0		
2004	7329.4	7116.9	6754.7	6417.2	6680.5		
2005	7881.8	7850.2	7186.5	6669.8	7127.9		
2006	8160.4	7244.9	7915.1	7099.7	8446.7		
2007	9459.1	8722.5	8252.0	7914.4	9289.0		
2008	10268.0	11350.8	8991.9	9551.6	9916.6		
2009	11120.1	11276.0	9880.4	9964.9	12414.0		
2010	12866.7	11978.3	10934.4	11125.9	11745.5		
2011	14834.0	13720.3	11890.2	12994.9	13176.1		
2012	15291.6	14115.2	14470.0	13629.9	14224.0		
2013	17127.5	15398.0	15555.0	14747.5	15191.0	14792.3	14361.1
2014	19032.0	16970.0	16930.0	15899.0	16461.0	16057.7	15315.6

Per Capita Consumption Expenditure of Urban Households by City（1980—2014）

（yuan）

年 份 Year	贵港市 Guigang	玉林市 Yulin	百色市 Baise	贺州市 Hezhou	河池市 Hechi	来宾市 Laibin	崇左市 Chongzuo
1980							
1981							
1982							
1983	374.9		431.5	377.3			
1984	416.7		485.3	447.0			
1985	607.9		632.2	634.3			
1986	667.5		775.5	762.0			
1987	839.9		885.9	903.9			
1988	1215.4		1152.6	1258.4			
1989	1337.1		1259.5	1671.6			
1990	1344.3		1333.7	1335.7			
1991	1478.9		1354.6	1557.9			
1992	1470.3		1622.2	1632.9			
1993	1844.5		2093.5	1879.0			
1994	3256.5		3212.7	2785.9			
1995	4091.6		4396.2	3562.3			
1996	3922.8		4647.1	3515.0			
1997	4198.3		4638.6	3902.5			
1998	4119.7		4661.0	3813.1			
1999	4739.0		4785.1	3791.2			
2000	4133.5		5408.9	4075.7			
2001	4676.9		5700.8	4610.2			
2002	4563.1		5635.1	5075.4			
2003	5660.6		5765.9	5286.6			
2004	5143.5		6404.7	6229.7			
2005	5996.8		7245.4	6791.7			
2006	6312.9		7614.6	7545.3			
2007	6691.8		8176.4	8528.6			
2008	8188.9		9079.5	8062.7			
2009	7979.0		10268.3	9129.0			
2010	9686.2		11528.1	11084.4			
2011	11505.0		12344.2	11492.9			
2012	13123.5		12327.3	11705.9			
2013	14645.8	14938.0	13448.0	12634.8	12020.8	14676.0	12377.5
2014	15778.9	15996.0	14474.0	13493.3	14203.0	15654.0	13219.4

2-12 各市城镇居民人均收入情况（2014年）

单位：元

项　目	Item	南宁市 Nanning	柳州市 Liuzhou	桂林市 Guilin	梧州市 Wuzhou
家庭总收入	**Total Income**	**29956.0**	**29359.0**	**28400.0**	**25552.0**
#可支配收入	# Disposable Income	27075.0	26693.0	26811.0	24272.0
工资性收入	Income from Wages and Salaries	20707.0	16660.0	15355.0	16130.0
工资及补贴收入	Wage & Subsidy	19002.0	16259.0	14535.0	14112.8
其他劳动收入	Other Working Income	1705.0	401.0	820.0	2017.2
经营净收入	Net Business Income	1806.0	2973.0	3947.0	2674.0
财产性收入	Income from Properties	589.0	1011.0	1286.0	764.0
转移性收入	Income from Transfers	6854.0	8715.0	7812.0	5984.0
养老金或离退休金	Pensions and Retirement Pay	5464.0	7506.0	6682.0	4471.3
社会救济收入	Social Relief Income	53.0	53.0	60.0	132.6
辞退金	Dismiss Pensions	77.0		3.0	5.6
赔偿收入	Indemnity Income	6.0		1.0	0.3
保险收入	Insurance Income	13.0	11.0	26.0	11.3
赡养收入	Supporting Income	723.0	379.0	282.0	726.5
捐赠收入	Donation Income	146.0	219.0	280.0	308.9
提取住房公积金	Withdraw House Accumulation Fund	82.0	137.0	103.0	12.0
记帐补贴	Billing Allowance	133.0	211.0	168.0	166.3
其他转移性收入	Other Transferred Income	157.0	199.0	207.0	149.3

Per Capita Income of Urban Households by City（2014）

（yuan）

北海市 Beihai	防城港市 Fangchenggang	钦州市 Qinzhou	贵港市 Guigang	玉林市 Yulin	百色市 Baise	贺州市 Hezhou	河池市 Hechi	来宾市 Laibin	崇左市 Chongzuo
26889.0	**26852.0**	**26491.1**	**25506.5**	**27518.0**	**25063.3**	**25519.8**	**22831.0**	**27717.1**	**24614.4**
25818.0	26523.0	25424.7	23262.1	26681.0	23282.0	23590.0	21363.0	25401.0	23184.4
14901.0	12208.8	16108.2	17878.8	15560.0	16066.7	14585.3	14126.0	17051.0	15424.4
13380.0	11180.3	16062.1	16799.6	13530.0	14854.8	14424.9	12631.4	16239.8	14597.3
1521.0	1028.5	46.1	1079.2	2030.0	1211.9	160.4	1494.6	811.2	827.1
3718.0	9261.5	4310.6	3008.9	4859.0	3329.5	1852.6	2788.0	4089.0	3995.1
1312.0	1668.7	718.0	965.2	1566.0	962.0	2513.7	1410.0	1221.0	554.8
6958.0	3713.0	5354.3	3653.7	5533.0	4705.2	6568.2	4507.0	5356.1	4640.1
3910.0	1612.3	4311.4	2557.4	4066.0	3383.9	4612.9	3125.1	3905.1	3524.6
8.5	104.2	13.2	33.6	251.0	74.9	75.5	112.1	108.0	56.1
1.0	6.4				8.9	2.4	8.0		
1.0					50.6		3.3		2.2
133.5				15.0	21.7	44.0			2.1
585.0	198.2	607.3		469.0	355.0	788.2	200.9	256.0	159.8
232.0	390.0	80.3	509.0	316.0	258.1	676.5	436.4	260.0	278.9
15.0		41.0	59.2	20.0	143.9	74.2	133.8	75.0	242.4
180.0	129.9	141.7	28.1	267.0	238.2	220.5	192.7	290.0	232.3
1892.0	1272.1	159.4	466.4	129.0	170.0	74.0	294.7	462.0	141.7

2-13 各市城镇居民人均支出情况（2014年）

单位：元

项　目	Item	南宁市 Nanning	柳州市 Liuzhou	桂林市 Guilin	梧州市 Wuzhou
家庭总支出	**Total Expenditures**	**24306.0**	**22651.0**	**21203.0**	**21248.6**
消费性支出	Consumption Expenditure	19032.0	16970.0	16930.0	15899.0
食品烟酒	Food, Tobacco and Liquor	7386.0	6866.0	6871.0	6801.0
衣着	Clothing	1372.0	1221.0	1405.0	1092.4
居住	Residence	1561.0	1780.0	1743.0	1612.0
生活用品及服务	Household Facilities, Articles and Services	1450.0	1177.0	1060.0	1001.0
交通和通信	Transport and Communications	3196.0	2474.0	1020.0	2206.2
教育文化娱乐	Education, Culture and Recreation	2434.0	1997.0	2251.0	1740.4
医疗保健	Health Care and Medical Services	1186.0	964.0	2132.0	1015.0
其他用品和服务	Other Goods and Services	447.0	491.0	448.0	431.0
财产性支出	Expenses on Properties	163.1	75.0	23.0	89.6
转移性支出	Expenses on Transfers	2062.0	2572.0	2441.0	2340.8
社会保障支出	Social Security Expenditure	2445.0	2550.0	1481.0	1737.2
个人交纳的养老基金	Personal Paid Pension Fund	1081.0	1199.0	611.0	822.5
个人交纳的医疗基金	Personal Paid Medical Care Fund	442.0	367.0	177.0	282.4
购房与建房支出	Expenditure on House-purchase and Building	604.0	484.0	328.0	1182.0

Per Capita Expenditure of Urban Households by City（2014）

（yuan）

北海市 Beihai	防城港市 Fangchenggang	钦州市 Qinzhou	贵港市 Guigang	玉林市 Yulin	百色市 Baise	贺州市 Hezhou	河池市 Hechi	来宾市 Laibin	崇左市 Chongzuo
19062.0	**17605.3**	**17797.1**	**19577.7**	**18156.0**	**19432.7**	**17397.9**	**18058.1**	**20377.0**	**16525.4**
16461.0	16057.7	15315.6	15778.9	15996.0	14474.0	13493.3	14203.0	15654.0	13219.4
7584.5	6559.5	7002.3	6577.5	6399.0	5662.7	5249.4	4804.0	5883.0	5183.6
822.1	768.6	1338.1	1174.6	1044.0	1361.2	988.5	1254.0	1403.0	847.2
2006.3	3735.2	1666.5	1469.3	1689.0	1556.8	1379.5	1236.0	1646.0	1557.8
893.0	1001.6	1357.8	961.8	1165.0	1057.9	796.0	965.0	936.0	877.1
2905.3	559.9	1399.9	2774.1	2367.0	2446.6	2633.6	2560.0	2354.0	2590.0
1200.2	1994.4	1557.5	1746.4	2098.0	1390.7	1517.6	1724.0	1964.0	1139.9
679.0	1031.4	651.8	725.7	824.0	599.2	707.0	1004.0	1056.0	676.4
370.6	407.2	342.0	349.7	410.0	399.0	221.7	656.0	412.0	347.4
62.0	18.0	70.0	30.1	11.0	111.9	60.6	22.0	54.0	72.0
1402.0	1020.3	995.5	1958.6	1198.0	2552.2	1957.4	2454.7	2354.0	1443.0
955.0	436.7	737.2	1810.1	730.0	1788.4	1338.4	1086.4	1855.0	1030.0
558.0	82.7	283.8	739.2	153.0	499.2	440.3	221.3	411.0	321.7
133.0	49.7	86.7	466.2	72.0	226.3	182.0	151.0	181.0	133.0
182.0	72.6	678.8	0.0	221.0	506.2	548.2	292.0	460.0	761.0

2-14 各市城镇居民家庭基本情况（2014年）

Basic Statistics of Urban Households by City（2014）

地 区	Region	平均每户家庭人口（人） Average Households Size（person）	平均每户就业人口（人） Average Number of Employed Persons per Households（person）	平均每一就业者负担人数（人） Average Number of Persons Supported by a Laborer（person）	平均每人年末拥有房屋面积（平方米） Per Capita Have House Space at Year-end（sq.m）	平均每百户拥有家用汽车（辆） Average per 100 Households of Ownership of Automobile（unit）
南宁市	Nanning	3.32	1.93	1.72	41.70	21.88
柳州市	Liuzhou	3.25	1.93	1.69	50.84	29.65
桂林市	Guilin	3.20	1.85	1.73	50.04	20.35
梧州市	Wuzhou	3.74	2.13	1.75	46.80	19.79
北海市	Beihai	3.31	1.97	1.68	49.01	17.67
防城港市	Fangchenggang	3.99	2.09	1.91	51.79	33.12
钦州市	Qinzhou	3.76	2.02	1.86	47.26	30.26
贵港市	Guigang	3.69	2.18	1.69	54.36	15.36
玉林市	Yulin	3.79	2.40	1.58	57.52	28.57
百色市	Baise	3.47	2.12	1.63	51.52	24.69
贺州市	Hezhou	3.51	1.99	1.77	49.77	23.65
河池市	Hechi	3.53	1.96	1.81	51.97	18.36
来宾市	Laibin	3.38	2.14	1.58	51.29	16.72
崇左市	Chongzuo	3.43	2.18	1.57	42.36	14.68

2-15 农村居民人均收支及恩格尔系数（1980—2014年）

Per Capita Annual Income and Expenditure & Engle's Coefficient of Rural Households（1980—2014）

年份 Year	农村居民家庭人均纯收入（元） Per Captita Annual Disposable Income of Rural Households（yuan）	比上年±% Growth Rate Over Preceding Year（%）	农村居民家庭人均生活消费支出（元） Per Capita Living Expenditure of Rural Households（yuan）	比上年±% Growth Rate Over Preceding Year（%）	#食品消费支出（元） # Food Expenditure（yuan）	比上年±% Growth Rate Over Preceding Year（%）	恩格尔系数（%） Engel's Coefficient（%）
1980	173		151		96		63.52
1981	204	17.56	171	13.60	116	20.92	67.62
1982	235	15.40	210	22.57	139	19.97	66.18
1983	262	11.22	224	6.61	148	6.64	66.20
1984	267	2.10	238	6.06	154	3.56	64.64
1985	303	13.39	268	12.92	167	8.63	62.19
1986	316	4.34	284	5.80	176	5.29	61.89
1987	354	11.97	309	8.95	192	9.24	62.05
1988	424	19.86	362	17.01	216	12.36	59.58
1989	483	13.86	419	15.79	244	13.24	58.28
1990	639	32.38	537	28.14	346	41.63	64.41
1991	658	2.86	581	8.15	360	4.11	62.00
1992	732	11.24	616	6.13	381	5.83	61.83
1993	885	20.95	705	14.38	448	17.60	63.56
1994	1107	25.09	926	31.37	552	23.18	59.60
1995	1446	30.63	1143	23.42	700	26.89	61.28
1996	1703	17.77	1399	22.40	795	14.63	56.84
1997	1875	10.11	1376	-1.67	800	0.58	58.15
1998	1972	5.15	1415	2.84	809	1.12	57.17
1999	2048	3.88	1457	3.02	849	5.01	58.28
2000	1865	-8.97	1488	2.09	825	-2.87	55.44
2001	1944	4.28	1551	4.21	811	-1.70	52.30
2002	2013	3.51	1686	8.74	875	7.91	51.90
2003	2095	4.07	1751	3.86	899	2.74	51.34
2004	2305	10.06	1929	10.13	1048	16.52	54.32
2005	2495	8.22	2350	21.83	1187	13.28	50.51
2006	2771	11.06	2414	2.74	1196	0.79	49.55
2007	3224	16.37	2747	13.82	1379	15.28	50.18
2008	3690	14.46	2985	8.65	1595	15.66	53.42
2009	3980	7.86	3231	8.24	1573	-1.37	48.68
2010	4543	14.14	3455	6.94	1675	6.52	48.49
2011	5231	15.14	4211	21.87	1845	10.12	43.81
2012	6008	14.84	4878	15.83	2086	13.05	42.76
2013	6791	13.04	5206	6.72	2085	-0.05	40.05
2014	8683	11.42	6675	10.60	2463	11.19	36.90

注：2014年农民收支数据为新口径数据，收入为农村常住居民人均可支配收入，支出为农村常住居民人均消费支出，与2013年及以前的数据不可比。

Note:2014 farmers' income and expenditure data for the new caliber data, income for rural residents per capita disposable income, expenditure for rural residents per capita consumption, compared with 2013 and Previous data.

2-16 农村居民家庭基本情况

Basic Conditions of Rural Households

单位：人 （person）

指 标	Item	2013	2014
年末住户常住成员数（人）	**Number of Permanent Residents Per Households（person）**	**8381.8**	**8201.9**
调查样本住户数（户）	**Number of Households Surveyed Sample（household）**	**2297.5**	**2307.3**
年末人均自有现住房面积（平方米）	**Per Capita Floor Space of Houses（sq.m）**	**40.5**	**43.3**
常住成员从业人数	**Number of Employed by Permanent Residents**	**4956.8**	**4810.0**
户主文化程度	**Degree of Education of Householder**		
未上过学	Not in School	46.0	46.0
小学	Primary School	740.2	716.0
初中	Junior Secondary Schools	1154.8	1173.8
高中	Senior Secondary School	334.5	349.5
大学专科	Junior College	22.0	22.0
大学本科	Undergraduate College		
研究生	Graduate Student		
常住从业人员就业类型	**Employed Types of Permanent Residents**		
雇主	Employer	38.0	31.0
公职人员	Public Officers	27.0	15.0
事业单位人员	Business Unit Personnel	46.0	35.0
国有企业雇员	State-owned Enterprises Employee	10.0	3.0
其他雇员	Other Employees	663.5	722.8
农业自营	Agricultural Own Business	3796.3	3600.3
非农自营	Non Agricultural Own Business	376.0	403.0
常住从业人员从事主要行业	**Engaged in Major Industries of Permanent Residents**		
第一产业	Primary Industry	3817.3	3647.8
第二产业	Secondary Industry	518.5	476.3
第三产业	Tertiary Industry	621.0	686.0

2-17 农村居民人均收入与支出

Per Capita Disposable Income and Consumption Expenditure of Rural Households

单位：元 (yuan)

指 标	Item	2013	2014
可支配收入	**Disposable Income**	**7793.1**	**8683.2**
工资性收入	Income from Wages and Salaries	2134.7	2335.4
工资	Wages	1550.6	1933.7
实物福利	Benefit in Kind	3.1	4.8
其他	Other	581.0	396.9
经营净收入	Net Business Income	3794.3	4047.8
第一产业经营净收入	Net Business Income of Primary Industry	3116.4	3259.7
农业	Agriculture	2064.9	2170.6
林业	Forestry	295.6	324.7
牧业	Animal Husbandry	690.6	695.1
渔业	Fishery	65.4	69.2
第二产业经营净收入	Net Business Income of Secondary Industry	112.3	129.5
第三产业经营净收入	Net Business Income of Tertiary Industry	565.7	658.6
财产净收入	Property Net Income	50.9	75.2
转移净收入	Transfer Net Income	1813.2	2224.9
转移性收入	Income form Transfer	1937.4	2342.8
# 养老金或离退休金	# Pensions and Retirement Pay	301.3	387.3
转移性支出	Transfer Expenditure	124.2	117.9
# 社会保障支出	# Social Secuity Expenditure	106.3	90.5
按收入五等份分组的城镇居民人均可支配收入	**Per Capita Disposable Income of Urban Households by Income Quintile**		
低收入户（20%）	Low Income Households	3245.3	3251.7
中等偏下户（20%）	Lower Middle Income Households	5476.6	5834.9
中等收入户（20%）	Middle Income Households	7392.5	7911.3
中等偏上户（20%）	Upper Middle Income Households	9856.6	10647.1
高收入户（20%）	High Income Households	15120.7	18306.6
消费支出	**Consumption Expenditure**	**6035.4**	**6675.1**
食品烟酒	Food, Tobacco and Liquor	2215.0	2462.9
衣着	Clothing	194.9	208.6
居住	Residence	1368.8	1550.8
生活用品及服务	Household Facilities, Articles and Services	366.7	394.8
交通通信	Transport and Communications	641.2	709.8
教育文化娱乐	Education, Cultural and Recreation	624.2	682.5
医疗保健	Health Care and Medical Services	525.9	553.5
其他用品和服务	Other Goods and Services	98.8	112.4

2-18 农村居民人均现金收入与支出

Per Capita Cash Income and Expenditure of Rural Households

单位：元 (yuan)

指　标	Item	2013	2014
现金可支配收入	**Cash Disposable Income**	**6959.2**	**7364.6**
现金工资性收入	Cash Income from Wages and Salaries	2131.6	2330.6
工资	Wages	1550.6	1933.7
其他	Other	581.0	396.9
现金经营净收入	Cash Net Business Income	3108.1	2930.5
第一产业现金经营净收入	Cash Net Business Income of Primary Industry	2438.7	2046.3
农业	Agriculture	1417.7	1206.3
林业	Forestry	167.4	152.8
牧业	Animal Husbandry	690.9	620.2
渔业	Fishery	61.0	67.0
第二产业现金经营净收入	Cash Net Business Income of Secondary Industry	123.1	141.0
第三产业现金经营净收入	Cash Net Business Income of Tertiary Industry	546.3	743.2
现金财产净收入	Cash Property Net Income	52.0	76.2
现金转移净收入	Cash Transfer Net Income	1667.7	2027.4
现金转移性收入	Cash Income form Transfer	1791.9	2145.3
#养老金或离退休金	# Pensions and Retirement Pay	301.3	387.3
现金转移性支出	Cash Transfer Expenditure	124.2	117.9
#社会保障支出	# Social Secuity Expenditure	106.3	90.5
现金消费支出	**Cash Consumption Expenditure**	**4447.6**	**4715.1**
食品烟酒	Food, Tobacco and Liquor	1571.4	1645.7
衣着	Clothing	194.8	208.4
居住	Residence	546.5	566.0
生活用品及服务	Household Facilities, Articles and Services	358.3	385.4
交通通信	Transport and Communications	641.2	709.8
教育文化娱乐	Education, Cultural and Recreation	623.8	682.5
医疗保健	Health Care and Medical Services	420.1	407.6
其他用品和服务	Other Goods and Services	91.6	109.7

2-19 农村居民人均消费支出

Per Capita Consumption Expenditure of Rural Households

单位：元 (yuan)

指 标	Item	2013	2014
消费支出	**Consumption Expenditure**	**6035.4**	**6675.1**
食品烟酒	Food, Tobacco and Liquor	2215.0	2462.9
食品	Food	1968.9	2153.6
烟酒	Tobacco and Liquor	177.9	187.2
饮料	Beverages		39.5
饮食服务	Catering Services	68.2	82.5
衣着	Clothing	194.9	208.6
衣类	Clothes	150.2	156.9
鞋类	Footwear	44.6	51.7
居住	Residence	1368.8	1550.8
租赁房房租	Rental Housing Accommodation	5.5	6.9
住房维修及管理	Housing Maintenance and Management	319.9	306.0
水电燃料及其他	Water, Electricity and Other Fuels	348.6	409.2
自有住房折算租金	Owned Housing of Convert Rent	694.8	828.6
生活用品及服务	Household Facilities, Articles and Services	366.7	394.8
家具及室内装饰品	Furniture and Interior Decorations	77.0	74.5
家用器具	Household Appliances	111.6	111.3
家用纺织品	Home Textiles	29.9	27.1
家庭日用杂品	The Family Daily Sundry Goods	123.5	133.7
个人用品	Personal Products	17.5	40.7
家庭服务	Household Service	7.3	7.6
交通通信	Transport and Communications	641.2	709.8
交通	Transport	456.5	496.0
通信	Communications	184.7	213.7
教育文化娱乐	Education, Cultural and Recreation	624.2	682.5
教育	Education	521.7	563.4
文化娱乐	Cultural and Recreation	102.4	119.1
医疗保健	Health Care and Medical Services	525.9	553.5
医疗器具及药品	Medical Apparatus and Drugs	116.2	128.8
医疗服务	Medical Services	409.7	424.7
其他用品和服务	Other Goods and Services	98.8	112.4
其他用品	Other Goods	75.3	71.8
其他服务	Other Services	23.5	40.5

2-20 农村居民人均现金消费支出

Per Capita Cash Consumption Expenditure of Rural Households

单位：元 (yuan)

指 标	Item	2013	2014
现金消费支出	**Cash Consumption Expenditure**	**4447.6**	**4715.1**
食品烟酒	Food, Tobacco and Liquor	1571.4	1645.7
食品	Food	1327.0	1340.7
烟酒	Tobacco and Liquor	177.5	186.0
饮料	Beverages		39.4
饮食服务	Catering Services	66.9	79.6
衣着	Clothing	194.8	208.4
衣类	Clothes	150.0	156.7
鞋类	Footwear	44.6	51.7
居住	Residence	546.5	566.0
租赁房房租	Rental Housing Accommodation	5.5	6.9
住房维修及管理	Housing Maintenance and Management	319.9	306.0
水电燃料及其他	Water, Electricity and Other Fuels	221.0	253.1
生活用品及服务	Household Facilities, Articles and Services	358.3	385.4
家具及室内装饰品	Furniture and Interior Decorations	68.6	70.2
家用器具	Household Appliances	111.6	111.3
家用纺织品	Home Textiles	29.9	27.1
家庭日用杂品	The Family Daily Sundry Goods	123.5	128.6
个人用品	Personal Products	17.5	40.7
家庭服务	Household Service	7.3	7.6
交通通信	Transport and Communications	641.2	709.8
交通	Transport	456.5	496.0
通信	Communications	184.7	213.7
教育文化娱乐	Education, Cultural and Recreation	623.8	682.5
教育	Education	521.7	563.4
文化娱乐	Cultural and Recreation	102.1	119.1
医疗保健	Health Care and Medical Services	420.1	407.6
医疗器具及药品	Medical Apparatus and Drugs	116.1	128.8
医疗服务	Medical Services	409.7	278.8
其他用品和服务	Other Goods and Services	91.6	109.7
其他用品	Other Goods	69.0	69.5
其他服务	Other Services	22.6	40.2

2-21 农村居民人均购买主要食品数量

Per Capita Purchases of Major Foods of Rural Households

指 标	Item	单位	Unit	2013	2014
粮食	Grain	千克	kg	182.7	183.6
谷物	Cereal	千克	kg	178.2	178.5
薯类	Tuber	千克	kg	0.6	0.7
豆类	Beans and the Products	千克	kg	3.9	4.4
大豆	Soybean	千克	kg	0.9	0.9
油脂类	Grease	千克	kg	10.0	10.2
植物油	Vegetable Oil	千克	kg	7.4	8.1
蔬菜及菜制品	Vegetable and Vegetable Products	千克	kg	87.1	95.4
鲜菜	Fresh Vegetables	千克	kg	86.2	94.3
肉类	Meat	千克	kg	25.7	27.4
猪肉	Pork	千克	kg	25.3	25.7
牛肉	Beef	千克	kg	0.3	0.3
羊肉	Mutton	千克	kg	0.1	0.1
禽类	Poultry	千克	kg	14.6	16.8
水产品	Aquatic Products	千克	kg	5.7	6.6
蛋类及蛋制品	Eggs and Egg Products	千克	kg	3.9	4.4
奶和奶制品	Milk and Milk Products	千克	kg	5.7	2.2
干鲜瓜果类	Dried and Fresh Melons and Fruits	千克	kg	20.7	25.1
鲜瓜果	Fresh Melons and Fruits	千克	kg	9.5	24.3
坚果类	Nuts and Processed Products	千克	kg	0.8	0.8
糖果糕点类	Sweets and Cakes	千克	kg	3.4	3.5
# 食糖	# Suger	千克	kg	1.0	1.2

2-22 农村居民平均每百户年末主要耐用消费品拥有量

Ownerhip of Major Durable Consumer Goods Per 100 Urban Households at Year-end

指 标	Item	单位	Unit	2013	2014
家用汽车	Automobile	辆	unit	6.9	7.2
摩托车	Motorcycle	辆	unit	92.7	100.9
助力车	Electric Bicycle	辆	unit	24.1	29.7
洗衣机	Washing Machine	台	set	45.2	51.9
电冰箱（柜）	Refrigerator	台	set	70.2	75.9
微波炉	Microwave Oven	台	set	14.8	16.3
彩色电视机	Color Television Set	台	set	111.1	114.5
空调	Air Conditioner	台	set	12.5	15.3
热水器	Water Heater	台	set	40.8	47.5
排油烟机	Vacuum Cleaner	台	set	5.8	6.7
固定电话	Telephone	部	set	20.2	25.5
移动电话	Mobile Telephone	部	set	237.8	252.3
计算机	Computer	台	set	14.0	17.4
照相机	Camera	架	set	2.7	3.0

2-23 农村居民家庭固定资产投资情况

Fixed Assets Investment of Rural Households

单位：亿元 (100 million yuan)

项目	Item	2011	2012	2013	2014
新增固定资产原值	**New Original Value of Fixed Assets**	**400.25**	**451.48**	**510.12**	**541.24**
固定资产投资完成额	**Finished Value of Investment of the Fixed Assets**	**409.76**	**463.43**	**523.74**	**555.61**
按投资来源分	Investment by Source				
国内贷款	Domestic Loans	5.33	11.89	14.01	15.05
自筹资金	Self-raising Funds	395.58	441.08	497.85	532.06
其他资金	Others	8.84	10.46	11.88	8.50
按投资构成分	According to Constitute Sub-investment				
建筑工程	Construction	288.06	341.49	387.30	403.33
安装工程	Installation	…	…	…	…
设备工、器具购置	For Equipment, the Purchase of Equipment	68.16	72.73	81.12	88.84
其他	Others	53.54	49.21	55.32	63.44
按投资方向分	According to the Investment Direction Pm				
农业	Agriculture	82.64	95.49	101.03	110.69
采矿业	Mining	0.00	…	1.38	1.50
制造业	Manufacturing	1.68	2.61	2.89	3.17
电力、燃气及水的生产和供应业	Production and Supply of Electricity, Gas and Water	…	…	…	…
建筑业	Construction	…	…	0.59	0.50
交通运输、仓储和邮政业	Transport, Storage and Post	36.74	21.40	23.39	25.92
信息传输、计算机服务和软件业	Information Transmission, Computer Services and Software	…	…	…	…
批发和零售业	Wholesale and Retail Trades	…	…	1.99	2.43
住宿和餐饮业	Hotels and Catering Services	…	…	0.44	0.32
金融业	Financial Intermediation	…	…	…	
房地产业	Real Estate	283.38	325.00	371.32	388.18
租赁和商务服务业	Leasing and Business Services	…	…	0.37	0.43
科学研究、技术服务和地质勘查业	Scientific Research, Technical Services, and Geological Prospecting	…	…	…	…
水利、环境和公共设施管理业	Management of Water Conservancy,Environment and Public Facilities	…	…	…	…
居民服务和其他服务业	Serices to Households and Other Services	5.33	18.93	20.33	22.45
教育	Education	…	…	…	…
卫生、社会保障和社会福利业	Health, Social Securities and Social Welfare	…	…	…	…
文化、体育和娱乐业	Culture, Sports and Enterainment	…	…	…	…
公共管理和社会组织	Public Management and Social Organizations	…	…	…	…
国际组织	International Organizations	…	…	…	…
按具体投资项目分	Based on specific investment projects pm				
房屋	Housing	288.06	328.35	370.75	391.11
道路	Road	…	…	…	…
桥梁	Bridge	…	…	…	…
设备	Equipment	31.42	46.33	81.12	88.84
水利	Water	…	…	0.52	0.45
其他	Others	90.27	88.75	71.35	75.21
施工房屋面积（万平方米）	**Acreage of House Construction（10 000 sq.m）**	**5253.67**	**5569.23**	**5668.59**	**5995.10**
竣工房屋面积（万平方米）	**Acreage of House Completion（10 000 sq.m）**	**4952.70**	**5081.00**	**5160.12**	**5460.80**
竣工房屋投资完成额	**Completion Amount of Investment in House**	**278.11**	**298.28**	**317.78**	**329.99**

2-24 各市农村居民人均总收入（2014年）

Per Capita Annual Income of Rural Households by City（2014）

单位：元 （yuan）

地 区	Region	总收入 Total Income	工资性收入 Income from Wages and Salaries	经营净收入 Net Business Income	第一产业 Primary Industry	第二产业 Secondary Industry	第三产业 Tertiary Industry	财产性收入 Income from Properties	转移性收入 Income from Transfers
南宁市	Nanning	13057.0	3078.0	9161.0	7452.0	712.0	997.0	310.0	508.0
柳州市	Liuzhou	13924.0	2563.0	10513.0	9298.6	472.3	742.1	246.0	602.0
桂林市	Guilin	13399.0	3423.0	9193.0	7268.0	525.0	1400.0	232.0	551.0
梧州市	Wuzhou	10036.2	3943.0	5077.2	3925.9	273.3	878.0	149.0	867.0
北海市	Beihai	15161.3	2684.0	11738.3	9795.1	350.5	1592.7	255.0	484.0
防城港市	Fangchenggang	14956.0	2599.8	11387.5	8539.9	181.0	2666.6	180.4	788.3
钦州市	Qinzhou	11087.9	3903.8	6579.0	5676.8	274.6	627.7	118.8	486.3
贵港市	Guigang	13438.1	3876.7	8347.8	6390.5	1032.7	924.6	216.4	997.2
玉林市	Yulin	13820.0	4436.0	8270.0	6368.0	452.0	1450.0	155.0	959.0
百色市	Baise	9254.7	1983.5	6501.9	5514.6	204.6	782.8	26.6	742.7
贺州市	Hezhou	9890.9	3287.6	5846.0	4559.0	328.5	958.5	108.0	649.3
河池市	Hechi	8147.7	2662.0	4575.3	3709.7	281.5	584.2	71.0	839.4
来宾市	Laibin	11513.0	2199.0	8682.0	7436.0	356.0	890.0	92.0	540.0
崇左市	Chongzuo	11160.2	1867.6	8490.4	7767.6	107.4	615.4	88.5	713.7

2-25 各市农村居民人均纯收入（2014年）

Per Capita Annual Net Income of Rural Households by City（2014）

单位：元 （yuan）

地 区	Region	纯收入 Net Income	工资性收入 Income from Wages and Salaries	经营净收入 Net Business Income	第一产业 Primary Industry	第二产业 Secondary Industry	第三产业 Tertiary Industry	财产性收入 Income from Properties	转移性收入 Income from Transfers
南宁市	Nanning	8576.0	3078.0	4763.0	3918.0	318.0	527.0	310.0	425.0
柳州市	Liuzhou	8606.0	2563.0	5214.0	4567.0	207.0	440.0	246.0	583.0
桂林市	Guilin	9431.0	3423.0	5315.0	4047.0	339.0	929.0	232.0	461.0
梧州市	Wuzhou	8342.0	3943.0	3426.0	2492.0	235.0	699.0	149.0	824.0
北海市	Beihai	9079.0	2684.0	5766.0	4480.0	210.0	1076.0	255.0	374.0
防城港市	Fangchenggang	9523.8	2599.8	6219.8	5182.7	47.2	990.0	180.4	523.8
钦州市	Qinzhou	8891.7	3903.8	4456.9	3794.9	195.4	466.5	118.8	412.2
贵港市	Guigang	9131.4	3876.7	4493.9	3527.2	382.9	583.8	216.4	544.5
玉林市	Yulin	9314.0	4436.0	4188.0	3096.0	250.0	842.0	155.0	535.0
百色市	Baise	6145.0	1983.5	3423.2	2896.4	101.7	425.1	26.6	711.7
贺州市	Hezhou	7337.0	3287.6	3435.2	2618.9	168.6	647.7	108.0	506.2
河池市	Hechi	5723.0	2662.0	2397.0	1865.0	235.0	297.0	71.0	593.0
来宾市	Laibin	7751.0	2199.0	5050.0	4279.0	211.0	560.0	92.0	410.0
崇左市	Chongzuo	7707.3	1867.6	5320.7	4970.6	92.4	257.7	88.5	430.5

2-26 各市农村居民人均支出情况（2014年）

单位：元

项 目	Item	南宁市 Nanning	柳州市 Liuzhou	桂林市 Guilin	梧州市 Wuzhou
总支出	**Total Expenditure**	**11706.0**	**12895.7**	**11055.0**	**8122.6**
家庭经营费用支出	Expenditure for Household Operations	4363.5	4657.0	3452.0	1715.7
第一产业	Primary Industry	3779.0	4150.6	2935.0	1490.7
第二产业	Secondary Industry	350.0	232.4	156.0	46.0
第三产业	Tertiary Industry	234.5	274.0	361.0	179.0
购置生产性固定资产支出	Purchase of Productive Fixed Assets	200.5	463.7	261.0	192.8
税费支出	Taxes and Fees			1.0	
生活消费	Expenditure for Live Consumption	6718.0	7186.0	6825.0	5829.1
食品烟酒	Food, Tobacco and Liquor	3042.0	3101.5	3030.0	2435.2
衣着	Clothing	215.0	329.9	249.0	154.0
居住	Residence	1185.0	1571.2	1374.0	1584.2
生活用品及服务	Household Facilities, Articles and Services	527.0	414.6	358.0	306.7
交通和通信	Transport and Communications	743.0	376.5	700.0	449.0
教育文化和娱乐	Education, Cultural and Recreation	367.0	499.2	467.0	318.0
医疗保健	Health Care and Medical Services	518.0	761.0	455.0	433.0
其他用品和服务	Other Goods and Services	121.0	132.0	192.0	149.0
财产性支出	Expenses on Properties	16.0		3.0	3.0
转移性支出	Expenses on Transfers	408.0	589.0	513.0	382.0

Per Capita Expenditure of Rural Households by City（2014）

（yuan）

北海市 Beihai	防城港市 Fangchenggang	钦州市 Qinzhou	贵港市 Guigang	玉林市 Yulin	百色市 Baise	贺州市 Hezhou	河池市 Hechi	来宾市 Laibin	崇左市 Chongzuo
12243.3	**10957.7**	**7630.8**	**10248.3**	**9275.1**	**9696.7**	**8420.8**	**7506.8**	**10471.7**	**11190.1**
5296.0	3894.9	1815.4	3479.3	3421.0	2688.5	2203.7	1359.9	3186.6	3243.5
4799.5	3040.2	1794.5	2663.0	3013.0	2266.6	1882.8	1201.9	2710.6	2872.0
96.0	126.8	7.5	570.2	102.0	77.0	123.7	81.1	155.0	15.0
400.5	727.9	13.4	246.1	306.0	344.9	197.2	76.9	321.0	356.5
235.0	491.2	69.2	202.3	84.1	549.9	279.3	114.9	186.0	219.0
						2.0			
6358.3	6288.7	5366.3	6182.4	5546.0	6114.2	5664.5	5400.9	6547.1	7446.2
2509.8	3189.5	2487.5	2812.2	2403.0	2588.4	2277.5	2127.9	2533.1	2843.5
212.0	225.9	105.5	191.9	180.0	258.6	201.8	293.0	188.0	228.9
1696.4	1009.2	1084.8	1149.7	1176.0	1204.6	1478.1	1465.0	1655.0	2084.5
396.5	335.1	385.8	361.8	316.0	344.5	342.0	338.0	456.0	369.5
559.0	548.2	438.5	701.3	545.0	680.0	451.5	476.0	735.0	803.6
350.2	368.0	301.7	375.9	367.0	363.8	407.9	211.0	435.0	463.7
514.4	407.5	389.3	448.0	450.0	538.3	403.3	303.0	465.0	503.0
120.0	205.3	173.2	141.6	109.0	136.1	102.4	187.0	80.0	149.5
	6.1	14.8	0.5	4.0	5.0	0.2	16.3	31.0	16.0
354.0	276.8	365.2	383.8	220.0	314.9	271.0	545.2	521.0	265.4

2-27 各市农村居民家庭基本情况（2014年）

Basic Statistics of Rural Households by City（2014）

地 区	Region	平均每户家庭人口（人）Average Households Size（person）	平均每户整半劳动力（人）Average Number of Full/Semi Labour Force Per Household（person）	平均每一劳动力负担人数（人）Average Number of Dependents per Labour Force（person）	平均每人年末拥有房屋面积（平方米）Per Capita Have House Space at Year-end（sq.m）	平均每百户拥有生活用汽车（辆）Average per 100 Households of Life for Automobile（unit）	恩格尔系数（%）Engel's Coefficient（%）
南宁市	Nanning	3.51	2.36	1.49	45.31	8.36	45.28
柳州市	Liuzhou	3.52	2.43	1.45	38.37	11.34	43.16
桂林市	Guilin	3.52	2.48	1.42	47.01	10.37	44.4
梧州市	Wuzhou	3.85	2.22	1.73	39.03	4.58	41.78
北海市	Beihai	3.80	2.45	1.55	33.75	5.11	39.47
防城港市	Fangchenggang	3.66	2.57	1.42	42.40	13.20	50.72
钦州市	Qinzhou	3.90	2.25	1.73	36.09	3.34	46.35
贵港市	Guigang	3.53	2.16	1.63	46.12	9.21	45.49
玉林市	Yulin	3.82	2.31	1.65	39.43	10.19	43.33
百色市	Baise	3.92	2.50	1.57	35.22	7.70	42.33
贺州市	Hezhou	3.96	2.36	1.67	43.03	8.92	40.21
河池市	Hechi	3.67	2.28	1.61	42.35	6.29	39.4
来宾市	Laibin	3.72	2.40	1.55	38.39	11.17	38.69
崇左市	Chongzuo	3.77	2.64	1.43	39.54	6.88	38.19

主要统计指标解释

从2012年四季度起，国家统计局对分别进行的城乡住户调查实施了一体化改革，统一了城乡居民收入指标名称、分类和统计标准，建立了城乡统一的一体化住户调查《住户收支与生活状况调查》。广西从2014年开始，正式发布此项改革后的一体化城乡住户收支与生活状况调查数据。

住户 指居住在一个住宅内，共同分享生活开支或收入的一群人。居住在同一房间内、不共同分享生活开支的人群，每个人都视为一个住户。住家保姆、住家家庭工视为单独的住户。

常住居民 指住户成员中，经常在家居住、或者调查期内居住时间超过一半的人员，以及本住户供养的学生。常住居民是住户收支的调查对象。

居民可支配收入 指居民可用于最终消费支出和储蓄的总和，即居民可用于自由支配的收入，既包括现金收入，也包括实物收入。按照收入的来源，可支配收入包含四项，分别为：工资性收入、经营净收入、财产净收入、转移净收入。

工资性收入 指就业人员通过各种途径得到的全部劳动报酬和各种福利，包括受雇于单位或个人、从事各种自由职业、兼职和零星劳动得到的全部劳动报酬和福利。

经营性收入 指住户或住户成员从事生产经营活动所获得的净收入，是全部经营收入中扣除经营费用、生产性固定资产折旧和生产税净额（生产税减去生产补贴）之后得到的净收入。计算公式具体为：

经营净收入＝经营收入-经营费用-生产性固定资产折旧-生产税净额（生产税-生产补贴）

财产净收入 指住户或住户成员将其所拥有的金融资产和自然资源交由其他机构单位、住户或个人支配而获得的回报并扣除相关的费用之后得到的净收入。计算公式为：

财产净收入＝财产性收入-财产性支出

转移净收入 指国家、单位、社会团体对住户的各种经常性转移支付和住户之间的经常性收入转移。包括政府、非行政事业单位、社会团体对居民转移的养老金或退休金、社会救济和补助、政策性生活补贴、救灾款、经常性捐赠和赔偿以及报销医疗费等；住户之间的赡养收入、经常性捐赠和赔偿以及农村地区（村委会）在外（含国外）工作的本住户非常住成员寄回的收入等。计算公式为：

转移净收入＝转移性收入-转移性支出

居民收入五等份分组 指将所有调查户按人均收入水平从低到高顺序排列，平均分为五个等份，处于最高20%的收入群体为高收入组，依此类推依次为中高收入组、中等收入组、中低收入组、低收入组。

居民消费支出 指居民用于满足家庭日常生活消费需要的全部支出，既包括现金消费支出，也包括实物消费支出。根据用途不同，消费支出可划食品烟酒、衣着、居住、生活用品及服务、交通通信、教育文化娱乐、医疗保健、其他用品及服务八大类。

Explanatory Notes on Main Statistical Indicators

In the fourth quarter of 2012, the NBS launched its reform on the household survey programme in order to produce aggregates with the same concepts and definitions for the urban and rural population. This new survey porgramme is an integrated one whereas there had existed two separate household surveys ofr the urban and rural households. The reform took a number of measures, including the integration of concepts, classifications and standards, which provided a basis for producing data covering all households. Guangxi from 2014, officially announced the integration of urban and rural household income and expenditure survey data after the reform.

Households A group of people who live in a house and share their living expenses or incomes. Living in the same room, not to share the living expenses of the crowd, everyone is considered as a household. Nanny, home family work as a separate household.

Permanent Resident Of the members of the household, who often live at home, or have more than half the residence time of the survey period, and the students who are supporting the residents. Residents are residents of household income and expenditure survey.

Disposable Income of Households Has a national coverage comparable between urban and rural households, and refers to the kind of income that households can have at their disposal. It includes income both in cash and in kind from four categories: income from wages and salaries, cash income from household operations, income from properties and income from transfers.

Income from Household Operations Refers to all the labor remuneration and various benefits obtained by the employed persons through various means, including all the labor remuneration and benefits obtained from the employment of the unit or individual, in various kinds of free occupations, part - time, and sporadic work.

Net Business Income Refers to the net income received by the household or household members engaged in the production and operation activities, and the net income after deducting operating expenses, depreciation of productive fixed assets, and net production tax (net income of production tax). Calculation formula is concrete:

Net Business Income = Operating Income – Operating Expenses – Depreciation of Productive Fixed Assets – Net Production Tax（Production Tax – Production Subsidies）

Property Net Income Refers to the net income of the household or household members of the financial assets and natural resources owned by the financial assets and natural resources by other institutional units, households or individuals to obtain the return and deduct the relevant expenses. Calculation formula:

Property Net Income = Property Income – Property Expenses

Transfer Net Income Refers to the country, the unit, the social group to the resident's each kinds of regular transfer payment and the inhabitant's regular income transfer. Including the government, non administrative institutions, social groups on the transfer of pension or pension, social relief and subsidies, policy of living subsidies, relief funds, regular donations and compensation and reimbursement of medical expenses, etc.. Calculation formula:

Transfer Net Income = Transfer Income – Transfer Expenditure

Per Capita Disposable Income of Households by Income Quintile Refers to all households surveyed by per capita income level from high to low order arrangement, the average score for five equal parts, 20% of the highest income groups in the high income group, by analogy in order to high income group, medium income group and low income group and low income group.

Consumption Expenditure of Households Has a national coverage comparable between urban and rural households, and refers to the all the expenditures of households for consumption in daily life. It includes expenditure in cash and in kind on eight categories: food; clothing; housing; household appliances and services; transport and communications; education, cultural and recreational activities; and medical care. The expenditure on housing also includes rents, water, electrictity, fuels and imuted rents of owner-occupied dwellings.

第三篇 价格调查

Chapter 3 Price Survey

3-1 居民消费、商品零售、农业生产资料价格总指数（1984—2014年）

Consumer Goods Retail, Agricultural Production Materials Price Index（1984—2014）

（上年=100） (preceding year=100)

年份 Year	居民消费价格指数 Consumer Price Index			商品零售价格指数 Retail Price Index			农业生产资料价格指数 Price Indices of Farming Production Material		
	全区 Province	城市 Urban Areas	农村 Rural Areas	全区 Province	城市 Urban Areas	农村 Rural Areas	全区 Province	城市 Urban Areas	农村 Rural Areas
1984	103.3	104.6	102.4	104.2	104.5	104.1	110.4	-	110.4
1985	113.0	114.7	111.8	111.2	114.5	109.3	104.6	-	104.6
1986	106.2	106.2	106.2	105.1	106.0	104.4	101.1	-	101.1
1987	108.2	110.2	105.8	108.0	110.5	105.5	105.5	-	105.5
1988	120.8	123.3	118.4	121.0	123.2	119.4	126.7	-	126.7
1989	121.1	119.7	123.3	121.3	119.1	123.5	125.8	-	125.8
1990	101.1	98.3	104.4	100.1	97.4	102.4	99.2	-	99.2
1991	102.8	102.7	103.0	102.5	102.5	102.5	101.3	-	101.3
1992	105.9	107.0	105.4	104.6	106.2	103.9	104.0	-	104.0
1993	122.0	123.3	119.1	118.9	121.9	114.8	110.6	-	110.6
1994	126.0	125.4	126.5	124.4	122.7	125.6	118.1	-	118.1
1995	118.4	118.0	118.6	116.4	115.0	117.7	130.1	-	130.1
1996	106.5	105.5	107.4	104.5	104.1	104.9	103.8	-	103.8
1997	100.8	100.7	100.8	99.6	99.9	99.4	100.3	-	100.3
1998	97.0	97.1	96.8	96.3	96.7	95.9	92.1	-	92.1
1999	97.7	97.2	98.2	97.2	96.8	97.6	96.4	-	96.4
2000	99.7	100.0	99.5	98.6	98.4	98.8	99.9	-	99.9
2001	100.6	101.3	99.6	97.8	97.3	99.0	97.7	-	97.7
2002	99.1	98.9	99.3	98.1	98.2	98.0	98.2	-	98.2
2003	101.1	100.9	101.3	100.2	99.6	100.8	102.4	-	102.4
2004	104.4	104.1	104.9	103.9	103.4	104.4	115.3	-	115.3
2005	102.4	103.0	101.6	101.1	101.3	101.0	110.5	-	110.5
2006	101.3	101.6	100.9	100.3	100.8	99.8	101.0	-	101.0
2007	106.1	105.6	106.8	104.8	104.2	105.3	114.4	-	114.4
2008	107.8	107.6	108.5	107.6	107.6	108.3	124.0	-	124.0
2009	97.9	97.9	97.5	98.0	98.1	96.9	94.2	-	94.2
2010	103.0	102.9	103.4	103.0	103.0	103.2	101.9	-	101.9
2011	105.9	105.7	106.4	106.0	105.7	106.6	112.2	-	112.2
2012	103.2	103.2	103.3	102.3	102.2	102.4	103.9	-	103.9
2013	102.2	102.1	102.4	101.2	101.1	101.3	99.9	-	99.9
2014	102.1	102.2	101.9	101.4	101.5	101.1	98.9	-	98.9

3-2 居民消费价格分类指数（2014年）

Consumer Price Indices by Category（2014）

（上年=100） (preceding year=100)

指 标	Item	全 区 Province	城 市 Urban Areas	农 村 Rural Areas
居民消费价格总指数	**Consumer Price Index**	**102.1**	**102.2**	**101.9**
非食品价格指数	**Non-food Price Index**	**100.9**	**100.8**	**100.9**
服务项目价格指数	**Items of Service Price Index**	**101.8**	**102.0**	**101.4**
工业品价格指数	**Industrial Product Pprice Index**	**100.2**	**100.1**	**100.5**
扣除食品和能源价格指数	**Deduction Food and Energy Price Index**	**100.9**	**100.9**	**101.0**
扣除鲜菜鲜果总指数	**Deduction Fresh Vegetables Fresh Fruit General Index**	**101.6**	**101.7**	**101.4**
消费品价格指数	**Consumable Price Index**	**102.2**	**102.3**	**102.0**
食品	**Food**	**104.3**	**104.7**	**103.7**
粮食	Grain	102.2	102.5	101.6
大米	Rice	101.5	101.8	101.1
面粉	Flour	104.6	104.7	104.4
粮食制品	Grain Products	103.9	104.4	103.0
淀粉及制品	Starches and Products	100.9	100.8	101.7
干豆类及豆制品	Beans and Bean Products	104.8	105.2	104.1
干豆	Beans	108.1	108.0	108.1
豆制品	Bean Products	104.0	104.5	103.2
油脂	Oil or Fat	91.4	92.2	90.1
食用植物油	Oil of Plant	90.0	91.3	88.0
植物油制品	Vegetable Oil Processed Products	94.1	93.5	95.2
肉禽及其制品	Meal,Poultry and Processed Products	103.6	103.8	103.1
食用畜肉及副产品	Edible Domestic Animal's Meat and By-products	100.3	101.0	99.2
猪肉	Pork	97.3	97.8	96.6
牛肉	Beef	109.6	109.6	109.5
羊肉	Mutton	106.5	107.3	104.4
畜肉副产品	Animal By-products	100.2	98.7	102.3
禽	Poultry	111.6	110.4	113.9
鸡	Chicken	111.7	110.7	113.7
鸭	Duck	111.5	110.0	114.7
加工肉禽	Poultry Meat Processed Products	101.7	101.9	101.2
畜肉制品	Domestic Animal's Processed Products	99.4	99.3	99.7
禽制品	Poultry Processed Products	103.9	104.4	102.8
蛋	Eggs	106.1	106.4	105.2
鲜蛋	Fresh Eggs	106.3	106.6	105.5
蛋制品	Eggs Processed Products	103.0	103.5	102.1
水产品	Aquatic Products	107.4	108.5	104.1
鱼	Fish	106.1	107.1	103.6
淡水鱼	Fish in Fresh Water	106.8	108.4	103.6
海水鱼	Fish in Sea Water	104.9	105.2	103.7
其他水产品	Others	110.9	111.9	106.0
虾蟹类	Decapod Crustacean	110.8	111.8	106.0

3-2 续表 1 continued

（上年=100） (preceding year=100)

指 标	Item	全 区 Province	城 市 Urban Areas	农 村 Rural Areas
菜	Vegetables	103.9	103.2	105.3
鲜菜	Fresh Vegetables	103.5	102.7	105.2
干菜及菜制品	Dried Vegetables and Vegetable Products	106.6	106.4	107.2
薯类	Tubers	104.9	105.1	104.4
调味品	Flavoring	101.1	101.3	100.8
食用盐	Edible Salt	100.4	99.9	101.0
酱油	Soy Sauce	101.4	101.7	100.7
食醋	Table Vinegar	100.8	100.7	101.0
味精	Monosodium Glutamate	101.8	102.4	100.6
糖	Sweet	97.9	99.1	96.0
食糖	Sugar	95.0	98.1	90.7
糖果	Candy	100.5	100.2	100.9
巧克力制品	Chocolate Goods	99.3	99.4	99.0
糖类小食品	Sugar-coated Food Stuff	99.4	99.4	99.5
茶及饮料	Tea and Beverages	102.1	102.0	102.4
茶叶	Tea	100.7	100.7	100.7
饮料	Beverages	102.5	102.4	103.0
固体饮料	Solid Beverages	101.9	101.9	101.9
液体饮料	Liquid Beverages	102.2	102.0	102.7
冷冻饮品	Frozen Beverages	104.1	103.9	104.9
干鲜瓜果	Dried and Fresh Melons and Fruits	116.3	117.8	113.1
鲜瓜果	Fresh Fruits	118.8	120.2	115.8
干（坚）果	Dried（nut）Fruits and Melon and Fruit Products	102.6	104.0	100.1
糕点饼干面包	Cake,Biscuit and Bread	102.1	102.4	101.5
糕点	Cake	101.9	101.7	102.3
饼干	Cookie	101.2	101.9	99.7
面包	Bread	103.6	103.9	102.6
液体乳及乳制品	Liquid Breast and Dairy Products	105.9	105.3	107.4
巴氏杀菌奶或灭菌乳	Pasteurized Milk or Sterilized Milk	107.6	107.4	108.1
酸牛乳	Sour Milk	102.6	100.9	108.0
乳粉	Milk Powder	104.7	104.3	105.8
在外用膳食品	Picnic Food	103.0	102.8	103.3
主食	Staple Food	103.5	103.1	104.2
炒菜	Fried Dishers	102.7	102.5	103.0
地方小吃	Local Snacks	103.2	103.3	103.1
其他食品	Other Foods	104.2	101.4	107.6
烟酒	**Tobacco,Liquor**	**99.2**	**99.2**	**99.2**
烟草	Tobacco	99.9	99.9	99.8
高档卷烟	High-grade Cigarettes	100.0	100.0	100.0
中档卷烟	Mid-range Cigarettes	99.9	100.0	99.7

3-2 续表 2 continued

（上年=100） (preceding year=100)

指 标	Item	全 区 Province	城 市 Urban Areas	农 村 Rural Areas
酒	Liquor	98.6	98.6	98.5
白酒	Liquer	96.9	96.9	96.9
葡萄酒	Wine	100.4	100.8	99.1
啤酒	Beer	101.9	101.6	102.4
衣着	**Clothing**	**100.4**	**100.2**	**100.9**
服装	Garments	100.2	99.6	101.4
男式服装	Men's Garment	99.2	98.7	100.1
大衣	Overcoat	90.7	89.6	96.3
毛线衣	Knitted Woolen Clothes	96.5	96.4	96.5
夹克衫	Jacket	97.8	95.7	101.4
衬衫	Shirt	101.5	101.5	101.5
T恤衫	T-shirts	100.8	101.0	100.2
裤子	Trousers	99.4	98.8	100.7
西服	Suits	100.2	100.3	100.0
运动衫裤	Sport Clothing	101.3	102.0	99.7
内衣	Underwear	100.3	100.6	99.6
羽绒衣	Down Clothing	99.0	97.8	102.9
女式服装	Women's dress	101.1	100.2	102.9
大衣	Overcoat	101.4	100.7	103.9
毛线衣	Knitted Woolen Clothes	97.9	96.9	99.9
羽绒衣	Down Clothing	98.2	95.8	101.8
套装	Suits	100.8	100.3	101.9
衬衫	Shirt	104.3	103.5	106.0
T恤衫	T-shirts	104.2	104.1	104.5
裙子	Skirt	101.1	100.3	102.7
裤子	Trousers	101.6	99.2	105.2
运动衫裤	Sports Wear	101.1	98.8	105.8
内衣	Underwear	99.3	100.2	97.4
儿童服装	Children's Garment	100.1	100.2	100.0
上衣	Coat	100.1	100.6	99.4
裤子	Trousers	98.4	98.0	98.9
裙子	Skirt	102.6	102.7	102.6
衣着材料	Clothing Material	99.9	99.3	100.7
棉布	Cotton Cloth	100.2	99.8	100.9
化纤布	Chemical Fiber Cloth	100.4	99.5	101.7
毛线	Woolen Threads	99.0	99.0	99.1

3-2 续表 3 continued

（上年=100） (preceding year=100)

指 标	Item	全 区 Province	城 市 Urban Areas	农 村 Rural Areas
鞋袜帽	Footwear,Socks and Hats	101.0	101.9	99.0
鞋	Shoes	100.9	101.9	98.8
男鞋	Men's Shoes	102.5	103.2	100.8
女鞋	Women's Shoes	99.9	101.0	97.6
童鞋	Children's Shoes	100.9	102.1	99.1
袜子	Socks and Stockings	100.9	101.5	99.6
男袜	Men's Socks	100.2	100.1	100.6
女袜	Women's Socks	101.4	102.5	98.9
帽子	Hats	102.1	103.2	100.6
男帽	Man Cap	103.9	105.5	101.9
女帽	Bonnet	100.9	101.7	99.8
衣着加工服务费	Clothing Processing	103.5	102.9	105.0
缝纫	Sewing	104.0	103.1	105.8
清洗	Washing	103.0	102.6	104.0
家庭设备用品及维修服务	**Household Facilities and Articles**	**100.3**	**99.9**	**101.1**
耐用消费品	Durable Consumer Goods	99.7	99.3	100.8
家具	Furniture	99.7	99.2	101.2
柜	Counters	99.2	98.6	100.4
床	Beds	100.4	99.5	102.7
桌	Desks	100.9	101.1	100.5
椅	Chairs	99.2	98.5	101.3
沙发	Sofas	99.2	98.7	101.1
家庭设备	Household Facilities	99.7	99.3	100.6
洗衣机	Washing Machine	97.0	96.6	97.7
电风扇	Electric Fan	103.5	103.3	104.0
电冰箱（柜）	Refrigerator	99.8	98.8	102.1
吸排油烟机	Smoke Exhauster	100.3	100.9	99.1
空调器	Air Conditioner	99.8	99.1	101.1
热水器	Shower Heater	100.9	101.5	99.8
微波炉	Microwave Oven	98.7	98.5	99.5
室内装饰品	Interior Decorations	99.8	99.5	100.5
纺织装饰品	Fabric Decorations	101.7	102.0	101.0
装饰灯具	Lamp Decorations	98.2	97.3	100.1
床上用品	Bed Articles	99.6	99.5	99.9
被子	Quilts	98.8	98.6	99.3
床上套件	Bed Sets	100.4	100.3	100.7
家庭日用杂品	Daily Use Household Articles	100.3	100.0	100.9
茶具	Tea-set	100.0	99.7	100.7
餐具	Cooking-set	100.4	100.1	101.0

3-2 续表 4 continued

（上年=100） (preceding year=100)

指 标	Item	全 区 Province	城 市 Urban Areas	农 村 Rural Areas
厨具	Cook-set	100.9	100.7	101.4
家用手工工具	Family Tool	100.4	100.0	101.1
洗涤用品	Wash Articles	100.1	99.7	100.6
家庭服务及加工维修服务	Household Service and Maintenance	104.7	104.5	105.2
家庭服务	Household Service	106.2	105.3	108.1
加工维修服务	The Processed Upkeep	103.7	103.9	103.3
医疗保健和个人用品	**Medicine and Personal Articles**	**101.0**	**101.2**	**100.8**
医疗保健	Medicine	101.6	101.7	101.3
医疗器具及用品	Edical Appliances and Articles	100.1	99.8	101.0
中药材及中成药	Traditional Chines Herbs	103.4	103.5	103.4
中药材	Chines Herbal Material	105.6	105.8	105.5
中成药	Chines Patent drugs	101.4	101.6	100.9
西药	Western Medicine	100.8	101.4	99.7
抗菌素（抗感染药）	Antibiotics（Anti-infectives）	100.6	100.9	100.1
消化系统用药	The Digestive System Drugs	101.5	100.9	102.7
呼吸系统用药	Respiratory Drug	99.0	100.0	97.7
解热镇痛药	Antipyretic and Analgesic	100.3	100.6	99.8
抗肿瘤药	Anticancer Drugs	99.7	101.1	95.8
激素类药	Hormone Drugs	103.0	102.9	103.1
心血管系统用药	Cardiovascular System Drugs	100.9	101.5	98.7
中枢神经系统用药	Central Nervous System Drugs	103.8	104.8	102.2
消毒防腐及创伤外科用药	Disinfection Antisepsis and Trauma Surgery Medication	101.1	101.7	100.0
泌尿系统用药	Urinary System Drugs	98.5	99.7	96.9
维生素类	Vitamins	102.3	104.5	98.5
保健器具及用品	Healthy Appliances and Articles	101.5	101.1	103.2
保健器具	Healthy Appliance	99.6	99.5	100.0
滋补保健用品	Tonic and Healthy Goods	102.1	101.6	103.8
医疗保健服务	Medical and Health Service	100.9	100.5	101.5
挂号诊疗费	Registration and Diagnosis & Treatment Fee	100.0	100.0	100.0
注射费	Injection Fee	101.1	100.6	101.9
检查费	Examination Fee	100.6	100.3	101.3
手术费	Operation Fee	100.5	100.2	100.9
床位费	Bed Fee	102.2	101.7	102.9
理疗费	Physiotherapy Fees	100.4	100.4	100.4
化验费	Laboratory Fees	100.4	100.1	100.9
个人用品及服务	Pesonal Articles and Services	99.9	100.1	99.5
化妆美容用品	Making-up Articles	99.8	99.8	99.9
化妆美容器具	Making-up Utensil	100.0	100.1	99.8
美容化妆品	Cosmetic Products	100.0	99.9	100.0

3-2 续表 5 continued

(上年=100) (preceding year=100)

指 标	Item	全 区 Province	城 市 Urban Areas	农 村 Rural Areas
护肤品	Skin Care Products	99.9	99.7	100.2
护发美容品	Hair Care Cosmetics	99.5	99.6	99.4
清洁化妆用品	Clean Toiletries	100.5	100.6	100.2
洗发用品	Shampoo Articles	100.5	100.5	100.6
洗浴用品	Bathing Articles	100.5	100.9	99.7
个人饰品	Personal Ornaments	95.3	95.4	95.1
首饰	Jewelry	89.7	90.1	88.1
皮件	Leather Goods	99.9	101.6	97.8
手表	Watchs	100.8	100.7	101.4
领带	Ties	101.2	101.8	100.0
个人服务	Personal Service	103.5	104.8	101.5
美容	Making-up	101.6	102.3	99.8
理(烫)发	Haircut (Perm)	104.9	107.0	102.6
洗浴	Bathing	100.2	102.4	97.6
交通和通信	**Transportation and Communication**	**99.9**	**100.1**	**99.6**
交通	Transportation	100.5	100.7	100.0
交通工具	Transportation Means	100.4	101.1	99.2
助动自行车	Electric Bicycle	101.3	102.7	99.9
轿车	Car	98.4	98.5	96.8
自行车	Bicycle	102.1	103.3	99.9
车用燃料及零配件	Fuel and Accessories for Vehicle	98.3	98.5	98.1
汽油	Petrol	99.3	99.3	99.5
柴油	Diesel Oil	96.1	96.1	96.2
零配件	Accessories	97.0	97.6	95.0
车辆使用及维修费	Vehicle Using and Maintenance	102.7	103.3	101.3
保险费	Insurance	100.0	100.0	100.0
停车费	Parking fee	106.5	108.2	100.1
车辆修理服务费	Vehicle Maintenance Service	103.0	103.3	102.4
市区公共交通费	City Bus Transport	101.7	101.6	102.2
公共汽车票	Bus Ticket	100.2	100.2	100.1
出租汽车	Taxi	104.3	103.7	105.9
城市间交通费	Inter-city Transportation	100.5	99.9	101.7
飞机票	Plane Ticket	102.3	102.3	-
火车票	Train Ticket	100.2	100.3	100.0
长途汽车	Long-distance Coach	101.5	98.1	105.2
通信	Communication	99.3	99.4	99.1
通信工具	Communication Tools	96.2	96.4	95.9
固定电话机	Stationary Telephone	99.8	99.7	100.0
移动电话机	Mobile Telephone	95.3	95.5	95.0

3-2 续表 6 continued

（上年=100） (preceding year=100)

指 标	Item	全 区 Province	城 市 Urban Areas	农 村 Rural Areas
通信服务	Communication Service	99.9	100.0	99.8
移动通信费	Mobile Communications	99.8	100.0	99.5
市内电话费	Telephone Charge Within a City	100.0	100.0	100.0
长途电话费	Long-Distance call Charge	99.6	99.4	100.0
月租费	Monthly Renting Fee	100.0	100.0	100.0
上网费	Internet Access Fee	100.4	100.4	100.5
邮政邮寄	Postal Mail	100.0	100.0	100.0
其他邮寄	Other Mail	100.3	100.4	99.0
娱乐教育文化用品及服务	**Recreation,Education,Culture Articles and Services**	**101.5**	**101.7**	**101.1**
文娱用耐用消费品及服务	Durable Consumer Goods for Recreational	97.4	97.2	98.0
电视机	Television	93.7	92.8	95.4
激光视盘机	Video-disc Player	99.4	99.4	99.5
摄像机	Video-camera	99.5	99.5	99.0
照相机	Camera	97.6	98.6	95.2
家用音响	Stereo-set	99.7	99.6	99.8
便携式音响	Portable Audio	98.5	98.2	99.0
电脑	Computer	98.5	98.0	99.7
修理服务	Repair Service Fee	100.6	100.9	99.8
教育	Education	102.4	102.8	101.7
教材及参考书	Texts and Reference Book	100.6	100.3	101.5
工具书	Reference Book	100.7	100.6	100.7
教材	Text-book	100.0	100.0	100.0
参考书	Reference Book	101.7	100.4	104.2
教育软件	Educational Software	100.1	100.3	98.9
教育服务	Education Services	102.6	103.2	101.7
学前教育	Preschool Education	104.4	104.4	104.6
中等教育	Secondary Education	99.9	99.9	99.9
高等教育	Higher Education	105.5	106.0	103.8
专业技能培训	Professional Skills Training	101.7	101.7	101.7
文化娱乐类	Cultural Entertainment	101.0	100.9	101.1
文化娱乐用品	Cultural and Recreational Supplies	99.7	99.8	99.5
乐器	Musical Instrument	100.0	100.1	99.6
音像光盘和视盘	Phonotape and Videotape CD and VCD	100.3	100.2	100.4
电子存储器	Electronic Memory	97.1	97.2	96.8
儿童玩具	Children's Toy	100.2	100.1	100.2
纸张本册	This Paper List	99.9	100.3	99.1
文具	Stationary	100.4	100.5	100.1
体育用品	Athletic Articles	100.1	100.2	99.7

3-2 续表 7 continued

（上年=100） (preceding year=100)

指 标	Item	全 区 Province	城 市 Urban Areas	农 村 Rural Areas
书报杂志	Newspapers and Magazines	102.2	101.1	104.3
书籍	Books	100.0	99.9	100.3
报纸	Newspaper	101.9	100.3	104.8
杂志	Magazine	106.7	104.3	111.4
文娱费	Recreation	101.3	101.6	100.6
电影票	Video-movie Ticket	98.1	99.9	87.7
景点门票	Attractions Tickets	104.5	104.8	103.4
有线电视	Cabled TV	100.0	99.9	100.0
健身活动	Healthy Activities	102.7	102.6	103.0
旅游	Tourism	103.4	103.7	102.6
旅行社收费	Travel Agency Charges	104.0	104.3	103.1
宾馆住宿	Hotel Accommodation	101.5	101.5	101.6
其他住宿	Other Accommodations	101.4	100.6	102.3
居住	**Residence**	**101.5**	**101.4**	**101.7**
建房及装修材料	Building and Decorating Material	101.1	100.9	101.4
木材	Timber	100.2	100.8	99.4
木地板	Wood Floor	99.7	99.4	100.2
砖	Brick	98.9	98.2	99.8
水泥	Cement	104.6	102.0	107.8
涂料	Paint	101.6	102.9	99.5
板材	Board	101.6	100.2	103.5
玻璃	Glass	100.5	100.5	100.5
粘胶	Glue	104.4	106.6	100.1
厨卫设备	Kitchen Equipment	100.3	100.3	100.3
住房租金	Housing Rent	101.9	101.6	102.4
公房房租	Public Housing rent	100.0	100.0	100.0
私房房租	Talk Accommodation	103.9	104.2	103.6
其他费用	Other Rents	100.4	100.5	100.0
自有住房	Self-owned House	101.7	101.9	101.2
住房估算租金	Housing Estimates Rent	102.8	103.6	101.0
物业管理费用	Property Management Fees	100.0	100.0	100.0
维护修理费用	Maintenance Expenses	101.9	101.4	102.4
水、电、燃料	Water,Electricity and Fuels	101.4	101.0	102.5
水	Water	105.9	103.3	112.5
电	Electricity	100.0	100.0	100.1
液化石油气	Liquefied Petroleum Gas	101.2	101.3	100.9
管道燃气	Piped Gas	98.3	98.6	93.7
其他燃料	Other Fuel	100.3	100.0	100.8

3-3 分月居民消费价格指数（2014年）

（上年同期＝100）

指 标	Item	1 月 January	2 月 February	3 月 March
居民消费价格总指数	**Consumer Price Index**	**102.8**	**102.4**	**102.9**
非食品价格指数	**Non-food Price Index**	**102.4**	**101.9**	**101.7**
服务项目价格指数	**Items of Service Price Index**	**103.7**	**103.0**	**103.0**
工业品价格指数	**Industrial Product Pprice Index**	**101.5**	**101.2**	**100.8**
扣除食品和能源价格指数	**Deduction Food and Energy Price Index**	**102.5**	**102.1**	**101.8**
扣除鲜菜鲜果总指数	**Deduction Fresh Vegetables Fresh Fruit General Index**	**102.5**	**101.6**	**101.9**
消费品价格指数	**Consumable Price Index**	**102.5**	**102.3**	**102.9**
食品	**Food**	**103.5**	**103.3**	**105.1**
粮食	Grain	101.1	101.0	101.4
大米	Rice	99.8	99.8	100.3
面粉	Flour	105.8	105.7	104.5
粮食制品	Grain Products	105.3	104.8	104.8
淀粉及制品	Starches and Products	101.6	101.5	101.4
干豆类及豆制品	Beans and Bean Products	104.8	104.2	104.2
干豆	Beans	101.3	102.5	103.4
豆制品	Bean Products	105.6	104.6	104.4
油脂	Oil or Fat	91.6	91.2	90.8
食用植物油	Oil of Plant	89.8	89.4	88.9
植物油制品	Vegetable Oil Processed Products	95.1	94.8	94.5
肉禽及其制品	Meal,Poultry and Processed Products	100.9	96.9	98.9
食用畜肉及副产品	Edible Domestic Animal's Meat and By-products	101.7	97.8	99.9
猪肉	Pork	98.3	93.3	95.5
牛肉	Beef	114.1	111.3	113.8
羊肉	Mutton	110.8	108.4	109.4
畜肉副产品	Animal By-products	100.2	99.3	100.1
禽	Poultry	99.3	94.3	96.8
鸡	Chicken	98.1	94.5	97.0
鸭	Duck	102.1	93.9	96.2
加工肉禽	Poultry Meat Processed Products	100.1	98.6	99.0
畜肉制品	Domestic Animal's Processed Products	99.8	98.3	98.8
禽制品	Poultry Processed Products	100.5	98.9	99.2
蛋	Eggs	101.4	100.2	101.0
鲜蛋	Fresh Eggs	101.1	99.9	100.8
蛋制品	Eggs Processed Products	104.5	103.8	103.9
水产品	Aquatic Products	108.8	107.1	112.8
鱼	Fish	104.2	103.7	106.3
淡水鱼	Fish in Fresh Water	105.2	103.4	106.1
海水鱼	Fish in Sea Water	102.6	104.3	106.5
其他水产品	Others	121.5	115.6	131.2
虾蟹类	Decapod Crustacean	121.7	115.6	131.5

Consumer Price Indices by Month（2014）

（preceding year=100）

4 月 April	5 月 May	6 月 June	7 月 July	8 月 August	9 月 September	10 月 October	11 月 November	12 月 December
102.5	**102.8**	**102.5**	**102.5**	**101.7**	**101.1**	**101.2**	**101.5**	**101.4**
101.5	**101.1**	**100.8**	**100.6**	**100.4**	**100.1**	**99.9**	**99.9**	**100.0**
102.5	**101.7**	**101.4**	**101.2**	**101.1**	**101.0**	**100.9**	**100.8**	**101.2**
100.8	**100.6**	**100.4**	**100.2**	**99.9**	**99.5**	**99.2**	**99.3**	**99.1**
101.6	**101.1**	**100.7**	**100.5**	**100.4**	**100.2**	**100.0**	**100.1**	**100.5**
102.0	**102.3**	**102.0**	**101.7**	**101.4**	**101.2**	**101.0**	**100.9**	**100.9**
102.5	**103.1**	**102.8**	**102.9**	**101.9**	**101.1**	**101.3**	**101.7**	**101.5**
104.2	**105.9**	**105.5**	**105.9**	**104.0**	**102.9**	**103.6**	**104.3**	**104.0**
101.9	102.0	102.2	102.3	102.7	102.7	102.8	102.9	102.8
101.1	101.4	101.6	101.8	102.2	102.3	102.6	102.7	102.7
104.7	104.9	104.7	104.9	104.7	104.7	104.3	103.5	103.1
104.7	103.7	103.7	103.6	103.8	103.6	103.3	103.0	102.7
100.1	100.2	101.0	100.5	101.0	100.9	101.1	101.0	101.2
104.7	104.5	105.1	105.2	105.1	105.2	104.9	104.7	104.7
104.0	104.9	109.6	111.5	112.3	112.0	112.2	111.8	111.2
104.9	104.4	104.0	103.8	103.4	103.6	103.2	103.1	103.2
90.0	90.0	90.4	90.2	90.5	92.1	92.4	93.2	94.3
88.2	87.9	88.6	88.4	89.0	91.2	91.3	92.6	94.9
93.4	94.0	94.0	93.7	93.4	93.9	94.6	94.4	93.2
101.7	107.6	107.3	106.2	104.5	105.4	105.3	104.7	104.2
98.2	101.4	101.2	101.2	100.4	101.0	100.6	100.3	100.1
92.9	98.1	98.2	98.5	97.9	99.3	99.1	98.5	98.3
112.9	111.5	110.1	109.6	108.4	106.9	105.7	105.8	105.7
107.6	107.1	106.5	106.7	106.1	105.0	103.9	104.1	103.2
101.1	100.4	101.0	100.7	99.6	100.1	100.1	100.1	99.9
110.1	124.6	122.7	118.3	114.3	116.1	116.7	115.3	113.9
109.6	124.3	121.6	118.3	115.3	117.3	117.4	115.6	114.7
111.5	125.6	125.5	118.7	112.4	113.6	115.3	114.7	112.2
100.4	102.0	102.9	103.0	102.6	102.9	103.0	102.8	102.7
99.2	99.5	99.5	99.5	99.7	99.9	99.6	99.6	99.5
101.7	104.5	106.3	106.6	105.5	105.9	106.3	106.1	105.9
101.9	106.2	107.0	107.9	108.4	109.6	110.0	109.5	109.3
101.8	106.5	107.3	108.2	108.8	110.3	110.7	110.1	109.8
103.4	103.2	103.4	103.3	102.8	101.7	102.0	102.2	102.4
112.1	111.4	108.4	107.5	106.9	105.3	104.5	102.8	101.4
106.9	107.9	107.7	107.7	107.2	106.2	105.7	105.1	104.5
106.9	108.2	108.5	108.3	108.3	107.5	106.9	106.6	105.9
106.8	107.5	106.4	106.8	105.3	104.0	103.7	102.8	102.4
127.3	121.3	110.4	106.8	106.1	103.0	101.2	96.7	93.5
127.5	121.3	110.2	106.6	105.9	102.8	101.0	96.4	93.2

3-3 续表 1

（上年同期=100）

指 标	Item	1 月 January	2 月 February	3 月 March
菜	Vegetables	99.0	113.4	122.2
鲜菜	Fresh Vegetables	98.0	114.3	124.6
干菜及菜制品	Dried Vegetables and Vegetable Products	104.4	105.2	105.6
薯类	Tubers	117.7	117.7	114.7
调味品	Flavoring	101.7	101.5	101.4
食用盐	Edible Salt	100.0	100.0	100.0
酱油	Soy Sauce	102.7	102.4	102.2
食醋	Table Vinegar	100.5	100.3	100.2
味精	Monosodium Glutamate	102.1	101.6	102.2
糖	Sweet	97.9	98.1	97.5
食糖	Sugar	96.6	96.4	95.5
糖果	Candy	98.5	100.1	98.7
巧克力制品	Chocolate Goods	97.3	97.3	98.6
糖类小食品	Sugar-coated Food Stuff	100.5	99.6	99.3
茶及饮料	Tea and Beverages	101.2	100.7	100.9
茶叶	Tea	101.1	100.9	101.2
饮料	Beverages	101.3	100.6	100.8
固体饮料	Solid Beverages	100.5	100.0	100.0
液体饮料	Liquid Beverages	101.7	100.8	101.1
冷冻饮品	Frozen Beverages	101.1	101.1	101.1
干鲜瓜果	Dried and Fresh Melons and Fruits	119.3	116.4	113.0
鲜瓜果	Fresh Fruits	123.4	119.4	115.3
干（坚）果	Dried（nut）Fruits and Melon and Fruit Products	99.1	99.6	99.9
糕点饼干面包	Cake,Biscuit and Bread	102.6	103.2	102.7
糕点	Cake	102.0	102.8	102.2
饼干	Cookie	102.4	102.6	101.9
面包	Bread	103.9	104.6	104.7
液体乳及乳制品	Liquid Breast and Dairy Products	111.3	111.3	110.8
巴氏杀菌奶或灭菌乳	Pasteurized Milk or Sterilized Milk	115.7	115.3	114.7
酸牛乳	Sour Milk	103.7	104.0	104.5
乳粉	Milk Powder	108.5	108.9	107.7
在外用膳食品	Picnic Food	104.7	104.1	103.9
主食	Staple Food	106.1	104.8	105.5
炒菜	Fried Dishers	104.2	103.8	103.9
地方小吃	Local Snacks	104.8	104.2	102.3
其他食品	Other Foods	106.4	106.5	103.9
烟酒	**Tobacco,Liquor**	**99.0**	**99.0**	**99.0**
烟草	Tobacco	99.7	99.7	99.7
高档卷烟	High-grade Cigarettes	100.0	100.0	100.0
中档卷烟	Mid-range Cigarettes	99.6	99.6	99.6

continued

(preceding year=100)

4 月 April	5 月 May	6 月 June	7 月 July	8 月 August	9 月 September	10 月 October	11 月 November	12 月 December
102.5	102.0	104.2	111.1	98.8	89.9	96.9	106.1	107.5
102.0	101.4	103.9	111.9	97.8	88.1	95.7	106.1	107.6
105.9	106.2	106.3	107.0	107.8	107.8	107.6	107.5	108.1
110.8	108.2	103.4	99.3	99.3	94.9	98.0	102.6	98.5
101.3	101.4	101.2	101.4	101.6	100.7	100.3	100.4	100.5
100.2	100.3	100.6	100.5	100.6	100.5	100.5	100.5	100.5
102.0	101.9	101.7	102.1	101.8	100.4	99.5	99.8	100.2
100.7	101.0	100.2	100.5	101.5	101.2	101.1	101.0	101.3
101.6	102.2	101.6	101.6	102.5	101.7	101.8	101.7	101.1
97.7	97.7	97.8	97.6	97.8	97.9	98.4	98.4	98.4
94.8	94.0	94.0	93.5	94.2	94.8	95.1	95.6	95.3
100.3	101.2	101.3	101.1	101.1	100.6	101.3	100.8	100.9
99.1	99.1	99.1	99.4	99.5	99.8	100.6	100.5	101.2
99.1	99.2	99.3	99.7	99.5	99.1	99.4	99.3	99.1
101.0	101.6	102.4	102.7	102.6	102.8	103.0	103.3	103.3
101.0	100.7	100.8	100.7	100.3	100.3	100.6	100.4	100.6
101.0	101.9	102.8	103.3	103.3	103.6	103.7	104.1	104.1
100.9	101.8	101.9	102.4	102.3	102.9	103.2	103.4	103.2
100.9	102.1	102.7	102.9	102.8	102.6	102.8	103.2	103.2
101.1	101.5	104.2	105.4	105.8	107.0	106.4	107.4	107.3
116.7	118.9	115.4	116.6	118.5	117.2	115.5	115.8	112.3
119.6	122.1	117.7	118.9	121.3	119.6	117.5	117.9	113.4
100.6	101.3	102.8	104.0	104.0	104.4	104.6	104.9	106.0
102.7	102.1	102.4	102.2	101.9	101.4	101.4	101.4	101.2
102.1	101.9	102.2	102.0	102.1	101.4	101.5	101.4	101.1
102.2	101.1	101.1	100.8	100.5	100.6	100.1	100.3	100.3
104.5	103.8	104.1	104.2	103.4	102.6	102.7	102.7	102.4
109.7	108.0	106.8	105.9	104.7	102.0	101.7	100.3	99.5
112.8	110.7	109.4	108.0	105.9	102.4	101.6	99.4	98.2
104.8	104.5	104.2	103.5	102.8	101.2	100.3	99.5	99.1
107.3	105.4	103.7	103.7	103.5	101.8	102.6	102.4	102.2
103.8	103.1	103.0	102.7	102.3	102.4	101.9	101.7	101.9
105.4	103.2	102.7	102.8	102.4	102.4	102.4	102.3	102.4
103.8	103.3	103.0	102.5	102.1	102.2	101.3	101.1	101.3
102.1	102.5	103.2	103.6	103.2	103.4	103.4	102.8	103.4
104.5	103.8	103.6	103.9	104.1	104.2	103.8	103.0	102.5
99.1	**99.0**	**99.1**	**99.1**	**99.1**	**99.3**	**99.7**	**99.5**	**99.5**
99.7	99.9	99.9	99.9	99.9	99.9	99.9	99.9	99.9
100.0	100.0	100.0	100.0	100.0	100.0	100.0	100.0	100.0
99.7	100.0	100.0	100.0	100.0	100.0	100.0	100.0	100.0

3-3 续表 2

（上年同期=100）

指 标	Item	1 月 January	2 月 February	3 月 March
酒	Liquor	98.4	98.4	98.4
白酒	Liquer	96.3	96.4	96.5
葡萄酒	Wine	99.5	100.9	99.9
啤酒	Beer	102.8	102.0	102.1
衣着	**Clothing**	**105.1**	**103.9**	**102.8**
服装	Garments	105.0	103.8	102.5
男式服装	Men's Garment	104.1	102.6	101.2
大衣	Overcoat	95.2	91.2	89.1
毛线衣	Knitted Woolen Clothes	101.3	99.7	96.8
夹克衫	Jacket	101.9	98.2	97.4
衬衫	Shirt	107.9	107.1	106.1
T恤衫	T-shirts	106.5	106.2	106.0
裤子	Trousers	107.7	106.7	103.7
西服	Suits	102.5	101.4	99.9
运动衫裤	Sport Clothing	104.4	103.8	102.9
内衣	Underwear	104.1	102.4	102.0
羽绒衣	Down Clothing	98.2	96.5	96.9
女式服装	Women's dress	105.2	104.2	102.8
大衣	Overcoat	103.1	102.3	100.3
毛线衣	Knitted Woolen Clothes	101.2	99.3	98.2
羽绒衣	Down Clothing	98.9	96.5	97.3
套装	Suits	102.8	102.1	101.1
衬衫	Shirt	116.4	116.3	114.0
T恤衫	T-shirts	107.6	107.5	107.3
裙子	Skirt	107.4	105.9	102.7
裤子	Trousers	107.1	106.0	102.6
运动衫裤	Sports Wear	104.1	103.6	102.4
内衣	Underwear	101.2	100.2	100.3
儿童服装	Children's Garment	106.9	106.0	104.9
上衣	Coat	107.3	106.2	105.1
裤子	Trousers	104.3	103.7	102.3
裙子	Skirt	110.2	109.4	108.4
衣着材料	Clothing Material	99.8	99.6	99.1
棉布	Cotton Cloth	99.8	99.7	99.7
化纤布	Chemical Fiber Cloth	101.3	101.3	99.9
毛线	Woolen Threads	97.4	97.2	97.1

continued

(preceding year=100)

4 月 April	5 月 May	6 月 June	7 月 July	8 月 August	9 月 September	10 月 October	11 月 November	12 月 December
98.6	98.2	98.3	98.3	98.5	98.7	99.4	99.2	99.1
96.9	96.2	96.5	96.4	96.4	96.8	98.1	98.1	98.1
100.0	100.3	100.5	99.7	100.2	100.7	100.9	100.9	100.9
101.9	101.8	101.7	102.1	102.6	102.2	101.8	100.8	100.5
102.5	**101.2**	**99.7**	**98.9**	**98.6**	**97.9**	**97.2**	**98.3**	**99.6**
102.4	100.7	99.2	98.4	98.1	97.7	97.0	98.5	100.0
100.9	99.3	97.9	97.7	97.6	97.0	96.5	97.2	98.5
90.2	89.4	89.4	89.4	89.4	90.2	89.9	90.9	93.6
96.4	96.4	96.4	96.4	96.4	96.5	91.6	93.3	96.8
97.8	97.8	97.8	97.8	97.8	97.0	95.8	96.6	97.9
105.4	102.1	99.5	98.1	98.5	98.8	99.0	97.7	98.9
106.3	102.7	99.1	99.5	98.6	96.2	96.4	95.7	97.4
100.5	98.2	97.1	97.2	97.0	95.5	96.3	97.0	97.9
101.3	100.3	100.3	100.2	99.7	99.2	98.6	100.0	99.6
104.8	102.1	99.2	97.8	98.3	99.6	99.3	101.7	102.3
102.1	101.0	99.9	100.0	99.5	99.2	98.0	98.1	97.5
96.6	96.6	96.6	96.6	96.6	96.6	99.6	107.2	110.1
103.6	101.9	100.2	99.4	99.0	98.6	97.8	99.7	101.1
102.0	102.0	102.0	102.0	102.0	102.1	98.9	100.6	99.8
98.3	97.8	97.8	97.8	97.8	97.2	94.5	95.8	98.5
96.7	96.7	96.7	96.7	96.7	96.7	97.5	104.1	103.4
103.0	101.8	99.4	99.2	98.6	96.6	96.7	102.3	106.6
109.6	104.7	100.7	99.6	98.6	98.6	99.6	99.4	99.5
110.3	107.7	104.1	101.9	101.2	101.6	101.5	99.9	101.3
103.9	101.8	101.7	98.7	97.0	97.6	96.2	99.6	101.2
105.5	103.4	101.4	100.0	99.6	97.9	97.6	99.3	99.2
102.1	101.1	99.3	99.1	99.6	100.2	100.5	100.6	101.0
100.1	98.5	96.9	98.0	99.1	99.1	97.5	99.3	101.5
102.6	100.4	99.0	96.9	96.6	96.2	95.9	97.7	99.8
103.9	100.7	99.1	98.5	97.2	96.3	95.2	96.3	97.5
100.4	97.7	97.8	94.7	94.8	94.1	94.7	96.9	99.6
104.1	103.8	100.4	98.0	98.1	98.9	98.4	100.7	103.2
99.8	99.8	99.7	99.8	99.9	99.9	100.1	100.3	100.7
100.0	100.0	100.2	100.2	100.2	100.2	100.4	100.7	101.0
99.8	99.8	99.9	100.1	100.3	100.3	100.3	100.7	101.3
99.6	99.6	99.6	99.6	99.6	99.6	99.8	99.8	99.8

3-3 续表 3

（上年同期=100）

指　标	Item	1 月 January	2 月 February	3 月 March
鞋袜帽	Footwear,Socks and Hats	106.0	104.7	104.0
鞋	Shoes	106.6	105.1	104.4
男鞋	Men's Shoes	106.3	104.8	104.7
女鞋	Women's Shoes	106.6	105.1	103.7
童鞋	Children's Shoes	107.7	106.2	106.2
袜子	Socks and Stockings	100.7	100.7	100.7
男袜	Men's Socks	100.5	100.5	100.6
女袜	Women's Socks	100.9	100.8	100.7
帽子	Hats	107.5	107.9	107.8
男帽	Man Cap	109.8	110.1	110.7
女帽	Bonnet	106.1	106.5	106.0
衣着加工服务费	Clothing Processing	103.1	101.1	103.7
缝纫	Sewing	102.5	103.6	103.4
清洗	Washing	103.8	98.3	104.1
家庭设备用品及维修服务	**Household Facilities and Articles**	**101.3**	**100.9**	**100.6**
耐用消费品	Durable Consumer Goods	100.9	100.7	100.4
家具	Furniture	99.9	99.5	100.0
柜	Counters	99.5	99.1	99.7
床	Beds	100.0	99.5	100.3
桌	Desks	100.8	100.2	100.6
椅	Chairs	99.9	99.4	99.8
沙发	Sofas	99.7	99.5	99.9
家庭设备	Household Facilities	101.5	101.3	100.6
洗衣机	Washing Machine	100.1	99.3	98.0
电风扇	Electric Fan	105.3	105.2	105.9
电冰箱（柜）	Refrigerator	101.7	101.7	101.0
吸排油烟机	Smoke Exhauster	101.9	101.8	101.2
空调器	Air Conditioner	102.0	102.3	101.2
热水器	Shower Heater	100.8	100.1	99.2
微波炉	Microwave Oven	99.0	98.4	98.7
室内装饰品	Interior Decorations	101.7	100.7	99.6
纺织装饰品	Fabric Decorations	102.3	102.1	101.8
装饰灯具	Lamp Decorations	101.2	99.5	97.9
床上用品	Bed Articles	102.7	101.2	100.1
被子	Quilts	100.6	98.7	98.2
床上套件	Bed Sets	105.0	103.7	101.9
家庭日用杂品	Daily Use Household Articles	100.4	100.4	100.4
茶具	Tea-set	100.2	100.1	100.3
餐具	Cooking-set	100.8	100.9	100.9

continued

(preceding year=100)

4 月 April	5 月 May	6 月 June	7 月 July	8 月 August	9 月 September	10 月 October	11 月 November	12 月 December
102.8	102.9	101.2	100.1	99.7	98.2	97.4	97.3	98.1
103.0	103.0	101.2	100.0	99.5	97.8	96.9	96.9	97.7
104.0	103.8	101.8	101.2	101.1	100.5	100.3	100.5	101.6
102.0	103.1	101.6	99.6	98.6	96.2	94.8	94.6	94.7
104.1	101.0	98.3	98.5	99.5	97.6	96.6	96.7	99.8
100.3	101.4	101.6	101.4	101.1	100.7	100.6	100.6	100.9
100.8	101.1	101.2	101.1	100.3	99.7	99.5	98.8	98.8
100.0	101.5	101.9	101.6	101.7	101.4	101.4	101.9	102.4
107.2	104.1	99.5	98.8	98.8	99.1	99.1	97.7	99.3
110.1	105.3	101.0	100.8	100.3	100.5	100.4	99.0	101.0
105.3	103.3	98.5	97.6	97.8	98.2	98.2	96.8	98.2
103.4	103.6	103.2	103.3	103.4	103.4	103.5	105.3	105.4
103.5	104.1	103.4	103.8	104.0	104.2	104.2	106.0	104.8
103.3	103.0	102.9	102.7	102.6	102.6	102.7	104.6	106.2
100.5	**100.5**	**99.9**	**99.9**	**99.9**	**100.0**	**99.7**	**100.1**	**100.0**
100.5	100.4	99.1	99.1	99.2	99.3	98.9	99.3	99.1
100.3	100.2	98.8	99.2	99.7	99.9	99.1	100.2	100.0
99.9	99.5	98.6	98.8	98.6	98.8	98.5	99.5	99.6
100.8	101.2	99.8	100.0	100.5	101.0	100.0	100.7	100.5
101.0	100.8	99.7	100.4	101.9	102.0	100.7	101.8	101.5
99.7	99.3	97.7	97.8	98.5	99.4	99.0	100.1	99.8
100.1	99.9	98.2	98.7	99.3	98.8	97.7	99.5	99.2
100.7	100.5	99.2	99.1	98.9	99.0	98.8	98.8	98.6
98.8	97.5	96.5	95.7	95.2	96.3	95.5	95.4	95.5
108.0	108.3	102.5	102.4	100.6	101.2	101.0	101.4	101.4
100.7	99.9	98.9	98.8	98.8	99.1	98.6	98.9	99.0
101.3	100.6	99.1	99.3	99.6	99.7	99.6	99.9	99.8
101.1	100.6	98.9	99.0	98.9	98.4	98.5	98.5	97.8
98.9	100.0	101.5	101.1	101.6	102.4	101.7	102.1	102.0
97.6	99.9	98.9	99.4	99.2	98.8	98.2	98.3	97.9
99.4	99.7	99.3	99.2	99.4	99.7	99.4	99.9	99.7
101.3	101.4	101.1	101.2	101.6	101.8	101.5	102.4	102.3
97.8	98.2	97.8	97.5	97.6	97.8	97.7	97.7	97.6
99.2	99.2	99.4	99.1	98.9	99.0	98.4	99.3	99.0
98.0	98.1	98.4	98.2	98.4	98.5	98.4	100.1	100.0
100.2	100.2	100.3	99.9	99.3	99.5	98.4	98.6	98.0
100.4	100.2	100.3	100.2	100.2	100.2	100.4	100.3	100.2
100.0	100.0	99.9	100.0	100.0	100.0	99.8	99.6	99.6
101.0	100.2	99.9	100.1	100.1	100.1	100.2	100.1	100.1

3-3 续表 4

（上年同期=100）

指 标	Item	1 月 January	2 月 February	3 月 March
厨具	Cook-set	101.0	101.0	100.9
家用手工工具	Family Tool	99.7	100.0	100.1
洗涤用品	Wash Articles	100.1	100.1	99.9
家庭服务及加工维修服务	Household Service and Maintenance	104.1	104.0	103.6
家庭服务	Household Service	106.2	104.4	104.1
加工维修服务	The Processed Upkeep	102.5	103.7	103.2
医疗保健和个人用品	**Medicine and Personal Articles**	**100.9**	**100.3**	**100.8**
医疗保健	Medicine	101.7	101.7	101.4
医疗器具及用品	Edical Appliances and Articles	100.2	100.4	100.4
中药材及中成药	Traditional Chines Herbs	104.0	104.0	104.0
中药材	Chines Herbal Material	107.0	106.9	106.6
中成药	Chines Patent drugs	101.3	101.5	101.6
西药	Western Medicine	99.9	99.8	100.0
抗菌素（抗感染药）	Antibiotics（Anti-infectives）	99.4	99.7	99.7
消化系统用药	The Digestive System Drugs	100.7	100.8	101.5
呼吸系统用药	Respiratory Drug	98.8	98.6	98.8
解热镇痛药	Antipyretic and Analgesic	101.0	100.4	100.5
抗肿瘤药	Anticancer Drugs	98.4	98.2	98.8
激素类药	Hormone Drugs	102.2	102.0	102.0
心血管系统用药	Cardiovascular System Drugs	99.3	99.0	99.1
中枢神经系统用药	Central Nervous System Drugs	100.7	101.3	101.0
消毒防腐及创伤外科用药	Disinfection Antisepsis and Trauma Surgery Medication	100.7	100.7	100.8
泌尿系统用药	Urinary System Drugs	98.4	98.5	99.2
维生素类	Vitamins	99.1	99.3	98.5
保健器具及用品	Healthy Appliances and Articles	100.9	100.9	100.7
保健器具	Healthy Appliance	100.0	100.0	100.0
滋补保健用品	Tonic and Healthy Goods	101.1	101.1	100.9
医疗保健服务	Medical and Health Service	102.4	102.5	101.1
挂号诊疗费	Registration and Diagnosis & Treatment Fee	100.0	100.0	100.0
注射费	Injection Fee	101.6	101.6	101.8
检查费	Examination Fee	101.1	101.1	101.1
手术费	Operation Fee	100.8	100.8	100.8
床位费	Bed Fee	109.0	109.0	101.9
理疗费	Physiotherapy Fees	100.3	100.3	100.3
化验费	Laboratory Fees	100.7	100.7	100.7
个人用品及服务	Pesonal Articles and Services	99.1	97.5	99.5
化妆美容用品	Making-up Articles	99.6	99.4	99.4
化妆美容器具	Making-up Utensil	100.0	100.0	100.0
美容化妆品	Cosmetic Products	99.9	99.8	99.8

continued

(preceding year=100)

4 月 April	5 月 May	6 月 June	7 月 July	8 月 August	9 月 September	10 月 October	11 月 November	12 月 December
101.1	100.9	101.3	100.8	100.5	100.4	100.8	101.1	100.8
100.4	100.7	100.7	100.7	100.4	100.3	100.5	100.4	101.1
99.9	99.9	100.1	99.9	100.1	100.2	100.4	100.3	100.1
103.2	104.8	105.1	104.9	105.1	105.2	105.3	105.6	106.1
104.1	105.2	105.4	107.0	107.5	107.3	107.4	107.6	107.6
102.4	104.6	104.9	103.3	103.3	103.6	103.8	104.1	104.9
100.9	**100.8**	**101.2**	**101.3**	**101.4**	**101.1**	**101.2**	**101.1**	**101.4**
101.3	101.2	101.7	101.6	101.7	101.6	101.6	101.6	101.8
100.4	100.4	100.2	100.1	100.1	99.7	99.7	99.7	99.6
103.4	103.3	103.7	103.6	103.9	103.1	102.7	102.5	103.1
105.7	105.5	106.6	106.5	106.6	104.6	104.0	103.8	104.2
101.3	101.3	101.1	101.0	101.5	101.7	101.5	101.3	102.1
100.1	99.9	101.0	101.0	101.1	101.3	101.7	101.9	102.0
100.0	100.3	101.2	101.0	101.1	101.1	101.1	101.3	101.2
101.5	101.1	101.5	101.6	101.9	102.1	101.9	101.9	101.9
98.3	98.4	98.3	98.4	98.4	98.4	100.0	100.8	101.5
99.9	99.7	99.8	99.8	100.2	100.3	100.7	100.7	100.6
98.6	98.6	100.0	100.0	100.0	100.1	101.4	101.4	101.3
102.0	101.4	103.4	103.4	103.3	103.5	104.2	104.2	103.7
99.2	98.4	101.4	101.4	101.5	101.9	103.0	103.1	103.1
100.8	100.6	105.5	105.5	105.6	106.9	105.9	106.0	106.0
101.7	101.1	100.8	100.8	101.5	101.5	100.9	101.0	101.3
99.0	98.5	98.3	98.3	98.2	98.3	98.4	98.7	98.7
100.6	102.4	104.1	104.1	103.9	103.8	104.1	104.6	103.7
100.9	101.3	101.6	102.1	102.0	102.0	102.0	101.8	102.0
100.0	100.0	99.9	99.9	99.9	98.9	98.9	98.9	98.9
101.1	101.7	102.0	102.7	102.6	102.9	102.9	102.7	102.9
101.1	100.8	100.8	100.3	100.2	100.3	100.3	100.3	100.3
100.0	100.0	100.0	100.0	100.0	100.0	100.0	100.0	100.0
101.9	101.7	101.7	100.4	100.4	100.4	100.4	100.4	100.4
101.1	101.1	101.1	100.2	100.2	100.2	100.2	100.2	100.2
100.8	100.9	100.9	100.1	100.0	100.0	100.1	100.1	100.1
101.9	100.6	100.6	100.6	100.6	100.8	100.8	100.8	100.8
100.3	100.7	100.7	100.5	100.3	100.3	100.3	100.3	100.3
100.7	100.5	100.5	100.1	100.1	100.1	100.1	100.1	100.1
99.9	100.0	100.2	100.8	100.7	100.2	100.3	100.1	100.5
100.1	100.1	100.0	100.0	100.0	99.8	99.8	99.9	100.2
100.1	100.1	99.9	99.9	99.8	100.0	100.3	100.3	100.1
99.8	99.8	99.8	99.8	99.8	100.2	100.2	100.1	100.3

3-3 续表 5

（上年同期=100）

指 标	Item	1 月 January	2 月 February	3 月 March
护肤品	Skin Care Products	99.4	98.9	99.1
护发美容品	Hair Care Cosmetics	99.3	99.4	99.3
清洁化妆用品	Clean Toiletries	100.8	100.7	100.6
洗发用品	Shampoo Articles	100.8	100.7	101.0
洗浴用品	Bathing Articles	100.8	100.8	100.5
个人饰品	Personal Ornaments	89.5	90.9	92.5
首饰	Jewelry	78.6	81.4	84.6
皮件	Leather Goods	100.1	100.1	99.9
手表	Watchs	101.4	101.2	100.3
领带	Ties	101.8	101.2	102.1
个人服务	Personal Service	105.6	95.3	104.6
美容	Making-up	103.3	97.9	103.3
理（烫）发	Haircut（Perm）	107.7	93.9	105.9
洗浴	Bathing	99.9	95.0	100.1
交通和通信	**Transportation and Communication**	**101.2**	**100.4**	**100.4**
交通	Transportation	102.5	101.1	101.2
交通工具	Transportation Means	100.3	100.6	100.7
助动自行车	Electric Bicycle	101.3	101.5	102.1
轿车	Car	98.8	98.8	98.8
自行车	Bicycle	101.7	102.4	102.2
车用燃料及零配件	Fuel and Accessories for Vehicle	100.2	98.9	98.4
汽油	Petrol	101.9	100.1	99.6
柴油	Diesel Oil	98.7	96.9	96.5
零配件	Accessories	96.8	96.9	96.5
车辆使用及维修费	Vehicle Using and Maintenance	104.7	103.5	103.8
保险费	Insurance	100.0	100.0	100.0
停车费	Parking fee	105.6	106.3	106.1
车辆修理服务费	Vehicle Maintenance Service	107.4	104.9	105.4
市区公共交通费	City Bus Transport	101.9	101.8	101.5
公共汽车票	Bus Ticket	100.0	100.4	100.0
出租汽车	Taxi	105.2	104.3	104.0
城市间交通费	Inter-city Transportation	107.5	102.1	102.7
飞机票	Plane Ticket	107.0	100.9	93.2
火车票	Train Ticket	100.1	100.1	100.2
长途汽车	Long-distance Coach	111.8	105.1	105.9
通信	Communication	99.7	99.5	99.5
通信工具	Communication Tools	98.8	98.0	97.7
固定电话机	Stationary Telephone	100.0	100.0	100.0
移动电话机	Mobile Telephone	98.5	97.5	97.2

continued

(preceding year=100)

4 月 April	5 月 May	6 月 June	7 月 July	8 月 August	9 月 September	10 月 October	11 月 November	12 月 December
100.5	100.6	100.4	100.6	100.3	99.5	99.3	99.6	100.3
99.4	99.3	99.3	99.4	99.7	99.6	99.8	99.9	99.6
100.2	99.9	99.9	100.7	100.8	100.3	100.7	100.5	100.4
100.3	100.2	100.3	100.7	100.7	100.3	100.4	100.4	100.3
100.1	99.7	99.6	100.9	101.0	100.6	101.2	100.7	100.6
93.9	95.4	96.2	99.2	98.6	97.0	96.8	96.2	98.3
87.2	90.4	92.1	98.6	96.5	92.6	92.1	91.4	95.6
99.9	99.6	99.4	99.2	99.9	100.5	100.7	99.7	99.8
100.5	100.5	100.6	100.5	100.8	100.6	101.0	101.3	101.3
101.5	100.7	100.6	101.0	101.3	101.9	100.5	100.0	101.3
105.3	104.9	105.4	103.8	103.7	103.7	103.6	103.3	103.4
103.2	103.0	102.9	101.3	101.1	101.1	101.1	100.9	100.9
107.4	106.7	107.4	105.4	105.4	105.5	105.4	105.0	105.1
99.6	99.7	101.9	102.0	101.4	101.2	100.7	100.9	100.9
100.3	**100.4**	**100.2**	**100.3**	**99.8**	**99.2**	**99.3**	**98.9**	**98.6**
100.9	101.2	101.1	101.4	100.5	99.4	99.4	98.7	98.3
100.8	100.7	100.7	100.7	99.6	99.8	99.9	100.2	100.1
102.2	102.1	102.1	102.2	99.5	100.1	100.2	101.0	101.0
98.5	98.7	98.5	98.2	98.2	97.9	98.3	98.3	97.8
102.8	102.4	102.4	102.1	102.2	102.0	101.8	101.8	101.7
100.4	103.4	104.1	103.8	100.4	96.1	94.9	91.8	88.0
102.4	106.3	107.3	106.5	101.9	96.2	94.5	90.6	85.6
99.3	103.5	104.6	103.7	98.8	93.0	91.2	87.3	81.2
96.2	96.5	96.4	97.3	97.8	97.4	97.9	97.3	97.7
102.6	101.7	101.0	101.1	101.7	102.0	102.0	102.0	106.0
100.0	100.0	100.0	100.0	100.0	100.0	100.0	100.0	100.0
105.1	105.0	105.0	105.0	103.5	104.9	102.6	102.6	125.3
103.3	101.6	100.3	100.3	102.0	102.1	103.0	103.0	103.0
101.8	102.6	102.2	102.2	102.0	101.0	101.1	101.5	101.3
100.0	100.3	100.3	100.3	100.3	100.3	100.3	100.3	100.3
104.7	106.4	105.5	105.4	104.8	102.2	102.4	103.5	102.9
99.6	98.1	97.9	99.7	100.0	99.6	100.5	99.6	99.1
92.7	97.1	98.8	106.2	109.9	102.9	106.8	111.8	102.1
100.0	100.0	100.1	100.4	100.3	100.3	100.3	100.3	100.3
100.5	98.1	97.5	100.2	100.5	100.8	101.1	98.4	98.4
99.6	99.5	99.2	99.0	99.0	99.0	99.1	99.1	99.1
97.8	97.7	95.9	94.8	94.7	94.9	94.9	95.0	94.6
100.1	100.2	100.2	100.1	99.9	99.2	99.1	99.1	99.1
97.2	97.0	94.9	93.5	93.4	93.8	93.8	94.0	93.4

3-3 续表 6

（上年同期＝100）

指　标	Item	1 月 January	2 月 February	3 月 March
通信服务	Communication Service	99.9	99.8	99.9
移动通信费	Mobile Communications	100.0	100.0	100.0
市内电话费	Telephone Charge Within a City	100.0	100.0	100.0
长途电话费	Long-Distance call Charge	99.4	99.4	99.4
月租费	Monthly Renting Fee	100.0	100.0	100.0
上网费	Internet Access Fee	100.2	99.5	99.8
邮政邮寄	Postal Mail	100.0	100.0	100.0
其他邮寄	Other Mail	99.8	99.8	99.8
娱乐教育文化用品及服务	**Recreation,Education,Culture Articles and Services**	**103.3**	**102.9**	**102.6**
文娱用耐用消费品及服务	Durable Consumer Goods for Recreational	97.4	97.7	97.7
电视机	Television	93.9	94.8	94.0
激光视盘机	Video-disc Player	100.1	100.0	100.3
摄像机	Video-camera	100.8	100.7	101.4
照相机	Camera	98.1	98.8	99.9
家用音响	Stereo-set	98.7	99.1	99.0
便携式音响	Portable Audio	97.8	97.8	97.9
电脑	Computer	98.3	98.5	98.5
修理服务	Repair Service Fee	100.3	98.8	100.4
教育	Education	103.3	103.1	102.7
教材及参考书	Texts and Reference Book	100.7	100.7	100.9
工具书	Reference Book	101.3	101.3	101.2
教材	Text-book	100.0	100.0	100.0
参考书	Reference Book	101.2	101.4	102.0
教育软件	Educational Software	100.8	100.6	100.6
教育服务	Education Services	103.6	103.4	103.0
学前教育	Preschool Education	105.7	104.9	104.2
中等教育	Secondary Education	99.9	99.9	99.7
高等教育	Higher Education	106.1	106.1	106.1
专业技能培训	Professional Skills Training	106.7	106.7	104.4
文化娱乐类	Cultural Entertainment	101.9	101.9	101.1
文化娱乐用品	Cultural and Recreational Supplies	99.7	99.7	99.4
乐器	Musical Instrument	100.0	99.8	99.8
音像光盘和视盘	Phonotape and Videotape CD and VCD	100.2	100.5	100.5
电子存储器	Electronic Memory	96.9	96.8	95.4
儿童玩具	Children's Toy	100.1	100.0	100.0
纸张本册	This Paper List	99.5	99.4	99.5
文具	Stationary	100.5	100.5	100.3
体育用品	Athletic Articles	100.4	100.5	100.5

continued

(preceding year=100)

4 月 April	5 月 May	6 月 June	7 月 July	8 月 August	9 月 September	10 月 October	11 月 November	12 月 December
100.0	99.9	99.9	99.9	99.9	99.9	100.0	100.0	100.0
100.0	99.7	99.7	99.7	99.7	99.7	99.7	99.7	99.7
100.0	100.0	100.0	100.0	100.0	100.0	100.0	100.0	100.0
99.4	99.4	99.4	99.4	99.4	99.4	99.9	99.9	99.9
100.0	100.0	100.0	100.0	100.0	100.0	100.0	100.0	100.0
100.2	100.3	100.6	100.6	100.6	100.6	100.7	100.9	100.9
100.0	100.0	100.0	100.0	100.0	100.0	100.0	100.0	100.0
100.6	100.6	100.6	100.4	100.4	100.3	100.3	100.3	100.5
102.2	**101.9**	**101.4**	**101.0**	**101.0**	**100.8**	**100.4**	**100.2**	**100.2**
98.0	97.5	97.1	97.3	97.3	97.3	97.2	97.3	97.5
94.6	93.2	92.7	93.3	93.7	93.7	93.3	93.6	94.1
100.5	100.5	100.0	99.8	98.3	98.3	98.4	98.5	98.6
100.7	100.2	99.3	99.0	98.7	98.4	98.4	98.2	98.1
99.4	98.8	96.8	96.6	96.9	96.3	96.6	96.9	96.8
99.5	99.8	99.6	100.0	100.0	100.0	100.1	100.1	100.1
98.8	98.3	98.3	98.7	98.6	98.7	98.9	99.0	99.3
98.6	98.6	98.5	98.6	98.7	98.5	98.5	98.5	98.5
100.5	100.5	100.7	100.7	100.7	100.7	100.9	101.4	101.3
102.4	102.4	102.3	102.3	102.3	102.0	102.1	102.1	102.1
100.7	100.7	100.6	100.6	100.6	100.6	100.6	100.6	100.6
100.3	100.4	100.4	100.4	100.5	100.5	100.5	100.4	100.4
100.0	100.0	100.0	100.0	100.0	100.0	100.0	100.0	100.0
102.0	102.1	101.7	101.7	101.7	101.7	101.7	101.7	101.7
100.6	100.6	99.5	99.5	99.5	99.7	99.7	99.9	99.9
102.6	102.6	102.5	102.6	102.6	102.2	102.3	102.3	102.3
104.2	104.2	104.2	104.2	104.2	104.4	104.4	104.4	104.4
99.7	99.7	99.7	99.7	99.7	99.9	100.1	100.1	100.1
106.1	106.1	106.1	106.1	106.1	104.4	104.4	104.4	104.4
101.1	100.7	99.9	100.6	100.8	100.0	100.1	100.1	100.0
100.9	100.9	101.0	100.6	100.6	100.8	100.8	100.7	100.7
99.7	99.6	99.5	99.5	99.7	99.8	99.9	100.0	100.0
100.2	100.1	100.0	100.0	99.9	100.0	100.0	100.0	100.0
100.4	100.4	100.0	100.0	100.0	100.3	100.3	100.4	100.4
96.8	96.6	96.3	96.1	97.9	98.6	98.0	98.0	97.7
100.0	100.1	100.2	100.2	100.3	100.3	100.3	100.3	100.3
99.5	99.5	99.5	99.4	99.4	99.4	100.9	101.3	101.3
100.3	100.3	100.3	100.3	100.1	100.4	100.4	100.5	100.5
100.7	100.4	100.3	100.3	100.1	99.7	99.5	99.5	99.5

3-3 续表 7

（上年同期=100）

指 标	Item	1 月 January	2 月 February	3 月 March
书报杂志	Newspapers and Magazines	101.6	102.0	102.2
书籍	Books	99.8	99.8	100.3
报纸	Newspaper	101.3	101.7	101.7
杂志	Magazine	105.5	106.6	106.6
文娱费	Recreation	103.7	103.5	101.7
电影票	Video-movie Ticket	102.3	102.6	100.3
景点门票	Attractions Tickets	116.3	116.3	107.7
有线电视	Cabled TV	100.2	100.0	100.0
健身活动	Healthy Activities	102.1	101.8	101.1
旅游	Tourism	112.4	110.0	109.8
旅行社收费	Travel Agency Charges	115.2	112.7	111.7
宾馆住宿	Hotel Accommodation	103.0	101.7	103.6
其他住宿	Other Accommodations	103.9	100.6	103.7
居住	**Residence**	**103.0**	**102.9**	**102.8**
建房及装修材料	Building and Decorating Material	101.7	101.7	101.6
木材	Timber	103.3	102.2	101.8
木地板	Wood Floor	100.7	100.6	99.6
砖	Brick	99.4	99.6	99.3
水泥	Cement	102.3	103.7	105.8
涂料	Paint	101.2	101.4	101.0
板材	Board	101.4	101.3	100.6
玻璃	Glass	102.5	102.5	102.0
粘胶	Glue	105.2	105.3	105.1
厨卫设备	Kitchen Equipment	100.4	101.2	101.2
住房租金	Housing Rent	104.1	104.2	104.4
公房房租	Public Housing rent	100.0	100.0	100.0
私房房租	Talk Accommodation	108.9	109.3	109.7
其他费用	Other Rents	100.8	100.7	100.7
自有住房	Self-owned House	103.2	103.1	103.3
住房估算租金	Housing Estimates Rent	105.9	106.3	106.3
物业管理费用	Property Management Fees	100.0	100.0	100.0
维护修理费用	Maintenance Expenses	102.8	101.6	102.5
水、电、燃料	Water,Electricity and Fuels	103.3	102.9	102.1
水	Water	111.5	112.2	107.8
电	Electricity	100.0	100.0	100.0
液化石油气	Liquefied Petroleum Gas	104.1	102.8	102.5
管道燃气	Piped Gas	96.2	96.2	95.7
其他燃料	Other Fuel	100.1	100.1	100.1

continued

(preceding year=100)

4 月 April	5 月 May	6 月 June	7 月 July	8 月 August	9 月 September	10 月 October	11 月 November	12 月 December
102.1	102.2	102.2	102.2	102.3	102.3	102.4	102.4	102.4
99.9	100.1	100.1	100.1	100.1	100.1	100.1	100.1	100.1
101.7	101.7	101.7	101.7	102.2	102.2	102.2	102.2	102.2
106.6	106.9	106.9	106.9	106.9	106.9	106.9	106.9	106.9
101.1	101.3	101.4	100.6	100.5	100.7	100.7	100.4	100.5
98.3	98.3	98.4	96.2	95.6	95.9	95.9	96.3	97.4
105.5	105.2	105.2	100.3	100.3	100.3	100.3	100.3	100.3
99.9	99.9	99.9	99.9	99.9	99.9	99.9	99.9	99.9
101.1	102.0	102.7	103.8	103.6	104.3	104.4	102.9	102.8
108.1	106.3	104.2	101.2	101.1	100.9	97.5	96.3	96.1
109.7	107.3	104.7	101.3	101.2	101.0	96.8	95.3	95.2
104.0	102.8	102.8	101.4	100.9	100.4	99.8	99.2	99.0
101.1	103.8	101.4	99.6	99.8	100.9	100.9	100.6	100.3
102.4	**101.5**	**101.5**	**101.3**	**101.1**	**100.7**	**100.5**	**100.4**	**100.2**
101.0	101.6	101.6	101.4	101.1	100.7	100.5	100.3	100.0
99.6	99.8	99.5	99.2	99.0	99.4	99.9	99.3	99.7
99.5	99.8	99.8	99.5	99.9	99.7	99.0	99.3	99.2
99.6	100.1	99.4	98.4	98.1	98.1	98.3	98.2	98.2
104.7	105.9	108.1	109.5	105.7	103.2	103.9	103.0	100.8
100.8	102.0	101.8	101.8	102.9	102.1	101.4	101.5	101.5
100.3	101.0	101.4	101.6	102.0	102.3	102.3	102.2	102.1
101.8	101.9	101.1	100.4	100.2	99.5	98.6	98.0	98.1
104.6	105.8	105.8	105.8	105.8	103.8	102.0	102.0	101.8
100.8	101.0	99.9	99.9	100.0	100.1	100.1	99.4	99.4
103.9	102.0	100.9	100.3	100.3	100.2	100.3	100.4	101.9
100.0	100.0	100.0	100.0	100.0	100.0	100.0	100.0	100.0
108.9	104.6	102.1	100.3	100.3	100.1	100.4	100.5	104.0
100.1	100.0	100.0	100.4	100.4	100.4	100.4	100.4	100.4
102.8	101.1	100.8	100.9	100.8	100.7	100.8	101.0	101.7
105.3	101.6	100.7	100.8	101.2	100.9	101.0	101.3	102.8
100.0	100.0	100.0	100.0	100.0	100.0	100.0	100.0	100.0
102.2	101.6	102.0	102.4	101.3	101.3	101.5	101.8	101.8
102.2	101.7	102.7	102.3	101.7	100.8	100.3	99.7	97.3
107.0	106.6	107.5	103.9	103.6	103.2	102.7	102.9	102.9
100.0	100.0	100.1	100.1	100.1	100.1	100.0	100.0	100.0
103.0	102.0	103.9	104.7	103.0	100.7	99.6	97.6	91.2
95.7	95.7	100.1	100.1	100.1	100.1	100.1	100.1	100.1
100.3	100.3	100.3	100.4	100.4	100.4	100.4	100.4	100.5

3-4 居民消费价格分类指数

Consumer Price Indices by Category

（上年=100）　　　　(preceding year=100)

指　标	Item	2012	2013
居民消费价格总指数	**Consumer Price Index**	**103.2**	**102.2**
非食品价格指数	**Non-food Price Index**	**102.2**	**101.3**
服务项目价格指数	**Items of Service Price Index**	**102.6**	**102.4**
工业品价格指数	**Industrial Product Pprice Index**	**101.9**	**100.6**
扣除食品和能源价格指数	**Deduction Food and Energy Price Index**	**102.0**	**101.4**
扣除鲜菜鲜果总指数	**Deduction Fresh Vegetables Fresh Fruit General Index**	**102.9**	**101.8**
消费品价格指数	**Consumable Price Index**	**103.5**	**102.1**
食品	**Food**	**105.2**	**103.8**
粮食	Grain	103.8	101.4
淀粉及制品	Starches and Products	102.1	102.0
干豆类及豆制品	Beans and Bean Products	101.6	105.1
油脂	Oil or Fat	108.2	101.5
肉禽及其制品	Meal,Poultry and Their Products	103.0	102.4
食用畜肉及副产品	Edible Domestic Animal's Meat and By-products	102.0	103.5
禽	Poultry	103.5	100.9
加工肉禽	Poultry Meat Processed Products	106.5	100.8
蛋	Eggs	97.3	107.7
水产品	Aquatic Products	104.9	103.9
鱼	Fish	103.7	102.3
其他水产品	Other Aquatic Products	108.3	108.7
菜	Vegetables	116.7	107.6
调味品	Flavoring	101.8	102.2
糖	Sweet	103.9	98.6
茶及饮料	Tea and Beverages	103.8	101.9
茶叶	Tea	101.4	101.3
饮料	Beverages	104.6	102.0
干鲜瓜果	Dried and Fresh Melons and Fruits	98.7	107.5
糕点饼干	Cake,Cookie,Bread	104.1	101.9
液体乳及乳制品	Milk and Its Products	103.3	105.0
在外用膳食品	Picnic Food	108.3	103.9
其他食品	Other Food and Food Processing	104.9	104.4
烟酒	**Tobacco,Liquor**	**103.1**	**99.8**
烟草	Tobacco	100.2	99.8
酒	Liquor	105.5	99.8
衣着	**Clothing**	**103.6**	**102.3**
服装	Garments	104.7	102.8
男式服装	Men's Wear	105.3	102.3
女式服装	Women's Wear	105.2	102.6
儿童服装	Children's Clothing	101.5	104.8
衣着材料	Clothing Material	106.4	100.6
鞋袜帽	Footwear,Socks and Hats	99.5	100.6
鞋	Shoes	99.5	100.7
袜子	Socks and Stockings	99.9	99.8
帽子	Hats	98.0	101.7
衣着加工服务费	Clothing Processing	109.5	104.0

3-4 续表 continued

（上年=100） (preceding year=100)

指 标	Item	2012	2013
家庭设备用品及维修服务	**Household Facilities and Articles**	**101.1**	**101.1**
耐用消费品	Durable Consumer Goods	100.5	100.4
家具	Furniture	102.4	100.1
家庭设备	Household Facilities	99.3	100.6
室内装饰品	Interior Decorations	100.8	101.0
床上用品	Bed Articles	99.5	102.3
家庭日用杂品	Daily-Use Household Articles	101.7	100.9
家庭服务及加工维修服务	Household Service and maintenance	106.7	103.8
医疗保健和个人用品	**Medic-care and Personal Articles**	**102.0**	**100.7**
医疗保健	Medic-care and health	101.6	100.9
医疗器具及用品	Medical Appliances and Articles	102.4	101.0
中药材及中成药	Traditional Chines Herbs and Patent Drugs	103.4	100.8
西药	Western Medicine	101.0	100.5
保健器具及用品	Healthy Appliances and Articles	100.5	100.7
医疗保健服务	Medical Care and Health Service	100.8	101.8
个人用品及服务	Personal Articles and Services	102.8	100.2
化妆美容用品	Making-up Articles	101.1	100.2
清洁化妆用品	Health Supplies	103.9	101.5
个人饰品	Personal ornaments	100.8	94.5
个人服务	Personal Service	105.6	103.8
交通和通信	**Transportation and Communication**	**100.2**	**99.9**
交通	Transportation	101.9	100.7
交通工具	Transportation Means	100.0	98.7
车用燃料及零配件	Fuels and Accessory for vehicles	102.7	98.7
车辆使用及维修费	Vehicle Use and Maintenance	102.1	104.6
市区公共交通费	City-bus Fares	101.6	101.1
城市间交通费	Inter-city Bus Fares	104.3	103.0
通信	Telecommunication	98.3	99.0
通信工具	Communication Tool	90.8	94.1
通信服务	Communication Service	100.1	100.1
娱乐教育文化用品及服务	**Recreation,Education,Culture Articles and Services**	**101.5**	**100.8**
文娱用耐用消费品及服务	Durable Consumer Goods for Receational Use	94.5	95.1
教育	Education	103.1	102.9
教材及参考书	Text Book and Reference Book	100.4	99.8
学杂托幼费	School Incidental Fees and Nursing Fees	103.5	103.3
文化娱乐类	Cultural and Recreational Articles	103.7	101.5
文化娱乐用品	Cultural and Recreational Goods	100.1	99.1
书报杂志	Newspapers and Magazines	100.2	100.1
文娱费	Recreation Expense	108.6	104.0
旅游	Tourism	102.8	100.1
居住	**Residence**	**103.7**	**102.7**
建房及装修材料	Building and Decoration Materials	101.4	101.9
住房租金	Housing Rents	103.0	102.5
自有住房	Housing	102.1	103.0
水、电、燃料	Water,Electricity and Fuels	108.2	103.2

3-5 各地区居民消费价格总指数（1984—2014年）

（上年=100）

年 份 Year	南宁市 Nanning	柳州市 Liuzhou	桂林市 Guilin	梧州市 Wuzhou	北海市 Beihai	防城港市 Fangchenggang	钦州市 Qinzhou
1984	104.4	104.1	104.0	105.3	105.5		
1985	118.3	115.7	114.4	117.4	116.5		
1986	105.2	105.3	105.6	105.1	105.1		
1987	111.1	109.1	113.2	112.7	112.1		
1988	121.6	127.8	124.5	123.4	128.4		
1989	119.4	119.1	119.8	116.2	120.8		
1990	98.0	99.7	99.0	98.7	96.9		
1991	104.1	102.3	101.6	104.8	104.5		
1992	106.7	106.1	109.5	110.2	107.2		
1993	125.1	124.6	120.3	122.2	134.8		
1994	124.8	126.0	128.9	125.8	123.1		
1995	118.6	120.0	119.3	116.1	114.8		
1996	103.3	106.1	108.2	106.8	105.4		
1997	100.2	100.3	101.5	102.1	100.7		
1998	96.7	98.2	95.3	99.9	99.1		
1999	95.9	96.8	98.6	100.1	97.0		
2000	100.0	99.8	99.5	100.5	100.4		
2001	102.8	99.7	102.2	100.3	100.5		
2002	99.4	100.6	100.0	97.8	99.9		
2003	100.8	100.6	100.6	101.3	99.9		
2004	104.2	105.4	104.0	104.3	104.7		
2005	101.1	103.3	104.0	102.8	101.6		
2006	102.5	101.0	100.7	101.4	101.6		
2007	104.5	106.1	106.8	105.8	105.1		
2008	108.4	107.9	105.9	107.5	107.3	112.7	110.9
2009	98.2	97.8	99.2	97.6	97.4	97.5	99.7
2010	102.5	103.5	102.2	103.5	103.1	104.5	103.3
2011	105.7	105.4	105.8	105.4	105.5	106.0	105.4
2012	102.9	104.0	103.5	102.9	102.6	102.6	103.1
2013	102.1	101.9	102.5	102.3	102.0	102.6	102.1
2014	101.6	102.6	102.0	102.1	102.8	102.6	102.5

Consumer Price Indices by Region（1984—2014）

（preceding year=100）

年 份 Year	贵港市 Guigang	玉林市 Yulin	百色市 Baise	贺州市 Hezhou	河池市 Hechi	来宾市 Laibin	崇左市 Chongzuo
1984	104.4		104.6	104.6			
1985	114.4		117.9	115.1			
1986	104.4		110.4	105.8			
1987	107.7		109.1	114.8			
1988	123.9		120.5	123.3			
1989	125.0		123.7	121.3			
1990	95.8		95.4	96.7			
1991	103.2		102.5	101.6			
1992	104.6		109.5	108.5			
1993	123.1		119.9	120.2			
1994	127.5		128.0	125.1			
1995	119.9		121.4	119.5			
1996	107.6		106.8	107.7			
1997	100.2		103.0	102.5			
1998	93.8		99.3	97.3			
1999	98.1		99.1	97.4			
2000	98.9		100.0	99.2			
2001	98.1		102.2	100.3			
2002	100.7		97.6	98.2			
2003	102.5		101.4	101.2			
2004	104.6		104.2	104.6			
2005	102.0		103.4	101.8			
2006	100.8		102.9	102.6			
2007	106.5		105.7	106.9			
2008	108.0		109.8	108.6	106.8	107.9	110.1
2009	97.2	97.4	98.5	97.9	98.3	97.9	96.9
2010	103.8	102.3	103.7	104.4	101.8	103.2	102.9
2011	105.9	105.5	106.5	106.8	105.6	105.5	105.5
2012	103.5	103.4	103.0	102.8	103.2	102.6	103.1
2013	102.7	101.6	102.5	102.0	101.9	102.0	102.5
2014	101.8	102.6	102.3	101.9	102.8	101.5	102.4

3-6 各地区居民消费价格分类指数（2014年）

（上年=100）

指 标	Item	南宁市 Nanning	柳州市 Liuzhou	桂林市 Guilin
居民消费价格总指数	**Consumer Price Index**	**101.6**	**102.6**	**102.0**
非食品价格指数	**Non-food Price Index**	**100.3**	**100.7**	**100.7**
服务项目价格指数	**Items of Service Price Index**	**102.2**	**101.7**	**101.5**
工业品价格指数	**Industrial Product Pprice Index**	**99.1**	**100.2**	**100.1**
扣除食品和能源价格指数	**Deduction Food and Energy Price Index**	**100.4**	**100.6**	**100.8**
扣除鲜菜鲜果总指数	**Deduction Fresh Vegetables Fresh Fruit General Index**	**101.0**	**102.0**	**101.3**
消费品价格指数	**Consumable Price Index**	**101.4**	**102.9**	**102.2**
食品	**Food**	**104.1**	**106.1**	**104.5**
粮食	Grain	101.9	104.3	102.7
淀粉及制品	Starches and Products	103.2	100.0	101.6
干豆类及豆制品	Beans and Bean Products	104.9	107.0	103.2
油脂	Oil or Fat	92.9	89.5	94.6
肉禽及其制品	Meal,Poultry and Their Products	103.5	106.0	102.6
食用畜肉及副产品	Edible Domestic Animal's Meat and By-products	101.8	103.4	100.4
禽	Poultry	107.7	113.2	108.7
加工肉禽	Poultry Meat Processed Products	101.6	101.8	101.3
蛋	Eggs	108.7	107.7	105.5
水产品	Aquatic Products	109.6	112.2	105.0
鱼	Fish	108.3	110.2	101.9
其他水产品	Other Aquatic Products	112.1	116.8	110.2
菜	Vegetables	102.6	104.2	106.1
调味品	Flavoring	104.0	101.2	100.1
糖	Sweet	99.7	99.6	98.6
茶及饮料	Tea and Beverages	100.2	103.0	101.8
茶叶	Tea	100.0	100.2	100.0
饮料	Beverages	100.2	103.9	102.7
干鲜瓜果	Dried and Fresh Melons and Fruits	119.0	117.3	118.2
糕点饼干	Cake,Cookie,Bread	100.1	101.3	104.6
液体乳及乳制品	Milk and Its Products	102.3	108.6	103.5
在外用膳食品	Picnic Food	100.9	103.7	103.0
其他食品	Other Food and Food Processing	100.1	103.6	101.0
烟酒	**Tobacco,Liquor**	**98.6**	**100.0**	**99.7**
烟草	Tobacco	100.0	100.0	99.9
酒	Liquor	97.5	100.0	99.6
衣着	**Clothing**	**97.2**	**99.9**	**101.2**
服装	Garments	96.2	100.6	100.3
男式服装	Men's Wear	95.4	100.6	97.6
女式服装	Women's Wear	97.6	99.2	102.3
儿童服装	Children's Clothing	92.4	105.8	101.3
衣着材料	Clothing Material	100.0	100.0	97.4
鞋袜帽	Footwear,Socks and Hats	99.7	97.2	104.1
鞋	Shoes	99.5	96.7	103.8
袜子	Socks and Stockings	101.3	100.0	104.3
帽子	Hats	100.4	100.1	109.0
衣着加工服务费	Clothing Processing	99.1	100.0	100.6

Consumer Price Indices by Category and Region（2014）

（preceding year=100）

梧州市 Wuzhou	北海市 Beihai	防城港市 Fangchenggang	钦州市 Qinzhou	贵港市 Guigang	玉林市 Yulin	百色市 Baise	贺州市 Hezhou	河池市 Hechi	来宾市 Laibin	崇左市 Chongzuo
102.1	**102.8**	**102.6**	**102.5**	**101.8**	**102.6**	**102.3**	**101.9**	**102.8**	**101.5**	**102.4**
101.0	**101.3**	**101.3**	**101.5**	**100.3**	**101.8**	**101.1**	**101.5**	**101.2**	**100.7**	**101.9**
102.3	**101.6**	**101.1**	**103.1**	**99.9**	**102.6**	**101.4**	**103.5**	**101.6**	**103.0**	**102.2**
100.1	**101.2**	**101.5**	**100.4**	**100.7**	**101.2**	**100.9**	**100.0**	**101.0**	**99.1**	**101.6**
101.0	**101.4**	**101.3**	**101.6**	**100.4**	**102.0**	**101.2**	**101.6**	**101.7**	**100.5**	**101.9**
101.7	**102.3**	**102.1**	**102.0**	**101.2**	**102.5**	**101.7**	**101.6**	**102.2**	**100.8**	**102.1**
102.0	**103.3**	**103.1**	**102.2**	**102.5**	**102.6**	**102.6**	**101.3**	**103.3**	**100.9**	**102.4**
104.2	**105.5**	**104.8**	**104.2**	**104.5**	**104.0**	**104.4**	**102.6**	**105.7**	**103.0**	**103.3**
101.7	102.0	101.4	102.4	101.8	102.9	101.3	102.5	102.7	100.9	103.2
97.0	95.8	91.8	99.5	99.4	105.0	104.0	99.9	100.0	100.0	100.5
104.0	107.7	104.7	106.3	104.8	102.8	105.9	101.1	109.0	103.7	104.6
92.7	95.0	96.7	93.7	90.3	87.5	88.7	84.1	92.1	94.7	88.9
101.9	104.6	103.9	102.9	104.5	105.5	104.5	103.5	106.6	98.8	101.4
97.6	101.7	101.4	97.4	99.6	102.0	101.2	98.7	102.1	97.0	97.4
109.1	112.0	108.6	113.0	114.5	114.0	112.7	119.3	117.3	102.9	108.7
104.1	100.3	104.8	102.8	101.0	101.5	100.9	100.8	104.2	97.9	102.7
104.6	103.8	105.1	102.4	107.3	105.5	104.4	105.9	104.6	102.6	107.1
110.9	110.2	106.7	105.5	105.5	107.4	104.0	104.9	109.4	106.1	104.5
109.6	110.4	106.5	103.3	104.5	105.9	101.3	106.3	106.8	105.4	100.4
113.4	109.4	107.3	112.6	107.1	111.8	111.1	100.8	113.2	108.2	116.6
99.4	104.2	102.4	102.1	106.9	97.9	108.5	101.7	104.1	106.9	101.4
100.9	99.5	99.9	98.9	100.4	100.7	100.4	102.4	100.7	99.6	99.5
99.1	101.0	100.5	95.7	95.5	96.5	97.4	93.8	99.3	99.9	101.0
103.1	102.5	104.0	101.5	104.4	100.8	102.3	100.4	105.5	101.4	105.6
103.5	100.2	103.1	100.0	100.7	99.9	101.5	100.3	100.0	100.3	108.6
102.9	103.2	104.3	101.8	106.2	101.1	102.5	100.5	106.2	101.7	105.0
121.4	120.5	118.6	122.7	113.1	113.0	112.9	109.0	117.3	110.0	115.5
102.9	102.2	102.8	103.1	100.1	105.8	103.3	102.8	99.5	100.3	110.6
109.0	108.6	107.0	102.9	105.9	102.3	107.0	108.4	109.2	110.5	104.0
105.4	101.2	102.5	103.9	103.9	104.9	103.3	103.8	103.0	101.6	103.8
102.4	105.4	101.4	93.1	109.6	103.6	101.6	101.2	104.8	100.3	101.9
97.7	**101.1**	**99.8**	**98.6**	**98.7**	**99.0**	**99.0**	**99.6**	**98.8**	**99.1**	**98.4**
100.0	100.0	100.0	98.2	100.0	100.0	99.5	100.0	100.0	100.0	100.0
95.9	102.0	99.6	99.0	97.4	98.2	98.5	99.2	98.2	98.6	96.8
100.3	**101.8**	**105.1**	**101.8**	**99.5**	**106.3**	**105.5**	**100.3**	**103.8**	**96.4**	**102.3**
99.8	101.9	105.6	101.7	99.9	103.3	105.8	100.8	102.6	95.6	102.6
98.0	101.9	102.5	101.2	99.6	103.0	105.7	101.2	101.8	94.5	102.4
100.2	101.8	109.9	101.3	101.0	103.4	105.2	101.3	103.1	96.5	103.2
102.8	102.0	100.3	103.2	98.3	103.6	107.6	99.3	103.2	95.4	101.0
98.5	100.0	107.2	99.6	100.0	94.6	100.1	101.8	100.0	99.1	101.5
101.6	101.8	102.4	102.5	97.9	115.6	105.1	98.4	106.3	98.9	101.1
101.6	102.1	102.3	102.6	97.8	118.0	105.9	98.0	106.8	98.6	101.2
101.9	100.0	103.2	101.9	97.6	103.3	99.3	101.5	103.3	100.0	99.9
100.6	100.0	106.1	101.4	103.3	100.2	100.0	100.9	100.0	100.0	100.0
103.2	101.0	119.4	98.8	104.3	106.2	107.3	102.4	120.9	112.0	110.4

3-6 续表

（上年＝100）

指　标	Item	南宁市 Nanning	柳州市 Liuzhou	桂林市 Guilin
家庭设备用品及维修服务	**Household Facilities and Articles**	**98.1**	**100.3**	**100.7**
耐用消费品	Durable Consumer Goods	96.8	99.8	99.3
家具	Furniture	94.3	100.4	105.0
家庭设备	Household Facilities	98.6	99.5	95.9
室内装饰品	Interior Decorations	100.9	100.5	100.0
床上用品	Bed Articles	97.6	101.3	100.0
家庭日用杂品	Daily-Use Household Articles	99.8	100.0	101.2
家庭服务及加工维修服务	Household Service and maintenance	100.5	103.2	108.8
医疗保健和个人用品	**Medic-care and Personal Articles**	**101.5**	**100.5**	**100.9**
医疗保健	Medic-care and health	102.2	101.2	100.8
医疗器具及用品	Medical Appliances and Articles	99.4	100.0	100.0
中药材及中成药	Traditional Chines Herbs and Patent Drugs	102.4	104.7	102.2
西药	Western Medicine	103.7	99.6	100.3
保健器具及用品	Healthy Appliances and Articles	100.5	102.2	100.7
医疗保健服务	Medical Care and Health Service	100.0	100.0	100.0
个人用品及服务	Personal Articles and Services	99.8	99.1	101.2
化妆美容用品	Making-up Articles	99.1	100.0	100.0
清洁化妆用品	Health Supplies	100.8	99.9	100.7
个人饰品	Personal ornaments	94.8	95.8	97.3
个人服务	Personal Service	105.3	100.1	109.2
交通和通信	**Transportation and Communication**	**99.7**	**100.5**	**99.6**
交通	Transportation	100.3	101.5	99.3
交通工具	Transportation Means	101.4	101.3	101.8
车用燃料及零配件	Fuels and Accessory for vehicles	99.4	97.9	99.6
车辆使用及维修费	Vehicle Use and Maintenance	102.8	106.1	99.5
市区公共交通费	City-bus Fares	103.0	101.3	99.8
城市间交通费	Inter-city Bus Fares	96.3	101.5	95.8
通信	Telecommunication	98.9	99.3	100.0
通信工具	Communication Tool	93.7	96.4	100.0
通信服务	Communication Service	100.0	100.0	100.0
娱乐教育文化用品及服务	**Recreation,Education,Culture Articles and Services**	**102.5**	**100.7**	**101.0**
文娱用耐用消费品及服务	Durable Consumer Goods for Receational Use	95.3	98.5	97.5
教育	Education	105.7	100.8	102.9
教材及参考书	Text Book and Reference Book	100.0	100.0	100.4
教育服务	Education Services	106.3	100.9	103.4
文化娱乐类	Cultural and Recreational Articles	101.3	99.6	100.2
文化娱乐用品	Cultural and Recreational Goods	100.1	98.4	99.1
书报杂志	Newspapers and Magazines	100.0	100.0	100.0
文娱费	Recreation Expense	103.0	100.4	100.9
旅游	Tourism	101.9	103.4	100.1
居住	**Residence**	**101.2**	**101.6**	**100.8**
建房及装修材料	Building and Decoration Materials	103.4	99.1	98.3
住房租金	Housing Rents	101.2	103.1	101.3
自有住房	Housing	101.6	102.9	102.0
水、电、燃料	Water,Electricity and Fuels	99.4	101.5	100.3

continued

(preceding year=100)

梧州市 Wuzhou	北海市 Beihai	防城港市 Fangchenggang	钦州市 Qinzhou	贵港市 Guigang	玉林市 Yulin	百色市 Baise	贺州市 Hezhou	河池市 Hechi	来宾市 Laibin	崇左市 Chongzuo
99.6	**100.6**	**101.2**	**99.8**	**101.9**	**100.9**	**101.2**	**100.2**	**102.4**	**100.4**	**100.9**
98.7	100.2	100.1	99.6	102.3	101.8	100.5	98.9	104.6	98.7	101.0
101.0	101.3	101.5	99.5	100.4	95.7	101.3	102.0	98.6	104.3	102.2
97.4	99.5	98.9	99.6	103.2	105.8	99.9	96.5	107.8	95.6	100.2
101.6	101.4	102.5	101.0	102.6	85.4	100.0	101.5	100.0	102.1	106.0
99.8	100.0	108.4	101.5	100.3	96.0	101.8	98.4	98.8	101.2	100.6
100.6	99.8	100.7	99.0	101.5	97.3	100.8	100.3	100.0	101.1	99.9
99.9	105.0	102.9	100.1	102.6	119.4	105.1	106.9	100.0	109.5	100.1
100.7	**103.9**	**101.0**	**99.9**	**100.6**	**100.7**	**100.5**	**101.5**	**101.1**	**101.7**	**101.7**
100.6	105.4	101.8	100.6	101.5	101.2	100.8	102.2	101.8	101.9	102.5
100.1	98.9	95.4	100.0	99.5	102.0	101.6	100.0	100.3	99.6	100.0
100.4	111.7	103.4	99.6	104.9	103.5	101.9	102.3	108.5	100.3	103.6
100.9	103.5	102.3	102.0	99.0	100.4	100.4	100.4	99.8	100.2	100.9
100.7	109.6	104.2	100.2	99.7	97.8	99.2	107.2	99.5	100.0	102.4
100.0	100.0	99.9	100.2	100.9	100.4	100.1	104.1	100.0	108.5	103.9
100.9	100.7	99.4	98.4	99.7	99.6	99.9	100.0	99.4	101.3	100.1
100.2	101.0	100.8	98.1	100.6	99.8	100.3	100.2	99.8	99.5	100.8
100.4	101.1	101.5	100.8	100.5	101.0	100.1	99.4	99.6	100.5	100.5
97.5	96.4	88.8	96.7	95.1	92.9	93.1	95.0	96.7	93.7	95.3
105.0	104.9	103.4	94.3	99.2	105.1	104.5	102.9	101.4	111.0	103.1
100.1	**100.2**	**99.6**	**99.3**	**99.1**	**100.8**	**99.1**	**100.2**	**99.9**	**101.1**	**101.7**
99.9	101.0	102.0	99.5	98.8	101.9	98.6	101.0	100.3	103.0	102.3
96.5	100.8	100.7	97.6	100.0	103.4	97.5	98.5	99.9	101.1	102.6
95.6	96.8	98.9	98.7	97.8	97.3	98.6	98.4	99.4	99.8	98.6
102.1	105.5	104.0	103.0	100.1	100.3	100.8	103.7	100.0	111.2	105.8
102.2	100.0	105.7	99.3	100.0	102.2	102.8	103.1	100.0	100.0	102.7
104.5	103.4	104.5	98.8	97.0	107.2	98.0	104.4	102.4	104.3	103.1
100.3	99.2	96.7	99.2	99.5	99.6	99.8	99.0	99.5	98.8	101.1
100.8	94.8	99.5	94.3	96.1	97.7	98.8	95.7	90.1	94.7	107.4
100.2	100.0	96.2	100.8	100.0	100.0	100.0	100.0	101.2	100.0	100.2
100.4	**101.1**	**101.7**	**103.5**	**100.5**	**102.9**	**101.0**	**102.7**	**102.2**	**102.6**	**102.3**
96.2	96.7	98.5	99.5	99.0	98.7	96.2	98.5	101.8	95.9	98.5
102.4	101.0	100.8	101.6	100.8	105.3	103.1	104.6	101.8	101.3	102.4
101.3	100.0	101.7	100.9	102.1	100.1	100.0	101.6	100.0	100.0	100.0
102.6	101.1	100.7	101.7	100.6	106.2	103.5	105.0	102.0	101.5	102.8
100.6	100.4	100.9	101.0	99.9	102.8	100.9	101.6	101.7	101.0	103.1
100.6	100.1	101.4	101.1	99.6	101.7	98.8	99.7	99.4	97.6	100.2
101.9	101.8	101.8	102.5	105.3	100.7	103.0	103.5	102.0	107.2	104.7
100.0	100.0	100.0	100.0	98.0	104.5	101.3	102.2	103.5	101.3	104.2
98.6	107.5	109.0	117.6	102.0	100.7	99.9	99.9	103.7	113.8	104.5
103.3	**100.8**	**100.7**	**103.0**	**101.0**	**101.0**	**100.9**	**102.8**	**100.2**	**100.8**	**102.5**
102.6	99.8	100.3	101.5	101.7	101.4	101.6	100.9	101.5	98.2	103.2
102.9	101.4	100.0	102.6	99.5	100.0	101.1	106.2	100.0	101.2	101.9
104.6	101.0	100.6	103.8	99.4	101.2	100.7	103.0	101.4	99.8	101.2
102.5	101.0	101.3	103.3	103.7	100.8	100.3	101.3	98.3	103.2	103.8

3-7 商品零售价格分类指数（2014年）

Retail Price Indices by Category（2014）

（上年=100）　　　　(preceding year=100)

指　标	Item	全　区 Provice	城　市 Urban Areas	农　村 Rural Areas
商品零售价格总指数	**Retail General Price Index**	**101.4**	**101.5**	**101.1**
食品	**Food**	**104.3**	**104.6**	**103.6**
粮食	Grain	102.3	102.5	101.8
大米	Rice	101.7	101.7	101.6
面粉	Flour	104.1	105.7	101.6
粮食制品	Grain Products	103.7	104.3	102.6
淀粉及制品	Starches and Products	100.7	100.4	101.5
干豆类及豆制品	Bean and Its Products	104.8	105.3	104.0
干豆	Dried Beans	108.6	109.0	108.0
豆制品	Soybean Products	103.8	104.3	102.8
油脂	Oil or Fat	91.6	92.3	90.4
食用植物油	Oil of Plant	90.1	91.5	88.0
植物油制品	Vegetable Oil Processed Product	94.0	93.5	95.1
肉禽及其制品	Meal,Poultry and Their Products	103.9	104.1	103.7
食用畜肉及副产品	Edible Domestic Animal's Meat and By-products	100.9	101.6	99.6
猪肉	Pork	97.3	97.6	96.7
牛肉	Beef	109.5	109.5	109.2
羊肉	Mutton	105.9	106.7	103.9
畜肉副产品	Animal By-products	100.5	99.4	102.1
禽	Poultry	111.6	110.3	114.3
鸡	Chicken	111.6	110.4	113.8
鸭	Duck	111.8	110.2	115.5
加工肉禽	Poultry Meat Processed Products	101.7	101.7	101.6
畜肉制品	Domestic Animal's Processed Products	99.6	99.3	100.1
禽制品	Poultry Processed Products	104.3	104.5	103.8
蛋	Eggs	105.9	106.2	105.3
鲜蛋	Fresh eggs	106.1	106.3	105.5
蛋制品	Eggs Processed Products	104.6	105.4	102.6
水产品	Aquatic Products	107.6	108.9	104.2
鱼	Fish	106.0	107.1	103.9
淡水鱼	Fish in Fresh Water	106.6	108.4	103.9
海水鱼	Fish in Sea Water	104.8	105.2	103.7
其他水产品	Other Aquatic Products	110.6	112.0	105.4
虾蟹类	Decapod Crustacean	110.4	111.8	105.4

3-7 续表 1 continued

（上年=100） (preceding year=100)

指 标	Item	全 区 Provice	城 市 Urban Areas	农 村 Rural Areas
菜	Vegetables	103.7	102.9	105.3
鲜菜	Fresh Vegetables	103.3	102.4	105.1
干菜及菜制品	Dried Vegetables and Vegetable Products	106.1	106.1	106.3
薯类	Tubers	106.6	106.5	106.9
调味品	Flavoring	101.0	101.2	100.8
食用盐	Edible Salt	100.4	100.0	101.0
酱油	Soy Sauce	101.4	101.8	100.8
食醋	Table Vinegar	100.8	100.7	100.9
味精	Monosodium Glutamate	101.3	101.7	100.6
糖	Sweet	98.1	99.2	96.1
食糖	Sugar	94.8	97.9	90.6
糖果	Candy	100.7	100.4	101.1
巧克力制品	Chocolate Goods	99.5	99.5	99.2
糖制小食品	Sugar-coated food stuff	99.5	99.4	99.6
干鲜瓜果	Dried and Fresh Melons and Fruits	115.7	117.4	111.9
鲜瓜果	Fresh Fruits	118.5	120.2	114.4
干（坚）果	Dried（nut）Fruits and Melon and Fruit Products	102.6	103.7	100.3
糕点饼干面包	Cake,Cookies,Bread	102.2	102.4	101.7
糕点	Cake	102.0	101.6	103.0
饼干	Cookie	100.8	101.5	99.4
面包	Bread	104.6	105.0	102.9
液体乳及乳制品	Milk and Its Products	105.8	105.4	107.0
巴氏杀菌奶或灭菌乳	Pasteurized Milk or Sterilized Milk	107.5	107.5	107.4
酸牛乳	Sour Milk	102.2	100.7	107.6
乳粉	Milk Powder	105.0	104.6	106.1
在外用膳食品	Picnic food	102.9	102.6	103.5
主食	Staple Food	103.4	102.6	104.7
炒菜	Fried Dishes	102.6	102.5	102.9
地方小吃	Local Snacks	103.4	103.2	103.8
其他食品	Other Food	102.9	101.3	106.1
饮料、烟酒	**Beverages, Tobacco and Liquor**	**100.1**	**100.1**	**100.2**
茶及饮料	Tea and Beverages	102.1	102.0	102.3
茶叶	Tea	100.6	100.7	100.6
饮料	Beverages	102.7	102.5	103.0

3-7 续表 2 continued

（上年＝100） (preceding year=100)

指 标	Item	全 区 Provice	城 市 Urban Areas	农 村 Rural Areas
固体饮料	Solid Beverage	102.1	101.9	102.5
液体饮料	Drink Liquids	102.3	102.5	102.0
冷冻饮品	Frozen Drinks	104.3	103.5	105.7
烟草	Tobacco	99.9	99.9	99.9
高档卷烟	High-grade Cigarettes	100.0	100.0	100.0
中档卷烟	Mid-range Cigarettes	99.9	100.0	99.8
酒	Wine	98.8	98.7	99.0
白酒	Liquor	97.2	97.0	97.5
葡萄酒	Grape Spending	100.2	100.7	99.4
啤酒	Beer	101.9	101.6	102.2
服装、鞋帽	**Garments, Shoes and Hats**	**100.4**	**100.4**	**100.3**
服装	Garments	100.1	99.7	100.9
男式服装	Men's Garment	99.1	98.8	99.7
大衣	Overcoat	91.3	90.9	93.1
毛线衣	Knitted Woolen Clothes	96.9	96.6	97.3
夹克衫	Jacket	97.3	94.6	101.1
衬衫	Shirt	101.5	101.2	102.1
T恤衫	T-shirts	100.2	100.2	100.3
裤子	Trousers	99.5	99.5	99.5
西服	Suits	99.9	100.7	98.3
运动衫裤	Sport Clothing	101.0	101.8	99.5
内衣	Underwear	100.6	101.1	99.5
羽绒衣	Down Clothing	97.9	96.6	100.8
女式服装	Women's dress	100.9	100.2	102.3
大衣	Overcoat	100.9	100.8	101.0
毛线衣	Knitted Woolen Clothes	98.2	97.4	100.2
羽绒衣	Down Clothing	97.4	95.7	100.6
套装	Suits	101.6	101.0	102.7
衬衫	Shirt	103.8	103.3	105.2
T恤衫	T-shirts	104.2	104.2	104.3
裙子	Skirt	100.7	100.5	101.0
裤子	Trousers	102.1	100.3	104.9
运动衫裤	Sports Wear	100.2	98.0	104.5
内衣	Underwear	99.5	100.1	98.1

3-7 续表 3 continued

（上年=100） (preceding year=100)

指 标	Item	全 区 Provice	城 市 Urban Areas	农 村 Rural Areas
儿童服装	Children's Garment	100.2	100.5	99.8
上衣	Coat	99.7	100.6	98.5
裤子	Trousers	98.6	98.0	99.5
裙子	Skirt	102.8	103.0	102.5
鞋袜帽	Footwear,Socks and Hats	101.0	102.2	98.8
鞋	Shoes	101.0	102.3	98.6
男鞋	Men's Shoes	102.0	103.6	99.0
女鞋	Women's Shoes	100.3	101.5	97.9
童鞋	Children's Shoes	101.2	102.1	100.0
袜子	Socks and Stockings	100.7	101.2	99.8
男袜	Men's Socks	100.0	99.8	100.4
女袜	Women's Socks	101.2	102.3	99.4
帽子	Hats	101.0	101.8	99.2
男帽	Man Cap	102.7	103.6	100.7
女帽	Bonnet	99.9	100.6	98.2
其他	Others	101.3	102.0	100.0
领带	Tie	101.3	102.0	100.0
纺织品	**Textiles**	**100.0**	**99.9**	**100.2**
衣着材料	Clothing Material	100.2	99.8	100.7
棉布	Cotton Cloth	100.4	99.8	101.6
化纤布	Chemical Fiber Cloth	100.6	99.5	101.6
毛线	Woolen Threads	99.0	100.1	96.9
床上用品	Bed Articles	99.9	99.9	99.9
被子	Quilts	99.3	99.1	99.5
床上套件	Bed Sets	100.5	100.7	100.2
家用电器及音像器材	**Household Appliances, Music and Video Equipment**	**98.7**	**98.6**	**98.8**
家庭设备	Household Facilities	99.7	99.5	100.0
洗衣机	Washing Machine	97.1	96.9	97.6
电风扇	Electric Fan	102.6	102.6	102.4
电冰箱（柜）	Refrigerator	99.9	99.4	101.1
吸排油烟机	Smoke Exhauster	100.3	100.9	99.0
空调器	Air Conditioner	99.7	99.4	100.3
热水器	Shower Heater	100.8	101.3	99.8
微波炉	Microwave Oven	99.0	98.7	99.7

3-7 续表 4 continued

（上年＝100） (preceding year=100)

指 标	Item	全 区 Provice	城 市 Urban Areas	农 村 Rural Areas
文娱用耐用消费品	Durable Consumer Goods for Recreational	97.1	97.1	97.0
电视机	Television	94.1	93.1	95.5
激光视盘机	Video-disc Player	99.7	99.7	99.8
摄像机	Video-camera	100.5	100.6	99.1
照相机	Camera	97.7	98.6	96.0
家用音响	Home Audio	99.6	99.5	99.8
便携式音响	Portable Audio	98.2	98.0	98.6
专业音像器材	Professional Audio and Video Equipment	100.6	100.7	99.5
专业音响器材	Professional Audio Equipment	102.7	103.0	100.0
专业声像器材	Professional Audio-visual Equipment	97.6	97.7	97.2
文化办公用品	**Cultural and Office Goods**	**99.8**	**99.9**	**99.5**
纸张本册	This Paper List	100.2	100.3	100.2
文具	Stationary	100.6	100.9	100.1
电脑	Computer Science	98.6	98.1	99.7
电脑附件	Computer Accessories	100.6	101.1	99.4
电子存储器	Electronic Memory	97.3	97.6	96.3
打印机及配件	Printers and Accessories	101.2	102.6	98.3
扫描仪	Scanner	99.8	99.8	99.6
复印机	Photocopiers	99.1	99.4	98.4
计算器	Calculators	100.3	100.5	99.9
教学设备	Teaching Equipment	100.0	99.9	100.2
日用品	**Articles for Daily Use**	**100.4**	**100.5**	**100.0**
日用百货	General Merchandise for Daily Use	100.8	101.5	99.6
自行车	Bicycle	102.9	104.6	100.0
助动自行车	Booster Bicycle	101.5	102.3	100.0
雨具	Rain Gear	100.5	100.0	101.9
剃须刀具	With Razor	99.6	99.7	99.1
电池	Battery	98.2	99.1	96.5
卫生用纸制品	Sanitary Paper Products	99.9	100.3	99.3
日用杂品	Grocery for Daily Use	100.4	100.1	101.0
茶具	Tea-set	100.0	99.7	100.6
餐具	Cooking-set	100.4	100.0	101.2
厨具	Cook-set	100.8	100.6	101.1
洗涤用品	Wash Articles	100.3	100.3	100.2

3-7 续表 5 continued

（上年=100） (preceding year=100)

指 标	Item	全 区 Provice	城 市 Urban Areas	农 村 Rural Areas
洗衣粉	Detergent	99.6	98.9	100.9
肥皂类	Soap	101.3	102.0	99.8
清洁洗涤剂	Clean the Detergent	100.4	100.9	99.6
其他日用品	Other Daily Necessities	99.6	99.7	99.5
儿童玩具	Toy for Children	100.2	100.2	100.2
照明器具	Lighting Utensil	97.6	96.6	99.4
钟表眼镜及配件	Clock and Watch Glasses and Fittings	100.3	100.0	100.8
日用普通饰品	Ordinary Ornaments of Daily Expenses	99.6	100.2	98.3
日用皮革制品	Daily Leather and Fur Products	100.5	101.7	97.9
体育娱乐用品	**Sports and Recreation Articles**	**100.9**	**101.2**	**100.0**
体育用品	Sports Goods	101.1	101.5	100.2
球类	Ball	101.2	101.7	100.3
棋牌	Chess and Card	101.5	102.1	99.9
健身器材	Body-building Apparatus	100.7	100.8	100.4
娱乐用品	Amusement articles	100.6	100.9	99.9
游艺器材	Apparatus of Recreation	101.0	101.4	100.1
乐器	Musical Instrument	100.1	100.3	99.6
交通、通信用品	**Transportation and Communication Appliances**	**98.7**	**98.8**	**98.5**
交通运输机械	Machinery of Communications and Transportation	99.3	99.4	99.1
轿车	Car	98.4	98.5	97.1
客车	Passenger Train	100.0	100.0	100.0
货车	Truck	100.7	100.8	100.1
通信器材	Apparatus of Communication	97.5	97.6	97.4
固定电话机	Stationary Telephone	100.0	100.0	99.9
移动电话机	Mobile Telephone	95.6	95.8	95.0
传真机	Fax-machine	99.4	99.3	99.7
家具	**Furniture**	**100.1**	**99.6**	**101.2**
柜	Cupboard	99.4	98.9	100.4
床	Beds	100.6	99.7	102.9
桌	Desks	101.0	101.3	100.3
椅	Chairs	99.9	99.2	101.5
沙发	Sofas	99.8	99.3	101.6
化妆品	Cosmetic Products	100.3	100.4	100.1
护肤品	Skin Care Product	100.1	99.9	100.5

3-7 续表 6 continued

（上年=100） (preceding year=100)

指 标	Item	全 区 Provice	城 市 Urban Areas	农 村 Rural Areas
美容、装饰类化妆品	Beauty, Decorative Cosmetics	100.0	100.0	100.1
护发美容品	Hair Care Cosmetics	99.4	99.4	99.2
洗发用品	Shampoo Articles	100.5	100.5	100.7
洗浴用品	Bath Articles	100.5	101.0	99.7
药物美容用品	Cosmetic Articles of Medicine	102.4	103.1	100.7
金银珠宝	**Jewel of Gold and Silver**	**91.5**	**92.1**	**90.1**
金饰品	Gold Ornaments	87.5	88.2	85.8
银饰品	Silver Ornaments	99.8	99.4	100.7
铂金饰品	Platinum Ornaments	93.6	94.6	90.4
中西药品及医疗保健用品	**Traditional Chinese and Western Medicines and Health**	**101.8**	**101.9**	**101.4**
医疗器具及用品	Edical Appliances and Articles	100.1	99.7	101.1
中药材及中成药	Traditional Chines Herbs	103.2	103.4	103.0
中药材	Chines Herbal Material	105.4	105.7	105.0
中成药	Chines Patent drugs	101.5	101.8	100.7
西药	Western Medicine	100.8	101.2	99.9
抗菌素（抗感染药）	Antibiotics（Anti-infectives）	100.5	100.8	99.9
消化系统用药	The Digestive System Drugs	101.7	101.0	102.9
呼吸系统用药	Respiratory Drug	99.3	100.0	98.0
解热镇痛药	Antipyretic and Analgesic	100.4	100.7	100.0
抗肿瘤药	Anticancer Drugs	99.4	101.1	95.6
激素类药	Hormone Drugs	102.9	102.5	103.7
心血管系统用药	Cardiovascular System Drugs	100.5	101.0	98.9
中枢神经系统用药	Central Nervous System Drugs	104.4	105.6	102.0
消毒防腐及创伤外科用药	Disinfection Antisepsis and Trauma Surgery Medication	100.9	101.4	100.0
泌尿系统用药	Urinary System Drugs	98.5	99.6	96.4
维生素类	Vitamins	101.7	103.3	98.4
保健器具及用品	Healthy Appliances and Articles	101.6	101.3	102.1
保健器具	Healthy Appliance	99.8	99.7	100.0
滋补保健用品	Tonic and Healthy Goods	102.2	101.9	102.9
书报杂志及电子出版物	**Books, Newspapers, Magazines and Electronic Publications**	**101.0**	**100.6**	**101.6**
教材及参考书	Texts and Reference Books	100.3	100.2	100.5
工具书	Reference Book	100.8	100.7	101.0
教材	Text-book	99.5	100.0	98.8
参考书	Reference Book	101.6	100.2	103.8

3-7 续表 7 continued

（上年＝100） (preceding year=100)

指　标	Item	全　区 Provice	城　市 Urban Areas	农　村 Rural Areas
教育软件	Educational Software	100.1	100.1	100.2
书报杂志	Newspapers and Magazines	102.1	101.3	104.0
书籍	Books	100.0	99.9	100.4
报纸	Newspapers	101.3	100.6	103.0
杂志	Magazine	107.1	105.2	111.6
电子音像制品	Electronic Audio-video Products	100.1	100.0	100.2
音像光盘和视盘	Phonotape and Videotape CD and VCD	100.1	100.1	100.3
计算机软件	Computer Software	99.9	99.8	100.0
燃料	**Fuels**	**99.4**	**99.4**	**99.4**
煤炭及制品	Coal and Its Products	99.4	99.0	100.1
原煤	Coal	84.4	84.4	-
煤制品	Coal Products	99.5	99.3	100.1
石油及制品	Oil and Its Products	99.4	99.5	99.4
液化石油气	Liquified Petroleum Gas	101.1	101.1	101.0
管道燃气	Pipeline Gas	99.7	99.8	93.7
汽油	Gasoline	99.3	99.2	99.5
柴油	Kerosene	96.1	96.1	96.1
建筑材料及五金电料	**Building Materials and Hardware**	**100.1**	**100.2**	**99.9**
建筑装璜材料	Building Decoration Materials	100.4	100.6	100.0
木材	Wood	100.4	100.6	100.0
木地板	Wood Floor	99.8	99.7	100.1
钢材	Steel	89.7	89.2	90.5
砖	Brick	99.5	98.6	100.5
水泥	Cement	103.3	102.1	104.4
涂料	Paint	101.8	103.2	99.5
板材	Board	101.3	100.1	103.8
玻璃	Glass	100.7	100.7	100.6
粘胶	Viscose	106.6	110.4	100.1
管材	Pipe	112.3	118.6	100.2
厨卫设备	Kitchen Equipment	99.4	99.0	100.2
五金电料	Hardware	99.0	98.6	99.6
五金工具	Hardware Tools	97.0	95.3	100.3
电工电料	Electricians and Electric Materials Will Be	99.5	99.9	99.0
水暖器材	Plumbing Equipment	99.9	100.0	99.9

3-8 商品零售价格分类指数

Retail Price Indices by Category

（上年=100） (preceding year=100)

指　标	Item	2012	2013
商品零售价格总指数	**Retail General Price Index**	**102.3**	**101.2**
食品	**Food**	**105.2**	**103.9**
粮食	Grain	103.8	101.6
淀粉及制品	Starches and Products	102.1	101.8
干豆类及豆制品	Beans and Bean Products	101.6	105.2
油脂	Oil or Fat	108.2	101.1
肉禽及其制品	Meal,Poultry and Their Products	103.0	102.8
食用畜肉及副产品	Edible Domestic Animal's Meat and By-products	103.9	104.3
禽	Poultry	103.3	100.7
加工肉禽	Poultry Meat Processed Products	106.5	100.7
蛋	Eggs	97.3	107.6
水产品	Aquatic Products	104.9	104.5
鱼	Fish	103.6	102.1
其他水产品	Other Aquatic Products	108.4	109.5
菜	Vegetables	116.7	107.3
调味品	Flavoring	101.6	102.0
糖	Sweet	103.9	98.4
干鲜瓜果	Dried and Fresh Melons and Fruits	98.7	107.4
糕点饼干面包	Cake,Cookie,Bread	104.1	102.0
液体乳及乳制品	Milk and Its Products	103.2	104.7
在外用膳食品	Picnic Food	108.7	103.9
其他食品	Other Food	104.7	103.6
饮料、烟酒	**Tobacco,Liquor and Articles**	**102.8**	**100.5**
茶及饮料	Tea and Drinks	103.5	101.9
茶叶	Tea	101.8	101.5
饮料	Beverage	104.1	102.1
烟草	Tobacco	100.2	99.9
酒	Liquor	105.2	100.0
服装、鞋帽	**Garments, Shoes and Hats**	**102.8**	**101.7**
服装	Garments	104.3	102.3
男式服装	Men’s Wear	104.6	101.9
女式服装	Women’s Wear	104.8	102.0
儿童服装	Children’s Clothing	101.9	104.3
鞋袜帽	Footwear,Socks and Hats	99.4	100.3
鞋	Shoes	99.3	100.3
袜子	Socks and Stockings	100.4	100.1
帽子	Hats	99.1	101.3
其他	Others	99.8	100.8

3-8 续表 continued

（上年=100） (preceding year=100)

指 标	Item	2012	2013
纺织品	**Textiles**	**101.4**	**101.7**
衣着材料	Clothing Material	105.9	101.1
床上用品	Bed Articles	98.9	102.0
家用电器及音像器材	**Electric Household Appliance and Sound Apparatus**	**97.0**	**98.4**
家庭设备	Household Facilities	99.1	100.6
文娱用耐用消费品	Durable Consuming Goods for Entertainment	94.0	95.2
专业音像器材	Professional Audio and Video Equipment	100.3	100.4
文化办公用品	**Cultural and Office Goods**	**99.0**	**98.6**
日用品	**Articles for Daily Use**	**101.4**	**100.6**
日用百货	Merchandiles for Daily Use	101.3	100.2
日用杂品	Sundries for Daily Use	101.2	100.9
洗涤用品	Washing and Cleaning Goods	102.2	101.0
其他日用品	Other Daily-use Goods	100.5	100.5
体育娱乐用品	**Sports and Entertainment Goods**	**100.1**	**100.0**
体育用品	Sports Goods	100.1	100.4
娱乐用品	Recreational Goods	100.0	99.6
交通、通信用品	**Traffic and Telecommunication Goods**	**97.4**	**98.5**
交通运输机械	Traffic and Transport Machinery	99.5	99.8
通信器材	Telecommunication Apparatus	93.6	95.9
家具	**Furniture**	**102.2**	**100.2**
化妆品	**Cosmetics**	**102.0**	**101.0**
金银珠宝	**Gold and Silver Jewls**	**102.5**	**90.6**
中西药品及医疗保健用品	**Chinese and Western Medicines and Health Supplies**	**101.8**	**100.6**
医疗器具及用品	Medical-care Apparatus and Goods	102.0	100.9
中药材及中成药	Chinese Herbs and Patent Medicine	103.2	100.8
西药	Western Medicine	101.0	100.5
保健器具及用品	Health Apparatus and Supplies	100.3	100.7
书报杂志及电子出版物	**Books, Magazines and Electronic Publications**	**100.3**	**99.9**
教材及参考书	Texts and Reference Books	100.6	99.9
书报杂志	Newspapers and Magazines	100.2	100.0
电子音像制品	Electronic Audio and Video Products	100.1	99.7
燃料	**Fuels**	**103.9**	**99.7**
煤炭及制品	Coal and Its Products	100.0	99.6
石油及制品	Oil and Its Products	104.3	99.7
建筑材料及五金电料	**Building Apparatus and Hardwares**	**99.8**	**100.9**
建筑装璜材料	Building Decoration Materials	99.6	101.1
五金电料	Hardwares and Electrical Apparatus	100.8	99.9

3-9 各地区商品零售价格总指数（1984—2014年）

（上年=100）

年 份 Year	南宁市 Nanning	柳州市 Liuzhou	桂林市 Guilin	梧州市 Wuzhou	北海市 Beihai	防城港市 Fangchenggang	钦州市 Qinzhou
1984	104.1	103.8	103.6	105.1	105.1		
1985	118.7	115.4	113.5	117.5	117.0		
1986	105.3	105.8	105.0	105.8	104.0		
1987	111.8	108.9	113.6	111.8	112.8		
1988	122.1	126.5	126.1	123.9	126.1		
1989	119.4	118.4	118.1	115.8	120.7		
1990	97.3	98.8	98.5	97.5	96.2		
1991	104.0	102.2	101.6	104.7	104.1		
1992	105.7	105.8	108.6	109.6	105.4		
1993	124.1	123.8	119.8	120.0	134.0		
1994	120.8	124.1	125.5	124.7	122.1		
1995	114.9	116.4	113.8	114.8	113.3		
1996	102.5	104.5	106.3	106.3	103.6		
1997	99.5	99.5	100.5	101.5	99.7		
1998	95.8	98.0	94.8	98.2	98.1		
1999	95.9	96.3	97.6	99.8	96.4		
2000	98.3	97.5	99.2	99.2	97.9		
2001	95.9	97.3	97.5	98.4	98.3		
2002	97.5	99.7	99.7	96.6	97.7		
2003	99.5	99.2	100.1	100.4	99.2		
2004	102.7	104.6	103.7	103.6	103.9		
2005	100.3	100.7	102.0	101.9	101.8		
2006	101.0	100.1	101.0	100.8	101.3		
2007	103.3	105.0	104.8	104.1	103.8		
2008	107.9	107.1	106.8	107.5	107.7	109.4	109.7
2009	98.5	97.5	99.6	97.1	97.9	96.7	98.8
2010	102.3	104.1	102.5	103.4	103.0	104.9	103.2
2011	104.9	105.4	106.2	105.7	105.6	106.7	105.6
2012	101.7	102.8	102.4	102.0	102.2	101.9	102.3
2013	100.8	100.9	101.7	101.6	101.0	101.4	101.8
2014	100.7	102.0	101.4	101.2	102.0	102.1	101.6

Retail Price Indices by Region（1984—2014）

(preceding year=100)

年 份 Year	贵港市 Guigang	玉林市 Yulin	百色市 Baise	贺州市 Hezhou	河池市 Hechi	来宾市 Laibin	崇左市 Chongzuo
1984	104.0		104.4	104.2			
1985	114.2		115.6	114.6			
1986	104.2		110.0	104.9			
1987	110.8		109.2	114.6			
1988	125.1		119.3	120.9			
1989	124.1		121.9	121.1			
1990	95.5		97.0	95.8			
1991	102.8		102.8	100.7			
1992	103.3		107.1	107.4			
1993	120.5		118.6	119.0			
1994	127.2		126.1	121.4			
1995	119.0		120.7	117.3			
1996	103.3		105.4	105.3			
1997	98.0		100.9	100.1			
1998	93.7		97.3	96.4			
1999	96.3		98.4	96.4			
2000	99.0		97.7	99.0			
2001	98.3		99.0	98.3			
2002	98.9		97.2	98.0			
2003	101.1		99.4	101.0			
2004	103.3		102.9	104.6			
2005	100.8		102.5	100.4			
2006	99.1		101.6	101.6			
2007	105.5		104.3	105.1			
2008	107.5	-	110.0	108.6	106.6	107.0	109.6
2009	96.5	96.8	97.9	97.5	98.3	97.1	97.6
2010	103.8	102.5	103.4	103.8	102.3	102.6	103.2
2011	106.3	105.7	106.3	107.0	105.1	106.2	105.7
2012	102.5	102.7	102.5	101.8	102.7	101.9	101.7
2013	101.5	101.3	101.7	100.5	101.3	100.5	101.3
2014	101.7	102.3	101.5	100.7	102.2	100.7	101.7

3-10 各地区商品零售价格分类指数（2014年）

（上年=100）

指　标	Item	南宁市 Nanning	柳州市 Liuzhou	桂林市 Guilin
商品零售价格总指数	**Retail General Price Index**	**100.7**	**102.0**	**101.4**
食品类	**Food**	**104.3**	**105.8**	**104.4**
粮食	Grain	101.9	104.2	102.8
淀粉及制品	Starches and Products	103.2	100.0	101.6
干豆类及豆制品	Beans and Bean Products	104.9	106.8	103.3
油脂	Oil or Fat	93.2	89.2	94.6
肉禽及其制品	Meal,Poultry and Their Products	103.8	106.5	102.9
食用畜肉及副产品	Edible Domestic Animal's Meat and By-products	102.3	104.3	100.7
禽	Poultry	107.7	113.3	108.6
加工肉禽	Poultry Meat Processed Products	101.6	101.6	101.3
蛋	Eggs	108.7	107.7	105.5
水产品	Aquatic Products	109.7	113.0	105.0
鱼	Fish	108.3	111.2	101.8
其他水产品	Other Aquatic Products	112.1	116.8	110.2
菜	Vegetables	102.6	104.4	106.1
调味品	Flavoring	104.2	101.1	100.1
糖	Sweet	99.7	99.3	98.3
干鲜瓜果	Dried and Fresh Melons and Fruits	119.0	116.9	118.2
糕点饼干面包	Cake,Cookie,Bread	100.1	101.9	104.5
液体乳及乳制品	Milk and Its Products	102.3	108.9	103.9
在外用膳食品	Picnic Food	100.9	103.6	103.1
其他食品	Other Food	100.1	103.6	101.0
饮料、烟酒	**Tobacco,Liquor and Articles**	**99.1**	**100.7**	**100.3**
茶及饮料	Tea and Drinks	100.2	102.7	101.8
茶叶	Tea	100.0	100.2	100.0
饮料	Beverage	100.2	103.7	102.6
烟草	Tobacco	100.0	100.0	99.9
酒	Liquor	97.5	99.9	99.6
服装、鞋帽	**Garments, Shoes and Hats**	**97.2**	**99.5**	**101.0**
服装	Garments	95.9	100.5	100.1
男式服装	Men's Wear	95.2	100.6	96.9
女式服装	Women's Wear	97.1	98.9	102.0
儿童服装	Children's Clothing	92.6	105.0	101.7
鞋袜帽	Footwear,Socks and Hats	99.7	96.9	104.0
鞋	Shoes	99.5	96.2	103.9
袜子	Socks and Stockings	101.3	100.0	104.3
帽子	Hats	100.4	100.1	109.0
其他	Others	105.0	100.0	99.2

Retail Price Indices by Category of Commodities and Region（2014）

（preceding year=100）

梧州市 Wuzhou	北海市 Beihai	防城港市 Fangchenggang	钦州市 Qinzhou	贵港市 Guigang	玉林市 Yulin	百色市 Baise	贺州市 Hezhou	河池市 Hechi	来宾市 Laibin	崇左市 Chongzuo
101.2	**102.0**	**102.1**	**101.6**	**101.7**	**102.3**	**101.5**	**100.7**	**102.2**	**100.7**	**101.7**
104.3	**105.3**	**104.5**	**104.8**	**104.3**	**104.1**	**104.2**	**103.0**	**105.6**	**103.1**	**103.8**
101.7	102.1	101.7	102.5	101.7	103.0	101.3	102.5	102.7	101.4	103.2
97.0	95.8	91.8	99.5	99.4	105.0	104.0	99.9	100.0	100.0	100.5
104.0	107.7	104.6	107.2	104.8	102.9	105.9	101.1	109.0	104.1	104.5
92.8	94.9	96.7	93.4	90.3	87.7	88.7	86.7	92.1	94.6	89.4
101.7	104.7	103.7	103.6	104.2	105.7	104.5	104.2	106.9	100.9	102.1
97.4	102.1	101.5	98.7	99.5	102.5	101.2	99.2	103.5	100.0	98.7
109.4	112.0	108.7	114.0	114.4	114.0	112.7	120.7	116.0	103.5	108.7
103.4	100.2	102.5	102.0	101.0	101.5	100.9	100.8	104.5	97.4	102.6
104.6	103.8	105.1	105.3	107.3	105.4	104.4	105.7	104.3	102.6	107.2
111.1	109.8	107.3	106.6	105.6	107.5	104.0	104.8	110.5	106.8	106.7
110.0	109.9	106.5	103.5	104.9	104.1	101.3	106.2	106.8	106.0	100.4
113.4	109.6	108.6	112.9	107.1	111.8	111.1	100.8	113.2	108.0	116.5
99.1	104.1	102.3	101.9	106.9	98.0	108.6	101.7	104.6	107.0	101.3
100.7	99.6	99.9	98.8	100.3	100.9	100.4	100.7	100.8	99.5	99.7
99.1	101.0	100.7	95.7	95.5	97.5	97.4	93.8	99.8	99.8	101.0
122.2	120.5	118.0	121.7	113.1	112.8	110.7	109.8	116.3	109.2	115.5
102.9	102.5	102.8	102.0	100.1	106.2	103.3	102.1	99.4	100.2	110.0
109.3	108.9	106.9	103.3	105.7	102.0	107.0	108.3	109.5	112.7	104.0
105.9	100.8	102.7	104.2	104.4	104.3	103.3	103.7	101.9	101.5	103.9
102.4	105.4	101.4	93.1	109.6	103.6	101.6	101.2	104.8	100.3	101.9
99.3	**101.5**	**100.9**	**99.2**	**100.6**	**99.7**	**99.9**	**99.9**	**101.0**	**99.8**	**100.4**
103.0	102.5	103.9	101.1	104.6	100.7	102.3	100.7	103.0	100.9	106.0
103.5	100.2	103.1	100.0	100.7	99.9	101.5	100.3	100.0	100.3	108.6
102.9	103.3	104.1	102.0	106.2	101.0	102.5	100.8	105.3	101.1	105.4
100.0	100.0	100.0	98.1	100.0	100.0	99.8	100.0	100.0	100.0	100.0
95.7	102.3	99.6	99.0	97.4	98.4	98.5	99.3	98.1	98.6	96.5
100.7	**101.7**	**104.5**	**101.6**	**99.3**	**106.4**	**105.5**	**100.1**	**103.2**	**96.5**	**102.2**
100.1	101.8	105.4	101.6	100.0	103.0	105.8	100.8	102.3	95.6	102.5
98.5	101.9	102.5	101.4	99.6	103.1	105.8	101.1	101.6	94.8	102.3
100.3	101.7	108.5	101.2	101.0	102.2	105.2	101.2	102.7	96.4	103.1
102.8	102.1	100.3	103.2	98.3	106.1	107.6	99.2	103.1	95.5	101.1
101.5	101.8	103.0	102.4	97.9	115.7	105.2	98.5	106.5	98.7	101.3
101.5	102.1	102.9	102.5	97.8	117.6	105.9	98.0	106.8	98.5	101.4
102.0	100.0	102.8	101.7	97.6	103.3	99.3	101.5	103.3	100.0	99.9
100.6	100.0	106.0	101.3	103.3	100.2	103.7	101.0	100.0	100.0	100.0
103.6	100.0	100.9	98.5	95.4	106.9	100.0	100.0	100.0	100.0	100.0

3-10 续表

（上年=100）

指　标	Item	南宁市 Nanning	柳州市 Liuzhou	桂林市 Guilin
纺织品	**Textiles**	**98.3**	**100.8**	**99.5**
衣着材料	Clothing Material	100.0	100.0	97.5
床上用品	Bed Articles	97.6	101.2	100.0
家用电器及音像器材	**Electric Household Appliance and Sound Apparatus**	**97.4**	**99.2**	**97.0**
家庭设备	Household Facilities	98.7	99.5	95.9
文娱用耐用消费品	Durable Consuming Goods for Entertainment	95.1	98.7	97.8
专业音像器材	Professional Audio and Video Equipment	98.6	99.3	100.3
文化办公用品	**Cultural and Office Goods**	**99.1**	**100.3**	**98.8**
日用品	**Articles for Daily Use**	**100.2**	**100.8**	**101.9**
日用百货	Merchandiles for Daily Use	101.3	101.4	102.9
日用杂品	Sundries for Daily Use	99.9	99.9	101.1
洗涤用品	Washing and Cleaning Goods	98.9	101.1	101.9
其他日用品	Other Daily-use Goods	100.5	100.1	100.0
体育娱乐用品	**Sports and Entertainment Goods**	**102.3**	**100.9**	**99.9**
体育用品	Sports Goods	101.6	101.8	100.0
娱乐用品	Recreational Goods	103.0	100.1	99.7
交通、通信用品	**Traffic and Telecommunication Goods**	**97.6**	**99.2**	**100.7**
交通运输机械	Traffic and Transport Machinery	98.9	100.2	100.8
通信器材	Telecommunication Apparatus	95.1	97.3	100.0
家具	**Furniture**	**94.3**	**100.4**	**105.0**
化妆品	**Cosmetics**	**101.1**	**100.1**	**100.3**
金银珠宝	**Gold and Silver Jewls**	**93.3**	**92.5**	**92.8**
中西药品及医疗保健用品	**Chinese and Western Medicines and Health Supplies**	**102.3**	**102.1**	**100.7**
医疗器具及用品	Medical-care Apparatus and Goods	99.4	100.0	100.0
中药材及中成药	Chinese Herbs and Patent Medicine	101.5	105.1	101.5
西药	Western Medicine	103.8	99.6	100.2
保健器具及用品	Healthy Devices and Goods	100.5	102.1	100.6
书报杂志及电子出版物	**Books, Magazines and Electronic Publications**	**100.0**	**100.0**	**99.9**
教材及参考书	Texts and Reference Books	100.0	100.0	100.3
书报杂志	Newspapers and Magazines	100.0	100.0	100.0
电子音像制品	Electronic Audio and Video Products	100.0	100.0	99.1
燃料	**Fuels**	**98.0**	**100.6**	**99.0**
煤炭及制品	Coal and Its Products	100.0	100.0	100.0
石油及制品	Oil and Its Products	97.8	100.6	99.0
建筑材料及五金电料	**Building Apparatus and Hardwares**	**100.0**	**98.5**	**97.8**
建筑装璜材料	Building Decoration Materials	101.2	98.1	97.3
五金电料	Hardwares and Electrical Apparatus	95.5	100.0	100.0

continued

(preceding year=100)

梧州市 Wuzhou	北海市 Beihai	防城港市 Fangchenggang	钦州市 Qinzhou	贵港市 Guigang	玉林市 Yulin	百色市 Baise	贺州市 Hezhou	河池市 Hechi	来宾市 Laibin	崇左市 Chongzuo
99.4	**100.0**	**107.3**	**100.8**	**100.2**	**96.7**	**101.0**	**100.3**	**99.5**	**100.3**	**101.1**
98.5	100.0	105.7	99.4	100.0	97.8	100.2	102.0	100.0	99.3	101.4
99.8	100.0	108.1	101.4	100.3	95.7	101.5	98.6	99.3	101.1	100.9
96.6	**97.9**	**99.0**	**100.8**	**101.4**	**102.4**	**97.6**	**96.5**	**104.6**	**94.9**	**99.1**
97.2	99.3	99.3	99.5	103.2	105.4	99.9	96.6	107.5	95.6	100.1
95.7	95.3	98.4	99.9	99.0	98.9	94.4	96.2	101.9	94.2	97.3
96.5	99.5	100.0	111.8	99.9	103.4	98.4	100.0	99.5	94.8	100.0
97.0	**100.4**	**100.0**	**100.8**	**98.5**	**101.0**	**99.8**	**99.1**	**103.8**	**100.1**	**100.5**
99.8	**99.8**	**100.5**	**99.3**	**100.9**	**100.9**	**100.2**	**99.7**	**100.9**	**101.0**	**100.6**
98.3	100.8	100.6	99.8	100.5	102.6	98.8	98.8	101.8	102.1	101.6
100.8	100.0	100.1	98.1	101.4	100.2	101.5	99.7	99.9	101.6	98.9
98.9	98.5	100.0	99.1	101.0	104.7	100.3	100.3	100.7	100.3	100.7
102.6	100.0	101.8	99.9	101.0	93.3	100.5	100.2	100.5	99.8	100.3
100.0	**102.1**	**100.9**	**100.6**	**100.7**	**102.6**	**99.2**	**100.0**	**99.5**	**100.3**	**100.5**
100.0	103.9	100.0	101.5	100.2	104.7	100.0	100.0	99.2	100.4	99.8
100.0	100.4	102.0	99.7	101.1	100.4	98.4	100.0	99.8	100.1	101.2
100.1	**98.8**	**100.1**	**96.5**	**97.6**	**99.6**	**99.2**	**98.9**	**97.2**	**97.0**	**101.4**
99.8	99.8	100.0	97.0	97.5	100.3	99.3	99.7	98.2	97.4	99.3
100.7	97.0	100.5	95.6	97.8	98.3	99.1	97.5	93.7	96.1	105.4
101.1	**101.3**	**100.8**	**99.6**	**100.3**	**95.7**	**101.4**	**102.1**	**98.7**	**104.2**	**102.0**
99.9	**100.9**	**101.1**	**99.0**	**100.3**	**100.5**	**100.3**	**100.0**	**99.0**	**100.1**	**100.6**
91.3	**93.5**	**90.7**	**92.9**	**89.1**	**91.3**	**89.2**	**91.7**	**85.8**	**93.1**	**89.0**
100.2	**106.0**	**101.7**	**100.8**	**101.5**	**101.4**	**101.1**	**101.4**	**101.7**	**100.5**	**102.8**
100.1	98.9	95.4	100.0	99.5	102.0	101.6	100.0	100.3	99.6	100.0
100.2	110.8	103.3	99.7	104.9	103.5	101.9	101.9	108.4	100.7	105.4
100.2	101.9	100.6	102.1	99.0	100.4	100.5	100.3	99.8	100.5	100.7
100.7	109.4	104.1	100.2	99.7	97.8	99.2	106.4	99.5	100.0	102.1
101.5	**100.8**	**101.3**	**101.4**	**102.6**	**100.5**	**99.1**	**101.9**	**101.2**	**102.2**	**101.6**
101.1	100.0	101.4	100.8	101.2	100.4	97.1	101.3	100.0	99.4	100.0
101.9	102.0	102.0	102.7	105.3	100.9	102.0	103.7	102.0	106.6	104.6
100.8	100.0	100.0	100.3	102.1	100.0	100.0	100.0	100.0	100.0	100.0
100.6	**97.7**	**100.3**	**99.9**	**101.2**	**99.1**	**98.3**	**99.4**	**97.0**	**105.6**	**101.3**
100.0	93.2	100.0	99.9	0.0	99.9	100.0	100.0	100.0	100.0	106.7
100.7	98.3	100.3	99.9	101.2	99.0	97.9	99.3	96.4	106.0	101.0
101.1	**98.8**	**99.1**	**100.5**	**101.5**	**107.3**	**100.5**	**99.4**	**99.8**	**98.8**	**101.3**
101.3	98.1	98.8	100.7	102.0	110.0	100.7	99.1	99.8	97.8	101.7
100.3	101.3	100.1	99.6	99.6	97.8	99.8	100.6	99.9	101.5	100.1

3-11 分月农业生产资料价格分类指数（2014年）

（上年同期=100）

指标	Item	全年 Annual Year	1月 January	2月 February	3月 March
农业生产资料价格指数	**Price Index of Means of Agricultural Production**	**98.9**	**99.5**	**98.3**	**97.1**
农用手工工具	Agricultural Craft Tool	102.6	102.3	102.7	102.6
饲料	Forage	99.0	101.5	100.8	99.5
混合饲料	Mixed Forage	100.1	101.3	100.9	100.0
其他	Others	94.6	102.1	100.7	97.8
产品畜	Animals for Products	100.1	97.8	91.6	90.3
幼禽家畜	Domestic Animals and Young Poultry	100.1	97.8	91.6	90.3
半机械化农具	Semi-mechanized Farm Tools	98.8	99.2	99.2	99.2
机械化农具	Mechanized Farm Machinery	100.1	100.7	100.7	100.7
农用机械	Agricultural Machinery	100.1	100.7	100.7	100.7
化学肥料	Chemical Fertilizer	91.9	89.8	89.2	88.2
氮肥	Nitrogen Fertilizer	88.5	86.0	84.6	83.8
磷肥	Phosphate Fertilizer	95.6	93.2	92.9	90.9
钾肥	Calcium Fertilizer	92.2	89.1	89.7	89.0
复合肥料	Compounded Fertilizer	94.4	93.7	93.6	92.6
农药及农药械	Pesticide & Its Appliances	100.4	100.7	100.4	100.3
化学农药	Chemical Pesticide	101.0	100.9	100.8	100.8
杀虫剂	Insecticide	100.1	100.0	100.0	100.0
杀菌剂	Disinfectant	101.1	101.4	101.4	101.4
除草剂	Herbicide	104.4	103.5	102.6	102.6
农药器械	Pesticide Apparatus	96.8	99.7	98.1	97.5
农用机油	Oil for Farm Machinery	98.0	99.4	98.5	98.4
其他农业生产资料	Other Agricultural Productions	102.9	108.1	107.1	102.9
农用种子	Seeds for Farm	104.4	112.4	110.5	104.2
其他	Others	100.1	100.7	100.8	100.5
农用薄膜	Agricultural Membrane	99.9	101.2	101.4	100.7
其他	Others	100.2	100.1	100.1	100.1
农业生产服务	Agricultural Production Service	103.5	104.0	104.0	104.1
排灌费	Irrigation Costs	103.6	100.1	100.0	100.0
机械作业费	Machinery Operating Costs	100.7	100.0	100.0	100.9
农业用电	Agricultural Use of Electricity	100.0	100.0	100.0	100.0
农业用工	Agricultural Employment	107.9	112.1	112.1	111.3

Price Indices for Means of Agricultural Production by Category and Month（2014）

（preceding year=100）

4 月 April	5 月 May	6 月 June	7 月 July	8 月 August	9 月 September	10 月 October	11 月 November	12 月 December
98.0	**98.4**	**99.3**	**99.3**	**99.3**	**99.1**	**99.3**	**99.8**	**99.2**
102.5	102.9	102.9	102.4	102.4	102.4	102.6	102.8	102.4
98.2	97.9	97.9	98.6	99.3	98.8	98.4	98.4	98.5
98.9	99.3	99.8	100.3	101.2	100.8	99.9	99.6	99.8
95.7	92.7	91.0	92.2	92.1	91.3	92.5	93.7	93.5
101.4	104.2	108.9	101.3	100.6	99.2	100.0	105.9	101.5
101.4	104.2	108.9	101.3	100.6	99.2	100.0	105.9	101.5
99.2	99.4	99.5	98.6	97.9	98.6	98.6	98.2	98.0
100.0	99.9	99.9	99.9	99.7	99.8	99.8	99.8	99.9
100.0	99.9	99.9	99.9	99.7	99.8	99.8	99.8	99.9
87.7	88.5	89.4	93.2	94.3	95.1	96.2	96.3	96.7
83.0	84.2	84.6	90.4	91.8	92.9	93.9	95.1	95.2
91.4	90.6	91.5	97.8	100.7	100.7	101.5	98.1	100.0
88.7	89.9	92.2	92.5	93.4	94.7	96.7	96.1	95.7
91.7	92.5	93.7	94.8	94.9	95.1	96.4	97.0	97.3
100.2	100.5	100.7	100.5	100.5	100.6	100.1	100.0	99.9
100.7	101.0	101.2	101.2	101.3	101.5	100.9	100.9	100.8
100.0	100.0	100.0	100.0	100.0	100.2	100.3	100.3	100.3
101.4	101.4	101.4	101.4	101.4	101.5	100.3	100.3	100.3
101.9	103.8	105.6	105.3	106.4	106.6	105.4	104.7	104.1
97.5	97.7	97.7	96.6	95.6	95.6	95.0	95.0	95.0
99.7	101.1	101.8	101.4	99.2	96.8	95.8	93.8	90.6
103.2	102.1	102.1	101.6	101.5	101.5	101.9	101.7	101.5
104.6	103.2	103.3	102.5	102.3	102.3	102.8	102.8	102.8
100.3	99.9	99.7	99.9	100.0	100.1	100.1	99.6	99.1
100.5	99.7	99.3	99.5	99.8	100.0	100.0	99.0	98.3
100.1	100.1	100.2	100.3	100.3	100.3	100.3	100.3	100.2
104.1	104.1	104.9	103.4	102.6	102.6	102.8	103.0	103.0
104.8	104.8	104.8	104.8	104.8	104.8	104.8	104.8	104.8
100.9	100.9	102.2	100.2	100.2	100.2	100.8	100.8	100.8
100.0	100.0	100.0	100.0	100.0	100.0	100.0	100.0	100.0
108.7	108.7	109.7	107.5	105.1	105.1	105.1	105.6	105.7

3-12 农业生产资料价格分类指数

Price Indices for Means of Agricultural Production by Category

（上年=100） (preceding year=100)

指标	Item	2009	2010	2011	2012	2013
农业生产资料价格指数	**Price Index of Means of Agricultural Production**	**94.2**	**101.9**	**112.2**	**103.9**	**99.9**
农用手工工具	Agricultural Craft Tool	107.8	103.1	105.5	103.7	104.3
饲料	Forage	102.5	106.2	107.3	111.3	103.8
混合饲料	Mixed Forage	104.0	105.4	108.4	111.0	102.0
其他	Others	98.7	109.5	103.0	112.3	111.4
产品畜	Animals for Products	82.6	101.4	142.3	91.5	90.3
幼禽家畜	Domestic Animals and Young Poultry	82.6	101.4	142.3	91.5	90.3
半机械化农具	Semi-mechanized Farm Tools	96.9	101.0	103.8	101.2	99.7
机械化农具	Mechanized Farm Machinery	100.8	101.9	104.9	101.4	99.6
农用机械	Agricultural Machinery	100.8	101.9	104.9	101.4	99.6
化学肥料	Chemical Fertilizer	87.2	97.1	115.2	104.8	93.3
氮肥	Nitrogen Fertilizer	81.8	102.6	123.5	104.1	91.3
磷肥	Phosphate Fertilizer	83.2	95.9	116.2	105.5	95.5
钾肥	Calcium Fertilizer	90.2	84.7	104.6	102.2	90.3
复合肥料	Compounded Fertilizer	92.9	96.1	109.0	106.4	95.9
农药及农药械	Pesticide & Its Appliances	98.7	100.8	103.2	103.6	102.4
化学农药	Chemical Pesticide	97.9	101.1	103.0	104.0	102.7
杀虫剂	Insecticide	100.5	101.4	103.2	104.8	103.6
杀菌剂	Disinfectant	96.3	101.7	103.0	103.8	101.3
除草剂	Herbicide	92.1	97.0	102.1	101.8	103.1
农药器械	Pesticide Apparatus	104.1	98.9	104.6	101.0	101.0
农用机油	Oil for Farm Machinery	95.0	113.9	109.0	106.3	99.7
其他农业生产资料	Other Agricultural Productions	103.9	104.9	107.9	105.8	107.4
农用种子	Seeds for Farm	109.3	106.6	109.6	108.2	110.3
其他	Others	96.4	102.8	105.1	101.7	102.3
农用薄膜	Agricultural Membrane	93.2	103.6	103.8	100.1	100.8
其他	Others	101.4	101.6	106.9	103.8	104.3
农业生产服务	Agricultural Production Service	102.6	100.5	106.8	106.7	105.4
排灌费	Irrigation Costs	100.6	100.6	101.7	100.6	100.1
机械作业费	Machinery Operating Costs	104.7	100.3	110.3	106.1	101.1
其他	Others	104.4	100.4	-	-	-
农业用电	Agricultural Use of Electricity	-	-	101.2	108.1	100.0
农业用工	Agricultural Employment	-	-	107.1	110.8	116.1

3-13 工业产品出厂价格分类指数（1990—2014年）

Producer Price Indices for Manufactured Goods by Category（1990—2014）

（上年=100） (preceding year=100)

年份 Year	全部工业品 Total Industry Products	轻工业 Light Industry	以农产品为原料 Agricultural products as raw materials	以非农产品为原料 Non-agricultural Products as Raw Materials	重工业 Heavy Industry	采掘 Mining & Quarrying Industry	原料 Raw Materials Industry	加工 Processing Industry	生产资料 Means of Production	生活资料 Consumer Goods
1990	101.5	101.0	102.6	97.4	102.0	90.1	97.0	108.6	102.0	100.8
1991	103.3	105.8	108.4	98.6	100.9	104.4	98.6	102.1	100.8	106.5
1992	111.3	106.0	106.9	101.9	117.3	109.5	124.4	110.9	116.1	106.1
1993	121.1	110.9	110.4	113.0	132.0	113.3	143.1	127.6	130.1	110.5
1994	118.8	122.1	123.0	118.0	115.5	118.5	115.4	114.1	116.1	122.2
1995	117.2	123.8	126.6	113.1	111.2	126.0	105.3	115.8	114.2	121.4
1996	102.6	103.1	104.4	98.1	102.0	98.8	102.6	102.0	102.2	103.1
1997	97.7	97.1	97.9	95.5	98.1	99.7	99.7	94.8	97.2	98.4
1998	95.4	95.2	94.9	95.8	95.6	93.5	96.0	95.8	95.2	96.0
1999	95.6	94.1	92.9	98.3	96.6	96.7	97.4	95.3	96.5	93.9
2000	105.5	109.0	109.9	100.4	103.1	106.1	106.1	96.0	103.2	110.4
2001	106.3	109.2	110.2	100.1	104.3	104.7	106.9	97.8	103.5	112.3
2002	95.6	90.6	89.8	97.0	98.4	102.5	98.3	98.3	98.2	88.5
2003	102.8	98.8	98.4	99.8	105.7	107.5	107.9	103.1	105.3	96.3
2004	109.7	110.0	112.6	104.6	109.5	121.3	110.3	107.9	110.5	108.1
2005	104.9	105.8	107.5	101.8	104.2	126.5	105.2	101.5	104.0	106.8
2006	109.6	113.3	119.1	100.3	106.7	137.4	111.8	99.5	105.5	119.9
2007	104.5	97.7	95.6	102.9	108.3	117.8	106.9	109.1	107.3	94.5
2008	109.0	104.4	102.4	109.6	111.7	113.0	104.3	119.6	111.3	100.9
2009	93.5	99.4	100.0	97.8	90.5	92.0	93.1	88.6	91.4	101.7
2010	112.0	115.0	118.9	105.6	110.3	129.1	113.0	106.3	110.3	118.2
2011	108.5	114.7	116.1	106.2	106.3	121.2	106.3	105.2	107.2	112.0
2012	97.8	98.6	98.0	102.6	97.5	101.7	98.5	96.6	97.4	99.0
2013	98.2	97.7	97.1	100.9	98.4	96.3	98.9	98.2	98.4	97.5
2014	98.4	97.4	97.0	99.8	98.7	96.6	99.6	98.3	98.7	97.5

3-14 按工业部门分工业产品出厂价格指数（1990—2014年）

（上年＝100）

年 份 Year	冶金工业 Metallurgical Industry	电力工业 Power Industry	煤炭及炼焦工业 Coal Industry	化学工业 Chemical Industry	机械工业 Machine Manufacturing Idustry
1990	97.4	90.2	98.7	100.2	106.8
1991	103.1	93.9	100.2	97.5	102.0
1992	121.8	101.9	114.8	103.2	111.6
1993	140.8	89.9	111.3	113.2	131.6
1994	104.2	138.0	126.1	112.0	113.6
1995	111.0	107.8	109.4	129.2	106.3
1996	98.1	107.5	106.4	104.6	101.2
1997	96.7	106.3	109.2	95.4	98.2
1998	92.4	102.7	95.3	93.0	94.8
1999	97.4	100.5	96.0	95.2	94.4
2000	108.5	112.5	104.1	95.6	95.7
2001	96.9	129.6	104.7	100.5	97.7
2002	94.3	101.8	113.0	98.2	98.4
2003	115.9	100.0	100.9	102.4	96.8
2004	128.9	102.2	109.2	107.3	99.7
2005	106.4	100.9	133.1	108.0	100.6
2006	117.2	102.7	106.1	101.4	101.3
2007	116.5	102.7	99.9	102.6	101.5
2008	117.7	102.0	137.3	114.8	101.9
2009	78.3	102.5	95.1	92.2	100.1
2010	118.1	102.0	111.0	114.7	102.3
2011	110.1	99.3	130.5	113.4	101.4
2012	90.9	106.3	113.6	95.8	100.0
2013	94.3	100.5	99.0	99.9	99.7
2014	94.4	100.4	94.2	100.3	100.1

Producer Price Indices for Manufactured Goods by Sector（1990—2014）

(preceding year=100)

年 份 Year	建筑材料工业 Building Materials Industry	森林工业 Timber Industry	食品工业 Food Industry	纺织工业 Textile Industry	造纸工业 Paper Industry	其它工业 Other Industry
1990	97.2	89.0	99.3	104.6	105.8	102.4
1991	101.1	99.0	117.1	103.5	101.5	108.1
1992	154.2	104.7	107.3	105.8	106.7	104.7
1993	162.9	116.0	110.8	114.3	113.3	135.7
1994	110.5	112.9	117.9	150.7	114.5	126.0
1995	95.2	99.8	124.4	126.1	146.6	126.0
1996	94.6	92.2	105.6	85.8	113.4	106.0
1997	90.0	93.3	98.9	93.4	87.3	100.0
1998	99.0	90.0	96.3	83.8	92.4	104.5
1999	96.4	95.9	92.7	103.4	90.8	100.6
2000	100.6	101.4	111.1	115.5	111.2	98.4
2001	101.6	103.5	112.8	89.1	100.5	104.0
2002	99.3	94.9	88.1	88.5	96.8	101.8
2003	100.9	97.1	96.9	108.9	102.1	102.2
2004	107.7	103.1	114.6	115.4	103.7	99.9
2005	98.3	100.5	109.4	99.9	102.0	103.8
2006	100.2	103.2	124.5	104.0	99.7	103.5
2007	105.1	108.5	94.3	91.3	102.2	100.3
2008	113.9	104.1	102.5	96.9	107.0	92.9
2009	97.7	98.3	101.3	103.7	91.4	101.5
2010	106.6	106.4	120.3	126.8	113.5	117.0
2011	110.7	105.7	118.2	118.0	102.7	108.9
2012	98.1	105.4	97.5	95.2	96.1	102.4
2013	100.4	102.8	96.0	103.1	96.2	103.6
2014	103.3	100.6	95.7	98.9	101.1	102.1

3-15 分月工业产品出厂价格指数（2014年）

（上年同期=100）

类 别	Item	全 年 Annual Year	1 月 January	2 月 February	3 月 March
全部工业品	**Total Industrial Products**	**98.4**	**98.6**	**98.0**	**98.0**
# 轻工业	# Light Industry	97.4	97.7	97.1	97.3
以农产品为原料	Using Farm Produces as Raw Materials	97.0	97.5	96.7	97.0
以非农产品为原料	Using Non-farm Produces as Raw Materials	99.8	99.3	99.6	99.4
重工业	Heavy Industry	98.7	98.9	98.4	98.2
采掘	Mining and Quarrying	96.6	95.5	95.1	95.4
原料	Raw Material	99.6	99.7	99.5	99.2
加工	Processing	98.3	98.7	98.0	98.0
# 生产资料	# Means of Production	98.7	99.0	98.4	98.2
采掘	Mining and Quarrying	96.6	95.5	95.1	95.4
原料	Raw Material	99.6	99.8	99.6	99.1
加工	Processing	98.3	98.8	98.0	97.9
生活资料	Life Material	97.5	97.5	97.0	97.5
食品	Food	95.4	95.6	94.7	95.4
衣着	Clothing	105.3	105.3	105.4	105.9
一般日用品	Articles for Daily Use	100.2	99.2	99.9	100.1
耐用消费品	Durable Consumers' Goods	100.1	100.2	100.2	100.2
按工业部门分	**Grouped by Department of Industry**				
冶金工业	Metallurgical Industry	94.4	94.4	93.3	92.4
电力工业	Power Industry	100.4	100.0	100.3	100.4
煤炭及炼焦工业	Coal and Coking Industry	94.2	94.8	92.9	92.1
石油工业	Petroleum Industry	97.7	100.1	98.7	98.1
化学工业	Chemical Industry	100.3	102.1	101.8	101.8
机械工业	Machine Buiding Industry	100.1	99.9	99.7	99.7
建筑材料工业	Buiding Material Industry	103.3	103.9	102.7	104.7
森林工业	Timber Industry	100.6	100.9	101.2	101.3
食品工业	Food Industry	95.7	96.1	95.1	95.6
纺织工业	Textile Industry	98.9	100.6	100.2	100.0
缝纫工业	Tailoring Industry	106.8	107.6	107.7	108.2
皮革工业	Leather Industry	100.6	102.4	101.4	100.8
造纸工业	Paper Industry	101.1	99.5	99.6	100.1
文教艺术用品工业	Cultural, Educational and Handicraft Articles	98.9	99.5	99.6	99.4
其它工业	Other Industry	102.1	104.5	104.5	102.6

Ex-Factory Price Indices of Industrial Products by Month（2014）

（preceding year=100）

4 月 April	5 月 May	6 月 June	7 月 July	8 月 August	9 月 September	10 月 October	11 月 November	12 月 December
98.3	**98.9**	**99.2**	**99.3**	**99.0**	**98.2**	**97.6**	**97.5**	**97.6**
97.7	98.3	98.1	98.3	97.9	96.9	96.5	96.4	97.0
97.4	98.0	97.8	97.9	97.5	96.4	96.0	95.8	96.5
99.5	100.2	99.9	100.4	100.5	100.1	99.9	99.3	99.5
98.5	99.1	99.5	99.6	99.4	98.7	98.0	98.0	97.8
96.0	95.8	96.3	97.5	99.1	96.8	96.4	96.9	98.2
99.6	100.2	100.3	100.6	100.7	99.9	98.8	98.6	98.4
98.1	98.8	99.3	99.3	98.7	98.2	97.7	97.7	97.5
98.4	99.1	99.5	99.7	99.5	98.7	98.0	97.9	97.8
96.0	95.8	96.3	97.5	99.1	96.8	96.4	96.9	98.2
99.6	100.2	100.3	100.6	100.7	99.9	98.9	98.6	98.4
98.0	98.7	99.3	99.3	98.8	98.2	97.6	97.5	97.4
97.9	98.4	98.2	98.2	97.7	96.9	96.7	96.6	97.2
96.1	96.9	96.5	96.4	95.8	94.3	94.0	94.1	95.1
105.8	107.0	106.8	106.9	106.1	106.0	105.8	101.2	101.6
100.1	100.1	100.4	100.3	100.3	100.3	100.4	100.3	100.3
100.2	100.2	100.1	100.1	100.1	100.1	100.1	100.1	100.1
93.1	94.6	95.4	95.8	96.1	95.1	93.8	94.4	94.7
100.4	100.4	100.3	100.5	100.6	100.6	100.3	100.6	100.6
94.3	94.2	95.8	96.1	94.1	93.5	93.3	95.0	94.2
99.1	101.3	101.5	101.0	100.1	96.8	95.8	92.4	88.3
101.4	101.8	101.8	101.6	100.8	99.2	98.2	97.0	96.6
100.0	100.0	100.3	100.5	100.5	100.4	100.3	100.2	100.0
104.3	105.4	106.5	105.6	103.4	101.8	101.5	100.3	100.2
101.2	100.8	100.8	100.3	100.2	100.5	100.1	100.2	100.1
96.1	96.9	96.7	96.7	96.1	94.8	94.3	94.4	95.2
100.5	100.3	99.5	99.0	98.9	98.4	96.9	96.3	96.1
108.0	108.5	108.9	109.0	108.2	108.3	107.9	100.2	100.2
101.0	102.4	101.0	101.1	100.6	99.6	98.5	99.0	99.6
100.2	100.2	100.9	101.5	101.8	101.7	102.0	102.5	103.2
99.4	99.4	98.6	98.4	98.4	98.5	98.5	98.4	98.5
102.0	102.3	101.9	102.8	102.6	101.5	100.2	100.2	99.8

3-16 分行业工业产品出厂价格指数（2014年）

（上年同期=100）

类别	Item	全年 Annual Year	1月 January	2月 February
煤炭开采和洗选业	**Coal Mining and Selecting Industry**	**94.0**	**94.6**	**92.7**
烟煤和无烟煤开采洗选	Bituminous Coal and Anthracite Coal Mining and Washing	94.4	97.7	95.1
褐煤的开采洗选	Washing Lignite Mining	91.8	83.4	83.4
黑色金属矿采选业	**Black Metal Mineral Mining and Selecting Industry**	**95.8**	**94.8**	**94.8**
铁矿采选	The Iron Mineral Mining and Selecting	87.4	87.5	85.3
锰矿、铬矿采选	Manganese Ore, Chrome Ore Mining	99.3	98.0	99.1
有色金属矿采选业	**Colored Metal Mineral Mining and Selecting**	**96.3**	**95.5**	**95.0**
常用有色金属矿采选	The Regular Colored Metal Mineral Mining and Selecting	96.8	96.2	95.6
贵金属矿采选	The Precious Metal Mineral Mining and Selecting	81.4	74.3	75.6
稀有稀土金属矿采选	Rare and Rare Earth Metal Ore Mining	100.1	102.5	102.4
非金属矿采选业	**Non-Metal Mineral Mining and Selecting**	**99.1**	**96.5**	**96.4**
土砂石开采	Soil Gravel Mining	97.0	94.0	94.0
化学矿采选	Chemical Mineral Mining and Selecting	97.1	93.1	93.1
采盐	Salt Mining	100.0	100.0	100.0
石棉及其他非金属矿采选	Asbestos and Other Non-Metal Mineral Mining and Selecting	104.3	102.9	102.8
农副食品加工业	**Farm and Side-Line Food Processed Industry**	**93.7**	**94.0**	**92.8**
谷物磨制	Corn Whetted	102.1	98.6	98.7
饲料加工	Forage Processed	100.8	102.3	102.0
植物油加工	Planting-Oil Processed	86.3	82.1	80.6
制糖业	Sugar Industry	88.9	90.5	88.9
屠宰及肉类加工	Slaughtered Meta and Meat Processes	100.6	99.9	96.0
水产品加工	Fishery Product Processed	109.8	118.6	119.9
蔬菜、水果和坚果加工	Vegetables, Fruits and Nuts Processing	100.1	100.2	100.2
其他农副食品加工	Other Farm and Side-line Food Processed	100.9	103.5	103.5
食品制造业	**Food Manufacture Industry**	**101.8**	**101.4**	**100.7**
焙烤食品制造	Baked Food Manufacturing	102.5	102.3	98.8
糖果、巧克力及蜜饯制造	Candy, Chocolate and Candied Fruit Production	93.6	90.4	90.4
方便食品制造	Convenient Food Manufacturing	100.7	101.3	100.9
乳制品制造	Dairy Products Manufacturing	112.0	111.9	112.8
罐头食品制造	Canned Food Manufacturing	100.8	97.1	96.4
调味品、发酵制品制造	Condiment, Ferment Product Manufacturing	101.8	103.2	103.9
其他食品制造	Other Food Manufacturing	100.6	102.9	101.8
酒、饮料和精制茶制造业	**Wine, Beverage and Refined Tea Manufacture Industry**	**101.8**	**104.4**	**103.7**
酒的制造	Manufacture of Wine	101.0	104.9	103.3
饮料制造	Beverage Manufacturing	103.1	104.4	104.8
精制茶加工	Refined-tea Process	101.3	101.5	101.5

Ex-Factory Price Indices of Industrial Products by Industry（2014）

（preceding year=100）

3月 March	4月 April	5月 May	6月 June	7月 July	8月 August	9月 September	10月 October	11月 November	12月 December
91.8	**94.1**	**94.0**	**95.6**	**96.0**	**93.9**	**93.2**	**93.1**	**94.8**	**94.0**
93.0	94.7	94.2	96.0	96.1	93.6	93.0	92.3	94.4	93.1
86.6	91.2	92.3	93.7	95.1	95.0	94.3	96.6	96.5	97.2
94.1	**94.2**	**93.9**	**94.6**	**94.6**	**99.1**	**98.1**	**97.6**	**96.8**	**96.9**
82.5	82.5	82.3	83.0	82.3	95.7	93.1	93.1	93.1	93.0
99.4	99.5	99.1	99.8	100.1	100.4	100.1	99.3	98.3	98.4
95.4	**96.2**	**96.0**	**96.4**	**98.4**	**99.8**	**95.6**	**95.0**	**95.8**	**96.7**
95.8	96.8	96.4	96.7	98.7	100.2	96.3	95.7	96.4	97.2
79.9	82.0	82.7	84.6	90.9	91.1	77.6	78.8	80.4	83.9
102.4	99.2	99.7	100.0	99.9	100.0	98.6	98.5	98.5	99.6
98.3	**98.1**	**98.3**	**98.4**	**99.5**	**99.6**	**99.7**	**99.4**	**100.2**	**104.9**
95.8	95.4	95.4	95.4	97.4	97.4	97.4	97.4	98.4	106.4
97.8	99.4	100.0	99.4	98.3	99.1	99.0	96.6	96.1	93.6
100.0	100.0	100.0	100.0	100.0	100.0	100.0	100.0	100.0	100.0
103.6	103.6	104.0	104.5	104.6	104.6	104.8	104.7	105.5	105.9
93.4	**94.1**	**95.3**	**95.0**	**95.1**	**94.4**	**92.6**	**92.1**	**92.1**	**93.3**
99.4	99.8	101.9	103.4	103.7	104.0	104.3	104.0	103.6	104.2
100.3	99.6	100.5	101.1	101.7	101.5	101.3	100.1	99.6	99.7
83.6	87.5	89.5	87.2	88.7	87.6	86.9	87.3	88.4	87.7
89.7	90.0	91.2	91.2	90.5	89.6	85.6	85.3	85.5	89.0
99.7	100.2	102.4	102.3	102.0	102.2	102.0	101.1	100.1	99.5
114.5	112.7	109.8	110.9	109.1	106.9	108.8	104.3	103.8	101.5
100.1	100.1	100.1	100.0	100.0	100.3	100.3	100.2	100.1	100.0
102.1	101.5	100.2	100.7	100.9	100.5	100.1	99.3	99.3	99.4
101.7	**102.6**	**102.2**	**102.5**	**102.0**	**102.2**	**102.3**	**101.9**	**101.7**	**100.9**
101.6	101.6	103.3	103.3	103.3	103.3	103.3	103.3	103.3	103.3
94.6	94.6	94.6	94.1	94.1	94.1	94.1	94.1	94.1	94.1
101.6	100.2	100.4	100.6	101.1	101.0	100.7	100.9	100.1	100.2
113.1	113.8	115.4	114.6	114.4	114.0	113.6	109.4	108.6	103.6
98.0	99.7	99.5	102.2	102.1	102.9	102.8	102.8	102.9	102.6
102.0	101.9	101.8	101.5	101.2	101.2	101.3	101.3	101.4	101.1
102.6	104.7	102.0	100.6	98.5	98.5	99.2	99.1	99.4	98.5
102.9	**102.1**	**102.0**	**101.4**	**101.1**	**100.8**	**100.8**	**100.9**	**100.7**	**100.9**
101.8	100.6	100.7	99.3	99.9	100.0	100.0	100.6	100.2	100.5
104.8	104.4	104.1	104.4	102.8	101.9	101.7	101.2	101.2	101.5
101.4	101.0	101.2	101.1	101.2	101.3	101.6	101.5	101.4	101.3

3-16 续表 1

（上年同期=100）

类 别	Item	全 年 Annual Year	1 月 January	2 月 February
烟草制品业	**Tobacco Product Industry**	**100.1**	**100.3**	**100.0**
烟叶复烤	Tobacco Leaves Retroacting	105.8	100.0	100.0
卷烟制造	Cigarette Manufacturing	100.0	100.3	100.0
纺织业	**Textile Industry**	**101.6**	**103.6**	**103.2**
棉纺织及印染精加工	Cotton and Textile Printing and Dyeing Finishing	99.8	100.0	99.2
麻纺织及染整精加工	Line Textile and Dyeing and Finishing	124.8	121.3	121.4
丝绢纺织及印染精加工	Silk and Textile Printing and Dyeing Finishing	97.2	100.1	99.8
针织或钩针编织物及其制品制造	Kintted or Crocheted Fabrics and Products Manufacturer	117.2	121.1	121.1
家用纺织制成品制造	Household Textile Products Manufacturing	100.4	101.0	101.0
非家用纺织制成品制造	Non-household Textil Products Manufacturing	100.7	100.0	100.0
纺织服装、服饰业	**Textile and Clothing, Apparel Industry**	**100.5**	**99.8**	**99.9**
机织服装制造	Woven Garment Manufacturing	100.5	99.8	99.9
皮革、毛皮、羽毛及其制品和制鞋业	**Leather, Fur, Feathers and Its Products and Footwear**	**101.6**	**108.0**	**106.5**
皮革鞣制加工	Leather Processing	98.0	103.8	101.3
皮革制品制造	Leather Product Processing	102.7	101.2	101.4
羽毛（绒）加工及制品制造	Feather Processing and Its Products Manufacturing	103.8	121.3	118.2
木材加工和木、竹、藤、棕、草制品业	**Bamboo, Ratten, Palm and Grass Product Manufacture Industry**	**100.5**	**100.8**	**101.1**
木材加工	Wood Processing	100.5	102.8	102.8
人造板制造	Artificial Plank Manufacturing	98.8	100.2	99.4
木制品制造	Timber Product Manufacturing	100.8	102.2	102.2
竹、藤、棕、草制品制造	Bamboo, Ratten, Palm and Grass Product Manufacturing	108.2	100.0	106.8
家具制造业	**Furniture Manufacture Industry**	**102.6**	**102.4**	**102.2**
木质家具制造	Timber Furniture Manufacture	102.6	102.4	102.2
其他家具制造	Other Furniture Manufacturing	100.9	105.7	104.5
造纸和纸制品业	**Paper Making and Paper Products Industry**	**101.1**	**99.5**	**99.6**
纸浆制造	Paper Pulp Manufacturing	105.0	104.5	106.2
造纸	Paper Making	100.8	98.4	98.2
纸制品制造	Paper Products Manufacturing	99.5	99.4	99.3
印刷和记录媒介复制业	**Printing and Record Medium Reproduction Industry**	**98.4**	**98.4**	**98.5**
印刷	Painting	98.4	98.4	98.5
装订及印刷相关服务	Bookbinding and Printing Related Services	100.0	100.0	100.0
文教、工美、体育和娱乐用品制造业	**Cultural, Educational, Industrial america, Sports and Entertainment Goods Industry**	**98.8**	**96.6**	**97.8**
文教办公用品制造	Culture and Education Office Supplies Manufacturing	97.3	100.0	99.9
工艺美术品制造	Arts and Crafts Manufacturing	97.8	93.5	95.1
体育用品制造	Sporting Goods Manufacturing	103.3	108.4	108.4

continued

(preceding year=100)

3 月 March	4 月 April	5 月 May	6 月 June	7 月 July	8 月 August	9 月 September	10 月 October	11 月 November	12 月 December
100.0	**100.0**	**100.0**	**100.0**	**100.0**	**100.0**	**100.0**	**100.2**	**100.2**	**100.2**
100.0	100.0	100.0	100.0	100.0	100.0	100.0	123.2	123.2	123.2
100.0	100.0	100.0	100.0	100.0	100.0	100.0	100.0	100.0	100.0
103.1	**103.4**	**103.3**	**102.7**	**102.3**	**102.1**	**101.7**	**100.5**	**97.0**	**96.9**
99.5	99.9	100.0	100.4	100.3	100.0	100.0	99.7	99.6	99.4
122.3	120.5	126.5	129.4	132.7	133.8	126.5	122.4	122.6	119.4
99.4	100.0	99.5	97.9	97.0	96.9	96.3	94.1	93.0	92.9
121.1	120.8	120.8	121.5	121.5	121.5	121.5	121.5	100.4	100.7
100.8	100.5	100.3	100.3	100.3	100.3	100.3	100.3	100.1	100.1
100.0	100.0	101.1	101.1	101.1	101.1	101.1	101.1	101.1	101.1
100.7	**100.6**	**101.3**	**101.5**	**101.7**	**100.5**	**100.6**	**100.1**	**100.1**	**99.9**
100.7	100.6	101.3	101.5	101.7	100.5	100.6	100.1	100.1	99.9
103.6	**102.7**	**101.7**	**100.0**	**101.5**	**101.3**	**99.6**	**98.6**	**98.9**	**98.1**
99.4	99.9	99.7	98.0	98.3	98.0	96.3	94.0	93.9	93.8
101.9	101.9	104.5	103.4	103.4	102.7	102.2	102.2	103.0	104.2
109.9	106.4	100.5	98.3	102.2	102.8	99.7	98.6	98.6	94.7
101.2	**101.1**	**100.6**	**100.6**	**100.0**	**100.0**	**100.3**	**99.9**	**100.0**	**99.9**
100.0	100.0	100.0	100.0	100.0	100.0	100.0	100.0	100.0	100.0
100.1	99.9	99.7	99.0	98.1	98.1	98.5	97.7	97.9	97.8
102.2	102.2	100.2	100.2	100.2	100.2	100.2	100.0	100.0	100.0
106.8	106.9	106.9	110.0	109.9	110.0	110.0	110.5	110.5	110.5
101.8	**101.8**	**102.7**	**103.4**	**103.4**	**102.9**	**102.8**	**102.8**	**102.7**	**102.6**
101.8	101.8	102.7	103.4	103.4	102.9	102.9	102.8	102.7	102.6
104.3	104.3	102.5	100.2	98.3	98.4	98.4	97.6	98.6	98.6
100.1	**100.2**	**100.2**	**100.9**	**101.5**	**101.8**	**101.7**	**102.0**	**102.5**	**103.2**
104.3	102.5	104.0	106.4	106.4	104.5	104.8	105.1	104.4	107.0
99.4	100.1	99.6	100.3	101.2	102.0	101.9	102.3	103.1	103.6
99.3	99.0	99.3	99.4	99.7	99.7	99.6	99.6	100.0	100.1
98.3	**98.3**	**98.4**	**98.4**	**98.3**	**98.3**	**98.4**	**98.5**	**98.3**	**98.5**
98.3	98.3	98.4	98.4	98.3	98.3	98.4	98.5	98.3	98.4
100.0	100.0	100.0	100.0	100.0	100.0	100.0	100.0	100.0	100.0
97.3	**96.2**	**101.3**	**99.8**	**100.2**	**99.8**	**99.0**	**99.4**	**98.9**	**99.3**
99.3	98.8	98.3	97.8	97.0	96.2	95.9	95.1	94.8	94.8
94.5	93.1	99.9	99.9	100.6	100.1	99.0	99.7	99.0	99.7
108.4	108.4	108.4	100.0	100.0	100.0	100.0	100.0	100.0	100.0

3-16 续表 2

（上年同期=100）

类　别	Item	全　年 Annual Year	1 月 January	2 月 February
石油加工、炼焦和核燃料加工业	**Petroleum Process, Coking and Nuclear Fuel Processing Industry**	**97.5**	**100.1**	**98.8**
精炼石油产品制造	Refineed Coking Petroleum Manufacturing	97.5	100.1	98.8
化学原料和化学制品制造业	**Chemical Material and Chemical Product Manufacturing**	**100.4**	**102.8**	**102.3**
基础化学原料制造	Basic Chemical Material Manufacturing	95.7	96.6	94.4
肥料制造	Fertilizer Manufacture	89.6	87.1	87.2
农药制造	Insectcide Manufacture	99.2	100.1	100.4
涂料、油墨、颜料及类似产品制造	Coating, Printing Ink, Pigment and The Similar Products Manufacture	94.0	92.7	92.4
合成材料制造	Compounded Material Manufacture	99.9	101.5	100.2
专用化学产品制造	Specialized Chemical Product Manufacture	112.2	123.9	123.6
炸药、火工及焰火产品制造	Explosives, Pyrotechnics and Fireworks Manufacturing	101.9	102.8	103.0
日用化学产品制造	Daily Chemical Product Manufacture	100.0	100.1	100.0
医药制造业	**Medical Manufacture Industry**	**102.0**	**101.8**	**102.3**
化学药品原料药制造	Manufacture of Chemical Raw Material Medicine	99.3	96.6	97.0
化学药品制剂制造	Chemical Medicine Agent Manufacture	101.9	99.5	100.3
中成药制造	Medium Paternt Manufacture	102.4	102.6	103.1
兽用药品制造	Medicine in Herbs Manufacture	100.1	100.6	100.6
生物药品制造	Biopharmaceutical Manufacturing	101.3	102.6	103.9
卫生材料及医药用品制造	Sanitary Materials and Medical Supplies Manufacturing	100.0	100.0	100.0
橡胶和塑料制品业	**Rubber and Plastic Product Industry**	**99.1**	**99.8**	**99.8**
橡胶制品业	Rubber Products Industry	96.6	99.4	99.5
塑料制品业	Plastic Products Industry	99.8	99.9	99.9
非金属矿物制品业	**Non-metal Mineral Product Industry**	**103.4**	**104.4**	**103.1**
水泥、石灰和石膏的制造	Cement, Lime and Gypsum Manufacture	104.9	107.6	105.0
石膏、水泥制品及类似制品制造	Plaster, cement Products and Similar Products Manufacturing	104.0	104.0	104.0
砖瓦、石材等建筑材料制造	Brick, Stone and Other Building Materials Manufacturing	102.5	100.4	100.6
玻璃制造	Glass Manufacture	92.1	102.4	102.4
玻璃制品制造	Glass Products Manufacturing	99.2	96.7	97.5
玻璃纤维和玻璃纤维增强塑料制品制造	Glass Fiber and Glass Fiber Reinforced Plastic Products Manufacturing	100.0	100.0	100.0
陶瓷制品制造	Ceramics Product Manufacture	103.3	101.3	101.2
耐火材料制品制造	Refractory Products Manufacturing	98.9	100.0	100.0
石墨及其他非金属矿物制品制造	Graphite and Other Non-metallic Mineral Products Manufacturing	100.0	100.0	100.0
黑色金属冶炼和压延加工业	**Black Metal Coking and Pressing Process Industry**	**93.2**	**94.4**	**92.7**
炼铁	Lronmaking	96.6	95.3	93.3
炼钢	Steel Making	99.6	100.0	97.5
黑色金属铸造	Black Metal Casting	97.6	96.2	96.2

continued

(preceding year=100)

3 月 March	4 月 April	5 月 May	6 月 June	7 月 July	8 月 August	9 月 September	10 月 October	11 月 November	12 月 December
97.8	**99.0**	**101.2**	**101.5**	**100.9**	**99.8**	**96.3**	**95.3**	**91.7**	**87.5**
97.8	99.0	101.2	101.5	100.9	99.8	96.3	95.3	91.7	87.5
102.7	**102.1**	**102.7**	**102.8**	**102.6**	**101.2**	**98.6**	**97.1**	**95.3**	**94.9**
94.6	92.9	92.9	94.5	96.4	97.6	98.7	97.7	96.3	96.5
87.9	86.6	88.9	89.0	90.0	90.3	91.0	92.5	94.0	92.5
99.9	98.9	99.1	99.0	98.8	98.8	98.8	98.8	98.7	98.7
92.3	91.6	94.9	93.2	95.6	96.9	93.4	96.9	93.2	94.7
101.0	101.9	102.0	101.9	101.9	101.0	98.9	97.4	96.5	94.4
124.3	125.1	124.6	124.0	119.8	112.8	103.1	97.2	92.0	91.1
103.0	103.0	103.1	103.2	103.1	101.4	100.2	100.2	100.2	100.2
100.4	100.5	99.9	99.8	99.7	100.0	100.0	100.0	100.0	100.0
102.2	**102.0**	**102.1**	**102.0**	**102.0**	**102.0**	**101.9**	**101.9**	**102.0**	**101.8**
97.8	97.3	97.8	98.6	101.6	101.5	100.8	101.8	101.1	100.5
101.7	102.2	102.4	102.6	102.3	102.4	102.4	102.3	102.4	102.2
102.6	102.2	102.4	102.3	102.2	102.1	102.2	102.4	102.4	102.3
100.7	100.7	99.8	99.4	99.2	100.0	99.9	99.7	100.5	100.4
104.8	103.0	105.4	102.6	103.0	101.8	99.8	97.3	96.1	96.2
100.0	100.0	100.0	100.0	100.0	100.0	100.0	100.0	100.0	100.0
99.2	**99.1**	**98.9**	**99.1**	**99.4**	**99.4**	**99.4**	**98.9**	**98.5**	**97.5**
97.2	97.2	96.3	96.3	95.5	95.6	95.7	95.4	95.5	95.4
99.8	99.7	99.7	99.9	100.6	100.5	100.5	99.9	99.4	98.1
105.0	**104.6**	**105.7**	**106.9**	**105.8**	**103.5**	**101.9**	**101.5**	**100.2**	**99.6**
109.7	109.1	111.8	113.8	110.0	103.9	100.3	99.7	96.6	95.9
104.7	104.1	103.5	103.1	104.5	105.5	104.8	103.4	104.1	102.8
98.8	98.8	98.6	100.5	101.7	103.5	104.7	105.9	108.4	107.9
100.0	97.8	95.7	88.7	88.6	86.2	89.1	87.1	82.8	85.4
97.4	100.1	100.3	100.7	100.3	100.6	100.1	99.0	99.4	99.2
100.0	100.0	100.0	100.0	100.0	100.0	100.0	100.0	100.0	100.0
101.1	101.7	102.3	102.9	104.5	105.3	105.4	105.4	104.5	104.2
100.0	99.0	99.0	99.0	98.4	98.4	98.4	98.4	98.4	98.4
100.0	100.0	100.0	100.0	100.0	100.0	100.0	100.0	100.0	100.0
91.8	**92.5**	**94.6**	**95.5**	**94.9**	**94.0**	**92.6**	**91.4**	**91.8**	**92.1**
94.4	94.4	94.4	97.8	98.1	98.2	98.3	98.4	98.2	98.4
97.5	100.0	105.0	105.0	100.0	100.0	97.5	97.5	97.5	97.5
95.4	97.4	98.0	98.6	98.2	97.7	97.1	98.5	98.4	99.9

3-16 续表 3

（上年同期=100）

类 别	Item	全 年 Annual Year	1 月 January	2 月 February
钢压延加工	Pressed Steel Processing	90.8	92.5	90.2
铁合金冶炼	Iron-alloy Smeltering	96.1	97.0	96.6
有色金属冶炼和压延加工业	**Coloured Metal Coking and Pressint Process Industry**	**96.1**	**93.4**	**93.6**
常用有色金属冶炼	General Non-ferrous Metal Coking	95.9	93.2	93.4
贵金属冶炼	Precious Metal Smeltering	89.9	72.0	73.0
有色金属合金制造	Non-ferrous Metal Alloy Manufacture	94.7	96.4	94.6
有色金属铸造	Non-ferrous Metal Foundry	100.0	100.0	100.0
有色金属压延加工	Non-ferrous Metal Rolling Processing	98.0	97.4	98.1
金属制品业	**Metal Product Industry**	**97.8**	**98.1**	**98.1**
结构性金属制品制造	Structural Metal Product	99.9	100.8	100.0
金属工具制造	Metal Tools Manufacture	100.1	100.4	100.4
集装箱及金属包装容器制造	Container and Metal Packing Container Manufacture	98.6	97.0	97.0
金属丝绳及其制品制造	Metal Silk Rope and Its Product Manufacture	91.7	92.6	101.8
建筑、安全用金属制品制造	Building, Metal Productin Safety Producing Manufacture	103.1	103.0	102.7
金属制日用品制造	Metal Commodity Manufacturing	91.7	92.4	92.4
其他金属制品制造	Other Metal Product Manufacture	99.5	98.7	98.7
通用设备制造业	**General Equipment Manufacture**	**100.1**	**99.9**	**100.3**
锅炉及原动设备制造	Boiler and Original Equipment Manufacturing	99.2	100.4	99.1
金属加工机械制造	Metal Process and Machinery Manufacture	101.0	102.2	101.9
物料搬运设备制造	Material Handling Equipment Manufacturing	100.8	100.6	100.5
泵、阀门、压缩机及类似机械制造	Pump, Valve, Compressor and Its Similar Mechanical Manufacture	103.7	100.5	104.4
轴承、齿轮和传动部件制造	Bearings, Gears and Transmission Components Manufacturing	100.7	100.6	100.8
烘炉、风机、衡器、包装等设备制造	Ovens, Fans, Weighing, Packaging Equipment Manufacturing	94.7	94.6	94.6
通用零部件制造	Universal Parts Manufacturing	99.9	98.9	100.0
专用设备制造业	**General Equipment Manufacture**	**100.7**	**100.6**	**99.9**
采矿、冶金、建筑专用设备制造	Mining, Metallurgy, Building Special Equipment Manufacture	100.7	100.5	99.6
化工、木材、非金属加工专用设备制造	Chemical Engineering, Timber, Non-Metal Processed Special Equipments Manufacture	100.0	100.0	100.0
食品、饮料、烟草及饲料生产专用设备制造	The Food, Beverage, Tobacco and Foddar Production Special Equipments Manufacture	100.9	100.9	100.9
农、林、牧、渔专用机械制造	Agriculture, Forestry Animal Husbandry and Fishery Specific Machinery Manufacture	100.1	100.5	100.4
医疗仪器设备及器械制造	Medical Equipment and Device Manufacturers	103.5	103.5	103.5
环保、社会公共服务及其他专用设备制造	Environment Protection, Social and Public Services and Other Specific Equipment Manufacturer	101.7	101.3	101.2
汽车制造业	**Vehicle Manufacturing**	**100.1**	**99.8**	**99.5**
汽车整车制造	Automobile Manufacturing	99.9	99.4	99.0
改装汽车制造	Modified Car Manufacturing	98.8	100.3	100.3
汽车零部件及配件制造	Auto Parts and Accessories Manufacturing	100.6	100.6	100.4

continued

(preceding year=100)

3 月 March	4 月 April	5 月 May	6 月 June	7 月 July	8 月 August	9 月 September	10 月 October	11 月 November	12 月 December
89.1	89.8	92.3	93.9	93.3	92.0	90.3	87.7	88.7	89.4
96.0	95.9	96.6	95.6	96.4	96.1	95.6	96.6	95.7	95.1
92.0	**93.3**	**94.2**	**94.9**	**97.3**	**99.2**	**99.5**	**98.0**	**99.2**	**99.4**
91.4	92.9	93.7	94.3	96.6	99.0	99.4	97.9	99.5	99.7
75.4	79.4	90.1	96.0	115.4	112.6	101.8	98.1	90.9	96.6
88.5	92.8	94.2	95.7	96.5	100.1	94.3	94.4	93.7	96.1
100.0	100.0	100.0	100.0	100.0	100.0	100.0	100.0	100.0	100.0
97.4	97.4	96.6	97.5	98.5	98.3	99.3	97.9	98.9	98.3
97.9	**97.8**	**97.8**	**97.8**	**97.4**	**97.8**	**97.9**	**97.7**	**97.4**	**97.4**
99.9	99.4	99.2	99.5	99.6	100.5	100.8	100.6	99.8	99.3
100.0	100.0	100.0	100.0	100.0	100.0	100.0	100.0	100.0	100.0
97.0	97.0	97.0	98.5	100.0	100.0	100.0	100.0	100.0	100.0
96.8	91.5	91.5	92.5	84.3	91.5	90.0	86.3	87.9	93.9
102.6	105.0	105.4	102.4	102.7	102.6	102.9	103.1	102.7	102.3
92.2	92.2	92.2	92.2	91.0	91.0	91.0	91.0	91.0	91.0
99.7	100.2	100.2	100.2	100.2	99.9	99.6	99.0	98.6	98.6
99.6	**99.4**	**100.2**	**99.9**	**100.1**	**100.2**	**100.1**	**99.9**	**100.6**	**100.7**
98.9	98.6	98.9	99.2	99.3	99.3	99.3	99.1	99.2	98.9
98.9	97.6	100.5	99.6	100.4	101.1	101.0	100.6	103.7	104.3
100.5	101.3	101.3	101.3	101.2	101.2	100.3	100.2	100.4	100.3
104.1	103.9	105.1	103.8	103.8	103.6	103.6	103.7	103.8	103.9
100.7	100.6	100.9	100.7	100.8	100.8	100.7	100.8	100.8	100.7
94.6	94.4	94.6	94.6	94.8	94.8	94.9	94.7	94.9	95.0
100.0	100.0	100.0	100.0	100.0	100.0	100.0	100.0	100.0	100.4
100.1	**100.5**	**100.2**	**101.4**	**101.5**	**101.2**	**100.6**	**100.4**	**101.6**	**100.5**
99.9	100.4	100.0	101.7	101.9	101.4	100.6	100.2	101.9	100.5
100.0	100.0	100.0	100.0	100.0	100.0	100.0	100.0	100.0	100.0
100.9	100.9	100.7	100.7	99.2	99.2	102.1	102.1	102.1	100.5
100.3	100.2	100.0	100.3	100.2	99.8	100.1	100.0	99.7	99.7
103.5	103.5	103.5	103.5	103.5	103.5	103.5	103.5	103.5	103.5
101.5	101.8	102.0	102.0	102.0	102.0	102.0	101.7	101.4	101.2
99.6	**100.1**	**100.1**	**100.2**	**100.3**	**100.4**	**100.5**	**100.3**	**100.2**	**100.2**
99.0	99.5	99.8	100.0	100.2	100.4	100.7	100.5	100.4	100.3
100.3	100.3	100.3	99.6	99.6	99.6	97.7	95.7	95.7	95.7
100.8	101.1	100.7	100.8	100.7	100.6	100.6	100.6	100.4	100.5

3-16 续表 4

（上年同期=100）

类 别	Item	全 年 Annual Year	1 月 January	2 月 February
铁路、船舶、航空航天和其他运输设备制造业	**Railroad, Marine, Aerospace and Other Transportation Equipment Manufacture Industry**	**100.5**	**100.6**	**100.7**
铁路运输设备制造	Rail Transportation Equipment Manufacture	103.0	100.7	102.2
船舶及相关装置制造	Ships and Related Equipment Manufacture	99.8	100.6	100.3
电气机械和器材制造业	**Electricity Machine and Its Equipment Manufacture**	**99.7**	**99.8**	**100.2**
电机制造	Electric Engineering Manufacture	100.5	99.9	99.5
输配电及控制设备制造	Electricity Mixed and Control Equipments Manufacture	101.9	103.4	104.5
电线、电缆、光缆及电工器材制造	Wire, Cable, Fiber Optic Cable and the Electric Device Manufacture	97.5	97.8	96.6
电池制造	Battery Manufacture	98.5	94.7	97.8
家用电力器具制造	Electric Power Apparatus Manufacture	100.0	100.2	100.2
非电力家用器具制造	Non-Electrical Household Appliance Manufacturing	100.0	100.1	100.1
照明器具制造	Lighting Manufacturing	100.0	100.0	100.0
其他电气机械及器材制造	Other Electricity Machines and Device Manufacture	103.1	103.3	103.3
计算机、通信和其他电子设备制造业	**Computer, Communication and Other Electron Equipment Manufacture Industry**	**100.7**	**100.5**	**100.8**
通信设备制造	Tele-communication Equipment Manufacture	100.0	100.0	100.0
雷达及配套设备制造	Radar and Its Equipment Manufacture	100.0	100.0	100.0
电子器件制造	Electronic Appliances	99.9	100.0	100.0
电子元件制造	Electronic Components	101.8	101.4	102.1
其他电子设备制造	Other Electronic Equipment	100.0	100.0	100.0
仪器仪表制造业	**Instrument Manufacturing**	**101.0**	**99.3**	**99.8**
通用仪器仪表制造	General Instrument and Meters	100.9	97.6	98.4
专用仪器仪表制造	Special Instrument and Meter	100.2	99.9	99.9
钟表与计时仪器制造	Clock and Timing Instrument	109.6	115.7	116.8
光学仪器及眼镜制造	Optical Instrument and Glasses	100.2	100.1	100.1
其他制造业	**Other Manufacture Industry**	**100.2**	**97.2**	**97.2**
日用杂品制造	Daily Groceries Manufacture	100.2	97.2	97.2
金属制品、机械和设备修理业	**Metal Products, Machinery and Equipment Repair Industry**	**100.0**	**100.0**	**100.0**
金属制品修理	Metal Products Repair	100.0	100.0	100.0
电力、热力生产和供应业	**Electronic, Thermodynamic Product and Supply Industry**	**100.4**	**100.0**	**100.3**
电力生产	Electric Power Production	101.0	99.7	100.9
电力供应	Electric Power Supply	100.1	100.1	100.0
燃气生产和供应业	**Fuel Production and Supply Industry**	**100.3**	**99.9**	**97.9**
水的生产和供应业	**Water Production and Supply Industry**	**109.7**	**115.2**	**115.2**
自来水的生产和供应	Tapping-water Production and Supply	109.8	115.4	115.4
污水处理及其再生利用	Sewage Treatment and Recycled Use	100.0	100.0	100.0

continued

(preceding year=100)

3 月 March	4 月 April	5 月 May	6 月 June	7 月 July	8 月 August	9 月 September	10 月 October	11 月 November	12 月 December
100.4	**100.1**	**100.5**	**100.6**	**100.3**	**101.0**	**100.9**	**100.9**	**100.4**	**99.1**
102.0	100.3	102.3	103.0	101.5	105.1	104.5	104.5	104.9	104.5
100.0	100.0	100.0	100.0	100.0	100.0	100.0	100.0	99.3	97.8
100.3	**99.5**	**99.9**	**99.7**	**100.3**	**100.1**	**100.0**	**99.5**	**98.6**	**98.3**
99.6	99.7	100.7	101.3	100.8	101.6	101.0	100.3	100.6	100.7
104.7	104.7	104.0	102.4	101.8	100.2	99.8	99.5	99.3	99.2
97.0	94.8	96.1	96.7	98.5	100.0	99.9	99.3	97.3	96.4
97.6	97.7	98.5	99.1	100.9	99.9	100.3	99.2	97.9	98.4
100.2	100.2	99.9	99.9	99.9	99.9	100.0	100.0	100.0	100.0
100.1	100.1	100.1	100.1	100.1	100.1	100.0	100.0	100.0	100.0
100.0	100.0	100.0	100.0	100.0	100.0	100.0	100.0	100.0	100.0
103.3	103.2	103.2	103.2	102.9	102.9	102.9	102.9	102.9	102.9
100.6	**100.2**	**99.9**	**100.5**	**101.5**	**100.9**	**100.9**	**101.8**	**100.3**	**100.0**
100.0	100.0	100.0	100.0	100.0	100.0	100.0	100.0	100.0	100.0
100.0	100.0	100.0	100.0	100.0	100.0	100.0	100.0	100.0	100.0
100.0	100.1	100.0	100.1	100.1	100.1	99.7	99.7	99.7	99.7
101.7	100.5	99.8	101.4	104.1	102.4	102.5	104.9	100.9	100.0
100.0	100.0	100.0	100.0	100.0	100.0	100.0	100.0	100.0	100.0
101.1	**101.2**	**101.6**	**101.6**	**101.6**	**101.8**	**101.0**	**100.9**	**101.0**	**101.1**
100.6	100.9	101.8	101.8	101.8	102.1	101.5	101.5	101.6	101.7
99.9	100.1	100.2	100.2	100.3	100.3	100.3	100.3	100.2	100.2
116.8	116.8	111.4	111.4	111.4	111.5	101.7	101.7	101.8	101.8
100.2	100.2	100.4	100.4	100.3	100.2	100.2	99.9	100.1	100.2
99.5	**101.1**	**100.9**	**100.3**	**100.6**	**100.7**	**100.6**	**100.3**	**101.2**	**102.8**
99.5	101.1	100.9	100.3	100.6	100.7	100.6	100.3	101.2	102.8
100.0	**100.0**	**100.0**	**100.0**	**100.0**	**100.0**	**100.0**	**100.0**	**100.0**	**100.0**
100.0	100.0	100.0	100.0	100.0	100.0	100.0	100.0	100.0	100.0
100.4	**100.4**	**100.4**	**100.3**	**100.5**	**100.6**	**100.6**	**100.3**	**100.6**	**100.6**
100.9	100.9	100.9	100.9	100.9	101.0	100.8	101.1	101.9	102.2
100.1	100.2	100.2	99.9	100.4	100.4	100.4	99.8	99.9	99.8
100.3	**100.2**	**102.5**	**101.2**	**101.8**	**102.2**	**101.8**	**100.7**	**99.0**	**96.1**
110.8	**112.2**	**112.2**	**112.2**	**112.3**	**110.6**	**109.2**	**102.8**	**102.7**	**102.7**
111.0	112.4	112.4	112.4	112.5	110.7	109.3	102.9	102.8	102.8
100.0	100.0	100.0	100.0	100.0	100.0	100.0	100.0	100.0	100.0

3-17 分月工业产品出厂价格环比指数（2014年）

（上月=100）

类别	Item	全年 Annual Year	1月 January	2月 February	3月 March
全部工业品	**Total Industrial Products**	**97.6**	**99.6**	**99.6**	**99.6**
# 轻工业	# Light Industry	97.0	98.9	99.5	99.9
以农产品为原料	Using Farm Produces as Raw Materials	96.5	98.8	99.4	99.9
以非农产品为原料	Using Non-farm Produces as Raw Materials	99.5	99.3	100.0	99.9
重工业	Heavy Industry	97.8	99.9	99.6	99.5
采掘	Mining and Quarrying	98.2	100.1	99.9	99.6
原料	Raw Material	98.4	99.8	100.0	99.4
加工	Processing	97.5	99.9	99.3	99.5
# 生产资料	# Means of Production	97.8	99.8	99.5	99.4
采掘	Mining and Quarrying	98.2	100.1	99.9	99.6
原料	Raw Material	98.4	99.8	99.9	99.4
加工	Processing	97.4	99.8	99.3	99.4
生活资料	Life Material	97.2	99.0	99.6	100.0
食品	Food	95.1	98.6	99.2	100.1
衣着	Clothing	101.6	99.6	100.1	100.0
一般日用品	Articles for Daily Use	100.3	99.3	100.7	100.0
耐用消费品	Durable Consumers' Goods	100.1	100.0	100.0	100.0
按工业部门分	**Grouped by Department of Industry**				
冶金工业	Metallurgical Industry	94.7	99.8	99.5	98.4
电力工业	Power Industry	100.6	100.0	100.4	100.0
煤炭及炼焦工业	Coal and Coking Industry	94.2	98.6	99.6	99.1
石油工业	Petroleum Industry	88.3	99.9	98.5	100.0
化学工业	Chemical Industry	96.6	99.7	100.1	99.8
机械工业	Machine Buiding Industry	100.0	100.0	99.8	100.0
建筑材料工业	Buiding Material Industry	100.2	99.7	97.1	99.3
森林工业	Timber Industry	100.1	99.8	100.5	100.0
食品工业	Food Industry	95.2	98.5	99.1	99.9
纺织工业	Textile Industry	96.1	100.0	99.9	100.2
缝纫工业	Tailoring Industry	100.2	99.9	100.0	100.0
皮革工业	Leather Industry	99.6	99.4	99.2	100.1
造纸工业	Paper Industry	103.2	100.1	100.3	100.7
文教艺术用品工业	Cultural, Educational and Handicraft Articles	98.5	98.6	100.1	99.8
其它工业	Other Industry	99.8	100.2	100.2	99.8

Ex-Factory Price Chain Index of Industrial Products by Month（2014）

（preceding month=100）

4 月 April	5 月 May	6 月 June	7 月 July	8 月 August	9 月 September	10 月 October	11 月 November	12 月 December
99.7	**100.1**	**100.0**	**99.9**	**99.9**	**99.6**	**99.6**	**100.2**	**99.8**
100.2	100.2	99.8	99.8	99.5	99.1	99.9	100.1	100.0
100.2	100.2	99.8	99.8	99.5	99.0	99.9	100.1	100.0
100.3	100.2	100.0	100.2	99.8	99.9	100.0	99.9	100.0
99.6	100.0	100.0	99.9	100.0	99.8	99.5	100.3	99.8
99.4	98.6	100.1	100.4	101.0	99.9	99.6	99.8	99.9
99.8	100.2	99.8	99.9	100.3	100.0	99.7	99.8	99.6
99.5	100.0	100.1	99.8	99.7	99.7	99.4	100.6	99.9
99.6	100.0	100.1	99.9	100.0	99.8	99.5	100.2	99.8
99.4	98.6	100.1	100.4	101.0	99.9	99.6	99.8	99.9
99.8	100.2	99.8	99.9	100.3	100.1	99.7	99.8	99.6
99.5	100.0	100.2	99.9	99.8	99.7	99.4	100.5	99.8
100.2	100.2	99.8	99.7	99.5	99.1	100.0	100.2	100.0
100.3	100.3	99.5	99.4	99.1	98.4	99.9	100.3	100.0
100.1	101.0	100.2	100.0	100.0	100.1	99.7	100.3	100.6
100.1	100.0	100.3	100.1	99.9	99.9	100.2	99.9	100.1
100.0	100.0	100.0	100.0	100.0	100.0	100.0	100.0	100.0
99.2	100.2	99.9	99.8	100.1	99.4	98.2	100.3	99.7
100.0	100.0	100.0	100.0	99.9	99.9	100.1	100.2	100.0
100.1	98.6	100.5	99.7	100.4	99.9	100.1	99.8	97.6
98.9	99.9	99.6	100.4	99.0	99.1	98.6	96.7	97.1
99.6	99.8	99.6	99.4	99.7	100.0	100.0	99.4	99.5
100.1	100.0	100.2	100.1	100.2	100.0	99.8	100.1	99.7
98.3	99.9	100.9	100.2	99.3	100.1	101.8	102.8	100.8
100.0	99.9	100.0	99.9	100.1	100.3	99.7	100.2	99.8
100.2	100.2	99.6	99.6	99.2	98.7	99.9	100.1	100.0
99.6	100.0	99.7	99.9	99.9	99.5	98.7	99.0	99.6
100.2	100.1	100.2	99.9	100.0	100.1	99.6	100.1	100.1
100.2	101.4	99.8	100.1	99.4	100.2	99.5	100.0	100.4
100.4	99.5	100.3	100.6	100.4	100.1	100.1	100.2	100.5
100.0	100.0	100.0	99.9	100.0	100.0	100.0	99.9	100.0
100.3	100.4	99.8	100.0	99.7	99.5	100.0	99.9	99.8

3–18　分行业工业产品出厂价格环比指数（2014年）

（上月=100）

类　别	Item	全　年 Annual Year	1 月 January	2 月 February
煤炭开采和洗选业	**Coal Mining and Selecting Industry**	**94.0**	**98.5**	**99.6**
烟煤和无烟煤开采洗选	Bituminous Coal and Anthracite Coal Mining and Washing	93.1	97.9	99.6
褐煤的开采洗选	Washing Lignite Mining	97.2	100.9	99.7
黑色金属矿采选业	**Black Metal Mineral Mining and Selecting Industry**	**96.9**	**99.1**	**100.0**
铁矿采选	The Iron Mineral Mining and Selecting	93.0	100.0	97.4
锰矿、铬矿采选	Manganese Ore, Chrome Ore Mining	98.4	98.7	101.0
有色金属矿采选业	**Colored Metal Mineral Mining and Selecting**	**96.7**	**100.1**	**100.0**
常用有色金属矿采选	The Regular Colored Metal Mineral Mining and Selecting	97.2	100.1	99.9
贵金属矿采选	The Precious Metal Mineral Mining and Selecting	83.9	99.9	101.7
稀有稀土金属矿采选	Rare and Rare Earth Metal Ore Mining	99.6	100.0	100.0
非金属矿采选业	**Non-Metal Mineral Mining and Selecting**	**104.9**	**101.7**	**99.7**
土砂石开采	Soil Gravel Mining	106.4	101.8	99.4
化学矿采选	Chemical Mineral Mining and Selecting	93.6	97.6	100.5
采盐	Salt Mining	100.0	100.0	100.0
石棉及其他非金属矿采选	Asbestos and Other Non-Metal Mineral Mining and Selecting	105.9	103.0	99.9
农副食品加工业	**Farm and Side-Line Food Processed Industry**	**93.3**	**97.9**	**98.8**
谷物磨制	Corn Whetted	104.2	100.0	100.2
饲料加工	Forage Processed	99.7	99.4	99.9
植物油加工	Planting-Oil Processed	87.7	98.0	99.2
制糖业	Sugar Industry	89.0	96.4	97.5
屠宰及肉类加工	Slaughtered Meta and Meat Processes	99.5	97.0	99.3
水产品加工	Fishery Product Processed	101.5	100.3	99.8
蔬菜、水果和坚果加工	Vegetables, Fruits and Nuts Processing	100.0	100.0	100.0
其他农副食品加工	Other Farm and Side-line Food Processed	99.4	99.8	100.2
食品制造业	**Food Manufacture Industry**	**100.9**	**99.6**	**99.6**
焙烤食品制造	Baked Food Manufacturing	103.3	104.7	96.0
糖果、巧克力及蜜饯制造	Candy, Chocolate and Candied Fruit Production	94.1	90.4	100.0
方便食品制造	Convenient Food Manufacturing	100.2	100.0	99.9
乳制品制造	Dairy Products Manufacturing	103.6	100.2	100.3
罐头食品制造	Canned Food Manufacturing	102.6	98.6	99.5
调味品、发酵制品制造	Condiment, Ferment Product Manufacturing	101.1	101.0	100.1
其他食品制造	Other Food Manufacturing	98.5	99.7	99.9
酒、饮料和精制茶制造业	**Wine, Beverage and Refined Tea Manufacture Industry**	**100.9**	**99.9**	**100.1**
酒的制造	Manufacture of Wine	100.5	99.6	99.3
饮料制造	Beverage Manufacturing	101.5	100.1	101.3
精制茶加工	Refined-tea Process	101.3	101.3	100.0

Ex-Factory Price Chain Index of Industrial Products by Industry（2014）

(preceding month=100)

3 月 March	4 月 April	5 月 May	6 月 June	7 月 July	8 月 August	9 月 September	10 月 October	11 月 November	12 月 December
99.0	**100.1**	**98.5**	**100.5**	**99.7**	**100.5**	**99.9**	**100.1**	**99.8**	**97.5**
98.5	100.0	98.5	101.1	99.8	100.6	100.1	100.1	99.8	96.9
100.8	100.6	98.5	98.6	99.5	99.9	99.2	100.0	99.7	100.0
99.0	**100.0**	**99.9**	**99.9**	**99.7**	**99.9**	**100.0**	**99.7**	**99.7**	**99.9**
96.8	100.0	99.8	99.9	99.2	100.0	99.9	100.0	100.0	99.8
99.8	99.9	100.0	99.9	99.9	99.9	100.0	99.6	99.6	100.0
99.6	**98.8**	**97.3**	**100.1**	**101.2**	**102.0**	**99.9**	**99.4**	**99.6**	**98.7**
99.4	98.9	97.3	100.2	101.4	102.1	100.1	99.4	99.7	98.8
102.8	96.1	92.8	99.1	99.8	102.4	95.9	100.0	97.6	95.0
100.0	99.9	100.0	100.0	100.0	100.0	100.0	99.9	100.0	100.0
100.4	**99.8**	**100.1**	**100.1**	**99.6**	**100.1**	**100.0**	**99.7**	**100.3**	**103.3**
100.0	99.4	100.0	100.0	100.0	100.0	100.0	100.0	100.0	105.7
103.3	100.5	100.2	99.8	95.9	100.3	99.9	97.5	100.5	97.7
100.0	100.0	100.0	100.0	100.0	100.0	100.0	100.0	100.0	100.0
100.4	100.3	100.4	100.4	100.1	100.1	100.1	99.9	100.8	100.3
99.8	**100.2**	**100.3**	**99.5**	**99.5**	**99.0**	**98.2**	**99.8**	**100.2**	**100.0**
100.1	100.3	100.9	101.1	100.1	100.0	100.4	100.2	99.6	101.1
99.1	99.7	100.0	100.5	100.7	100.3	100.9	99.9	99.5	99.8
100.5	101.2	98.6	97.5	98.7	96.8	97.8	99.0	101.5	98.4
99.6	100.1	101.1	99.5	99.0	98.5	95.8	100.1	100.2	100.8
102.8	99.4	100.0	99.5	99.1	101.7	100.3	100.5	100.2	99.8
99.6	100.9	101.4	100.1	99.2	100.2	100.1	100.1	100.5	99.5
100.0	100.0	100.0	100.0	100.0	100.0	100.0	100.0	100.0	100.0
99.9	99.8	100.1	100.0	100.0	100.1	99.9	99.8	100.0	99.8
100.6	**100.6**	**100.0**	**100.3**	**100.0**	**100.1**	**100.1**	**100.3**	**99.8**	**100.0**
100.7	100.0	102.0	100.0	100.0	100.0	100.0	100.0	100.0	100.0
104.7	100.0	100.0	99.5	100.0	100.0	100.0	100.0	100.0	100.0
101.0	98.7	99.9	100.5	100.3	99.8	99.9	100.1	99.9	100.2
100.3	100.6	102.3	99.5	100.3	99.6	100.0	100.1	100.1	100.4
100.5	101.5	100.9	101.2	100.1	100.5	99.9	100.8	99.3	99.8
100.0	100.0	100.0	100.0	100.0	100.0	100.0	100.0	100.0	100.0
100.4	101.3	97.6	99.6	99.5	100.0	100.6	100.0	100.2	99.8
99.6	**100.0**	**100.0**	**100.1**	**100.1**	**100.2**	**100.3**	**100.2**	**100.0**	**100.5**
99.2	100.1	99.9	100.0	100.4	100.3	100.5	100.5	100.0	100.7
100.1	99.9	100.0	100.2	99.7	100.0	100.2	99.8	99.9	100.3
100.0	99.6	100.1	100.1	100.1	100.1	100.1	100.0	100.0	99.8

3-18　续表 1

（上月＝100）

类　别	Item	全　年 Annual Year	1 月 January	2 月 February
烟草制品业	**Tobacco Product Industry**	**100.2**	**100.0**	**100.0**
烟叶复烤	Tobacco Leaves Retroacting	123.2	100.0	100.0
卷烟制造	Cigarette Manufacturing	100.0	100.0	100.0
纺织业	**Textile Industry**	**96.9**	**100.0**	**99.9**
棉纺织及印染精加工	Cotton and Textile Printing and Dyeing Finishing	99.4	100.4	99.6
麻纺织及染整精加工	Line Textile and Dyeing and Finishing	119.4	105.3	100.1
丝绢纺织及印染精加工	Silk and Textile Printing and Dyeing Finishing	92.9	99.6	100.0
针织或钩针编织物及其制品制造	Kintted or Crocheted Fabrics and Products Manufacturer	100.7	99.7	100.0
家用纺织制成品制造	Household Textile Products Manufacturing	100.1	100.1	100.0
非家用纺织制成品制造	Non-household Textil Products Manufacturing	101.1	100.0	100.0
纺织服装、服饰业	**Textile and Clothing, Apparel Industry**	**99.9**	**100.1**	**100.0**
机织服装制造	Woven Garment Manufacturing	99.9	100.1	100.0
皮革、毛皮、羽毛及其制品和制鞋业	**Leather, Fur, Feathers and Its Products and Footwear**	**98.1**	**99.8**	**99.7**
皮革鞣制加工	Leather Processing	93.8	99.9	98.0
皮革制品制造	Leather Product Processing	104.2	98.9	100.2
羽毛（绒）加工及制品制造	Feather Processing and Its Products Manufacturing	94.7	100.9	100.9
木材加工和木、竹、藤、棕、草制品业	**Bamboo, Ratten, Palm and Grass Product Manufacture Industry**	**99.9**	**99.8**	**100.5**
木材加工	Wood Processing	100.0	100.0	100.0
人造板制造	Artificial Plank Manufacturing	97.8	99.6	99.5
木制品制造	Timber Product Manufacturing	100.0	100.0	100.0
竹、藤、棕、草制品制造	Bamboo, Ratten, Palm and Grass Product Manufacturing	110.5	100.0	106.8
家具制造业	**Furniture Manufacture Industry**	**102.6**	**100.7**	**100.0**
木质家具制造	Timber Furniture Manufacture	102.6	100.7	100.0
其他家具制造	Other Furniture Manufacturing	98.6	102.0	98.8
造纸和纸制品业	**Paper Making and Paper Products Industry**	**103.2**	**100.1**	**100.3**
纸浆制造	Paper Pulp Manufacturing	107.0	101.1	101.4
造纸	Paper Making	103.6	99.9	100.1
纸制品制造	Paper Products Manufacturing	100.1	99.9	100.0
印刷和记录媒介复制业	**Printing and Record Medium Reproduction Industry**	**98.5**	**98.4**	**100.1**
印刷	Painting	98.4	98.4	100.1
装订及印刷相关服务	Bookbinding and Printing Related Services	100.0	100.0	100.0
文教、工美、体育和娱乐用品制造业	**Cultural, Educational, Industrial america, Sports and Entertainment Goods Industry**	**99.3**	**99.3**	**100.3**
文教办公用品制造	Culture and Education Office Supplies Manufacturing	94.8	100.0	99.9
工艺美术品制造	Arts and Crafts Manufacturing	99.7	99.0	100.4
体育用品制造	Sporting Goods Manufacturing	100.0	100.0	100.0

continued

(preceding month=100)

3 月 March	4 月 April	5 月 May	6 月 June	7 月 July	8 月 August	9 月 September	10 月 October	11 月 November	12 月 December
100.0	**100.0**	**100.0**	**100.0**	**100.0**	**100.0**	**100.0**	**100.2**	**100.0**	**100.0**
100.0	100.0	100.0	100.0	100.0	100.0	100.0	123.2	100.0	100.0
100.0	100.0	100.0	100.0	100.0	100.0	100.0	100.0	100.0	100.0
100.1	**99.7**	**100.0**	**99.9**	**99.9**	**99.9**	**99.6**	**98.9**	**99.2**	**99.7**
100.5	99.5	99.7	99.8	100.3	100.0	99.9	100.1	99.8	99.8
101.1	99.6	107.3	102.1	102.1	100.9	100.6	100.2	100.5	98.4
100.0	99.6	99.7	99.5	99.6	99.8	99.2	97.7	98.4	99.5
100.0	100.0	100.0	100.6	100.0	100.0	100.0	100.0	100.1	100.2
100.0	100.0	100.0	100.0	100.0	100.0	100.0	100.0	100.0	100.0
100.0	100.0	101.1	100.0	100.0	100.0	100.0	100.0	100.0	100.0
100.0	**100.3**	**100.2**	**100.0**	**99.9**	**100.0**	**100.2**	**99.3**	**100.0**	**100.0**
100.0	100.3	100.2	100.0	99.9	100.0	100.2	99.3	100.0	100.0
100.0	**100.2**	**101.3**	**99.5**	**99.8**	**99.3**	**99.7**	**99.2**	**100.1**	**99.4**
100.2	100.5	100.0	99.4	100.2	98.5	100.2	98.9	98.9	99.0
100.0	100.0	102.6	100.1	100.0	100.0	100.2	100.0	100.8	101.5
99.8	100.0	100.9	99.0	99.2	99.3	98.8	98.6	100.3	97.1
100.0	**100.0**	**99.8**	**99.9**	**99.9**	**100.1**	**100.3**	**99.7**	**100.2**	**99.8**
100.0	100.0	100.0	100.0	100.0	100.0	100.0	100.0	100.0	100.0
100.0	99.9	99.6	99.2	99.8	100.1	100.6	99.3	100.3	99.7
100.0	100.0	100.0	100.0	100.0	100.0	100.0	100.0	100.0	100.0
100.1	100.1	100.0	102.9	100.0	100.0	100.0	100.5	100.0	100.0
100.0	**100.0**	**101.1**	**100.7**	**100.0**	**100.0**	**100.0**	**100.0**	**100.0**	**100.0**
100.0	100.0	101.1	100.7	100.0	100.0	100.0	100.0	100.0	100.0
99.8	100.1	100.1	97.8	99.9	100.1	100.0	100.0	100.0	100.0
100.7	**100.4**	**99.5**	**100.3**	**100.6**	**100.4**	**100.1**	**100.1**	**100.2**	**100.5**
102.7	100.7	100.1	100.4	99.7	99.7	101.2	99.4	99.2	101.2
100.6	100.5	99.2	100.4	101.0	100.9	99.8	100.3	100.5	100.4
100.0	100.0	100.0	100.0	100.1	99.9	99.9	100.0	100.2	100.1
99.8	**100.0**	**100.0**	**100.0**	**99.9**	**100.0**	**100.1**	**100.1**	**99.9**	**100.1**
99.8	100.0	100.0	100.0	99.9	100.0	100.1	100.1	99.9	100.1
100.0	100.0	100.0	100.0	100.0	100.0	100.0	100.0	100.0	100.0
99.5	**99.9**	**101.2**	**99.9**	**100.4**	**99.3**	**98.8**	**100.9**	**99.1**	**100.9**
99.4	99.5	99.5	99.5	99.1	99.2	99.7	99.2	99.7	100.0
99.4	99.9	101.7	99.9	100.7	99.2	98.3	101.3	98.8	101.3
100.0	100.0	100.0	100.0	100.0	100.0	100.0	100.0	100.0	100.0

3-18 续表 2

（上月=100）

类 别	Item	全 年 Annual Year	1 月 January	2 月 February
石油加工、炼焦和核燃料加工业	**Petroleum Process, Coking and Nuclear Fuel Processing Industry**	**87.5**	**99.9**	**98.5**
精炼石油产品制造	Refineed Coking Petroleum Manufacturing	87.5	99.9	98.5
化学原料和化学制品制造业	**Chemical Material and Chemical Product Manufacturing**	**94.9**	**99.4**	**100.0**
基础化学原料制造	Basic Chemical Material Manufacturing	96.5	98.5	100.0
肥料制造	Fertilizer Manufacture	92.5	100.6	99.9
农药制造	Insectcide Manufacture	98.7	99.3	100.1
涂料、油墨、颜料及类似产品制造	Coating, Printing Ink, Pigment and The Similar Products Manufacture	94.7	96.8	99.8
合成材料制造	Compounded Material Manufacture	94.4	99.7	99.1
专用化学产品制造	Specialized Chemical Product Manufacture	91.1	99.4	100.1
炸药、火工及焰火产品制造	Explosives, Pyrotechnics and Fireworks Manufacturing	100.2	100.0	100.0
日用化学产品制造	Daily Chemical Product Manufacture	100.0	100.0	100.0
医药制造业	**Medical Manufacture Industry**	**101.8**	**101.0**	**100.9**
化学药品原料药制造	Manufacture of Chemical Raw Material Medicine	100.5	99.0	100.5
化学药品制剂制造	Chemical Medicine Agent Manufacture	102.2	100.1	100.8
中成药制造	Medium Paternt Manufacture	102.3	101.4	101.0
兽用药品制造	Medicine in Herbs Manufacture	100.4	100.1	100.0
生物药品制造	Biopharmaceutical Manufacturing	96.2	100.5	101.4
卫生材料及医药用品制造	Sanitary Materials and Medical Supplies Manufacturing	100.0	100.0	100.0
橡胶和塑料制品业	**Rubber and Plastic Product Industry**	**97.5**	**99.8**	**100.0**
橡胶制品业	Rubber Products Industry	95.4	100.0	99.9
塑料制品业	Plastic Products Industry	98.1	99.8	100.0
非金属矿物制品业	**Non-metal Mineral Product Industry**	**99.6**	**99.5**	**97.1**
水泥、石灰和石膏的制造	Cement, Lime and Gypsum Manufacture	95.9	98.9	94.2
石膏、水泥制品及类似制品制造	Plaster, cement Products and Similar Products Manufacturing	102.8	100.6	100.2
砖瓦、石材等建筑材料制造	Brick, Stone and Other Building Materials Manufacturing	107.9	99.7	99.9
玻璃制造	Glass Manufacture	85.4	100.0	100.0
玻璃制品制造	Glass Products Manufacturing	99.2	99.2	100.0
玻璃纤维和玻璃纤维增强塑料制品制造	Glass Fiber and Glass Fiber Reinforced Plastic Products Manufacturing	100.0	100.0	100.0
陶瓷制品制造	Ceramics Product Manufacture	104.2	100.6	100.0
耐火材料制品制造	Refractory Products Manufacturing	98.4	100.0	100.0
石墨及其他非金属矿物制品制造	Graphite and Other Non-metallic Mineral Products Manufacturing	100.0	100.0	100.0
黑色金属冶炼和压延加工业	**Black Metal Coking and Pressing Process Industry**	**92.1**	**99.8**	**99.1**
炼铁	Lronmaking	98.4	99.9	97.7
炼钢	Steel Making	97.5	100.0	97.5
黑色金属铸造	Black Metal Casting	99.9	101.6	100.5

continued

(preceding month=100)

3 月 March	4 月 April	5 月 May	6 月 June	7 月 July	8 月 August	9 月 September	10 月 October	11 月 November	12 月 December
100.0	**98.8**	**99.9**	**99.5**	**100.4**	**98.9**	**99.0**	**98.4**	**96.5**	**97.0**
100.0	98.8	99.9	99.5	100.4	98.9	99.0	98.4	96.5	97.0
100.0	**99.5**	**99.8**	**99.3**	**99.1**	**99.5**	**99.9**	**100.0**	**99.1**	**99.3**
99.3	99.0	100.1	99.7	98.7	99.5	100.8	100.2	101.1	99.7
100.1	97.8	99.2	99.1	99.3	98.9	99.3	99.9	99.2	98.9
100.0	99.2	99.9	100.3	100.0	100.0	100.0	100.1	99.8	100.0
99.2	100.4	100.9	99.2	99.5	100.5	99.1	100.2	100.2	98.8
99.3	100.7	100.5	100.2	100.6	99.7	98.7	98.4	99.7	97.9
100.6	100.4	99.7	98.4	98.4	99.3	99.9	99.7	96.3	98.6
100.0	100.0	100.3	100.0	99.8	100.0	100.0	100.0	100.0	100.1
100.0	100.0	100.0	100.0	100.0	100.0	100.0	100.0	100.0	100.0
100.0	**99.9**	**100.1**	**99.9**	**99.9**	**100.0**	**100.0**	**99.9**	**100.0**	**100.0**
100.8	99.6	100.3	100.2	101.6	99.4	98.9	100.2	99.6	100.5
100.8	100.3	100.2	100.0	99.7	100.1	100.0	99.8	100.4	100.0
99.8	99.8	100.1	100.0	99.9	100.1	100.1	100.0	100.1	100.0
100.6	99.9	100.6	100.0	99.7	99.5	100.1	100.0	100.0	100.0
100.9	100.7	100.7	98.7	99.8	98.3	98.7	97.5	98.7	100.1
100.0	100.0	100.0	100.0	100.0	100.0	100.0	100.0	100.0	100.0
99.5	**99.9**	**99.7**	**100.2**	**100.1**	**99.9**	**100.1**	**99.7**	**99.5**	**99.2**
97.6	100.1	98.8	99.9	99.3	100.1	100.0	99.8	100.0	99.8
100.0	99.9	99.9	100.2	100.4	99.8	100.1	99.6	99.3	99.0
99.3	**98.3**	**99.8**	**101.0**	**100.3**	**99.3**	**100.1**	**101.9**	**102.9**	**100.4**
98.9	96.8	99.8	101.5	99.5	97.7	99.7	103.6	105.1	100.7
100.3	99.2	99.1	99.9	101.7	100.6	100.1	99.5	101.2	100.2
98.9	100.2	99.9	101.7	101.2	101.8	100.9	101.6	101.6	100.1
96.3	96.1	99.5	93.1	99.0	99.0	105.1	98.5	96.5	101.6
100.5	99.5	99.9	100.1	100.0	100.6	99.4	100.0	100.0	100.0
100.0	100.0	100.0	100.0	100.0	100.0	100.0	100.0	100.0	100.0
100.1	100.7	100.8	100.7	100.8	100.1	100.1	100.1	100.1	100.0
100.0	99.0	100.0	100.0	99.4	100.0	100.0	100.0	100.0	100.0
100.0	100.0	100.0	100.0	100.0	100.0	100.0	100.0	100.0	100.0
98.5	**99.3**	**100.7**	**99.8**	**98.9**	**99.1**	**98.6**	**97.5**	**100.5**	**100.1**
100.6	100.2	100.0	100.0	100.0	100.0	100.0	100.0	100.0	100.0
100.0	102.6	105.0	100.0	95.2	100.0	97.5	100.0	100.0	100.0
98.5	99.9	99.7	100.0	99.8	100.0	100.0	99.9	100.1	100.0

3-18 续表 3

（上月=100）

类别	Item	全年 Annual Year	1月 January	2月 February
钢压延加工	Pressed Steel Processing	89.4	99.7	99.0
铁合金冶炼	Iron-alloy Smeltering	95.1	99.6	99.7
有色金属冶炼和压延加工业	**Coloured Metal Coking and Pressint Process Industry**	**99.4**	**100.1**	**100.0**
常用有色金属冶炼	General Non-ferrous Metal Coking	99.7	100.0	100.1
贵金属冶炼	Precious Metal Smeltering	96.6	102.7	100.1
有色金属合金制造	Non-ferrous Metal Alloy Manufacture	96.1	98.8	98.1
有色金属铸造	Non-ferrous Metal Foundry	100.0	100.0	100.0
有色金属压延加工	Non-ferrous Metal Rolling Processing	98.3	100.5	99.9
金属制品业	**Metal Product Industry**	**97.4**	**98.2**	**99.9**
结构性金属制品制造	Structural Metal Product	99.3	99.9	99.9
金属工具制造	Metal Tools Manufacture	100.0	100.0	100.0
集装箱及金属包装容器制造	Container and Metal Packing Container Manufacture	100.0	100.0	100.0
金属丝绳及其制品制造	Metal Silk Rope and Its Product Manufacture	93.9	100.0	100.0
建筑、安全用金属制品制造	Building, Metal Productin Safety Producing Manufacture	102.3	102.5	99.8
金属制日用品制造	Metal Commodity Manufacturing	91.0	92.2	100.0
其他金属制品制造	Other Metal Product Manufacture	98.6	100.0	100.0
通用设备制造业	**General Equipment Manufacture**	**100.7**	**99.2**	**100.4**
锅炉及原动设备制造	Boiler and Original Equipment Manufacturing	98.9	98.9	99.6
金属加工机械制造	Metal Process and Machinery Manufacture	104.3	99.8	100.1
物料搬运设备制造	Material Handling Equipment Manufacturing	100.3	100.1	99.9
泵、阀门、压缩机及类似机械制造	Pump, Valve, Compressor and Its Similar Mechanical Manufacture	103.9	99.9	103.9
轴承、齿轮和传动部件制造	Bearings, Gears and Transmission Components Manufacturing	100.7	100.7	100.0
烘炉、风机、衡器、包装等设备制造	Ovens, Fans, Weighing, Packaging Equipment Manufacturing	95.0	94.6	100.0
通用零部件制造	Universal Parts Manufacturing	100.4	100.0	100.0
专用设备制造业	**General Equipment Manufacture**	**100.5**	**99.9**	**99.4**
采矿、冶金、建筑专用设备制造	Mining, Metallurgy, Building Special Equipment Manufacture	100.5	99.7	99.2
化工、木材、非金属加工专用设备制造	Chemical Engineering, Timber, Non-Metal Processed Special Equipments Manufacture	100.0	100.0	100.0
食品、饮料、烟草及饲料生产专用设备制造	The Food, Beverage, Tobacco and Foddar Production Special Equipments Manufacture	100.5	100.5	100.0
农、林、牧、渔专用机械制造	Agriculture, Forestry Animal Husbandry and Fishery Specific Machinery Manufacture	99.7	100.1	100.0
医疗仪器设备及器械制造	Medical Equipment and Device Manufacturers	103.5	103.5	100.0
环保、社会公共服务及其他专用设备制造	Environment Protection, Social and Public Services and Other Specific Equipment Manufacturer	101.2	100.3	100.0
汽车制造业	**Vehicle Manufacturing**	**100.2**	**100.0**	**99.7**
汽车整车制造	Automobile Manufacturing	100.3	99.8	99.7
改装汽车制造	Modified Car Manufacturing	95.7	100.3	100.0
汽车零部件及配件制造	Auto Parts and Accessories Manufacturing	100.5	100.4	99.7

continued

(preceding month=100)

3月 March	4月 April	5月 May	6月 June	7月 July	8月 August	9月 September	10月 October	11月 November	12月 December
98.2	99.1	100.4	99.7	98.8	98.7	98.0	96.0	101.0	100.3
98.6	98.5	100.0	99.9	100.1	99.5	100.0	99.6	99.7	99.7
97.4	**99.0**	**100.1**	**100.2**	**101.3**	**101.8**	**100.9**	**99.0**	**100.3**	**99.3**
97.2	98.9	100.3	100.2	101.4	102.2	100.9	99.0	100.5	99.3
102.6	100.3	100.1	99.9	103.5	102.3	98.2	96.6	92.1	98.7
98.6	100.7	99.2	102.2	98.2	100.7	96.1	102.0	100.8	100.9
100.0	100.0	100.0	100.0	100.0	100.0	100.0	100.0	100.0	100.0
97.9	99.1	98.8	100.5	101.1	100.2	101.6	99.5	100.2	99.1
100.1	**100.0**	**100.0**	**99.8**	**99.5**	**100.2**	**99.9**	**99.8**	**100.0**	**99.9**
100.7	99.5	99.9	100.2	100.1	100.2	99.5	100.0	100.1	99.5
100.0	100.0	100.0	100.0	100.0	100.0	100.0	100.0	100.0	100.0
100.0	100.0	100.0	100.0	100.0	100.0	100.0	100.0	100.0	100.0
93.9	96.8	100.0	98.7	90.5	111.9	102.0	94.8	100.0	106.9
100.1	102.3	100.3	97.4	100.3	99.9	100.3	100.2	99.6	99.6
100.0	100.0	100.0	100.0	98.7	100.0	100.0	100.0	100.0	100.0
100.0	100.5	100.0	100.0	99.7	99.7	99.7	99.4	99.7	100.0
99.8	**100.1**	**100.7**	**99.7**	**100.2**	**100.1**	**100.0**	**99.9**	**100.7**	**100.0**
100.3	99.9	100.2	100.3	100.1	99.9	100.1	99.5	100.2	99.6
98.5	100.3	102.4	99.1	100.8	100.6	99.6	100.1	103.2	100.0
100.0	100.4	100.0	100.0	100.0	100.0	100.0	100.0	100.0	100.0
100.0	100.0	101.2	98.9	100.0	100.0	100.0	100.0	100.0	100.0
100.0	99.9	100.1	99.9	100.1	100.0	100.0	100.0	100.0	100.0
100.0	99.9	100.2	100.0	100.2	100.0	100.1	99.8	100.2	100.1
100.0	100.0	100.0	100.0	100.0	100.0	100.0	100.0	100.0	100.4
100.1	**100.4**	**99.4**	**101.1**	**100.6**	**100.0**	**99.3**	**100.2**	**101.0**	**99.1**
100.2	100.6	99.1	101.5	100.9	100.0	99.0	100.2	101.4	98.8
100.0	100.0	100.0	100.0	100.0	100.0	100.0	100.0	100.0	100.0
100.0	100.0	100.0	100.0	100.0	100.0	100.0	100.0	100.0	100.0
99.6	100.0	99.9	100.2	100.0	100.0	100.3	100.0	99.7	100.0
100.0	100.0	100.0	100.0	100.0	100.0	100.0	100.0	100.0	100.0
100.3	100.3	100.2	100.0	100.0	100.0	100.0	100.0	100.0	100.0
100.1	**100.1**	**100.1**	**100.0**	**99.9**	**100.3**	**100.2**	**99.8**	**100.0**	**99.9**
100.3	100.1	100.3	100.0	99.8	100.4	100.3	99.8	100.0	99.8
100.0	100.0	100.0	99.3	100.0	100.0	98.1	98.0	100.0	100.0
99.8	100.2	99.8	100.1	100.2	100.0	100.0	100.1	100.0	100.2

3-18 续表 4

（上月=100）

类　别	Item	全　年 Annual Year	1 月 January	2 月 February
铁路、船舶、航空航天和其他运输设备制造业	**Railroad, Marine, Aerospace and Other Transportation Equipment Manufacture Industry**	**99.1**	**100.0**	**100.4**
铁路运输设备制造	Rail Transportation Equipment Manufacture	104.5	100.1	101.8
船舶及相关装置制造	Ships and Related Equipment Manufacture	97.8	100.0	100.0
电气机械和器材制造业	**Electricity Machine and Its Equipment Manufacture**	**98.3**	**100.1**	**100.0**
电机制造	Electric Engineering Manufacture	100.7	100.0	99.7
输配电及控制设备制造	Electricity Mixed and Control Equipments Manufacture	99.2	99.4	100.8
电线、电缆、光缆及电工器材制造	Wire, Cable, Fiber Optic Cable and the Electric Device Manufacture	96.4	100.9	99.3
电池制造	Battery Manufacture	98.4	100.1	100.0
家用电力器具制造	Electric Power Apparatus Manufacture	100.0	100.0	100.0
非电力家用器具制造	Non-Electrical Household Appliance Manufacturing	100.0	100.0	100.0
照明器具制造	Lighting Manufacturing	100.0	100.0	100.0
其他电气机械及器材制造	Other Electricity Machines and Device Manufacture	102.9	100.0	100.0
计算机、通信和其他电子设备制造业	**Computer, Communication and Other Electron Equipment Manufacture Industry**	**100.0**	**99.7**	**100.1**
通信设备制造	Tele-communication Equipment Manufacture	100.0	100.0	100.0
雷达及配套设备制造	Radar and Its Equipment Manufacture	100.0	100.0	100.0
电子器件制造	Electronic Appliances	99.7	100.0	100.0
电子元件制造	Electronic Components	100.0	99.2	100.2
其他电子设备制造	Other Electronic Equipment	100.0	100.0	100.0
仪器仪表制造业	**Instrument Manufacturing**	**101.1**	**100.1**	**100.6**
通用仪器仪表制造	General Instrument and Meters	101.7	100.2	101.0
专用仪器仪表制造	Special Instrument and Meter	100.2	100.1	100.0
钟表与计时仪器制造	Clock and Timing Instrument	101.8	100.9	100.9
光学仪器及眼镜制造	Optical Instrument and Glasses	100.2	100.0	100.1
其他制造业	**Other Manufacture Industry**	**102.8**	**100.4**	**100.0**
日用杂品制造	Daily Groceries Manufacture	102.8	100.4	100.0
金属制品、机械和设备修理业	**Metal Products, Machinery and Equipment Repair Industry**	**100.0**	**100.0**	**100.0**
金属制品修理	Metal Products Repair	100.0	100.0	100.0
电力、热力生产和供应业	**Electronic, Thermodynamic Product and Supply Industry**	**100.6**	**100.0**	**100.4**
电力生产	Electric Power Production	102.2	100.6	101.3
电力供应	Electric Power Supply	99.8	99.7	100.0
燃气生产和供应业	**Fuel Production and Supply Industry**	**96.1**	**100.0**	**98.5**
水的生产和供应业	**Water Production and Supply Industry**	**102.7**	**101.0**	**100.0**
自来水的生产和供应	Tapping-water Production and Supply	102.8	101.0	100.0
污水处理及其再生利用	Sewage Treatment and Recycled Use	100.0	100.0	100.0

continued

(preceding month=100)

3 月 March	4 月 April	5 月 May	6 月 June	7 月 July	8 月 August	9 月 September	10 月 October	11 月 November	12 月 December
100.0	**99.8**	**100.0**	**100.0**	**100.0**	**100.8**	**99.9**	**100.0**	**99.5**	**98.7**
100.0	99.2	100.0	100.0	99.9	104.0	99.4	100.0	100.5	99.4
100.0	100.0	100.0	100.0	100.0	100.0	100.0	100.0	99.3	98.5
99.9	**99.4**	**100.1**	**100.1**	**100.0**	**99.9**	**100.0**	**99.3**	**99.5**	**99.8**
100.1	100.2	100.7	100.6	100.0	99.9	99.8	99.3	100.3	100.2
100.9	100.4	99.5	100.1	99.3	99.5	99.5	99.1	100.7	100.2
98.8	98.0	100.6	99.9	100.4	100.7	100.5	99.5	98.4	99.3
100.0	100.0	100.6	100.6	100.8	98.5	100.2	98.8	98.9	99.8
100.0	100.0	100.0	100.0	100.0	100.0	100.0	100.0	100.0	100.0
100.0	100.0	100.0	100.0	100.0	100.0	100.0	100.0	100.0	100.0
100.0	100.0	100.0	100.0	100.0	100.0	100.0	100.0	100.0	100.0
100.0	100.0	100.0	100.0	102.9	100.0	100.0	100.0	100.0	100.0
99.9	**100.2**	**99.8**	**100.2**	**100.2**	**99.8**	**100.2**	**100.2**	**100.1**	**99.7**
100.0	100.0	100.0	100.0	100.0	100.0	100.0	100.0	100.0	100.0
100.0	100.0	100.0	100.0	100.0	100.0	100.0	100.0	100.0	100.0
100.0	100.1	100.0	100.1	100.0	100.0	99.6	100.0	100.0	100.0
99.9	100.4	99.4	100.5	100.4	99.4	100.6	100.6	100.3	99.1
100.0	100.0	100.0	100.0	100.0	100.0	100.0	100.0	100.0	100.0
100.0	**100.2**	**100.1**	**100.0**	**100.0**	**100.0**	**100.0**	**100.0**	**100.0**	**100.0**
100.0	100.3	100.2	100.0	100.0	100.0	99.9	100.0	100.0	100.0
100.0	100.2	100.0	100.0	100.0	100.0	100.0	100.0	99.9	100.0
100.1	99.9	100.0	100.0	100.0	100.0	100.0	100.0	100.0	100.0
100.0	99.9	100.0	100.1	100.0	99.9	100.0	99.8	100.1	100.2
100.2	**101.6**	**99.6**	**99.5**	**100.0**	**100.0**	**99.9**	**99.8**	**101.1**	**100.6**
100.2	101.6	99.6	99.5	100.0	100.0	99.9	99.8	101.1	100.6
100.0	**100.0**	**100.0**	**100.0**	**100.0**	**100.0**	**100.0**	**100.0**	**100.0**	**100.0**
100.0	100.0	100.0	100.0	100.0	100.0	100.0	100.0	100.0	100.0
100.0	**100.0**	**100.0**	**100.0**	**100.0**	**99.9**	**99.9**	**100.1**	**100.2**	**100.0**
100.0	100.0	100.0	100.1	99.9	100.1	99.8	99.8	100.5	100.1
99.9	100.0	100.0	99.9	100.0	99.9	100.0	100.3	100.1	100.0
100.3	**99.9**	**100.0**	**99.8**	**100.1**	**100.1**	**99.8**	**100.2**	**99.2**	**98.1**
100.0	**101.3**	**100.0**	**100.0**	**100.3**	**100.0**	**100.1**	**100.0**	**100.0**	**100.0**
100.0	101.4	100.0	100.0	100.3	100.0	100.1	100.0	100.0	100.0
100.0	100.0	100.0	100.0	100.0	100.0	100.0	100.0	100.0	100.0

3-19 主要工业产品出厂价格（2014年）

Ex-Factory Price of Major Industrial Products（2014）

类 别	Item	计量单位	Measurement Unit	年末价格（元）Price at Year End（yuan）
一号无烟煤	A Number of Anthracite	吨	ton	350.0
焦煤	Coking Coal	吨	ton	450.0
长焰煤	Long Flame Coal	吨	ton	298.0
贫煤	Lean Coal	吨	ton	325.0
褐煤洗块煤	Lignite Washing Lump Coal	吨	ton	206.9
炼铁块矿（含铁≥45%）	Lronmaking Lump Ore	吨	ton	310.0
铁精矿	Iron Ore Concentrate	吨	ton	281.3
锰矿石原矿	Manganese Ore Raw Ore	吨	ton	6918.8
锰块矿	Manganese Ore Lump	吨	ton	470.0
锰粉矿	Manganese Mine Powder	吨	ton	756.8
烧结锰矿	Sintered Manganese	吨	ton	1427.0
铜精矿含铜量	Copper Concentrate	吨	ton	33468.3
铅精矿含铅量	Lead Concetrates	吨	ton	10267.6
锌精矿含锌量	Zinc Concentrate	吨	ton	9192.4
锡精矿含锡量	Tin Concentrate	吨	ton	105623.8
铅锑混合精矿含锑量	Antimony Block Mine	吨	ton	16239.0
钛精矿折合量，折氧化钛50%	Titanium Concentrates	吨	ton	1313.3
天然金红石折合量，折氧化钛90%	Natural Rutile	吨	ton	5213.7
金精矿含金量	Gold Concentrates	千克	kg	235.0
铅精矿含金量	Lead Concentrate Gold	千克	kg	187680.0
银精矿含银量	Silver Concentrate	吨	ton	8640.4
铅精矿含银量	Silver Content of Lead Concentrate	吨	ton	2474.0
钨矿折合量，折三氧化钨65%	Tungsten Ore	吨	ton	104758.6
独居石精矿实物量	Monazite Concentrate	吨	ton	25798.5
锆金属折合量	Zirconium Metal	吨	ton	9328.9
冶金用萤石	Metallurgical Fluorite	吨	ton	740.0
化工用萤石	Fluorite for Chemical Engineering	吨	ton	1067.3
高岭土	Kaolin	吨	ton	420.0
其他粘土	Other Clays	吨	ton	2988.0
其他砂石	Other Sand Stone	吨	ton	8860.0
硫铁矿石	Pyrite Stone	吨	ton	196.0
重晶石	Barite Ore	吨	ton	416.4
海盐食用盐	Sea Salt Edible Salt	吨	ton	433.8
原状滑石	The Status Quo Talc	吨	ton	1002.2
造纸用滑石粉	Paper with Talcum Powder	吨	ton	1155.0
化学用滑石粉	Chemical Use Talcum Powder	吨	ton	1931.9
高筋小麦粉	High-gluten Wheat Flour	吨	ton	3055.0
低筋小麦粉	Low-gluten Wheat Flour	吨	ton	2796.0
面包用小麦粉	Bread Wheat Flour	吨	ton	3367.0
糕点用小麦粉	Cakes with Wheat Flour	吨	ton	3190.0
籼米精米	Indica Rice Fine Rice	吨	ton	5410.7

3-19 续表 1 continued

类 别	Item	计量单位	Measurement Unit	年末价格（元）Price at Year End（yuan）
其他大米	Other Rice	吨	ton	4900.0
燕麦片	Oatmeal	吨	ton	2120.6
猪配合饲料	Pig Feed	吨	ton	3273.9
蛋禽配合饲料	Egg and Poultry with the Feed	吨	ton	2912.2
肉禽配合饲料	Meat and Poultry with the Feed	吨	ton	2846.1
水产配合饲料	Aquatic Feed	吨	ton	5096.4
其他配合饲料	Other Feed	吨	ton	3450.0
猪浓缩饲料	Pig Feed Concentrates	吨	ton	5898.2
蛋禽浓缩饲料	Egg and Poultry Concentrated Feed	吨	ton	5150.0
肉禽浓缩饲料	Meat and Poultry Concentrate Feed	吨	ton	4903.2
猪预混合饲料	Pig Pre-mixed Feed	吨	ton	7942.5
其他未列明饲料	Other Not Listed Feed	吨	ton	2028.0
大豆毛油	Soybean Crude Oil	吨	ton	4690.3
大豆精制油	Soybean Refined Oil	吨	ton	5282.3
花生精制油	Peanut Refined Oil	吨	ton	16995.4
菜籽精制油	Rapeseed Refined Oil	吨	ton	5110.0
棕榈油	Palm Oil	吨	ton	5250.0
茶油	Tea Oil	吨	ton	51499.1
其他精制食用植物油	Other Refined Edible Vegetable Oils	吨	ton	9302.3
桐油	Tung Oil	吨	ton	12634.2
豆粕	Soybean Meal	吨	ton	3144.3
白砂糖	White Sugar	吨	ton	3794.3
赤砂糖	Brown Sugar	吨	ton	3618.3
鲜、冷藏猪肉	Fresh, Chilled Pork	吨	ton	19494.7
鲜、冷藏鸭肉	Fresh, Chilled Duck	吨	ton	9.6
冻猪肉	Frozen Pork	吨	ton	32863.2
其他冻肉	Other Frozen Meat	吨	ton	16000.0
其他可食用动物杂碎	Other Edible Animal Offal	吨	ton	239837.4
禽畜屠宰加工服务费	Livestock Slaughter and Processing Service Fees	吨/日	ton/day	32.5
其他动物肠衣	Other Casings of Animals	米	m	0.4
猪肉高温蒸煮香肠制品	High-temperature Cooking Pork Sausage Products	吨	ton	37000.0
酱卤烧烤猪肉制品	Sauce Halogen Barbecue Pork Products	吨	ton	46364.1
酱卤烧烤牛肉制品	Sauce Halogen Barbecue Beef Products	吨	ton	120000.0
酱卤烧烤鸭肉制品	Suauce Roast Duck Products	吨	ton	777.1
腌腊猪肉制品	Cured Pork Products	吨	ton	54000.0
腌腊鸭肉制品	Pickled Duck Products	吨	ton	21.0
其他腌腊肉制品	Other Meat Products	千克	kg	28.9
冷冻鲳鱼	Frozen Pomfret	吨	ton	27654.5
其他冷冻鱼	Other Frozen Fish	吨	ton	6605.2
冷冻养殖对虾	Frozen Shrimp Culture	吨	ton	82420.0
冷冻虾仁	Frozen Shrimp	吨	ton	67398.0

3-19 续表 2 continued

类 别	Item	计量单位	Measurement Unit	年末价格（元）Price at Year End（yuan）
冻罗非鱼片	Frozen Tilapia Fillets	吨	ton	27113.2
其他未列明冷冻水产品	Other non Listed Frozen Aquatic Products	吨	ton	28000.0
鱼肉酱	Fish Meat	吨	ton	12441.1
饲料用鱼粉	Feed With Fish Meal	吨	ton	8441.0
鱼肝油	Cod Liver Oil	千克	kg	4541.3
珍珠粉	Pearl Powder	千克	kg	335.7
其他腌渍菜	Other Pickled Vegetables	吨	ton	11926.0
其他水果、坚果加工品	Other Fruits and Nuts Processed	吨	ton	10340.0
冷冻甜玉米粒	Frozen Sweet Corn Kernels	吨	ton	5829.0
木薯淀粉	Cassava Starch	吨	ton	3535.2
其他淀粉	Other Starch	吨	ton	3120.0
改性淀粉	Modified Starch	吨	ton	4257.0
油炸、卤制豆腐制品	Fried, Stewed Tofu Products	吨	ton	23504.0
豆腐乳	Fermented Bean Curd	吨	ton	11528.9
其他豆制品	Other Soy Products	吨	ton	30759.4
收费的农副食品加工服务	The Agro-food Processing Service Fee	吨/日	ton/day	37.2
其他农副食品	Other Agro-food	吨	ton	13982.1
西式蛋糕	Western-style Cake	吨	ton	42958.3
西式包馅点心	Western Package Filling Snack	吨	ton	27730.8
熟粉糕点	Cooked Flour Pastry	吨	ton	18233.0
软式面包	Soft Bread	吨	ton	19683.3
调理面包	Conditioning of Bread	吨	ton	12820.5
酥性饼干	Crisp Biscuit	吨	ton	5880.0
曲奇饼干	Cookies	吨	ton	12760.0
谷物类膨化食品	Cereal Puffed Food	吨	ton	47.9
果脯类蜜饯	Preserved Class Preserves	吨	ton	20428.2
小麦挂面	Wheat Noodle	吨	ton	6159.9
龙须面	Saute Fine Noodles with Shredded Chicken	吨	ton	4113.0
米粉丝	Rice Noodles	吨	ton	4240.0
速冻饺子	Frozen Dumplings	吨	ton	8520.0
速冻包子	Frozen Buns	吨	ton	13300.0
速冻云吞	Frozen Wonton	吨	ton	14650.0
速冻汤圆	Frozen Glue Pudding	吨	ton	7240.0
速冻玉米	Frozen Corn	吨	ton	2150.0
其他速冻食品	Other Frozen Food	吨	ton	8805.3
馒头	Steamed Bread	百个	100 unit	85.5
肉包	Buns with Meat	百个	100 unit	86.0
方便面	Instant Noodles	吨	ton	8375.0
方便粥	Instant Porridge	吨	ton	4957.3
其他干制方便食品与米面熟制品	Other Instant Food and Rice Cooked Products	吨	ton	8270.0
灭菌乳	Sterilized Milk	吨	ton	7943.8

3-19 续表 3 continued

类 别	Item	计量单位	Measurement Unit	年末价格（元）Price at Year End（yuan）
巴氏杀菌乳	Pasteurized Milk	吨	ton	10254.2
酸牛乳	Sour Milk	吨	ton	10816.3
蔬菜类罐头	Canned Vegetables	吨	ton	6550.9
水果类罐头	Canned Fruit	吨	ton	4922.0
谷物制品类罐头	Cereal Products Canned	吨	ton	8.5
酿造酱油	Brewed Soy Sauce	吨	ton	1606.0
蘑菇酱油	Mushroom Soy Sauce	吨	ton	2197.0
米醋	Vinegar	吨	ton	1923.0
黄酱	Huangjiang	吨	ton	6667.0
其他调味料	Other Seasonings	吨	ton	23650.0
发面酵母	Baker's Yeast	吨	ton	15427.8
食品用发酵有机酸	Food Fermentation Organic Acid	吨	ton	6800.0
食品用酶制剂	Enzyme Preparations Used in Food	吨	ton	54989.9
其他营养、保健食品	Other Nutrition, Health Food	吨	ton	126.7
组合型雪糕	Combination Ice Cream	吨	ton	6810.0
冰棍	Ice Sucker	吨	ton	4181.8
加碘盐	Iodized Salt	吨	ton	2433.0
蛋白质添加剂	Protein Additives	吨	ton	77532.3
食品保鲜剂	Food Antistaling Agent	吨	ton	31911.4
其他饲料添加剂	Other Feed Additives	吨	ton	65812.0
食品用原料粉	Food Raw Material Powder	吨	ton	8800.0
其他食品添加剂	Other Food Additives	吨	ton	1675213.7
其他未列明的食品	Other Not Listed Food	吨	ton	60.7
薯类发酵酒精	Potato Alcohol Fermentation	吨	ton	5012.7
糖蜜发酵酒精	Fermentation of Molasses Alcohol	吨	ton	5173.3
半固态法白酒	Semi-solid Method Liquor	千升	kilolitre	11855.9
液态法白酒	Liquid Method Liquor	千升	kilolitre	16933.0
固液法白酒	Solid-liquid Method Liquor	千升	kilolitre	73774.1
熟啤酒	Cooked Beer	千升	kilolitre	3007.9
生啤酒	Draught Beer	千升	kilolitre	4176.5
鲜啤酒	Fresh Beer	千升	kilolitre	2455.4
配制酒	Compound Wine	吨	ton	54687.0
发酵型果酒	Fermented Wine	吨	ton	14226.0
其他酒精及饮料酒专用原辅料	Other Alcoholic Drinks and Wine For Raw materials	吨	ton	19781.0
果味型碳酸饮料	Fruit-flavored Carbonated Beverage	吨	ton	3078.0
可乐型碳酸饮料	Cola Carbonated Drinks	吨	ton	3426.7
饮用天然水	Natural Drinking Water	吨	ton	451.8
饮用纯净水	Drinking Water	吨	ton	652.4
浓缩果汁（浆）	Concentrated Fruit Juice（Pulp）	吨	ton	13100.0
果汁饮料	Fruit Juice Beverage	吨	ton	7863.4
复合果蔬汁饮料	Composite Fruit and Vegetable Juices	吨	ton	9700.0

3-19 续表 4 continued

类 别	Item	计量单位 Measurement Unit		年末价格（元）Price at Year End（yuan）
果肉饮料	Pulp Beverage	吨	ton	58.8
发酵型果蔬汁饮料	Fermentation Fruit and Vegetable Juice Drinks	吨	ton	27.0
发酵型含乳饮料	Pulp Beverage	吨	ton	3456.1
乳酸菌饮料	Lactic Acid Bacteria Beverage	吨	ton	5040.8
豆奶（乳）	Soy Milk（Milk）	吨	ton	2400.0
豆奶（乳）饮料	Soy Milk（Milk）Beverages	吨	ton	2000.0
核桃露（乳）	Walnut（Milk）	吨	ton	105.0
其他固体饮料	Other Solid Beverage	吨	ton	83.8
茶饮料（茶汤）	Tea Drinks（Tea）	吨	ton	2079.0
复（混）合茶饮料	Compound（mixed）and Tea Beverage	吨	ton	2024.8
植物饮料	Plant Beverage	吨	ton	2.1
精制红茶	Refined Tea	千克	kg	120.0
精制绿茶	Refined Green Tea	千克	kg	63.8
精制花茶	Refined Tea	千克	kg	39.3
其他精制茶	Other Refined Tea	千克	kg	102.2
片烟	Tobacco Sheet	吨	ton	4700.0
烟梗	Tobacco Stem	吨	ton	430.0
一类烟	A Class of Smoke	箱	box	52953.7
二类烟	Two Kinds of Smoke	箱	box	21963.6
三类烟	Three Kinds of Smoke	箱	box	10813.9
四类烟	Four Kinds of Smoke	箱	box	7403.9
五类烟	Five Kinds of Smoke	箱	box	4087.8
普梳纱	Carded Yarn	吨	ton	13706.4
精梳纱	Combed Yarn	吨	ton	36812.4
合成纤维与棉混纺纱	Synthetic Fiber and Cotton Blended Yarn	吨	ton	15042.7
人造纤维与棉混纺纱	Man-made Fiber and Cotton Blended Yarn	吨	ton	11127.7
人造纤维纱	Rayon Yarn	吨	ton	18603.1
其他天然纤维与棉混纺纱	Other Natural Fiber and Cotton Blended Yarn	吨	ton	30889.4
棉线	Cotton	吨	ton	5684.0
棉布	Cotton Cloth	米	m	5.5
其他布	Other Cloth	米	m	2.6
其他棉、化纤印染精加工	Other Cotton, Chemical Fiber Dyeing and Finishing	米	m	3.1
其他麻制品	Other Products Ma	米	ton	1483.4
桑蚕生丝（厂丝）	Silkworm Silk（Silk）	吨	ton	290602.2
其他生丝	Other Raw Silk	吨	ton	139942.8
绢纺丝	Spun Silk	米	m	241880.3
棉制被罩	Cotton Quilt Cover	条	piece	64.8
棉被	Quiilt with Cotton Wadding	条	piece	46.5
棉制面巾	Cotton Washcloth	条	piece	3.3
棉制浴巾	Cotton Bath Towel	条	piece	14.0
蚕丝被	Silk Quilt	条	piece	721.1

3-19 续表 5 continued

类 别	Item	计量单位 Measurement Unit		年末价格（元） Price at Year End（yuan）
丝绸枕套	Silk Pillowcase	条	piece	34.4
其他丝制品	Other Silk Products	条	piece	30.8
黄麻纤维纺制绳、缆	Jute Fiber Spinning Rope, Cable	条	piece	6925.0
其他盥洗用毛巾织物制品	Other Toilet Towel Fabric Products	吨	ton	3.7
棉毛类棉针织内衣	Cotton Cotton Knitted Underwear	件	piece	4.5
单面布类棉针织内衣	Single-sided Cloth of Cotton Knitted Underwear	件	piece	11.0
单面布类棉针织休闲衫	Single-sided Cloth of Cotton Knitted Sweater	件	piece	15.0
合成纤维制经编织物	Synthetic Fiber Warp Knitting Fabric	米	m	47.0
棉制针织手套	Cotton Knitted Gloves	打	dozen	41.1
棉针织睡衣裤	Knitted Cotton Pajamas	套	set	18.5
男式针织裤	Men's Knitted Pants	条	piece	10.0
女式羽绒大衣	Lady Down Coat	件	piece	342.3
男式防寒短上衣	Men's Winter Coat	件	piece	105.5
其他纺织材料防风衣	Other Textile Materials Widproof Clothing	件	piece	101.8
毛制男式上衣	Wool Man's Coat	件	piece	90.0
棉制男式上衣	Cotton Man's Coat	件	piece	40.7
棉制女式上衣	Cotton Women's Coat	件	piece	40.7
其他纺织材料制男女上衣	Other Textile Materials for Men and Women	件	piece	21.5
棉制男衬衫	Cotton Men's Shirts	件	piece	62.0
化纤制男衬衫	Chemical Fiber of Men's Shirt	件	piece	69.2
棉制男裤	Cotton Men's Trousers	条	piece	93.9
合成纤维制男裤	Synthetic Fiber Trousers	条	piece	65.5
其他纺织材料制男女裤	Other Textile Materials for Men and Women	条	piece	59.0
棉制婴儿、儿童服装	Cotton Infants, Children Clothing	套	set	29.2
合成纤维制婴儿、儿童服装	Babies', Children's Clothing	套	set	55.8
毛制婴儿、儿童服装	Wool Babies, Children's Clothing	套	set	38.4
男式运动服	Sportswear	套	set	45.0
男式职业服装、工作服	Men's Professional Clothing, Workwear	套	set	134.5
其他未列明服装	Other NES Clothing	件	piece	64.5
猪重革	Pig Heavy Leather	平方米	sq.m	42.0
猪轻革	Pigs Light Leather	平方米	sq.m	64.8
其他未列明成品革	Other NES Finished Leather	平方米	sq.m	4.8
牛皮面皮鞋	Cowhide Leather Shoes	双	pair	122.0
人造革或合成革制手提包（袋）、背包	Synthetic Leather Handbag, Backpack	个	unit	33.0
纺织材料作面衣箱、提箱	Textile Materials Suitcase, Suitcase	个	unit	56.6
纺织材料作面类似箱、包容器	Textile Surface Suitcase, Suitcase	个	unit	42.5
日常用皮革制手套	Daily Use Leather Gloves	打	dozen	93.1
劳保用皮革制手套	Labor of Leather Gloves	打	dozen	239.8
加工填充用羽毛	Processing Filled with Feathers	千克	kg	4.8
加工填充用羽绒	Filled with Feather Processing	千克	kg	299.5
普通锯材	Common Lumber	立方米	cu.m	1090.0

3-19 续表 6 continued

类　别	Item	计量单位	Measurement Unit	年末价格（元）Price at Year End（yuan）
多层板制胶合板	Multilayer Plywood	立方米	cu.m	1795.0
硬质纤维板	Hardboard	立方米	cu.m	1735.0
中密度纤维板	Medium Density Fiberboard	立方米	cu.m	1281.8
普通刨花板	Ordinary Particleboard	立方米	cu.m	960.7
细木工板	Blockboard	立方米	cu.m	1850.0
指接材	Finger-jointed	立方米	cu.m	2185.5
其他软木制品及木制品	Other Articles of Cork and Wood products	立方米	cu.m	6.7
竹制炊事用具	Bamboo Cooking Utensils	件	piece	80.0
其他竹制品	Other Bamboo Products	件	piece	136.6
木质床	Wooden Bed	套	set	1763.1
木质卧室柜	Wooden Bedroom Cabinet	套	set	2260.0
木质沙发	Wooden Sofa	套	set	834.5
木质桌	Wooden Tables	套	set	751.7
木质柜	Wooden Cabinet	套	set	1750.5
办公室用其他木质家具	Other Wooden Furniture in the Office	套	set	1267.9
红木制客厅、餐厅用家具	Red Wooden Living Room, Dining Furniture	套	set	1080.0
软体沙发	Software Sofa	套	set	3021.0
其他软体坐具	Additional Software Seats	套	set	843.2
化学木浆	Chemical Wood Pulp	吨	ton	3543.9
其他木浆	Other Wood Pulp	吨	ton	3269.5
化学法非木材纤维纸浆	The Chemical non Wood Fiber Pupl	吨	ton	3055.5
其他方法非木材纤维纸浆	Other Methods of Non-wood Fiber Pulp	吨	ton	3547.0
其他纸浆	Other Pulp	吨	ton	3504.0
书写印刷纸	Writing and Printing Paper	吨	ton	6555.9
新闻纸	Newsprint	吨	ton	5950.0
卫生纸原纸	Toilet paper	吨	ton	5444.1
包装纸	Wrapper	吨	ton	4829.8
瓦楞原纸	Corrugating Medium	吨	ton	2058.5
胶印版纸	Offset Printing Paper	吨	ton	4995.1
卫生纸	Toilet Paper	吨	ton	7938.7
纸手帕及面巾纸	Paper Handkerchiefs and Tissues	吨	ton	13727.4
纸餐巾	Paper Napkins	吨	ton	23148.0
卷烟纸	Cigarette Paper	吨	ton	14743.6
其他机制纸及纸板	Other Mechanisms for Paper and Paperboard	吨	ton	10345.8
瓦楞纸及纸板容器	Corrugated Paper and Paperboard Containers	吨	ton	1494.6
纸制存储盒	Paper Storage Boxes	百件	100 piece	468.4
纸制其他包装容器	Other Paper Packaging Container	百个	100 piece	158.0
纸卫生巾	Diaper	包	ream	3.5
其他卫生用纸制品	Other Sanitary Paper Products	令	ream	0.7
图书类单色印刷品	Class Monochrome Print Books	令	ream	71.6
报纸类单色印刷品	Newspapers Class Monochrome Prints	令	ream	16.7

3-19 续表 7 continued

类 别	Item	计量单位 Measurement Unit		年末价格（元） Price at Year End（yuan）
期刊类单色印刷品	Periodicals Monochrome Prints	令	ream	20.0
图书类多色印刷品	Class Multicolor Printed Books	令	ream	119.2
报纸类多色印刷品	Newspapers Class Multicolor Print	令	ream	168.6
期刊类多色印刷品	Periodicals Multicolor Print	令	ream	179.2
包装装潢塑料印刷品	Plastic Packaging and Decorating Printed Matter	吨	ton	179100.0
票证	Tickets	百件	100 piece	649.9
明信片、卡片、日历	Postcards, Cards, Calendars	万件	10 000 piece	2400.0
其他未列明印刷品	Other Printed Matter, Nes	令	ream	4.7
装订图书	Binding Books	令	ream	20.1
装订期刊	Bound Periodicals	令	ream	24.0
印版、滚筒	Printing Plates, Cylinders	令	piece	100.0
黑板	Blackboard	百副	100 set	49572.7
学生用三角尺	Students Triangle Ruler	百副	100 set	363.0
学生用刻度尺（直尺）	Students Graduated Scale（Ruler）	百副	100 set	357.8
篮球架	Basketball Stands	付	unit	6837.6
滑雪手套	Ski Gloves	套	set	450.0
93号车用汽油	Gasoline Car No. 93	吨	ton	6798.2
其他煤油	Other Kerosene	吨	ton	6311.0
0号柴油	No. 0 Diesel Oil	吨	ton	5905.3
齿轮用油	Gear Oil	吨	ton	10266.8
内燃机用油	Internal Combustion Engine Oil	吨	ton	17051.0
液压系统用油	Hydraulic System Oil	吨	ton	9007.9
柴油机润滑油	Diesel Oil	吨	ton	6762.0
汽油机润滑油	Gasoline Engine Oil	吨	ton	6853.0
其他润滑油	Other Lubricanting Oil	吨	ton	6720.0
轻石脑油	Light Naphtha	吨	ton	5080.0
民用石油液化气	Civilian Liquefied Petroleum Gas	吨	ton	5005.1
工业用石油液化气	Liquefied Petroleum Gas for Industrial Use	吨	ton	3685.8
未煅烧石油焦	Not Calcined Petroleum Coke	吨	ton	695.7
其他石蜡	Other Paraffin	吨	ton	4245.0
废物、废料制燃油	Waste, Waste of Fuel	吨	ton	8200.0
硫酸（≥98%）	Sulfuric Acid（≥ 98%）	吨	ton	208.1
盐酸（氯化氢，含量31%）	Hydrochloric Acid（Hydrogen Chloride Content 31%）	吨	ton	202.9
浓硝酸	Concentrated Nitric Acid	吨	ton	1254.0
磷酸（含量85%）	Phosphoric acid（Content 85%）	吨	ton	4120.7
液体烧碱（折100%）	Liquid Caustic Soda（100% Discount）	吨	ton	2409.7
离子膜法烧碱（折100%）	Caustic Soda（100% Discount）	吨	ton	2141.7
重质碳酸钠	Heavy Soda	吨	ton	1291.0
其他非金属卤化物及硫化物	Other Non-metallic Halides and Sulphide	吨	ton	7435.9
硫化钠（硫化碱）	Sodium（Sodium Sulfide）	吨	ton	1785.0
硫化钡	Barium Sulfide	吨	ton	1162.0

3-19 续表 8 continued

类 别	Item	计量单位	Measurement Unit	年末价格（元）Price at Year End（yuan）
硫酸铜（胆矾）	Copper Sulphate（Blue Vitriol）	吨	ton	13418.8
沉淀硫酸钡	Precipitated Barium Sulfate	吨	ton	2200.0
硫酸亚铁	Ferrous Sulfate	吨	ton	439.1
过硫酸钠	Persulfate	吨	ton	5835.0
其他金属硫化物及硫酸盐	Other Sulphides and Sulphates	吨	ton	3846.2
其他磷化物、金属磷酸盐	Other Phosphides, Metal Phosphates	吨	ton	12820.5
氟化铝	Aluminum Fluoride	吨	ton	4102.6
聚氯化铝	Poly Aluminum Chloride	吨	ton	2698.7
商品液氯	Goods Chlorine	吨	ton	1200.4
次氯酸钠	Sodium Hypochlorite	吨	ton	400.7
重质碳酸钙	Heavy Calcium Carbonate	吨	ton	311.5
轻质碳酸钙	Light Calcium Carbonate	吨	ton	650.0
其他碳化物及碳酸盐	Other Carbides and Carbonates	吨	ton	1300.0
氧化钇	Yttria	吨	ton	35000.0
氧化钕	Neodymium Oxide	吨	ton	273000.0
氧化铽	Terbium Oxide	吨	ton	3100000.0
氧化镝	Dysprosium Oxide	吨	ton	1550000.0
双戊烯	Dipentene	吨	ton	8287.3
萘	Naphthalene	吨	ton	1662.4
精甲醇	Refined Methanol	吨	ton	2215.0
乙醇	Ethanol	吨	ton	5171.0
其他无环醇及其衍生物	Other Acyclic Alcohols and Their Derivatives	吨	ton	3853.6
其他环醇	Other Cyclic Alcohols	吨	ton	6721.0
乙酸酯	Acetate	吨	ton	5128.0
葡糖酸及其盐和酯	Gluconic Acid and Its Salts and Esters	吨	ton	2546.0
其他醚	Other Ether	吨	ton	6821.8
甲醛	Formaldehyde	吨	ton	1197.1
氧化锌	Zinc Oxide	吨	ton	12750.0
锰氧化物	Manganese Oxide	吨	ton	7464.0
氧气	Oxygen	立方米	cu.m	487.6
二氧化碳	Carbon Dioxide	吨	ton	367.5
合成氨（无水氨）	Synthetic Ammonia（Anhydrous Ammonia）	吨	ton	2600.0
氨水	Ammonia	吨	ton	2666.7
尿素	Urea	吨	ton	2238.8
肥料用氯化铵	Fertilizers with Ammonium Chloride	吨	ton	1167.0
碳酸氢铵	Ammonium Bicarbonate	吨	ton	656.3
硝酸铵	Ammonium Nitrate	吨	ton	1448.9
过磷酸钙	Superphosphate	吨	ton	481.0
钙镁磷肥	FMP	吨	ton	860.0
磷酸二铵	DAP	吨	ton	2700.0
磷酸一铵	MAP	吨	ton	2175.0

3-19 续表 9 continued

类 别	Item	计量单位	Measurement Unit	年末价格（元）Price at Year End（yuan）
硫酸钾（钾肥）	Potassium Sulfate（Potash）	吨	ton	2907.0
磷酸二氢铵与磷酸氢二铵混合物	ADP and DAP Mixture	吨	ton	1190.0
硝酸磷肥	Nitrophosphate	吨	ton	1245.0
氮磷钾三元复混肥料	NPK Compound Fertilizer	吨	ton	1645.4
其他复混（合）肥料	Other Complex Mixed Fertilizers	吨	ton	2103.8
有机—无机复混肥料	Organic - Inorganic Compound Fertilizer	吨	ton	64000.0
腐植酸复混肥	Humic Acid Compound Fertilizer	吨	ton	1794.9
堆肥	Compost	吨	ton	1393.2
其他肥料制造	Other Fertilizer Manufacturing	吨	ton	1280.0
有机磷杀虫剂原药	Organophosphate Pesticides Original Drug	吨	ton	22106.1
杀螨剂原药	Acaricide Original Drug	吨	ton	3805.0
其他杀虫剂（杀螨剂）原药	Other Pesticides（Acaricides）Original Drug	吨	ton	100000.0
苯类除草剂	Benzene Herbicides	吨	ton	15391.5
有机磷类除草剂原药	Organophosphorus Herbicides Original Drug	吨	ton	6351.0
其他除草剂原药	Other Herbicide	吨	ton	10711.1
生物除草剂制剂	Biological Herbicide Formulations	吨	ton	22040.0
生物杀虫剂制剂	Biological Insecticide Formulation	吨	ton	36502.7
微生物农药	Microbial Pesticides	吨	ton	227.7
通用水性涂料	General Purpose Water-based Paint	吨	ton	854.0
木器非水性涂料	Wood and Non-aqueous Coatings	吨	ton	10346.0
防腐非水性涂料	Non-aqueous Corrosion Coatings	吨	ton	9650.0
通用非水性涂料	General Non-aqueous Coatings	吨	ton	10464.4
墙面涂料	Wall Paint	吨	ton	420.1
防水涂料	Waterproof Coating	吨	ton	8580.0
稀释剂	Thinner	吨	ton	4300.0
钛白粉	Titanium Dioxide	吨	ton	8932.7
锌钡白（立德粉）	Zinc Barium White（Lithopone）	吨	ton	4557.0
氧化铁黑	Black Iron Oxide	吨	ton	3697.0
乙烯聚合物	Polymers of Ethylene	吨	ton	5598.3
石油树脂	Petroleum Resin	吨	ton	18600.0
其他初级形态的塑料及合成树脂	Other Primary Forms of Plastics and Synthetic Resins	吨	ton	7422.2
聚乙烯醇	Polyvinyl Alcohol	吨	ton	11581.2
其他催化剂	Other Catalysts	吨	ton	413076.2
其他橡胶助剂	Other Rubber Chemicals	吨	ton	11709.0
塑料增塑剂	Plasticizer	吨	ton	40040.0
造纸用粘合剂	Paper with Adhesive	吨	ton	6239.0
建筑防水剂	Building Waterproofing Agent	吨	ton	1600.0
其他建工建材用化学助剂	Other Construction Materials Used Chemical Additives	吨	ton	1752.0
脂松节油	Turpentine	吨	ton	11456.3
木松节油	Wood Turpentine	吨	ton	13126.5
松油	Pine Oil	吨	ton	11752.1

3-19 续表 10 continued

类 别	Item	计量单位	Measurement Unit	年末价格（元）Price at Year End（yuan）
松油醇	Terpineol	吨	ton	34077.8
脂松香	Gum Rosin	吨	ton	11626.4
木松香	Wood Rosin	吨	ton	13675.2
氢化松香	Hydrogenated Rosin	吨	ton	20413.2
歧化松香	Rosin	吨	ton	13449.0
聚合松香	Polymerized Rosin	吨	ton	15726.0
酯胶	Ester Gum	吨	ton	13610.7
其他松香类产品	Other Products Rosin	吨	ton	15897.9
栲胶	Tannin	吨	ton	9087.2
铵油类炸药	Explosive Ammonium Oils	吨	ton	5670.0
乳化炸药	Emulsion Explosives	吨	ton	6190.9
电雷管	Electric Detonators	发	piece	1.1
导爆管雷管	Detonator	发	piece	3.3
索类火工品	Flexible Detonating Cord	百米	hm	187.3
烟花	Fireworks	箱	box	288.2
合成粘合剂（胶粘剂）	Synthetic Adhesive（Adhesive）	吨	ton	5466.5
洗衣皂	Laundry Soap	吨	ton	9597.0
香皂	Toilet Soap	吨	ton	14957.0
普通洗衣粉	Regular Detergents	吨	ton	4439.0
餐具、果蔬洗涤剂	Tableware, Fruit and Vegetable Detergent	吨	ton	4786.0
衣用及织物用洗涤剂	Clothing with Detergent and Fabric	吨	ton	3843.0
洗面奶	Cleanser	瓶	bottle	33.9
洗发剂（香波）	Shampoo（Shampoo）	瓶	bottle	6.8
面膜	Mask	瓶	bottle	44.1
护肤膏霜	Skin Care Cream	瓶	bottle	31.7
眼用护肤膏（霜）	Eye Skin Cream（Cream）	支	count	35.4
其他护肤用化妆品	Other Skincare Cosmetics	瓶	bottle	10.0
牙膏（折65克标准支）	Toothpaste（Equivalent to 65g Standard Support）	支	count	1.2
牙粉	Dentifrice	盒	box	15.4
头孢噻肟及其盐	Cefotaxime and Its Salts	千克	kg	555.6
其他抗菌素（抗感染药）	Other Antibiotics（Anti-infectives）	盒	box	871.8
其他消化系统用药	Other Digestive System Drugs	盒	box	25.1
安乃近	Analgin	千克	kg	14.2
其他解热镇痛药	Other Antipyretic Analgesics	盒	box	1.5
其他泌尿系统用药	Other urinary System Drugs	盒	box	5.3
无水葡萄糖	Anhydrous Glucose	盒	box	8.5
其他调解水、电解质、酸碱平衡药	Other Mediation Water, Electrolyte	盒	box	6.0
其他生化药	Other Shenghua Yao	盒	box	5.0
其他消毒防腐及创伤外科用药	Other Trauma Surgery Drug Use	盒	box	3.8
注射用青霉素钠	Injected with Penicillin Sodium	万支	10 000 PCS	2735.0
注射用头孢唑林钠	Injection of Cefazolin Sodium	万支	10 000 PCS	5897.4
注射用头孢噻肟钠	Injection of Cefotaxime Sodium	万支	10 000 PCS	10102.7

3-19 续表 11 continued

类 别	Item	计量单位	Measurement Unit	年末价格（元）Price at Year End（yuan）
注射用头孢哌酮钠—舒巴坦钠	Cefoperazone Sodium - Sulbactam Sodium	万支	10 000 PCS	11111.1
维生素C注射液	Vitamin C Injection	万支	10 000 PCS	1453.0
葡萄糖注射液	Glucose Injection	万支	10 000 PCS	143.7
其他未列明注射液	Other Unspecified Injection	万支	10 000 PCS	1.0
银杏叶片	Ginkgo Biloba	万片	10 000 bottle	1139.2
头孢拉定胶囊	Cefradine Capsules	万粒	10 000 stars	3.7
头孢氨苄胶囊	Cefalexin Capsules	万粒	10 000 stars	1.7
利福平胶囊	Rifampicin Capsules	万粒	10 000 stars	12.7
诺氟沙星胶囊	Norfloxacin Capsules	万粒	10 000 stars	0.5
速效伤风胶囊	Quick Cold Capsules	万粒	10 000 stars	512.4
雷尼替丁胶囊	Ranitidine Hydrochloride Capsules	万粒	10 000 stars	1.3
其他未列明胶囊	Other Not Listed Capsule	盒	box	6.3
其他未列明颗粒剂	Other Not Listed Granules	盒	box	2.3
口服液体制剂	Oral Liquid	支	branch	2.1
外用液体制剂	Liquid Preparation for External Use	支	branch	10.3
滴剂	Drops	支	branch	6.0
其他未列明化学药品制剂	Other Non Listed Chemicals	支	branch	4.4
解表丸丸剂	Jiebiaowan Wanji	盒	box	3.5
清热丸剂	Qingre Wanji	盒	box	4.6
补益丸剂	Buyi Wanji	盒	box	3.4
理气丸剂	Liqi Wanji	盒	box	3.7
理血丸剂	Lixie Wanji	盒	box	6.2
其他中成药丸剂	Other Proprietary Chinese Medicine Pills	盒	box	12.0
解表冲剂	Jiebiao Chongji	盒	box	3.8
和解冲剂	HeJie Chongji	盒	box	4.0
清热冲剂	Qingre Chongji	盒	box	4.2
理血冲剂	Lixue Chongji	盒	box	14.9
止血冲剂	Zhixue Chongji	盒	box	28.1
止咳平喘冲剂	Zhike Pingchuan Chongji	盒	box	2.6
消食冲剂	Xiaosi Chongji	盒	box	3.3
调经、止带冲剂	Tiaojing Zhidai Chongji	盒	box	1.8
其他中成药冲剂	Other Proprietary Chinese Medicine	盒	box	11.8
清热糖浆	Qingre Tangjiang	盒	box	3.2
安神糖浆	Anshen Tangjiang	盒	box	1.6
祛痰糖浆	Qutan Tangjiang	盒	box	2.1
止咳平喘糖浆	Zhike Pingchuan Tangjiang	盒	box	2.3
消食糖浆	Xiaosi Tangjiang	盒	box	9.5
解表片剂	Jiebiao Pianji	盒	box	4.0
清热片剂	Qingre Pianji	盒	box	2.6
安神片剂	Anshen Pianji	盒	box	5.0
理气片剂	Liqi Pianji	盒	box	3.6
理血片剂	Lixue Pianji	盒	box	2.8

3-19 续表 12 continued

类 别	Item	计量单位	Measurement Unit	年末价格（元）Price at Year End（yuan）
祛痰片剂	Qutan Pianji	盒	box	0.9
止咳平喘片剂	Zhike Pingchuan Pianji	盒	box	1.1
调经、止带片剂	Tiaojing Zhidai Pianji	盒	box	3.5
利咽片剂	Liyan Pianji	盒	box	2.8
通鼻片剂	Tongbi Pianji	盒	box	4.2
治痔片剂	Zhizhi Pianji	盒	box	6.3
止酸解痉治胃痛片剂	Zhisuan Jiejing Zhiweitong Pianji	盒	box	1.9
其他中成药片剂	Other Proprietary Chinese Medicines	盒	box	4.7
泻下胶囊	Xiexia Jiaonang	盒	box	1.4
清热胶囊	Qingre Jiaonang	盒	box	5.4
补益胶囊	Buyi Jiaonang	盒	box	16.6
固涩胶囊	Guse Jiaonang	盒	box	5.0
安神胶囊	Anshen Jiaonang	盒	box	3.4
理血胶囊	Lixue Jiaonang	盒	box	8.2
调经、止带胶囊	Tiaojing Zhidai Jiaonang	盒	box	14.4
止酸解痉治胃痛胶囊	Zhisuan Jiejing Zhiweitong Jiaonang	盒	box	7.6
其他中成药胶囊	Other Proprietary Chinese Medicine Capsule	盒	box	10.9
其他中成药针剂	Other Traditional Chinese Medicine Injection	盒	box	12.0
清热注射液	Qingre Zhusheye	百支	100 PCS	400.0
理血注射液	Lixue Zhusheye	百支	100 PCS	744.0
祛暑口服液	Qushu Koufuye	盒	box	2.4
补益口服液	Buyi Koufuye	盒	box	13.1
理血口服液	Lixue Koufuye	盒	box	16.3
祛痰口服液	Qutan Koufuye	盒	box	1.0
止咳平喘口服液	Zhike Pingchuan Koufuye	盒	box	2.8
其他中成药口服液	Other Chinese Medicine Oralliquid	盒	box	31.0
清热散剂	Qingre Sanji	盒	box	5549.0
理血散剂	Lixue Sanji	盒	box	31.4
祛风湿散剂	Qufengshi Sanji	盒	box	2.6
调经、止带散剂	Tiaojing Zhidai Sanji	盒	box	32.0
其他中成药散剂	Other Traditional Chinese Medicine Powder	盒	box	662.1
理血栓剂	Lixue Shuanji	盒	box	22.6
调经、止带栓剂	Tiaojing Zhidai Shuanji	盒	box	8.5
其他中成药栓剂	Other proprietary Chinese medicine suppository	盒	box	16.8
理血药酒	Lixue Yaojiu	瓶	bottle	3.6
其他药酒	Other Yaojiu	瓶	bottle	5.3
祛风湿膏药	Qufengshi Gaoyao	盒	piece	20.3
止咳平喘膏药	Zhike Pingchuan Gaoyao	盒	box	18.0
其他中成药	Other Chinese Medicine	盒	box	32.4
兽用青霉素类药品	Veterinary Penicillin Drugs	盒	box	27.0
兽用中草药	Veterinary Chinese Herbal Medicine	盒	box	1.9
兽用疫苗	Veterinary Vaccines	盒	box	7.3

3-19 续表 13 continued

类 别	Item	计量单位 Measurement Unit		年末价格（元）Price at Year End（yuan）
其他未列明兽用药品	Other Veterinary Drugs NES	瓶	box	24.2
盐酸赖氨酸制剂	Lysine Hydrochloride Preparations	百支	100 PCS	598.0
门冬氨酸制剂	Aspartic Acid Preparations	百支	100 PCS	49914.0
其他氨基酸及蛋白质药制剂	Other Amino Acids and Protein Preparations	百支	100 PCS	199963.0
其他细胞因子制剂	Other Cytokine Preparations	百支	100 PCS	15.4
空心胶囊	Hollow Capsule	百支	100 PCS	350.0
创可贴止血膏布	Chuangketie Zhixue Gaobu	包	bag	6.3
新霉素软膏纱布	Neomycin Ointment Gauze	包	bag	10.7
医用脱脂棉花	Medical Skim Cotton	包	bag	49320.0
皮肤敷料	Skin Dressing	包	bag	1.4
其他未列明卫生材料及医药用品	Other Not Listed Health Materials and medical Supplies	包	bag	37.3
工程机械用橡胶轮胎外胎	Rubber Tire Engineering machinery	条	piece	3060.0
航空器充气橡胶轮胎外胎	Aircraft Pneumatic Rubber Tire Tire	条	piece	4309.0
工程机械用子午线轮胎外胎	Tire Radial Tire Construction Machinery	条	piece	173710.0
翻新橡胶轮胎	Renovation of Rubber Tires	条	piece	325.0
其他橡胶带	Other Rubber Band	条	sq.m	51.3
模制成型橡胶零件	Molded Rubber Parts	万件	10 000 piece	66201.4
其他橡胶零附件	Other Rubber Parts and Accessories	万件	10 000 piece	2.0
医用橡胶手套	Medical Rubber Gloves	打	dozen	9.3
检查用橡胶手套	Check with Rubber Gloves	打	dozen	5.4
橡胶门垫	Rubber Doormat	千克	kg	14.2
避孕套	Condom	万只	10 000 unit	2100.0
聚乙烯塑料农用薄膜	Polyethylene Plastic Agricultural Film	吨	ton	10511.6
聚乙烯塑料板、片	Polyethylene Plastic Plates, Sheets	吨	ton	20001.4
聚乙烯塑料硬管	Polyethylene Plastic Hard Tube	吨	ton	15560.0
聚丙烯塑料硬管	Polypropylene Plastic Hard Tube	吨	ton	14589.9
其他塑料管及附件	Other Plastic Pipes and Accessories	吨	ton	11800.4
聚丙烯塑料编织布	Polypropylene Plastic Woven	吨	ton	9820.3
其他塑料编织布	Other Plastic Woven	吨	ton	14030.0
聚乙烯塑料绳	Polyethylene Plastic Rope	吨	ton	19825.4
聚乙烯塑料编织袋	Polyethylene Plastic Woven Bag	吨	ton	16000.0
其他塑料编织袋	Other Plastic Bags	吨	ton	15185.2
其他塑料袋	Other Plastic Bag	吨	ton	2.0
塑料桶，容积≤300L	Plastic Barrels, the Volume ≤ 300L	吨	ton	3.8
塑料瓶，容积≤300L	Plastic Bottles, the Volume ≤ 300L	吨	ton	16083.5
其他塑料容器	Other Plastic Containers	百个	100 unit	3.2
塑料塞子、盖子及类似品	Plastic Stoppers, Lids and Similar Articles	吨	ton	17186.6
塑料门	Plastic Door	件	piece	145.0
塑料窗	Plastic Window	件	piece	180.0
塑料百叶窗帘	Plastic Blinds	件	piece	1900.0
普通塑料餐盘、碟	Ordinary Plastic Dishes, Plates	件	piece	3200.0
其他日用塑料制品	Other Daily Plastic Products	个	unit	1.0

3-19 续表 14 continued

类 别	Item	计量单位	Measurement Unit	年末价格（元）Price at Year End（yuan）
塑料填充母料颗粒	Plastic Filler Particles	吨	ton	1200.0
强度等级32.5水泥（含R型）	Strength Grade 32.5 Cement（R-type）	吨	ton	281.7
强度等级42.5水泥（含R型）	Strength Grade 42.5 Cement（R-type）	吨	ton	318.9
强度等级52.5水泥（含R型）	Strength Grade 52.5 Cement（R-type）	吨	ton	294.9
硅酸盐水泥（P·Ⅰ或P·Ⅱ）	Portland Cement（P I or P II）	吨	ton	324.6
普通硅酸盐水泥（P·O）	Ordinary Portland Cement（P O）	吨	ton	310.8
复合硅酸盐水泥（P·C）	Compound Portland Cement（P C）	吨	ton	323.4
窑外分解窑水泥熟料	Kiln Cement Clinker in the Kiln	吨	ton	254.7
其他硅酸盐水泥熟料	Other Portland Cement Clinker	吨	ton	243.6
商品混凝土	Commercial Concrete	立方米	cu.m	325.7
水泥混凝土压力管	Cement Concrete Pressure Pipe	米	m	683.8
钢筋混凝土井管、烟道管及其他管	Reinforced Concrete Well Pipe	米	m	103.8
其他水泥混凝土电杆	Other Cement Concrete Pole	根	root	620.1
其他预应力混凝土桩	Other Prestressed Concrete Piles	根	root	163.1
预应力混凝土水泥轨枕	Prestressed Concrete Cement Sleepers	根	root	277.5
蒸压加气混凝土板	Steam Pressure Aerated Concrete Slab	立方米	cu.m	330.0
烧结普通砖	Sintered Common Brick	万块	10 000 piece	3310.0
烧结多孔砖	Sintered Porous Brick	万块	10 000 piece	4846.7
烧结页岩砖	Sintered Shale Brick	万块	10 000 piece	4000.0
烧结粉煤灰砖	Sintered Fly Ash Bricks	万块	10 000 piece	3900.0
无釉瓷质砖	Unglazed Ceramic Tiles	平方米	sq.m	30.8
有釉瓷质砖	Glaze Ceramic Tile	平方米	sq.m	23.5
无釉陶质砖	Unglazed Ceramic Tiles	平方米	sq.m	33.0
仿古砖	Antique Brick	平方米	sq.m	22.6
天然花岗石建筑板材	Building Slab of Natural Granite	平方米	sq.m	98.0
花岗岩铺路石、路边石	Granite Paving Stones, Curb	平方米	sq.m	70.9
人造花岗岩装饰板	Artificial Granite Decorative Panels	平方米	sq.m	108.0
无色4毫米	Colorless 4 mm	重量箱	heft box	54.9
无色5毫米	Colorless 5 mm	重量箱	heft box	56.0
无色8毫米	Colorless 8 mm	重量箱	heft box	56.0
其他未列明平板玻璃	Other Not Listed Flat Glass	平方米	sq.m	120.7
车辆用钢化玻璃	Vehicles with Tempered Glass	平方米	sq.m	67.0
建筑用钢化玻璃与半钢化玻璃	Tempered Glass & Semi-tempered Glass	平方米	sq.m	37.7
车辆用夹层玻璃	Vehicles with Laminated Glass	平方米	sq.m	170.7
建筑用夹层玻璃	Used in Construction of Laminated Glass	平方米	sq.m	111.0
中空玻璃	Insulating Glass	平方米	sq.m	86.0
玻璃食品瓶	Glass Food Jars	个	piece	0.3
玻璃啤酒瓶	Glass Beer Bottles	个	piece	0.6
玻璃白酒容器	Glass Liquor Container	个	piece	0.5
纤维增强塑料井盖、井箅	Fiber Reinforced Plastic Covers, Well grate	个	piece	285.1
陶瓷制大便器	Ceramic Stool	件	piece	76.5
陶瓷制小便器	Ceramic System for Urinals	件	piece	53.0

3-19 续表 15 continued

类 别	Item	计量单位	Measurement Unit	年末价格（元） Price at Year End（yuan）
陶瓷制洗面器	Ceramic wash Basins	件	piece	42.3
瓷质餐具	Porcelain Tableware	件	piece	13.3
陶质餐具	Ceramic Tableware	件	piece	3.9
陶质厨房用器具	Ceramic Kitchen with Appliances	件	piece	4.4
其他日用陶瓷器具	Other Household Ceramic Utensils	件	piece	1.8
高炉、热风炉砖	Blast Furnace, Hot Blast Furnace Brick	吨	ton	580.0
其他致密定型耐火制品	Other Dense Shaped Refractory Products	吨	ton	2.8
粘土质隔热耐火砖	Clayey Insulating Firebrick	吨	ton	760.0
高铝质隔热耐火砖	High Alumina Insulating Firebrick	吨	ton	1340.0
捣打料	Beat Material	吨	ton	4669.0
耐火泥浆	Refractory Mortar	吨	ton	450.0
其他耐火材料制品	Other Refractory Products	吨	ton	6172.0
炭阳极	Carbon Anode	吨	ton	2920.0
金刚石钻探工具	Diamond Drilling Tools	个	piece	252.6
人造刚玉	Artificial Corundum	吨	ton	4247.4
铸造生铁	Foundry Pig Iron	吨	ton	2340.0
铸铁管	Cast Iron Pipe	吨	ton	6681.0
一般低合金结构钢（粗钢）	Low Alloy Structural Steel（Crude Steel）	吨	ton	3110.0
铬系不锈钢（粗钢）	Chromium Stainless Steel（Cu Gang）	吨	ton	3076.9
圆坯（粗钢）	Round Billet（Crude Steel）	吨	ton	3900.0
高合金工具钢（钢坯）	High Alloy Tool Steel（Billet）	吨	ton	7535.0
铬系不锈钢（钢坯）	Chromium Stainless Steel（Gang Pi）	吨	ton	2906.0
道岔钢轨	Switch Turnouts	吨	ton	147863.0
中小U型钢(小槽钢)	Small Channel	吨	ton	2746.0
中小型角钢	Small and Medium Angle	吨	ton	3227.0
螺纹钢	Rebar	吨	ton	2815.1
大型圆钢	Large Round Bar	吨	ton	2499.0
钢帘线用硬线材	The Hard Wire Steel Cord	吨	ton	3355.0
钢绞线用硬线材	Strand with a Hard Wire	吨	ton	2689.8
普通质量低合金钢特厚板	General Quality of Low Alloy Steel Thick Plates	吨	ton	2905.5
普通质量低合金钢厚钢板	Common Quality Low Alloy Steel Thick Plate	吨	ton	2883.0
普通质量低合金钢中板	Low-alloy Steel of Ordinary Quality Plate	吨	ton	2916.0
普通质量低合金钢中厚宽钢带	Wide Strips and Thick	吨	ton	2720.5
铬镍系不锈钢热轧薄宽钢带	Chromium Nickel Stainless Steel Hot Rolled Wide Strip	吨	ton	6282.1
普通质量低合金钢冷轧薄宽钢带	Cold-rolled Thin Wide Strip	吨	ton	3253.5
普通质量非合金钢热轧窄钢带	Non-alloy Steel Hot Rolled Narrow Strip	吨	ton	37500.0
直缝电阻焊接钢管	Straight Seam Resistance Welded Steel Pipe	吨	ton	3457.4
螺旋缝焊接钢管	Welded Steel Tube with Spiral Seam	吨	ton	3926.7
其他制造工艺焊接钢管	Other Manufacturing Process Welded Steel Pipe	吨	ton	3922.5
高炉铁合金	Blast Furnace Iron Alloy	吨	ton	5950.0
金属锰	Manganese Metal	吨	ton	10725.0
转炉中、低碳锰铁	Converter, Low-carbon Ferromanganese	吨	ton	6563.9

3-19 续表 16 continued

类 别	Item	计量单位	Measurement Unit	年末价格（元）Price at Year End（yuan）
电解锰	Electrolytic Manganese	吨	ton	9192.0
其他特种铁合金、复合合金	Other Special Ferro-alloys, Composite Alloy	吨	ton	5895.7
锰硅合金	Silicon-manganese Alloy	吨	ton	5563.2
其他铁合金	Other Ferrous	吨	ton	6736.5
再生粗铜	Renewable Blister	吨	ton	39542.7
矿产铅	Mineral Lead	吨	ton	11236.5
商品粗锌	Crude Zinc Products	吨	ton	13786.3
矿产电锌	Mineral Electrolytic Zinc	吨	ton	15230.7
电镍	Nickel	吨	ton	113750.0
电解钴	Electrolytic Cobalt	吨	ton	212000.0
矿产精锡	Mineral Refined Tin	吨	ton	113995.2
再生锡	Regeneration of Tin	吨	ton	120256.4
三氧化二锑	Antimony Trioxide	吨	ton	50829.5
精锑	Refined Antimony	吨	ton	43659.0
一级品氧化铝	Level Grade Alumina	吨	ton	2286.2
重熔用铝锭	Remelting Aluminum Ingots	吨	ton	12121.6
铝板卷	Aluminum Volume	吨	ton	14157.5
铝导杆	Aluminum Guide Rod	吨	ton	11795.0
其他原铝（电解铝）	Other Primary Aluminum（Electrolytic Aluminum）	吨	ton	11577.1
其他未列明常用有色金属	Other Not Listed Common Non-ferrous Metals	吨	ton	1010.0
金矿料产金	Production for Gold Material	千克	kg	239000.0
有色料副产金	There Pigment Byproduct Gold	千克	kg	196871.9
银矿料产银	Silver in Material Silver	千克	kg	3457.5
有色料产银（有色副产银）	Pigment Producing Silver	千克	kg	2797.2
金属镨钕	Praseodymium Neodymium Metal	吨	ton	308547.0
原生铟（铟锭）	Native Indium（Yin Ding）	吨	ton	4359.0
锡铅锑合金	Tin-lead-antimony Alloy	吨	ton	112047.0
稀土镝铁合金	Rare Earth Dysprosium Iron Alloy	吨	ton	1247863.3
非合金铝棒材	Non-alloy Aluminum Rods	吨	ton	12544.4
铝合金棒材	Aluminum Alloy Bar	吨	ton	12414.0
铝合金建筑型材（门窗幕墙）	Aluminum Alloy Construction Profiles	吨	ton	17873.8
其他铝型材	Other Aluminum	吨	ton	18177.9
非合金铝板材	Non-alloy Aluminum Sheet	吨	ton	14478.6
铝合金板材	Aluminium Alloy Sheet	吨	ton	15690.0
非合金铝带	Non-alloy Aluminum	吨	ton	16821.0
铝合金带	Aluminium Alloy Strip	吨	ton	15605.0
无衬背铝箔	Sans Serif Back Foil	吨	ton	18293.0
有衬背铝箔	Backing Foil	吨	ton	6492.4
其他铝箔材	Other Aluminum Foil Timber	吨	ton	511.4
非合金铝线材	Non Alloy Aluminum Wire	吨	ton	14795.0
其他铝材	Other Aluminum	吨	ton	13233.4
桥梁用钢铁结构	Bridge with Steel Structure	吨	ton	9145.3

3-19 续表 17 continued

类　别	Item	计量单位 Measurement Unit		年末价格（元） Price at Year End（yuan）
塔桅钢结构	The Steel Structure of Tower Mast	吨	ton	6700.0
模板、脚手架、坑道支撑用钢铁制支柱	Template, Scaffolding, Tunnel Supporting Iron	吨	ton	8500.0
钢铁管状立柱	Steel Tubular Column	吨	ton	5384.6
钢铁制水闸门	Iron or Steel, Water Gate	吨	ton	9750.0
其他钢结构	Other Steel	吨	ton	3591.5
钢铁结构体部件	Steel Structure Parts	吨	ton	6840.0
其他未列明金属结构制品	Other Not Listed Metal Structure Products	吨	ton	8180.0
钢铁制推拉门	Iron or Steel Sliding Doors	扇	set	200.0
钢铁制防盗门	Iron and Steel Security Door	扇	set	4680.0
其他金属制门及其框架、门槛	Other Metal Doors and Their Frames, Threshold	扇	set	6243.2
钢铁制推拉窗	Steel System of Sliding Sash	扇	set	408.0
其他金属制窗及窗框	Other Metal Window	扇	set	204.0
铣刀	Cutter	件	piece	7.2
金刚石钻头	Diamond Drill Bit	件	piece	323.1
钳子及类似工具	Pliers and Similar Tools	件	piece	252.5
锯片	Saw Blade	件	piece	520.0
其他手工具制造	Other Hand Tool Manufacturing	件	piece	205.0
碳钢压力容器	Carbon Steel Pressure Container	个	unit	2205.0
钢铁容器，50L≤容积≤300L	Steel Container, 50L ≤ Volume ≤ 300L	个	unit	8.6
钢铁容器，容积<50L	Steel Containers, Volume <50L	个	unit	5.3
其他金属容器塞子、盖子	Other Metal Containers, Lids	个	unit	58.0
钢芯铝绞股线	Steel Core Aluminum Stranded Wire	吨	ton	13247.9
其他机动车用锁	Other Motor Vehicle Lock	套	set	17.2
金属制晾衣架	Metal Drying Rack	个	unit	2.4
脚手架扣件	Scaffold Fastener	吨	ton	8900.0
铝制厨用器皿及餐具	Aluminum Kitchen Utensils and Tableware	口	unit	17.8
其他铝制日用品	Other Aluminum Commodity	口	unit	23.7
铸铁锅	Cast Iron Pot	口	unit	700.0
其他未列明日用金属制品	Other Metal Products Listed Tomorrow	口	unit	2.3
焊条	Welding Rod	吨	ton	4829.1
焊剂	Welding Flux	吨	ton	3456.0
热水锅炉	Hot Water Boiler	台	set	132298.2
其他工业锅炉	Other Industrial Boilers	台	set	222992.0
机车用柴油机零件	Locomotives with Diesel Engine Parts	套	set	51.9
涡轮喷气发动机零件	Turbojet Engine Parts	套	set	125.2
其他内燃机零部件及配件	Other Internal Combustion Engine	套	set	171.7
拖拉机用柴油机	Tractor Diesel Engine	台	set	5504.4
其他用柴油机	Other Diesel Engines	台	set	1363.7
轴流式水轮机	Axial-flow Water Turbine	台	set	88888.9
水轮机调节器	Hydro Turbine	台	set	14743.6
加工中心	Processing Center	台	set	302564.0
卧式车床	Horizontal Lathe	台	set	71945.0

3-19 续表 18 continued

类　别	Item	计量单位	Measurement Unit	年末价格（元）Price at Year End（yuan）
摇臂钻床	Radial Drilling Machine	台	set	47965.8
升降台式铣床	Lift Type Milling Machines	台	set	61008.3
平面磨床	Surface Grinder	台	set	118800.0
数控中小型卧式车床	NC Small and Medium-sized Horizontal Lathe	台	set	106408.0
机械式压力机	Mechanical Presses	台	set	63948.7
切断机	Cutting Machine	台	set	3250.0
其他金属加工机械	Other Metal Processing Machinery	台	set	6830.0
卷绕式卷扬机（绞车）	Winding Winches	台	set	4100.0
油压千斤顶	Hydraulic Jack	台	set	2524.1
专用桥式起重机	Special Bridge Crane	台	set	50800.0
港口门座起重机	Port Portal Cranes	台	set	580000.0
塔式起重机	Tower Crane	台	set	385612.6
起重机专用配套件	Special Crane Supporting Pieces	台	set	27322.3
其他桥式起重机	Other Overhead Crane	台	set	320000.0
斗式提升输送机	The Bucket Elevator Conveyor	台	set	14466.3
带式输送机	Belt Conveyor	台	set	20208.0
刮板输送机	Scraper Conveyor	台	set	10000.0
悬挂及链式输送机	Suspension and Chain Conveyors	台	set	10384.8
其他输送机械	Other Transportation Machinery	台	set	11393.4
单级单吸清水离心泵	Single-suction Clean Water Centrifugal Pump	台	set	731.9
液下泵	Liquid Pump	台	set	17949.0
其他动力式泵	Other Power Pump	台	set	16239.0
液压隔膜泵	Hydraulic Diaphragm Pumps	台	set	3800.0
往复式压缩机	Reciprocating Compressors	台	set	123932.0
空气压缩机	Air Compressor	台	set	470085.5
工艺压缩机	Process Compressors	台	set	135897.0
截止阀	Globe Valve	吨	ton	1061.3
止回阀	Check Valve	吨	ton	829.0
蝶阀	Butterfly Valve	吨	ton	606.0
安全阀	Safety Valve	吨	ton	1581.0
疏水阀	Traps	吨	ton	56.5
减压阀	Pressure Reducing Valve	吨	ton	645.7
其他阀门	Other Valves	支	set	5000.0
叶片式液压泵	Vane Type Hydraulic Pump	台	set	262.3
轴向柱塞泵	Axial Piston Pump	台	set	3675.2
其他液压系统及装置	Other Hydraulic Systems and Devices	台	set	581196.6
球轴承	Ball Bearings	套	set	6.6
滚子轴承	Roller Bearings	套	set	42.0
其他轴承零件	Other Bearing Parts	套	set	72.0
其他齿轮	Other Gear	台	set	358.6
减速机	Reducer	台	set	9000.0
变速器（机、箱）	Transmission（Machine, Box）	台	set	40486.2

3-19 续表 19 continued

类 别	Item	计量单位	Measurement Unit	年末价格（元）Price at Year End（yuan）
摩擦离合器	Friction Clutch	吨	ton	103.0
齿轮、传动和驱动部件零件	Gear, Drive and Drive Parts	吨	ton	181.8
其他未列明齿轮、传动和驱动部件	Other NES Gears, Gearing and Drive Elements	吨	ton	37881.7
通风换气用通风机（离心式）	The Ventilation Fan（Centrifugal）	台	set	7300.0
通风换气用通风机（轴流式）	The Ventilation Fan（Axial Flow）	台	set	570.0
罗茨鼓风机	Roots Blower	台	set	28000.0
其他气体分离及液化设备	Other Gas Separation and Liquefaction Equipment	台	set	88034.0
水过滤、净化机械及装置	Water Filtering or Purifying Machinery and Devices	台	set	21.2
车用空调设备	Car Air Conditioning Equipment	台	set	2767.0
风镐（气镐）	Picks（Gas-ho）	台	set	791.2
螺栓	Bolt	件	piece	1.6
其他未列明通用设备用零件	Other Not Listed General Equipment Parts	件	piece	8.4
工业用灰铸铁制品	Industrial Use of Gray Cast Iron Products	吨	ton	5921.0
其他铸钢件	Steel Castings	吨	ton	6386.5
其他粉末冶金零件	Other Powder Metallurgy Parts	吨	ton	0.3
非自推进凿岩机	Non-self-propelled Rock Drill	台	set	2036.9
颚式破碎机	Jaw Crusher	台	set	31712.0
球、棒磨机	Ball, Rod Mill	台	set	273500.0
摆式磨粉机（雷蒙磨）	Pendulum Grinder（Raymond）	台	set	247863.3
振动筛	Shaker	台	set	7399.0
履带式挖掘机	Crawler Excavators	台	set	63248.0
装载机	Loader	台	set	350259.3
重型自卸车（翻斗车）	Heavy-duty Dump Trucks（Dump Truck）	台	set	180949.7
中型自卸车（翻斗车）	Medium-sized Dump Trucks（Dump Truck）	台	set	118000.0
其他未列明建筑工程用机械	Other Construction Machinery, Nes	台	set	367.1
混凝土搅拌机（站）	Concrete Mixer（Station）	台	set	12820.0
全自动砌块成型机	Automatic Block Forming Machine	台	set	229830.9
半自动砌块成型机	Semi Automatic Block Forming Machine	台	set	33601.0
真空挤砖机	Vacuum Extruder	台	set	289721.2
其他橡胶硫化设备	Other Rubber Vulcanization Equipment	台	set	854701.0
塑料中空成型机	Plastic Blow Molding Machine	台	set	380000.0
其他塑料用模具	Other Plastic Molds	台	set	100000.0
碾米机	Rice Milling Machine	台	set	973.0
输送机	Conveyor	台	set	167500.0
卸料离心机	Discharge Centrifuge	台	set	1094017.0
其他蔗糖加工机械	Other Sugar Processing Machinery	台	set	26961.2
颗粒饲料微粉碎机	Micro Pellet Mill	台	set	854.0
其他电子元件及机电组件生产设备	Other Electronic Components	台	set	0.4
小四轮拖拉机	Small Four-wheel Tractor	台	set	47423.4
其他小型拖拉机	Other Small Tractor	台	set	47000.0
水稻联合收割机	Rice Combine	台	set	32942.5
其他农作物收获机械	Other Crop Harvesting Machinery	台	set	31099.7

3-19 续表 20 continued

类 别	Item	计量单位 Measurement Unit		年末价格（元）Price at Year End（yuan）
微耕机	Micro-farming Machine	台	set	2873.9
旋耕机	Rotavator	台	set	1738.9
中耕机	Cultivator	台	set	2300.9
其他未列明机械化农业及园艺机具制造	Other not Listed Mechanization of Agriculture	台	set	265486.7
拖拉机零配件	Tractor Spare Parts	台	set	3601.3
整地或耕作机械零件	Preparation or Cultivation of Mechanical Parts	台	set	7257.0
全自动血细胞分析仪	Automatic Blood Cell Analyzer	台	set	11600.0
自动尿液分析仪	Automatic Urine Analyzer	台	set	2151.9
一次性注射器	Disposable Syringes	万支	10 000 PCS	3100.0
其他注射器	Other Syringe	万支	10 000 PCS	5050.0
电动、液压手术台床	Electric, Hydraulic Operating Table Bed	台	set	61038.0
沉淀、过滤装置	Other Water Pollution Control Equipment	台	set	123666.8
其他水质污染防治设备	Waste-specific Processing Machinery	台	set	114027.8
废弃物专用处理机械	Waste Processing Machinery	台	set	330000.0
其他未列明铁路专用设备及器材、配件	Other NES Railway Installations & Equipment	台	set	47.1
铁路机车修理和维护	Railway Locomotive Repair and Maintenance	台	set	1583394.7
铁路车辆修理和维护	Repair and Maintenance of Railway Vehicles	台	set	515631.8
多功能乘用车，1L＜排量≤1.6L	Multi-purpose Vehicles, 1L ~ 1.6L	辆	set	67756.5
交叉型乘用车，1L＜排量≤1.6L	Cross-type Passenger, 1L ~ 1.6L	辆	set	53675.0
柴油型大型客车	Large Passenger Diesel-type	辆	set	375842.3
柴油型中型客车	Diesel-type Medium-sized Bus	辆	set	661196.6
柴油型轻型客车	Diesel Light Bus	辆	set	110897.0
柴油重型载货车	Heavy Diesel Trucks	辆	set	127000.0
柴油中型载货车	Diesel Trucks	辆	set	109000.0
汽油轻型载货车	Gasoline Light Trucks	辆	set	30983.0
汽油微型载货车	Gasoline Mini-trucks	辆	set	33803.0
货车底盘	Truck Chassis	件	piece	75409.0
非公路用自卸车底盘	Off-highway Dump Truck Chassis	件	piece	251757.0
半挂牵引车	Semi-trailer Tractor	台	set	144750.7
其他低速载货汽车	Other Low-speed Truck	台	set	80000.0
汽车用汽油发动机，排量≤1L	Automotive Gasoline Engine, Emission ≤ 1L	台	set	4657.3
汽车用汽油发动机，1L＜排量≤1.6L	Automotive Gasoline Engine, 1L ~1.6L	台	set	7547.0
汽车用柴油发动机	Motor Vehicle Diesel Engines	台	set	31222.9
改装厢式汽车	Modified Railroad Car	辆	set	35218.0
其他改装汽车	Other Modified Cars	辆	set	242903.6
机动车制动系统	Motor Vehicle Braking System	套	set	90.7
变速器总成	Transmission Assembly	套	set	757.6
机动车车轮总成	Motor Vehicle Wheel Assembly	套	set	51.1
机动车悬挂减震器	Motor Vehicle Shock Absorbers	套	set	200.9
机动车辆散热器、消声器及其零件	Motor Vehicle Radiator and Parts Thereof	套	set	153.4
机动车用控制装置总成	Motor Vehicle with Control Device Assembly	套	set	75.9
其他机动车（汽车）零配件	Other Motor Vehicles（Cars）the Spare Parts	套	set	65.6

3-19 续表 21 continued

类 别	Item	计量单位 Measurement Unit		年末价格（元）Price at Year End（yuan）
汽车底盘车架及其零件	Automobile Chassis Frame and Its Parts	套	set	763.4
车窗玻璃升降器	Window Glass Lift	套	set	32.5
车身底板、侧板及类似板	Underbody, Side Panels and Similar Board	套	set	25.8
机动车门及其零件	Motor Vehicle Door and Its Parts	套	set	147.3
机动车车窗、窗框	Motor Vehicle Windows, Window Frames	套	set	66.3
其他车身零件及其配套附件	Other Body Parts and Matching Accessories	件	piece	204.9
汽车修理	Auto Repair	工时	man-hour	149.8
船用配套设备零件	Marine Equipment Parts	台	set	12785.0
船舶修理	Ship Equipment	工时	man-hour	26.1
汽车牌（发光）	Vehicle License（Light Emitting）	块	piece	21.0
交流发电机，P≤75kVA	Alternator, P ≤ 75kVA	台	set	1825.0
交流发电机，75kVA<P≤375kVA	Alternator, 75kVA < P ≤ 375kVA	台	set	58120.0
水轮发电机组	Hydroelectric Generating Set	台	set	1352605.5
其他直流电动机	Other DC Motors	台	set	9275.0
多相交流电动机，750W<P≤75kW	Polyphase AC Motor, 750W <P ≤ 75kW	台	set	2207.0
多相交流电动机，P>75kW	Multi-phase AC Motor, P> 75kW	台	set	930.0
其他未列明电机	Other Not Specified in the Motor	台	set	1660.0
直流微电机	DC Micro Motor	台	set	3.7
其他驱动微电机	Other Drive Micro-motor	台	set	5050.0
电力变压器	Power Transformers	台	set	36349.6
干式变压器	Dry-type Transformers	台	set	155000.0
电压互感器	Voltage Transformer	台	set	21200.0
电抗器	Reactor	台	set	33659.9
并联电容器	Shunt Capacitor	台	set	4800.0
并联电容器装置	Installation of Shunt Capacitors	台	set	170667.8
避雷器	Lightning Arrester	台	set	2031.0
其他高压开关、保护或连接用组合装置	Other High Voltage Switches, P&C Devices	台	set	9682.9
漏电断路器	Leakage Circuit Breaker	台	set	40.0
其他低压电路保护装置	Other Low Voltage Circuits Protecting Device	台	set	192.3
倒板式开关	Inverted Plate Switch	个	piece	23.9
其他低压电力控制、分配装置	Other Low-power Control and Distribution unit	台	set	1001.8
其他未列明配电开关控制设备及配件	Other NES Distribution Switch Control Equipment	台	set	274.0
布线组	Wiring Sets	公里	km	1226.5
安装电线	Installation of Electrical Wiring	公里	km	678.6
其他绝缘电线	Other Insulated Wire	公里	km	1940.0
VLV型	YLV Type	公里	km	24452.0
YJV型	YJV Type	公里	km	11914.9
铜芯交联线	Copper Conductor Cross-line	公里	km	814.1
VV型	VV Type	公里	km	16222.3
LGJ型	LGJ Type	公里	km	12872.7
KVV型	KVV-Type	公里	km	6715.0
BV型	BV-Type	公里	km	3940.7

3-19 续表 22 continued

类 别	Item	计量单位 Measurement Unit		年末价格（元） Price at Year End（yuan）
其他型号电力电缆	Other Power Cable	公里	km	7800.0
其他电线电缆	Other Wire and Cable	公里	km	22.4
其他电工器材	Other Electrical Equipment	套	set	127.4
二氧化锰原电池（组）	Manganese Dioxide Primary Cells（Group）	只	unit	0.7
其他原电池及原电池组	Other Primary Cells and Batteries	只	unit	0.3
用于启动活塞发动机铅酸蓄电池	Used for the Piston Engine Lead-acid Battery	只	unit	187.7
固定型铅酸蓄电池	Stationary Lead Acid Storage Battery	只	unit	310.0
镉镍蓄电池	Ni-Cd Battery	只	unit	1.0
氢镍蓄电池	Ni-MH Batteries	只	unit	7.2
其他电池零部件	Other Battery Parts	只	unit	72.0
其他房间空气调节器	Other Room Air Conditioner	台	set	323.9
家用空气湿度调节装置	Home Air Humidity Conditioning	台	set	6500.0
台扇	Table Fan	台	set	65.0
落地扇	Stand Fan	台	set	145.3
吊扇	Ceiling Fan	台	set	116.2
壁扇	Wall Fan	台	set	130.8
双头式抽油烟机	Piggyback Range Hood	台	set	739.3
电饭锅	Rice Cooker	台	set	84.6
其他家用电热烹调器具	Other Household Electric Cooking Appliances	台	set	236.8
电磁灶	Cookers	台	set	212.8
电暖气	Electric Heating	台	set	159.0
家用燃气灶具	Domestic Gas Cooking Appliances	台	set	615.4
车头灯	Headlights	个	piece	117.0
微波收发通信机	Microwave Transceivers Communication Machine	台	set	19658.0
移动通信手持机零件	Mobile Communication Handset Parts	台	set	18.4
气象雷达	Weather Radar	台	set	1008547.0
耳机	Earplug	付	pair	10.3
路由器	Router	台	set	664.2
液晶显示器	LCD	台	set	441.6
光盘存储器	Optical Disc Storage	台	set	89.8
其他未列明电子计算机外部设备	Other External Devices Are Not Listed	台	set	18.3
液晶显示屏	Liquid Crystal Display Screen	台	set	2.5
发光二极管（LED管）	Light-emitting Diode（LED Tube）	只	unit	0.0
其他半导体光电器件	Other Semiconductor Optoelectronic Devices	只	unit	1.5
光电耦合器件	Photoelectric Coupling Device	只	unit	29.6
其他未列明光电子器件及电子器件	Other NES Optoelectronic Devices	只	unit	48.0
电解电容器	Electrolytic Capacitor	只	unit	28.1
其他电位器	Other Potentiometer	只	unit	0.7
片式固定电阻器	Fixed Chip Resistors	只	unit	646.5
液晶（LCD）电视机	LCD（LCD）TV	台	set	1992.0
收录放音组合机	Included Playback Combination Machine	台	set	50.1
组合音响	Combined Acoustics	台	set	94.7

3-19 续表 23 continued

类 别	Item	计量单位	Measurement Unit	年末价格（元）Price at Year End（yuan）
刻录光头	Recording Head	台	set	9.8
其他未列明电子设备及装置	Other Not Listed Electronic Equipment and Device	台	set	894.4
其他绘图台及绘图机、绘图工具	Other Drawing Stage and Drawing Machine	台	set	49.0
卡尺	Caliper	把	set	106.5
量表	Scale	把	set	89.0
其他量具	Other Tools	把	set	15.0
车辆用速度表	Vehicle Speedometer	台	set	168.5
其他未列明专用仪器	Other Not Listed a Special Instrument	台	set	2762.2
机械表心	Mechanical Heart	台	set	63.6
其他钟表零配件	Other Watch Parts	台	set	0.6
光学显微镜	Optical Microscope	台	set	577.4
照相机用取景器	Camera with Viewfinder	台	set	35.4
竹编工艺品	Bamboo Crafts	件	piece	180.0
藤编工艺品	Rattan Handicrafts	件	piece	3.5
其他未列明珠宝首饰及有关物品	Other Not Listed Jewellery and Reated Articles	件	piece	950.0
牙刷	Toothbrush	把	piece	1.3
一次性气体打火机	Disposable Gas Lighters	百只	100 unit	36.6
可充气袖珍打火机	Inflatable Pocket Lighters	百只	100 unit	44.9
煤炭为能源发电量	Coal Energy Generating Capacity	万千瓦时	10 000 kwh	3977.2
以余热、余气为能源发电量	Waste Heat, Residual Gas Generating Capacity	万千瓦时	10 000 kwh	5431.4
水力发电量	Hydroelectricity	万千瓦时	10 000 kwh	2159.1
竹木生物质燃料发电量	Bamboo Biomass Fuel Power Generation	万千瓦时	10 000 kwh	6410.0
工业用电	Industrial Electricity	万千瓦时	10 000 kwh	5787.0
民用用电	Civilian electricity	万千瓦时	10 000 kwh	4791.3
农业用电	Agricultural Electricity	万千瓦时	10 000 kwh	3792.5
商业用电	Commercial Electricity	万千瓦时	10 000 kwh	7944.3
民用	Civil Artificial Gas Supply	千立方米	1 000 cu.m	973.5
商业用	Commercial Artificial Gas Supply	千立方米	1 000 cu.m	1592.0
民用	Residential Natural Gas Supply	千立方米	1 000 cu.m	3327.9
工业用	Industrial Use of Natural Gas Supply	千立方米	1 000 cu.m	4181.3
商业用	Commercial Gas Supply	千立方米	1 000 cu.m	4133.5
液化天然气（LNG）供应量	Liquefied Natural Gas（LNG）Supply	吨	ton	3240.0
液化石油气供应量	LPG Supply	千立方米	1 000 cu.m	270.3
自来水生产量	Tap Water Production	立方米	cu.m	1.7
工业用水	Industrial Water	立方米	cu.m	2.0
民用水	Civilian Water	立方米	cu.m	1.7
商业用水	Commercial Water	立方米	cu.m	2.0
饮食服务用水	Food Service Water	立方米	cu.m	2.1
船舶用水	Ship Water	立方米	cu.m	1.7
行政事业用水	Administrative Water	立方米	cu.m	2.0
其他用自来水供应	Other Water Supply	立方米	cu.m	2.9
中水量	In Water	吨	ton	1.2

3–20 原材料、燃料、动力购进价格（1990—2014年）

（上年=100）

年 份 Year	总指数 General Index	燃料、动力类 Fuel and Power	黑色金属材料类 Ferrous Metals	钢 材 Rolle Steel	有色金属材料和电线类 Nonferrous Metals and Wires
1990	102.2	107.9	99.9		90.3
1991	107.8	109.0	101.6		115.4
1992	112.5	111.2	123.2	126.6	108.7
1993	141.7	131.1	182.4	182.0	111.6
1994	117.8	123.1	101.7	100.0	112.3
1995	112.9	107.8	94.7	94.4	137.6
1996	103.4	108.6	99.4	100.8	85.6
1997	99.3	108.7	94.6	93.2	94.9
1998	95.2	99.6	93.9	92.2	83.8
1999	93.6	93.1	96.2	96.3	99.8
2000	100.9	98.9	103.0	105.0	123.8
2001	103.7	103.8	107.8	101.1	90.3
2002	95.6	101.8	99.8	98.6	94.6
2003	101.2	101.3	108.7	110.4	110.6
2004	116.3	110.1	135.1	126.3	139.6
2005	108.2	112.1	111.3	105.9	114.5
2006	111.4	103.7	94.3	95.4	131.8
2007	106.1	105.4	108.9	108.3	124.0
2008	110.6	117.7	129.1	122.6	104.7
2009	95.1	100.8	82.8	83.2	81.2
2010	111.2	109.3	103.7	105.7	128.6
2011	110.0	105.5	107.7	109.1	114.5
2012	99.2	104.0	95.2	96.4	95.2
2013	98.9	97.8	97.6	97.4	95.5
2014	98.2	98.4	96.0	96.3	96.7

Purchasing Price Indices for Raw Materials, Fuels and Power（1990—2014）

(preceding year=100)

年 份 Year	化工原料类 Raw Chemical Materials	木材及纸浆类 Timber and Paper Pulp	建筑材料及非金属矿类 Building Material and Non-metal Ore	其它工业原材料及半成品类 Other Materials and Semi-finished Category	农副产品类 Agricultural Products	纺织原料类 Textile Materials
1990	101.3	102.1	97.7		100.4	105.8
1991	108.1	113.8			108.2	113.3
1992	102.3	106.6			108.4	97.3
1993	122.1	115.4	170.6	154.8	137.9	104.0
1994	116.2	110.5	103.0	139.0	145.2	142.5
1995	125.2	108.9	88.1	91.7	148.2	150.5
1996	95.1	101.9	97.4	101.5	117.0	99.0
1997	95.3	94.4	94.4	100.4	92.3	91.5
1998	92.6	99.7	98.7	96.4	89.4	88.1
1999	95.9	93.7	95.6	90.7	92.5	102.0
2000	104.5	99.8	92.6	104.7	90.3	106.3
2001	96.9	94.3	96.7	112.0	105.3	95.6
2002	97.9	101.0	98.3	91.4	94.6	89.8
2003	106.3	103.5	98.8	98.2	92.7	119.7
2004	114.8	111.5	109.9	113.5	109.8	117.2
2005	110.0	94.4	103.6	103.7	116.8	90.6
2006	104.0	102.7	98.5	112.2	124.1	102.3
2007	105.3	110.9	101.5	105.8	98.9	101.6
2008	121.3	104.5	114.0	106.9	102.6	102.2
2009	85.8	84.3	96.1	100.2	101.7	94.1
2010	112.3	111.2	114.6	110.3	116.6	121.4
2011	116.5	108.6	109.5	107.0	115.9	119.5
2012	98.3	97.5	98.3	98.5	101.3	92.1
2013	98.1	100.2	98.6	98.6	103.4	98.5
2014	99.6	100.3	100.2	98.2	98.1	99.8

3-21 分月原材料、燃料、动力购进价格指数（2014年）

（上年同期=100）

类　别	Item	1 月 January	2 月 February	3 月 March
总指数	**General Index**	**98.7**	**98.4**	**98.1**
燃料、动力类	Fules and Power	99.1	98.8	98.7
黑色金属材料类	Material of Black Metal	97.6	96.7	95.2
# 钢材	# Rolled Steel	97.5	96.4	95.2
其它	Other	97.7	97.6	95.0
有色金属材料和电线类	Material of Nof-ferrous Metal Material and ElectricWire	95.5	94.3	94.1
化工原料类	Chemical Material	99.3	100.0	99.7
木材及纸浆类	Wood and Paper Pulp	100.9	100.7	100.0
建筑材料及非金属矿类	Building Material and Non-metal Ore	100.4	100.5	101.2
其它工业原材料及半成品类	Other Industrial Raw Material and Semi-finished Category	98.3	98.0	97.7
农副产品类	Agricultural and Side-line Produces	99.7	99.2	99.2
纺织原料类	Raw Textile Material	98.8	98.8	99.1

3-22 分月原材料、燃料、动力购进价格环比指数（2014年）

（上月=100）

类　别	Item	1 月 January	2 月 February	3 月 March
总指数	**General Index**	**99.8**	**99.9**	**99.8**
燃料、动力类	Fules and Power	100.3	99.7	99.9
黑色金属材料类	Material of Black Metal	99.2	99.9	99.6
# 钢材	# Rolled Steel	99.0	99.5	100.0
其它	Other	99.5	100.9	98.3
有色金属材料和电线类	Material of Nof-ferrous Metal Material and ElectricWire	99.8	99.4	99.3
化工原料类	Chemical Material	99.8	100.6	99.6
木材及纸浆类	Wood and Paper Pulp	100.1	100.0	100.2
建筑材料及非金属矿类	Building Material and Non-metal Ore	99.9	100.1	99.9
其它工业原材料及半成品类	Other Industrial Raw Material and Semi-finished Category	99.7	99.9	99.8
农副产品类	Agricultural and Side-line Produces	100.0	99.8	100.5
纺织原料类	Raw Textile Material	100.0	100.2	100.0

Indices of Purchasing Prices of Raw Materials, Fuels and Power by Month (2014)

(preceding year=100)

4 月 April	5 月 May	6 月 June	7 月 July	8 月 August	9 月 September	10 月 October	11 月 November	12 月 December
98.0	**98.3**	**98.5**	**98.6**	**98.4**	**98.3**	**97.8**	**97.7**	**97.6**
98.4	98.6	99.1	99.0	98.4	98.0	97.9	97.3	96.9
95.2	95.8	96.3	96.9	97.1	96.2	95.2	95.1	94.3
95.0	95.6	95.8	96.7	96.9	96.8	96.5	96.6	96.1
95.8	96.3	97.5	97.2	97.8	94.3	91.6	91.0	89.4
93.9	95.7	95.9	98.8	98.9	99.1	98.4	98.2	97.7
99.7	100.1	99.8	100.0	100.0	99.5	99.5	99.0	98.9
100.2	99.8	100.4	100.7	100.0	100.7	100.5	100.1	100.0
101.2	101.2	101.1	100.9	100.0	99.1	98.8	99.1	98.9
97.6	98.0	98.2	98.2	98.3	98.8	98.3	98.3	98.4
99.3	98.9	98.7	97.5	97.4	97.1	96.5	96.7	97.8
99.4	99.7	99.9	100.0	100.0	100.4	100.7	100.7	100.6

Chain Index of Purchasing Prices of Raw Materials, Fuels and Power by Month (2014)

(preceding month=100)

4 月 April	5 月 May	6 月 June	7 月 July	8 月 August	9 月 September	10 月 October	11 月 November	12 月 December
99.7	**99.9**	**99.8**	**99.7**	**99.8**	**99.9**	**99.7**	**99.8**	**99.7**
99.5	99.8	99.8	99.6	99.1	99.9	99.8	100.0	99.6
99.7	100.0	99.2	99.7	99.8	99.8	98.9	99.3	99.2
99.7	100.0	99.8	99.9	99.8	100.0	99.3	99.5	99.5
99.8	100.1	97.6	99.2	99.6	99.0	97.7	98.7	98.3
99.3	100.2	100.1	100.5	100.8	100.2	99.2	99.6	99.4
99.7	100.0	99.8	99.6	100.1	100.1	100.3	99.6	99.8
100.3	99.7	100.0	100.0	99.8	100.2	100.0	99.8	99.9
99.5	99.6	99.8	99.9	99.0	99.5	100.3	100.8	100.6
99.7	100.1	100.0	99.8	99.8	100.0	99.6	99.9	100.1
100.1	100.0	99.8	99.2	100.2	99.8	99.6	99.3	99.4
100.5	100.0	99.9	100.0	100.0	100.0	100.0	100.0	99.8

3–23 主要原材料、燃料、动力价格（2014年）

Ex-Factory Price of Major Raw Materials, Fuels and Power（2014）

类 别	Item	计量单位	Measurement Unit	年末价格（元） Price at Year End（yuan）
早籼稻	Early Indica Rice	吨	ton	3133.3
晚籼稻	Late Indica Rice	吨	ton	3450.9
硬质小麦	Durum Wheat	吨	ton	2854.0
软质小麦	Soft Wheat	吨	ton	2595.1
白玉米	White Corn	吨	ton	2554.2
黄玉米	Yellow Corn	吨	ton	2567.4
其他玉米	Other Corn	吨	ton	2100.0
其他谷子	Other Millet	吨	ton	3440.0
红粒高粱	Red Rain Sorghum	吨	ton	3288.8
皮大麦	Paper Barley	吨	ton	4115.1
裸燕麦	Naked Oat	吨	ton	5250.0
谷壳	Chaff	吨	ton	2359.8
薏苡	Coix	吨	ton	3200.0
麦麸	Wheat Bran	吨	ton	2239.7
其他未列明谷物	Other Not Listed Grain	吨	ton	5000.0
鲜木薯	Fresh Cassava	吨	ton	558.9
木薯干	Dried Cassava	吨	ton	1688.7
其他薯类及薯藤	Other Potato and Sweet Potato Vine	吨	ton	1148.9
花生仁	Peanuts	吨	ton	12961.5
油菜籽	Rapeseed	吨	ton	2526.0
黑芝麻	Black Sesame Seeds	吨	ton	16703.3
茶籽	Tea Seed	吨	ton	14000.0
黄大豆	Soybean	吨	ton	4919.3
籽棉	Unginned Cotton	吨	ton	21857.0
棉粕	Cottonseed Meal	吨	ton	3189.1
其他棉花	Other Cotton	吨	ton	10.1
生黄红麻	Wong Kenaf	吨	ton	4100.0
甘蔗	Cane	吨	ton	437.4
其他未列明作物	Other Not Listed Crop	吨	ton	9059.0
根茎类蔬菜	Root Vegetables	吨	ton	4804.4
茄果类蔬菜	Solanaceous Vegetables	吨	ton	10720.0
其它花卉	Other Flowers	千克	kg	0.7
柑橘类水果	Citrus Fruit	吨	ton	1600.0
热带水果	Tropical Fruits	吨	ton	1972.7
瓜类水果	Melon Fruit	吨	ton	2300.0
干制水果	Dried Fruit	吨	ton	7250.0
食用坚果	Edible Nuts	吨	ton	4400.0
红茶	Black Tea	千克	kg	75.0
绿茶	Green Tea	千克	kg	25.2
毛茶	Maocha	千克	kg	32.0
甘草	Licorice	千克	kg	17.1
当归	Angelica	千克	kg	30.2
田七	Pseudo-ginseng	千克	kg	12.0

3-23 续表 1 continued

类 别	Item	计量单位	Measurement Unit	年末价格（元） Price at Year End（yuan）
菊花	Chrysanthemum	千克	kg	28.9
贝母	Fritillaria	千克	kg	66.0
川芎	Chuanxiong	千克	kg	33.6
白芍	White Peony	千克	kg	30.0
黄芪	Astragalus	千克	kg	47.6
大黄、籽黄	Rhubarb, Seeds Yellow	千克	kg	26.7
白术	Baizhu	千克	kg	15.4
茯苓	Fuling	千克	kg	15.4
枸杞	Gouqi	千克	kg	13.6
灵芝	Ganodorma Lucidum	千克	kg	60.0
生地	Shengdi	千克	kg	14.6
麦冬	Maidong	千克	kg	75.0
云木香	Yunmuxiang	千克	kg	8.7
白芷	Baizhi	千克	kg	19.0
莲翘	Lianqiao	千克	kg	48.0
辛黄	Xinyi	千克	kg	42.0
黄芩	Radix Scutellariae	千克	kg	21.9
麻黄	Herbal Ephedrae	千克	kg	8.6
肉苁蓉	Desertliving Cistanche	千克	kg	50.0
其他中草药材	Other Chinese Herbal Medicine	千克	kg	33.2
落叶松原木	Larix Spp Logs	立方米	cu.m	650.0
马尾松原木	Pinus Massoniana Logs	立方米	cu.m	981.5
杉木原条	Chines Fir Pole-timber	立方米	cu.m	929.2
栎木（橡木）原木	Oak Wood（Oak）Logs	立方米	cu.m	3015.0
樟木原木	Camphor Wood	立方米	cu.m	1901.4
桉树原木	Eucalyptus Logs	立方米	cu.m	574.1
其他非针叶原木	Other Non-coniferous Wood	立方米	cu.m	732.0
小规格木材	Small Size of Timber	立方米	cu.m	452.5
薪材	Fuelwood	立方米	cu.m	335.6
短条及细枝等	Short Article and Twigs	立方米	cu.m	343.6
其他未列明木材	Other Not Listed Wood	立方米	cu.m	341.8
毛竹	Mao Bamboo	根	root	19.3
水竹	Phyllostachys Heteroclada	根	root	2.0
竹丝	Zhu Si	根	root	5.6
竹片	Bamboo	吨	ton	905.0
天然橡胶乳	Natural Rubber Milk	吨	ton	12936.3
烟胶片	Smoked Sheets	吨	ton	10243.8
天然松脂	Natural Pine Resin	吨	ton	10586.0
落叶松树皮	Larch Bark	吨	ton	2200.0
杨梅树皮	Bayberry Bark	吨	ton	2050.0
其他天然树脂、树胶、栲胶原料	Other Natural Gums, Resins, Extract of Raw	吨	ton	6278.7
油桐籽	Tung Seed	吨	ton	3570.0
其他编织用原料	Other Woven Raw Materials	吨	ton	5.0

3-23 续表 2 continued

类 别	Item	计量单位	Measurement Unit	年末价格（元） Price at Year End（yuan）
橡壳	Rubber Sheel	吨	ton	1600.0
松油	Pine Oil	吨	ton	10680.2
剑麻纤维	Sisal Fiber	吨	ton	9369.8
其他未列明林产品	Other Products Not Liemng Lin	吨	ton	9918.0
生牛奶	Raw Milk	千克	kg	5.7
山羊绒	Cashmere	千克	kg	89000.0
其他动物毛	Other Animal Hair	千克	kg	48.4
生牛皮	Rawhide	张	piece	9940.2
生猪皮	Health Pigskin	张	piece	64.0
中猪	In Pigs	千克	kg	15.3
活鸭	Live Ducks	千克	kg	9.4
鸡蛋	Eggs	千克	kg	11.2
天然蜂蜜	Natural Honey	千克	kg	7.0
桑蚕茧	Mulberry Silkworm Cocoon	千克	kg	59.7
其他蚕茧	Other Cocoons	千克	kg	2294.2
家兔	Rabbit	千克	kg	26.0
海水养殖鱼	Marine Fish	吨	ton	21505.0
海水养殖虾	Marine Aquaculture Shrimp	吨	ton	40451.2
海水养殖贝类	Marine Shellfish	吨	ton	3690.0
其他海水捕捞鲜鱼	Other Sea Fishing Fresh Fish	吨	ton	6554.3
海水捕捞虾	Sea Fishing Shrimp	吨	ton	91058.0
其他未列明海水捕捞产品	Other Non Listed Sea Fishing Products	吨	ton	579.1
养殖淡水鱼	Freshwater Fish	吨	ton	8998.0
细绒棉皮棉	Upland Cotton Lint	吨	ton	14899.9
一号无烟煤	1# Anthracite	吨	ton	900.8
二号无烟煤	2# Anthracite	吨	ton	990.6
三号无烟煤	3# Anthracite	吨	ton	595.7
焦煤	Coking Coal	吨	ton	616.0
1/3焦煤	1/3 coking coal	吨	ton	553.4
肥煤	Fat Coal	吨	ton	790.0
气煤	Gas Coal	吨	ton	445.4
贫瘦煤	Lean Coal	吨	ton	623.7
不粘煤	Non-caking Coal	吨	ton	454.4
长焰煤	Long Flame Coal	吨	ton	650.0
贫煤	Lean Coal	吨	ton	611.6
一般烟煤	General Bituminous	吨	ton	768.0
其他烟煤	Other Bituminous Coal	吨	ton	728.0
炼焦用洗精煤	The Coking Use Washed Coal	吨	ton	1010.0
其他用洗精煤	Others Washed Coal	吨	ton	948.4
无烟煤洗块煤	Anthracite Washing Lump Coal	吨	ton	953.1
烟煤洗块煤	Bituminous Coal Wash Lump Coal	吨	ton	630.0
烟煤洗粒级煤	Bituminous Coal Wash Fractions	吨	ton	948.7
无烟煤洗混末煤	Anthracite Mixed Coal	吨	ton	668.1

3-23 续表 3 continued

类 别	Item	计量单位	Measurement Unit	年末价格（元） Price at Year End（yuan）
烟煤洗中煤	Bituminous Coal Washing in Coal	吨	ton	702.3
褐煤洗块煤	Lignite Washing Lump Coal	吨	ton	510.9
褐煤洗粒级煤	Lignite Washing Tablets Rank Coal	吨	ton	580.9
褐煤筛选块煤	Screening of Lignite Coal	吨	ton	423.1
泥炭（泥煤）	Peat	吨	ton	315.0
煤矸石	Gangue	吨	ton	55.0
其他未列明煤炭	Other Not Specified in the Coal	吨	ton	652.4
天然原油	Of Crude Oil	吨	ton	4395.7
天然气	Natural Gas	立方米	cu.m	3.6
液化天然气	Liquefied Natural Gas	吨	ton	6725.9
炼钢块矿	Steelmaking Lump Ore	吨	ton	660.0
炼铁块矿（含铁≥45%）	Ironmaking Lump Ore（Iron Content≥45%）	吨	ton	800.0
铁富粉矿	Iron-rich Iron Ore Fines	吨	ton	580.0
铁精矿	Iron Ore Concentrate	吨	ton	653.3
赤铁矿	Hematite	吨	ton	35.5
褐铁矿	Limonite	吨	ton	63.3
锰矿石原矿	Manganese Ore	吨	ton	582.8
锰块矿	Manganese Lump Ore	吨	ton	825.8
锰粉矿	Manganese Ore Powder	吨	ton	1407.0
富锰渣	Manganese-rich Slag	吨	ton	1039.8
铬精矿	Chrome Concentrate	吨	ton	1628.0
其他人造富铬矿	Other Artificial Rich Ore	吨	ton	1538.0
铅精矿含铅量	Lead Concentrates the Lead Content	吨	ton	11254.4
其他矿含铅量	Other Mineral of Lead Content	吨	ton	96.0
铅锌混合精矿实物量	Lead-zinc Ore Concentrate Mixed	吨	ton	420.0
锌精矿含锌量	Zinc Concentrate Zinc Content	吨	ton	9790.0
锡精矿含锡量	Tin Content of Tin Concentrates	吨	ton	121200.0
锑精矿含锑量	Antimony Concentrate Containing Antimony Content	吨	ton	25000.0
铅锑混合精矿含锑量	Lead Antimony Concentrate Containing Antimony Content	吨	ton	22060.7
铝精矿含铝量	Aluminum Concentrate	吨	ton	16925.0
铝精矿实物量	Aluminum Concentrate Elaborating	吨	ton	18600.0
天然碳酸镁	Natural Magnesium Carbonate	吨	ton	1457.0
钛精矿折合量，折氧化钛50%	Titanium Concentrate Reduced Quantity, TiO 50%	吨	ton	1207.6
天然金红石折合量，折氧化钛90%	Equivalent to the Amount of Natural Rutile, TiO 90%	吨	ton	5355.3
银精矿含银量	Silver Mine of Silver	吨	ton	6223.5
银块矿实物量	Silver Ore Physical Quantity	吨	ton	58.5
钨选矿实物量	Tungsten Ore Concentration	吨	ton	113070.0
其他稀有稀土金属矿	Other Rare Earth Metals Mine	吨	ton	147500.0
锂原矿	Lithium Ore	吨	ton	4400.0
锆金属折合量	Zirconium Metal or Quantity	吨	ton	8569.1
冶金用石灰石	Metallurgical Limestone	吨	ton	475.0
水泥用石灰石	Cement with Limestone	吨	ton	18.9
化工用石灰石	Limestone for Chemical Industry	吨	ton	33.5

3-23 续表 4 continued

类 别	Item	计量单位	Measurement Unit	年末价格（元） Price at Year End（yuan）
其他石灰石	Other Limestone	吨	ton	75.0
白石膏	White Gypsum	吨	ton	419.0
其他石膏类	Other Gypsum	吨	ton	345.0
天然大理石荒料	Natural Marble Blocks	吨	ton	61.4
天然花岗石荒料	Natural Granite Blocks	吨	ton	916.3
高铝粘土	High Alumina Clay	吨	ton	1350.0
硬质粘土	Hard Clay	吨	ton	17.3
软质粘土	Soft Clay	吨	ton	287.7
冶金用萤石	Metallurgical Fluorite	吨	ton	650.0
化工用萤石	Chemical with Fluorite	吨	ton	1079.2
铁铝矾土	Iron Bauxite	吨	ton	960.7
高岭土	Kaolin	吨	ton	325.6
膨润土	Bentonite	吨	ton	13.0
其他粘土	Other Clay	吨	ton	78.3
硅砂	Silica Sand	吨	ton	93.9
石英砂	Quartz Sand	吨	ton	335.3
其他天然砂	Other Natural Sands	吨	ton	76.6
石类	Stone Class	吨	ton	68.1
矿渣及类似工业残渣	Slag and Similar Industrial Waste	吨	ton	43.9
沥青碎石	Bituminous Macadam	吨	ton	29.0
大理石碎粒、碎屑及粉末	Marble Granules, Crumbs and Powder	吨	ton	613.1
硅质土	Siliceous Earths	吨	ton	59.4
硫铁矿石	Pyrite Stone	吨	ton	443.4
磷矿石	Phosphate rock	吨	ton	468.7
芒硝矿	Mirabilite	吨	ton	760.0
重晶石	Barite	吨	ton	311.1
其他化学矿	Other Chemical Mines	吨	ton	205.2
海盐食用盐	Salt Edible Salt	吨	ton	490.0
井矿盐非食用盐	Mineral Salt is Non-edible Salt	吨	ton	330.0
其他原盐	Other Salt	吨	ton	325.0
高纯石墨	High Purity Graphite	吨	ton	21000.0
原状滑石	The Status Quo Talc	吨	ton	275.0
陶瓷用滑石粉	Ceramics with Talc	吨	ton	248.7
医药用滑石粉	Medical Use Talcum Powder	吨	ton	2399.5
钻石（矿类）	Diamond（Minerals）	吨	ton	29500.0
珍珠岩	Perlite	吨	ton	3294.6
其他未列明非金属矿石	Not Elsewhere Specified, Non-metallic Ore	吨	ton	780.0
天然水	Natural Water	吨	ton	0.1
高筋小麦粉	High-gluten Wheat Flour	吨	ton	3320.0
低筋小麦粉	Low-gluten Wheat Flour	吨	ton	3450.0
面包用小麦粉	Bread Wheat Flour	吨	ton	3899.7
面条用小麦粉	Noodles with Wheat Flour	吨	ton	3389.9
糕点用小麦粉	Cakes with Wheat Flour	吨	ton	4147.0

3-23 续表 5 continued

类 别	Item	计量单位	Measurement Unit	年末价格（元）Price at Year End（yuan）
饼干用小麦粉	Biscuits with Wheat Flour	吨	ton	3400.0
饺子用小麦粉	Dumplings with Wheat Flour	吨	ton	4100.0
馒头用小麦粉	Bread with Wheat Flour	吨	ton	3520.0
籼米精米	Indica Rice Fine Rice	吨	ton	3933.4
粳米精米	Rice Milled Rice	吨	ton	4255.1
籼米碎米	Indica Rice Broken Rice	吨	ton	3360.0
其他大米	Other Rice	吨	ton	3756.0
糯米	Polished Glutinous Rice	吨	ton	5800.0
大米细粉	Rice Flour	吨	ton	4700.0
糯米细粉	Glutinous Rice Powder	吨	ton	5800.0
其他未列明谷物磨制产品	Other Not Listed Corn Milling Products	吨	ton	1174.7
肉禽配合饲料	Meat and Poultry with the Feed	吨	ton	2400.0
猪预混合饲料	Pig Pre Mixed Feed	吨	ton	3900.0
大豆毛油	Soybean Crude Oil	吨	ton	6703.9
花生毛油	Peanut Crude Oil	吨	ton	15110.0
菜籽毛油	Crude Rapeseed Oil	吨	ton	5575.0
大豆精制油	Soybean Refined Oil	吨	ton	8469.6
花生精制油	Peanut Refined Oil	吨	ton	17524.6
棕榈油	Palm Ooil	吨	ton	6183.4
茶油	Tea-Seed Oil	吨	ton	40000.0
其他精制食用植物油	Other Refined Edible Vegetable Oil	吨	ton	9702.4
人造奶油（人造黄油）	Margarine（Margarine）	吨	ton	10804.1
精制棕榈油（非食用）	Refined Palm Oil（Non Edible）	吨	ton	5850.0
豆粕	Soybean Meal	吨	ton	3551.7
其他非食用植物油加工产品	Other Non-edible Vegetable Oil Products	吨	ton	3186.7
甘蔗制原糖	Cane System of Raw Sugar	吨	ton	4350.0
白砂糖	White Sugar	吨	ton	4933.3
甘蔗糖蜜	Sugar Cane Molasses	吨	ton	879.8
其他未列明制糖产品	Other Not Listed Sugar Products	吨	ton	131.8
鲜、冷藏猪肉	Fresh and Frozen Pork	吨	ton	12098.8
鲜、冷藏牛肉	Fresh, Chilled Beef	吨	ton	43000.0
鲜、冷藏鸭肉	Fresh, Frozen Duck	吨	ton	12000.0
冻猪肉	Frozen Pork	吨	ton	20615.5
冻鸭肉	Frozen Duck Meat	吨	ton	10.0
其他冻肉	Other Meat	吨	ton	23.2
其他动物肠衣	Other Casings of Animals	吨	ton	0.3
饲料用鱼粉	Feed with Fish Meal	吨	ton	11949.5
珍珠粉	Pearl Powder	千克	kg	20.0
苦杏仁	Bitter Almond	吨	ton	6797.1
木薯粉	Cassava Flour	吨	ton	2713.1
小麦淀粉	Wheat Starch	吨	ton	3008.0
玉米淀粉	Corn Starch	吨	ton	3089.9
木薯淀粉	Cassava Starch	吨	ton	3573.2

3-23 续表 6 continued

类 别	Item	计量单位	Measurement Unit	年末价格（元）Price at Year End（yuan）
葡萄糖	Glucose	吨	ton	4102.9
葡萄糖浆	Glucose Syrup	吨	ton	3500.0
麦芽糖	Maltose	吨	ton	3873.0
糊精	Dextrin	吨	ton	4569.5
其他淀粉及淀粉制品	Starch and Starch Products	吨	ton	9000.0
其他农副食品	Other Agro-food	吨	ton	18897.6
灭菌乳	Sterilized Milk	吨	ton	4436.4
乳粉	Milk Powder	吨	ton	39370.2
其他酵母	Other Yeast	吨	ton	50000.0
植脂冰淇淋	Whipped Ice Cream	吨	ton	9000.0
加碘盐	Iodized Salt	吨	ton	1097.0
食品增稠剂	Food Thickener	吨	ton	70000.0
食品色、香味添加剂	Food Color, Flavor Additives	吨	ton	350000.0
促进动物食欲饲料添加剂	Promoting Feed Additives of Animal Appetite	吨	ton	10042.4
小麦发酵酒精	Wheat Fermentation Alcohol	吨	ton	7150.0
薯类发酵酒精	Potato Fermentation Alcohol	吨	ton	6425.0
糖蜜发酵酒精	Molasses Fermentation Alcohol	吨	ton	6805.9
其他发酵酒精	Other Fermented Alcohol	吨	ton	5900.0
可乐型碳酸饮料	Cola Carbonated Drinks	吨	ton	1104.1
浓缩果汁（浆）	Concentrated Fruit Juice（Pulp）	吨	ton	13570.0
精制红茶	Refined Black Tea	千克	kg	47.5
精制绿茶	Refined Green Tea	千克	kg	21.4
精制花茶	Refined Tea	千克	kg	19.2
其他茶制品	Other Tea Products	吨	ton	30.0
片烟	Piece Smoke	吨	ton	61317.9
烟梗	Tobacco Stems	吨	ton	500.0
已梳皮棉	Has Comb Lint	吨	ton	22000.0
普梳纱	Carded Yarn	吨	ton	18565.5
合成纤维与棉混纺纱	Synthetic Fiber and Cotton Blended Yarn	吨	ton	23000.0
合成纤维纱	Synthetic Fiber Yarn	吨	ton	62.5
人造纤维纱	Artificial Fiber Yarn	吨	ton	38.0
其他天然纤维与棉混纺纱	Other Natural Fibers and Cotton Blended Yarn	吨	ton	9.0
棉线	Cotton Thread	吨	ton	3.4
棉混纺线	Cotton Blended Line	吨	ton	48156.0
化学纤维线	Chemical Fiber Line	吨	ton	21959.2
棉布	Cotton	米	m	11.7
棉混纺布	Cotton Blended Fabrics	米	m	13.1
化学纤维短纤布	Chemical Fiber Fiber Cloth	米	m	18.3
牛仔布	Denim	米	m	20.8
其他布	Other Cloth	米	m	4.7
棉制起绒布及绳绒织物	Cotton from the Flannel and Chenille Fabrics	吨	ton	247.8
其他未列明棉、化纤纺织产品	Other Non Listed Cotton, Chemical Fiber Textile Products	吨	ton	20.1
漂白布	Bleached Fabric	吨	ton	17.4

3-23 续表 7 continued

类 别	Item	计量单位 Measurement Unit		年末价格（元） Price at Year End（yuan）
染色布	Dyed Fabric	米	m	17.8
其他棉、化纤印染精加工	Other Cotton, Chemical Fiber Dyeing	吨	ton	54909.0
羊毛纱	Wool Yarn	吨	ton	154.0
其他未列明绒线	Other Not Specified in the Wool	个	piece	5.0
纯毛机织物	Pure Wool Machine Fabric	米	m	89.0
其他纤维长丝机织物	Other Filament Woven Fabrics	米	m	20.0
毛制毯	Woollen Blanket	吨	ton	51.3
聚酰胺高强力纱制帘子布	Polyamide high Tenacity Yarn Cord Fabric	吨	ton	34840.0
用塑料处理纺织物	Processing of Textile Materials with Plastic	吨	ton	17500.0
涂焦油、蜡、沥青或类似产品纺织物	Coated with Tar, Bitumen or Similar Products	吨	ton	17900.0
其他未列明纺织带和帘子布	Other Not Listed Textile and Fabric	平方米	sq.m	4.8
猪半成品革(折牛皮)	Pig Semi-finished Leather（Cowhide Fold）	平方米	sq.m	57.0
猪重革	Porcine Heavy Leather	平方米	sq.m	13.5
牛重革	Cattle Heavy Leather	平方米	sq.m	309.2
牛轻革	Bovine Light Leather	平方米	sq.m	74.7
山羊轻革	Goat Light Leather	平方米	sq.m	76.5
猪轻革	Pig Light Leather	平方米	sq.m	45.0
其他未列明成品革	Not Elsewhere Specified, Finished Leather	平方米	sq.m	21.0
加工填充用羽绒	Processing Fill with Feather	千克	kg	126.8
普通锯材	Ordinary Lumber	立方米	cu.m	1231.2
未浸渍枕木	Not Impregnated Sleepers	立方米	cu.m	1074.7
针叶木木片	Coniferous Wood Film	立方米	cu.m	705.5
非针叶木木片	Non Coniferous Wood	立方米	cu.m	1150.0
木粉	Wood Flour	立方米	cu.m	680.0
锯木屑	Sawdust	立方米	cu.m	436.3
其他木废碎料	Other Wood Waste and Scrap	立方米	cu.m	310.2
中密度纤维板	Medium Density Fiberboard	立方米	cu.m	904.5
其他人造板、材制造	Other Plywood, Timber Manufacturing	立方米	cu.m	20.2
其他竹制品	Other Bamboo Products	立方米	cu.m	680.0
机械木浆	Mechanical Pulp	吨	ton	4770.1
化学木浆	Chemical Wood Pulp	吨	ton	5010.3
其他木浆	Other Wood Pulp	吨	ton	6930.0
化学法非木材纤维纸浆	The Chemical Non Wood Fiber Pulp	吨	ton	3761.5
其他方法非木材纤维纸浆	Other Methods of Non-wood Fiber Pulp	吨	ton	3783.2
废纸纸浆	Waste Paper Pulp	吨	ton	2050.0
书写印刷纸	Writing and Printing Paper	吨	ton	5311.2
其他未涂布印刷书写用纸	Other Uncoated Printing and Writing Paper	吨	ton	6605.4
新闻纸	Newsprint	吨	ton	4505.0
卫生纸原纸	Tissue Base Paper	吨	ton	8201.6
面巾纸原纸	Tissue Paper	吨	ton	7500.0
包装纸	Wrapper	吨	ton	65.7
箱纸板	Linerboard	吨	ton	3111.9
瓦楞原纸	Corrugating Medium	吨	ton	2749.7

3-23 续表 8 continued

类 别	Item	计量单位	Measurement Unit	年末价格（元）Price at Year End（yuan）
工业技术配套用纸	Industrial Technology Supporting Paper	吨	ton	25000.0
胶印版纸	Offset Printing Paper	吨	ton	348.1
卷烟纸	Cigarette Paper	吨	ton	14617.6
其他机制纸及纸板	Other Mechanisms for Paper and Paperboard	吨	ton	5956.9
其他加工纸	Other Processing of Paper	吨	ton	9516.9
瓦楞纸及纸板容器	Corrugated Paper and Paperboard Containers	吨	unit	305.6
纸制存储盒	Paper Storage Box	百件	100 piece	500.0
纸制其他包装容器	Other Paper Packaging Container	百个	100 piece	339.6
纸制筒管、卷轴、纡子及类似品	Paper Bobbin, Reel and Similar Products	百个	100 piece	516.7
其他纸制品	Other Paper Products	吨	ton	31225.0
其他未列明印刷品	Other Not Listed Printing	吨	ton	0.5
90号车用汽油	90# Motor Gasoline	吨	ton	8342.9
93号车用汽油	93# Motor Gasoline	吨	ton	8788.2
97号车用汽油	97# Motor Gasoline	吨	ton	9064.5
航空煤油	Aviation Kerosene	吨	ton	11400.0
其他煤油	Other Kerosene	吨	ton	11500.0
-10号柴油	-10# Diesel oil	吨	ton	9100.0
0号柴油	0# Diesel Oil	吨	ton	7305.5
重柴油	Heavy Diesel Oil	吨	ton	5589.8
全损耗系统用油	Total Loss System Oil	吨	ton	789.3
齿轮用油	Gear Oil	吨	ton	27930.0
液压系统用油	Hydraulic System Oil	吨	ton	12800.0
柴油机润滑油	Diesel Engine Lubricating Oil	吨	ton	10282.4
其他润滑油	Other Lubricants	吨	ton	8890.7
工业用燃料油	Industrial Fuel Oils	吨	ton	5065.8
油漆溶剂油	Paint Solvent Oil	吨	ton	8234.1
民用石油液化气	Civil Liquefied Petroleum Gas	吨	ton	3999.7
工业用石油液化气	Industrial Liquefied Petroleum Gas	吨	ton	1464.6
未煅烧石油焦	Not Calcined Petroleum Coke	吨	ton	1140.0
其他石油沥青	Other Petroleum Asphalt	吨	ton	1717.6
精炼石蜡	Refined Paraffin Wax	吨	ton	8420.5
其他石蜡	Other Paraffin	吨	ton	9250.0
白色油	White Oil	吨	ton	9200.0
其他石油制品	Other Petroleum Products	吨	ton	8803.0
煤制焦炭	Coal System for Coke	吨	ton	1276.2
石油焦（焦炭类）	Petroleum Coke（Coke Class）	吨	ton	1258.6
硫酸（≥98%）	Sulfuric Acid（≥98%）	吨	ton	425.2
硫酸（<98%）	Sulfuric Acid（<98%）	吨	ton	395.7
盐酸（氯化氢，含量31%）	Hydrochloric Acid（HCI, 31% Content）	吨	ton	698.0
磷酸（含量85%）	Phosphoric Acid（Content 85%）	吨	ton	5325.2
硼酸	Boric Acid	吨	ton	6100.0
其他未列明无机酸	Not Elsewhere Specified Inorganic Acid	吨	ton	7400.0
液体烧碱（折100%）	Liquid Caustic Soda（100%）	吨	ton	1522.4

3-23 续表 9 continued

类 别	Item	计量单位 Measurement Unit		年末价格（元）Price at Year End（yuan）
固体烧碱（固体氢氧化钠）	Solid Caustic Soda（Solid sodium Hydroxide）	吨	ton	2674.1
轻质碳酸钠	Light Sodium Carbonate	吨	ton	1507.0
重质碳酸钠	Heavy Sodium Carbonate	吨	ton	2008.9
碳酸氢钠（小苏打）	Sodium Bicarbonate（Baking Soda）	吨	ton	1500.0
氢氧化铝	Aluminum Hydroxide	吨	ton	3401.3
氢氧化铜	Cupric Hydroxide	吨	ton	13430.0
其他未列明无机碱产品	Other Not Listed Inorganic Alkali Products	吨	ton	38880.0
硫化钠（硫化碱）	Sodium Sulfide（Sodium Sulfide）	吨	ton	1778.3
硫化钡	Barium Sulfide	吨	ton	1276.0
无水硫酸钠	Anhydrous Sodium Sulfate	吨	ton	545.5
硫酸铝	Aluminum Sulfate	吨	ton	1450.0
硫酸铜（胆矾）	Copper Sulfate（Blue Vitriol）	吨	ton	15117.9
硫酸锌（皓矾）	Zinc Sulfate（Hao Alum）	吨	ton	4133.6
亚硫酸钠	Sodium Sulfite	吨	ton	6500.0
过硫酸铵	Ammonium Ammonium Sulfate	吨	ton	4980.0
其他金属硫化物及硫酸盐	Other Metal Sulphides and Sulphates	吨	ton	6176.9
硝酸钾（硝酸盐）	Potassium Nitrate（Nitrate）	吨	ton	6867.6
硝酸铋	Bismuth Nitrate	吨	ton	138000.0
其他金属硝酸盐、亚硝酸盐	Other Metals Nitrates, Nitrate	吨	ton	1885.2
重铬酸盐	Dichromate	吨	ton	8300.0
偏磷酸盐	Metaphosphate	吨	ton	7300.0
氟化铝	Aluminum Fluoride	吨	ton	7180.6
氯化钠	Sodium Chloride	吨	ton	1698.0
氯化钙	Calcium Chloride	吨	ton	1525.0
氯化锌	Zinc Chloride	吨	ton	9000.0
三氯化铁	Ferric Chloride	吨	ton	4115.0
氯化铝	Aluminum Chloride	吨	ton	2544.0
聚氯化铝	Poly Aluminum Chloride	吨	ton	1830.6
商品液氯	Commodity Liquid Chlorine	吨	ton	1672.3
氯酸钠	Sodium Chlorate	吨	ton	5260.8
高氯酸钾	Potassium Perchlorate	吨	ton	8706.9
氢氧基氯化铝	Hydroxyl Aluminum Chloride	吨	ton	2650.0
氰化钠	Sodium Cyanide	吨	ton	22449.9
硅酸钠	Sodium Silicate	吨	ton	1480.0
碳化钨	Tungsten Carbide	吨	ton	295000.0
重质碳酸钙	Heavy Calcium Carbonate	吨	ton	460.0
活性碳酸钙	Activity of Calcium Carbonate	吨	ton	1250.0
过碳酸盐	Percarbonate	吨	ton	20839.4
其他碳化物及碳酸盐	Other Carbides and Carbonates	吨	ton	1012.9
氧化镝	Dysprosium Oxide	吨	ton	1530000.0
其他稀土化合物	Other Rare-earth Compounds	吨	ton	280000.0
丙烷	Propane	吨	ton	8500.0
乙烯	Ethylene	吨	ton	12400.0

3-23 续表 10 continued

类　别	Item	计量单位 Measurement Unit		年末价格（元） Price at Year End（yuan）
丙烯	Propylene	吨	ton	13500.0
甲基丁二烯	Methyl Butadiene	吨	ton	17300.0
其他无环烃	Other Non-cyclic Hydrocarbon	吨	ton	6100.0
甲苯	Toluene	吨	ton	6300.0
粗二甲苯	Crude Xylene	吨	ton	7141.4
混合二甲苯	Mixed Xylene	吨	ton	8750.0
烷基苯磺酸	Benzene Sulfonic Acid	吨	ton	10200.0
精甲醇	Refined Methanol	吨	ton	2799.0
乙醇	Ethanol	吨	ton	9000.0
丙二醇	Propylene Glycol	吨	ton	13850.0
其他无环醇及其衍生物	Other Acyclic Alcohols and Their Derivatives	吨	ton	6461.2
甲酸及甲酸盐	Formic Acid and Formic Acid Salt	吨	ton	5200.0
冰乙酸（冰醋酸）	Glacial Acetic Acid（Acetic Acid）	吨	ton	3884.1
乙酸	Acetic Acid	吨	ton	7600.0
氯乙酸及其盐和酯	Chloroacetic Acid and Its Salts and Esters	吨	ton	4600.0
硬脂酸及其盐	Stearic Acid and Its Salts	吨	ton	8964.8
丙烯酸及其盐和酯	Acrylic Acid and Its Salts and Esters	吨	ton	22754.6
油酸及其盐和酯	Oleic Acid and Its Salts and Esters	吨	ton	8500.0
草酸及其盐和酯	Oxalic Acid and Its Salts and Esters	吨	ton	5400.0
其他羧酸及其衍生物	Other Carboxylic Acid and Its Derivatives	吨	ton	11043.9
甲苯二异氰酸酯	TDI	吨	ton	19279.5
二苯基甲烷二异氰酸酯（纯MDI）	Diphenylmethane Diisocyanate	吨	ton	21000.0
其他醚	Other Ethers	吨	ton	8220.0
甲醛	Formaldehyde	吨	ton	1481.6
其他醛	Other Aldehydes	吨	ton	13794.9
丙酮	Acetone	吨	ton	11063.8
其他未列明有机化学原料	NES Organic Chemistry Raw Materials	吨	ton	2968.1
过氧化氢(双氧水)	Hydrogen Peroxide	吨	ton	1020.0
氧化锌	Zinc Oxide	吨	ton	16605.2
氧化铜	Copper Oxide	吨	ton	54475.0
其他金属氧化物	Other Metal Oxides	吨	ton	29550.8
氧气	Oxygen	吨	ton	24.9
二氧化碳	Carbon Dioxide	吨	ton	48.7
乙炔	Acetylene	吨	ton	35.5
精制硫磺	Refined Sulfur	吨	ton	1430.0
其他硫磺	Other Sulfur	吨	ton	1794.4
黄磷	Yellow Phosphorus	吨	ton	15428.3
其他未列明基础化学原料	Other Not Listed Basic Chemical Raw Materials	吨	ton	6697.0
合成氨（无水氨）	Synthetic Ammonia（Anhydrous Ammonia）	吨	ton	1450.0
氨水	Ammonia	吨	ton	4500.0
尿素	Urea	吨	ton	1797.8
肥料用氯化铵	Fertilizer with Ammonium Chloride	吨	ton	698.9
硝酸铵	Ammonium Nitrate	吨	ton	1696.0

3-23 续表 11 continued

类　别	Item	计量单位	Measurement Unit	年末价格（元）Price at Year End（yuan）
硝酸钠	Sodium Nitrate	吨	ton	2380.0
其他氮肥	Other Nitrogen	吨	ton	970.0
过磷酸钙	Superphosphate	吨	ton	730.0
钙镁磷肥	FCMP	吨	ton	798.4
磷酸二铵	DAP	吨	ton	2500.0
磷酸一铵	Monoammonium Phosphate	吨	ton	2272.3
其他磷肥	Other Phosphate	吨	ton	1622.0
氯化钾	Potassium Chloride	吨	ton	2225.1
硫酸钾（钾肥）	Potassium Ssulfate（Potash）	吨	ton	3419.0
磷酸二氢钾（合成复合肥料）	Potassium Dihydrogen Phosphate	吨	ton	6650.0
其他复混（合）肥料	Other Compound Fertilizer	吨	ton	1974.0
有机磷杀虫剂原药	Organophosphorus Pesticides Original Drug	吨	ton	29616.2
拟除虫菊酯杀虫剂原药	Pyrethroids Original Drug	吨	ton	70464.9
杀螨剂原药	Acaricide Original Drug	吨	ton	54975.0
沙蚕毒类杀虫剂原药	Nereistoxin Pesticies Original Drug	吨	ton	31800.0
其他杀虫剂（杀螨剂）原药	Other Pesticides（Acaricides）Original Drug	吨	ton	714422.8
有机磷类除草剂原药	Organophosphorus Herbicides Original Drug	吨	ton	16461.8
三氮苯类除草剂原药	Triazine Herbicides Original Drug	吨	ton	29000.0
杂环类除草剂原药	Heterocyclic Herbicide	吨	ton	19469.0
船舶水性涂料	Ship Waterborne Coatings	吨	ton	21000.0
防腐水性涂料	Anticorrosive Waterborne Coatings	吨	ton	18000.0
通用水性涂料	General Water Paint	吨	ton	21042.7
通用非水性涂料	Generic Non-water-based Paint	吨	ton	23007.5
功能性建筑涂料	Functional Architectural Coatings	吨	ton	10333.0
墙面涂料	Wall Paint	吨	ton	0.2
其他建筑涂料	Other Architectural Coatings	吨	ton	1.0
稀释剂	Diluting Agent	吨	ton	787.5
固化剂	Curing Agent	吨	ton	2500.0
其他涂料辅助材料	Other Coating Auxiliary Materials	吨	ton	20852.5
平版油墨	Lithographic Ink	吨	ton	20658.5
水性柔印油墨	Water-based Flexo Ink	吨	ton	21900.0
其他印刷油墨	Other Printing Ink	吨	ton	15399.1
钛白粉	Titanium Dioxide	吨	ton	14344.2
工业用调制颜料	Industrial Modulation Pigment	吨	ton	14349.1
工业用着色剂	Industrial Colorants	吨	ton	49162.5
珐琅及釉料	Enamel and Glaze	吨	ton	365.0
荧光增白剂	Fluorescent Brighteners	吨	ton	20000.0
乙烯聚合物	Polymers of Ethylene	吨	ton	11468.5
丙烯，相关烯烃聚合物	Propylene, Olefin Polymer	吨	ton	11145.1
苯乙烯聚合物	Styrene Polymer	吨	ton	12388.3
氯乙烯，相关卤化烯烃聚合物	Related Halogenating Olefins Polymer	吨	ton	8576.7
环氧树脂	Epoxy Resin	吨	ton	3611.6
不饱和聚酯树脂	Unsaturated Polyester Resin	吨	ton	10700.0

3-23 续表 12 continued

类 别	Item	计量单位	Measurement Unit	年末价格（元） Price at Year End（yuan）
其他初级形态的塑料及合成树脂	Other Plastic and Synthetic Resin	吨	ton	15148.2
顺丁橡胶	Butadiene Rubber	吨	ton	13492.2
丁苯橡胶	Styrene-butadiene Rubber	吨	ton	14512.1
丁腈橡胶	Nitrile Rubber	吨	ton	17800.0
氯磺化聚乙烯橡胶	Chlorosulfonated Polyethylene Rubber	吨	ton	26000.0
其他合成橡胶	Other Synthetic Rubber	吨	ton	2414.9
聚酯	Polyester	吨	ton	8538.0
聚乙烯醇	Polyvinyl Alcohol	吨	ton	27300.0
其他油脂类高分子聚合物	Polymers of other Fats and Oils	吨	ton	22000.0
其他催化剂	Other Catalysts	吨	ton	11800.0
橡胶防老剂	Rubber Antioxidant	吨	ton	13100.0
塑料增塑剂	Plastic Plasticizer	吨	ton	9400.0
塑料复合稳定剂	Plastic Composite Stabilizer	吨	ton	12300.0
软皮剂	Soft Leather Agent	吨	ton	5500.0
耐磨炉黑	Abrasion Furnace Black	吨	ton	6500.0
农药乳化剂	Pesticide Emulsifier	吨	ton	11794.9
其他未列明化学试剂和助剂	Other Not Listed Chemicals and Additives	吨	ton	8274.7
润滑油用添加剂	With Additives Lubricating Oil	吨	ton	22550.0
电镀用化学品	Plating Chemicals	吨	ton	146350.0
其他工业用脂肪酸	Other Industrial Use of Fatty Acids	吨	ton	6130.8
水泥、灰泥及混凝土用添加剂	Cement, Plaster and Concrete Additives	吨	ton	1700.1
建工建材用交联剂	Construction Materials Used in Building Materials	吨	ton	9638.0
其他建工建材用化学助剂	Other Buildings with Chemical Additives	吨	ton	7042.8
其他专项化学用品	Other Special Chemicals	吨	ton	164000.0
脂松节油	Turpentine	吨	ton	9346.7
木松节油	Wood Turpentine	吨	ton	10307.2
其他松节油类产品	Other Turpentine Class Products	吨	ton	10256.4
脂松香	Gum Rosin	吨	ton	12599.8
其他未列明林产化学产品	Other Not Listed Fores Chemical Products	吨	ton	240000.0
铵油类炸药	Ammonium Oil Explosives	吨	ton	10317.1
乳化炸药	Emulsion Explosives	吨	ton	10065.3
铵锑类炸药	Ammonium Antimony Explosives	吨	ton	13274.5
其他配制炸药	Other Prepared Explosives	吨	ton	9698.0
电雷管	Electric Detonators	发	piece	3.0
导爆管雷管	Detonator	发	piece	5.3
塑料导爆管	Nonel Tube	发	piece	0.7
索类火工品	The Sok Class Pyrotechnics	百米	hectometre	193.6
黑色火药	Black Powder	吨	ton	12200.0
火器用发射药	Firearms with the Propellant	吨	ton	13729.5
明胶	Gelatin	吨	ton	55750.0
热溶胶	Thermal Sol	吨	ton	18376.0
高吸水性树脂	Super Absorbent Resin	吨	ton	18050.0
焊丝	Wire	吨	ton	7236.0

3-23 续表 13 continued

类 别	Item	计量单位 Measurement Unit		年末价格（元） Price at Year End（yuan）
其他未列明专用化学产品制造	Other Non Listed Chemical Products Manufacturing	吨	ton	42500.0
液体洗涤剂	Liquid Detergent	吨	ton	8600.0
其他类型表面活性剂	Other Types of Surfactants	吨	ton	90.0
薄荷醇（DL—薄荷脑）	Menthol（DL-menthol）	千克	kg	285.0
日用香精	Daily Flavor	千克	kg	285.0
阿莫西林	Amoxicillin	十亿	billion	149.6
四环素	Tetracycline	十亿	billion	85.5
土霉素	Oxytetracycline	十亿	billion	60.7
7氨基头孢烷酸	7 Amino Cephalosporanic Acid	十亿	billion	500.0
头孢氨苄及其盐	Cefalexin and Its Salts	十亿	billion	330.0
头孢拉啶及其盐	Cefradine and Its Salts	十亿	billion	390.0
诺氟沙星胶囊/输液	Norfloxacin Capsules / Infusion	十亿	billion	176.0
其他抗菌素（抗感染药）	Other Antibiotics（Anti-infectives）	千克	kg	565.5
雷尼替丁	Ranitidine	千克	kg	113.0
其他消化系统用药	Other Digestive System Drugs	千克	kg	182.9
安乃近	Analgin	千克	kg	24.0
氨基比林	Aminopyrine	千克	kg	76.0
对乙酰氨基酚（扑热息痛）	Acetaminophen （Paracetamol）	千克	kg	26.4
磺胺甲噁唑	Sulfamethoxazole	千克	kg	95.0
其他解热镇痛药	Other Antipyretic Analgesics	千克	kg	255.0
其他维生素及其衍生物	Other Vitamins and Their Derivatives	千克	kg	25.0
其他中枢神经系统用药	Other Central Nervous System Drugs	千克	kg	158.1
愈创木酚类	Healing the Wood Phenolic	千克	kg	85.0
无水葡萄糖	Anhydrous Glucose	千克	kg	4.8
葡萄糖类药	Glucose Medicines	千克	kg	73.0
混合脂肪酸甘油酯	Mix Fatty Acid Esters of Glycerol	千克	kg	26.0
盐酸赖氨酸	Lysine Hydrochloride	千克	kg	45.0
醋酸氯己定	Chlorhexidine Acetate	千克	kg	280.0
止咳平喘胶囊	Zhike Pingchuan Jiaonang	盒	box	46.4
解表膏药	Jiebiao Gaoyao	盒	box	40072.8
补益膏药	Buyi Gaoyao	盒	box	25000.0
理血膏药	Lixue Gaoyao	盒	box	231.7
其他膏药	Other Plaster	盒	box	165.3
其他中成药	Other Proprietary Chinese Medicines	盒	box	60.0
三磷腺苷钠制剂	ATP	百支	100 piece	250.0
人血白蛋白	Human Serum Albumin	百支	100 piece	50470.0
空心胶囊	Vacant Capsules	百支	100 piece	119.7
粘胶棉型短纤维	Viscose Cotton Staple Fiber	吨	ton	11231.8
其他人造纤维短纤维	Other Synthetic Staple Fibers	吨	ton	9800.0
粘胶纤维长丝	Viscose Filament	吨	ton	1.8
锦纶短纤维	Nylon Short Fibers	吨	ton	10.0
涤纶棉型短纤维	Polyester Cotton Short Fiber	吨	ton	8720.1
涤纶长丝	Polyester Filament Yarn	吨	ton	7.9

3-23 续表 14 continued

类 别	Item	计量单位 Measurement Unit		年末价格（元） Price at Year End（yuan）
其他合成纤维加工丝	Other Synthetic Filaments	条	unit	7.5
载货汽车橡胶轮胎外胎	Truck Rubber Tire Tire	条	unit	1420.0
农、林机械用橡胶轮胎外胎及履带	Agriculture, Forestry Machinery Tires	条	unit	307.4
客车子午线轮胎外胎	Coach Meridian Tyres and Tubes	个	unit	1881.0
其他实心或半实心轮胎	Other Solid or Semi-solid Tires	个	unit	3630.0
塑料加强橡胶输送带	Reinforced Plastic Rubber Conveyor Belt	条	unit	204.0
模制成型塑胶零件	Molded Plastic Parts	万件	10 000 piece	380000.0
聚乙烯塑料包装用薄膜	Polyethylene Plastic Packaging Films	吨	ton	19092.5
其他聚乙烯塑料薄膜	Other Polyethylene Plastic Film	吨	ton	14824.5
聚丙烯双向拉伸塑料薄膜	PP Biaxially Oriented Plastic Film	吨	ton	13960.1
其他聚丙烯塑料薄膜	Other Polypropylene Plastic Film	吨	ton	19065.9
聚氯乙烯塑料薄膜	PVC Film	吨	ton	8363.6
聚乙烯塑料板、片	Polyethylene Plastic Plates, Sheets	吨	ton	12101.0
聚丙烯塑料板、片	Polypropylene Plastic Plates, Sheets	吨	ton	9170.8
聚酯塑料板、片	Polyester Plastic Plate, Sheet	吨	ton	9650.0
其他塑料板、片	Other Plastic Plates, Sheets	吨	ton	23050.0
塑料软管	Plastic hose	吨	ton	3.0
聚甲基丙烯酸甲酯塑料条、棒、型材	PMMA Plastic Strips, Rods, Profiles	吨	ton	19190.0
其他塑料条、棒、型材	Other Plastic Strip, Rods, Profiles	吨	ton	14680.0
其他未列明塑料板、管、型材	Other Not Listed Plastic Board & Pipe	吨	ton	14600.0
其他塑料编织布	Other Plastic Woven	吨	ton	130000.0
聚乙烯塑料单丝	Polyethylene Plastic Monofilament	吨	ton	14310.0
聚丙烯塑料编织袋	Polypropylene Plastic Bags	吨	ton	11589.9
聚乙烯塑料袋	Polyethylene Plastic Bags	吨	ton	18500.0
其他塑料袋	Other Plastic Bag	吨	ton	0.6
聚乙烯泡沫塑料片	Polyethylene Foam Ffilm	吨	ton	18000.0
聚苯乙烯泡沫塑料片	Polystyrene Foam Film	吨	ton	14042.8
塑料桶，容积≤300L	Plastic Barrels, Volume ≤ 300L	吨	ton	65.4
塑料瓶，容积≤300L	Plastic Bottles, Volume ≤ 300L	吨	ton	149.5
塑料塞子、盖子及类似品	Plastic Stoppers, Lids and Similar Products	吨	ton	8.0
其他塑料制绝缘零件	Other Plastics Insulating Parts	吨	ton	25.0
电子产品用塑料零件	Plastic Parts of Electronic Products	吨	ton	70.1
其他未列明塑料零件	Other Not Listed Plastic Parts	吨	ton	0.2
塑料电缆料颗粒	Plastic Cable Material Particles	吨	ton	8277.8
塑料填充母料颗粒	Plastic Filler Particles	吨	ton	9100.0
再生塑料颗粒	Recycled Plastic Granules	吨	ton	7954.4
塑料功能母料颗粒	Plastic Functional Masterbatch Pellet	吨	ton	20865.5
塑料热塑性弹性体颗粒	Thermoplastic Elastomer Particles	吨	ton	9236.3
强度等级32.5水泥（含R型）	Strength Grade 32.5 Cement（R-type）	吨	ton	351.1
强度等级42.5水泥（含R型）	Strength Grade 42.5 Cement（R-type）	吨	ton	368.4
强度等级52.5水泥（含R型）	Strength Grade 52.5 Cement（R-type）	吨	ton	365.0
普通硅酸盐水泥（P·O）	Ordinary Portland Cement（P O）	吨	ton	402.2
窑外分解窑水泥熟料	Kiln Cement Clinker in the Kiln	吨	ton	306.0

3-23 续表 15 continued

类　别	Item	计量单位 Measurement Unit		年末价格（元）Price at Year End（yuan）
其他硅酸盐水泥熟料	Other Portland Cement Clinker	吨	ton	240.0
生石灰	Quicklime	吨	ton	244.4
消石灰	Hydrated Lime	吨	ton	700.3
化学熟石膏	Chemical Plaster	吨	ton	203.1
磷石膏	Phosphogypsum	吨	ton	158.3
脱硫石膏	FGD Gypsum	吨	ton	179.9
粉煤灰	Fly Ash	吨	ton	151.7
其他建筑材料	Other Building Materials	吨	ton	48.0
无色2毫米浮法玻璃	Colorless 2 mm Float Glass	重量箱	weight box	138.9
无色4毫米浮法玻璃	Colorless 4 mm Float Glass	重量箱	weight box	556.5
无色5毫米浮法玻璃	Colorless 5 mm Float Glass	重量箱	weight box	81.0
彩色4毫米浮法玻璃	The Color of 4 mm Float Glass	重量箱	weight box	466.0
其他未列明平板玻璃	Other Not Listed Flat Glass	重量箱	weight box	46.5
建筑用钢化玻璃与半钢化玻璃	Toughened Glass and Semi Tempered Glass for Building	重量箱	weight box	17.7
其他钢化玻璃	Other Toughened Glass	重量箱	weight box	100.5
光学玻璃二次压型毛坯	Optical Glass Secondary Pressure of Rough	平方米	sq.m	127.8
其他玻璃包装容器	Other Glass Packaging Container	个	unit	3.0
无碱玻璃纤维纱	E-glass Fiber Yarn	吨	ton	5000.0
无碱玻璃纤维布	E-glass Fiber Cloth	米	m	1.7
电容器陶瓷零件	Capacitor Ceramic Parts	件	piece	38.0
粘土质隔热耐火砖	Clayey Insulating Firebrick	吨	ton	200.0
炭电极	Charcoal Electrode	吨	ton	3750.5
炭阳极	Carbon Anode	吨	ton	3202.2
电极糊	Carbon Paste	吨	ton	3480.0
天然研磨料	Natural Abrasives	吨	ton	1008.5
碳化硅磨料	Silicon Carbide Abrasive	吨	ton	6400.0
人造金刚石	Artificial diamond	克拉	carat	0.3
其他磨料	Other Abrasives	千克	kg	1764.9
炼钢生铁	Steelmaking Pig Iron	吨	ton	3569.0
铸造生铁	Foundry Pig Iron	吨	ton	3274.7
球墨铸铁	Nodular Cast Iron	吨	ton	5079.4
其他未列明炼铁产品	Other Not Listed Iron Products	吨	ton	3544.4
电工用硅（铝）钢（粗钢）	Electrician Use Siliconm, Aluminum, Steel	吨	ton	6950.0
圆坯（粗钢）	Round Billet（Crude Steel）	吨	ton	6000.0
一般用途碳素结构钢（钢坯）	General-purpose Carbon Structural Steel	吨	ton	5549.2
优质铸造碳素钢（钢坯）	Quality Carbon Structural Steel（Billet）	吨	ton	5000.0
一般低合金结构钢（钢坯）	Generally Low Alloy Steel（Billet）	吨	ton	2720.0
一般结构用合金钢（钢坯）	Generally Structural Steel（Billet）	吨	ton	6104.1
电工用硅（铝）钢（钢坯）	Electrician Use Silicon, Aluminum, Billet	吨	ton	11930.7
轴承钢（钢坯）	Bearing Steel（Billet）	吨	ton	4529.9
铬镍系不锈钢（钢坯）	Chromium Nickel Stainless Steel（Billet）	吨	ton	6150.0
耐热不锈钢（钢坯）	Heat-resistant Stainless Steel（Billet）	吨	ton	10500.0
轻轨，9kg/m	Light Rail, 9 kg/m	吨	ton	4560.0

3-23 续表 16 continued

类　别	Item	计量单位 Measurement Unit		年末价格（元）Price at Year End（yuan）
道岔钢轨	Switch Turnouts	吨	ton	7692.0
大型H型钢	Large H Steel	吨	ton	4400.0
大型I型钢（大型工字钢）	Large I Beam（Large I-beam）	吨	ton	3839.0
大型U型钢（大型槽钢）	Large U-shaped Steel（Large Channel）	吨	ton	3290.8
大型角钢	Large Angle	吨	ton	5122.9
中小型H型钢	Mid-Small Section H-beam	吨	ton	3701.2
中小I型钢（小工字钢）	Mid-Small Section I-beam（Small Steel）	吨	ton	3779.3
中小U型钢（小槽钢）	Mid-Small Section U-beam（Channel Bar）	吨	ton	3567.8
中小型角钢	Small and Medium Angle	吨	ton	3845.8
矿用支柱钢	Mining the Pillars of Steel	吨	ton	4650.0
特殊中小型型钢	Special Small Profiled	吨	ton	27900.0
其他品种中小型型钢	Other Small and Medium Steel	吨	ton	6001.9
螺纹钢	Rebar	吨	ton	4020.6
大型圆钢	Large Round Bar	吨	ton	4041.8
小型圆钢	Small Round Bar	吨	ton	4637.9
小型方钢	Small Square Steel	吨	ton	4200.0
小型扁钢	Small Flat Steel	吨	ton	4100.0
其他品种棒材	Other Varieties of Steel Bar	吨	ton	3900.0
钢绞线用硬线材	Strand with a Hard Wire	吨	ton	5311.8
拉拔用线材（软线）	Drawing With Wire（Cord）	吨	ton	2996.2
电焊条用线材	Used for Welding Electrode Wire	吨	ton	3347.2
其他用途线材	Other Uses Wire	吨	ton	3164.3
普通质量低合金钢特厚板	Low Alloy Steel Thick Plate	吨	ton	6850.0
普通质量非合金钢厚钢板	Non Alloy Steel Thick Plate	吨	ton	4142.4
优质非合金钢厚钢板	Quality of Unalloyed Steel Thick Plate	吨	ton	3700.8
普通质量低合金钢厚钢板	Low Alloy Steel and Thick Steel Plate	吨	ton	5827.5
普通质量非合金钢中板	Non-alloy Steel Plate	吨	ton	3799.8
优质非合金钢中板	High-quality Non-alloy Steel Plate	吨	ton	4450.0
普通质量低合金钢中板	Low-alloy Steel Plate	吨	ton	3926.4
普通质量非合金钢热轧薄板	Non Alloy Steel Hot Rolled Sheet	吨	ton	4094.2
优质非合金钢热轧薄板	Non-alloy Hot-rolled Steel Sheet	吨	ton	4470.9
普通质量低合金钢热轧薄板	Low-alloy Steel Hot Rolled Sheet	吨	ton	4939.8
优质低合金钢热轧薄板	High-quality Low-alloy Steel Cold-rolled Sheet	吨	ton	3970.0
铬系不锈钢热轧薄板	Chromium Stainless Steel Hot Rolled Sheet	吨	ton	11500.0
普通质量非合金钢冷轧薄板	Non Alloy Steel Cold Rolled Sheet	吨	ton	5146.5
优质非合金钢冷轧薄板	High-quality Non-alloy Steel Cold-rolled Sheet	吨	ton	5893.8
普通质量低合金钢冷轧薄板	Low Quality Qlloy Steel Cold-rolled Sheet	吨	ton	6327.4
优质低合金钢冷轧薄板	High-quality Low-alloy Steel Cold-rolled Sheet	吨	ton	5100.0
铬镍系不锈钢冷轧薄板	Chromium Stainless Steel Cold Rolled Sheet	吨	ton	17500.0
普通质量非合金钢中厚宽钢带	Normal quality Wide Strip of Thick Non-alloy steel	吨	ton	9515.0
优质低合金钢中厚宽钢带	Low Alloy Steel Thick in the Wide Strip	吨	ton	3800.0
普通质量非合金钢热轧薄宽钢带	Unalloyed Steel Hot Rolled Wide Strip	吨	ton	3200.0
普通质量非合金钢冷轧薄宽钢带	Unalloyed Steel Cold-rolled Wide Strip	吨	ton	4475.0

3-23 续表 17 continued

类 别	Item	计量单位 Measurement Unit		年末价格（元） Price at Year End（yuan）
普通质量非合金钢热轧窄钢带	Common Quality with Narrow Hot Steel	吨	ton	3340.0
特殊质量非合金钢热轧窄钢带	Unalloyed Steel Narrow Hot Steel Band	吨	ton	32500.0
铬镍系不锈钢热轧窄钢带	Stainless Steel Narrow Hot Steel Belt	吨	ton	38450.0
普通质量非合金钢冷轧窄钢带	Non Alloy Stee Cold-rolled Narrow Strip	吨	ton	4390.0
普通质量非合金钢镀层板带	Ordinary Quality Non Alloy Steel Plating	吨	ton	3738.3
热轧（挤压）无缝钢管	Hot-rolled Seamless Steel Pipe	吨	ton	5437.7
冷拔（轧）无缝钢管	Cold Drawn Seamless Steel Pipe	吨	ton	6057.6
其他制造工艺无缝钢管	Other manufacturing Process of Seamless Steel tube	吨	ton	6094.4
直缝电阻焊接钢管	Straight Joint Resistance Welded Tube	吨	ton	4900.0
其他制造工艺焊接钢管	Other manufacturing Process of Swelded Pipe	吨	ton	5600.0
不锈钢其他钢材	Stainless Steel and Other Steel	吨	ton	27500.0
热轧其他钢材	Other Hot rolled Steel	吨	ton	4689.0
冷轧（拔）其他钢材	Cold-rolled（Drawn）Other Steel	吨	ton	5390.0
其他钢材	Other Steel	吨	ton	21577.0
硅铁，含硅75%	Ferrosilicon, Silicon 75%	吨	ton	10045.5
硅铁，含硅65%	Ferrosilicon, Silicon 65%	吨	ton	6917.9
锰硅合金	Silicon-manganese Alloy	吨	ton	7025.5
其他铁合金	Other Ferrous	吨	ton	10029.4
矿产粗铜	Mineral Blister	吨	ton	35440.0
矿产精炼铜	Mineral Refined Copper	吨	ton	49832.9
再生精炼铜	Regeneration of Refined Copper	吨	ton	68300.0
电积铜	Copper Electrodeposition	吨	ton	72000.0
矿产铅	Mineral Lead	吨	ton	14059.6
商品粗锌	Crude Zinc of Goods	吨	ton	15248.0
矿产电锌	Mineral Electrolytic Zinc	吨	ton	15076.3
矿产精锌	Mineral refined zinc	吨	ton	10682.7
高冰镍含镍量	High-nickel Matte Nickel Content	吨	ton	121.4
其他镍	Other Articles of Nickel	吨	ton	165457.0
其他钴盐	Other Cobalt Salt	吨	ton	300000.0
矿产电锡	Mineral Electrical Tin	吨	ton	115000.0
再生锡	Regeneration of Tin	吨	ton	131500.0
精锑	Refined Antimony	吨	ton	46585.3
一级品氧化铝	Level Grade Alumina	吨	ton	2683.4
其他氧化铝	Other Alumina	吨	ton	13395.0
煅烧氧化铝微粉	Calcined Alumina	吨	ton	2765.3
重熔用铝锭	Remelting Aluminum Ingots	吨	ton	13611.3
原铝铝合金	Primary Aluminum Aluminum Alloy	吨	ton	16992.8
其他原铝（电解铝）	Other Primary Aluminum（Aluminum）	吨	ton	13081.2
海绵钛	Titanium Sponge	吨	ton	79000.0
其他未列明常用有色金属	Other Not Listed Common Non-ferrous Metals	吨	ton	36264.3
矿山成品金	Mine Finished Gold	千克	kg	388000.0
再生银粉	Renewable Silver	千克	kg	18440.0
其他再生银	Other Renewable Silver	千克	kg	2857.0

3-23 续表 18 continued

类 别	Item	计量单位	Measurement Unit	年末价格（元）Price at Year End（yuan）
铂粉	Platinum Powder	吨	ton	283430935.3
钯粉	Palladium Powder	吨	ton	189143954.8
铑粉	Rhodium Powder	吨	ton	286866363.1
原生铟（铟锭）	Native Indium（Yin Ding）	吨	ton	5050.0
铅锡合金	Terne Metal	吨	ton	138997.2
铅钙合金	Lead-calcium Alloy	吨	ton	15288.7
铝镁合金	Aluminum-magnesium Alloy	吨	ton	31404.4
其他铝合金	Other Aluminium Alloy	吨	ton	22000.0
稀土硅铁合金	Rare Earth Ferrosilicon Alloy	吨	ton	39400.0
打火石合金	Flint Alloy	吨	ton	75450.0
铜板材	Copper Plate	吨	ton	58011.5
铜带材	Copper Strip	吨	ton	49263.7
铜箔材	Copper Foil	吨	ton	59730.0
铜棒材	Copper Bars	吨	ton	52040.3
铜线材	Copper Wire	吨	ton	51852.7
铜管材	Copper Pipe	吨	ton	44500.0
其他铜材	Other Copper	吨	ton	55.2
非合金铝棒材	Non-alloy Aluminum Rods	吨	ton	16553.9
铝合金棒材	Rods and Bars of Aluminium Alloy	吨	ton	14099.5
铝合金建筑型材（门窗幕墙）	Aluminum Alloy Construction Profiles	吨	ton	18100.0
铝及铝合金工业铝型材	Aluminum Alloy Aluminum Industry	吨	ton	26800.0
非合金铝板材	Non-alloy Aluminum Sheet	吨	ton	23837.4
铝合金带	Aluminum Alloy With	吨	ton	26000.0
无衬背铝箔	Sans Serif Back Foil	吨	ton	33728.0
其他铝箔材	Other Aluminum Foil Timber	吨	ton	14717.5
非合金铝线材	Non-alloy Aluminum Wire	吨	ton	14776.1
非合金铝管	Non-alloy Aluminum Tubes	吨	ton	27367.9
其他铝材	Other Aluminum	吨	ton	75000.0
锌粉	Zinc Powder	吨	ton	7629.0
非合金镍棒材	Non-alloy Nickel Bars	吨	ton	113600.0
其他钨材	Other Tungsten Materials	吨	ton	4.4
钢铁容器，50L≤容积≤300L	Steel Container, 50 L ≤ Volume ≤ 300 L	个	piece	16.2
钢铁容器，容积＜50L	Steel Container, Volume < 50 L	个	piece	0.7
焊边接合钢铁罐，容积＜50L	Welding Edge Bonding Steel Tank, Volume < 50 L	个	piece	0.7
铝制易拉罐及罐体	Aluminum Cans and Tank	个	piece	13.4
金属箔制组合式盖子	Metal Foil Modular Lid	个	piece	0.1
铁丝	Iron Wire	吨	ton	5500.0
非合金钢钢丝	Non-alloy Steel Wire	吨	ton	6200.0
低合金钢钢丝	Low-alloy Steel Wire	吨	ton	6579.7
合金钢钢丝	Alloy Steel Wire	吨	ton	8500.0
精炼铜丝	Refined Copper	吨	ton	53649.8
轮胎用钢帘线	Steel Cord Tyre	吨	ton	28900.0
机械承载、传输、运输用钢丝绳	Mechanical Load, Transportation Rope	吨	ton	8800.0

3-23 续表 19 continued

类 别	Item	计量单位	Measurement Unit	年末价格（元）Price at Year End（yuan）
预应力钢绞线	Prestressing Strand	吨	ton	4330.0
其他钢铁丝制品	Other Iron and Steel Wire Products	吨	ton	20000.0
裸铜线	Bare Copper Wire	吨	ton	64350.0
其他未列明建筑、家具用金属配件	Other Buildings and Furniture Meatl Parts	吨	ton	20000.0
焊条	Welding Rod	吨	ton	4224.9
轨道固定装置及附件	Track Fixtures and Accessories	台	set	24371.5
其他未列明金属制品	Other Not Lited Metal Product	台	set	11.5
其他内燃机零部件及配件	Other Engine Parts and Accessories	台	set	36.7
拖拉机用柴油机	Tractor Diesel Engine	台	set	5440.9
其他用柴油机	Other Diesel Engines	台	set	8091.0
通用汽油机	Gasoline Engine	台	set	427.0
齿轮泵	Gear Pump	台	set	7200.0
其他阀门	Other Valves	台	set	5200.0
阀门零件	Valve Parts	套	set	5.0
叶片马达	Vane Motor	台	set	3858.0
摆动液压缸	Swing Hydraulic Cylinder	台	set	99.0
其他液压元件	Other Hydraulic Components	台	set	58.5
液压管件系列	Hydraulic Pipe Fitting Series	台	set	70000.0
液力变矩器	Hydraulic Torque Converter	件	piece	3475.9
其他液力机械及装置	Other Hydraulic Machinery & Installations	台	set	3615.0
气马达	Gas Motor	台	set	4042.0
滚子轴承	Roller Bearings	套	set	6.8
其他滚动轴承	Other Rolling Bearings	套	set	0.1
钢球（滚珠）	Steel Ball（Bball）	万粒	10 000 unit	5423.8
圆柱齿轮	Cylindrical Gear	件	piece	…
减速机	Reducer	台	set	3500.0
齿轮、传动和驱动部件零件	Gear, Transmission and Drive Component Parts	吨	ton	151.5
制冷、空调设备零部件	Refrigeration and AC Equipment Parts	台	set	120.4
螺栓	Bolt	件	piece	0.9
螺母	Nut	件	piece	9.2
铆钉	Rivet	件	piece	…
钢铁制弹簧	Steel Spring	件	piece	142.0
工业用球墨铸铁制品	Industrial Ductile Iron Products	吨	ton	5800.0
工业用可锻铸铁制品	Industrial Mmalleable Iron Products	吨	ton	6201.2
碳钢铸钢件	Carbon Steel Castings	吨	ton	6472.1
其他铸钢件		吨	ton	5160.0
其他铁路车辆车身及其零件	Other Railway Vehicles and Prarts	吨	ton	4700.0
机动车制动系统	Motor Vehicle Braking System	套	set	4272.6
机动车缓冲器及其零件	Motor Vehicle Buffers and Parts Thereof	套	set	13100.0
变速器总成	Transmission Assembly	套	set	4277.7
驱动桥总成	Drive axle Assembly	套	set	10140.6
机动车车轮总成	Motor Vehicle Wheel Assembly	套	set	290.0
机动车悬挂减震器	Motor Vehicle Shock Absorbers	套	set	800.0

3-23 续表 20 continued

类 别	Item	计量单位	Measurement Unit	年末价格（元）Price at Year End（yuan）
机动车辆散热器、消声器及其零件	Motor Vehicles and Parts, Radiator Silencer	套	set	525.0
离合器总成	Clutch Assembly	套	set	216.0
机动车用控制装置总成	Motor Vehicle with Control Device	套	set	920.0
其他机动车（汽车）零配件	Other Motor Vehicle（Car）Parts	套	set	85.0
汽车底盘车架及其零件	Automobile Chassis Frame and Parts	套	set	5215.7
座椅安全带	Seat Belt	套	set	300.0
车身底板、侧板及类似板	Body Bootoom, Similar Board	套	set	82.0
其他车身零件及其配套附件	Other Body Parts and Supporting Accessories	套	set	82.5
交流发电机，75kVA<P≤375kVA	Alternator, 75 kVA <P ≤ 375 kVA	台	set	4775.0
交流发电机零件	Alternator Parts	台	set	1400.0
电磁式直流电动机，P≤750W	Electromagnetic DC Motors, P ≤ 750 W	台	set	576.4
其他直流电动机	Other DC Motors	台	set	410.2
多相交流电动机，750W<P≤75kW	Polyphase AC Motor, 750 W <P ≤ 75 kW	台	set	1410.3
单相交流电动机	Single-phase AC Motor	台	set	2880.0
交流小功率异步电动机	Small Power AC Induction Motor	台	set	1188.1
其他未列明电机	Other Unspecified Motor	台	set	22000.0
步进微电机	Step Motor	台	set	1.8
直流微电机	DC Micro Motor	台	set	2.9
电抗器	Reactor	台	set	28420.0
其他低压电路保护装置	Other Low Voltage Circuit Protection Device	只	unit	447.0
电子继电器	Electronic Relays	只	unit	4.9
其他继电器	Other relay	只	unit	8.1
绕组电线	Winding Wire	公里	km	48095.7
布线组	Wiring Sets	公里	km	44179.5
其他绝缘电线	Other Insulated Wire	公里	km	10017.4
交联电缆	XLPE Cable	公里	km	68.3
其他型号电力电缆	Other Power Cable	公里	km	9130.0
其他电线电缆	Other Wire and Cable	公里	km	37.7
其他电工器材	Other Electrical Equipment	个	piece	0.2
蓄电池零部件	Storage Battery Parts	个	piece	21.0
机动车辆用白炽灯泡	Motor Vehicle Use Incandescent	只	unit	6.9
其他灯用电器附件	Other Lamp Annex	只	unit	4.2
液晶显示器	LCD Monitors	台	set	230.0
其他未列明电子计算机外部设备	Other Not Listed Computer Peripherals	台	set	25.0
其他真空电子器件	Other Vacuum Electronic Devices	台	set	8.0
稳压、整流、开关二极管	Voltage Regulator, Rectifier, Switching Diode	只	unit	0.7
半导体三极管	Semiconductor Transistor	只	unit	0.1
存储器	Memory	块	piece	30.9
智能卡芯片及电子标签芯片	Smart Card chip and Electronic Tag Chip	块	piece	3.5
传感器电路	Sensor Circuit	块	piece	26.0
混合集成电路	Hybrid Integrated Circuit	块	piece	1.2
其他集成电路成品	Other Integrated Circuits	块	piece	…
集成电路模块	Integrated Circuit Module	块	piece	14.3

3-23 续表 21 continued

类 别	Item	计量单位	Measurement Unit	年末价格（元） Price at Year End (yuan)
液晶显示屏	LCD Display	只	unit	105.3
激光器件	Laser Device	只	unit	1.7
其他未列明光电子器件及电子器件	Other Not Listed Meiko Electronic Device	只	unit	29.0
电解电容器	Electrolytic Capacitor	只	unit	92.0
线绕电位器	Wirewound Potentiometers	只	unit	2.2
铁氧体永磁元件	Ferrite Permanent Magnetic Components	只	unit	0.1
电子变压器	Electronic Transformer	只	unit	4.8
其他片式元件	Other Chip Components	只	unit	8.6
电容器零件	Capacitor Parts	只	unit	…
电阻器零件	Resistor Parts	只	unit	0.0
其他电子元件、组件零件	Other Electronic Components, Assembly Parts	只	unit	1.6
其他电子元件及组件	Other Electronic Components and Assemblies	只	unit	…
单面刚性印制电路板	The Single Rigid Printed Circuit Board	块	piece	10.0
双面刚性印制电路板	Rigid Double-sided Printed Circuit Board	块	piece	0.3
其他印制电路板	Other Printed Circuit Board	块	piece	4.1
CD机芯	CD Movement	台	set	9.1
刻录光头	Recording Head	台	set	20.9
调谐器	Tuner	台	set	8.6
其他家用音视频设备用配件	Other Household Audio and Video Equipment	台	set	21.7
其他未列明供应用仪表及通用仪器	Other Not Listed Supply Meter and General Instrument	台	set	1.6
其他光学仪器零件、附件	Other Optical Instrument Parts, Accessories	台	set	0.6
中型废钢	Medium-sized Scrap	吨	ton	2564.0
小型废钢	Small Scrap	吨	ton	2900.0
统料型废钢	System Material Type of Scrap	吨	ton	2070.9
优质废铁	High-quality Scrap Metal	吨	ton	1746.0
其他金属废料和碎屑	Other Metal Waste and Scrap	吨	ton	3300.0
其他未列明纺织废料	Other Not Listed Textile Waste	吨	ton	4687.0
回收（废碎）纸或纸板	Recovered（Waste and Scrap）Paper or Paperboard	吨	ton	1301.6
皮革废料	Leather Scrap	吨	ton	256.4
其他非金属废料和碎屑	Other Non-metallic Waste and Scrap	吨	ton	893.5
工业用电	Industrial Electricity	万千瓦时	million kwh	6795.0
收费的电力供应服务	Electricity Supply Service Charges	万千瓦时	million kwh	5023.5
其他电力供应	Other Power Supply	万千瓦时	million kwh	4171.4
热力	Heat	万千焦	10 000 KJ	172.0
蒸汽	Steam	万千焦	10 000 KJ	192.7
热水	Hot Water	千立方米	1 000 cu.m	142.5
焦炉煤气	Coke Oven gas	千立方米	1 000 cu.m	450.0
工业用人工煤气供应量	Industrial Use of Artificial Gas Supply	千立方米	1 000 cu.m	3840.0
工业用天然气供应量	Industrial Use of Natural Gas Supply	千立方米	1 000 cu.m	3206.0
液化天然气（LNG）供应量	Liquefied Natural Ggas Supply	千立方米	1 000 cu.m	164.5
液化石油气供应量	LPG Supply	千立方米	1 000 cu.m	8148.9
自来水生产量	Tap Water Production	立方米	cu.m	1.1
工业用水	Industrial Water	立方米	cu.m	2.0

3-24 固定资产投资价格指数（1991—2014年）

Price Indices of Investment in Fixed Assets（1991—2014）

（上年=100） （Preceding year=100）

年 份 Year	固定资产投资价格指数 Price Indices of Investment in Fixed Assets	建筑安装工程 Construction and Installation	设备、工器具购置 Purchase of Equipment, Tools & Instruments	其他费用 Others
1991	101.7	103.2	102.4	80.1
1992	117.9	116.8	119.5	123.5
1993	131.2	131.5	132.9	124.7
1994	112.3	112.2	113.6	109.6
1995	103.4	101.8	106.2	105.5
1996	103.6	104.2	102.9	101.5
1997	100.3	100.3	98.2	104.4
1998	99.9	101.4	95.2	100.4
1999	96.1	96.6	94.5	95.9
2000	101.4	102.4	95.7	104.5
2001	102.0	103.6	97.7	100.0
2002	100.3	100.8	98.4	100.1
2003	101.8	103.5	96.9	100.3
2004	104.6	106.8	99.3	101.6
2005	101.4	101.3	100.8	102.0
2006	101.2	101.1	100.7	101.9
2007	102.3	103.0	101.0	101.1
2008	107.9	110.7	101.7	103.7
2009	97.9	96.8	98.4	100.8
2010	103.0	103.8	101.2	102.5
2011	106.2	108.7	101.0	103.9
2012	100.6	100.8	99.3	101.5
2013	100.1	99.9	99.6	101.3
2014	101.6	102.2	100.4	100.7

3-25 农产品生产价格指数（2014年）

Producers Price Indices for Farm Products（2014）

（上年同期＝100）（preceding year=100）

指标	Item	全年 Annual Year	一季度 First Quarter	二季度 Second Quarter	三季度 Third Quarter	四季度 Fourth Quarter
总指数	**General Index**	**98.1**	**100.9**	**95.2**	**98.7**	**100.2**
农业产品	Agriculture Products	98.4	103.0	93.1	100.5	103.2
谷物	Cereal	102.4	101.8	101.4	101.9	103.6
稻谷	Rice	103.0	101.8	102.3	102.2	104.4
早籼稻	Early Indica Rice	104.0	103.7	103.5	102.6	106.0
晚籼稻	Late Indica Rice	102.1	101.4	102.0	100.7	103.0
玉米	Corn	100.5	101.9	97.4	100.4	102.3
薯类	Tubers	102.8	101.9	109.2	125.0	98.4
油料	Oil-bearing Crops	101.5	100.0	96.2	101.1	107.7
花生	Peanut	101.2	99.6	97.6	101.1	106.1
豆类	Beans	97.5	96.8	101.4	101.5	91.5
大豆	Soybean	97.5	96.8	101.4	101.5	91.5
生麻	Raw Hemp	110.9	100.0	121.7	104.4	126.3
糖料	Sugar	92.9	95.7	93.6		93.0
甘蔗	Sugar Cane	92.9	95.7	93.6		93.0
未加工烟草	Untreated Tobacco	102.1	100.0		99.8	106.2
蔬菜及食用菌	Vegetables and Edible Fungus	102.3	103.3	89.3	104.4	102.7
蔬菜	Vegetables	102.3	103.3	89.3	104.3	102.7
叶菜类蔬菜	Leafy Vegetables	105.4	100.7	96.4	106.9	111.7
芹菜	Celery	102.2	102.2			
油菜	Rape	105.8	87.2	115.8	109.0	109.1
菠菜	Spinach	110.9				110.9
空心菜	Swamp Morningglory	100.7		82.4	102.5	115.4
小白菜	Bok Choy	107.3	94.0	144.0	106.4	97.6
白菜类蔬菜	Chinese Cabbage Group	106.5	84.7	132.6	102.7	106.8
大白菜	Napa Cabbage	106.5	84.7	132.6	102.7	106.8
普通白菜	Common Chinese Cabbage	93.2	80.6			100.0
菜心（菜薹）	Chinese Flowering Cabbage	100.0	108.9	104.1	93.6	100.5
芥菜类蔬菜	Mustard Vegetables	108.4	88.6	108.6	117.9	110.5
叶用芥菜	Leaf Mustard	108.4	88.6	108.6	117.9	110.5
甘蓝类蔬菜	Brassica Vegetables	92.7	92.7			
结球甘蓝	Common Head Cabbage	92.7	92.7			
菜花	Cauliflower	120.4	109.0	137.1	133.3	107.7
芥蓝	Cabbage Mustard	106.7	97.6	106.5		111.1
根茎类蔬菜	Root Vegetables	114.0	113.0	111.6	109.4	106.0
白萝卜	White Radish	83.7	82.7	83.3		85.5
胡萝卜	Carrot	109.4	111.1			107.1
生姜	Ginger	128.1	117.6	171.9	109.4	123.0
芋头	Taro	107.6	103.8	111.1	107.7	101.8
山药	Common Yam Rhizome	104.1	109.9	108.3	100.5	96.0
瓜菜类蔬菜	Melons and Vegetables	92.8	70.7	78.8	99.0	98.3
黄瓜	Cucumber	103.5	112.6	94.1	102.5	96.9
冬瓜	Wax Gourd	106.2	134.5	92.8	82.8	77.1
西葫芦	Summer Squash	78.8	63.3			92.1

3-25 续表 1 continued

（上年同期=100） (preceding year=100)

指 标	Item	全 年 Annual Year	一季度 First Quarter	二季度 Second Quarter	三季度 Third Quarter	四季度 Fourth Quarter
苦瓜	Balsm Pear	87.7		66.7	98.0	99.6
南瓜	Pumpkin	98.3		80.3	114.2	100.0
丝瓜	Luffan	101.0		93.5	105.2	105.8
豆类蔬菜	Leguminous Vegetables	97.2	102.1	93.5	105.0	95.0
豇豆	Cowpea	100.3		95.3	107.7	99.0
四季豆	Sauteed Green Beans	93.6	102.1	91.2	90.0	90.4
茄果类蔬菜	Solanaceous Fruit Vegetable	102.1	110.2	84.3	101.2	98.9
茄子	Aubergine	100.0		87.2	108.2	102.6
青椒	Green Pepper	101.0	100.0	92.3	109.5	102.5
辣椒	Capsicum	101.9	111.6	76.4	102.1	106.8
西红柿	Tomato	102.8	110.0	114.6	97.6	88.7
莴苣及菊苣类蔬菜	Lettuce and Chicory Vegetables	110.8	125.6	106.7	108.8	108.0
生菜	Lettuce	110.9	126.0	106.7	108.8	108.1
莴笋	Asparagus Lettuce	101.2	104.1		100.0	100.0
葱蒜类蔬菜	Allium Vegetables	98.4	102.6	101.9	99.6	90.8
大葱	Allium Fistulosum	107.1				107.1
细香葱	Chive	96.2	111.9	102.6		79.9
大蒜	Garlic	98.0	99.5	107.3		93.6
韭菜	Leek	100.0	101.4	99.1	99.6	99.3
水生蔬菜	Aquatic Vegetables	111.0	94.5	127.2	113.0	
莲藕	Lotus Root	103.7	102.6	100.0	113.0	
荸荠	Chufa	113.7	93.5	128.6		
食用菌	Edible Fungus	104.0	103.5	108.7	107.9	
双孢蘑菇	Double Spore Mushroom	105.4	101.9	108.7		
香菇	Mushrooms	102.6	107.1	103.5	107.9	93.6
水果及坚果	Fruit and Nuts	96.3	145.6	90.1	94.6	108.7
水果（园林水果）	Fruit（Garden Fruit）	96.3	145.6	90.1	94.6	108.7
柑橘类水果	Citrus Fruit	106.7	109.7	98.6	102.9	107.9
柑橘	Citrus	106.0	113.2	101.6	102.9	107.8
橙	Orange	104.2	106.1	98.5		107.1
柚	Pomelo Grapefruit	108.3	99.5			119.7
葡萄	Grape	106.9			99.6	80.0
巨峰葡萄	Kyoho Grape	106.9	116.2		99.6	80.0
热带水果	Tropical Fruits	94.5	156.1	93.9	86.3	110.1
香蕉	Banana	112.9	156.1	95.9	102.3	110.1
龙眼	Longan	84.9			84.9	
荔枝	Lychee	76.4		86.5	61.4	
芒果	Mango	122.4		130.2	108.8	
瓜类水果	Melon Fruit	90.5		79.5	105.2	91.1
西瓜	Watermelon	87.5		72.0	105.6	91.1
香瓜	Muskmelon	120.4		140.1	101.6	
其他水果	Other Fruit	104.1		101.1	101.3	111.9
柿子	Persimmon	106.1			100.5	111.9
茶及饮料原料	Tea and Beverage Raw Materials	102.3	101.0	99.0	102.1	106.1
茶叶	Tea	102.3	101.0	99.0	102.1	106.1

3-25 续表 2 continued

（上年同期=100） (preceding year=100)

指 标	Item	全 年 Annual Year	一季度 First Quarter	二季度 Second Quarter	三季度 Third Quarter	四季度 Fourth Quarter
绿茶	Green Tea	102.3	101.0	99.0	102.1	106.1
中草药材	Chinese Medicinal Herbs	102.1	105.3	101.5	100.8	99.9
林业产品	Forestry Products	103.2	113.1	100.7	102.0	101.5
育种和育苗	Breeding and Seedling Raising	100.1	117.3	99.8		
木材采伐产品	Timber Harvesting Products	103.4	111.2	100.7	101.8	101.5
原木	Log	103.4	111.2	100.7	101.8	101.5
针叶原木	Coniferous Log	102.0	107.9	100.0	102.1	101.6
非针叶原木	Non Coniferous Wood	107.4	121.4	102.1	100.8	101.3
竹材采伐产品	Bamboo Cutting Products	104.6	105.0		107.7	101.7
林产品	Forest Product	108.3	125.4	120.0	112.3	95.7
饲养动物及其产品	Feeding Animals and Their Products	96.1	94.5	95.4	97.0	97.7
活牲畜	Live Cattle	95.7	94.7	94.4	96.3	97.0
猪	Pig	95.7	94.7	94.4	96.3	97.0
种猪	Boar	88.6	89.5	81.0	91.6	91.7
仔猪	Piglet	94.3	93.9	93.6	93.7	96.2
能繁殖母猪	Breeding Sows	101.5	94.7	101.7	104.2	100.0
其他活猪	Other Pigs	95.7	94.7	94.4	96.3	97.0
羊	Sheep	105.4	108.4	106.4	104.7	102.5
活家禽	Live Poultry	102.3	92.7	106.8	105.2	105.3
活鸡	Chickens	102.5	91.6	107.3	106.5	106.0
活鸭	Live ducks	101.6	97.5	104.4	102.6	102.0
畜禽产品	Livestock and Poultry Products	95.2	94.8	94.2	94.1	97.2
禽蛋	Poultry of Eggs	98.7	94.8	92.6	102.0	105.0
鸡蛋	Egg	101.0	98.5	98.5	101.3	105.4
鸭蛋	Duck's Egg	98.7	94.8	92.6	102.0	105.0
蚕茧	Silkworm Cocoon	93.2		94.9	91.3	93.3
渔业产品	Fishery Products	101.5	103.1	98.1	99.8	103.1
海水养殖产品	Mariculture Products	103.2		96.2	101.9	110.7
海水养殖贝类	Mariculture of Shellfish	103.1		96.2	101.9	110.7
海水养殖牡蛎	Mariculture of Oyster	103.1		96.2	101.9	110.7
海水捕捞产品	Marine Fishery Products	100.5	105.9	101.3	95.1	97.2
海水捕捞鲜鱼	Marine Fishing Fresh Fish	98.9	105.6	101.2	91.0	94.4
海水捕捞虾	Marine Fishing Shrimp	103.8	102.9	107.4	100.0	105.3
海水捕捞蟹	Marine Fishing Crab	101.5	107.6	98.8	100.2	100.8
海水捕捞软体水生动物	Marine Aquatic Animals	104.0	106.3	101.9	106.2	102.2
淡水养殖产品	Freshwater Aquaculture Products	101.1	100.1	98.1	101.3	101.8
养殖淡水鱼	Cultured Freshwater Fish	101.8	101.6	101.4	100.9	102.1
养殖淡水鲤鱼	Cultured Freshwater Carp	104.3	98.4			108.0
养殖淡水草鱼	Cultured Freshwater Grass Carp	98.5	100.1	97.3	100.5	96.5
养殖淡水鳙鱼（胖头鱼）	Cultured Freshwater Bighead	102.8	102.0	99.7	102.8	107.8
养殖淡水罗非鱼	Cultured Freshwater Tilapia	100.8	103.0	100.9	100.0	99.6
养殖淡水鲢鱼	Cultured Freshwater Silver Carp	101.9	102.7	105.2	100.7	98.8
其他淡水养殖产品	Other Cultured Freshwater Products	99.1	96.8	92.2	102.6	100.7
淡水养殖龟	Cultured Freshwater Turtle	106.3	104.0		107.7	107.1
淡水养殖鳖	Cultured Freshwater Turtles	95.4	93.0	92.2	100.0	97.4

3-26 分季度农产品生产价格指数

（上年同期=100）

指　标	Item	2011 一季度 First Quarter	二季度 Second Quarter	三季度 Third Quarter	四季度 Fourth Quarter
总指数	**General Index**	**130.8**	**128.3**	**133.3**	**119.3**
农业产品	Agriculture Products	135.5	110.5	104.9	113.6
谷物	Cereal	113.3	119.1	119.8	114.5
稻谷	Rice	116.5	121.9	122.0	117.1
早籼稻	Early Indica Rice	104.4	118.9	123.1	114.7
晚籼稻	Late Indica Rice	119.3	122.6	118.0	119.1
玉米	Corn	102.6	107.0	105.2	110.1
薯类	Tubers	125.8	72.7	114.1	88.3
油料	Oil-bearing Crops	107.4	104.9	167.8	118.5
花生	Peanut	107.4	109.9	167.8	118.5
豆类	Beans	92.0	103.5	124.9	109.0
大豆	Soybean	92.0	103.5	125.4	109.0
生麻	Raw Hemp	110.4	116.3	113.8	111.3
糖料	Sugar	147.6	130.5		113.8
甘蔗	Sugar Cane	147.6	130.5		113.8
未加工烟草	Untreated Tobacco			129.3	116.9
蔬菜及食用菌	Vegetables and Edible Fungus	117.3	82.8	105.6	111.0
蔬菜	Vegetables	117.3	82.8	105.5	111.1
叶菜类蔬菜	Leafy Vegetables	106.7	90.8	108.1	114.3
芹菜	Celery	87.3	94.6		101.7
油菜	Rape			100.0	135.0
菠菜	Spinach	101.5	100.0		
空心菜	Swamp Morningglory		106.7	108.2	113.4
小白菜	Bok Choy	97.9			
白菜类蔬菜	Chinese Cabbage Group	116.7	67.9	97.3	107.5
大白菜	Napa Cabbage	116.7	67.9	97.3	107.5
普通白菜	Common Chinese Cabbage	102.8		100.0	
菜心（菜薹）	Chinese Flowering Cabbage	117.1		137.6	121.8
芥菜类蔬菜	Mustard Vegetables	110.3	111.8	122.6	115.4
叶用芥菜	Leaf Mustard	110.3	111.8	122.6	115.4
甘蓝类蔬菜	Brassica Vegetables	66.7	36.2		
结球甘蓝	Common Head Cabbage	66.7	36.2		
菜花	Cauliflower	115.8			
芥蓝	Cabbage Mustard	105.4			
根茎类蔬菜	Root Vegetables	103.8	106.3	96.1	88.0
白萝卜	White Radish	106.2	109.9		96.5
胡萝卜	Carrot	111.1	101.3		
生姜	Ginger	108.0	100.0	96.1	67.8
芋头	Taro	105.2			
山药	Common Yam Rhizome	99.6	106.7		100.0
瓜菜类蔬菜	Melons and Vegetables	101.2	81.9	98.1	131.6
黄瓜	Cucumber	108.7	83.4	80.4	95.7
冬瓜	Wax Gourd	130.1	65.2	93.2	118.6
西葫芦	Summer Squash	106.7			
苦瓜	Balsm Pear		80.9	109.4	137.3
南瓜	Pumpkin		89.3	85.2	

Producers Price Indices for Farm Products by Quarter

(preceding year=100)

2012				2013			
一季度 First Quarter	二季度 Second Quarter	三季度 Third Quarter	四季度 Fourth Quarter	一季度 First Quarter	二季度 Second Quarter	三季度 Third Quarter	四季度 Fourth Quarter
107.2	**102.9**	**100.3**	**94.9**	**98.5**	**96.9**	**105.5**	**104.5**
105.6	119.9	112.1	99.1	96.7	98.9	116.4	105.8
110.1	107.4	99.5	101.8	99.7	98.1	97.6	98.8
110.8	105.9	98.9	100.1	99.9	96.7	97.0	98.4
109.1	103.8	96.3	102.6	92.3	97.5	96.7	98.9
111.2	106.3	106.9	97.9	101.7	96.6	98.2	97.9
107.4	114.3	103.8	104.8	99.1	103.8	101.1	99.6
90.9	111.5		111.8	102.1	96.0	100.6	91.7
110.3	105.8	91.8	107.9	103.9	100.8	101.2	108.5
110.5	111.1	91.7	108.5	103.9	99.6	101.2	105.5
119.3	99.5	101.3	106.7	113.7	91.2	107.0	97.9
119.3	99.5	101.3	106.7	113.7	91.2	107.0	97.9
114.0	106.2	114.1	124.8	82.3	105.6	153.3	112.5
107.8	102.5		93.1	94.0	94.0	94.0	95.7
107.8	102.5		93.1	94.0	94.0	94.0	95.7
		127.3	110.0			103.9	106.9
99.9	148.0	123.1	103.9	106.5	101.2	110.8	125.0
99.9	148.0	123.9	103.8	106.5	101.2	110.9	125.0
102.2	109.3	110.2	121.6	105.5	106.9	115.2	146.1
106.0			142.6	121.6	130.0		204.8
				95.5			90.9
100.0	122.5						
	104.4	106.5	65.6		106.8	101.8	95.5
109.4		100.0	103.3	150.3	114.7		105.7
111.0	125.3	101.3	132.2	104.6	95.9	99.5	98.7
111.0	125.3	101.3	132.2	104.6	95.9	99.5	98.7
103.2	100.7		126.0	150.7	120.0		109.4
107.1	111.2	108.6	96.2	108.7			104.5
119.3	119.7	110.3	98.6	88.7	89.4	101.9	100.0
119.3	119.7	110.3	98.6	88.7	89.4	99.5	100.0
				95.3			
				95.3			
				107.7			
				116.9			
53.5	50.7	82.7	88.3	108.1	94.2	147.8	108.9
108.9	106.7		115.0	110.1			115.0
100.0	103.2				119.8		
44.8	64.8	82.7	87.5	101.7	90.7	147.5	123.3
85.1	104.9	95.8	101.1	102.4			93.5
58.1	46.2			113.9	94.0		100.0
108.5	127.3	129.3	98.7	89.1	111.0	108.6	158.1
118.2	133.6	123.5	115.8	113.5	108.3	90.0	104.5
153.5	171.8	121.9	114.2	68.3	78.2	134.5	182.9
			80.8	84.9			63.9
	129.1	134.8	95.8		116.4	114.9	165.2
108.2	109.9	102.5	98.0			107.5	104.6

3-26 续表 1

（上年同期=100）

指 标	Item	2011 一季度 First Quarter	二季度 Second Quarter	三季度 Third Quarter	四季度 Fourth Quarter
丝瓜	Luffan		72.7	98.3	132.1
豆类蔬菜	Leguminous Vegetables	117.6	90.2	168.0	116.5
豇豆	Cowpea		96.0	180.8	127.9
四季豆	Sauteed Green Beans	117.6	82.9	98.7	103.4
茄果类蔬菜	Solanaceous Fruit Vegetable	163.0	74.0	75.8	106.4
茄子	Aubergine	78.3	85.2	57.5	75.9
青椒	Green Pepper	98.4	72.3	124.7	101.1
辣椒	Capsicum	100.4	70.0	74.1	107.9
西红柿	Tomato	196.7	87.8	71.1	109.8
莴苣及菊苣类蔬菜	Lettuce and Chicory Vegetables	113.7	81.8	106.7	135.4
生菜	Lettuce	113.4	80.6	106.7	135.7
莴笋	Asparagus Lettuce	126.5	152.9		100.0
葱蒜类蔬菜	Allium Vegetables	99.0	86.1	116.2	86.9
大葱	Allium Fistulosum	101.8		130.2	110.1
细香葱	Chive	100.0	100.0	145.0	98.7
大蒜	Garlic				62.5
韭菜	Leek	98.7	80.4	95.3	102.3
水生蔬菜	Aquatic Vegetables	96.6	94.7	115.5	97.5
莲藕	Lotus Root	102.2	85.0	115.5	97.5
荸荠	Chufa	95.8	95.2		
食用菌	Edible Fungus	113.1	133.1	112.9	100.1
双孢蘑菇	Double Spore Mushroom	117.7	133.1	103.7	100.1
香菇	Mushrooms	106.7		137.5	99.2
黑木耳	Black Fungus	109.1		132.0	100.0
黄背木耳	Yellow Back Fungus				
水果及坚果	Fruit and Nuts	118.8	107.3	76.3	111.9
水果（园林水果）	Fruit（Garden Fruit）	118.8	107.3	76.2	111.9
柑橘类水果	Citrus Fruit	109.6	171.3	107.5	108.0
柑橘	Citrus	108.0	112.1	107.5	108.7
橙	Orange	105.8	174.7		104.4
柚	Pomelo Grapefruit	117.4			99.0
葡萄	Grape	101.3		96.0	66.2
巨峰葡萄	Kyoho Grape	101.3		96.0	66.2
热带水果	Tropical Fruits	121.4	116.2	54.6	135.8
香蕉	Banana	121.4	114.0	108.6	135.8
龙眼	Longan			52.1	
荔枝	Lychee		117.1	67.4	
芒果	Mango			75.0	
瓜类水果	Melon Fruit		98.4	115.3	111.7
西瓜	Watermelon		94.0	115.6	111.7
香瓜	Muskmelon		134.6	112.6	
其他水果	Other Fruit	155.8	87.5	115.8	98.1
柿子	Persimmon	114.3		121.8	98.1
茶及饮料原料	Tea and Beverage Raw Materials	111.7	118.2	117.8	120.7
茶叶	Tea	111.7	118.2	117.8	120.7
绿茶	Green Tea	111.7	118.2	117.8	120.7

continued

(preceding year=100)

2012				2013			
一季度 First Quarter	二季度 Second Quarter	三季度 Third Quarter	四季度 Fourth Quarter	一季度 First Quarter	二季度 Second Quarter	三季度 Third Quarter	四季度 Fourth Quarter
	128.1	125.5	79.9		105.9	111.8	102.2
133.6	173.2	139.5	83.8	111.9	101.6	107.5	107.9
	154.9	139.5	76.8		104.1	108.0	104.1
133.6	196.3		91.8	111.9	98.5	105.3	112.3
94.7	152.7	139.5	112.3	88.5	95.6	101.4	113.5
145.7	120.7	143.1	113.5	92.1	98.0	98.4	102.0
115.2	187.1	123.2	86.5	88.4	94.0	88.6	102.4
108.6	150.9	112.8	88.5	82.0	97.5	99.0	117.2
86.5	163.1	156.2	141.9	91.5	87.9	105.9	111.8
95.9	107.2		107.1	136.7	106.2	126.1	110.6
96.0	107.6		107.1	137.6	107.0	126.1	110.6
93.2	83.8			92.1	58.6		107.4
105.5	113.2	187.4	106.1	131.2	104.9	101.6	110.5
93.8	126.5	92.4		112.9	120.7		142.5
	120.0		92.3	103.4	99.4		98.9
108.8	104.6	256.4	122.0	152.1	101.1	101.6	89.3
99.7	101.1	123.0		112.8	103.6	105.0	104.4
85.4	61.8	123.0	138.3	121.4	100.0	105.0	102.6
101.6	103.1			111.7	103.8		108.3
98.2	93.3	84.0	116.2	114.0		106.8	
100.9	93.3		116.2	107.8			
90.2		84.0	112.3	142.2		119.4	
100.0				100.0		100.0	
124.3		80.5	66.7	66.7			
96.0	124.4	114.8	92.5	92.1	114.3	135.6	104.7
96.0	124.4	114.7	92.3	92.1	114.3	135.8	104.6
105.8	58.1	95.5	98.3	94.6	122.0	123.0	106.9
112.0	81.5	95.5	98.0	94.7	122.0		107.5
109.0	56.8	113.1	101.4	94.0			102.3
82.4			92.1				106.1
		90.9				119.8	
		90.9				119.8	
93.1	129.7	126.2	58.3	91.4	106.2	158.9	127.2
93.1	91.1	108.4	58.3	91.4	113.2	108.3	127.2
		123.3				169.7	
	147.8	147.2			105.4	96.4	
	127.7	153.3				63.3	
	127.2	110.3	65.7		130.0	93.5	212.2
	127.9	108.8	65.7		134.1	92.1	212.2
	121.8	123.1	200.0		96.9	105.6	
102.4	117.0	98.6	117.1	74.1	101.3		66.3
80.6		86.9	117.5	74.1			66.3
113.7	103.7	108.0	93.2	101.5	73.9	130.5	110.0
113.7	103.7	108.0	93.2	101.5	73.9	130.5	110.0
113.7	103.7	108.0	93.2	101.5	73.9	130.5	110.0

3-26 续表 2

（上年同期=100）

指　标	Item	2011 一季度 First Quarter	2011 二季度 Second Quarter	2011 三季度 Third Quarter	2011 四季度 Fourth Quarter
中草药材	Chinese Medicinal Herbs	92.3	135.4	142.5	120.6
林业产品	Forestry Products	125.9	113.2	109.6	101.8
育种和育苗	Breeding and Seedling Raising	143.3	116.8		
木材采伐产品	Timber Harvesting Products	118.8	113.0	109.8	102.0
原木	Log	118.8	113.0	109.8	102.0
针叶原木	Coniferous Log	120.9	114.8	109.5	100.9
马尾松原木	Pine Log				
杉木原条	Chinese Fir				
非针叶原木	Non Coniferous Wood	112.4	109.2	110.7	105.3
桉树原木	Eucalyptus Log				
竹材采伐产品	Bamboo Cutting Products	108.3			120.0
林产品	Forest Product	136.1	106.3	98.6	68.0
饲养动物及其产品	Feeding Animals and Their Products	123.5	152.5	154.3	128.6
活牲畜	Live Cattle	126.4	159.7	163.4	133.2
猪	Pig	126.5	159.8	163.4	133.2
种猪	Boar	124.0	149.5	134.5	118.7
仔猪	Piglet	124.5	128.6	162.9	127.7
能繁殖母猪	Breeding Sows	103.2		113.4	103.4
其他活猪	Other Pigs	126.5	159.8	163.4	133.2
羊	Sheep	118.8	116.9	118.2	120.4
活家禽	Live Poultry	111.1	112.7	119.6	106.9
活鸡	Chickens	111.0	111.7	120.1	106.1
活鸭	Live ducks	111.7	117.4	118.7	110.5
畜禽产品	Livestock and Poultry Products	115.9	133.6	107.2	102.3
禽蛋	Poultry of Eggs	115.9	112.8	114.1	106.9
鸡蛋	Egg	108.4	122.3	116.1	108.2
鸭蛋	Duck's Egg	115.9	112.7	114.1	106.9
蚕茧	Silkworm Cocoon		143.7	104.7	99.9
渔业产品	Fishery Products	116.0	105.3	111.7	115.2
海水养殖产品	Mariculture Products		98.6	96.2	
海水养殖贝类	Mariculture of Shellfish		98.6	96.2	
海水捕捞产品	Marine Fishery Products	124.5	106.8	115.6	114.7
海水捕捞鲜鱼	Marine Fishing Fresh Fish	132.1	106.0	109.7	116.8
海水捕捞虾	Marine Fishing Shrimp	110.6	118.2	113.5	111.5
海水捕捞蟹	Marine Fishing Crab		102.3		110.0
海水捕捞软体水生动物	Marine Aquatic Animals	109.3	109.6	135.7	111.0
淡水养殖产品	Freshwater Aquaculture Products	106.8	112.3	119.2	115.5
养殖淡水鱼	Cultured Freshwater Fish	104.4	116.1	122.2	115.5
养殖淡水鲤鱼	Cultured Freshwater Carp	104.1	112.0	116.6	106.8
养殖淡水草鱼	Cultured Freshwater Grass Carp	110.9	113.7	114.0	108.5
养殖淡水鳙鱼(胖头鱼)	Cultured Freshwater Bighead	103.7	120.2	125.6	106.1
养殖淡水罗非鱼	Cultured Freshwater Tilapia	100.0	119.0	116.6	120.9
养殖淡水鲢鱼	Cultured Freshwater Silver Carp	105.4	112.9	133.0	124.6
其他淡水养殖产品	Other Cultured Freshwater Products	111.9	105.5	108.3	115.7
淡水养殖龟	Cultured Freshwater Turtle	174.2			153.5
淡水养殖鳖	Cultured Freshwater Turtles	79.7	105.5	108.3	96.2

continued

(preceding year=100)

2012				2013			
一季度 First Quarter	二季度 Second Quarter	三季度 Third Quarter	四季度 Fourth Quarter	一季度 First Quarter	二季度 Second Quarter	三季度 Third Quarter	四季度 Fourth Quarter
118.1	94.1	100.0		157.7	103.3	90.7	106.1
107.0	97.5	94.3	103.3	102.1	104.2	102.2	103.9
108.5	100.3			93.3	85.8		
107.1	97.5	94.8	103.4	106.2	105.0	101.8	103.4
107.1	97.5	94.8	103.4	106.2	105.0	101.8	103.4
107.3	94.5	89.3	101.5	105.0	104.4	107.5	101.1
107.9	94.8	85.4	102.3	106.9	105.0	108.2	99.3
106.6	93.4	102.2	99.1	102.6	102.6	105.2	106.8
106.5	103.8	110.8	108.8	109.6	106.2	85.6	110.2
106.5	103.8	110.8	108.8	110.0	106.2	85.6	110.2
		109.6	100.0	108.8		108.7	101.9
62.8	72.5	65.7	88.9	81.4	102.9	119.3	164.4
110.8	88.1	96.6	90.1	101.7	92.9	101.7	103.1
12.0	87.4	94.8	85.5	95.4	89.2	100.9	103.3
112.9	87.3	94.8	85.4	95.3	89.1		103.3
120.7	87.2	88.3	111.9	91.9	108.9		103.1
114.8	98.5	81.0	79.0	83.4	79.5		93.8
101.0			100.0		97.2		100.0
112.9	87.3	94.8	85.4	95.3	89.1	100.9	103.3
136.8	124.2	135.6	127.2	121.8	118.2	108.1	102.2
109.5	98.5	101.4	112.6	116.7	93.1	100.4	100.0
110.5	97.8	98.8	112.1	116.3	91.6	100.2	99.4
105.3	101.4	106.5	114.6	118.6	99.9	100.9	102.6
94.3	85.1	107.4	116.6	133.4	117.6	109.9	104.0
94.3	93.7	89.3	108.9	133.4	118.1	123.7	107.1
92.4	97.2	100.6	102.2	100.4	99.0	109.0	99.5
94.4	93.7	89.3	108.9	133.5	118.2	123.8	107.2
	81.0	113.8	120.6		117.4	105.0	102.4
107.8	97.8	100.7	94.8	100.4	98.7	105.0	108.5
	93.6	91.4				114.1	102.9
	93.6	91.4				114.1	102.9
101.9	107.1	112.4	103.8	98.0	98.8	102.0	110.7
96.5	109.4	114.4	102.7	96.1	99.2	102.2	111.0
138.4	93.1	122.0	100.3	95.3	104.0	109.7	123.7
97.7	102.2	104.2	104.6	100.0	100.0	100.0	100.0
112.2	105.1	106.7	107.4	101.5	95.3	100.5	110.1
114.2	96.2	99.6	87.9	103.0	98.6	101.0	111.1
115.6	96.0	99.9	84.4	102.7	99.7	100.8	112.9
114.8	87.5	97.8	88.4	99.2	100.0	104.6	113.2
113.2	104.4	99.0	96.9	101.3	101.2	101.4	103.9
118.2	96.0	102.9	88.5	101.7	106.6	100.3	104.2
96.2	76.1	88.8	81.8	107.2	109.2	92.0	123.0
126.5	100.1	103.3	77.9	103.0	88.1	100.8	119.1
111.1	96.5	98.7	100.3	103.7	96.7	101.8	104.9
	81.2	90.5			90.4	105.3	
111.1	104.5	102.9	100.3	103.7	100.0	100.0	104.9

3-27 农产品生产价格指数

Producers Price Indices for Farm Products

（上年=100） (preceding year=100)

指 标	Item	2009	2010	2011	2012	2013
总指数	**General Index**	**89.3**	**107.6**	**124.6**	**99.4**	**102.5**
农业产品	Agriculture Products	98.1	115.2	115.1	107.2	106.4
谷物	Cereal	100.7	107.9	117.1	102.4	98.3
稻谷	Rice	104.8	106.1	120.6	101.6	97.6
早籼稻	Early Indica Rice	105.9	104.0	119.1	98.6	96.4
晚籼稻	Late Indica Rice	102.9	107.6	121.8	104.3	98.6
玉米	Corn	99.6	113.2	106.7	104.6	100.7
薯类	Tubers	85.8	107.1	113.5	89.4	97.3
油料	Oil-bearing Crops	90.5	122.0	143.4	99.5	102.8
花生	Peanut	90.5	122.1	144.9	99.5	102.6
豆类	Beans	94.8	105.0	112.9	103.5	102.2
大豆	Soybean	94.8	104.7	112.9	103.6	102.2
生麻	Raw Hemp	79.4	125.1	110.5	114.8	116.8
糖料	Sugar	100.6	117.4	139.4	104.7	95.9
甘蔗	Sugar Cane	100.6	117.4	139.4	104.7	95.9
未加工烟草	Untreated Tobacco	105.9	92.2	120.9	116.6	105.1
蔬菜及食用菌	Vegetables and Edible Fungus	103.2	105.3	99.9	115.9	108.0
蔬菜	Vegetables	103.2	105.3	99.8	116.0	108.1
叶菜类蔬菜	Leafy Vegetables	98.1	105.0	102.3	107.9	113.5
芹菜	Celery	94.7	100.0	91.7	109.2	154.3
油菜	Rape	90.1	88.7	110.5		94.3
菠菜	Spinach	110.4	98.5	100.5	105.7	
空心菜	Swamp Morningglory			107.6	104.4	102.3
小白菜	Bok Choy			102.8	100.9	117.7
白菜类蔬菜	Chinese Cabbage Group			94.3	115.1	100.0
大白菜	Napa Cabbage	94.3	107.6	94.3	115.1	100.0
普通白菜	Common Chinese Cabbage			102.0	110.2	115.7
菜心（菜薹）	Chinese Flowering Cabbage			119.0	97.8	113.1
芥菜类蔬菜	Mustard Vegetables			112.5	104.5	95.5
叶用芥菜	Leaf Mustard			112.5	104.5	95.5
甘蓝类蔬菜	Brassica Vegetables			60.9	111.1	85.3
结球甘蓝	Common Head Cabbage	83.9	50.0	60.9	111.1	85.3
菜花	Cauliflower			114.7	111.1	117.7
芥蓝	Cabbage Mustard			100.8	112.0	95.8
根茎类蔬菜	Root Vegetables	103.6	127.8	95.7	62.8	108.0

3-27 续表 1 continued

（上年=100） (preceding year=100)

指 标	Item	2009	2010	2011	2012	2013
白萝卜	White Radish	92.0	104.3	103.5	111.2	113.0
胡萝卜	Carrot	100.0	93.9			119.8
生姜	Ginger	104.7	155.6	82.5	69.3	115.8
芋头	Taro	100.9	105.4	109.0	98.7	94.4
山药	Common Yam Rhizome	110.0	117.7	105.2	56.6	102.0
瓜菜类蔬菜	Melons and Vegetables	95.0	101.5	105.6	129.3	120.6
黄瓜	Cucumber	100.4	102.9	90.4	135.9	105.8
冬瓜	Wax Gourd	88.5	111.3	83.0	151.1	116.5
西葫芦	Summer Squash	104.2	105.0	109.6	80.8	77.7
苦瓜	Balsm Pear	90.7	108.9	113.4	130.3	128.7
南瓜	Pumpkin	104.0	35.0	94.0	104.6	105.9
丝瓜	Luffan	101.0	107.4	101.4	120.2	106.2
豆类蔬菜	Leguminous Vegetables	105.7	94.2	109.4	136.5	105.9
豇豆	Cowpea	118.1	88.1	126.5	122.8	104.9
四季豆	Sauteed Green Beans	108.2	95.3	88.8	153.0	107.0
茄果类蔬菜	Solanaceous Fruit Vegetable	112.1	107.4	89.6	124.3	98.3
茄子	Aubergine	83.5	104.0	73.5	135.0	97.8
青椒	Green Pepper	99.3	103.6	91.2	156.6	92.8
辣椒	Capsicum	104.0	114.7	85.5	108.8	99.0
西红柿	Tomato	115.9	97.0	96.9	138.7	98.1
莴苣及菊苣类蔬菜	Lettuce and Chicory Vegetables			98.9	100.6	118.9
生菜	Lettuce			98.4	100.8	119.3
莴笋	Asparagus Lettuce	95.2	100.1	129.6	86.2	93.3
葱蒜类蔬菜	Allium Vegetables	128.7	103.3	81.7	105.8	108.6
大葱	Allium Fistulosum	103.8	120.0	121.0		
细香葱	Chive	125.0	101.7	110.0	103.4	125.0
大蒜	Garlic			62.5	98.0	100.9
韭菜	Leek	102.7	106.1	84.2	114.4	107.0
水生蔬菜	Aquatic Vegetables	102.0	105.7	96.5	111.2	107.6
莲藕	Lotus Root	102.6	142.9	97.5	126.4	106.8
荸荠	Chufa	101.2	100.0	96.2	105.5	107.9
食用菌	Edible Fungus	75.9	91.6	108.6	101.0	105.9
双孢蘑菇	Double Spore Mushroom			117.3	98.6	107.8
香菇	Mushrooms			105.2	89.8	126.7
黑木耳	Black Fungus			116.1	104.6	83.3
黄背木耳	Yellow Back Fungus			120.0	76.4	

3-27 续表 2 continued

（上年=100） （preceding year=100）

指 标	Item	2009	2010	2011	2012	2013
水果及坚果	Fruit and Nuts	98.0	123.4	89.8	110.8	132.4
水果（园林水果）	Fruit（Garden Fruit）	97.8	131.7	89.8	110.8	132.4
柑橘类水果	Citrus Fruit			106.4	94.6	107.4
柑橘	Citrus	83.4	114.0	102.2	104.6	110.3
橙	Orange	76.7	126.5	128.8	87.8	97.1
柚	Pomelo Grapefruit	95.4	126.0	106.3	81.7	106.1
葡萄	Grape			90.8	90.9	110.0
巨峰葡萄	Kyoho Grape			90.8	90.9	110.0
热带水果	Tropical Fruits			75.5	111.0	145.9
香蕉	Banana	84.5	119.9	131.3	74.1	109.4
龙眼	Longan	111.8	159.2	52.0	123.3	169.4
荔枝	Lychee	100.5	139.3	75.1	147.0	99.2
芒果	Mango	90.8	113.9	75.0	131.3	76.9
瓜类水果	Melon Fruit	103.0	95.4	104.9	121.8	144.3
西瓜	Watermelon	103.2	93.8	103.2	121.2	147.9
香瓜	Muskmelon	93.1	111.8	122.7	127.8	109.0
其他水果	Other Fruit			100.6	109.7	85.9
柿子	Persimmon	117.3	112.5	106.0	105.4	77.1
茶及饮料原料	Tea and Beverage Raw Materials	67.1	125.7	115.6	102.7	98.0
茶叶	Tea	67.1	125.7	115.6	102.7	98.0
绿茶	Green Tea	67.1	125.7	115.6	102.7	98.0
中草药材	Chinese Medicinal Herbs	91.7	124.7	112.7	103.2	106.7
林业产品	Forestry Products	104.5	107.6	109.5	99.4	103.7
育种和育苗	Breeding and Seedling Raising			133.6	103.5	89.0
木材采伐产品	Timber Harvesting Products	104.5	107.2	108.5	99.4	104.3
原木	Log	104.5	107.2	108.5	99.4	104.3
针叶原木	Coniferous Log			108.7	96.8	104.9
马尾松原木	Pine Log	105.0	105.5	107.1	96.1	105.0
杉木原条	Chinese Fir	101.7	111.6	113.9	99.1	104.4
非针叶原木	Non Coniferous Wood			108.1	107.4	102.7
桉树原木	Eucalyptus Log			108.1	107.4	102.7
竹材采伐产品	Bamboo Cutting Products	104.5	107.2	108.7	104.8	107.4
林产品	Forest Product	121.7	150.8	88.2	73.0	114.2
饲养动物及其产品	Feeding Animals and Their Products	80.5	100.5	139.1	92.5	98.5
活牲畜	Live Cattle	98.0	99.1	143.2	90.9	97.2

3-27 续表 3 continued

（上年=100） (preceding year=100)

指 标	Item	2009	2010	2011	2012	2013
猪	Pig	79.1	97.9	143.2	90.8	97.2
种猪	Boar			125.9	108.9	103.7
仔猪	Piglet			132.9	90.0	85.4
能繁殖母猪	Breeding Sows			105.7	100.5	158.6
其他活猪	Other Pigs	87.4	90.8	143.2	90.8	97.2
牛	Cattl	105.0	98.4			
羊	Sheep	102.6	101.3	113.8	125.3	112.4
活家禽	Live Poultry	101.0	104.2	110.4	107.0	102.7
活鸡	Chickens	100.2	103.4	109.7	106.8	101.9
活鸭	Live ducks	103.1	106.2	112.8	107.8	105.4
畜禽产品	Livestock and Poultry Products			114.8	97.9	112.2
禽蛋	Poultry of Eggs	96.0	102.8	111.2	95.9	119.7
鸡蛋	Egg	100.1	105.8	111.9	82.0	101.6
鸭蛋	Duck's Egg	96.0	102.8	111.2	96.0	119.8
蚕茧	Silkworm Cocoon	120.2	145.2	116.8	99.1	107.9
渔业产品	Fishery Products	96.9	107.6	109.2	97.7	103.7
海水养殖产品	Mariculture Products			98.2	93.3	107.9
海水养殖虾	Mariculture of Shrimp					107.9
海水养殖贝类	Mariculture of Shellfish			98.2	93.1	
海水养殖牡蛎	Mariculture of Oyster			98.2	93.1	
海水捕捞产品	Marine Fishery Products	104.8	106.5	113.7	104.3	101.4
海水捕捞鲜鱼	Marine Fishing Fresh Fish	101.3	105.4	116.1	102.2	101.3
海水捕捞虾	Marine Fishing Shrimp	99.6	107.2	114.9	121.0	107.1
海水捕捞蟹	Marine Fishing Crab		110.2	104.6	103.3	100.0
海水捕捞软体水生动物	Marine Aquatic Animals			109.5	106.1	100.9
淡水养殖产品	Freshwater Aquaculture Products	94.5	109.7	113.9	95.9	102.5
养殖淡水鱼	Cultured Freshwater Fish			112.2	94.4	103.0
养殖淡水鲤鱼	Cultured Freshwater Carp	99.0	111.3	107.3	93.4	103.9
养殖淡水草鱼	Cultured Freshwater Grass Carp	98.3	113.5	111.6	100.6	101.9
养殖淡水鳙鱼(胖头鱼)	Cultured Freshwater Bighead	92.1	110.7	112.8	96.9	103.2
养殖淡水罗非鱼	Cultured Freshwater Tilapia	106.2	112.1	115.7	79.2	108.1
养殖淡水鲢鱼	Cultured Freshwater Silver Carp	90.3	106.3	113.1	95.2	101.3
其他淡水养殖产品	Other Cultured Freshwater Products			118.7	100.2	101.0
淡水养殖龟	Cultured Freshwater Turtle			153.7	86.3	98.8
淡水养殖鳖	Cultured Freshwater Turtles			100.7	107.4	102.1

3-28 农产品集贸市场价格（2014年）

单位：元/公斤

指标	Item	1月 January	2月 February	3月 March	4月 April	5月 May
粮食类	**Grain**					
籼稻	Rice	2.73	2.77	2.81	2.80	2.76
粳稻	Japonica					
小麦	Wheat	5.30	5.50	5.50	5.50	5.40
玉米	Corn	2.84	2.85	2.84	2.81	2.81
大豆	Soybean	7.06	7.08	7.05	7.18	7.15
籼米	Indica	5.08	5.10	5.15	5.18	5.29
粳米	Japonica					
经济作物类	**Economic Crops Category**					
棉花	Cotton					
花生仁	Peanuts	12.39	11.51	11.34	11.31	11.51
油菜籽	Rapeseed					
畜产品类	**Animal Products**					
活猪	Live Pig	14.33	13.26	12.51	10.73	12.81
仔猪	Piglets	17.83	16.38	15.80	15.15	17.04
猪肉	Pork	23.50	22.05	20.18	19.00	20.03
活牛	Live Cattle	25.14	25.14	25.14	25.14	25.57
牛肉	Beef	67.25	66.88	66.63	67.13	66.38
活羊	Live Sheep	34.80	34.60	34.40	33.80	34.20
羊肉	Mutton	73.14	73.14	73.57	73.14	73.71
活鸡	Live Chicken	20.75	19.48	19.90	20.65	22.13
鸡蛋	Eggs	11.95	11.60	11.58	11.65	12.25
水产品类	**Aquatic Products**					
草鱼	Grass Carp	15.31	15.30	15.03	14.53	14.63
鲤鱼	Cyprinoid	13.81	13.81	13.43	12.90	12.88
链鱼	Chub	8.03	7.90	7.91	7.80	8.09
带鱼	Belt Fish					
蔬菜类	**Vegetables**					
大白菜	Chinese Cabbage	1.80	2.00	2.95	2.93	3.01
黄瓜	Cucumber	5.29	6.51	5.96	4.43	2.66
西红柿	Tomato	5.46	5.35	5.81	4.88	4.35
菜椒	Green Pepper	7.00	7.21	7.05	6.41	5.50
四季豆	Kidney Bean	6.70	7.95	7.25	5.95	5.00
水果类	**Fruit Group**					
红富士苹果	Fuji apple	10.81	10.90	10.71	10.88	10.88
香蕉	Banana	5.06	5.18	5.69	5.98	6.33
橙子	Orange	5.10	5.84	5.66	5.55	7.07

Rural Market Fairs Prices of Agricultural Products（2014）

（yuan/kg）

6 月 June	7 月 July	8 月 August	9 月 September	10 月 October	11 月 November	12 月 December
2.76	2.80	2.81	2.82	2.82	2.85	2.84
5.30	5.30	5.30	5.10	5.10	5.10	5.00
2.82	2.83	2.86	2.86	2.86	2.86	2.88
7.15	7.20	7.26	7.41	7.41	7.38	7.44
5.34	5.35	5.31	5.35	5.35	5.39	5.38
11.75	11.70	11.85	12.00	12.13	12.13	12.60
12.70	13.45	14.61	14.80	14.61	14.65	14.39
17.20	18.23	19.68	19.83	19.78	19.00	17.98
20.10	20.88	22.25	22.50	22.50	22.00	21.63
25.57	25.71	25.71	25.86	26.00	26.29	26.29
66.25	66.38	66.75	66.88	67.25	68.00	68.38
34.12	35.00	34.88	34.80	35.40	36.20	36.40
73.14	73.14	73.00	72.29	74.00	75.43	75.43
22.90	23.25	24.13	24.25	24.28	23.83	24.38
12.28	12.75	13.46	13.69	13.70	13.48	13.06
15.00	14.83	14.85	14.50	14.50	14.73	14.48
13.38	13.30	13.45	12.88	12.93	13.00	13.00
8.21	8.40	7.99	8.00	8.00	7.97	8.03
3.45	4.08	3.95	3.85	3.60	2.78	2.64
3.13	3.60	4.03	5.14	4.17	4.66	6.23
5.05	4.40	4.48	4.48	4.20	4.60	4.68
5.34	5.63	5.25	5.75	5.63	5.95	6.13
5.50	6.38	6.90	7.45	5.70	5.50	6.75
10.90	11.59	11.65	11.90	12.05	12.03	11.88
6.18	5.80	6.45	6.85	6.13	5.98	5.84
7.53	7.57	7.60	7.60	7.67	5.60	5.90

3-29 农产品集贸市场价格指数（2014年）

（上年同期=100）

指 标	Item	1 月 January	2 月 February	3 月 March	4 月 April	5 月 May
粮食类	**Grain**					
籼稻	Rice	97.2	97.9	100.7	100.7	98.9
粳稻	Japonica					
小麦	Wheat	106.0	110.0	110.0	110.0	108.0
玉米	Corn	101.8	102.2	102.9	101.4	99.6
大豆	Soybean	100.9	98.9	100.1	102.4	100.1
籼米	Indica	106.7	114.1	107.5	108.4	110.2
粳米	Japonica					
经济作物类	**Economic Crops Category**					
棉花	Cotton					
花生仁	Peanuts	88.4	82.6	81.3	82.6	86.0
油菜籽	Rapeseed					
畜产品类	**Animal Products**					
活猪	Live Pig	89.6	82.4	87.5	83.8	100.8
仔猪	Piglets	87.4	79.1	79.0	83.5	97.1
猪肉	Pork	99.3	95.5	92.2	91.0	98.1
活牛	Live Cattle	110.9	107.0	109.0	109.3	111.9
牛肉	Beef	115.9	108.9	111.5	111.9	110.6
活羊	Live Sheep	110.1	108.5	105.4	101.8	102.4
羊肉	Mutton	108.0	111.2	108.7	106.0	104.4
活鸡	Live Chicken	91.2	84.6	90.8	118.3	132.1
鸡蛋	Eggs	100.3	96.1	101.7	107.5	112.8
水产品类	**Aquatic Products**					
草鱼	Grass Carp	111.3	113.9	111.3	108.1	108.8
鲤鱼	Cyprinoid	109.3	109.9	107.4	104.2	104.9
链鱼	Chub	104.7	105.6	103.9	105.5	106.9
带鱼	Belt Fish					
蔬菜类	**Vegetables**					
大白菜	Chinese Cabbage	62.5	83.0	136.6	72.5	79.0
黄瓜	Cucumber	123.0	138.5	118.5	98.4	76.0
西红柿	Tomato	111.9	122.7	156.6	107.7	103.3
菜椒	Green Pepper	125.9	139.5	132.8	86.5	83.8
四季豆	Kidney Bean	108.1	125.6	111.5	72.1	87.0
水果类	**Fruit Group**					
红富士苹果	Fuji apple	114.3	116.5	113.5	115.3	113.8
香蕉	Banana	139.4	131.5	140.5	134.4	140.7
橙子	Orange	101.0	116.1	109.9	86.7	105.1

Rural Market Fairs Price Indices of Agricultural Products（2014）

(preceding year=100)

6 月 June	7 月 July	8 月 August	9 月 September	10 月 October	11 月 November	12 月 December
101.5	104.9	105.6	106.0	106.0	105.9	104.0
106.0	106.0	106.0	102.0	102.0	100.0	96.2
100.4	100.7	101.1	101.1	101.8	101.1	100.7
101.3	101.7	102.5	103.6	103.5	103.1	103.3
111.5	111.2	107.7	108.1	107.4	107.2	105.7
88.1	88.6	90.3	91.0	93.1	94.5	99.1
96.9	98.7	100.4	98.4	96.1	95.8	91.5
94.3	100.8	101.5	98.5	104.1	100.9	95.2
96.3	98.3	97.2	96.2	95.2	93.1	90.1
111.2	112.6	112.1	111.5	110.5	110.9	107.6
109.7	108.2	107.1	105.5	104.3	105.0	104.0
103.4	105.9	106.3	104.7	107.3	108.4	105.8
104.9	103.2	103.9	101.5	105.1	106.0	104.6
130.9	126.2	126.7	122.4	122.6	120.4	118.1
112.4	115.3	117.1	114.3	113.6	110.7	110.2
111.1	106.8	104.9	103.3	101.2	103.0	99.7
109.0	105.3	103.2	100.8	99.8	98.6	97.7
108.2	106.9	101.5	100.4	101.8	105.3	104.2
95.6	113.0	85.1	80.2	94.7	97.2	110.9
80.5	97.3	85.9	103.0	89.3	109.4	118.4
120.2	116.4	98.2	94.1	72.5	83.6	83.0
78.1	83.9	69.4	76.1	75.8	93.8	91.6
96.5	102.9	91.4	103.5	82.6	97.3	107.1
110.1	116.4	114.1	114.0	115.9	115.2	114.9
131.2	123.4	137.5	147.6	157.2	159.0	148.2
111.9	106.2	105.6	106.0	117.5	103.7	124.2

3-30 农产品集贸市场价格环比指数（2014年）

（上月=100）

指　标	Item	1 月 January	2 月 February	3 月 March	4 月 April	5 月 May
粮食类	**Grain**					
籼稻	Rice	100.0	101.5	101.4	99.6	98.6
粳稻	Japonica					
小麦	Wheat	101.9	103.8	100.0	100.0	98.2
玉米	Corn	99.3	100.4	99.6	98.9	100.0
大豆	Soybean	98.1	100.3	99.6	101.8	99.6
籼米	Indica	99.8	100.4	101.0	100.6	102.1
粳米	Japonica					
经济作物类	**Economic Crops Category**					
棉花	Cotton					
花生仁	Peanuts	97.5	92.9	98.5	99.7	101.8
油菜籽	Rapeseed					
畜产品类	**Animal Products**					
活猪	Live Pig	91.1	92.5	94.3	85.8	119.4
仔猪	Piglets	94.4	91.9	96.5	95.9	112.5
猪肉	Pork	97.9	93.8	91.5	94.2	105.4
活牛	Live Cattle	102.9	100.0	100.0	100.0	101.7
牛肉	Beef	102.3	99.4	99.6	100.8	98.9
活羊	Live Sheep	101.2	99.4	99.4	98.3	101.2
羊肉	Mutton	101.4	100.0	100.6	99.4	100.8
活鸡	Live Chicken	100.5	93.9	102.2	103.8	107.2
鸡蛋	Eggs	100.8	97.1	99.8	100.6	105.2
水产品类	**Aquatic Products**					
草鱼	Grass Carp	105.4	99.9	98.2	96.7	100.7
鲤鱼	Cyprinoid	103.8	100.0	97.2	96.1	99.8
链鱼	Chub	104.2	98.4	100.1	98.6	103.7
带鱼	Belt Fish					
蔬菜类	**Vegetables**					
大白菜	Chinese Cabbage	75.6	111.1	147.5	99.3	102.7
黄瓜	Cucumber	100.6	123.1	91.6	74.3	60.0
西红柿	Tomato	96.8	98.0	108.6	84.0	89.1
菜椒	Green Pepper	104.6	103.0	97.8	90.9	85.8
四季豆	Kidney Bean	106.3	118.7	91.2	82.1	84.0
水果类	**Fruit Group**					
红富士苹果	Fuji apple	104.5	100.8	98.3	101.6	100.0
香蕉	Banana	128.4	102.4	109.8	105.1	105.9
橙子	Orange	107.4	114.5	96.9	98.1	127.4

Rural Market Fairs Price Chain Index of Agricultural Products（2014）

（preceding month=100）

6 月 June	7 月 July	8 月 August	9 月 September	10 月 October	11 月 November	12 月 December
100.0	101.4	100.4	100.4	100.0	101.1	99.6
98.1	100.0	100.0	96.2	100.0	100.0	98.0
100.4	100.4	101.1	100.0	100.0	100.0	100.7
100.0	100.7	100.8	102.1	100.0	99.6	100.8
100.9	100.2	99.3	100.8	100.0	100.7	99.8
102.1	99.6	101.3	101.3	101.1	100.0	103.9
99.1	105.9	108.6	101.3	98.7	100.3	98.2
100.9	106.0	108.0	100.8	99.7	96.1	94.6
100.3	103.9	106.6	101.1	100.0	97.8	98.3
100.0	100.5	100.0	100.6	100.5	101.1	100.0
99.8	100.2	100.6	100.2	100.6	101.1	100.6
99.8	102.6	99.7	99.8	101.7	102.3	100.6
99.2	100.0	99.8	99.0	102.4	101.9	100.0
103.5	101.5	103.8	100.5	100.1	98.1	102.3
100.2	103.8	105.6	101.7	100.1	98.4	96.9
102.5	98.9	100.1	97.6	100.0	101.6	98.3
103.9	99.4	101.1	95.8	100.4	100.5	100.0
101.5	102.3	95.1	100.1	100.0	99.6	100.8
114.6	118.3	96.8	97.5	93.5	77.2	95.0
117.7	115.0	111.9	127.5	81.1	111.8	133.7
116.1	87.1	101.8	100.0	93.8	109.5	101.7
97.1	105.4	93.3	109.5	97.9	105.7	103.0
110.0	116.0	108.2	108.0	76.5	96.5	122.7
100.2	106.3	100.5	102.1	101.3	99.8	98.8
97.6	93.9	111.2	106.2	89.5	97.6	97.7
106.5	100.5	100.4	100.0	100.9	73.0	105.4

3-31 农产品集贸市场价格及指数

Rural Market Fairs Prices of Agricultural Products and Indices

指标	Item	1月 January								
		价格（元/公斤） Price（yuan/kg）			价格变动（上月=100） Price Movements（preceding month=100）			价格变动（上年同期=100） Price Movements（preceding year=100）		
		2011	2012	2013	2011	2012	2013	2011	2012	2013
粮食类	**Grain**									
籼稻	Rice	2.49	2.83	2.81	100.4	100.4	99.6	107.7	113.8	99.2
粳稻	Japonica									
小麦	Wheat	4.00	4.50	5.00	100.0	100.0	100.0	125.0	112.5	111.1
玉米	Corn	2.54	2.70	2.79	102.3	99.5	99.6	117.2	106.4	103.3
大豆	Soybean	6.63	6.50	7.00	102.1	99.2	101.0	104.3	98.1	107.7
籼米	Indica	4.18	4.70	4.76	103.1	99.7	100.2	117.3	112.6	101.3
粳米	Japonica									
经济作物类	**Economic Crops Category**									
棉花	Cotton									
花生仁	Peanuts	10.88	13.75	14.01	101.2	100.0	99.9	101.9	126.4	101.9
油菜籽	Rapeseed									
畜产品类	**Animal Products**									
活猪	Live Pig	14.51	16.99	16.00	99.7	100.7	105.7	122.2	117.1	94.2
仔猪	Piglets	15.65	24.53	20.39	97.8	99.2	103.1	119.2	156.7	83.1
猪肉	Pork	22.25	26.50	23.67	98.3	102.4	105.5	123.6	119.1	89.3
活牛	Live Cattle	15.07	16.33	22.66		103.2	103.4		108.4	138.7
牛肉	Beef	36.50	43.50	58.00	102.1	112.3	102.7	100.3	119.2	133.3
活羊	Live Sheep	20.83	25.20	31.60		104.1	108.2		121.0	125.4
羊肉	Mutton	43.00	55.29	67.71	105.5	105.4	105.0	106.0	128.6	122.5
活鸡	Live Chicken	20.63	21.50	22.75	106.1	103.6	104.6	129.6	104.2	105.8
鸡蛋	Eggs	11.25	11.50	11.91	102.0	95.4	100.4	120.6	102.2	103.6
水产品类	**Aquatic Products**									
草鱼	Grass Carp	13.13	14.38	13.75	101.9	101.8	102.5	120.7	109.5	95.7
鲤鱼	Cyprinoid	10.88	13.25	12.63	101.2	101.9	102.0	113.6	121.8	95.3
链鱼	Chub	7.07	7.86	7.67	99.7	103.8	107.4	120.1	111.1	97.6
带鱼	Belt Fish									
蔬菜类	**Vegetables**									
大白菜	Chinese Cabbage	1.85	1.93	2.88	112.8	104.1	122.6	92.5	104.1	149.6
黄瓜	Cucumber	4.16	5.77	4.30	161.1	126.9	102.1	137.3	138.7	74.6
西红柿	Tomato	3.80	3.88	4.88	124.6	119.2	115.1	132.2	102.0	125.9
菜椒	Green Pepper	5.13	7.69	5.56	143.2	151.9	109.2	119.9	150.0	72.3
四季豆	Kidney Bean	4.52	5.72	6.20	145.8	138.8	133.9	143.5	126.5	108.4
水果类	**Fruit Group**									
红富士苹果	Fuji apple	10.08	9.95	9.46	104.6	101.3	99.0	118.5	98.8	95.1
香蕉	Banana	3.70	4.10	3.63	104.8	103.1	110.3	170.1	110.8	88.5
橙子	Orange	3.79	4.17	5.05	114.0	100.3	99.6	137.7	110.2	121.1

3-31 续表 1 continued

指 标	Item	2 月 February								
		价 格（元/公斤）Price（yuan/kg）			价格变动（上月=100）Price Movements（preceding month=100）			价格变动（上年同期=100）Price Movements（preceding year=100）		
		2011	2012	2013	2011	2012	2013	2011	2012	2013
粮食类	**Grain**									
籼稻	Rice	2.61	2.90	2.83	104.7	102.4	100.7	112.2	111.3	97.6
粳稻	Japonica									
小麦	Wheat	4.10		5.00	102.5		100.0	128.1		
玉米	Corn	2.54	2.74	2.79	100.2	101.4	100.0	115.3	107.7	101.9
大豆	Soybean	6.63	6.58	7.16	100.0	101.2	102.3	103.3	99.2	108.9
籼米	Indica	4.23	4.74	4.47	101.2	100.8	93.9	117.9	112.1	94.4
粳米	Japonica									
经济作物类	**Economic Crops Category**									
棉花	Cotton									
花生仁	Peanuts	10.88	14.13	13.93	100.0	102.7	99.4	101.9	129.9	98.6
油菜籽	Rapeseed									
畜产品类	**Animal Products**									
活猪	Live Pig	15.09	15.93	16.09	104.0	93.7	100.6	131.2	105.6	101.0
仔猪	Piglets	16.08	25.56	20.71	102.7	104.2	101.6	122.0	159.0	81.0
猪肉	Pork	23.13	25.13	23.09	103.9	94.8	97.5	124.2	108.6	91.9
活牛	Live Cattle	15.33	16.75	23.50	101.7	102.6	103.7		109.2	140.3
牛肉	Beef	37.00	45.25	61.43	101.4	104.0	105.9	100.0	122.3	135.8
活羊	Live Sheep	21.60	26.80	31.88	103.7	106.3	100.9		124.1	119.0
羊肉	Mutton	44.25	60.57	65.80	102.9	109.6	97.2	106.0	136.9	108.6
活鸡	Live Chicken	20.63	20.90	23.03	100.0	97.2	101.2	125.9	101.3	110.2
鸡蛋	Eggs	11.33	10.78	12.07	100.7	93.7	101.3	120.5	95.1	112.0
水产品类	**Aquatic Products**									
草鱼	Grass Carp	13.25	14.50	13.43	101.0	100.9	97.7	116.5	109.4	92.6
鲤鱼	Cyprinoid	11.75	13.13	12.57	108.0	99.1	99.5	115.2	111.7	95.8
链鱼	Chub	7.33	7.71	7.48	103.7	98.2	97.5	122.2	105.2	97.0
带鱼	Belt Fish									
蔬菜类	**Vegetables**									
大白菜	Chinese Cabbage	1.95	1.78	2.41	105.4	92.2	83.7	87.6	91.0	135.8
黄瓜	Cucumber	4.53	4.77	4.70	108.8	82.7	109.3	133.6	105.4	98.5
西红柿	Tomato	3.23	3.75	4.36	84.9	96.8	89.3	116.2	116.3	116.3
菜椒	Green Pepper	5.71	6.25	5.17	111.5	81.3	93.0	140.6	109.4	82.7
四季豆	Kidney Bean	5.20	5.72	6.33	115.0	100.0	102.1	177.3	110.0	110.7
水果类	**Fruit Group**									
红富士苹果	Fuji apple	10.35	9.65	9.36	102.7	97.0	98.9	116.0	93.2	97.0
香蕉	Banana	3.60	4.00	3.94	97.3	97.6	108.5	133.3	111.1	98.5
橙子	Orange	4.50	4.09	5.03	118.9	97.9	99.6	143.8	90.8	123.1

3-31 续表 2 continued

指 标	Item	3 月 March								
		价格（元/公斤）Price（yuan/kg）			价格变动（上月=100）Price Movements（preceding month=100）			价格变动（上年同期=100）Price Movements（preceding year=100）		
		2011	2012	2013	2011	2012	2013	2011	2012	2013
粮食类	**Grain**									
籼稻	Rice	2.73	2.89	2.79	104.6	99.6	98.6	117.0	106.0	96.6
粳稻	Japonica									
小麦	Wheat	4.10		5.00	100.0		100.0	128.1		
玉米	Corn	2.61	2.74	2.76	102.5	100.0	98.9	115.3	105.0	100.8
大豆	Soybean	6.63	6.48	7.04	100.0	98.5	98.3	104.1	97.7	108.7
籼米	Indica	4.40	4.75	4.79	104.1	100.3	107.2	123.2	108.0	100.8
粳米	Japonica									
经济作物类	**Economic Crops Category**									
棉花	Cotton									
花生仁	Peanuts	10.80	14.35	13.94	99.3	101.6	100.1	102.6	132.9	97.1
油菜籽	Rapeseed									
畜产品类	**Animal Products**									
活猪	Live Pig	15.98	15.41	14.30	105.9	96.8	88.9	150.0	96.5	92.8
仔猪	Piglets	17.40	25.59	20.00	108.2	100.1	96.6	140.6	147.1	78.2
猪肉	Pork	24.50	24.38	21.88	105.9	97.0	94.8	146.3	99.5	89.8
活牛	Live Cattle	15.42	17.08	23.07	100.5	102.0	98.2		110.8	135.0
牛肉	Beef	34.75	46.25	59.75	93.9	102.2	97.3	97.5	133.1	129.2
活羊	Live Sheep	22.40	26.60	32.64	103.7	99.3	102.4		118.8	122.7
羊肉	Mutton	46.00	61.43	67.71	104.0	101.4	102.9	117.6	133.5	110.2
活鸡	Live Chicken	20.63	20.88	21.92	100.0	99.9	95.2	130.2	101.2	105.0
鸡蛋	Eggs	11.00	10.80	11.39	97.1	100.2	94.4	118.1	98.2	105.5
水产品类	**Aquatic Products**									
草鱼	Grass Carp	13.75	15.13	13.50	103.8	104.3	100.5	124.2	110.0	89.3
鲤鱼	Cyprinoid	11.57	13.00	12.51	98.5	99.0	99.5	118.4	112.3	96.2
链鱼	Chub	7.73	7.71	7.61	105.5	100.0	101.7	127.1	99.8	98.6
带鱼	Belt Fish									
蔬菜类	**Vegetables**									
大白菜	Chinese Cabbage	1.73	2.49	2.16	88.5	140.1	89.6	75.0	144.2	86.8
黄瓜	Cucumber	4.18	5.97	5.03	92.3	125.1	107.0	101.2	143.0	84.2
西红柿	Tomato	3.70	4.54	3.71	114.7	121.0	85.1	128.7	122.6	81.8
菜椒	Green Pepper	7.81	8.13	5.31	136.8	130.0	102.7	187.7	104.0	65.4
四季豆	Kidney Bean	5.72	6.35	6.50	110.0	111.0	102.7	168.2	111.0	102.4
水果类	**Fruit Group**									
红富士苹果	Fuji apple	10.25	9.75	9.44	99.0	101.0	100.9	118.2	95.1	96.8
香蕉	Banana	3.80	4.28	4.05	105.6	106.9	102.8	133.7	112.5	94.7
橙子	Orange	4.46	4.14	5.15	99.2	101.4	102.4	137.0	92.8	124.3

3-31 续表 3 continued

指 标	Item	4 月 April								
		价格（元/公斤）Price（yuan/kg）			价格变动（上月=100）Price Movements（preceding month=100）			价格变动（上年同期=100）Price Movements（preceding year=100）		
		2011	2012	2013	2011	2012	2013	2011	2012	2013
粮食类	**Grain**									
籼稻	Rice	2.73	2.89	2.78	100.3	100.1	99.6	116.6	105.8	96.2
粳稻	Japonica									
小麦	Wheat	4.15		5.00	101.2		100.0	129.7		
玉米	Corn	2.61	2.76	2.77	100.0	100.8	100.4	111.9	105.9	100.4
大豆	Soybean	6.63	6.43	7.01	100.0	99.3	99.6	102.7	97.1	109.0
籼米	Indica	4.49	4.75	4.78	102.0	100.0	99.8	124.2	105.8	100.6
粳米	Japonica									
经济作物类	**Economic Crops Category**									
棉花	Cotton									
花生仁	Peanuts	11.25	14.38	13.69	104.2	100.2	98.2	107.9	127.8	95.2
油菜籽	Rapeseed									
畜产品类	**Animal Products**									
活猪	Live Pig	15.69	13.55	12.80	98.2	87.9	89.5	156.9	86.4	94.5
仔猪	Piglets	17.93	24.34	18.15	103.0	95.1	90.8	164.1	135.8	74.6
猪肉	Pork	24.38	22.00	20.88	99.5	90.3	95.4	148.3	90.3	94.9
活牛	Live Cattle	15.50	17.08	23.00	100.5	100.0	99.7		110.2	134.7
牛肉	Beef	35.00	46.88	60.00	100.7	101.4	100.4	100.4	133.9	128.0
活羊	Live Sheep	22.40	26.60	33.20	100.0	100.0	101.7		118.8	124.8
羊肉	Mutton	47.57	60.71	69.00	103.4	98.8	101.9	119.8	127.6	113.7
活鸡	Live Chicken	20.25	21.13	17.46	98.2	101.2	79.7	134.7	104.3	82.6
鸡蛋	Eggs	10.88	10.19	10.84	98.9	94.4	95.2	119.7	93.7	106.4
水产品类	**Aquatic Products**									
草鱼	Grass Carp	13.38	14.38	13.44	97.3	95.1	99.6	121.6	107.5	93.5
鲤鱼	Cyprinoid	12.25	12.38	12.38	105.9	95.2	99.0	122.8	101.1	100.0
链鱼	Chub	7.36	7.50	7.39	95.1	97.2	97.1	123.2	101.9	98.5
带鱼	Belt Fish									
蔬菜类	**Vegetables**									
大白菜	Chinese Cabbage	1.90	3.79	4.04	110.1	152.4	187.0	77.2	199.5	106.6
黄瓜	Cucumber	3.23	4.73	4.50	77.2	79.2	89.5	87.2	146.7	95.1
西红柿	Tomato	3.55	5.81	4.53	95.9	128.0	122.1	106.8	163.7	78.0
菜椒	Green Pepper	4.56	7.25	7.41	58.4	89.2	139.5	101.7	158.9	102.2
四季豆	Kidney Bean	4.83	6.38	8.25	84.5	100.5	126.9	123.9	132.0	129.3
水果类	**Fruit Group**									
红富士苹果	Fuji apple	10.38	9.38	9.44	101.2	96.2	100.0	118.9	90.4	100.6
香蕉	Banana	5.46	4.38	4.45	143.8	102.5	109.9	142.3	80.2	101.6
橙子	Orange	5.00	4.30	6.40	112.0	103.8	124.3	151.1	86.0	148.8

3-31 续表 4 continued

指 标	Item	5 月 May								
		价格（元/公斤）Price（yuan/kg）			价格变动（上月=100）Price Movements（preceding month=100）			价格变动（上年同期=100）Price Movements（preceding year=100）		
		2011	2012	2013	2011	2012	2013	2011	2012	2013
粮食类	**Grain**									
籼稻	Rice	2.78	2.89	2.79	101.6	100.0	100.4	118.3	104.1	96.5
粳稻	Japonica									
小麦	Wheat	4.25	5.00	5.00	102.4		100.0	132.8	117.6	100.0
玉米	Corn	2.61	2.76	2.82	100.2	100.1	101.8	109.1	105.7	102.1
大豆	Soybean	6.63	6.45	7.14	100.0	100.3	101.9	102.7	97.4	110.7
籼米	Indica	4.59	4.74	4.80	102.2	99.7	100.4	124.0	103.3	101.3
粳米	Japonica									
经济作物类	**Economic Crops Category**									
棉花	Cotton									
花生仁	Peanuts	12.00	14.63	13.38	106.7	101.7	97.7	115.9	121.9	91.5
油菜籽	Rapeseed									
畜产品类	**Animal Products**									
活猪	Live Pig	16.08	13.21	12.71	102.5	97.5	99.3	169.4	82.2	96.2
仔猪	Piglets	20.25	22.98	17.55	113.0	94.4	96.7	197.1	113.5	76.4
猪肉	Pork	25.00	21.50	20.41	102.6	97.7	97.7	160.6	86.0	94.9
活牛	Live Cattle	15.67	17.08	22.86	101.1	100.0	99.4		109.0	133.8
牛肉	Beef	35.50	47.38	60.00	101.4	101.1	100.0	101.4	133.5	126.6
活羊	Live Sheep	22.40	26.60	33.40	100.0	100.0	100.6		118.8	125.6
羊肉	Mutton	46.71	60.71	70.57	98.2	100.0	102.3	117.2	130.0	116.2
活鸡	Live Chicken	20.69	21.13	16.75	102.2	100.0	95.9	121.5	102.1	79.3
鸡蛋	Eggs	11.08	10.18	10.86	101.8	99.9	100.2	122.2	91.9	106.7
水产品类	**Aquatic Products**									
草鱼	Grass Carp	13.75	14.25	13.45	102.8	99.1	100.1	122.2	103.6	94.4
鲤鱼	Cyprinoid	12.50	11.88	12.28	102.0	95.9	99.2	123.8	95.0	103.4
链鱼	Chub	7.50	7.79	7.57	101.9	103.8	102.4	118.3	103.8	97.2
带鱼	Belt Fish									
蔬菜类	**Vegetables**									
大白菜	Chinese Cabbage	2.37	3.68	3.81	124.8	97.0	94.3	92.1	155.0	103.7
黄瓜	Cucumber	2.63	3.06	3.50	81.4	64.6	77.8	104.5	116.5	114.5
西红柿	Tomato	3.65	6.53	4.21	102.8	112.3	92.9	131.5	178.8	64.5
菜椒	Green Pepper	4.09	7.86	6.56	89.6	108.4	88.5	89.1	192.4	83.4
四季豆	Kidney Bean	4.50	5.60	5.75	93.1	87.8	69.7	102.3	124.4	102.7
水果类	**Fruit Group**									
红富士苹果	Fuji apple	10.88	9.50	9.56	104.8	101.3	101.3	116.6	87.4	100.6
香蕉	Banana	4.55	4.00	4.50	83.3	91.3	101.1	112.6	87.9	112.5
橙子	Orange	5.33	4.47	6.73	106.7	103.9	105.2	131.0	83.8	150.7

3-31 续表 5 continued

指 标	Item	6 月 June								
		价格（元/公斤）Price（yuan/kg）			价格变动（上月=100）Price Movements（preceding month=100）			价格变动（上年同期=100）Price Movements（preceding year=100）		
		2011	2012	2013	2011	2012	2013	2011	2012	2013
粮食类	**Grain**									
籼稻	Rice	2.78	2.86	2.72	100.3	99.0	97.5	118.7	102.8	95.1
粳稻	Japonica									
小麦	Wheat	4.40	5.00	5.00	103.5	100.0	100.0	137.5	113.6	100.0
玉米	Corn	2.63	2.79	2.81	100.7	101.0	99.6	109.9	106.1	100.7
大豆	Soybean	6.63	6.49	7.06	100.0	100.6	98.9	102.7	98.0	108.8
籼米	Indica	4.59	4.74	4.79	100.0	100.1	99.8	124.0	103.3	101.1
粳米	Japonica									
经济作物类	**Economic Crops Category**									
棉花	Cotton									
花生仁	Peanuts	13.20	14.38	13.34	110.0	98.3	99.7	127.5	108.9	92.8
油菜籽	Rapeseed									
畜产品类	**Animal Products**									
活猪	Live Pig	17.55	13.74	13.11	109.2	104.0	103.1	185.0	78.3	95.4
仔猪	Piglets	22.83	22.38	18.23	112.7	97.4	103.9	222.1	98.1	81.5
猪肉	Pork	26.88	21.25	20.88	107.5	98.8	102.3	172.7	79.1	98.3
活牛	Live Cattle	15.67	17.42	23.00	100.0	102.0	100.6		111.2	132.0
牛肉	Beef	35.50	48.75	60.38	100.0	102.9	100.6	101.4	137.3	123.9
活羊	Live Sheep	22.40	26.60	33.00	100.0	100.0	98.8		118.8	124.1
羊肉	Mutton	47.57	60.14	69.71	101.8	99.1	98.8	119.3	126.4	115.9
活鸡	Live Chicken	21.56	21.38	17.50	104.2	101.2	104.5	126.7	99.2	81.9
鸡蛋	Eggs	11.13	10.78	10.93	100.5	105.9	100.6	122.8	96.9	101.4
水产品类	**Aquatic Products**									
草鱼	Grass Carp	13.63	14.00	13.50	99.1	98.2	100.4	121.1	102.8	96.4
鲤鱼	Cyprinoid	12.50	12.25	12.28	100.0	103.2	100.0	123.8	98.0	100.2
链鱼	Chub	7.79	7.61	7.59	103.8	97.7	100.3	122.8	97.7	99.7
带鱼	Belt Fish									
蔬菜类	**Vegetables**									
大白菜	Chinese Cabbage	2.60	3.15	3.61	109.6	85.7	94.8	101.0	121.2	114.6
黄瓜	Cucumber	2.48	2.70	3.89	94.3	88.3	111.1	98.5	109.1	144.1
西红柿	Tomato	3.20	4.88	4.20	87.7	74.8	99.8	115.3	152.5	86.1
菜椒	Green Pepper	4.21	6.73	6.84	103.1	85.6	104.3	91.8	159.8	101.6
四季豆	Kidney Bean	3.00	4.30	5.70	66.7	76.8	99.1	68.2	143.3	132.6
水果类	**Fruit Group**									
红富士苹果	Fuji apple	10.25	9.88	9.90	94.3	104.0	103.6	109.9	96.4	100.2
香蕉	Banana	3.73	3.85	4.71	81.9	96.3	104.7	92.2	103.4	122.3
橙子	Orange	5.50	4.45	6.73	103.1	99.6	100.0	135.1	80.9	151.2

3-31 续表 6 continued

指 标	Item	7 月 July								
		价格（元/公斤）Price（yuan/kg）			价格变动（上月=100）Price Movements（preceding month=100）			价格变动（上年同期=100）Price Movements（preceding year=100）		
		2011	2012	2013	2011	2012	2013	2011	2012	2013
粮食类	**Grain**									
籼稻	Rice	2.80	2.79	2.67	100.4	97.6	98.2	118.4	99.8	95.7
粳稻	Japonica									
小麦	Wheat	4.50	5.00	5.00	102.3	100.0	100.0	139.3	111.1	100.0
玉米	Corn	2.69	2.82	2.81	102.4	101.0	100.0	111.7	104.7	99.7
大豆	Soybean	6.79	6.63	7.08	102.5	102.1	100.3	107.2	97.6	106.9
籼米	Indica	4.64	4.76	4.81	101.1	100.5	100.4	124.0	102.7	101.0
粳米	Japonica									
经济作物类	**Economic Crops Category**									
棉花	Cotton									
花生仁	Peanuts	14.33	14.13	13.21	108.5	98.2	99.0	139.8	98.6	93.5
油菜籽	Rapeseed									
畜产品类	**Animal Products**									
活猪	Live Pig	18.65	13.89	13.63	106.3	101.1	104.0	175.0	74.5	98.1
仔猪	Piglets	24.88	22.18	18.09	109.0	99.1	99.2	218.4	89.1	81.6
猪肉	Pork	29.25	21.25	21.25	108.8	100.0	101.8	170.6	72.6	100.0
活牛	Live Cattle	15.67	18.75	22.83	100.0	107.6	99.3		119.7	121.8
牛肉	Beef	35.63	51.88	61.33	100.4	106.4	101.6	102.9	145.6	118.2
活羊	Live Sheep	22.40	27.00	33.04	100.0	101.5	100.1		120.5	122.4
羊肉	Mutton	47.14	59.71	70.86	99.1	99.3	101.6	118.7	126.7	118.7
活鸡	Live Chicken	21.63	21.25	18.43	100.3	99.4	105.3	125.4	98.3	86.7
鸡蛋	Eggs	11.50	10.45	11.06	103.4	96.9	101.2	123.7	90.9	105.8
水产品类	**Aquatic Products**									
草鱼	Grass Carp	13.75	13.88	13.88	100.9	99.1	102.8	119.3	100.9	100.0
鲤鱼	Cyprinoid	13.00	12.25	12.63	104.0	100.0	102.9	122.1	94.2	103.1
链鱼	Chub	7.71	7.71	7.86	99.1	101.4	103.6	121.7	100.0	101.9
带鱼	Belt Fish									
蔬菜类	**Vegetables**									
大白菜	Chinese Cabbage	3.00	3.16	3.61	115.4	100.4	100.0	103.4	105.4	114.2
黄瓜	Cucumber	2.20	3.47	3.70	88.9	128.4	95.1	77.5	157.6	106.7
西红柿	Tomato	3.13	4.50	3.78	97.7	92.2	90.0	104.2	144.0	84.0
菜椒	Green Pepper	4.24	5.50	6.71	100.6	81.7	98.1	82.3	129.8	122.0
四季豆	Kidney Bean	3.32	5.70	6.20	110.7	132.6	108.8	78.1	171.7	108.8
水果类	**Fruit Group**									
红富士苹果	Fuji apple	10.13	9.90	9.96	98.8	100.2	100.6	107.1	97.8	100.6
香蕉	Banana	2.95	3.78	4.70	79.2	98.1	99.8	79.9	128.0	124.5
橙子	Orange	5.00	3.75	7.13	90.9	84.3	105.9	125.0	75.0	190.1

3-31 续表 7 continued

指 标	Item	8 月 August								
		价格（元/公斤）Price（yuan/kg）			价格变动（上月=100）Price Movements（preceding month=100）			价格变动（上年同期=100）Price Movements（preceding year=100）		
		2011	2012	2013	2011	2012	2013	2011	2012	2013
粮食类	**Grain**									
籼稻	Rice	2.83	2.78	2.66	101.1	99.5	99.6	120.2	98.2	95.9
粳稻	Japonica									
小麦	Wheat	4.50	5.00	5.00	100.0	100.0	100.0	116.9	111.1	100.0
玉米	Corn	2.72	2.83	2.83	100.9	100.4	100.7	116.6	104.2	100.0
大豆	Soybean	6.74	6.69	7.08	99.3	100.9	100.0	106.1	99.3	105.9
籼米	Indica	4.64	4.74	4.93	100.0	99.5	102.5	124.3	102.2	104.1
粳米	Japonica									
经济作物类	**Economic Crops Category**									
棉花	Cotton									
花生仁	Peanuts	14.70	14.13	13.13	102.6	100.0	99.4	145.1	96.1	93.0
油菜籽	Rapeseed									
畜产品类	**Animal Products**									
活猪	Live Pig	18.73	14.24	14.55	100.4	102.5	106.7	154.4	76.0	102.2
仔猪	Piglets	27.88	21.63	19.38	112.1	97.5	107.1	212.8	77.6	89.6
猪肉	Pork	29.12	21.50	22.88	99.6	101.2	107.7	152.2	73.8	106.4
活牛	Live Cattle	15.75	19.75	22.93	100.5	105.3	100.4		125.4	116.1
牛肉	Beef	36.38	52.75	62.35	102.1	101.7	101.7	109.8	145.0	118.2
活羊	Live Sheep	22.40	27.00	32.80	100.0	100.0	99.3		120.5	121.5
羊肉	Mutton	46.86	59.86	70.29	99.4	100.2	99.2	118.0	127.7	117.4
活鸡	Live Chicken	22.00	21.18	19.05	101.7	99.6	103.4	118.1	96.3	90.0
鸡蛋	Eggs	12.25	11.55	11.49	106.5	110.5	103.9	116.6	94.3	99.5
水产品类	**Aquatic Products**									
草鱼	Grass Carp	14.19	13.88	14.15	103.2	100.0	101.9	114.6	97.8	102.0
鲤鱼	Cyprinoid	13.19	12.50	13.03	101.4	102.0	103.2	115.9	94.8	104.2
链鱼	Chub	7.71	7.61	7.87	100.0	98.7	100.1	110.2	98.7	103.4
带鱼	Belt Fish									
蔬菜类	**Vegetables**									
大白菜	Chinese Cabbage	3.00	3.78	4.64	100.0	119.4	128.5	95.2	125.8	122.9
黄瓜	Cucumber	3.03	4.14	4.69	137.5	119.5	126.8	108.8	137.0	113.2
西红柿	Tomato	3.15	4.51	4.56	100.8	100.3	120.6	97.5	143.3	101.1
菜椒	Green Pepper	4.06	4.88	7.56	95.9	88.6	112.7	87.4	120.0	155.1
四季豆	Kidney Bean	4.07	6.25	7.55	122.5	109.6	121.8	95.7	153.7	120.8
水果类	**Fruit Group**									
红富士苹果	Fuji apple	9.75	9.79	10.21	96.3	98.8	102.5	103.2	100.4	104.3
香蕉	Banana	3.29	3.48	4.69	111.4	92.1	99.8	93.1	105.8	135.0
橙子	Orange	5.00	3.80	7.20	100.0	101.3	101.0	125.0	76.0	189.5

3-31 续表 8 continued

指 标	Item	9月 September								
		价格（元/公斤）Price（yuan/kg）			价格变动（上月=100）Price Movements（preceding month=100）			价格变动（上年同期=100）Price Movements（preceding year=100）		
		2011	2012	2013	2011	2012	2013	2011	2012	2013
粮食类	**Grain**									
籼稻	Rice	2.83	2.78	2.66	100.2	100.2	100.0	118.4	98.3	95.6
粳稻	Japonica									
小麦	Wheat	4.50	5.00	5.00	100.0	100.0	100.0	116.9	111.1	100.0
玉米	Corn	2.78	2.81	2.83	102.3	99.3	100.0	116.3	101.2	100.6
大豆	Soybean	6.68	6.74	7.15	99.1	100.7	101.0	104.6	100.9	106.1
籼米	Indica	4.69	4.74	4.95	101.1	100.0	100.4	124.7	101.1	104.5
粳米	Japonica									
经济作物类	**Economic Crops Category**									
棉花	Cotton									
花生仁	Peanuts	14.58	14.00	13.19	99.1	99.1	100.5	137.8	96.1	94.2
油菜籽	Rapeseed									
畜产品类	**Animal Products**									
活猪	Live Pig	19.45	14.36	15.04	103.9	100.9	103.4	156.7	73.8	104.7
仔猪	Piglets	30.88	21.43	20.13	110.8	99.1	103.9	214.7	69.4	94.0
猪肉	Pork	29.25	22.00	23.38	100.4	102.3	102.2	146.3	75.2	106.3
活牛	Live Cattle	15.75	20.84	23.20	100.0	105.5	101.2		132.3	111.3
牛肉	Beef	36.75	53.50	63.38	101.0	101.4	101.7	105.0	145.6	118.5
活羊	Live Sheep	22.80	27.00	33.24	101.8	100.0	101.3		118.4	123.1
羊肉	Mutton	47.43	60.57	71.20	101.2	101.2	101.3	119.0	127.7	117.5
活鸡	Live Chicken	21.63	21.34	19.81	98.3	100.8	104.0	115.3	98.7	92.8
鸡蛋	Eggs	12.35	11.65	11.98	100.8	100.9	104.3	113.0	94.3	102.8
水产品类	**Aquatic Products**									
草鱼	Grass Carp	13.88	13.45	14.03	97.8	96.9	99.2	109.9	96.9	104.3
鲤鱼	Cyprinoid	13.13	12.25	12.78	99.5	98.0	98.1	116.7	93.3	104.3
链鱼	Chub	7.71	7.27	7.97	100.0	95.5	101.3	110.2	94.3	109.6
带鱼	Belt Fish									
蔬菜类	**Vegetables**									
大白菜	Chinese Cabbage	3.28	3.70	4.80	109.2	98.0	103.4	115.7	113.0	129.7
黄瓜	Cucumber	3.23	3.46	4.99	106.6	83.4	106.4	114.0	107.2	144.3
西红柿	Tomato	3.58	5.31	4.76	113.5	117.7	104.4	109.7	148.6	89.6
菜椒	Green Pepper	4.54	5.13	7.56	111.7	105.1	100.0	93.0	112.9	147.5
四季豆	Kidney Bean	4.68	5.50	7.20	115.1	88.0	95.4	117.0	117.5	130.9
水果类	**Fruit Group**									
红富士苹果	Fuji apple	9.50	9.74	10.44	97.4	99.6	102.3	102.7	102.6	107.2
香蕉	Banana	3.68	3.64	4.64	111.8	104.7	98.9	97.5	99.0	127.6
橙子	Orange	5.00	4.00	7.17	100.0	105.3	99.6	137.0	80.0	179.3

3-31 续表 9 continued

指标	Item	10月 October 价格（元/公斤）Price（yuan/kg） 2011	2012	2013	价格变动（上月=100）Price Movements（preceding month=100） 2011	2012	2013	价格变动（上年同期=100）Price Movements（preceding year=100） 2011	2012	2013
粮食类	**Grain**									
籼稻	Rice	2.86	2.79	2.66	101.1	100.3	100.0	118.3	97.5	95.3
粳稻	Japonica									
小麦	Wheat	4.50	5.00	5.00	100.0	100.0	100.0	116.9	111.1	100.0
玉米	Corn	2.79	2.80	2.81	100.4	99.6	99.3	116.8	100.3	100.4
大豆	Soybean	6.73	6.70	7.16	100.7	99.4	100.1	103.6	99.6	106.9
籼米	Indica	4.76	4.74	4.98	101.6	100.1	100.6	125.0	99.5	105.1
粳米	Japonica									
经济作物类	**Economic Crops Category**									
棉花	Cotton									
花生仁	Peanuts	14.38	13.94	13.03	98.6	99.6	98.8	135.6	97.0	93.5
油菜籽	Rapeseed									
畜产品类	**Animal Products**									
活猪	Live Pig	18.39	14.11	15.20	94.5	98.2	101.1	139.0	76.7	107.7
仔猪	Piglets	30.88	20.95	19.00	100.0	97.8	94.4	197.5	67.9	90.7
猪肉	Pork	28.50	21.63	23.63	97.4	98.3	101.1	139.0	75.9	109.2
活牛	Live Cattle	15.75	21.00	23.54	100.0	100.8	101.5		133.3	112.1
牛肉	Beef	38.00	54.25	64.50	103.4	101.4	101.8	106.7	142.8	118.9
活羊	Live Sheep	23.20	27.00	33.00	101.8	100.0	99.3		116.4	122.2
羊肉	Mutton	49.43	60.57	70.43	104.2	100.0	98.9	124.0	122.5	116.3
活鸡	Live Chicken	21.25	21.43	19.80	98.3	100.4	99.9	111.1	100.8	92.4
鸡蛋	Eggs	12.50	11.55	12.06	101.2	99.1	100.7	116.3	92.4	104.4
水产品类	**Aquatic Products**									
草鱼	Grass Carp	14.13	13.20	14.33	101.8	98.1	102.1	110.1	93.5	108.6
鲤鱼	Cyprinoid	13.13	12.25	12.95	100.0	100.0	101.3	116.7	93.3	105.7
链鱼	Chub	7.86	7.33	7.86	101.9	100.8	98.6	112.2	93.3	107.2
带鱼	Belt Fish									
蔬菜类	**Vegetables**									
大白菜	Chinese Cabbage	3.30	2.80	3.80	100.8	75.7	79.2	113.8	84.8	135.7
黄瓜	Cucumber	3.45	3.10	4.67	107.0	89.7	93.6	106.2	89.9	150.6
西红柿	Tomato	3.60	4.25	5.79	100.7	80.0	121.6	82.2	118.1	136.2
菜椒	Green Pepper	4.90	5.13	7.43	108.0	100.1	98.3	100.4	104.7	144.8
四季豆	Kidney Bean	4.67	4.70	6.90	99.7	85.5	95.8	98.5	100.7	146.8
水果类	**Fruit Group**									
红富士苹果	Fuji apple	9.60	9.75	10.40	101.1	100.1	99.6	104.3	101.6	106.7
香蕉	Banana	3.83	3.59	3.90	104.1	98.7	84.1	112.5	93.9	108.6
橙子	Orange	4.70	4.00	6.53	94.0	100.0	91.1	128.8	85.1	163.3

3-31 续表 10 continued

指 标	Item	11 月 November								
		价格（元/公斤）Price（yuan/kg）			价格变动（上月=100）Price Movements（preceding month=100）			价格变动（上年同期=100）Price Movements（preceding year=100）		
		2011	2012	2013	2011	2012	2013	2011	2012	2013
粮食类	**Grain**									
籼稻	Rice	2.79	2.80	2.69	97.4	100.4	101.1	113.3	100.4	96.1
粳稻	Japonica									
小麦	Wheat	4.50	5.00	5.10	100.0	100.0	102.0	116.9	111.1	102.0
玉米	Corn	2.79	2.80	2.83	99.8	100.0	100.7	114.2	100.4	101.1
大豆	Soybean	6.60	6.76	7.16	98.1	100.9	100.0	101.9	102.4	105.9
籼米	Indica	4.68	4.74	5.03	98.2	100.0	101.0	118.7	101.4	106.1
粳米	Japonica									
经济作物类	**Economic Crops Category**									
棉花	Cotton									
花生仁	Peanuts	14.18	13.93	12.84	98.6	99.9	98.5	133.3	98.3	92.2
油菜籽	Rapeseed									
畜产品类	**Animal Products**									
活猪	Live Pig	16.94	14.09	15.30	92.1	99.9	100.7	119.0	83.2	108.6
仔猪	Piglets	27.50	20.23	18.83	89.1	96.6	99.1	169.2	73.6	93.1
猪肉	Pork	26.63	21.83	23.63	93.4	100.9	100.0	121.4	82.0	108.2
活牛	Live Cattle	15.75	21.36	23.71	100.0	101.7	100.7		135.6	111.0
牛肉	Beef	38.25	55.63	64.75	100.7	102.5	100.4	106.3	145.4	116.4
活羊	Live Sheep	23.20	27.60	33.40	100.0	102.2	101.2		119.0	121.0
羊肉	Mutton	50.71	62.71	71.14	102.6	103.5	101.0	124.6	123.7	113.4
活鸡	Live Chicken	20.75	21.44	19.80	97.6	100.0	100.0	107.8	103.3	92.4
鸡蛋	Eggs	12.20	11.54	12.18	97.6	99.9	101.0	111.6	94.6	105.5
水产品类	**Aquatic Products**									
草鱼	Grass Carp	14.25	13.06	14.30	100.9	98.9	99.8	109.6	91.6	109.5
鲤鱼	Cyprinoid	13.00	12.25	13.19	99.0	100.0	101.9	118.2	94.2	107.7
链鱼	Chub	7.71	7.17	7.57	98.2	97.8	96.3	110.2	92.9	105.6
带鱼	Belt Fish									
蔬菜类	**Vegetables**									
大白菜	Chinese Cabbage	2.23	2.05	2.86	67.4	73.2	75.3	100.7	92.1	139.5
黄瓜	Cucumber	3.28	3.97	4.26	94.9	128.1	91.2	109.2	121.2	107.3
西红柿	Tomato	3.48	4.28	5.50	96.5	100.7	95.0	89.1	123.2	128.5
菜椒	Green Pepper	4.78	4.76	6.34	97.4	92.8	85.3	113.7	99.7	133.2
四季豆	Kidney Bean	2.97	4.28	5.65	63.6	91.1	81.9	84.8	144.3	132.0
水果类	**Fruit Group**									
红富士苹果	Fuji apple	9.58	9.50	10.44	99.7	97.4	100.4	101.9	99.2	109.9
香蕉	Banana	4.18	3.43	3.76	109.2	95.5	96.4	126.1	82.2	109.6
橙子	Orange	5.30	5.47	5.40	112.8	136.8	82.7	172.1	103.2	98.7

3-31 续表 11 continued

指 标	Item	12 月 December								
		价格（元/公斤）Price（yuan/kg）			价格变动（上月=100）Price Movements（preceding month=100）			价格变动（上年同期=100）Price Movements（preceding year=100）		
		2011	2012	2013	2011	2012	2013	2011	2012	2013
粮食类	**Grain**									
籼稻	Rice	2.82	2.82	2.73	101.2	100.7	101.5	113.7	100.0	96.8
粳稻	Japonica									
小麦	Wheat	4.50	5.00	5.20	100.0	100.0	102.0	112.5	111.1	104.0
玉米	Corn	2.71	2.80	2.86	97.3	100.0	101.1	109.4	103.2	102.1
大豆	Soybean	6.55	6.93	7.20	99.2	102.5	100.6	100.9	105.8	103.9
籼米	Indica	4.71	4.75	5.09	100.8	100.2	101.2	116.4	100.8	107.2
粳米	Japonica									
经济作物类	**Economic Crops Category**									
棉花	Cotton									
花生仁	Peanuts	13.75	14.03	12.71	97.0	100.7	99.0	127.9	102.0	90.6
油菜籽	Rapeseed									
畜产品类	**Animal Products**									
活猪	Live Pig	16.88	15.14	15.73	99.6	107.5	102.8	116.0	89.7	103.9
仔猪	Piglets	24.73	19.78	18.88	89.9	97.8	100.3	154.4	80.0	95.4
猪肉	Pork	25.88	22.43	24.00	97.2	102.7	101.6	114.3	86.7	107.0
活牛	Live Cattle	15.83	21.91	24.43	100.5	102.6	103.0		138.4	111.5
牛肉	Beef	38.75	56.50	65.75	101.3	101.6	101.5	108.4	145.8	116.4
活羊	Live Sheep	24.20	29.20	34.40	104.3	105.8	103.0		120.7	117.8
羊肉	Mutton	52.43	64.50	72.14	103.4	102.9	101.4	128.7	123.0	111.8
活鸡	Live Chicken	20.75	21.75	20.65	100.0	101.4	104.3	106.7	104.8	94.9
鸡蛋	Eggs	12.05	11.86	11.85	98.8	102.8	97.3	109.2	98.4	99.9
水产品类	**Aquatic Products**									
草鱼	Grass Carp	14.13	13.41	14.53	99.1	102.7	101.6	109.7	94.9	108.4
鲤鱼	Cyprinoid	13.00	12.38	13.30	100.0	101.1	100.8	120.9	95.2	107.4
链鱼	Chub	7.57	7.14	7.71	98.1	99.6	101.8	106.8	94.3	108.0
带鱼	Belt Fish									
蔬菜类	**Vegetables**									
大白菜	Chinese Cabbage	1.85	2.35	2.38	83.1	114.6	83.2	112.8	127.0	101.3
黄瓜	Cucumber	4.54	4.21	5.26	138.7	106.0	123.5	176.1	92.7	124.9
西红柿	Tomato	3.25	4.24	5.64	93.5	99.1	102.5	106.6	130.5	133.0
菜椒	Green Pepper	5.06	5.09	6.69	106.0	106.9	105.5	141.4	100.5	131.4
四季豆	Kidney Bean	4.12	4.63	6.30	138.9	108.2	111.5	132.9	112.4	136.1
水果类	**Fruit Group**									
红富士苹果	Fuji apple	9.83	9.56	10.34	102.6	100.6	99.0	102.0	97.3	108.2
香蕉	Banana	3.98	3.29	3.94	95.2	95.9	104.8	112.6	82.8	119.8
橙子	Orange	4.16	5.07	4.75	78.5	92.7	88.0	125.3	121.9	93.7

主要统计指标解释

居民消费价格指数 是反映一定时期内城乡居民所购买的生活消费品价格和服务项目价格变动趋势和程度的相对数，是对城市居民消费价格指数和农村居民消费价格指数进行综合汇总计算的结果。该指数可以观察和分析消费品的零售价格和服务价格变动对城乡居民实际生活费支出的影响程度。

商品零售价格指数 是反映一定时期内城乡商品零售价格变动趋势的一种经济指数。零售物价的调整变动直接影响城乡居民的生活支出和国家财政的收入，影响居民购买力和市场供需平衡，影响消费与积累的比例。因此，该指数可以从一个侧面对上述经济活动进行观察和分析。

城市居民消费价格指数 是反映一定时期内城市居民家庭所购买的生活消费品价格和服务项目价格变动趋势和程度的相对数。该指数可以观察和分析消费品的零售价格和服务项目价格变动对城镇职工货币工资的影响，作为研究职工生活和确定工资政策的依据。

农村居民消费价格指数 是反映一定时期内农村居民家庭所购买的生活消费品价格和服务项目价格变动趋势和程度的相对数。该指数可以观察农村消费品的零售价格和服务项目价格变动对农村居民生活消费支出的影响，直接反映农民生活水平的实际变化情况，为分析和研究农村居民生活问题提供依据。

商品零售价格指数 是反映一定时期内城乡商品零售价格变动趋势和程度的相对数。商品零售价格的变动直接影响到城乡居民的生活支出和国家的财政收入，影响居民购买力和市场供需的平衡，影响到消费与积累的比例关系。因此，该指数可以从一个侧面对上述经济活动进行观察和分析。

农业生产资料价格指数 指反映一定时期内农业生产资料价格变动趋势和程度的相对数。农业生产资料价格指数分为小农具、饲料、产品畜、役畜、半机械化农具、机械化农具、化学肥料、农药及农药械、农机用油、其他农业生产资料十大类。其编制目的是了解农业生产中物质资料投入价格的变动状况，服务于国民经济核算。1994年以前，农业生产资料价格指数仅仅是商品零售价格指数的一个类别，此后，从商品零售价格指数中分离出来，单独编制。

农产品生产价格指数 是反映一定时期内，农产品生产者出售农产品价格水平变动趋势及幅度的相对数。该指数可以客观反映全国农产品生产价格水平和结构变动情况，满足农业与国民经济核算需要。其中某代表品生产价格指数是通过对全部有出售该产品行为的调查单位的个体指数进行几何平均求得的，类价格指数是通过对其所属的类（或代表品）的价格指数进行加权平均求得的。季度累计价格指数的计算方法与分季指数的计算方法相同。

工业品出厂价格指数 是反映一定时期内全部工业产品出厂价格总水平的变动趋势和程度的相对数，包括工业企业售给本企业以外所有单位的各种产品和直接售给居民用于生活消费的产品。该指数可以观察出厂价格变动对工业总产值及增加值的影响。

原材料、燃料和动力购进价格指数 是反映工业企业作为生产投入，而从物资交易市场和能源、原材料生产企业购买原材料、燃料和动力产品时，所支付的价格水平变动趋势和程度的统计指标，是扣除工业企业物质消耗成本中的价格变动影响的重要依据。

目前，我国编制的原材料、燃料和动力购进价格指数所调查的产品包括燃料动力、黑色金属、有色金属、化工、建材等九大类的近1800种产品。

固定资产投资价格指数 是反映一定时期内固定资产投资品及项目的价格变动趋势和程度的相对数。固定资产投资额是由建筑安装工程投资完成额、设备工器具购置投资完成额和其他费用投资完成额三部分组成的。编制固定资产投资价格指数应首先分别编制上述三部分投资的价格指数，然后采用加权算术平均法求出固定资产投资价格总指数。

该指数可以准确地反映固定资产投资中涉及的各类投资品和取费项目价格变动趋势和变动幅度，消除按现价计算的固定资产投资指标中的价格变动因素，真实地反映固定资产投资的规模、速度、结构和效益，为国家科学地制定、检查固定资产投资计划并提高宏观调控水平，为完善国民经济核算体系提供科学的、可靠的依据。

房地产价格指数 是反映一定时期内房地产价格变动趋势和程度的相对数，包括房屋销售价格指数、房屋租赁价格指数、土地交易价格指数和物业管理价格指数。这四套指数的计算方法相似，均采用由下到上逐级汇总的方法。

Explanatory Notes on Main Statistical Indicators

Urban Consumer Price Indices reflect the trend and degree of changes in prices of consumer goods and services purchased by urban households during a given period. It can be used to observe and analyze the impact of price changes in consumer goods and services on wages (in monetary terms) of urban staff and workers, and provide basis for policy-making concerning the living cost and wages of staff and workers.

Retail Ge neral Price Indices reflect the trend and degree of change in retail prices of commodities during a given period.The change in retail prices of commodities directly affects the living expenditure of urban and rural residents, government revenue,purchasing power of residents and the equilibrium of market supply and demand, and the ratio of consumption to accumulation. Therefore, the retail price indexes are useful to analyze the changes of the above economic activities.

Rural Consumer Price Indices reflect the trend and degree of changes in prices of consumer goods and services purchased by rural households during a given period. It can be used to observe the impact of change in retail prices of consumer goods and service prices in rural areas on living expenditure of rural households, and to show the changes in the living standard of peasants. It provides basis for analysis and research on condition of life in rural areas.

Retail Price Indices reflect the trend and degree of change in retail prices of commodities during a given period. The change in retail prices of commodities directly affect the living expenditure of urban and rural residents, government revenue, purchasing power of residents and the equilibrium of market supply and demand, and the ratio of consumption to accumulation. Therefore, the retail price indices are useful to analyze the changes of the above economic activities.

Price Indices of Means of Agricultural Production reflect the trend and degree of changes in prices of means of agricultural production during a given period. Price indices of means of agricultural production are composed of 10 categories including small farm tools, feeds, domestic animals for meat, draught domestic animals, semi-mechanized farm machinery, mechanized farm machinery, chemical fertilizers, pesticides and spraying machinery, fuels for farm machinery and other means of agricultural production. Compilation of these indices helps to understand the changes in prices of input into agricultural production and facilitate the compilation of national account statistics. Before 1994, price indices of means of agricultural production was a sub-category in the in the retail price indices of commodities, and it has been compiled separately since 1994.

Indices of Producers' Prices for Farm Products reflect the trend and degree of changes in producers' prices received by farmers when they sell farm products during a given period. These indices depict the change in the level and structure of producers' prices of farm products of the country and meet the needs of agriculture statistics and national account statistics. The producers' price index of a given product is calculated through geometrical mean of individual indices of all surveyed units who sell such product, and the indices of a product category is obtained through weighted mean of price indices of all products in the category. Method for calculating accumulative quarterly indices is the same as for calculating the distinctive quarterly indices.

Ex-factory Price Indices of Industrial Products reflect the trend and degree of changes in general ex-factory prices of all industrial products during a given period, including sales of industrial products by an industrial enterprise to all units outside the enterprise, as well as sales of consumer goods to residents. It can be used to analyze the impact of ex-factory prices on gross output value and value-added of the industrial sector.

Indices of Purchasing Prices of Raw Materials, Fuels and Power reflect changes in the level and degree of prices paid by industrial enterprises when they purchase production input such as raw materials, fuels and power from the market or from other energy or raw materials producing enterprises. These indices provide important basis for measuring the material consumption of industrial enterprises after removing influence of price changes.

At present, close to 1,800 products in 9 categories, including fuels and power, ferrous metals, non-ferrous metals, chemicals, building materials, are covered in China for the survey to produce indices of purchasing prices of raw materials, fuels and power.

Price Indices of Investment in Fixed Assets reflect the trend and degree of changes in prices of investment goods and projects in fixed assets during a given period. The investment in fixed assets consists of three components, namely the investment in construction and installation, the investment in purchases of equipment and instrument, and the investment in other items. Price indices of investment in fixed assets are calculated as the weighted arithmetic mean of the price indices of the three components of investment in fixed assets.

Removing the factor of price change in the aggregates of investment at current prices, this indicator shows the changes in the prices of commodities and fees involved in the investment of fixed assets, and can be used to observe the actual size, growth, structure, and efficiency of investment in fixed assets and provides reliable and scientific data for government planning, management, decision-making, and further improving the current national accounting system.

Price Indices for Real Estate reflect the trend and degree of changes in prices of real estate during a given period, including price indices for selling houses and buildings, price indices for leasing houses and buildings and price indices for land transaction. The methods for the compilation of the three sets of indices are similar in that they all use bottom-up approach under which data are reported from lower level to higher level.

国家统计局南宁调查队

2014年，南宁调查队在广西调查总队和南宁市委、市政府的正确领导下，深入学习贯彻党的十八大和十八届三中、四中全会精神，围绕“业务改革巩固年”主题，按照“深化改革、精化规范、强化作风，全力提升南宁调查‘首位度’”年度工作思路目标，狠抓工作落实，高质量完成各项年度工作任务，进一步提升干部队伍素质、统计调查工作水平和南宁调查队影响力。

一、加强队伍建设，提升干部素质

（一）扎实开展党的群众路线教育实践活动，强力“转作风”。严格按照总队的统一部署和要求扎实开展党的群众路线教育实践活动，切实抓好干部队伍作风建设。活动中，我队创新活动内容，充实自选动作，与“提升‘首位度’，看谁贡献大”活动紧密结合开展，编印3本达22万字的活动《读本》印发全体干部职工自学，邀请市有关领导到队宣讲十八届三中全会精神和上主题党课等。国家局督导组先后两次到队督查指导，对我队活动开展情况给予了充分肯定。

（二）开展“提升‘首位度’，看谁贡献大”活动，聚力“增效能”。队党组确定“深化改革、精化规范、强化作风，全力提升南宁调查‘首位度’年度工作思路目标，以开展“提升‘首位度’，看谁贡献大”活动作为统筹全年各项工作的主线和抓手，紧紧围绕“深化改革”、“精化规范”、“强化作风”三个方面确定具体活动内容，并以开展“我学习我提高”活动、实施“提升首位度”工程、开展“看谁贡献大”劳动竞赛、开展“大宣传大评比”活动为载体组织活动开展。

（三）多方式、全方位创新干部教育培训，努力“提素质”。一是领导班子带头学，强化领导班子建设.全年开展5次党组中心组专题学习。二是“走出去、带回来”创新干部教育培训，

2014年6月，南宁调查队到深圳队学习交流

全面提升队伍素质。积极组织参加国家局统计知识培训班，先后派出2批次共9位同志参加第21期、25期全国统计系统专业知识基础培训班学习。先后派出4名干部参加南宁市公务员轮训班学习。三是主动到国家局及先进兄弟队取经。先后派员赴国家局数据管理中心、广州队、深圳队、来宾队、百色队等地学习交流，把国家局和各先进队在信息化建设、住户电子记账、队伍管理、优质服务、畜禽新台帐试点工作等方面的好经验吸收引进。

2015年5月19日，广西调查总队总队长邹伟忠（右二）、副总队长杨锡虹（右一）在南宁队队长谢智陪同下调研春播情况

二、规范行政管理，提高工作效能

（一）健全工作制度，强化责任落实。2014年，继续对各项规章制度进行整理、补充和完善。修订完善《南宁调查队2014年绩效考评管理办法》、《2014年度个人目标管理责任承诺书》等，强化把全队工作目标任务量化分解到科室，到队员。

（二）严格行政规范，确保政令畅通。将行政规范化工作列入对各科室的绩效考评范围，强化全队依法规范行政意识。经常性对照规范化建设要求进行自检自查，发现问题及时整改。

（三）强化督查督办，有效提升执行力。全年下达督查督办件16件，将重点工作纳入督办范围，要求做到交办的事情有回音，办理的结果有反馈。

（四）加强财务管理，后勤保障有力。严格执行预算管理，各项费用的支出严格按照有关预算及标准执行，单位各项重大开支均经队党组会或常务会讨论决定，不存在超预算、超标准支出情况。规范采购行为，本着厉行节约、保障及时的原则，严格按照采购程序及政府采购相关规定做好采购工作。

（五）做好档案、保密工作，管理水平有提升。积极创建一级档案室，并按市一级档案室的新标准推进档案电子化，实现档案电子化率达50%。

三、深化业务改革，提升工作水平

（一）在全市范围推广电子记账，深化城乡住户调查一体化改革。今年，在总结和完善电子记账试点工作的基础上，积极谋划和实施在全市12个县区推广电子记账，得到上级领导和部门的有力支持。南宁市吴炜常务副市长走访调研了城乡住户一体化改革及电子记账试点工作情况；市政府召开专题会议研究部署了全市推广电子记账工作；总队确定南宁市为全区住户调查电子记账试点城市；自治区住调办领导多次听取我队工作汇报和出席有关工作会议，指导工作开展。

（二）严格调查方法制度落实，稳步开展县级粮食产量抽样调查。加强检查农作物调查固定观测点建立情况，组织力量到有关县区进行实地检查，为下一步对粮食单位产量和总产量的评估作足准备。全程参与实割实测，规范执行操作流程，保证数据质量。

（三）强化组织协调和经费保障，全面完成畜禽监测调查新台帐记账试点工作。积极协调武鸣县做好方案制定、人员培训、经费落实等工作，主要领导、分管领导、业务人员多次深入基层调研检查指导协调新台账试点工作落实，严格规范记账试点各环节工作，在调查经费上给予倾斜和重点支持。

（四）扩样生产南宁市采购经理指数，打造服务地方发展新调查品牌。经总队和市政府同意，南宁队扩充样本开展南宁市采购经理指数调查，从2014年10月份起推出的南宁市采购经理指数成为服务地方发展，扩大调查队影响的又一调查品牌。

四、统筹兼顾，圆满完成各项调查任务

（一）严格业务规范，认真做好常规调查工作。严格执行报表制度和业务规范化操作规程，加强对辅助调查员和调查对象的业务培训，加大下点入户检查工作的力度，按时、按质、按量做好住户调查、居民消费价格调查、规模以下工业调查、房地产价格调查、工业生产者价格调查、农产品生产价格和中间消耗调查、县级粮食产量抽样调查、退耕还林调查、主要畜禽监测调查、采购经理调查、服务业小微企业调查、新设立小微企业和个体经营户抽样调查等各项常规业务工作。

（二）攻坚克难，全面完成第三次全国经济普查个体经营户抽样调查。南宁市“三经普”个体经营户抽样调查样本量为5333户，样本总量排在全区第二位，样本分布在27个普查区和63个普查小区。在3—4月两个月时间里，南宁队集中力量全力以赴，全体队员全员参与，并调动三支县级队及住户辅助调查员的力量予以支持，发扬“白+黑”、“5+2”的精神和干劲，在时间紧、任务重的严峻形势下实现提前完成全部调查户的现场采集数据工作。

（三）以高质量、高水准的调查工作服务地方经济社会发展。在确保全面完成国家调查任务的基础上，南宁队受市委、市政府委托组织开展了南宁市县区投资环境调查、“美丽南宁·整洁畅通有序大行动”专项考评、南宁市县区公共文明指数测评等专项调查工作。在地方政府委托的这些调查工作中，我们以专业的调查水准和高效的服务质量得到了各级各部门的认可和信任，彰显了南宁队服务地方经济发展的能力，进一步扩大了调查队的影响力。

五、创新综合服务，提高服务水平

（一）优质服务质量进一步提高。继续强化信息精品意识，2014年上报调查信126篇，总队

2014年12月4日，广西调查总队总队长邹伟忠（左一）到南宁调查队统计法制宣传活动现场指导

2014年3月，南宁调查队团支部开展植树活动

采用90篇；撰写调查报告21篇，总队采用17篇。其中：南宁市委、市政府信息办采用127篇次；区党委政府信息办采用29篇次，自治区领导批次1篇，国家统计局采用30篇次，国家局领导批示14篇次，中办国办采用28篇次，国家领导批示14篇次。政务信息撰写193篇，总队采用161篇，国家局采用14篇。

（二）统计新闻宣传全方位、多层次开展。4次邀请南宁市主流新闻媒体参加现场采访报道活动，两次召开新闻发布会发布和解读数据，在市主流媒体发布调查新闻通稿31篇次。组织开展了“新闻记者统计基层行”、局队“统计人 统计情 统计梦”主题座谈会、统计知识竞赛活动等。新闻宣传工作荣获总队单项工作考核一等奖。

（三）统计执法基础工作不断夯实。一是全面执行统计事务告知、调查资料签领登记、业务培训签到等制度。二是广泛开展法制宣传。结合中国统计开放日、“三经普”个体经营户抽样调查、年报会议、日常调研走访等，通过会议宣讲、媒体报道、发放宣传册、召开座谈会等形式开展宣传。全年对980家调查企业的统计员开展了法制宣传。三是各调查专业继续推行短信提醒业务，及时提醒调查对象依法做好统计工作，及时上报报表，确保报表质量。四是全力查处统计违法案件。共对28家企业重点开展现场执法检查，依法查处统计违法案件11起。

（四）统计信息化建设再上新台阶。全面改版互联网官方网站。围绕建设政务信息公开平台、数据发布及解读平台、专项调查平台、在线调查平台、统计知识及政策法规宣传平台等“五个平台”的服务理念实施综合性官方网站建设。信息化建设工作荣获总队单项工作考评一等奖。

（五）调查数据管理利用水平有新提升。编撰出版了《南宁调查年鉴2014》和《南宁调查》月刊，积极结合经济形势变化向市政府报送收入、价格、粮食产量等方面的调查专报，及时为地方党政领导和部门提供调查数据和分析报告。调查数据综合管理工作荣获总队单项工作考核一等奖。

六、切实抓好党的建设和党风廉政建设

（一）围绕中心工作抓党建，实现“双促进”。继续推行“大党建”工作思路，建立党建与行政考核挂钩的考评机制，带动工、青、妇形成党建合力，实现党建工作人人有责，共创党建新发展的良好局面。

（二）狠抓党风廉政建设，严格落实党风廉政责任。一是建立健全党风廉政建设责任制。二是切实加强廉政教育。领导班子成员认真组织学习和严格遵守中纪委、国家局和总队有关廉政的规定，时刻做到警钟长鸣。三是强化纪检监察工作对权力运行的制约和监督。加强对重点领域和关键环节的监督力度，注重日常监督检查和重要节点监督检查相结合。

国家统计局柳州调查队

2014年9月，柳州调查队副队长徐文胜到记账户家慰问

2014年，在总队和柳州市委、市政府的正确领导下，柳州调查队认真贯彻落实党的十八大和全区调查工作会议精神，紧紧围绕“业务改革巩固年”工作主题，以党的群众路线教育实践活动为契机，以落实“八项规定”为准绳，以“稳定调查队伍、夯实调查基础、提升业务能力、严控调查质量”为目标，求真务实、大胆创新，稳步推进柳州调查工作迈上新台阶。

一、重基础，巩固三项业务改革

（一）住户调查工作扎实推进

一是完善措施巩固数据质量。充分发挥联席办的作用，密切调查网点与调查户的联系，进一步完善数据评估制度，每季度组织召开住户调查基础数据分析会，听取各县区解读增收亮点、难点情况，正确研判城乡居民增收形势。牢固树立一盘棋思想抓调查，印制1700本《柳州市城乡居民住户调查工作手册》发送给全市记账户、辅助调查员和县（区）住户调查工作人员，以市住调办名义向六县四区部署调查基础工作建设，督促县区进一步完善工作制度，促进调查质量的提升。二是创新业务培训模式提升调查水平。分别利用年报工作布置会、年中工作会，对四城区37名辅助调查员进行调查业务培训，重点针对日常工作中的问题，举例说明，进行耐心细致的讲解，分析问题出现的原因，传授改进工作的办法，不断提升辅调员工作水平。三是强化政府行为精心组织实施样本轮换工作。及时制定《2015年度柳州市住户收支与生活状况调查样本轮换实施细则》，起草《关于做好住户收支与生活状况调查样本轮换工作的通知》，并以柳住调办字〔2014〕17号文件印发有关县（区）住调办，用政府行为部署样本轮换工作。

（二）稳步推进贫困监测和粮食产量调查

强化组织协调，加强部门横向纵向合作，联合开展现场交流学习活动。强化督促检查工作，会同县统计局领导、业务人员和辅助调查员，对两项调查工作的组织实施加大检查指导力度。

2014年9月，柳州调查队副队长徐文胜接受主流媒体采访

2014年9月，柳州调查队开展住户调查媒体体验活动

是记牢调查方案，提升调查技巧。按时完成146户的入户、访问、收表、录入、审核工作。

二、常规调查和专项调查扎实开展

（一）小微企业调查有序推进

严格按照调查工作方案，服务业小微企业顺利完成上报企业146家，直报率达98.0%。积极采取措施开展批发零售住宿和餐饮行业抽样调查，开展样本核实和摸底工作，对选定的法人企业样本、个体工商户样本做好思想工作，打消顾虑，提高调查配合度，实现上报率100%。10月底开展的新设立小微企业和个体经营户跟踪调查，认真谋划，“三牢”做好此项工作。一是筑牢调查基础，提高工作效率；二是抓牢数据质量，坚持现场调查；三是记牢调查方案，提升调查技巧。按时完成146户的入户、访问、收表、录入、审核工作。

（二）常规专项调查任务规范开展

牢固树立国家队意识和调查队意识，按照总队的工作部署，扎实做好居民消费价格调查、工业生产者价格调查、规模以下工业抽样调查、主要畜禽监测调查、退耕还林（草）调查、商品零售价格调查、低收入居民基本生活费用价格调查、采购经理调查、投资环境满意度调查等调查任务。

（三）联网直报工作取得积极进展

通过建立完善企业样本名录库，充分利用工业生产者价格、采购经理、投资环境、服务业等业务QQ群和定期短信温馨提示等现代信息技术，深化调查对象的沟通与联系，拓展联网直报工作运行顺畅，其中工价、采购经理直报率均达100%，首次采用网上直报的投资环境监测调查直报率就达98.7%。

三、高效完成三经普个体户试点和抽样调查

全队精心组织、统筹兼顾，努力克服三经普

2014年9月，总队综合处副处长邓维乐、柳州调查队队长张毅晟到融水县雨卜村慰问记账户

2014年10月，柳州调查队会同水产畜牧部门开展畜牧养殖收入调研

个体抽样调查时间紧、任务重、样本分布广等困难，通力协作，加班加点，圆满完成了柳州市26个普查区、6922户的个体经营户抽样调查任务。调查后，认真组织事后质量抽查工作，及时组织整理调查日志，加强水电费、房租支出重点指标整理，分析全市个体户总体情况，为开发利用三经普个体经营户抽样调查数据夯实基础。因表现突出，经网上投票和国家统计局"最美普查员"评审及宣传专题会议审议，柳州队张柳芳同志作为广西调查队系统唯一一名代表入选，荣获第三次全国经济普查"最美普查员"称号。

四、优质服务能力进一步提升

一是奖惩并举，提高优质服务水平。通过举办季度写作竞赛、完善信息考核办法、加强督促指导等方式，不断提升调查信息报告工作水平。全年共编发调查信息76篇（含约稿），总队采用调查信息49篇，采用率达64.5%；其中有5篇约稿获中央领导批示，13篇约稿获国家局领导批示，调查信息尤其是约稿信息的采用质量获较大提升。共编发调查报告11篇，总队采用9篇，采用率81.8%。调查信息、报告均完成全年任务。

二是加强引导，政务信息工作稳中求进。围绕"业务改革巩固年"工作主题和重点工作，加大对全队政务信息工作指导力度，进一步提升政务信息工作水平。全年共撰写政务信息121篇，被总队采用政务信息101篇，被国家统计局采用5篇。三是创新统计新闻宣传方式。借媒体"零距离"解读调查工作，邀请柳州电视台、柳州日报、南国今报等多家主流媒体的记者参加居民收支调查媒体体验活动，走入记账户家中"零距离"详解居民收支调查工作，着力推动统计调查工作公开透明。

五、队伍建设进一步加强

一是强化学习，改进作风。围绕总队工作主题，结合队党的群众路线教育实践活动实际，制定党组中心组、全队干部职工的理论学习计划，把学习与工作实际结合起来，不断完善并严格执行公务接待、车辆管理等制度，认真落实八项规定；认

2014年11月，总队纪检组长吴多明（左一）到柳州调查队调研

2014年11月，总队法规处处长张学宁到柳州调查队开展法规知识培训

真学习贯彻新的《党政领导干部选拔任用工作条例》，规范干部选拔任用。二是重视教育培训，营造学习氛围。积极引导队员参加统计职称、调查分析师考试和更高层次的学历深造。2014年，全队又有5名队员取得中级统计师资格，使获得中级职称以上人员比重上升到92%。

六、统计法制建设有新突破

围绕依法行政、依法调查为重点和提高统计调查数据质量为核心，紧扣“业务改革巩固年”主题，切实推进统计法制建设。一是协助业务科室夯实统计专业法制基础。针对今年采购经理抽样调查的样本量增加52.5%、新增样本多为小微企业、配合度较低等困难，采取全面发放《统计法律义务告知书》和个别提醒宣传的点面结合措施，全程护航采购经理调查，实现样本企业100%按时上报。二是扩大统计调查事务告知范围，在所有涉企专业中全面推行统计调查事务告知制度。全年共印发821份《统计法律义务告知书》，同比增加260份。三是法制宣传力度加大。积极利用，“12.4”法制宣传日，通过设立统计法规宣传咨询服务台、制作宣传展板、横幅、环保袋和海报，吸引了包括柳州市委常委、政法委书记张永刚等社会大众莅临咨询、查阅统计法规知识。四是统计违法行为查处力度加大。全年共对12家企业进行立案，其中3家企业给予警告并处罚款，同时对4家企业下发责令改正通知书。

七、深入开展党的群众路线教育实践活动并取得实效

在教育实践活动的三个环节中，柳州调查队严格按照总队的部署和要求，结合实际，认真落实“规定动作”，精心开展“自选动作”，做到“不走过场”，有序推进。

2014年12月，柳州调查队开展统计法规宣传

2014年12月，柳州调查队领导到三江开展畜禽调研

国家统计局桂林调查队

2014年8月5日，桂林调查队召开上半年数据新闻发布暨媒体座谈会

2014年，在总队党组的正确领导下，在桂林市党委、政府的关心支持下，桂林调查队以党的十八大和十八届三中、四中全会精神为指引，紧紧围绕全区调查队系统“业务改革巩固年”主题，结合本队实际，凝心聚力，开拓创新，真抓实干，攻坚克难，圆满完成各项调查任务，推进调查工作取得新发展。现将全年工作情况汇报如下：

一、统筹兼顾抓实践活动，干部素质不断增强

（一）凝心聚力谋划全年工作

年初，紧紧围绕全区调查工作会议的统一部署和“业务改革巩固年”主题，通过召开党组专题学习会议和桂林辖区市县队共同传达学习会议精神，凝聚人心人力，发扬民主，集中众智，汇编《2014年度工作计划书》，科学谋划全年调查业务工作和群众路线教育实践活动。

（二）统筹兼顾开展实践活动

3月至10月，按照中央第二批党的群众路线教育实践活动统一部署和广西调查总队的要求，严格按照方法步骤，通过沉心静气抓好学习、开门纳谏真听实访、深刨细查开展批评、立说立行即知即改深入开展实践活动。教育实践活动取得的成效汇聚起巨大的正能量，党员干部作风实现明显改进，干部队伍建设取得成效。1名预备党员转正，全队在职在编近七成党员先锋模范作用有效发挥；通过中层干部选拔，1名副主任科员晋升为副科长，干部队伍进一步优化；2名干部取得硕士研究生学位，干部综合素质继续提升；2名干部作为广西总队参赛选手认真参加全国统计建模大赛；价格调查科积极参与总队申报的中国ICP调查重点课题研究；工业调查科主动申请《桂林市旅游业PMI指数体系开发应用研究》课题；人事工作积极协助总队参与的全国地市、乡镇及辅助调查员统计岗位知识规范研讨活动。

二、突出重点抓调查业务，数据质量持续提升

（一）突出巩固住户一体化改革成果

一是完善工作模式，进一步发挥牵头作用。

完善住调办人员岗位目标责任制和辅助调查员管理办法，建立岗位轮换机制，提高突发事件应急能力；完善数据评估、检查调研、部门资料收集共享等相关管理办法，明确责任分工和工作流程，进一步突出和发挥调查队牵头作用。二是强化一线检查，进一步夯实工作基础。强化分省样本审核，坚持“两次审核”和“对比验证”，经领导层层把关签字后才上报数据；强化分市县样本的监督检查，年内先后深入17个县（区）开展住户调查基础工作检查，并将检查结果和问题解决办法以简报方式进行通报。三是探索评估办法，进一步加强数据质量控制。市住调办探索按季度组织成员单位召开居民收支研判会议，收集涉及居民收入数据，更全面地掌握情况，提高对数据质量的判断能力。顺利完成2013年全市城乡居民收支分细项数据衔接和本年季度分大类数据衔接工作。四是加强数据管理，进一步提升服务水平。严格按照国家方案和自治区住调办规定规范数据反馈和发布；按季度向记账户反馈主要收支情况，帮助其家庭理财；业务培训与调研检查相结合，帮助县区解决工作中的技术问题。

2014年8月6日，桂林电视台《身边》栏目就上半年居民消费价格运行情况赴桂林调查队采访

（二）扎实做好三经普抽样调查工作

通过严把制度关、落实责任，严把选人关、强化培训，严把设备关、做好PDA管理，严把质量关、做好现场采集工作，严把审核关、做好数据整理上报工作，确保我队全国第三次经济普查个体经营户抽样调查工作任务有序不乱、高效高质。同时，及时总结使用PDA设备采集数据的经验，为调查工作方式改革提供参考，积累经验。

（三）全面完成国家常规和专项调查

进一步增强“两个意识”、坚持“两个独立”，严格执行国家统计调查制度，精心组织实施，全面完成一体化住户调查、贫困监测、农民工监测、消费和零售价格、低收入居民基本生活费用价格、PPI、房地产价格、采购经理、主要畜禽等多项国家常规调查任务以及党风廉政和国有企业反腐倡廉调查、新设立小微企业和个体户抽样调查等专项调查。

2014年9月23日，桂林调查队与桂林市政府发展研究中心就经济运行形势进行调研座谈

（四）多措并举提升调查数据质量

各专业注重采取多种方式强化业务培训提升能力、注重维护和管理调查样本保证代表性、注重严格执行质量控制办法确保数据质量。例如，坚持“两次审核”和“对比验证”把关住户调查数据；注重动态管理网点提升CPI调查数据质量；在工价、房价、采购经理

和规模以下工业四个专业中尝试数据要点匹配联审法，提升调查数据质量；制定《桂林市主要畜禽监测调查基础工作及数据质量检查方案》，并联合桂林市水产畜牧兽医局对8个县（区）主要畜禽调查基础工作和数据质量进行检查；建立规下服务业抽样调查、批零住餐调查数据逻辑审核要点，完善其质量评估和责任追究办法，全年服务业抽样调查总队核实性错误平均减少约80%，调查数据质量有效提高。

三、创新思路抓三个面向，统计服务健康发展

（一）积极创新思路探索服务新途径

一是探索发挥市县级调查队整体服务优势，牵头制定《桂林市（县）调查队联合开发调查信息（报告）办法（试行）》，与辖区内4个县级队共同组稿，进一步提高优质服务能力。二是把加快门户网站建设作为推进服务型统计调查的有力抓手，提供丰富的统计数据共享资源。

（二）以更优的产品服务党政宏观管理决策

一是“两信息一报告”质量稳步提升，服务领导宏观管理决策。截至10月31日，上报调查信息77篇，总队采用59篇，采用率同比提高6.3个百分点，市委办采用4篇；调查报告11篇，总队采用9篇，采用率同比提高5.0个百分点，市委办采用3篇，其中《2014年投资环境监测调查报告》获桂林市市长唐琮沅批示；完成约稿30篇，总队组稿27篇次，区政府采用7篇，国家局采用17篇，国家局批示7篇，同比均有所提高。二是定期编纂《桂林调查信息》、《桂林市CPI专报》报送当地党政和有关部门。三是完成由中国统计出版社公开出版发行《桂林调查年鉴-2013》，助推服务功能的延伸。四是继续开展投资环境调查，科学跟踪监测桂林市投资环境。五是接受政府委托开展环境综合整治调查，积极服务党政打造桂林国际旅游胜地、建设美丽桂林的首要工作任务。

（三）以更新的方式服务社会公众统计需求

一是今年两度召开统计新闻发布会，根据社会关注热点对经济数据进行深度分析和权威解读。二是接受桂林电视台专访，向社会公众介绍CPI调查工作。三是组织开展“笔尖下的国家调查”活动，通过安排当地媒体记者实地见证CPI、居民收入等调查全过程，引导社会各界人士走近国家调查工作。

（四）以更实的服务建立互惠合作调查关系

一是对住户记账户进行“微管理”，坚持每月随机抽选访问，详实掌握记账家庭第一手信息；定期反馈主要收支数据，实现统计数据“取之于民，用之于民”；协助办理日常生活困难，做出实在效果。二是利用年会和工作联系征询部门和调查企业的统计服务需求；利用价格指数产品为房产、

2014年10月28日，桂林辖区各市县调查队召开群众路线教育实践活动总结大会，总队第三督导组到会指导

物价等部门关于存量房等物品的价格鉴定提供意见。三是以约稿方式反映企业经营发展过程中的突出情况和诉求；辅导企业统计人员进修统计知识，助力职称考试，提高统计水平。

四、聚精会神抓管理成果，规范建设有效巩固

（一）不断巩固行政规范化管理成果

一是结合群众路线教育实践活动，对党组、行政、业务、人事、财务、纪检监察制度进行全面梳理，进一步完善相关奖惩制度，修订及新增31项制度，连同原有制度共75个，完成《国家统计局桂林调查队制度汇编》，不断强化制度建设。二是进一步完善年度个人岗位目标责任制，细化岗位目标并要求定期对照检查，切实发挥目标责任考评的导向和激励作用。三是坚持每月队务会制度，对照检查总结上月全队、各科室工作，布置本月工作，促进全面工作有序推进。四是制定2014年督查督办计划，逐步加大对重点任务、政务信息工作等的督查督办力度，切实增强督办的效能。

（二）不断提高业务规范化建设成效

一是重新修订完善《地方统计调查项目管理制度》、《统计调查资料双签制度》、《统计调查事务告知书制度》、《统计执法责任制》等7项制度、新增《关于基层单位信息计分奖励办法（试行）》、《国家统计局桂林调查队统计调查数据质量评估办法》等工作制度，进一步夯实业务工作基础。二是利用PPT形式，图文并茂地开展队内综合和法规业务专题培训，提高整体工作水平。三是10月份制定《2014年国家统计局桂林调查队规范化检查工作方案》，逐条对照《广西调查队系统年度考核现场检查办法》开展专业科室自查和交叉检查；制定切实可行的整改措施，对检查发现的问题及时开展查漏补缺，确保整改落实到位。

五、加强力度抓保障能力，发展条件明显改善

（一）进一步开展统计宣传与执法

一是两度召开居民收入、CPI等相关统计调查数据新闻发布会，有效提升国家调查队形象。二是坚持利用工作布置和业务培训会议宣传统计法律知识，突出抓好企业负责人、统计人员的普法教育。三是完成《2013年桂林调查年鉴》公开出版，全面、客观反映经济发展和社会建设情况。四是务实开展记者基层行、现场宣传等纪念《统计法》颁布30周年系列宣传活动。五是年内接到违法违规案件举报4起，立案2起，给予了警告并责令整改处理，确保了国家调查数据基础巩固坚实，源头清澈。

（二）进一步规范财务管理

一是根据财务管理制度完善工作细则，出台《国家统计局桂林调查队日常费用报销管理办法（试行）》，进一步规范日常费用的报销行为。二是加强预算管理，制订全年经费使用计划。三是严格执行政府采购，稳步推行公务卡改革。据统计，自2012年底推行公务卡使用至今，大大减少了现金支出，充分有效地发挥了使用公务卡推进财务管理的作用。

（三）进一步提高保障条件

一是加强一线调查人员力量，年内共招聘10名调查员充实到住户一体化、CPI、PPI等调查工作一线。二是加强信息化建设力度，投入2万元新增电脑等设备，筑牢信息化建设基础；投入3.2万元积极推进本队内网改版和外网建设，为统计调查和数据应用、开展统计服务提

2015年2月25日，桂林市常务副市长秦春成（右二）赴桂林调查队看望慰问干部

2015年3月2日，桂林市住调办召开桂林市住户调查工作会议

供良好的工作平台，目前均已正式开通；突出安全性加强设备、网络运行的保障工作，积极配合总队开展多次专项检查。三是主动邀请市档案局进行业务指导，力争创建市一级档案室，夯实档案基础建设，推进档案工作更好地为机关运行和统计调查工作服务。四是继续严格执行《固定资产管理制度》规定，实现保障有力、管理规范、基础扎实、服务到位的目标；继续实行办公用品由科室负责人签领的制度，在厉行节约的前提下为调查业务正常开展做好保障。五是妥善保管、合理安排、科学调度公务用车；继续规范一车一卡的加油制度；继续推行用车、维修两个申请办理笺，控制公务用车的费用开支。六是根据总队改进会风的要求，认真做好队内各项会议、视频会议的会务工作。

六、勇于担当抓主体责任，党风廉政稳步推进

（一）抓职责落实，促责任分层到位

一是队党组书记阳德芳作为第一责任人与总队党组签订党风廉政建设承诺书，切实担负起党风廉政建设的主体责任；二是各科室负责人代表本科室向队党组签署并递交党风廉政建设承诺书，对职责范围内的党风廉政建设担负起直接责任；三是纪检监察干部认真履行监督责任，确保党风廉政建设责任制分层到位。

（二）抓八项规定，促工作作风改进

一是结合开展党的群众路线教育实践活动，不折不扣落实好《党政机关厉行节约反对浪费条例》规定，做好春节、清明等节假日期间纪检工作；二是进一步完善会议公文制度，改进文风，严格各类文件、简报的编发；三是注重调研实效；四是加强财务管理，健全严格财务预算制度。

（三）抓宣传教育，促思想防线筑牢

一是结合党组中心组理论学习，提高认识统一思想；二是结合党支部学习，严明党的政治纪律；三是结合教育实践活动组织学习焦裕禄精神、涂红刚同志的先进事迹，弘扬统计核心价值观；四是坚持每月廉政观影活动，并灵活运用书记上党课等多种形式开展廉政文化宣传教育。截至10月底，共组织党员干部观看学习廉政教育影片276人次。

（四）抓制度建设，促廉政风险防控

一是建立健全反腐倡廉基本制度；二是结合教育实践活动的整改落实建章立制环节，深化廉政风险防控体系；三是探索责任追究机制，将责任追究与年度考核、评先推优、干部晋升挂钩，加大问责工作力度。

（五）抓执纪监督，促权力规范运行

一是严格督促检查党风廉政建设工作任务的落实，对一些苗头性问题做到早发现、早提醒、早预防；二是加强对贯彻执行民主集中制和落实“三重一大”决策制度的监督；三是继续加强对人、财、物、数的监督，特别是把提高调查数据质量、坚决抵制并严肃查处统计上弄虚作假，作为惩治和预防腐败工作的重中之重。

国家统计局梧州调查队

2014年，梧州调查队在广西调查总队的正确领导下，认真贯彻落实全区调查工作会议精神，严格按照年初制定的总体工作思路，深入开展“业务改革巩固年”主题活动，组织实施各项工作，全面完成了2014年全年目标任务。

2014年8月15日，梧州市常务副市长吴浩岭（右一）到梧州调查队调研“两个收入”

一、求真务实，各项调查工作取得新成绩

一是深改革，进一步巩固了一体化住户调查改革成果

切实发挥了住调办的作用，履行好牵头责任。不断加强与各成员单位的沟通与联系，在工作组织安排、文件简报编撰、居民增收材料收集、分市县收支数据评估、基层调查工作督导等方面丝丝入扣，认真履行职责，切实维护了梧州市新的居民收支统计监测机构的正常运转，逐渐走上正轨。截至11月底，共出台市住调办文件21份，编纂《工作简报》4期，批复下级住调办换户申请4份，切实履行了组织机构的职能。

二是稳基础，全面完成国家调查任务

加强自身学习，提高业务水平。采取由各专业人员对全队干部职工讲课的方式，分别对各自负责专业的调查制度、指标名称、指标概念、数据的构成及审核关系等进行全方位的解读，对一些案例进行座谈分析，使其他队员都能够详细地了解各专业知识，不断提高业务水平。

强化业务指导到一线，提高基层统计业务能力。主要是要求各专业人员不定期地采取上门指导或分片集中培训的方式，把对记账户、企业填报人员的技术培训和现场指导等培训工作做到一线数据填报人员，提高基层工作人员的业务技能。

进一步规范业务流程，提高数据质量。在年初就要求各业务科室对现有业务流程进行认真的梳理，果断摒弃不符合国家要求、不符合调查实际和对提高数据质量没有实际性帮助的环节，进一步规范业务流程。加强对调查数据的采集、审核、评估、汇总、录入、上报等各个环节的质量控制，特别是对出现数据异常现象的要求工作人员必须直接向填报者查询，把握数据源头质量。同时坚持业务交叉检查制度，截止到11月底，已开展2次业务交叉检查。

加强统计法制建设，推进依法统计调查。利用专业年报会和业务培训会的机会，加大对调查对象的统计法规知识学习和宣传力度，强调及时、如实、准确上报各类统计报表的严肃性、重要性，通报近两年统计执法情况，解剖典型违法案例，以案说法，达到了警示和教育的目的，提高了调查对象对统计调查工作的支持度。在今年的统计开放日活

动中，通过中国电信、移动公司和联通公司等免费发放了1万多条统计知识信息，同时邀请梧州日报、西江都市报等主流媒体记者跟随队领导、调查员一起走进记账户家中，体验统计调查工作流程，并向公众全面展示和报道，以“记录小数据反映大民生”为主题，详细向媒体记者解析了居民收支数据源头以及将在市区范围内开展的住户调查样本轮换工作。并加大了执法检查查处力度，对统计违法行为及时举报，严格处理。2014年8月份，对梧州市某股份有限公司存在报表填报数与实际发生数不符的违法行为进行了立案查处，作出“责令改正，给予警告”的行政处罚。

三是整力量，高质量完成专项调查工作

在时间紧、任务重的情况下，梧州队充分整合全队人员，严格按照总队的部署高质量完成了三经普个体经营户抽样调查、“千村调查”及党风廉政建设民意调查等3个专项调查。

二、主动作为，统计服务水平跃上新台阶

一是强化预警监测服务

通过召开经济运行形势分析会和调查业务座谈会等形式，把脉好梧州市当前经济运行情况，着力加强对主要统计数据的跟踪分析，密切关注这些指标的速度、结构、规模变动，针对苗头性、突发性问题，充分发挥职能，深入开展统计研究，加深分析层级，及时洞悉，提高对经济形势的研判力，把控好重点领域的监测预警，以更加专业的视角，更加科学的分析为各级党委政府把握政策实施力度、节奏、重点提供依据。

二是着力打造高质量统计产品

紧扣地方党委、政府在全面建成小康社会，全面深化改革中产生的各项统计调查新需求，不断提高统计调查数据质量，充分发挥数据资源优势，深入开展统计分析，结合梧州市当前经济发展方向和经济运行特点，提高了解数据的构成、构成的变化及数据分析解读能力，及时提供针对性强、参考价值高的咨询建议和分析报告，向市委、市政府决策提供优质服务。2014年共撰写调查信息报告55篇，“中央两办”采用11篇，中央领导批示6篇；国家局采用14篇，国家局领导批示5篇。主要体现在：优质服务更受地方党委、政府重视，根据梧州市热点、难点情况撰写《梧州市生猪出栏价与市场猪肉价错时下跌或与生猪批发商哄抬价格有关》、《2013年下半年梧州贯彻落实全区旅游开发大会精神及旅游跨越发展推进情况》等3篇调查信息、报告获市委书记批示。

三是注重为社会公众服务

通过网络直报平台和各专业QQ群交流平台，加强与调查对象的联系沟通和提醒服务，并及时向调查对象反馈相关信息，增强了主动服务调查对象的意识和能力。例如借每季度向记账户反馈一次收支详细情况之机，巧妙设计改动原有的反馈表模版，对较为深奥的统计指标和图表用通俗的语言加以解释；同时，针对各户的收支比例情况一一对应加插温馨的文字提示，建议其合理调整收支结构，科学理财，勿漏记重记；设计了个性化的住户调查名片，名片上除了印有梧州队的地址、联系电话等信息外，还添加了国家局回访电话、住户调查简介以及宣传口语等较为贴心的信息。

2014年4月16日，梧州调查队队长黄光强、副队长范少红、纪检组长邓以光到珠山、京梧社区督导“三经普”工作

2014年6月25日，梧州调查队纪检组长邓以光带队到岑溪、藤县开展粮食面积核查工作

加强与市直有关部门以及新闻媒体的沟通与联系。根据国家统计局CPI发布要求，每月撰写《梧州市居民消费价格变动情况》，并在《梧州日报》、《西江都市报》上发表，截至10月底，共发表23篇次。每月与市两办、统计局、物价局、商务局、人民银行等部门的积极对接，做好调查信息、调查数据的发布工作；每季度出版《梧州调查资料》40本，发至市委、市政府有关领导和市有关部门。

三、深入开展课题研究，树立调查品牌

作为首次开展课题研究，梧州队领导高度重视此项工作，在结合“千村调查”中开展了以“梧州市农民增收及实现途径研究”为课题的调研，队领导分别带队深入田间地头、村居、企业以及相关职能部门，以实际行动践行“苏区调查精神”，锤炼了调查队伍，提高了工作水平，有效地促进了全队工作。调研结束后，充分发挥本队写作小组的主观能动性，撰写出了高质量调查报告和课题论文。

在开展“千村调查”中，确定了反映梧州“三农”特色的调研主题，分别针对城镇化、土地流转以及特色农产种植三个调研重点，抽选了万秀区城东镇扶典村、藤县太平镇柴咀村、岑溪筋竹镇望间村作为本次调查的样本村，坚持实地走访原则，深入梧州市不锈钢工业园区、粤桂合作特别试验区、茶花生态园、六堡茶核心产区六堡镇、以及村民家中，调研城镇化、土地流转以及特色农产种植推动农民致富情况。通过召开座谈会、问卷调查、一对一交谈询问等多种方式，对镇村干部、典型农户、企业负责人和务工人员进行了现场调查，掌握了大量的第一手素材，确保调研活动不走过场，不流于形式。最后形成的《梧州市“就地城镇化”调研报告—以扶典村为例》被总队纳入了广西“千村调查”系列报告之中。

在开展“梧州市农民增收及实现途径研究”课题调研中，为探究当前梧州市农民收入的主要渠道、挖掘增收存在问题，梧州调查队根据梧州农民工资性收入、经营性收入、财产性收入的亮点以及农业生产、农业产业化、农业基础设施、农村城镇化、劳动力转移等特色，直接走进田间地头，深入企业（合作社）和农户家中，深入社区寻找在梧务工的农民工，与调查对象唠家常、谈生产，倾听他们的心声，深入开展访谈。并在全市范围内向户籍和务工务农地均为梧州的138名农村劳动力进行了系列调查，共收回有效调查问卷100份。

2014年8月11日，梧州调查队队长黄光强率课题研究组到六堡镇、村调研

四、强化沟通，统计调查环境获得新改善

一是强化了内部协作，促进了信息交流和数据资源共享

探索建立科室信息交流和数据资源共享制度，对相关数据进行会审会商，共同分析研究经济运行中出现的新情况、新问题，做到“三比”。“一比”是统计数据首先要纵向比，即数据值的同比和环比情况，看数据是否保持连续性；“二比”是指横向比，统计数据指标要与其他地市相关数据比，看数据在全区的排位情况是否合理；“三比”是指综合比较，即单个专业数据要与其他配套的专业数据综合比较，看相关数据之间是否相互验证、相互支撑。

二是加强外部沟通联系，推动工作顺利开展

梧州队主动与市直相关部门、各县（市、区）党委政府以及各县（市）统计局、水产畜牧局、林业局、农业局、房产局、财政局、商务局、物价局密切沟通联系，保证了相关调查工作的顺利开展。特别是开展一体化住户调查工作后，市直有关部门也主动到本队联系提供有关数据事宜，梧州队与地方党委政府及职能部门联系进一步加强，为开展调查工作创建了良好的外部环境。

三是主动汇报受党委政府重视，调查地位不断提高

梧州队牢固树立国家队意识、调查队意识，坚持独立调查，独立上报原则，多次向市领导汇报全区调查工作会议精神、一体化住户调查等有关工作，并以准确的数据质量、优质的统计服务赢得地方党政领导的高度重视。在当前地方政府高度重视“两个收入”、小微企业、采购经理调查及物价的情况下，2014年梧州队领导多次出席市长办公会议、全市经济形势分析会议及物价工作相关会议并作重要发言；市委书记黄俊华、常务副市长吴浩岭、市政协副主席李贞梅分别到梧州队走访调研，看望慰问全队干部职工。

四是多渠道筹措资金，保障能力进一步提高

通过向市政府申请、与市财政局沟通等形式多渠道筹措资金，争取了部分市长办公经费，常规调查列入了市财政年度预算，有效地缓解调查经费不足，进一步改善办公条件，保障调查工作正常开展。同时加强预算管理、细化经费预算、规范财务运行，执行“三公”经费的使用、公开和审计制度，使有限的资金发挥最大的效能，加强经费使用监督，确保经费使用合法合规。

五、加强管理，干部队伍呈现新气象

一是政务管理工作进一步完善

2014年，梧州队根据新形势、新要求，建立健全各项管理制度。先后修订完善了《基层开展公务活动管理办法（试行）》、《公务接待管理规定》、《会议管理制度》和《车辆管理规定》等6个机关管理制度。

二是干部作风进一步转变

全队党员干部深刻认识到深入 线搞统计调查的工作作风，是搞实数据、永葆调查队“轻骑兵”特色的重要保障，是解决国家局提出“六不”

2014年9月3日，梧州市委书记黄俊华到梧州调查队调研

2014年11月5日，梧州调查队召开前三季度专题经济形势分析会议

问题有效方法，并以实际行动转变工作作风。一是落实了领导联系基层制度。每名班子成员落实1个结对联系村、5名记账户或调查企业，与挂钩联系点每季度联络和现场指导不少于2次，为调查对象协调解决一些问题和困难，在直接联系服务群众中保持与群众的血肉联系；二是充分发挥调查队“轻骑兵”作用，深入一线直接采集数据，掌握第一手资料，对填报数据进行细致的审核评估，出现数据异常现象直接查询；把培训工作做到一线数据填报人员，提高基层工作人员的业务技能，“机关办公化”现象少了，深入一线多了；三是加大了走访企业力度，制定了走访企业记录表，明确走访目的、内容、解决问题等，切实把问题解决在一线，转变了工作作风。

三是加大干部培养力度，营造良好干事氛围

加大了学习、培训力度。2014年共派出2人参加国家局在成都教育基地学习培训、1人参加技术职称考试、2人获得中级统计师称职、1人参加了全区文明城市测评，不断优化知识结构。

加强干部队伍管理。制定目标责任制并贯彻落实，明确干部职工工作岗位和岗位职责，加大考勤、考核力度；坚持聘用人员实行劳务派遣方式，并实行年终绩效考评。

加大干部选拔力度。严格按照中央《党政领导干部选拔任用工作条例》要求，2014年共提拔了1名正科级干部、2名副科级干部、转正1名新公务员。

六、高标准严要求，开展党的群众路线教育实践活动取得阶段性成果

按照总队统一部署，科学制订以“为民、务实、清廉”为主题的群众路线教育实践活动方案，明确活动目标要求和方法步骤，突出统计特色，按照“照镜子、正衣冠、洗洗澡、治治病”的要求，扎实开展了教育实践活动。

梧州调查队开展统计开放日街头宣传活动

国家统计局北海调查队

2014年10月22—23日，总队长邹伟忠（左二）、副总队长梁开光（左一）陪同国家统计局调研组到北海调研指导工作

2014年，北海队在广西总队的正确领导下，在北海市委、市政府的大力支持下，深入学习贯彻党的十八大和十八届三中、四中全会精神，以开展第二批教育实践活动为契机，以"业务改革巩固年"活动为主线，按照全区调查工作的总体部署，紧扣"抓学习、转作风、提标准、升服务、重落实"的十五字方针，奋发有为，圆满完成了全年各项工作任务。

一、主要工作开展情况

（一）认真开展第二批教育实践活动，切实转变工作作风

1. 狠抓政治理论学习。结合第二批教育实践活动，北海队认真学习贯彻党的十八大和十八届三中、四中全会精神，以及教育实践活动中中央、国家局和广西调查总队在系列重要会议上的讲话精神，紧扣全国统计工作会议和全区调查工作会议的精神和部署，坚持正确的群众路线观点引领各项调查工作。

2. 深入剖析四风问题。北海队通过召开座谈会，组织谈心谈话等方式收集对队党组的各类意见建议99条，梳理意见后，班子成员共查摆出"四风"方面存在的问题及表现33条，分析思想根源14条，提出整改措施16条。

3.建章立制整改落实。针对存在的"四风"问题，北海队提出了专项整改的计划，制订了"两方案一计划"，坚定了整改落实的决心，将整改任务分解落实，明确时间点，具体推进措施，提出专项

整改任务16项，计划修订和新建制度29项。

（二）大力推进统计调查业务改革，切实维护数据质量

1. 大力夯实城乡一体化住户调查基础。北海队住户调查工作历年来都排在广西调查队系统前茅，总结起来主要得益于以下几项措施：一是注重对记账户的培训沟通，有问题及时反馈解决。二是建立完善的“三审制度”，即业务人员初审——科长复审——分管领导终审，确保“零差错”。三是着力增进与记账户的理解互信，通过发放名片、访户、慰问等形式，力所能及地解决记账户的生产生活难题，增强记账荣誉感。

2. 实时动态做好“三个价格”调查。居民消费价格调查坚决执行“三定一直”的工作要求，聘请专职采价员负责采价，每个采价日采价员都要将采价情况向采价管理人员汇报，每个月集中召开一次小组汇报会议，实时掌握价格变动情况，确保CPI客观真实。工业生产者价格调查集中做好联网直报的培训讲解，做好数据审核，发生数据异动情况及时与调查企业沟通核实。房地产价格指数调查坚持每月至少走访企业1次，及时从建设局、房地产交易中心了解新开楼盘情况，安排优先走访。通过以上多种有效措施，实时动态做好有关价格调查工作。

3. 不断拓宽采购经理和“三小微”企业调查。北海队2014年着重推进了几项企业调查工作：一是认真做好采购经理扩点工作，制订市本级采购经理调查方案；二是加大对规模以下服务业和批零住餐调查“一套表”联网直报平台的培训指导力度，着力做好数据审核，确保每笔数据的准确性；三是着力夯实规模以下工业调查工作基础，做好报表台账工作。四是及时开展好新设立小微企业和个体经营户跟踪调查。

4. 扎实做好退耕还林、主要畜禽、农产品价格调查。北海队坚持从“严”“真”“细”“深”四方面狠下功夫，确保调查数据客观真实，一是执行制度“严”，严格执行调查方案；二是采集数据“真”，通过实地走访各调查网点，认真检查调查户的台账登记情况；三是数据审核“细”，数据录入、审核实行“三审”制度；四是撰写分析“深”，根据调查的实际情况，深入调研数据变动背后的深层原因，撰写好分析报告。

（三）努力加快服务型统计建设，切实提高自身影响力

1. 全面提升优质服务水平。2014年，北海队一方面是在按时完成进度分析的同时，密切跟踪经济运行态势，紧紧围绕现阶段经济社会发展大局和百姓最关注、最关心的利益问题，积极撰写信息。另一方面是充分发挥调查队“轻骑兵”的特点和优势，根据国家统计局和总队每月下发的约稿信息报送要点，找准方向，选准题材，深入基层，挖掘亮点，认真组织和开展“短、平、快”信息的报送。

2014年11月7日，北海市政府副秘书长阮勇军主持召开2014年北海市住户调查工作会议

2. 不断扩大统计宣传力度。通过各种有效途径，大力开展统计业务和统计成果宣传，不断扩大统计调查影响。定期与市委政研室、市政府经研室、统计局、物价局、法制办、文明办等部门进行沟通和联系，提升我队在党政机关的影响力。积极参加地方组织的政务公开活动，进一步扩大北海队在社会公众中的影响力。

3. 认真规范开展统计

2015年1月9日，北海调查队召开北海市工业生产者价格调查工作会议

执法。北海队认真贯彻落实2014年广西调查队系统统计法制工作视频会议精神，加强和改进统计法制工作，全力为实现“三个提高”保驾护航。一是加强组织领导。二是加强制度落实。三是加强普法教育。四是灵活执法方式。2014年对20家企业进行了专项执法检查，对3家统计违法企业作出警告处罚。

（四）不断优化机关内部管理机制，切实增强保障水平

1. 日常管理注重机制化建设。一是办公室内部加强自我学习，严格执行新的公文格式标准，落实新的资产管理、车辆使用、公务接待等方面的有关规定。二是组织全队进行专门培训通报，明确各科室日常办文办会、内部请示、办公用品领用、车辆使用、下乡出差等方面的规定，确保人人树立规范意识。三是强化督查督办，采取常规督查、重点督查和联合督查等多种形式，确保各项工作落到实处。四是及时完善制度。根据新形势、新情况修订完善和新建立12项规章制度，通过加强制度建设，形成长效机制。

2. 财务管理强调规范化建设。坚持厉行节约、开源节流，推行节俭理财，努力做到“少花钱，多办事”。一是认真遵守财务管理规章制度，重大开支事项经常务会议研究决定，日常开支按规定权限审批。二是细化预算分解，科学制定经费使用计划，在积极争取地方经费的同时，进一步优化支出结构，压缩交通工具维修、公务接待和其他一般性经费开支，加大对业务经费的支持力度。

3. 纪检监察树立阳光化建设。全队坚决贯彻落实党中央、国务院、国家统计局以及广西调查总队关于切实改进工作作风的有关规定。组织印发了《北海调查队2014年党风廉政建设工作要点》，狠抓廉政风险防控和作风建设，认真落实“一岗双责”，逐级签订《党风廉政建设责任状》，坚决执行廉洁自律的各项规定。

4. 机关党建培育和谐化建设。党支部进一步健全组织生活机制，积极吸纳优秀年轻干部入党，坚持以人为本，通过组织生活会、交心谈心、集体座谈等形式，注意随时了解党员干部职工的思想动态，尽力帮助其解决工作、学习、生活上遇到的困难，突出组织的关心和关怀，使他们能够用更加积极进取的精神状态促进工作的提高。

二、取得的成效和凸显的亮点

（一）理论水平进一步增强。在2014年3

2014年10月16日，北海调查队组织干部职工参观自治区党风廉政警示教育展

2014年11月5日，北海调查队纪检组长吴福良带队到合浦进行晚稻测产

月—10月份开始的第二批教育实践活动中，在职党员干部参与率达到100%。学习教育环节，先后组织9次集中学习，3次观看专题教育片，上党课2次，党员干部形成了读书笔记10多万字，上报心得体会13篇，党组中心组按规定进行中心组理论学习，全队政治理论水平得到增强。

（二）队伍作风进一步转变。一是明确了目标。提出了“抓学习、转作风、提标准、升服务、重落实”十五字工作方针，明确了2014年度目标管理责任制考核进入全系统前六名的目标。二是提升了队伍战斗力。全队上下班纪律、政务信息、优质服务、专业工作等各方面都有了很大改观，全队业绩出现井喷式增长。

（三）数据质量进一步提高。北海队一方面进一步健全了工作规范，加快了数据综合管理建设工作，各专业数据和优质服务的约稿，都要求原始调查资料统一备份到综合和法规科，做到各项专业统计调查基层基础工作有章可循。另一方面配合总队开展联网直报工作中违法违规和不规范报送行为专项整治工作，确保了调查数据独立调查、独立上报。

（四）优质服务进一步提升。据初步统计，截止11月初，北海队向总队上报调查报告9篇，调查信息59篇；获总队采用调查报告17篇次（含约稿），调查信息38篇；其中：中办、国办采用22篇次，批示12篇次；国家统计局采用30篇次，批示14篇次；自治区党委、政府采用23篇次、批示2篇次；向市委市政府报送调查信息（报告）28篇，采用18篇次，批示2篇次。预计采用分数将比上年同比增长1倍以上。

（五）政务信息进一步回升。北海队把政务信息工作整改纳入第二批教育实践活动整改内容，通过采取提高任务、加强培训、定期通报、领导谈话等方式，有力促进了北海队政务信息工作的转变，截止目前，全队上报政务信息77篇，获总队采用54篇，其中国家局采用2篇，上报篇数和采用篇数都达到历史最高水平，上报篇数和采用篇数同比增长108.11%和86.21%。

（六）疑难工作进一步落实。档案室建设工作一向是北海队的老大难问题，北海队在查摆四风问题中，不逃避不回避，把档案室建设列入整改内容，确定了创建三级档案室的目标。9月份召开了专题会议进行研究，10月份派员赴贵港队进行了专门学习，并多次与市档案局取得了沟通，并拟定了工作实施方案和时间进度表，成立了档案工作领导小组和设立了下属办公室，各项工作正有序开展，力争在2015年6月前通过三级档案室验收。

（七）纪检监察进一步强化。2014年，北海队在总队的大力支持下，配备了纪检组长，加强了纪检监察工作，并多次召开了纪检监察学习培训会议，加强了对人、财、物、数监管力度，组织签订了廉政责任状，打造了党风廉政宣传长廊，纪检监察工作得到了有效加强。

2014年8月26日，北海调查队深入基层开展“千村调查”工作

国家统计局防城港调查队

2014年8月7日，防城港调查队召开党的群众路线教育实践活动专题民主生活会

2014年防城港调查队在广西调查总队的正确领导下，在防城港市委、市政府的关心支持下，以提升国家调查队职能为主线，紧紧围绕“业务改革巩固年”主题，结合本队“狠抓一个中心，坚持五个不动摇”的工作思路，创先争优，开拓进取，工作中亮点纷呈。

一、强化管理，规范操作，全面巩固住户调查业务改革

一是加强规范管理，切实履行牵头职责。利用住户数据质量控制、人员管理、访户管理、台账管理等环节管理办法，进一步夯实基础工作，实现一体化调查管理制度化、规范化；利用住调办平台，充分发挥牵头作用，整合好局队统计资源，调动好各组成部门积极性，履行好工作职责。同时加强与各有关部门的沟通联系，及时解决调查工作中存在的困难、问题。

二是加强走访培训，切实抓好调查基础。为夯实辅助调查员及记账户管理基础工作，加强对记账户的访户及情感沟通联系，通过走访慰问、节日问候、走访调研、上门培训等形式，建立起与辅助调查员、记账户之间的情感桥梁，以人性化管理方式提高住户配合度，逐步弱化、瓦解顽固户的抵触情绪，进一步夯实调查工作基础。据统计，各区县全年共集中培训12次，下乡指导培训40次，辅助调查员入户一对一检查、培训138次，达到每户每月入户指导1次以上。分管领导、业务人员对调查网点的走访超过10次，每季度对调查网点走访2次以上，并入户检查住户记账情况，及时发现记账问题并现场纠正。

三是加强数据论证，切实做好数据评估。为做好数据衔接工作，以记账本数据为基础，全面搜集全市各行业经济发展的亮点难点，综合分析防城港市各项经济指标运行情况，充分考虑各地区、各行业经济发展状况，结合调查点抽样代表水平，比对上年同期住户调查指标数值，多方位、多角度进行数据评估工作，认真做好新旧方案的数据衔接，确保各项指标数据能够客观、真实反映防城港市城

乡居民收支水平。

四是加强组织协调，切实推进样本轮换。召集城区统计局住户调查工作人员、各乡镇统计员、各调查点辅助调查员进行样本轮换工作培训，逐项讲解指标含义，明确轮换工作要求，同时争取调查点所在地各方人员力量，通过“调查队+乡政府+社区村干+辅助调查员+物业、保安、族老”的方式全面铺开住户调查分省样本轮换工作，提高了新换入住户的配合度，降低了拒访率，有效推进了样本轮换工作，按时完成了摸底、开户、培训、试记账等工作。

二、科学部署，多方联动，强力推进队伍建设

一是通过民主生活会制度、中心组学习、“三会一课”、专题培训等形式，加强干部特别是党员领导干部的政治理论和业务培训，提高干部的政治素质和业务素质，努力培养和建设一支具有“信念坚定、为民服务、勤政务实、敢于担当、清正廉洁”的高素质统计调查干部队伍。

二是以“请进来”方式，邀请总队综合处、消价处、居民收支处、办公室等处室相关人员到防城港指导工作；以“走出去”方式，组织干部参加国家局、总队培训班，组织领导及干部外出培训36人次。

三是积极鼓励干部职工参加各种形式的继续教育，努力提升干部职工综合素质，10月份，2名队员参加第二期系统在职研究生班学习；1名领导及2名干部参加2014年度统计从业人员继续教育培训。

三、精心组织，广泛宣传，有效提高依法统计调查意识

一是全队人员充分利用开展业务培训机会，坚持向基层统计人员、辅助调查员、调查户等宣传统计调查法规知识，以《统计法》保证调查数据真实准确。分别深入社区、街道、住户、企业、厂房、市场等场所，共发放宣传彩色小册子736册、《致调查对象的一封信》410份、《国家调查主要统计指标诠释》80本。

二是积极开展统计宣传活动。2014年9月，结合“统计人　统计情　统计梦”、“国家调查为您服务”的活动主题，按照“简朴高效”的原则，制定《国家统计局防城港调查队第五届“中国统计开

2014年10月22日，广西调查总队队长邹伟忠（左四）、副总队长梁开光（左二）率队到防城港东兴口岸进行调研

2015年3月12日，国家统计局数管中心领导在总队办公室主任陈代新陪下到防城港队进行调研

放日”活动方案》；在市行政中心区主要街道旁悬挂宣传横幅，并在9月19日当天通过短信平台向广西调查队系统、防城港市调查对象及社会公众发送宣传短信共计300多条。进一步拉近了调查队与基层网点、调查对象的距离，为今后做好统计调查工作奠定了良好的群众基础。

四、完善机制，树立品牌，全力打造优质服务新平台

一是进一步完善目标管理责任制考核办法。将优质服务工作纳入个人年度目标考核任务内，明确撰写和采用的任务量，并把撰写、采用篇数量化到人，细化到进度，根据完成的数量和效果，直接进行计分。同时严格奖惩措施，考核结果与评先、评优、提拔任用挂钩。

二是坚持做好优质服务，树立品牌。今年以来，多篇调查信息、报告受到地方党委、政府的重视，其中投资环境调查报告得到市委、市政府高度评价。据统计，2013年12月至2014年11月日，上报政务信息130条，被总队内网采用101条，其中国家局采用2条、司级采用11条；上报总队调查信息32篇、调查报告8篇；向防城港市委、市政府、市领导、市“两办”及有关部门编印报送《调查信息》32期共326份、《调查报告》8期共176份、《防城港CPI专报》11期121份。

三是积极拓展，打造优质服务新平台。从2014年4月份起，每月在防城港市主流媒体《防城港日报》公开发布防城港市居民消费价格数据。通过媒体发布调查数据，真实、准确、客观地反映了防城港市居民消费价格水平及其变动因素，为服务地方政府宏观决策和社会公众需求发挥了积极作用，引起社会广泛关注。这也是防城港调查队对外公开发布统计调查数据迈出的重要一步。据统计，2014年4—10月，防城港队在《防城港日报》上公开发布居民消费价格、投资环境监测等调查数据及分析共7篇次。

五、加强教育，多举并措，筑牢防腐拒变思想防线

一是多举并措，强化学习。1. 坚持“每月一课”，强化廉政警示教育。利用例会学习时间，通过集中学习“每月一课”、结合政治学习、通报案例对全体队员进行廉洁从政警示教育。2. 组织观看廉政教育片。今年以来，组织全体干部观看了主旋律电影《南平红荔》和《家财莫为子孙谋》、《坚决反对特权》等拒腐防变每月一课系列教育片，进一步对党员干部敲响了警钟。

二是身体力行，加强教育。1. 组织全体成员、入党积极分子参观防城港市港口区光坡镇红沙村网箱养殖协会“海上党支部”，通过听先进事

迹、走访慰问老党员、志愿者活动等一系列活动，干部感受到了党组织的温暖、增强了做好统计调查工作的信心。2. 组织本队副科级以上党员干部在市桃花湾体育馆参观自治区党风廉政警示教育展览，接受反腐倡廉教育。使全队党员干部时刻筑牢道德、制度、法纪思想防线，紧绷廉洁自律、拒腐防变纪律之弦。

三是防控并举，顺畅“通道”。为了营造“为民务实清廉”的浓厚氛围，在办公公共楼道的醒目位置安装了廉政举报箱，由纪检监察员负责保管钥匙，纪检组长监督定期开启，所收到的意见和举报将严格按照信访和举报有关程序进行处理。通过公布廉政举报渠道，进一步落实了群众监督机制，促进了党员领导干部廉洁自律的意识，从而真正为加强党风廉政建设开通了“绿色通道”。

六、改善条件，提高效率，打开调查工作新局面

以全局意识推进办公条件改善，扎实做好新办公楼用房的装修工作，充分考虑各科室、各业务需求，按期完成新办公用房设置、桌椅购置工作。5月下旬，防城港队在总队的大力支持、地方党委政府的关心关怀及队领导的组织安排下，同心协力，顺利搬入防城港市红树林大厦办公。新办公用房实际使用面积320多平方米，配备视频会议室、党员活动室、信息管理室、档案室等多种多功能厅室，结束建队至今没有会议室、档案室的历史，有效解决了防城港队长期以来办公场所拥挤、办公条件差的问题，全面提升了调查队的形象和队员的精神风貌。

七、践行宗旨，建章立制，弘扬教育实践活动核心价值

根据中央的统一部署和国家统计局的统一要求，队党组狠抓党的群众路线教育实践活动，密切联系统计调查工作实际，扎实推进各环节工作，防城港队领导干部达到了统一思想、提高认识、促进团结、推动工作的目的。

一是群众观念明显强化。全队党员干部经历了一场理论再武装、思想大洗礼，正确认识到统计调查根基在人民，源泉在人民，着力点在人民，能够带着亲民情感深入开展调查。

二是工作作风更加务实。通过反思“四风”突出问题及其在统计调查系统的“六不”表现，全队上下谋事更实，做人更实，形成了心齐、气顺、劲足、实干的发展氛围。

三是统计服务明显增强。以作风建设的新成效提高了服务国家、服务地方、服务百姓的能力和水平。四是专项整治和制度建设初见成果。开展了专项整治活动，着力整治文山会海、公款吃喝等问题。目前，已完成整改任务28项，占77%；完成专项整治任务15项，占71%。初步修订完善了8项制度，全队组织纪律得到加强，沉入一线更加主动，“三公”支出大幅减少，风清气正的氛围得到了巩固和加强。

2014年6月30日，防城港调查队到防城港市企沙镇长红沙村网箱养殖协会“海上党支部”居民家中进行慰问活动

国家统计局南宁调查队

2014年，南宁调查队在广西调查总队和南宁市委、市政府的正确领导下，深入学习贯彻党的十八大和十八届三中、四中全会精神，围绕“业务改革巩固年”主题，按照“深化改革、精化规范、强化作风，全力提升南宁调查‘首位度’”年度工作思路目标，狠抓工作落实，高质量完成各项年度工作任务，进一步提升干部队伍素质、统计调查工作水平和南宁调查队影响力。

一、加强队伍建设，提升干部素质

（一）扎实开展党的群众路线教育实践活动，强力“转作风”。严格按照总队的统一部署和要求扎实开展党的群众路线教育实践活动，切实抓好干部队伍作风建设。活动中，我队创新活动内容，充实自选动作，与“提升‘首位度’，看谁贡献大”活动紧密结合开展，编印3本达22万字的活动《读本》印发全体干部职工自学，邀请市有关领导到队宣讲十八届三中全会精神和上主题党课等。国家局督导组先后两次到队督查指导，对我队活动开展情况给予了充分肯定。

（二）开展“提升‘首位度’，看谁贡献大”活动，聚力“增效能”。队党组确定“深化改革、精化规范、强化作风，全力提升南宁调查‘首位度’年度工作思路目标，以开展“提升‘首位度’，看谁贡献大”活动作为统筹全年各项工作的主线和抓手，紧紧围绕“深化改革”、“精化规范”、“强化作风”三个方面确定具体活动内容，并以开展“我学习我提高”活动、实施“提升首位度”工程、开展“看谁贡献大”劳动竞赛、开展“大宣传大评比”活动为载体组织活动开展。

（三）多方式、全方位创新干部教育培训，努力“提素质”。一是领导班子带头学，强化领导班子建设.全年开展5次党组中心组专题学习。二是“走出去、带回来”创新干部教育培训，

2014年6月，南宁调查队到深圳队学习交流

全面提升队伍素质。积极组织参加国家局统计知识培训班，先后派出2批次共9位同志参加第21期、25期全国统计系统专业知识基础培训班学习。先后派出4名干部参加南宁市公务员轮训班学习。三是主动到国家局及先进兄弟队取经。先后派员赴国家局数据管理中心、广州队、深圳队、来宾队、百色队等地学习交流，把国家局和各先进队在信息化建设、住户电子记账、队伍管理、优质服务、畜禽新台帐试点工作等方面的好经验吸收引进。

2015年5月19日，广西调查总队总队长邹伟忠（右二）、副总队长杨锡虹（右一）在南宁队队长谢智陪同下调研春播情况

二、规范行政管理，提高工作效能

（一）健全工作制度，强化责任落实。 2014年，继续对各项规章制度进行整理、补充和完善。修订完善《南宁调查队2014年绩效考评管理办法》、《2014年度个人目标管理责任承诺书》等，强化把全队工作目标任务量化分解到科室，到队员。

（二）严格行政规范，确保政令畅通。 将行政规范化工作列入对各科室的绩效考评范围，强化全队依法规范行政意识。经常性对照规范化建设要求进行自检自查，发现问题及时整改。

（三）强化督查督办，有效提升执行力。 全年下达督查督办件16件，将重点工作纳入督办范围，要求做到交办的事情有回音，办理的结果有反馈。

（四）加强财务管理，后勤保障有力。 严格执行预算管理，各项费用的支出严格按照有关预算及标准执行，单位各项重大开支均经队党组会或常务会讨论决定，不存在超预算、超标准支出情况。规范采购行为，本着厉行节约、保障及时的原则，严格按照采购程序及政府采购相关规定做好采购工作。

（五）做好档案、保密工作，管理水平有提升。 积极创建一级档案室，并按市一级档案室的新标准推进档案电子化，实现档案电子化率达50%。

三、深化业务改革，提升工作水平

（一）在全市范围推广电子记账，深化城乡住户调查一体化改革。 今年，在总结和完善电子记账试点工作的基础上，积极谋划和实施在全市12个县区推广电子记账，得到上级领导和部门的有力支持。南宁市吴炜常务副市长走访调研了城乡住户一体化改革及电子记账试点工作情况；市政府召开专题会议研究部署了全市推广电子记账工作；总队确定南宁市为全区住户调查电子记账试点城市；自治区住调办领导多次听取我队工作汇报和出席有关工作会议，指导工作开展。

（二）严格调查方法制度落实，稳步开展县级粮食产量抽样调查。 加强检查农作物调查固定观测点建立情况，组织力量到有关县区进行实地检查，为下一步对粮食单位产量和总产量的评估作足准备。全程参与实割实测，规范执行操作流程，保证数据质量。

（三）强化组织协调和经费保障，全面完成畜禽监测调查新台帐记账试点工作。 积极协

国家统计局钦州调查队

2014年7月11日，国家统计局第八巡回督导组组长王雁南（左二）、副组长刘克明（右二）和广西调查总队总队长邹伟忠（右一）到钦州调查队督导教育实践活动

2014年，在广西调查总队的正确领导和地方各级政府的有力支持下，钦州队紧紧围绕“业务改革巩固年”工作主题，以深入开展党的群众路线教育实践活动为契机，转作风，强业务，努力巩固提高业务改革成果，不断推进现代服务型统计建设，圆满完成了全年各项任务。

一、党的群众路线教育实践活动扎实开展

1. 抓好学习教育，确保整个活动进展有序。2014年3月份以来，在总队长邹伟忠和总队第一督导组的严格督导下，钦州队领导班子发扬抓铁有痕、踏石留印的“钉钉子”精神，以为民务实清廉为主要内容，以“照镜子、正衣冠、洗洗澡、治治病”为总要求，组织带领全队14名在职党员开展了党的群众路线教育实践活动，坚持高标准严要求扎实推进，圆满完成了各项任务，做到了学习教育勤学善思，征求意见广泛深入，查摆剖析严准深透，开展批评出汗红脸，整改落实动真碰硬，建章立制长效管用，达到了预期目的。国家统计局第八巡回督导组和邹总队长对钦州队学习实践活动给予了高度评价，全体党员也经历了一次严格的党内政治生活锻炼，群众观念明显强化，工作作风更加扎实，“两个意识”更加牢固。

2. 做到立行立改，逐步建章立制。钦州队领导班子将梳理查摆的问题分类和细化，对一些可以改、能够改的问题，做到了立说立行、即知即改，并形成制度。先后完成了六个方面20项整改任务和几个方面20项专项整治任务，新建或修订了15项制度，从体制机制上堵塞“四风”漏洞，充分发挥制度在管长远、管根本方面的关键作用。修订了《考勤管理办法》，实行指纹机签到，着手解决纪律松弛的问题；出台《基层走访调研制度》，着手解决“沉不到一线”的问题；修订《公务接待制度》、

2014年11月1日，国家统计局机关党委常务副书记姚建墉、组织部副部长顾忠臣，广西调查总队总队长邹伟忠、总统计师邱洪刚调研指导钦州调查队党的群众路线教育实践活动。

《公务用车管理制度》和《会议管理制度》，着手控制“三公”经费支出和精简会议；组织开展调查方法制度再学习活动和基础工作交叉检查活动，着手解决“搞不实数据”的问题。

二、抓长效机制，业务改革实施更规范、更科学

1. 联席会议作用进一步发挥。钦州队积极牵头抓总，充分发挥住调办、联席会议的平台作用，建立和完善了分市县住户调查定期报表制度和数据质量的评估制度，强化了业务培训和检查，强化了与各有关部门之间的沟通和联系，强化了对辖区内各县（区）住户调查工作的组织和管理。不定期地对县区的基础工作进行抽检，督促各县区加强样本管理和维护，严格做好数据质量控制，规范数据上报和发布流程，确保了调查方案制度的有效实施，维护了统计调查公信力。

2. 进一步巩固城乡居民收支状况调查成果。一年来，钦州队严格执行住户调查方案，切实加强基层基础工作，着力抓好报表审核评估，积极争取社会各界支持，努力促进住户调查工作专业化、社会化融和共赢，调查队的权威性、服务性得到共显齐彰。年初，钦州市财政局追加住户调查工作经费8万元，辅助调查员的每月补贴由80元提高到120元，大大提高了辅助调查员的工作积极性。7月初，邀请总队居民收支处领导亲临钦州，针对钦州市住户调查出现的问题进行现场培训，提高业务技能和检查针对性，确保县区调查员和辅助调查员对调查范围和指标口径的准确理解，保证工作质量。10月份，按照国家方案进行50%住户样本轮换，克服了点多面广、交通不便、时间紧迫、任务繁重，技术性强的困难，抢抓进度，严抓质量，对住宅认真清理核实并更新摸底表信息，灵活规范做好现场调查，对少部分不配合调查的住户则针对他们的思想顾虑进行逐个突破，提高开户率，促进了核实样本轮转组和落实调查户的工作顺利高效完成。为保障调查网点有足够的调查样本，经请示总队同意后，根据《调查方案》的相关规定扩充了7个调查小区，充实了322户样本，为今后样本轮换打下坚实的基础。

3. 县级粮食大县产量调查基础更扎实。农业

2014年7月8日，钦州市住户基础工作检查和业务培训会议胜利召开，广西调查总队居民收支处专家到会授课指导，市县级调查队、市住调办部分单位成员和钦南区、钦北区统计局业务人员参加会议

2014年12月12日，国家统计局农村司王明华副司长（右一）、钱春林处长（左二），广西调查总队杨锡虹副队长（左一），钦州调查队温镜忠队长（右二）到钦州市犀牛脚镇沙角村开展农村统计调查情况调研

调查利用手持GPS定位信息采集，实现调查过程信息化。全年完成了钦北区辅助调查员培训任务；完成了20个样本村2013年秋冬播、2014年春播、夏播面积调查；完成了2014年早稻估产及实测、夏收玉米估产及实测、春收秋收粮食产量调查、晚玉米实测、晚稻实测；完成对灵山队、浦北队实测数据质量监控检查等工作。

4. 不断创新工作方法，高质高效完成各项调查任务。严格按照各项调查方法制度，高质量完成了居民消费价格指数调查、商品零售价格调查、工业生产者价格调查等常规调查。CPI调查按照“三定一直”（定人、定点、定时直接调查）手持数据采集系统采价，手机直报与网络直报实现100%。加强规模以下服务业抽样调查、采购经理调查、投资环境、工业生产者价格等联网直报调查对象的培训、走访和业务监督。通过QQ群、短信、电话等方式加强与调查企业的日常联系和沟通，反复提醒企业按时按质完成上报工作；采取走访、执法检查等方式加强调查数据质量监控，各项工作取得明显成效。采购经理网络直报率继续保持100%，规模以下服务业抽样调查年报网络直报率达到91.46%，投资环境首次网络直报高达93.06%，PPI“一套表”运行良好；规模以下工业企业联网直报工作稳步推进。

5.上下齐动员，“三经普”调查圆满完成。钦州队“三经普”个体经营户抽样调查的任务是2180户，在时间短、人员少、任务重的情况下，队领导、队员连续20多天早出晚归，中午不停歇，双休日不休息，按时按质完成了全市现场调查、审核验收、事后质量抽查等工作。在组织保障上，及时成立领导小组，组建调查员队伍和筛选指导员队伍，及时和调查小区地方政府联系和到点摸底，并与钦州市“三经普”领导小组办公室联合发文，提前协调好关系，营造好氛围。在技术保障上，与灵山队、浦北队联合开展培训，实行一对一PDA上机操作使用演练。在工作安排上，入户前由队领导带队到点摸底调查和宣传发动；入户后实行每日一汇报、每日一碰头会、每日一反馈问题解答、每日备份一次调查数据，全面掌握工作进度；队领导每天到各组巡查一遍，一旦发现“钉子户”，主动攻坚拔点。在质量保障上，严守“三条红线”，绝不触碰“五条高压线”，决不允许任何机构、任何人员随意修改、编造数据，确保数据质量的真实性、准确性、完整性。

三、扎实推进统计法制工作

1. 多渠道学习宣传统计法规，营造“重法、遵法、守法”氛围。一是将《统计法》及其配套法规、规章的学习列入党组中心组理论学习的重要内容，列入干部学习培训计划，列入各业务工作和任务布置的必要项目。二是邀请总队法规处领导到钦州开展法制教育和业务规范化讲座，提高队员法治意识和执法水平。三是加强统计法制信息工作。认真做好普法工作总结、执法工作总结和执法检查情况汇总表的上报工作。四是加强分类指导。针对领导干部、工作人员和统计调查对象的不同特点和需求，确定不同的普法内容，采取不同的普法方式，努力提高普法的针对性和实效性。

2. 积极推进统计报表数据质量检查常态化。2014年共对27家企业进行了数据质量执法检查，检查样本企业的原始记录及调查台账设置等情况，确保了国家调查数据基础巩固，源头清澈。对违法案件维持高压打击态势，将平时统计数据质量问题较多或有统计违法嫌疑的统计对象列为重点对象，集中力量进行现场执法检查。对统计违法行为坚决查处，做到有法必依、违法必究、执法必严，2014年共查处了4起违法案件。

四、统计服务明显增强

2014年4月15日，钦州调查队温镜忠队长陪同广西调查总队梁开光副总队长检查督导“三经普”工作

1. 在服务国家调查方面有新气象。以开展“调查方法制度再学习”和“调查工作我来谈”等活动为载体，保证了国家统计调查制度严格执行。认真组织各科室开展调查信息、调查报告撰写工作，对总队约稿按业务归属分配给各科室组稿，并做好跟踪落实工作。2014年全队被总队采用调查信息45篇、报告11篇。其中中央领导批示11篇，中办采用16篇，国家局采用21篇次，国家局批示10篇次；自治区党委办公厅采用15篇次，自治区政府办公厅采用15篇次。

2. 在服务地方发展方面有大发展。2014年以来，先后组织了钦州市党风廉政建设调查、绩效考评、城区公共文明指数测评、公众对创建国家园林城市满意度评价等地方调查项目，并提供高质量的调查报告，得到地方政府部门的好评，极大提升了调查队品牌形象。积极向市委、市政府报送信息、报告20多篇。在政务信息公开平台网上公布每月的CPI信息以及其他可以公开的调查数据，提高服务水平。与地方媒体保持密切联系，邀请“北部湾晨报”等当地主流媒体记者走进CPI采价现场，体验统计调查过程，北部湾晨报等媒体在今年开放日期间刊发了《统计部门发布的CPI是怎么来的？——走进国家统计局钦州调查队》等信息，增强统计调查影响力。撰写了《钦州市：“威马逊”后灾民有三大期盼》、《钦州市：龙门港渔民反映无序养殖阻碍海水养殖业发展》等信息上报各级党委政府，并分别得到自治区党委、政府信息刊物的采用，强化了调查工作的服务作用。

3. 在服务调查对象方面有新提高。利用“企业通”短信平台和专业QQ群交流平台，加强与调查对象的沟通及报表上报提醒服务。从3月开始在各专业QQ群上发布、反馈国家公开的调查结果和反馈行业经济信息、宏观经济信息和国际经济信息，与调查对象建立新型的伙伴关系。在7月份“威马逊”风灾后，深入受灾调查点慰问，做好思想安抚和鼓励，帮出点子助推灾后重建，让调查户感到关怀温暖。从8月份开始，开展入企入村大走访活动，到调查企业和调查户中走访，加强与调查对象的互动，以“拉家常、搭把手”等方式拉近与调查对象的关系，同时提高了调查基础工作，得到统计调查对象的肯定。

2014年7月22日，钦州调查队领导深入调查点调研台风灾情，慰问记账户

国家统计局贵港调查队

朝气蓬勃、勇创一流的贵港调查队伍

2014年，在广西调查总队和贵港市委、市政府的正确领导下，贵港调查队紧紧围绕“三个提高”，深入贯彻落实全区调查工作会议、贵港市经济工作会议精神，不断强化“两个意识”，围绕总队“业务改革巩固年”工作主题，大胆创新，精心组织实施“三重三强三服务”工作思路，切实加强各项建设，全面完成工作任务，取得了新的工作成效，工作成绩继续保持全区领先地位，在广西调查队系统市县级调查队目标管理考核中荣获市级队优秀等级（第一名），在广西调查总队优质服务考核评比荣获先进集体二等奖（第二名），在贵港市政府政务信息工作考评中被评为先进单位一等奖。

一、各项工作任务圆满完成

完成住户收支与生活状况调查、居民消费价格调查等19项常规调查任务和党风廉政建设满意度、投资环境、农村党员培训情况等3项专项调查任务。组织实施了第三次经济普查个体户抽样调查，这是国家统计局贵港调查队首次参与全国大型经济普查，在调查中使用先进的电子数据采集器开展工作，完成对1646户个体户经济数据的调查采集。全面实现了工业生产者价格调查

2014年6月22日，贵港调查队队长谢朝佳（右一）带领住户调查科调查员到港北区庆丰镇高桥村指导农村住户调查记账工作

“一套表”联网直报，严格执行城乡一体化住户调查制度，积极探索建立调查工作新模式，进一步巩固了城乡住户一体化调查成果。按照总队的工作部署，使用移动采集终端PDA对党风廉政建设民意调查进行数据采集传输，调查数据采集向PDA无纸化顺利过渡。顺利完成市政府委托的“政府工作评价”电话访问调查任务。各项调查结果得到了市委、市政府的高度关注及评价。

2014年6月25日，贵港调查队副队长覃盈水（中）与贵港市农业局相关领导到港南区桥圩镇永梧村查看早稻生产情况

二、调查保障能力继续提升

一是开展“三室一房一库”建设。建立完善三级档案室、电话访问室、资料管理室、标准网络机房和实物资料库，为单位行政管理工作、统计调查业务工作规范化开展奠定坚实基础；二是建立规范化数据管理体系。定时报送调查数据电子材料，统一管理，建立数字化档案，按季召开数据评审会，规范数据审核评估。三是改进作风，提高行政效能。重点对信息化建设、政务信息写作等工作进行督办督查；编制全年会议目录，从总体上控制会议费用支出；开展档案管理，整理归档好2013年相关档案资料；提高后勤保障，加强车辆的日常维护和管理，对单位大院老旧电路进行了维护，更新了灭火器等消防设备，严格执行政府采购制度。四是强化财务管理，提升财务管理水平。强化财务预算管理，规范预算执行；强化财务基础建设，规范会计核算；强化固定资产管理，规范采购行为，按要求清理固定资产；强化单位内部控制，规范财务管理；规范档案保管，按照会计档案编制要求统一归

2014年7月1日，贵港调查队组织党员干部赴贵港市港北区奇石革命老区爱国主义教育基地，缅怀革命先烈，接受革命传统教育

2014年7月29日，贵港调查队副队长黄国娟（左三）带领综合和法规科统计执法人员到贵港市港南区桥圩镇工业生产者价格调查企业开展统计执法检查工作

2014年8月14日，贵港调查队纪检组长祝伟敬（右一）带领企业调查科人员深入到港北区某企业开展采购经理调查数据质量检查工作

档会计档案。

三、优化队伍建设取得新进步

一是顺利完成第二批党的群众路线教育实践活动，弘扬焦裕禄精神，践行“三严三实”要求，认真查找解决“四风”突出问题，突出整改措施落实，优化了调查环境。二是加强队领导班子建设。2014年配备了一名纪检组长，队领导班子调整配备更加齐全。队领导班子始终坚持把政治理论学习和运用摆在首要位置，抓好理论学习，通过开展党的群众路线教育活动，开好专题民主生活会和组织生活会，开展批评与自我批评，团结协作，加强制度执行，增强创新意识，抓好廉政建设，提高班子自控力。三是开展竞争上岗活动。坚持公开、公平、竞争、择优的原则，继续开展副科级领导干部竞争上岗活动，选拔任命了两名副科级领导干部。四是开展“双选”轮岗工作。党组多次召开专题会议研究部署“双选”轮岗工作，明确工作目标，按照“以岗定人，按需选人”的要求，由科级干部本人先填报“岗位志愿申请表”，党组从工作大局出发，根据各科室的工作需要和岗位特点，充分考虑干部的工作特长、年龄、知识结构、后备力量培养等各种因素，集体研究确定岗位人选，达到优化干部结构，利于培养干部，形成最佳合力，营造积极和谐工作氛围的预期目的。五是开展人事教育培训。实施“求是”主题干部培训计划，组织参加各种专题培训班，成功举办第四届“岗位技术能手”比武活动，组织队员到地方挂职锻炼。六是推进党风廉政建设，履行“一岗双责”，落实整改“四风”问题，加强机关效能建设，拓展工作思路，强化对“人、财、物、数”重要领域的纪检监督，年内没有发现违规违纪行为。

四、统计法制工作取得新进展

一是统计执法队伍建设进一步加强。国家统计局贵港调查队始终把加强法制宣传教育摆在突出位置，制定了《统计法制宣传教育规划》，认真组织干部职工学习统计法律法规，不断增强学法、用法的积极性，提高依法履职的能力。二是统计法制宣传常态化。利用“中国统计开放日”，“12.4”全国法制宣传日、“12.8”《统计法》颁布纪念日等时点，采取召开座谈会、举办法制讲座、悬挂横幅、发放宣传单、发送手机短信等形式，加强对统计调查对象统计法律法规的宣传。充分利用推进

2014年12月4日，广西调查总队纪检组长吴多明（右二）在贵港调查队队长谢朝佳（右一）的陪同下，亲临贵港调查队法制宣传点现场指导宣传

2014年12月11日，贵港调查队开展副科级领导干部竞争上岗活动

2014年12月，贵港调查队高质量完成标准化机房建设

城乡住户调查一体化改革推进法治宣传，把依法行政、依法治国观念输送给调查户，加深了调查对象对统计法律法规的了解，有效提升了统计调查工作的社会认知度。三是统计执法成效显现。在开展第三次经济普查个体户抽样调查在现场调查过程中，坚持依法统计、依法行政，对于部分不配合调查的个体户，开展统计执法工作，促使“钉子户”转变态度配合调查，以《统计法》为武器，攻破了调查工作最后壁垒，提前完成了调查任务。同时，按照国家统计局的要求，结合贵港调查工作实际，对规模以下工业、服务业小微企业、工业生产者价格、采购经理调查进行执法检查，进一步维护了统计调查工作权威。

五、统计调查服务水平稳步提升

国家统计局贵港调查队积极开展服务型统计建设，努力为党政领导、统计用户、统计对象提供服务。一是紧扣党政中心工作，深入一线，广泛开展专题调查，丰富统计调查产品，定期组织召开经济形势分析会，更好地服务宏观决策。二是精心编发《贵港调查年鉴》、《贵港调查简讯》，定期向社会公布统计调查数据，为党委、政府及社会公众提供统计查询服务。三是抓好调查分析。积极做好统计调查报告、信息的撰写报送工作，2014年得到广西调查总队采用的调查报告26篇，调查信息52条。其中：得到中办国办采用10条、中央领导批示5条；得到国家统计局采用14条、国家统计局领导批示7条，区两办采用17条；得到贵港市人民政府办采用政务信息61条、市委办采用政务信息25条，在市委、市政府对中、区、市直部门的考核中，全年总得分均位列前二，连续五年获得一等奖。

2015年2月25日，贵港市政府市长李新元（右二）率队到贵港调查队开展春节慰问活动

国家统计局玉林调查队

2014年7月18日，广西调查总队总队长邹伟忠（右二）到玉林调查队调研

2014年，玉林调查队在广西调查总队的正确领导下，认真学习党的“十八大”、十八届三中、四中全会精神，坚持以“三个代表”和科学发展观为指导，按照2014年全区调查工作会议的部署，认真开展“业务改革巩固年”活动，重点抓好本队的三项调查业务改革巩固和三经普个体经营户抽样调查等工作，圆满完成了2014年各项调查任务，有力地推动调查业务的新发展，提升数据质量和公信力。

一、围绕“业务改革巩固年”工作主题，全力推进三项调查业务改革巩固工作

1.多措并行，巩固城乡住户一体化改革。（1）明确工作重点，做好精细分工。重新明确今年城乡一体化住户调查、农民工监测调查和农村固定资产投资三大专业的具体分工，要求住户科业务人员对各县（市、区）的住户调查任务进行责任包干，确保各专业、各调查点、各调查户均有专人专职负责。（2）强化业务能力，形成有效机制。继续加强对住户科人员的工作角色意识培养，促进其不断提高业务能力和个人专业水平，做好住户调查的各项基础工作；另外，在提高数据质量、规范调查流程、撰写调查报告（信息）、数据分析与评估等方面，制定形成了一整套有效的住户调查工作机制。（3）创新调查方式，夯实工作基础。住户调查工作采取调查队主导，政府、部门、街道（社区、村）配合四级联动方式，有效推动调查工作开展；实行每季度访户全覆盖，密切与调查对象的联系和沟通，及时按要求进行样本维护并做好记帐户的培训、指导、检查、督促工作，提高源头数据质量。（4）进一步提高住户调查工作保障能力。加强与各级地方政府沟通、汇报和协调，为政府部门做好现代化服务型统计服务，积极争取支持，确保住户调查在资金、人员、工作条件等方面的有力保障。（5）提高数据汇审、评估水平。根据总队的要求和一体化改革工作的特点，我队在坚持原则、兼顾公平、基本合理的原则下，参照各县（市、区）的调查数据和经济发展情况，对玉林的住户调查数据进行严格汇总和审核。

2.大力开展县级粮食产量抽样调查和农村贫困监测调查的检查指导工作。（1）建立农作物产量定点观测制度，扎实开展粮食大县调查的检查指导工作。通过多次实地培训、现场资料检查指导等形式，努力推进粮食大县调查工作的开展。（2）加强对陆川县、兴业县和博白县农村贫困监测调查人员的业务培训，提高其业务水平，同时开

展农村贫困监测调查工作的检查指导，确保监测数据的真实性。

二、加强统计执法，促进统计调查法制化建设

1. 抓好基础。玉林队严格执行统计事务告知、统计报表资料签领、催领及送达回证等法规制度及报表报送双签制度，明确报表报送人和接收人双方的责任，为统计执法工作打下良好基础。

2. 加大宣传力度，深入开展统计执法。今年以来，在各专业年报会上，综合和法规科负责人从统计法的概念及特征、统计法经历的历程、新统计法的基本框架、统计违法行为和统计法律责任等方面深入讲解《统计法》，在会上还通报了近年来我队统计执法的开展情况。此外，通过“统计开放日”和“党员服务日”活动向广大群众派发统计宣传资料、讲解统计法律知识，进一步提高了统计调查对象依法提供调查统计资料的意识。

三、加强综合调查管理，做好优质服务工作

1. 注重调研分析，提升优质服务质量。一是做好调查信息调查报告撰写上报，根据各专业上报时间及数据公布时间点，提前督促提醒各专业业务人员撰写调查信息或调查报告，提高上报时效性。二是积极参与约稿信息组稿工作。玉林队约稿信息采取科长负责制，由科长根据科室工作做具体安排，认真深入开展调研，快速成稿，及时上报。三是加强调查分析写作培训。积极选派干部参加地方组织的信息报告写作培训专题学习；领导班子成员根据情况组织人员分析研究社会经济问题，及时发现新情况，新问题，找准重点。

2. 发挥参谋作用，服务地方发展。一是制作并向市政府领导及各有关部门报送《玉林调查信息》共22期。二是积极参与《玉林年鉴·2014》的编纂工作。三是完成《2007—2012年玉林调查资料汇编》的编撰工作，修订印刷成册免费发放到市委、市政府及有关部门。四是在与玉林日报达成合作意见的基础上，5月份与玉林晚报开始了CPI等相关调查数据的公布和解读合作。

3. 完善优质服务工作制度。一是实行采用定期通报制度，定期对各科室优质服务工作在各级采用情况进行通报，激励先进、鞭策后进。二是实行实时提醒督促制度。针对调查信息报告和约稿信息的上报时限，提前提醒相关科室尽快成稿，并及时跟进完成情况。

4. 做好专项调查服务工作。

（1）提前动作，做好投资环境监测调查工作。由于与三经普调查工作时间有冲突，今年的广西投资环境监测调查工作推迟到5月份开展，且实行网络直报方式。但玉林队通过提前做好对企业进行抽样、核查、开会布置、培训等一系列工作，按照总队要求及时完成有效样本企业上报和审核工作，并实现首次网络直报就达到了100%，调查问卷填报质量和高层领导填报率较往年都有所提高。（2）统一部署，高效完成党风廉政建设满意度调查和公共文化示范区创建中期调查。鉴于两个调查在时间和空间上有一定的重叠性，玉林队对两个调查进行了统一部署，合理安排调查人员和调查

国家统计局玉林调查队党的群众路线教育实践活动总结会

2014年10日28日，玉林调查队召开党的群众路线教育实践活动总结会

时点，遵循先远后近、先难后易、先点后面的原则，能同时进行的决不走冤枉路，如此大大缩短了调查时间，在保证调查质量的同时提高了调查效率，节省了人力物力。

2014年10月9日，广西调查总队副总队长梁开光（右二）到玉林调研

四、加强党风廉政建设，促进调查事业发展

1. 扎实开展反腐倡廉教育。多次组织学习，采取集中学习有关文件精神、自学反腐倡廉读本、组织观看反腐败影片等方式，加强对领导干部廉政意识的培养。通过反腐倡廉教育，大大提高了广大干部的廉洁意识，营造了风清气正的良好氛围。

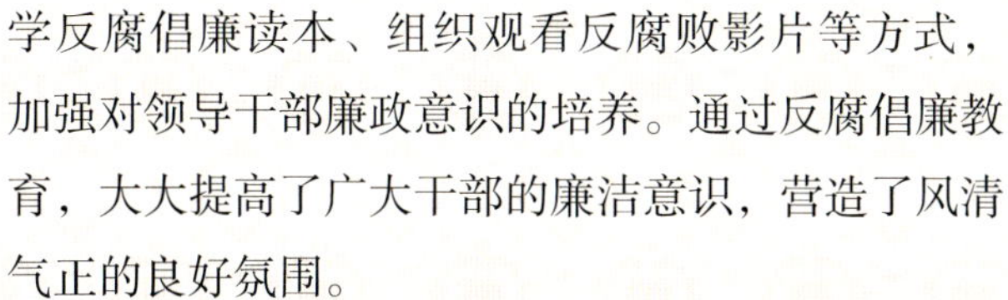

2. 严格执行党风廉政建设有关规定。严格执行好《廉政准则》、《国家统计局工作人员“九不准”规定》和“三重一大”决策制度的规定，认真落实党风廉政建设责任制和统计行风建设责任制，积极弘扬求实、创新、严谨、奉献的统计行风，加强统计数据质量检查，防止在统计上弄虚作假和以数谋私现象的发生。落实好重要情况报告、党员领导干部报告个人有关事项等制度，以党风廉政建设成效保障和促进调查事业发展。2014年，我队4名处级领导干部全部向总队报告登记了有关个人事项。

五、认真开展好党的群众路线教育实践活动

1.高度重视，周密部署。队党组把开展好党的群众路线教育实践活动作为2014年党组工作的中心任务，第一时间成立活动领导小组（下设办公室）、制定下发活动实施方案、召开第二批党的群众路线教育实践活动动员会，统一思想，提高认识。同时大力开展宣传——在队网开辟党的群众路线教育实践活动宣传专栏，对活动各阶段情况进行集中展示。

2. 深入学习，广泛听议。一是学习培训“全覆盖”。按照教育实践活动方案的要求，队党组以身作则，带头学习。在集中学习与自学的基础上，队党组开展4次党组中心组和10多次党支部集体学习，集中学习党章、简报、文件等材料，重点学习和领会习近平总书记一系列重要讲话和中央“八项规定”、转变作风、厉行节约反对浪费等文件精神。学习期间，玉林队4名党员领导各选择一个主题为全体干部职工上了一堂政治理论学习课，加强政治理论学习，提高学习意识。同时，队党组组织党员干部学习习近平总书记和彭清华书记在党的群众路线教育实践活动总结大会上关于从严治党的要求和论述，队党支部还组织观看了电影《焦裕禄》、参观李明瑞烈士纪念馆等活动。通过组织党员干部边学习、边讨论、边剖析，撰写心得体会，以真学促真懂真用，确保理解深刻、思想统一、执行到位。二是听取意见“全方位”。队党组坚持开门搞活动，虚心征求意见，问计于民、问策于民、问需于民，面向全体干部职工、博白调查队、100多家样本企业、20多户调查户，发放200多份“国家统计局玉林调查队党的群众路线教育实践活动征求意见表”征求意见。通过广泛征求干部群众的意见，共收集了意见和建议100多条，为剖析整改找准靶子，确保有的放矢。

3. 从严要求，深刻查摆。一是找准“四风”问题。队党组召开专题会议，在广泛征求意见的基础上，按照“查摆问题、开展批评”的要求，结合“三严三实”、“六不”及苏区调查精神，认

真查摆“四风”方面存在的问题。经过梳理，队党组在“四风”方面存在的突出问题共16条，并对存在的问题提出了切实可行的整改措施，为第三阶段工作打下基础。二是深入谈心交心。队班子成员在完成“四必谈”规定动作基础上，主动扩大谈心交心范围。队主要领导与全体干部职工进行了谈心谈话，其他班子领导谈心人数超过“四必谈”规定范围。班子成员之间谈心时间不少于30分钟，与科室干部的谈心时间不少于10分钟。通过谈心谈话，完善了个人查摆问题条目和相互批评要点，并进一步达成共识、增进了解，形成了开好民主生活会的和谐氛围。三是认真撰写对照检查材料。对于班子对照检查材料，队主要领导亲自主持撰写，班子成员先后四次碰头商讨，并征询了科室负责人的意见，经过多次修改再提交督导组。对于个人对照检查材料，班子成员都亲自撰写，亲自深入查摆，亲自深入剖析，做到见事、见人、见思想、见思路。班子主要领导对班子其他成员的材料进行了认真审阅，把好第一关。四是民主生活会务必求实。8月11日，队党组召开专题民主生活会，在总队督导组的指导下，党组成员以整风精神开展批评与自我批评，以敢于揭短亮丑，维护班子团结的觉悟，提出批评意见22条，达到了预期的会议效果，会议得到总队督导组的肯定。会后，队党组及时向全队干部职工通报了专题民主生活会的召开情况。

4. 分类整改，建章立制。一是坚持立行立改。队党组坚持边学边查、边查边改、立行立改。一是严格工作纪律，修订考勤办法，全面采用OA智能办公系统登记上下班，采取不定期检查干部职工上下班纪律，突出了考勤结果的运用，增强制度制约作用，近四个月来全队上班纪律大有好转。二是制定完善了车辆管理、接待管理等一系列操作性更强的行政管理制度，着手解决“守不住规矩”的问题。三是加强统计调查优质服务管理，制订新的目标管理责任制，强化调查信息、调查报告的撰写力度，跟踪检查约稿信息的撰写，统计调查优质服务完成情况有了明显好转。四是队领导班子签订了《专项整治责任书》，实行工作任务限时办结制度，对干部职工“庸、懒、散”现象进行了一次大扫除、大清理，对部分科室负责人进行了调整，一些久拖不决的事项得到了及时解决。五是开展了一次统计调查业务规范化建设标准的业务培训，进一步夯实了统计调查基础，提高源头数据质量。五是落实第三环节开展专门整改。在整改落实、建章立制环节，迅速制定“两方案一计划”提出了13项整改落实、专项整治和制度建设任务，内容涉及班子建设和干部培养、强化优质服务、严格制度规范和改变工作作风等方面，确保整改成效“不空”、“不偏”、“不虚”。

2015年5月20日，广西调查总队副巡视员邱洪刚（左二）到玉林调查队调研

国家统计局百色调查队

2014年7月，百色调查队下基层开展一体化住户调查基础工作检查

2014年，在广西调查总队的正确领导下，百色调查队深入贯彻全区调查工作会议精神，以深入开展第二批党的群众路线教育实践活动为契机，紧紧围绕“业务改革巩固年”主题，按照标准求高、措施求严、工作求实、服务求优的工作思路，切实转变观念，改进作风，统筹推进业务改革、党建人事、行政管理、财务管理、业务管理等各项中心工作，全年调查工作成绩突出、亮点纷呈。

一、高度重视，精心组织，深入开展教育实践活动

1. 深入学习，广泛听议，确保质量过硬。一是思想“全统一”。组织百色辖区调查队集中召开动员大会，切实将思想和行动统一到中央、国家局、总队的部署要求上来。二是学习教育“全覆盖”。制定学习计划，明确学习任务，细化学习时间，开设“四个课堂”、采取“四学模式”拓展学习的广度和深度，并以“弘扬百色起义精神、坚持为民务实清廉”为主要内容，组织开展“八个一”活动。三是听取意见“全方位”。面向本队党员干部、调查对象、县队、市直部门等多个层次，确保征求意见不留盲区；采取发放征求意见表、召开座谈会、悬挂意见箱、公布联系电话、个别谈心谈话、深入基层访民问计等多种方式，确保征求意见不漏死角。

2. 聚焦会诊，深入查摆，确保破解难题。一是深入剖析查摆“四风”问题。对照党章党规、焦裕禄精神、苏区调查精神等，用放大镜、X光检视各方反映问题实质，主要领导带头梳理、认领问题，班子成员主动“对号入座”，找准找实班子和

2014年8月，广西调查总队副总队长梁开光（右三）深入总队定点扶贫点、美丽广西活动联系点百色市右江区永乐镇石平村、百练村调研扶贫和美丽乡村建设工作

2014年10月，广西调查总队副总队长杨锡虹（左三）到百色调研小微企业生产经营情况

奔主题，揭短亮丑，动真碰硬，一针见血，充满“辣味”，会上共提出批评意见25条，起到了“红脸”、“出汗”、“排毒”、“治病”的效果，达到了“团结—批评—团结”的目的，班子成员都受到了心灵的洗礼和灵魂的震撼。出席会议的总队第四督导组组长陆奉昌对这次会议给予高度评价。

个人“四风”问题、“六症”问题及其具体表现。二是坚持立行立改。围绕群众反映强烈的问题，制定队领导班子“四风”突出问题立行立改一览表，能立即整改的马上整改，不能马上整改的设置时间节点，限时整改。以抓铁有痕、踏石留印的精神，坚决除“四风”之垢、治“六症”之病，促进机关作风大转变，确保活动取得实效。

3. 深刻严肃，坚持批评，确保开好专题民主生活会。一是谈心谈话务必充分。队党组成员在“四必谈”的基础上，主动扩大谈心交心范围，与部分非分管科室的负责同志、普通党员谈心交心。二是剖析材料务必深刻。党组及成员对照检查材料均由党组书记及成员亲自动手撰写，并报总队第四督导组审定，最终党组及成员对照检查材料都分别进行了7—8次不等的修改完善，真正做到查摆“四风”问题不聚焦的不放过，突出问题没有回应的不放过，自我剖析不深刻的不放过，没有见人见事见思想的不放过，整改措施不到位的不放过。三是民主生活会务必求实。会上，党组及成员按照“三严三实”的要求，分别作对照检查，并认真严肃地开展批评与自我批评，开门见山，直

4. 分类整改，建章立制，建立健全改进作风长效机制。一是认真总结回顾前期活动情况，克服过关思想，切实抓好整改和建章立制工作。二是及时制定“两方案一计划”。提出了24项整改措施、16项“四风”专项整治任务和26项制度建设任务，确保整改成效“不空”、“不偏”、“不虚”。三是列出“整改清单”。对群众意见反馈和民主生活会上提出的问题，本着“发现一个，解决一个，带动一片”的原则，列出“问题清单”，精心制定整改方案，细化整改措施，明确整改时间，真正做到整改目标明确。四是开展专项整治。结合调查工作实际，积极组织开展整治“学风不够实”、“工作方法不够实”、“深入调研不够、沉不到一线”、“存在懒散现象”、“艰苦奋斗思想有所淡化”、“存在攀比思想”和“厉行节约不够严”等16项专项整治活动，积极履行好科室和人员职责。五是强

2014年10月，国家统计局巡视组王雁南（左一）、刘克明（右二）、广西调查总队副总队长梁开光（左二）等领导出席百色辖区调查队党的群众路线教育实践活动总结会

2014年12月，百色调查队开展统计法颁布纪念日宣传活动

化制度建设。着力推动制度的“废、改、立”工作，从制度上完善民主管理、监督检查、信息公开等作风建设方面的监督体系，努力以制度管人管事和促进事业发展，不断建立健全各项工作机制。

二、强化落实，深入推进“三项业务改革”

1. 争取地方支持，增强改革助力。充分解读统计调查工作对“倍增计划”的现实意义和作用，积极争取各级党政领导的重视和支持，集聚最大力量，巧妙化解改革阻力，尽可能降低工作难度。今年以来，百色调查队主要领导就城乡住户调查、农村贫困监测调查等工作先后多次向市委常委、常务副市长杨春庭、副市长罗试坚汇报工作，继续积极争取市委市政府在人、财、物上的大力支持。

2. 认真谋划，抓好城乡住户一体化调查工作。一是强化学习培训，提高一体化调查业务水平。对上年工作进行“回头看”，加强与总队业务处室、市县队业务科室的沟通交流；以市住调办名义组织召开全市住户类调查工作布置暨培训会议2次；举办全市住户调查业务人员《统计法》和一体化调查业务知识竞赛活动1次；多次深入县（区）开展基础工作检查，通过座谈交流、交换意见，共同查找调查工作的缺陷和不足。

二是强化管理，提高工作效率，维护样本稳定。建立健全岗位责任制度，制定科室例会制度；实行定点包户责任制，建立访户制度，做好记账户思想稳定、数据备份、样本信息更新、样本轮换及调查小区扩充等工作。

三是强化审核，提高一体化调查数据质量。实地审核、交叉审核、全面审核相结合，认真审核分析调查户账本；根据总队工作安排，加强对部分县（区）基础数据的复审，详细核对错误清单，整理审核说明，确保基础数据质量；深入部分县（区）开展依法统计、抗干扰专项督查；及时组织力量对部分县换点工作进行核实，查明换点原因及匹配性等。

四是强化评估，提高分市县数据评估的科学性。一方面，加强与相关部门沟通协调，尽可能全面地搜集居民增收亮点、难点材料；另一方面，加强实地调研，多次深入县（区）开展基础工作检查，调研芒果、圣女果、甘蔗、中草药、烟叶、桑蚕等产业发展情况，为数据评估提供参考依据，不断提高数据评估的科学性和准确性。

五是强化衔接，提高一体化调查数据衔接的契合度。通过年鉴、台账查历年数据间的逻辑联系和变化规律，完成2014年百色市县结构数的整理。

六是强化服务，助推服务型统计建设。编发《记账温馨提醒》卡片，帮助记账户记全、记清、记实日记账；每季度编发《三项业务改革工作简讯》，加强纵横向交流，进一步拓宽服务型统计深度和广度；抓好数据反馈，帮助记账户记好账、理好财；及时撰写住户类调查报告、调查信息，强化数据的分析和解读，提高优质服务水平。

3. 积极沟通，不断促进业务改革。积极与地方及各部门沟通交流，先后有右江区、田东县、田林县、西林县、德保县人民政府和局队领导主动来访就“三项业务改革”工作进行座谈交流，一方面促进了业务改革顺利进展，另一方面显示调查队受地方重视程度进一步提高，社会影响力进一步提升。

三、以贯彻落实党的十八届三中全会精神为动力，加强自身建设，争创一流

1. 加强党组建设，提高履职能力。一是加

2014年12月，德保县常务副县长孙环志一行到百色调查队座谈一体化调查工作

强领导班子思想政治建设，认真执行党组中心组学习制度，不断提高政治理论水平和综合管理能力。二是党组议事规则全面落实，“三重一大”事项规范研究，民主决定。三是认真贯彻党组成员个人重大事项报告制度，及时详尽上报个人房产、收入、出国出境等重大事项。四是制定印发2014年党风廉政建设工作要点，自查廉政风险点，筑牢拒腐防线。五是团结一致，以身作则，带头下乡入户、进企业、走市场，沉入一线开展调研，党组凝聚力和领导力不断提高。

2. 强化培训教育，提升干部素质。加强教育培训和培养锻炼，着力打造一支“政治强、素质高、业务精、作风硬”的干部队伍。积极组织干部报名参加调查队系统举办的相关业务培训、市委组织部举办的人事工作培训、市直属机关工委举办的党支部委员培训等，分别派员到总队人教处跟班学习、参加“美丽广西·清洁乡村”工作队工作，不断提升干部综合素质。

3. 加大年轻干部选拔力度，优化干部队伍结构。坚持“公开、公平、公正、择优、竞争”的原则，严格按民主推荐等程序，从年轻干部中提拔1名正科级领导职务和2名副科级非领导职务，科级干部年龄和学历结构进一步优化。

4. 落实干部进退留转，促进队伍新陈代谢。一是推进“转”，将2名优秀干部分别输送到总队及兄弟市队工作。二是落实“退”，结合本人意愿，根据文件规定，同意1名干部提前退休。三是争取“进”，及时汇报岗位空缺情况，努力争取“进人”名额，分别从县队调进1名干部，从地方机关选调3名干部，为干部队伍补充新鲜血液，注入新生力量。

四、严抓规范化建设，推动行政管理质量和水平不断提高

1. 修订制度规范，提升管理水平。一是及时印发《国家统计局百色调查队2014年目标管理责任制工作考核办法》，进一步明确年度工作目标和任务，建立健全干部考评机制，促进各项业务工作落实到位。二是结合教育实践活动，认真贯彻中央八项规定精神，修订公务接待、会议管理、公务用车管理等工作制度，切实提高行政管理水平。

2. 加强督查督办，促进工作落实。制定2014年督查督办工作方案，重点督查督办“业务改革巩固年”活动、国家局和总队重大决策部署和重要工作安排完成情况、队领导批示、重点工作进展、政务信息真实性、工作情况交流上报、党风廉政建设工作要点上报、广西调查年鉴内容编写、公文办理、会务接待、以市住调办名义跟踪各县（区）督查结果整改落实情况等多项工作。2014年共开展督查24次，切实提高执行力，有效促进工作落实。

3. 抓好公文管理，增强文秘能力。一是精简发文数量，进一步改进文风。二是严格把关，提高发文质量。三是迅速行动，提高办文效率。截止

2015年1月，百色调查队召开新闻发布会公布2014年度统计调查数据

11月24日，印发公文99件，编辑上报各月统计工作要事11期，受理总队及地方党政部门来文327件。

4. 全盘统筹安排，做好档案管理。一是认真总结上年档案工作，制定2014年工作计划。二是强化培训指导，通过分层管理、限时办结，将档案整理工作落实到各个科室。三是进一步健全档案分类制度，确保档案管理有章可循、有据可依。四是乘势追击，早部署早行动，积极抓好2013年档案整理工作，在全市档案综合考评中获得98.5分，连续5年获得优秀等次。

五、求真务实，圆满完成各项调查任务

规范开展业务调查，下发文件布置调查工作，工作严肃性不断提高；创新培训平台，建立电话课堂、QQ课堂，培训频率加大，灵活性提高；召开消价、住户、企业等座谈培训10余次，加强沟通，增进了解，队企、队户关系更加和谐友好；落实培训常态化，按月开展辅助调查员业务培训，及时更新知识结构，原始数据采集能力不断增强；新增专职采价员1名，适当提高采价员工资，CPI调查能力得到增强；加强调查网点、规格品管理和维护，实行全过程质量控制，全面梳理和评估调查网点分布合理性、规格品代表性、采集方法可行性，核查109家规模以下服务业，剔除长期停产和已不具代表性的样本企业；跟踪调查61家新设立小微企业和个体经营户，组织力量深入各县（区）开展调查核实，剔除不存在或找不到的企业；加大访户调研力度，建立畜禽季访、住户企业月访和事前访、事后回访等制度，密切与调查网点联系，数据评估能力得到提高；加大数据审核力度，认真查看台账等基础数据资料，狠抓人工审、机审、报表审三个环节，数据质量始终保证真实可信，调查方式和程序严谨规范；坚持领导带头、深入一线开展“三经普”个体抽样调查工作，顺利完成百色右江区4个抽样调查小区共54户调查样本的调查及百色辖区（4个县1个区）个体户抽样调查的数据审核工作及事后质量抽查的自查工作，顺利完成82家新增的采购经理调查企业的核对工作和联网直报报表布置、上报工作。

2015年1月，广西调查总队总队长邹伟忠（右四）、副总队长梁开光（左一）一行到百色扶贫点开展调研

六、优质服务有新成效，宣传服务有新举措

1. 信息撰写能力不断提高。由综合和法规科牵头，充分发挥两个信息写作小组作用，针对性开展调研工作，撰写相关调查信息或报告。截至11月24日，全队共撰写调查资料76篇，其中：调查报告12篇，获总队采用4篇，采用率为33.3%；调查信息64篇，获总队单独采用和综合采用共计27篇，采用率为42%，其中完成总队约稿任务21篇。此外，有3篇调查信息和1篇调查报告分别获百色市党委、政府领导批示，取得了良好的社会效应。

2. 创新服务宣传手段。积极通过右江日报等百色市主要新闻平台向公众定期发布CPI、农资价格、一体化调查等数据信息。经百色市委宣传部批准，召开2014年上半年百色市统计调查数据新闻发布会，首次以新闻发布会的形式单独对外公布统计调查数据，创新数据发布形式，提高宣传效果。

3. 加大新闻宣传力度。一是做好常规新闻宣传工作。充分利用现有数据材料，积极编印调查资料，分送市委、市政府领导、市直相关部门、百色主流媒体等，不断扩大宣传调查工作成效及统计调查的社会影响力。二是精心谋划开展统计开放日宣传活动。结合“统计人、统计情、统计梦”的开放日主题，积极开展各项宣传活动，开展宣传“最美普查员”、召开专题座谈会、编发开放日宣传册、与调查对象合照“全家福”留念、开展“中国统计开放日”现场宣传等活动。

国家统计局贺州调查队

2015年3月19日，贺州市市长李宏庆（左二）、副市长夏振林（左三）出席2015年贺州市统计工作会议，图为贺州调查队队长刘克斌（右一）在发言

2014年，在总队的正确领导和贺州市委市政府的关心支持下，贺州调查队积极贯彻落实党的十八届三中、四中全会精神，按照全区调查工作会议的统一部署，紧紧围绕“业务改革巩固年”活动主题，以“抓作风建设、促工作落实”为基本工作思路，牢固树立国家使命意识、国家责任意识、国家担当意识，以提高数据质量为核心，以夯实调查业务基础为切入点，进一步完善业务工作机制，较好的完成了各项调查工作任务。

一、夯实调查基础，巩固三项业务改革成果

（一）稳定和完善城乡住户调查监测体系，顺利完成样本轮换。

1. 顺利完成住户调查首次样本轮换。通过加强与住户所在单位、住户所在社区（村委）、住户身边的熟人三方面的沟通，有效提高住户轮换工作的支持度和配合度，确保了住户调查样本轮换工作顺利完成。开展“面对面”新调查户试记账培训，通过提前预约培训时间、面对面讲解和辅导、现场试记账等方式，确保新记账户能熟练记账方式方法，确保记账数据质量。

2. 强化培训和激励。一是把辅助调查员和记账户的业务培训作为提高住户记账质量的关键环节，通过集中培训、一对一培训、电话指导等灵活多样的培训方式，对辅助调查员和记账户进行业务培训指导，确保能够了解掌握制度要求、熟悉各项调查指标。二是加强情感交流，采取座谈会和入户访问等方式了解辅助调查员和记账户的思想动态，及时解决调查工作中存在的问题。三是表彰奖励。召开全市住户调查总结表彰会，对工作积极、负责，成绩突出的辅助调查员进行了表彰，提升辅助调查员的工作荣誉感，为进一步夯实调查基础工作打下良好基础。

3. 加强督查检查。在督查检查工作过程中，严格查阅换点换户和季度更新资料、查阅摸底和开户调查资料、检查记账质量、对比机账数据、入户访问核实、专项反馈等工作流程，严格检查一体化住户调查工作的具体开展情况。针对督查发现的问题逐一进行详细反馈，并提出相应的整改措施和具

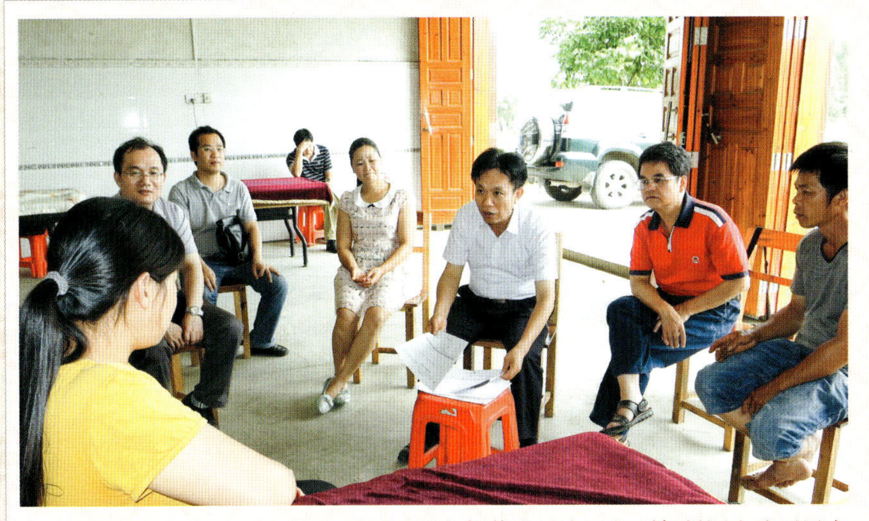

2015年5月13日，广西调查总队总队长邹伟忠（右三）到贺州调查队开展农民增收形势调研

体的努力方向，确保工作中的困难和遇到的实际问题得到及时的解决和更正。

4. 做好数据审核评估。严格按照总队文件要求和桂住调办的评估办法，结合市农业局、人社局、民政局、财政局、教育局、工商局等相关部门提供的数据指标，做好市本级调查数据的评估报告；牵头召开分县区住户调查数据分析、评估会，结合县区统计局、农业局、人社局、民政局、财政局、教育局、工商局等相关部门提供的数据指标，将评估数据上报桂住调办统一核定，使核定数据符合各县（区、管理区）的经济发展状况和城乡居民收支情况。

（二）粮食产量调查工作水平稳步提升。

加强与地方统计局、农业局沟通联系，争取部门支持配合，营造良好工作环境。积极总结经验，要求县区统计局早部署，早安排，确保工作有条不紊。加强检查指导，分管领导亲自带领业务队员到调查一线检查指导，强化调查源头数据采集环节，做到操作符合规范，基础数据来源可靠；以查促改提升水平。通过跟踪进度、现场督查、核查数据完善基础资料等工作，认真查找县级粮食产量调查基础工作不足，对检查中发现的问题，及时给予纠正并提出整改意见。粮食产量调查实割实测能力和数据质量明显提高。

（三）贫困监测调查数据质量不断提高。

克服时间紧、任务重、人员少、路途遥远的困难，每季度由队领导带队入户回访，并实施一对一的记账辅导，确保记账户从会记账、能记账向记实账、记好账发展；加强对县区贫困监测检查指导工作，针对检查中存在的问题，要求各县区及时进行整改落实，确保全市农村贫困监测调查工作的顺利开展。

二、顺利完成贺州市全国第三次经济普查个体经营户抽样调查工作

严格遵照方案要求，提高思想认识，按照《广西第三次全国经济普查个体经营户抽样调查方案》的要求，较好的完成了11个普查小区，771家个体户调查任务，上报率达100%。

1. 成立普查机构，切实加强组织领导。成立了以主要领导为组长的贺州市第三次全国经济普查个体经营户抽样调查工作领导小组及办公室，明确各工作组职责分工，细化各项工作环节流程，确保调查顺利开展。

2. 落实人员选派与培训。为保证个体经营户抽样调查工作的规范统一，确保调查数据真实可靠，抽选贺州调查队16名业务骨干作为现场采样的调查员；选配责任心强、熟悉前期普查工作并有普查经验的乡镇干部担任指导员。

2014年12月4日，时任广西调查总队副总队长何永东（左二）到贺州调查队开展年度规范化检查工作

3. 加强数据审核。一是调查现场实施“二审”，即人工初审，PDA复审；二是直报平台审核；三是实地复查，由督导检查小组抽选一定比例的普查小区进行实地复查，并在全部调查结束后，根据要求整理填报现场调查雇员人数与底册从业人员数不符清单、差错情况详细清单、现场调查行业与底册行业代码不符清单。

三、强化统计法制工作，营造良好调查工作环境

1. 夯实统计执法基础。重点检查联网直报企业原始材料和统计调查工作质量。根据统计调查工作中存在的问题及薄弱环节，制定下发《2014年贺州调查队统计执法检查工作计划》，明确工作思路，量化工作任务。加大统计执法检查和统计查询力度，确定全年统计执法检查重点工作。对各专业上报数据质量较差、配合度较低、迟报的单位开展执法检查，近年来未进行执法检查单位和新增单位为重点检查对象，确保调查业务工作正常开展。今年共检查了11家调查企业，对1家有违法行为的企业依法进行了查处。

2. 开拓创新开展统计法制宣传培训。通过集中学习、以会代训、个人自学等方式，认真学习《统计法》、《行政处罚法》、《统计违法违纪行为处分规定》等统计法律法规。加大调查对象的培训工作力度；采取数据质量检查、企业回访、基层调研等多种形式“进企业、进社区、进乡村”，在进行业务指导的同时加强对统计调查对象的法制宣传教育，进一步增强调查对象学法守法的自觉性；认真组织开展统计调查业务培训服务，统计调查业务基础工作得到夯实。提高对法制基础建设的要求，提高对基层企业的指导和培训质量。在年报会上，将统计报表报送及有关法律责任印制成宣传资料发放给统计调查对象，扎实做好统计调查法律义务告知事务，全年共印发120余份《统计法律义务告知书》。

四、增强服务意识，努力提升优质服务水平

1. 强化责任意识和精品意识，努力增强服务实效。要求全体队员必须努力提高撰稿质量和责任意识，紧密关注经济形势，加强统计分析工作，及时准确地报送居民消费价格、农产品价格、城乡居民生活情况等统计调查分析，为各级党委政府科学决策提供真实、可靠信息。截至目前，总队共采用调查报告5篇，单篇调查信息8条，约稿3条。其中：国家领导批示1条、国家局采用1条、批示1条，党委采用1条。

2. 高度重视约稿工作。围绕总队信息约稿，贺州市委、市政府重点工作，加强月度、季度经济形势的分析监测，密切关注农业、居民消费价格等敏感指标动向，发挥调查队“轻骑兵”的优势，深入挖掘数据，及时准确撰写小信息。

3. 全力做好承接地方委托的专项调查任务。一是开展好贺州市投资环境调查工作。今年的投资环境调查首次采用了调查企业集中培训的方式，提高了调查工作效率和质量。120家企业全部按期上报数据，调查报表上报率100%。二是认真完成国有企业反腐倡廉民意调查和党风廉政建设民意调查。三是受贺州市国土资源局的委托，开展了市国土资源局征求服务对象意见调查工作。

2015年4月16日，贺州调查队与广西师范大学数学与统计学院建立产学研合作新平台

五、进一步提高保障能力

一是加强机关管理。强化督查督办，确保政令畅通和重要工作落到实处。规范执行制度，确保按制度办文、办会和办事。加强政务信息撰写，促进工作交流。政务信息撰写继续保持良好态势，全年共上报政务信息94篇，总队内网采用78篇，国家局采用3篇。其中，政务信息总队内网采用率达81%，同比提高20%，政务信息质量进一步提升。

二是做好财务保障工作。做好零余额账户的管理工作，坚持以预算为指导，做好各项支出的资金安排和每个月中央经费的预算，并且按时上报基本支出、项目支出各个阶段的用款计划，保证了资金及时到位。

三是提高防范意识，确保网络安全。学习《国家统计局广西调查总队办公室关于信息网络系统安全事件的通报》文件精神，使每位队员意识到网络病毒就在身边，网络安全无小事；强化宣传教育，组织全体队员观看了《网络安全防范知识》和《经济数据泄密警示录》等教学影片，进一步提高队员网络安全防范技能；要求每位队员做好各项防护工作，定期不定期督查，确保信息网络安全。

六、抓好队伍建设

（一）第二批党的群众路线教育实践活动取得重要成果

党员干部普遍受到了一次深刻的思想政治洗礼，“四风”突出问题得到了有效整治，制度建设得到明显加强，党内生活更加严格，调查对象、调查用户深刻感受到了统计调查工作的新气象、新变化，增进了对统计调查工作的信任和认可。

（二）强化培训，提高人事教育工作水平

1. 做好教育培训规划。加强与总队的沟通汇报，制定贺州队2014年人员培训计划，确保到2014年年底，实现年轻队员都参加过专业基础知识培训。此外，有序组织年轻队员参加国家统计局举办的业务知识提高班的学习培训。

2. 通过各种培训班，提高队员专业基础知识水平。继续派遣队员参加全国统计系统专业知识基础培训班，共派遣了3名队员参加全国统计系统专业知识基础培训班成都班的培训学习，1名队员参加全国统计系统专业知识提高培训班学习。

3. 鼓励队员参与继续教育和各种资格考试。目前，贺州队共有3名队员参加在职研究生班学习，5名队员通过中级统计师考试，今年共组织5名队员参加了中级统计师考试。

4. 多渠道锻炼培养年轻干部。派遣一名队员到富川县葛坡镇马坪村担任“美丽广西”乡村建设（扶贫）工作队员，丰富队员的基层工作经历，拓宽工作视野，提高工作综合能力。此外，还派遣了两名队员参加全区文明城市测评工作。

七、加强党风廉政建设，为调查工作保驾护航

以配备队党组纪检组长为契机，积极贯彻国家局及总队关于纪检监察工作的重大决策部署，认真学习党中央和国家统计局关于进一步抓好党风廉政建设工作的文件精神，坚持服务中心、服务大局，进一步加强对党风廉政建设工作的组织领导，认真落实党风廉政建设责任制，将“每月一课”廉政教育计划列入全年工作任务分解表，坚持纪检监察员列席队党组会、常务会制度，加强对“三重一大”事项决策的监督，进一步加强党风廉政教育、制度建设和监督检查，为统计调查事业的发展提供强有力的纪律保证。

2015年5月28日，梧州调查队党组纪检组长汤小青（右二）带领队员开展CPI权数调查

国家统计局河池调查队

2014年12月，河池调查队住户科到调查点进行季度数据更新并将住户主要数据反馈表送到记账户手中

2014年，国家统计局河池调查队在总队党组的正确领导下，认真贯彻落实“业务改革巩固年”的工作主题，以提质上档为主线，以群众路线教育实践活动和业务改革巩固年活动为抓手，全面推进队伍建设、规范化建设、数据质量三个突破，在全队的共同努力下，各项工作圆满完成。现将2014年主要工作完成情况汇报如下：

一、践行党的群众路线，狠抓队伍建设

2014年，河池调查队认真贯彻落实“业务改革巩固年”的工作主题，以团结为主线，充分利用群众路线教育实践活动平台，以制度建设、班子建设、统计文化建设和党风廉政建设为着力点，全面推进队伍建设工作。主要做法有：完善和修订了16项管理制度；领导班子带头贯彻中央八项规定，领导与干部的交心谈心活动形成常态化；组织开展了知识竞赛、读书征文、红色主题教育等活动；将“向旧习惯说不、向潜规则叫板”等廉政专题学习贯彻活动始终。在队党组的带动下，全体队员更加自觉地把思想和行动统一到工作上，一改以往一遇困难就相互推卸责任的态度，积极主动地向领导建言献策，在全队形成了心齐、气顺、劲足、实干的工作氛围。

二、创新工作方式方法，工作效率不断提高

一是居民消费价格调查工作方面，通过与物价、市场办等部门的沟通协调，改变以往集贸市场采价员暗访式采价方式，开启河池市集贸市场采价员挂牌采价工作的新篇章；通过对河池市城区集贸市场的规格品、个体户摊点的个人信息、通讯方式以及销售的主要品种的收集整理，建立了集贸市场采价摊点名录库；建立每月采价员工作例会制度，实时把握采价员工作动态，确保当月问题，当月解决。

二是规下服务业监测调查针对河池企业调查样本分散，交通不便、人员力量少的问题，采用

2014年12月25日，河池区域调查队服务基层研讨会在环江召开

2015年1月13日，河池调查队纪检组长唐纯德带领农业科业务人员到调查点开展农产品生产价格调查开户工作

“使用调查队经费、借用统计局力量、加强数据督查”的方式，聘请了县统计局人员为调查员，负责县辖区内样本的直接调查工作，河池队专业人员负责数据的审核并定期到县进行督查，这种方式很好的缓解了人员与调查成本的问题，同时数据质量也得到了保障。

三是住户调查工作巧打“感情牌”。组织开展优秀辅助调查员和优秀记账户评比活动，促进了全体辅助调查员和记账户为国记账的责任感；通过照记账户集体照，并将相片放大分发给各记账户，提高记账户对记账的光荣感、责任感和使命感；利用短信平台，逢年过节对记账户进行节假日短信慰问，增强了与记账户沟通联系；为记账户开通“民情直通车”，通过为记账户解决实际困难，提供必要的帮助，筑牢调查队与记账户的关系，增进了与记账户之间的感情联络。通过一系列的努力，记账户的积极性和配合度有了很大提高。

三、督查督办效果明显，进一步理顺了调查队与地方政府、各有关部门的关系

一是河池市住户联席办对11个县（市、区）的住户调查工作和农村贫困监测调查进行业务督查和指导，主要针对访户、收表、编码、录入、审核与质量控制等操作细则是否规范，应用报表程序和报表汇总处理口径是否熟练掌握，各种数据审核过程是否如实记录、工作资料是否妥善保存和规范管理等情况进行督查和指导，督查工作得到了各县（市、区）政府的大力配合和支持。并将调研和督导情况在全市住户会议上进行了通报，各县区领导和工作人员对住户调查工作和农村贫困监测调查更加了解和重视。

二是对主要畜禽监测调查和县级粮食产量调查大县的督查形成了常态化，进一步理顺了市队与县队、县局的工作关系。积极主动的与各县级调查队、统计局的联系，掌握各项调查工作的进展情况，并在队主要领导、分管领导的带领下深入有关县（市、区）开展主要畜禽监测调查和县级粮食产量抽样调查督导检查，各县从基础工作到数据上报等工作更加规范有序的开展。此外，还利用季度报表、上级约稿等机会，多次深入主要畜禽调查规模户、调查小区以及粮食产量调查样本村进行走访调查，了解畜禽养殖和农业生产情况，为做好报表数据审核及分析和开展督导工作提供了基础保障。

四、多管齐下，稳步推进统计服务型建设

（一）优质服务工作水平进一步提升

一是政务信息撰写工作组织有力，业务类信息数量和质量大幅上升，全队共撰写政务信息137篇，比上年增加68篇，获总队采用109篇，比上年增加53篇，获国家局采用6篇，比上年增加5篇，上报工作要事12篇，获总队采用12篇。

二是各专业撰写约稿的积极性由被动转向主动，以前是强制分配也没有人写，现在是主动要求深入基层，开展约稿调研，调查信息、调查报告数量和质量都大幅提高。全年共撰写调查信息（包括约稿）43篇，获总队采用30篇，完成总队下达全年任务200%；撰写调查报告9篇，获总队采用5篇，完成总队下达全年任务的167%。在撰写上报调查信息（包括约稿）中，得到自治区“两办”采用14篇次；国家统计局采用21篇次，国家统计局领导批示9篇次；中央“两办”采用2篇次；中央领导批示3篇次。

2015年2月，河池调查队价格科陈琳和采价员大年初一在南桥市场采价

（二）统计执法惩教结合，成绩突出

在执法过程中河池队坚持查处与整改相结合，处罚与教育相结合，积极采用约谈、督办、限期整改等执法手段，对在检查中发现统计基础薄弱的单位，注重督查回访，检查落实整改情况，巩固统计执法效果，使调查对象心服口服，被查处的企业无一进行申辩和行政复议。在重点抽查的8家调查企业中，成功查处了4家提供不真实统计资料违法行为企业，实现了统计执法案件比上年翻了一番。

（三）统计宣传形式多样

组织开展第五届“中国统计开放日”统计知识竞赛活动，通过以赛促学的方式，进一步巩固和提升干部自身思想素质和业务水平；邀请河池日报社记者到调查队了解居民消费价格指数的产生过程以及河池CPI目前的运行态势，耐心细致地向社会公众解读各项调查数据，该篇报道于2014年9月19日在河池日报头版刊出，极大地增强了统计调查公信力。通过走访慰问集贸市场摊点及困难记账户，增进了与调查对象之间的情感，提高了配合度，为今后的调查工作打下坚实基础。此外，还通过网站、短信、板报、横幅宣传，发放宣传资料及环保袋等方式，用心营造统计宣传的舆论氛围。

（四）成功举办河池区域调查队第二届业务知识竞赛

2015年4月23日，河池区域调查队在都安县举办第二届调查业务知识竞赛。知识竞赛以广西调查总队“服务基层年”主题活动为契机，以“学政策、比业务、促服务”为主题，加强市县调查队之间的沟通交流，全面提升干部职工整体业务水平和服务水平，确保“服务基层年”各项工作任务目标全面完成。知识竞赛的举办，激发了河池区域调查队干部职工学习统计调查业务知识和关心时事政治的积极性，使干部职工将政治理论知识和业务基础知识与实际工作有机结合起来，促使统计调查队伍朝着“知识化、专业化”的方向发展，不断提升队伍凝聚力和战斗力，促使河池调查业务工作更上新台阶。

五、三经普等专项调查工作圆满完成

通过加强组织领导，强化业务培训，克服了人员少、任务重、样本分散等困难，顺利完成了三经普、投资环境、党风廉政调查和新设立的小微企业和个体经营户跟踪调查工作。今年企业投资环境监测调查首次采用企业网上直报的方式进行填报，为确保企业能够按照要求上报调查问卷，除了集中培训外，还采取了网络培训、电话培训、走访培训等多种培训方式，对所有样本企业负责该项工作的人员进行了全面培训，确保熟练掌握联网直报操作方法，最终实现了调查样本企业100%网上直报。

2015年5月，河池调查队陆润开队长、黄洪泽副队长带队到金城江区侧岭乡侧岭社区了解规下工业发展情况

2015年5月19日，河池市委书记黄世勇（中）到河池调查队调研指导

六、后勤保障进一步加强

一是为进一步发挥调查队轻骑兵的优势，针对河池队工作的实际情况，为各科室配备了电动车，提高了调查机动能力；更换办公室门、窗帘等，优化了办公环境；对电脑、打印机等办公设备进行了更新换代；对河池队内部网站进行了升级改版，开展网络信息安全教育和整改，进一步提高统计信息安全防护能力。

二是按照中央八项规定，规范各类会议组织程序，加强公务接待和公车管理等工作。坚持会议审批制度，严格控制规模和经费，全年河池队共组织召开9次会议，其中河池区域调查队系统会议4次，加强了市县调查队之间的交流学习，达到有力地提升河池区域调查队系统工作水平的目的。严格执行接待审批制度，不超标准接待，厉行勤俭节约，制止奢侈浪费。在公车使用上，加油卡实行一车一卡制，明确派车程序和使用范围，合理安排、科学调度，切实保证公务用车需要，严禁公车私用。

七、规范化建设成效明显

建立《业务目标管理实施办法》，明确各科室工作任务，成立规范化工作领导小组，定期、不定期开展规范化自查和互查工作。组织各科室对存放的文书资料进行全面清理，按照文书归档范围，把建队前后的文书、业务档案收集齐全，邀请市档案局专业人员进行规范业务指导，将1998—2013年度所有文书资料分卷整理、立卷归档完毕，并全部录入GD2000档案管理系统。结合工作实际，重新梳理和修订16项管理制度，根据全队的工作开展情况开展督查，有效促进了各项工作的落实；严格执行双签制度，完善工作记录，加强数据审核和评估，基础工作更加扎实。

八、进一步推进党风廉政建设

一是制定了《2014年河池调查队党风廉政建设承诺书》、《2014年河池调查队党风廉政建设工作要点》等文件，形成层层抓落实的责任体系和齐抓共管的工作格局；二是全队15名党员干部向党组递交2014年党风廉政建设“一岗双责”承诺书，增强了干部的责任意识；三是坚持统计调查业务、统计行风和党风廉政建设同布置、同检查、同落实；四是严格执行中央八项规定，开展廉政和警示教育，特别是纪检组长唐纯德主讲了《向旧习惯说不、向潜规则叫板》的党课，对干部的思想观念进行了重新塑造。在全队的努力下，2014年河池调查队无违法违纪现象发生。

国家统计局来宾调查队

2014年7月，来宾调查队到忻城县慰问老记账户

2014年，国家统计局来宾调查队在广西调查总队及来宾市委、市人民政府的正确领导和大力支持下，深入学习贯彻落实党的十八届三中、四中全会精神与广西调查工作会议精神，扎实推进第二批党的群众路线教育实践活动，不断夯实基层基础工作，强化服务意识，全力推进现代化服务型统计建设。

一、狠抓业务建设，不断提高统计数据质量

（一）全力巩固提升城乡住户调查一体化工作水平。住户调查基层基础得到进一步加强，数据质量真实性与科学性得到进一步提高，分市县数据和分省、新老口径数据逐步衔接，核定数据客观反映经济发展和居民收入情况，数据解读和服务工作紧跟地方社会经济发展的需要，样本轮换工作得到科学有效地推进。一是建立并严格推行互查联审制度，强化数据质量检查与业务培训，全面夯实基层基础工作。二是加大经费投入，大胆推行考核机制。城镇记账户和所有的辅助调查员的补贴标准由50元/月提高到100元/月。在提高补贴标准的基础上，我们积极探索，大胆推行考核奖励机制，择优评选出5名优秀辅助调查员和10名优秀记账户进行表彰奖励。

（二）夯实基础，严格督导，突出抓好实割实测，稳步推进粮食产量抽样调查工作。建立岗位责任制，明确队长为调查工作第一责任人，分管领导为主管责任人，调查业务人员为具体岗位责任人，切实将实割实测工作当成整个粮食产量抽样调查工作的中心环节抓实抓好。在早晚稻收获期间，因地制宜，分片区召开粮食产量抽样调查实割实测现场培训会议，对调查方案、操作流程、实割实测方法等内容进行现场培训。在日常工作中，注重加强与农业、气象等部门的联系，加快信息的收集速度，及时了解政策、气候等因素对粮食生产的影响，快速掌握一线情况，共同对粮食生产制约因素、存在问题、发展趋势等做出真实客观的分析评估，确保调查数据真实反映粮食生产形势。

（三）圆满完成畜禽监测调查新台帐记账试点工作，不断夯实畜禽调查基础工作。采取超常规举措，动员各方面力量，精心组织，强力推进，圆满完成试点工作任务。试点工作开展以来，专题召开了队常务扩大会议，安排了专项试记账工作经费。制定《兴宾区畜禽调查新台账记账试点工作实施方案》、《兴宾区畜禽调查新台账记账试点工作领导协调制度》，选聘了21名乡镇畜牧站站长作为基层辅调员，扎实推进试记账工作。

二、贴近实际，突出特色，圆满完成各专项调查工作

来宾队在高质量完成贫困监测调查、农民工调查、农村固定资产投资调查、退耕还林监测调查、小微商业调查、采购经理调查等常规调查业务工作基础上，齐心协力，突出特色，圆满完成各专项调查工作。

（一）主动作为，圆满完成投资环境监测调查工作，获市委领导高度肯定。来宾市委书记、市人大常委会主任李志刚在我队撰写的调查报告《2014年来宾市投资环境监测调查报告》上作出重要批示："企业反映当前在发展过程中存在的具体情况和想法，要引起重视并有针对性做好工作，请立环部长、德祥副市长阅"。李志刚书记对我队能主动增强服务意识，实事求是地征集到企业的意见，为市委、市人民政府科学决策提供准确性更高、覆盖面更全、时效性更强的经济社会发展数据、信息和建议表示高度肯定。

（二）周密部署，圆满完成三经普个体抽样调查工作。加强与地方经普办等相关部门的沟通联系，仔细核查抽中普查小区的数量和经营特点，协调现场调查的指导员和联系人，积极争取当地村（居）委会或社区工作人员支持配合，提高了调查成功率和工作效率。

（三）强化措施，扎实调查，圆满完成千村调查工作。组织召开专题讨论会，对住户调查网点进行摸底对比，选出代表性强的调查村开展调查，并有针对性地拟定调查主题，制定切实可行的调查方案，结合调查主题设计调查表和调查问卷，确保调查工作层次分明，重点突出。

三、服务型统计建设迈出新步伐，统计服务水平有新提高

充分发挥快速、灵活、高效的优势，认真履行职责，不断拓展服务内容，改进服务方式，丰富服务手段，统计调查服务水平显著提高。

一是密切关注经济社会发展和民生领域的热点难点，及时开展统计调查分析研究，热情接受社会各界的统计信息咨询。截至2014年11月24日，我队撰写上报政务信息获总队采用125篇，获得国家

2014年7月，来宾调查队开展忠诚统计调查事业宣誓活动

2015年2月，来宾市常务副市长庞标益（左一）到来宾调查队进行调研

工捐赠7000多元慰问联系点一名因火灾严重烧伤的女童。

四、加强统计法制建设，强化统计法制保障能力

高度重视反面典型警示教育作用。我队精心收集建队以来统计执法的典型案例，制成宣传手册，充分利用会议和培训契机，开展典型案例讲解和分析。在执法工作方面。重点查处迟报、拒报、提供不真实或者不完整统计资料等违法行为，共向38家企业发出催报通知书，对12家企业进行了执法检查。先后对3家违反统计法的企业进行立案查处，责令其整改并给予警告。

局采用8篇，获总队采用调查信息（约稿）40篇，得分437.8分；调查报告6篇，得分18分。（其中：队员独立撰写的《来宾市：1月份白砂糖出厂价格创近五年新低》和《来宾市：2013年规下服务业企业融资难问题更加严峻》获自治区政府采用。约稿经总队采编后获自治区党委采用的有13篇次，自治区政府采用8篇次，自治区领导批示1篇次，国家统计局采用26篇次，国家统计局领导批示9篇次，国办采用11篇次，直报领导5篇次，中央领导批示9篇次）。与上年同期相比，虽然所获采用的数量基本持平，但质量上却大大提升，获得自治区级以上采用和批示数量明显上升，采用分数比上年同期高出132.8分，达到了提质的目的。

二是定期编纂调查刊物报送市有关领导和部门，为地方党政服务。《实事调查》、《调查信息》、《调查专报》分别编印10期、12期和2期，这些材料得到当地领导的重视，取得了良好效果。所上报调查信息、报告获得市委、市府采用分别为7篇次和18篇次。

三是实打实地服务社会，强力推进扶贫联系点各项建设。全年共出资3万元，支持扶贫联系点开展特色种养，协调金秀县纪委落实30吨水泥支持扶贫联系点开展基础设施建设，发动干部职

五、着眼于打造“过硬队伍”，深入开展教育实践活动

在总队的严督实导下，全队党员干部紧紧围绕“为民务实清廉”主题，贯彻“照镜子、正衣冠、洗洗澡、治治病”的总要求，聚焦“四风”问题，践行“三严三实”，通过坚持高标准开展、高质量推进，广大党员的思想认识与宗旨意识明显强化、工作作风与精神风貌明显提升、统计数据质量和统计服务水平有新提高，服务型统计形象越来越鲜明。整个教育实践活动取得了实实在在的成效，进一步树立与提升了来宾调查队的良好形象。

2015年5月，广西调查总队总队长邹伟忠（左一）、副总队长杨锡虹（中）到来宾调查队调研指导工作

国家统计局崇左调查队

2015年5月6日，广西调查总队纪检组长吴多明出席崇左市县调查队2015年党风廉政建设工作会议

2014年，国家统计局崇左调查队全面贯彻落实党的十八大、十八届三中全会精神，紧紧围绕全国统计工作会议、全区调查工作会议的工作部署，深入开展“业务改革巩固年”主题活动，稳步推进统计调查业务改革工作，圆满地完成了全年各项工作目标任务。

一、严格执行上级部署，扎实开展党的群众路线教育实践活动

一是及时成立了党的群众路线教育实践活动领导机构和工作机构，及时部署每一环节工作。二是抓好学习教育，采取“两学结合”方式进行学习互动，在本队内网开设活动专栏，上传各种学习资料、文件，供大家学习；分别于3月12日—14日，6月25日两次组织干部职工赴百色、河池和龙州等革命老区接受革命传统教育及党风廉政建设警示教育。三是广泛征求意见。通过设置征求意见箱、发放征求意见表、组织本队年轻干部座谈等方式征求意见；结合“业务改革巩固年”活动，深入调查企业、调查网点与调查对象、调查记账户面对面征求意见，问计于民。四是做好专项整治，立行立改。严格贯彻执行中央和自治区关于“八项规定”的有关要求，大力整顿干部队伍中存在的庸、懒、散、奢等问题，严肃整治公款吃喝等行为；严格“三公”经费管理，深入推进公车专项治理，公务接待和公务用车等管理明显改

2014年10月14日，崇左市常务副市长梁旭辉（右一）带队到崇左调查队调研

2014年10月29日，广西调查总队第四督导组副组长孙宝华出席崇左地区调查队党的群众路线教育实践活动总结会并作讲话

观。五是高质量开好专题民主生活会和专题组织生活会，通报活动开展取得的效果。六是建章立制，狠抓落实。及时制定《国家统计局崇左调查队党组党的群众路线教育实践活动整改方案》、《国家统计局崇左调查队深化“四风”突出问题专项整治任务及分工方案》和《国家统计局崇左调查队制度建设计划》，队党组成员也严格按照要求制定了个人的整改措施，按照方案计划要求，认真加以整改。通过扎实规范地开展党的群众路线教育实践活动的各阶段工作，活动取得较好成效。

二、深入开展“业务改革巩固年”活动，全面完成国家调查任务

1．精心谋划，制定措施巩固业务基础显成效。围绕“业务改革巩固年”主题活动，制定印发《国家统计局崇左调查队2014年工作要点》，并结合实际，为进一步巩固各项业务基础工作，制定印发了《国家统计局崇左调查队加强统计调查基础建设的工作方案》，开展“全员调查”活动。开展“全员调查”活动取得的成效主要有：

一是有效缓解人员力量不足的状况。实施“全员调查”活动后，使单靠某个科室无法独立完成的工作扩展成队内全体干部职工人人参与的工作机制，较好地解决科室人员紧张的问题。

二是较好促进工作效率的提高。将每位干部都纳入调查活动中，既能充分调动广大干部职工的积极性，又能充分发挥好每个队员的特长和潜力，提高快速反应能力，顺利完成好上级布置的各项调查工作任务，发挥好快速、灵活的“轻骑兵”作用。

三是促进干部间的相互沟通了解，增进团结。在调查过程中，打破以往以科室为界限的小圈子，全体干部都参与到调查活动中，有利于增加队员之间的沟通了解，增进大家的感情交流，取长补短，增强队伍凝聚力。

四是有效培养队员的责任意识、大局意识。在“全员调查”活动中，对所有参与人员的工作职责分工进行明确划分，使每个队员在工作中都承担起一定的责任，有利于增强大家的团队精神和大局意识，提高队伍凝聚力和战斗力。

五是提高队员统计调查能力，提升队伍素质。由于“全员调查”活动涉及的调查项目较

2014年12月14日，广西调查总队副总队长杨锡虹（右二）陪同国家统计局农村司副司长王明华（左三）到崇左市调研生猪生产情况

广，为干部参与开展其他专业调查工作创造机会，拓展知识面，开阔视野，增加多专业实践，培养“多面手”。

2. 严格规范，高质量完成国家调查任务。

（1）全力做好三经普个体经营户抽样调查工作。一是按照广西调查总队的统一部署和要求，成立领导小组，制定组织实施方案，细化工作流程，将任务落实到人。二是加强学习，强化培训。在开展现场调查前，先后对调查员进行五次培训，其中队领导带队到调查小区进行模拟演练一次，对调查员的现场调查技巧进行考核，一一过关，确保每个调查员都能独立开展工作。三是严格调查纪律，规范现场调查流程。严格执行《第三次全国经济普查方案》要求，依法调查；三名队领导在整个调查期间亲自带队下点，对现场调查进行全程督导，确保现场调查数据真实可靠。四是发扬团队精神，实行全市一盘棋开展调查。五是筑牢纪律红线，开展事后质量抽查工作。按照总队统一部署，迅速落实任务，严明纪律，采取主动预约、个个击破的方式，圆满完成了抽查样本社区30户个体户事后质量抽查工作。

（2）城乡住户调查基础工作得到进一步加强。一是充分发挥市住调办的作用，以市政府名义召开2013年住户调查工作总结暨2014年住户调查工作布置会议，较好地履行牵头职责。二是利用市住调办工作平台，做好数据评估，4月份召集各县（市、区）住调办及市住调办成员单位对一季度数据进行分析评估。三是加强沟通，及时汇报。3月份专程到自治区住调办汇报本市住户调查工作开展情况及工作中遇到的困难和困惑，5月份针对区住调办检查发现的问题及时整改并将落实情况向上级汇报。四是加强对县级住户调查工作的检查指导。6月上旬结合践行群众路线为民办实事活动，由队主要领导带队联合市统计局对全市7个县（市、区）住户调查工作开展检查调研。五是深入基层走访，维护样本管理。坚持访户常态化、分点包户和分类指导，对记账不规范、问题较多的调查户，实行电话回访和入户面对面培训。六是按照国家统计局和广西调查总队的工作部署，制定工作方案，精心组织，统筹安排，组织市县级调查队高质量完成千村调查工作。

（3）扎实开展居民消费价格调查工作。一是加强对采价员的培训和管理。二是严格坚持价格采集工作的“三定一直”原则，加强现场采价的审核评估。三是做好数据解读分析工作，准确把握市场动态。四是积极与市物价局沟通，与崇左市市场价格调控联席会议办公室联合发文通报每月控价工作情况。五是做好价格监测及预警预报工作，为政府稳物价保民生工作提供重要决策参考。六是做好下一轮基期样本轮换准备工作。

2014年8月28日，崇左调查队副队长吴世生（左二）带队到大新县督导千村调查工作

（4）推进并巩固“三小微”企业及各项调查业务改革。一是做好规模以下服务业样本扩点、样本核查工作，网络直报以及不具备网络直报条件企业的代报工作，调查企业的联网直报率不断提高。二是提高批发零售住宿餐饮限额以下行业抽样调查源头数据采集能力，建立采价台账，每个季度定期对调查员进行培训并考核前一季度工作。三是紧抓采购经理调查工作，做到有计划的提醒催报，留足审核时间，进一步提高企业及时上报率。四是扎实开展规下工业调查样本轮换工作。五是积极落实工业生产者价格调查纳入国家

2015年1月7日，崇左调查队召开2015年规模以下服务业抽样调查培训会

一套表报送平台工作，及时在全市企业内开展各项业务改革工作。

（5）圆满完成新设立小微企业和个体经营户跟踪调查工作。一是整合全队力量，明确职责分工。采取“全员调查”的方式将干部职工划分为4个工作小组，实行组长负责制，各组长对本小组成员进行分工安排，将各项工作责任细化到人。二是严格执行调查方案，规范工作流程。三是加强与工商、统计、乡镇政府等的沟通，得到各方的大力支持与配合。四是加强现场督导，确保工作质量。三名队领导按照分组情况，亲自带队前往各县（市、区）开展调查工作，并全程参与督导工作，对调查对象填写的报表进行当场复核，进行现场把关。

三、加强两个规范化建设，全力提高数据质量

继续强化两个规范化建设，夯实基础，提高数据质量。一是继续加强行政规范化建设，完善规章制度，规范办文、办事、办会流程，着力加强督查督办力度，提高执行力。二是进一步夯实调查网点的基层基础建设，加强对业务基础工作规范化流程，增强数据质量控制能力。三是建立健全数据质量评估制 度，规范数据质量评估流程，确保数据真实反映客观实际。四是开展队内规范化检查工作，同时加大数据质量评估组织工作力度，每个季度对调查数据进行评估1次，力争实现数据质量真实、准确、及时。五是加强调查网点的样本维护，加大对调查对象基础工作的检查力度，真正做到“数出有据”，确保源头数据质量。

四、以增强战斗力和凝聚力为核心，加强队伍建设

1. 加强政治理论学习，提高干部队伍思想素质。把学习十八大、十八届三中全会精神和加强作风建设作为当前政治理论学习的重要内容，组织学习习近平总书记等国家领导对统计调查工作的一系列重要讲话和指示精神。进一步提高全体干部的理论素养，夯实团结奋斗的思想基础，始终保持锐意进取的精神状态。今年以来组织干部学习了《习近平关于实现中华民族伟大复兴中国梦论述选编》、《面向未来的赶考——习近平总书记指导河北省党的群众路线教育实践活动回访记》、习近平总书记《谈谈调查研究》、《坚持实事求是的思想路线》重要讲话精神等政治理论学习12次，通过学习，干部职工普遍接受了党风政风的大洗礼，提高了践行党的宗旨意识和为人民服务的自觉性。

2. 完善工作机制，强化干部队伍管理。一是收集整理在职在编干部的个人档案，建立一人一档，定期更新，使干部相关档案有备可查。二

2014年12月22日，崇左调查队举办科级领导干部竞争上岗大会，进一步加强队伍建设

2014年11月28日，崇左调查队首次举办崇左地区调查队系统会计知识培训班，邀请企业会计人员进行授课

是完善干部管理制度，做好干部教育培养工作，对后备干部进行动态管理；三是修订完善目标管理责任制，量化任务，全员覆盖，将目标考核结果与干部考核、晋升直接挂钩，积极营造“团结务实”的工作氛围，增强全队干部的凝聚力和战斗力。四是做好干部学习培训工作。组织干部职工参加党的十八大精神学习、档案知识培训、入党积极分子培训和各种学历、技能的学习考试，增强干部职工的思想素养和业务技能。5月份组织干部参加崇左市档案局举办的2014年档案知识学习培训和市直机关工会举办的入党积极分子培训5人次，8月参加市委举办的保密委主任讲保密专题党课活动暨崇左市保密知识培训班1人次，11月指定定密责任人参加定密工作暨保密检查培训班1人次；9月份在队内举办一期培训班，由本队队员自任“教师”，系统培训公文写作与处理、统计执法检查、Excel在统计中的应用、住户日记账规范程序等；组织干部参加总队培训13人次。五是严格按照《党政领导干部任职试用期暂行规定》和《新录用公务员试用期管理办法（试行）》有关规定，规范工作流程，做好干部选拔任用和新录用公务员任职定级工作。

五、以出精品树品牌为目标，提升统计调查服务能力

1. 加大调查产品供给量，树立调查队品牌。切实加强对信息写作的组织领导，根据国家调查任务，提炼精品。同时，利用月例会学习时间，为队员搭建“学习先进”平台，由每位队员结合本专业对总队挂网的总队及各市县队的工作动态、调查资料进行点评，重点谈论自己学习后的心得、启发、如何学习或借鉴等方面内容。通过向先进学习，本队统计调查服务能力明显提升。截止11月21日，撰写上报政务信息104篇，与上年持平；得到总队采用81篇，比上年全年多10篇，其中国家局采用2篇，与上年持平。撰写上报广西调查总队调查信息、调查报告40篇次，向地方“两办”报送信息20篇次，其中得到中办采用2篇次、国家局采用9篇次、自治区“两办”采用9篇次，得到中央领导批示2篇次、国家局领导批示5篇次、得到市政府领导批示1篇次，优质服务质量进一步提升。

2014年7月24日，崇左调查队召开2014年上半年新闻宣传座谈会，发布居民消费价格调查和城乡一体化调查数据

2. 加强数据管理，提高调查数据解读能力。着力加强对各专业数据的管理，规范对外公布和提供数据、资料的程序。并搭建“小课堂”授课平台，由专业人员自任“教师”，结合调查工作实际或工作需要确定授课内容，面向全体队员进行集中授课。通过开设“小课堂”，提升专业人员对本专业数据的解读能力。

3. 做好新闻宣传工作，扩大统计调查影响力。增强与新闻媒体的沟通、联系，丰富统计新闻宣传的形式和内容，召开调查数据发布会2

次，及时将CPI等调查数据和相关分析向崇左市电视台、左江日报等市主流媒体投稿，向市民解读崇左市物价走势及城乡居民收入情况。此外，围绕党委政府的中心工作和群众关注的热点、难点问题，积极开展走访调研活动和统计调查分析，向市委市政府编发了11期《崇左CPI月报》、6期《崇左调查信息》、4期《崇左调查报告》和2期《崇左调查动态》共600多份。截止10月份，我队政务信息完成情况在全市各参加考核83个单位中排名第16位。不断扩大崇左调查队的影响力。

六、开展阳光执法活动，加强统计行风建设

一是加强统计法制培训，全面提高统计执法人员的业务素质。二是夯实统计执法基础工作，积极参与所有专业的工作布置会，开展统计法制宣传培训，明确告知哪些属于违法行为及相应的处罚措施，督促检查各科室各专业做好统计实务告知和统计资料、报表收发双签等制度。三是开展统计执法检查活动，加大对在统计调查过程中弄虚作假等违纪违法案件的查处力度，2014年组织查处统计违法案件2起，进一步优化了统计调查环境。四是做好统计“六五”普法宣传教育工作，组织干部职工利用无纸化学法用法及考试系统进行学习，提高法制观念，充分利用全国法制宣传日、中国统计开放日等特殊时间节点向调查对象进行普法宣传。

七、加强党风廉政建设，为统计调查事业保驾护航

一是认真贯彻落实2014年全国统计系统和广西调查队系统党风廉政建设工作视频会议精神，印发本队党风廉政建设工作要点，全队干部跟队党组签订了党风廉政建设承诺书。

二是创新思路，组织开展统计调查廉政文化建设年活动，建立“统计廉政文化长廊”，定期更新板报、在办公室悬挂廉政警示标语字等，使干部职工受到了廉政文化的教育和熏陶。三是加强反腐倡廉宣传教育，组织干部职工学习中央、中纪委、国家统计局等有关党风廉政建设文件、会议精神，队主要领导给市县队干部上廉政党课2次，邀请市纪委领导给市县队干部上堂课1次，收看廉政教育影片10次。四是加强对干部选拔任用工作的监督。五是加强对单位财、物等方面的监督，完善物品购置、公务接待、车辆管理等工作流程，倡导厉行节约，减少铺张浪费。六是强化监督检查工作，为统计改革发展提供坚强保障。重点围绕第三次全国经济普查、城乡住户调查、党风廉政建设民意调查等重点调查业务工作开展对调查方法制度组织实施的监督检查。

2014年11月28日，崇左调查队邀请崇左市纪委领导为崇左地区调查队系统干部职工上党风廉政建设专题党课

国家统计局上林调查队

2014年以来，在广西调查总队和上林县委、县政府正确领导下，深入学习贯彻党的十八大精神及十八届三中、四中全会精神，全面落实全区调查工作会议和年中工作会议重要指示精神，紧密围绕“业务改革巩固年”的工作主题，结合党的群众路线教育实践活动的开展，不断转变工作作风，改进工作方式方法，进一步凝聚干部干事创业热情，着力提高统计能力、提高统计数据质量、提高政府统计公信力，坚持“两个意识”，迎难而上，奋力拼搏，扎实工作，圆满完成全年各项工作任务。

2014年，荣获广西调查队系统县级调查队目标考核获得良好；行政文秘工作获得二等奖；农村贫困监测调查获得三等奖；退耕还林监测调查获得三等奖；政务信息工作获得三等奖；保密档案工作获得三等奖；信息化建设工作获得三等奖；纪检监察工作获得三等奖；法规制度工作获得三等奖；人事教育工作获得三等奖；调查数据综合管理工作获得三等奖；专项调查工作获得三等奖；批发零售住宿餐饮限额以下行业抽样调查获得三等奖；农产品生产者价格调查获得三等奖。

2014年完成工作情况

（一）积极学习、努力践行党的群众路线教育实践活动

开展了10次党支部集体学习，集中学习党章、简报、文件等材料，开展专题讨论和主题教育活动各2次。认真听取收集意见和建议，结合上级点的意见，共梳理出对领导班子意见14条。紧紧围绕干部存在的“四风”问题及业务开展情况进行，谈工作、谈思想、谈学习、听取谈话对象个人的意见和建议。参加了专题组织生活会，实事求是地开展了积极、健康的相互批评，批评中讲真话实话，不讲套话空话。不断完善了《国家统计局上林调查队公文处理办法》、《国家统

2014年7月4日，上林县副县长黄凤强（左二）在上林调查队队员陪同下到白圩镇高长村开展南宁市粮食大县播种面积核查

2014年9月1日，上林调查队队长和住户股到明亮镇九龙调查点开展住户调查培训

计局上林调查队干部管理制度》和《国家统计局上林调查队公务接待管理办法》等制度。通过开展教育实践活动，进一步转变了干部工作作风，提高干部思想认识，消除干部思想浮躁、“懒、散、慢”等现象。

（二）抓队伍建设，不断提高统计调查人员的业务素质

一是“招兵买马”，壮大干部队伍。年初我队在职在编干部7人，加之干部队伍多数是“85后”，从事统计调查工作经验少，难以很好完成各项统计调查工作任务和地方党委、政府安排布置的工作任务。为彻底改变人员少这一现状，我队积极争取地方党委、政府大力支持帮助，5月份为我队聘用3名编外调查员每月工资2500元、11月份再次为我队增配一名“4050”人员每月工资996元，工资全部由县财政支付，以解决我队人员少的问题，进一步壮大干部队伍。

二是加强干部队伍培训，提升干部战斗力。按照年初有计划方案、年中有学习培训检查、年末有干部培训总结的培训方案，鼓励党员干部积极参加国家局、总队、南宁队、地方党委政府组织的各类培训项目，同时邀请总队、南宁队等领导到我队为党员干部进行理论和业务知识培训。今年以来，我队党员干部共参加各类培训近150人次（其中队长参加国家局组织的培训班2次），同时邀请总队、南宁队、上林县等领导为我队党员干部进行培训8次，本队共培训辅助调查员、调查对象、记账户6场300人次等。

三是强化干部队伍管理，促进工作有序开展。为加强干部队伍管理，今年以来，我队结合本队实际，制定完善了目标管理岗位责任制、干部考勤、编外调查员、辅调员管理制度等，以制度管人，按制度办事。对于编外调查员，每月开展一次考核及业务评比，年度进行绩效考核；对于辅调员，每年度对开展一次集中考核，评选出“优秀辅调员”并颁发荣誉证书，给予物质奖励，以逐步形成关心质量、争先创优的良性循环机制和严肃团结向上的工作氛围。

四是关心关爱全体干部，感受调查队家的温暖。按照工作上协作完成、生活上关心关爱原则，今年以来我队以“家”的目标进行打造，在工作上大家共同协作完成，生活上大家互帮互助互爱，让干部们感受上林调查队不一样的关怀，感受到家的温暖。

（三）多措并举，抓好全国第三次经济普查个体户抽样调查工作

根据总队统一部署，我队严格按照实施方

2014年9月19日，上林调查队2014年统计开放日开展统计法制宣传

案，在乡镇政府和村委会的密切配合下，凝心聚力，多措并举，狠抓登记阶段各关键环节工作落实，圆满完成全县143户个体经营户入户调查工作，提供了真实、可靠的统计调查数据。同时，还选派4名业务骨干，支援南宁调查队“三经普”工作，工作得到南宁队领导肯定。

（四）狠抓基础工作，全面完成“三项业务改革”工作

一是建立健全三项业务改革联席会议长效机制。采取“九联合”建立部门强大协作新机制，在三项业务改革工作组织实施过程中，建立起有县发改局、财政局、统计局、扶贫办、农业局、水产畜牧兽医局、人社局、民政局等部门成立的联席会议工作制度，每季度定期召开一次联席会议，通报季度调查工作情况，评估本期调查数据，联合发文、联合布置、联合督导，组织实施三项业务改革调查工作，创新了调查新机制，取得了良好的效果。

二是积极推进城乡住户调查一体化工作。

加强对记账户情况的监测，每月对10个点93户记账户开展上门到户指导记帐、督促记帐1次以上，确保账实数清，保障记账户稳定运行。在加强对记账户的业务培训同时，根据各调查点情况，实行记账户交叉检查，对全县的住户网点进行了全方位的核实，我队还建立了简易实用的分户调查台账，在每月数据录入前将本月收支数据与其家庭成员基本情况一览表进行对照检查，保证了数据的逻辑性与准确性。同时，积极做好数据评估、服务工作。一方面强化数据质量审核，通过平衡关系与逻辑关系检查，结合经济运行态势，每个季度到相关部门和乡镇收集经济运行数据，形成纵横交错和点面结合的审核评估体系；另一方面做好服务工作。在每个工作阶段认真进行数据审核把关，做到每个季度将各点各户记账质量情况和收支数据形成书面材料，反馈给记账户，而且每年形成4份数据分析材料上报给县委、县政府。

三是有序开展贫困监测工作。上林县作为国定贫困县，为开展好贫困监测工作，我队分别对6个点的57户260人的监测户家庭收支记账情况进行指导、收集账本，对账本归类、编码、汇总、统一审核汇总上报国家统计局广西总队。通过开展贫困监测工作，了解和掌握全县农村居民收入、消费以及义务教育、基本医疗和住房等情况，摸清农村贫困程度、规模、分布及变化趋势，准确反映我县城乡之间的收入差距，深入分析、调研致贫因素和制约我县发展的突出问题，及时监测致贫因素的变化，评估宏观发展与专项扶贫的作用，为科学制定相关政策提供参考依据。

四是全力推进粮食产量监测工作开展。

始终坚持“独立调查、独立上报”原则，充分发挥工作优势，广泛深入开展农业调查，积极撰写上报今年以来农民群众关心的农业生产、农产品价格、农民务工等方面的调查信息10篇，为国家局、广西调查总队及当地党委政府提供优质服务。结合工作开展，加强对调查员、辅调员培训，参加各类业务培训，通读掌握粮产监测工作制度，熟练使用操作GPS，同时利用电话、邮件向总队、先进市县队进行询问学习，进一步提高队伍业务能力。积极深入20个样本点开展播种面积调

2014年9月19日，上林调查队队员入户开展统计法制宣传

查、产量调查等业务工作，对采样数据进行认真核对，详细对比，按步骤，分层次，录入程序，确保调查数据准确。对于存在疑问的数据，再次深入村屯，反复统计调查，防止出现错漏偏差。按规范化标准收集和整理原始记录和统计报表及台账，做好归档，使各项工作均得到了总队农业处的肯定。建立了信息共享机制，今年我队与县气象局、农业部门达成信息共享机制，在发布气象信息、自然灾害、病虫害等信息报告时传送一份给我队，为工作开展提供帮助，年内共收到气象信息8份，病虫害信息14期，为撰写调查信息、分析报告提供有利参考

2014年6月16日，上林调查队全体党员到巷贤镇南陔革命旧址开展党的群众路线教育实践活动

（五）尽职尽责，做好常规统计调查业务工作及各种临时调查工作

一是不断完善行政类工作。坚持不符合政策规定的、不符合行文程序的、公文格式不规范的文件不发送，严格按照规范化要求，在发文项、发函项做到及时、准确、严谨，年内发文82份，收文899件，做到了及时处理，呈递批阅。认真做好保密档案相关业务培训，树立全队的保密意识，明确机密文件的传阅与存放，加强计算机信息传递保密工作。细化日常档案收集工作，严抓年度档案整理归档工作，提高档案的数字化管理水平。加强督促检查，规范网络使用，及时更新关注本队内网动态，在网络接入点设置安全防护措施并启用防护策略，统一安装指定的杀毒工具软件、重设操作系统口令等，达到安装率100%。充分发挥督察督办职能作用，围绕“三项业务改革”工作为重点，对全部调查项目内容进行督察督办，确保工作能落地成效。以各类宣传媒介为载体，通过不同方式加大对各类调查工作宣传，扩大调查队影响力和公信力。优质服务发挥着信息咨询、服务决策、监督监测等职能作用，认真撰写调查信息、调查报告共计32篇，反映出地方真实情况，为国家局、总队、地方党委政府提供参谋助手作用。

二是加强财务管理，为工作开展提供保障。严格按照中央“八项规定”和国家局、总队财务处财务管理要求，加强对全队经费、固定资产等管理，不断完善财务管理制度，制定实施了出差审批制度，规范下乡费用报销程序。开始使用公务卡消费，强化银行转账意识，减少现金消费支出，规范支付手段，对于条件允许的、金额超过1000元的单笔消费支出，基本都使用银行转账，尽量减少现金消费。切实做到经费开支事前有计划审批、事中有检查指导、事后依凭证报销，对于账目不清、凭证不全、与事实不符的报账项目不予以报销。严格执行政府采购制度，对于在政府采购范围内的一律走政府采购流程。对于重大开支项目的，一律召开队务会进行讨论，是否可以执行。严格执行财务管理规章制度和开支标准，严格控制“三公”经费的开支，为切实搞好本队后勤服务工作提供资金保障。规范限制公车费用开支，防止车辆上的浪费，今年以来燃油费支出17000元，比去年同期24200元少42.35%。

三是全面完成各调查项目工作。严格按照统计调查工作制度要求，及时完成批零住餐调查、规模以下工业调查、退耕还林（草）监测调查、主要畜禽监测调查、农产品生产者价格调查、主要农产品中间消耗调查、投资环境调查等工作。

同时，积极配合总队开展文明城市测评工作，选派蒋兆国、文星元、莫圆华3名同志参加总队文明城市测评工作，工作得到总队领导肯定。

四是严格实施统计调查业务规范化。始终坚

持“独立调查、独立上报”原则，要求每项调查业务都按照总队制定的调查方案实施，制定各专业统计调查业务和技术培训制度、数据质量管理和责任追究制度，定期开展业务培训，在数据填报和审核上下功夫，做到不出假数，利用统一规范的网络直报系统录入数据，按规定时间上报。按规范化标准收集和整理原始记录和统计报表及台账，做好归档。

（六）党的建设工作

按照党的十八大四中提出的“从严治党”方针和国家统计局提出的“从严治党、从严治队”要求，以党建促队建，狠抓党建设工作。

一是抓学习教育，提高党员队伍的思想政治素质。不断强化干部队伍思想教育，牢固树立“国家队”意识，按照创建学习型要求，以学习科学理论、学习政策法规、学习统计调查业务为主要内容，积极开展学习教育活动，坚持政治理论学习和业务知识学习相结合，先后开展了党章学习及交流活动、“卷起袖子干调查、凝聚力量创事业”学习及讨论活动、领导讲党课教育、组织观看了警示教育片等10次，不断丰富党员干部理论知识。

二是抓作风建设，有效提高反腐倡廉能力。认真贯彻落实《国家统计局广西调查系统2014年党风廉政建设工作要点》，制定了《国家统计局上林调查队2014年党风廉政建设工作要点》，全部职工都签订了《党风廉政建设承诺书》，完善队长“一岗双责”的党风廉政建设工作机制。工作中，坚持用制度管事、以制度育人、按制度行事。严格执行“三重一大”制度，充分发挥纪检监察工作职能，加大了对人、财、物、数的管理力度，做到所有财物有使用人，有监管人，确保了年内无违法乱纪行为发生。

三是充分发挥模范作用，树立调查队伍新形象。立足岗位，发挥党员模范带头作用，一名党员一面旗帜，充分发挥党员干部先锋模范带头作用。举好旗帜，发挥支部战斗堡垒作用，一个党支部就是一个战斗堡垒。坚持“以党建带队建”，深入开展核心价值观教育，并就如何发挥党员模范作用进行大讨论，以调查队伍核心价值观强化、激发党员的模范带头作用。共开展活动专题讨论2场次，参加党员人数15人次。

（七）积极参与“美丽上林·清洁乡村”及扶贫挂点工作

根据县委、县政府工作安排，我队挂点上林县镇圩乡望河村，负责县城马浦路卫生清洁工作。坚持每月派出2名干部驻村3天以上，定期对县城卫生责任区进行大清扫，设立“美丽上林·清洁乡村”监督岗，悬挂宣传横额，粘贴门前三包责任牌50份，发动群众签订卫生责任书500多份，年内共清理垃圾约3吨，同时挤出有限经费资助“美丽上林·清洁乡村”活动建设约15000元，活动得到了县委、县政府及社会各界的好评称赞。拟定扶贫帮扶方案，发挥自身统计调查优势，结合望河村实际情况，通过人力、物力、财力等进行望河村扶持，切实帮助挂点村解决实际困难。

2014年9月2日，上林调查队住户股到白圩镇繁荣社区调查点开展居民收支记账培训

国家统计局扶绥调查队

2015年5月6日，广西调查总队纪检组长吴多明（右一）、纪检监察室副主任傅汉明（左二）和崇左调查队队长黄庆豪（左三）一行3人到扶绥队就党风廉政建设和两个主体责任落实情况进行调研，扶绥县副县长梁慧陪同（左一）

2014年是广西区调查系统开展“业务改革巩固年”活动，实现调查事业科学发展的关键之年，面对新形势，新任务，新要求，国家统计局扶绥调查队牢牢把握统计调查工作的主动权，坚持以提高统计数据质量为中心，以巩固和加强“业务和行政”两个规范化建设为着力点，突出为党政领导、社会公众服务的工作思路，全队干部职工同心协力，开拓进取，出色高质量地完成广西调查总队和扶绥县委县政府布置的各项调查任务。现将一年来综合业务工作总结如下：

一、实行“三化”管理，激发队伍活力

（一）加强制度建设，实现规范化管理。“没有规矩不成方圆”，2014年扶绥调查队参照广西调查总队开展“两项规范化”建设要求，完善制度建设，以良好的机制去约束人，引导人，培养人，先后修订完善人事管理制度、公务用车管理制度、统计数据使用和发布制度等21项涉及人、财、物、数的规章制度，并对每项制度的落实情况进行督查督办，使每一个环节，每一个层面的工作有章可循，有规可依，目前，全队已步入遇事办事找制度，而不是找领导的运行轨道。同时，扶绥调查队结合中央“八项规定”制定出台了“三简二严”规定。

（二）加强班子建设，实行科学化管理。扶绥调查队根据《国家统计局扶绥调查队队委会议事制度》的规定，进一步明确了队委会议事决策职责，不断规范完善决策讨论方式与表决方式，对涉及队内“三重一大”及干部职工切身利益问题，都按照集体研究、会议决定的原则，从而确保决策的民主化、科学化。队领导班子建设方面真正做到“三合”，思想上合心，行动上合拍，工作上合力，不断提高工作效率和依法行政水平。

（三）坚持以人为本，实行人性化管理。扶绥调查队始终坚持以人为本的和谐理念，以人性化的管理暖人心。在思想上，勤谈心，多引

导；在政治上，勤教育，多帮助；在工作中，少指责，多鼓励；在生活上，常爱护，少冷落。切实关心同志们的切身利益，时时事事，让每位干部感受“大家庭”的温暖，自觉地以“调查”为家，以大局为重，满腔热情地为“家”而劳，为“统”而作。

二、创新培训方式，推进能力建设

2014年扶绥调查队按照广西调查总队《干部教育培训计划纲要》的要求，开展全员统计教育培训，不断推进调查人员上素质，统计业务上水平，统计工作上台阶。培训方式上注重“两个创新”。一是由单个专业培训向综合性培训的创新。2014年年初，扶绥调查队制定了全年教育培训计划，从队领导到一般专业人员，一月一课，每月一讲，对全体队员定期培训。培训的内容主要是针对不同时期的政治理论、业务知识和工作中的热点、难点问题等。二是实现由“上对下”培训向“能者为师”培训转变的创新。扶绥调查队提出不论职位、级别，只要在工作中有好经验，好办法，好成效，有利于全队发展，有利于推进工作，就为其提供平台“授业解惑”，共同受益，共同提高。随着教育培训活动的展开，扶绥调查队干部职工的视野进一步拓宽，创新思维进一步增强，从而实现了综合素质、服务能力、工作业绩的“三个提高”。

三、综合工作水平稳中有进

（一）积极采取措施，稳步提高综合优质服务工作水平

1.完善制度，激发写作热情。扶绥调查队始终把统计优质服务作为提高统计公信力，提高领导决策参与力，扩大统计调查工作影响力的突破口。按照扶绥调查队优质服务“一定一抓两重”（定目标、抓学习、重督查、重落实）的工作目标要求，提出了信息服务工作“求创新，求突破，求质量，求效果”的服务理念。要求每个专业必须做到月度有分析，半年有预测，全年有总评，全年统计分析采用量少于两篇的，调查信息采用少于3篇的，年终公务员评优实行一票否决。

2.构建广泛信息网络平台，拓宽信息渠道。扶绥调查队把建立健全信息机构网络作为工作着力点，精心整合力量，拓宽信息渠道。年初从全县11个乡镇的统计员和基层各调查点的辅助调查员中筛选出30位熟悉农村政策，有一定写作基础的人员兼任县队信息员，县队定期给他们下发信息上报要点，要求乡镇统计员每人每月至少上报3篇信息，辅助调查员每人每月至少2篇信息，

2014年11月7日，广西调查总队农业调查处副处长李小雯（右一）到扶绥县东门镇郝佐村实地考察晚稻实割实测，扶绥队副队长滕寿华（右二）陪同

（上报的信息经县队核实无误采用后，每篇可得50元钱的稿酬），并把该项工作作为年终评优表先的重要参考内容，有效调动了基层网点报送信息的积极性。正是这些分布在基层的兼职信息员，给扶绥调查队提供最广泛、最基础的信息来源。

3.推行以老带新，优化“每周信息点评”制度。由于近年新进年轻队员较多，扶绥调查队通过推行以老带新的方式，较好的发挥出老队员经验丰富和年轻队员理论知识丰富的特点，具体做法是按照新老搭配的方式，由写作能力较强的老队员带领一至两名新队员组成信息写作小组，在写作信息时，既有收集材料时的分工，又有写作时的相互点评与合作，同时继续实行每周三下午的“信息点评”制度，要求队员先把撰写的信息统一交到综合法规股股长，再由股长分发给队员交叉审阅，同时要求队员从材料的构思，段落结构的安排，文字表达方面提出自己的意见和建议，然后再由队领导进行点评。通过推行“信息点评制度”，打破了以往“信息培训”单由领导一言堂的常规，队员纷纷反映，由原来的“接受培训”到现在的“接受培训—培训他人”学习效果真的不一样，对提升自己的信息写作水平进步很快。

4. 严把采写质量关。扶绥调查队对调查信息采写工作做了严格规定：对撰写上报的调查信息，采写人员必须亲自实地调查，不能道听途说，沿用抄袭；对当事人提供重要信息材料的，须附有当事人提供的发票凭证或笔录签字等，以备后查；撰稿人完稿后必须报送队领导核稿签字才能编发上报，队领导审核时发现有疑点，将责令撰稿人在规定时间内到调查地重新核对查实。由于扶绥调查队树立高度政治责任感，要求信息工作者以实事求是的科学态度来对待，这样写出的信息才能经得起历史的检验。

2014年9月19日，扶绥调查队联合县统计局在县城举办了形式各样的第五届“中国统计开放日”宣传活动

（二）以规范化为抓手，提高综合数据管理业务规范化

扶绥调查队严格按照广西调查总队《国家统计局广西调查队系统调查数据综合管理工作规范（试行）》的通知要求，年初时就召开会议，将加强调查数据综合管理的精神落到实处，各股对其所负责专业形成的数据、分析、报告都要按照《国家统计局广西调查队系统调查数据综合管理工作规范（试行）》，对电子数据做好分门别类存放；纸质材料按照《调查数据综合管理工作规范》的要求，在规定时间内做好上报及数据移交和管理工作。各股都对照《国家统计局广西调查队系统调查数据综合管理考核办法（试行）》的要求，查漏补缺，使扶绥调查队综合数据管理达到规范化管理的要求

（三）新闻宣传积极“走出去”

把握新闻宣传工作的主动性，通过创新观念，由原来的等待人家来咨询转变为“走出去”加强新闻宣传工作的力度，让广大公众认识统计工作，认识调查队，认识数据的来源方式。2014年扶绥调查队联系扶绥县政府信息公开领导小组办公室，将扶绥调查队与居民生活息息相关的数据，如每月的居民消费价格指数，居民人均可支配收入数据等，在广西调查总队审核反馈后，向政务公开中心提供，借力政务公开中心的窗口宣传，提高调查队的知名度和影响力；同时与扶绥县广播电视局积极沟通，每月整理扶绥县居民消

费价格指数供县电视局向民众播送，借力新闻媒体的力量宣传统计调查工作。若遇到当月的物价指数偏离正常波动范围，扶绥调查队领导还将接受电视台记者的采访，对物价波动异常的成因及走势向社会公众作出解读，消除公众的疑虑。

四、主要综合业务成效

多种举措的实施，极大提高了统计专业分析和综合分析质量。如扶绥调查队撰写的《扶绥县“美丽乡村”建设情况和存在的突出问题》专题约稿信息经广西调查总队采用后，综合处汇集成文的《当前广西农村环境保护情况及美丽乡村建设中存在的问题》专题报告上报后获得中办、国办、国家局、党委采用及中央领导和国家统计局领导批示，较好地发挥了为党政领导做好参谋助手的作用.由于措施得力和机制激励，全队上下形成了人人写信息、写分析的良好氛围，撰写调查报告、调查信息的数量和质量有一定的提高。2014年扶绥调查队上报的调查信息和调查报告被各级党政部门采用20篇，其中，国家领导人批示3篇，中办、国办采用3篇，国家局领导批示3篇，国家局采用7篇，自治区领导批示1篇，区党委、政府采用7篇，县委办、政府办采用10篇，充分发挥了统计调查部门应有的参谋助手作用。

五、抓好党风廉政建设工作

2014年年初扶绥调查队研究制定了《扶绥调查队2014年党风廉政建设工作要求和实施方案》，明确任务和职责要求，并将党风廉政建设工作进行任务分解。队长与各股室负责人签订了党风廉政建设“责任书”，队长要认真履行第一责任人的职责，带好队伍，管好自己、做好表率，各股室负责人要严格履行管理教育、监督检查、率先垂范责任。同时切实加强内部监督，变岗位“廉政风险点”为“安全点”。在工作中，队长切实履行“一岗双责”，带头查找“岗位廉政风险点”，带头制定和落实防控措施，切实抓好队内岗位廉政风险防控体系建设，全队干部职工按照队领导班子的工作部署，在认真梳理各自岗位职责的基础上，重点围绕人、财、物管理和统计调查、数据认定、数据使用等方面来查找各自廉政风险点。同时针对每个干部职工查找出来的“廉政风险点”，分别制定廉政风险防控措施，并及时向队长做出廉政承诺，切实做到风险定到岗，制度建到岗、责任落到人，把“廉政风险点”预警措施落到实处，确保廉政风险消除在萌芽状态，实现廉政风险防范关口前移，有效保证调查干部队伍安全。

2015年3月3日，扶绥调查队践行总队“服务基层年”工作主题，组织全队干部职工深入到农村住户调查点东罗镇岜羊村开展“助农春耕”活动

国家统计局大新调查队

2014年11月26日，大新调查队召开2014年大新县城乡住户调查工作会议

2014年3月17日，大新县副县长秦义敏（右一）到大新调查队调研指导城乡住户调查工作，查看调查户的记账本

2014年，大新调查队在广西调查总队的领导和支持下，认真落实总队“业务改革巩固年”的工作部署，发扬齐心协力、团结奋进精神，较好完成全年的各项工作任务，全队工作取得了新进展。

一、巩固成果，扎实推进业务建设

（一）强基固本，做好城乡住户一体化调查工作

1.加强辅助调查员、记账户培训。在召开会议集中培训辅助调查员的基础上，加强了到调查网点一对一的培训力度，每月都安排到3—4个调查网点进行指导检查，提高培训的针对性和实效性。一方面增强了与调查对象的感情交流；另一方面能够及时掌握记账户家庭的新情况，维护样本稳定。

2.严格流程管理，把好数据质量控制关。在原始数据采集、数据审核、数据评估和数据上报等各个环节都严格按工作流程完成规定动作。数据审核实行股室人员交叉审核，对异常的数据直接电话联系记账户进行核实确定，每个季度与住户调查联席会议成员单位沟通，收集相关部门数据，对比分析评估数据。

3.从地方借调人员，解决住户调查工作人员少问题。3月份，原来一名负责住户股工作的老同志提前退休，再加上住户股人员多为新人，统计工作经验少，为了保证调查工作的完成，队长何昌贵主动向县政府汇报，争取到从地方借调一名公务员的名额，通过综合审查，9月份，借调了一名工作经验

崇左市住调办有关领导到大新县与那岭乡那廉村住户调查记账户座谈

丰富的乡镇统计员到调查队工作，一起开展住户调查工作。

4.圆满完成调查样本轮换工作。一是学习样本轮换方案，吃透方案要求，召开辅助调查员样本轮换工作业务培训会议，并结合第五届中国统计开放日活动在调查网点宣传样本轮换工作。二是摸底走访，一户户走访上门核实新记账户的基本情况，全面掌握了调查户的第一手资料，确保新样本的代表性。三是在此次样本轮换工作中，采用“一对一”辅导方式对调查户进行记账培训，讲解记账要求，要求做到规范记账。

5.认真谋划，确保高质量完成年报工作。全区居民收支调查、农村贫困监测调查年报会结束后，大新队领导班子、住户股成员专题讨论年报工作，认真谋划。主要领导主动向县政府汇报该项工作，申请到县政府名义召开大新县2014年城乡住户调查暨贫困监测调查年报布置培训会议，住户调查联席会议成员单位、各乡镇分管统计的领导和乡镇统计员参会，不仅推动了年报工作的高质量完成，也进一步创造了支持调查队工作的良好氛围。

（二）加强实地走访，农业调查工作更加扎实

把农业调查工作的开展与践行党的群众路线教育实践活动结合，在农作物播种面积调查、农作物单位面积产量调查、农产品价格调查、农产品中间消耗调查和主要畜禽监测调查工作的开展中深入到调查户家中走访，准确的反映各调查点粮食播种面积、产量的情况以及农产品价格与中间消耗、畜禽养殖的情况，强调“深入调查，不浅尝辄止，反映群众真实情况”。坚持实地走访调查，不是拿到台账就回单位，而是和调查户、辅助调查员多沟通交流。每个调查专业保证每月都有深入基层的走访，并及时报送农业生产方面的灾害情况。

（三）多措并举提高规下工业和批零住宿餐饮业数据质量

一是多方式提高源头数据质量。坚持每季度走访，结合现场调查记录表，细化支出项目，分别计算房租、水电、商品购进等支出项目，分析各项指标是否在合理区间以内。二是多措施强化数据审核，将企业本季度报表指标数据与实地掌握的实际数据比、与上年同期比、与上季比、与同类型的企业比，通过对比分析找原因，确保数据质量。三是高效率完成规下抽样框核查工作。在核查工作中，一方面是与乡镇分管安全生产的领导及统计员共同将该区域内企业名录库信息与实际情况进行核对，重点核查企业是否真实存在；另一方面以实地核查、现场询问等方式，对核实中存在疑问的企业进行实地走访，核查企业信息的真实性和准确性，确保了核查质量。

（四）全力做好第三次全国经济普查个体户抽样调查

克难攻坚细心开展现场调查工作，现场调查是个体户抽样调查工作的核心。针对个体经营户帐目不清、老板有戒备心理容易瞒报漏报的情况，大新队注重工作方法，通过观察门面大小、货物种类、经营状态，询问租金、水电、行业利

2014年11月10日，广西调查总队农业处到大新龙门乡宝山村现场指导晚稻、晚玉米单产实割实测工作操作规范

大新调查队到普查区召开三经普个体抽样调查指导员培训会

润率等，计算调查户经营指标数据，最后与同规模、同类型的个体经营户经营指标数据进行比较，差别较大的现场直接再调查评估，确保指标数据客观真实。同时在入户调查中，每天及时到总队FTP下载“三经普个体抽样调查问题解答”，准确把握各种问题处理要求。

2014年4月19日，广西调查总队商投处郝渭处长、李佳勋副处长深入到三经普普查区雷平镇太平社区居委会现场指导

（五）坚持一线开展党风廉政建设民意调查工作

党风廉政调查今年首次PDA无纸化上报，大新队重视调查前的培训工作，全体人员参加总队的党风廉政调查视频会议后，结合本队实际召开了培训会议。对样本确定、调查流程、PDA操作、数据审核及上报等内容进行了详细的培训，要求每位队员在调查工作开始前都能够熟悉了解《调查员手册》、问卷的指标及PDA的使用，并对入户调查访问技巧进行了经验交流，努力提高直接调查能力。

2014年7月12日，国家统计局党的群众路线教育实践活动督导组到住户调查点堪圩乡堪圩社区与群众代表座谈

二、党的群众路线教育实践活动各环节特色鲜明，成效明显

一是组织领导有力，责任落实到位。通过成立领导小组认真研究制定教育实践活动实施方案，队党支部牢固树立教育实践活动的主体意识和责任意识，充分发挥示范带动作用。二是学习教育形式多样，突重点、重效果、强落实。通过组织认真学习习近平总书记著作和系列讲话，组织观看《焦裕禄》等教育影片，组织参加崇左市党风廉政警示教育图片巡回展，深入挂点村开展帮扶活动，进一步加强了党员干部的宗旨意识，密切联系群众，关心困难群众，互帮互助的精神风貌得到充分体现。三是坚持开门搞活动，广泛征求意见。共组织召开征求意见座谈会3次，直接到调查网点去听取意见6次，发放征求意见表45份，经过梳理汇总，征求到意见和建议26条。四是以整风精神开展党内批评和自我批评，主要领导与班子其他成员、班子成员与分管股室之间都进行了谈心活动，认真撰写和反复修改完善对照检查材料，在专题组织生活会议上，班子成员、普通党员聚焦“四风”问题，摒弃了官话套话，不敷衍、不应付，取得了“红红脸、出出汗、排排毒、治治病”的效果。五是坚持立行立改，确保取得实效。统筹会议的安排，尽量“并会”，严格遵守公车使用“六不准”规定，强化车辆管理，节假日和不使用时车辆一律停放到指定地点，从自身做起，不搞公车私用等，立行立改、边学边改。六是建章立制，初步构建为民务实清廉的长效机制。认真制定了“两方案一计划”，确保整改成效“不空”、“不偏”、“不虚”。各项制度建设基本完成。

2014年4月，大新调查队队员在进行第三次全国经济普查个体户抽样调查

三、档案室通过评级，获评为县直机关二级档案室

大新队认真贯彻落实总队《关于印发〈广西调查队系统档案室建设五年规划〉的通知》（桂调办字〔2013〕91号）精神和《关于继续开展创建上等级档案室工作的通知》要求，高度重视档案室的建设工作，把档案室评级作为年度重点工作之一来落实。一方面，主动联系，与县档案局对接，明确县直机关二级档案室的建设标准，创造条件，保障档案室的基本设备和装具符合要求，购置了档案密集架、空调、温湿度计等；另一方面，认真整改，按档案局专业人员实地指导的意见，完善档案工作各项规章制度、加强档案业务建设，建立了档案利用、档案室管理、档案安全检查和档案销毁等制度。2014年11月，顺利通过考评组考评，获评为县直机关二级档案室。

2014年10月15日，大新调查队档案室评定为县直机关二级档案室

四、形式多样加大统计调查宣传

一是结合全国第三次经济普查个体经营户抽样调查开展宣传。将统计法制宣传融入经济普查工作中，在普查区悬挂横幅、给个体户调查对象发放《致个体经营户的一封信》，使其了解统计法律，支持普查工作。二是扎实开展“第五届中国统计开放日”宣传活动。9月18日，到县电影院广场开展宣传活动，给全县辅助调查员、调查企业统计员、住户调查记账户共发放宣传短信149条。9月29日，在住户调查网点那岭乡那廉村举办统计开放日文艺晚会，紧扣“统计人、统计情、统计梦”的主题，邀请“共和国记账人”张飞敏参加，介绍他的先进事迹，树立典型，安排有奖抢答环节，现场气氛活跃，大新队干部职工的舞蹈《荷塘月色》，更是展示统计人的精神风貌。三是结合调查工作开展宣传。在调查网点的歌圩日当天，亲戚走家串户，人流大，在调查村里显眼位置悬挂横幅，宣传调查工作。四是在县政府网站、报纸宣传调查队工作。2014年，《在今日大新》报纸、县政府网站等先后发布工作动态信息15条。

大新调查队到那岭乡那廉村举办迎国庆暨第五届“中国统计开放日”文艺晚会

五、强化党风廉政建设主体责任和监督责任

一是明确领导主体责任。把落实“两个责任”作为一项重要政治任务，贯穿在平时开展业务工作以及人事、财务、采购管理工作中。二是充分发挥纪检监察员对“两个责任”落实情况的监督责任，督促检查全队落实党风廉政建设工作任务，对领导班子成员做到常提醒，对人、财、物、数方面做到常监督，对一些苗头性问题做到早发现、早提醒、早预防。三是结合群众路线活动完善制度。对现有的制度进行梳理，严格风险防控。

国家统计局马山调查队

2014年8月7日，马山调查队召开党的群众路线教育实践活动专题组织生活会，总队第一督导组组长邱洪刚同志带队参加会议

2014年，马山调查队在总队的正确领导下，马山调查队扎实开展第二批党的群众路线教育实践活动，深入开展“业务改革巩固年”主题活动，做好全国第三次经济普查个体户抽样调查、城乡住户调查一体化、贫困监测调查和县级粮食产量调查等各项工作。

一、扎实开展第二批党的群众路线教育实践活动

2014年，在总队第一督导组的大力督导下，按照《关于认真学习贯彻习近平总书记在听取兰考县委和河南省委党的群众路线教育实践活动情况汇报时重要讲话精神的通知》（群组发［2014］21号）要求，马山调查队及时成立了党的群众路线教育实践活动领导小组，按照“照镜子、正衣冠、洗洗澡、治治病”的总体要求，以及“规定动作做到位，自选动作做精彩”的总体目标，制定了《国家统计局马山调查队关于印发深入开展党的群众路线教育实践活动实施方案的通知》，周密部署，认真组织，积极行动，完成学习教育、听取意见，查摆问题、充分谈心、开展批评和自我批评、撰写对照检查材料，整改落实、建章立制，活动总结四个阶段的各项工作，教育实践活动重点突出、特色鲜明、成效明显。

二、狠抓“业务改革巩固年”工作，成效显著

（一）狠抓网点维护。切实做好调查样本网点的管理工作，落实《调查网点管理制度》、《基层辅助调查员管理制度》，明确专业辅调员工作职责、福利待遇，调动调查员队伍的工作积极性。加大网点巡回检查工作力度，做好各专业调查网点建设维护工作，保证各专业调查网点稳定，人员队伍稳定，调查工作顺利开展，未出现因网点问题造成工作遗误的情况。

（二）狠抓层层培训。加强调查员的业务培训是开展调查、提高数据质量的关键，因此，马山调查队把工作重心放在抓好业务培训上，采取多种形式抓好层层培训，分别对调查户、辅调员从调查方法理论、操作规程、调查技巧、审核把关等方面进行培训，提高调查人员的业务素

2014年9月12日，马山调查队副队长蓝瑞标带队到古零镇农业调查点了解农业生产情况

2014年10月9日，马山县张自英县长（左二）到马山调查队进行调研

质；2014年马山调查队对各专业辅调员集中培训三次，记账户每季度召开一次工作培训会，培训业务知识，反馈工作情况，规范操作程序，使全县辅调员、记账户在短时间内熟悉业务，适应工作。同时，通过县队业务人员进企业、下农村，上门入户手把手进行现场培训，有效提高调查对象记账水平。

（三）狠抓督查，坚持上户和亲临一线操作。一是加强经常性的检查指导工作，督促方案制度的落实执行，业务人员经常下点，逐户上户开展督促检查，深入调查企业交流联系，督促搞好调查；二是认真落实广西调查总队有关入户指导工作制度和访户制度，队干部下点检查指导记账达到四次，辅调员入户每月三次以上，通过密切的交流，与调查户建立起良好的关系，加深了解，增进友情，使调查户积极配合开展调查工作；三是农产量调查坚持业务人员亲临操作，会同乡村干部和辅调员入田间地头，进行踏田估产、登记卡片、排队抽样、放样取样，各环节规范操作，定期对农产品价格和畜禽监测调查网点进行巡查，审核台账和报表，确保账表一致。

（四）狠抓数据的审查、评估。一是建立专业台帐，督促按时、准确、全面登记和完善台帐资料；二是坚持直接调查，规范操作，确保调查取得真实的第一手资料；三是严格把好原始资料和汇总报表的审查把关力度，认真查错改错，确保各种专业报表准确、完整，不出现逻辑性、再生性差错，各专业的每张报表都经过分管领导和主要领导认真严格审核后才上报；四是认真做好数据评估工作，专业报表数据要求做到“数出有源、数出有据”。对于专业调查数据，认真科学地做好评估、对比工作，把握趋势，求真务实，着力提高调查数据质量，确保不出现趋势性偏差。

（五）狠抓协调，争取支持。加强与地方的联系，密切依靠地方支持，为开展调查工作营造良好环境。一是经常向县委、政府领导汇报，赢得当地党政领导对调查工作的关心和重视；二是加强与乡镇、村级的联系，取得基层政府组织的支持配合；三是在政策、资金上取得地方的关心支持。

三、圆满完成三经普个体经营户抽样调查任务

第三次全国经济普查个体抽样调查工作部署

2014年11月26日，马山调查队召开住户调查及贫困监测调查业务培训会

后，马山队高度重视，积极与县政府汇报工作，联系样本点部署工作，在调查过程中，马山调查队严格按照广西调查总队三经普个体抽样调查工作部署，严守"调查员必须进入个体户经营场所现场访问获取数据，决不允许不去现场访问而编造数据；调查员必须亲自上报数据，决不允许任何人代替调查人员报送数据；任何对个体户调查数据的修改，必须经普查对象认可确认，决不允许任何机构、个人擅自修改调查表数据。"三条红线，全面完成调查任务。

2014年12月1日，马山调查队队长黄启禄带队到住户调查点永州镇五弄村开展统计法制宣传活动

四、加强党风廉政建设，筑牢廉政风险

（一）健全制度，加强组织管理。2014年，马山调查队加强支部政治学习，定期召开会议，坚持重大事项集体研究，定期召开专题组织生活会，广泛开展谈心活动，切实加强党员队伍的日常管理和经常性教育工作，使党员进一步增强党性观念、组织纪律观念，为建设本队坚强领导核心打下坚实基础。

（二）加强学习宣传和教育工作。认真贯彻中央纪委十八届三次全会、国务院廉政工作会议和全国统计系统党风廉政建设工作会议精神和中央改进工作作风、密切联系群众的"八项规定"、《国家统计局工作人员"九不准"规定》、《国家统计局调查队系统党风廉政建设责任制实施办法》，开展党性、党风、党纪宣教活动，为防腐拒变提供正能量。深入宣教，使广大党员干部认清形势，切实增强党风廉政建设和反腐倡廉工作的责任感、紧迫感。

（三）把握要求，筑牢思想防线。马山调查队认真贯彻落实广西调查总队及马山县委党风廉政建设工作要点和工作部署，扎实抓好队内党风廉政建设工作。切实抓好党风廉政建设和反腐倡廉工作的落实，建立健全党风廉政建设和反腐倡廉的制度措施，从抓好资金资产管理、规范经费开支入手，增强办事透明度，开展厉行节约等工作，执行好中央"八项规定"，严格"三公"经费管理、车辆管理，控制公用经费支出，构筑防腐防线。

（四）坚持党务政务公开制度。马山调查队按要求搞好队内党务政务公开工作，纪检监察员对重大事项进行全程监督，重大决策和重大工作部署、大项经费使用等遵循民主公开，集体讨论，并搞好公开工作。坚持"三重一大"研究报告制度，认真落实和履行《党风廉政建设责任书》事项。

（五）加强行风建设。马山调查队把统计行风建设贯穿于统计调查业务工作之中，加强了理想信念教育、统计法制教育和统计职业道德教育，使统计调查工作人员树立正确的利益观，牢固树立数据质量第一、用户至上的理念，树立求真务实、风清气正的统计行风。

五、加强办公室工作，行政规范化进一步优化

（一）贯彻落实中央八项规定，进一步转变工作作风。一是进一步整治本队文风、会风，转变作风。严格公务接待，按照节约从俭的原则，规范接待工作。二是落实第二批党的群众路线实践教育活动的整改措施，完善接待、会议管理和车辆使用等19项办公室制度。三是坚决刹住铺张浪费现象。严格按照政府采购规定办理物品采购，加大对固定资产的管理，办公用品管理，车辆管理等，干部职工自觉抵制铺张浪费等不良风气，营造勤俭节约、风清气正的良好氛围。

（二）加强理论学习，提高整体综合素质。2014年，马山调查队积极组织全体干部职工集中学习政治理论、党的群众路线教育实践活动

相关文件精神等共18次，组织领导班子、纪检监察员进行专题学习6次，组织干部、职工自学政治理论知识4篇次，组织党的群众路线教育实践活动座谈会2次，召开专题组织生活会2次，通过观看视频、阅读书籍文件、座谈交流、撰写心得体会等多种方式强化学习，不断提高政治理论水平和政策水平。

（三）加强政务信息工作，提高政务服务水平。马山调查队制定了政务信息工作任务，要求全体队员增强紧迫感，树立危机意识，积极撰写政务信息，从信息来源和写作技巧上下功夫，提高采用率。截至11月20日，政务信息上报26篇，被总队内网采用22篇，超额完成全年任务。

（四）加强督查督办，确保信息和调查数据质量。马山调查队综合法规股采取不定时对政务信息、调查信息、三项统计调查业务工作进行督查督办，2014年，共进行各项工作督察督办14次，其中对政务信息督察督办4次。在三项统计调查业务方面，加大对调查工作的督查指导力度，深入到一线参与调查工作，确保调查数据的准确可靠。

（五）进一步加强行政文秘、档案和保密工作。马山调查队严格按照广西调查总队规范化的要求，做好文件上传下达和归档，做好各种会议的记录、来访纪录，进一步规范办公室文秘工作。在办文管理方面，办公室人员认真学习《公文处理办法》和《党政机关公文格式》，规范公文处理。在档案和保密工作方面，档案查阅必须经过队负责人同意，在档案管理员的指导下才能查阅，管理员做好查阅登记工作，档案查阅后及时收回归位；调查数据交由专人保管，任何人不能私自向其他无关人员透露任何调查数据，查阅调查数据，必须经过对领导同意，做好档案和保密工作。

（六）加大网络安全管理，确保信息安全。一是配备专人管理，及时更新网站信息，定期检查本队计算机使用情况，每部计算机都安装国家统计局统一配置的“客户端安全管理软件”，实行入网实名制准入。二是加强网络安全管理，马山调查队全部计算机和服务器都安装了总队金山毒霸网络版杀毒软件、恶意程序专杀工具，并要求及时更新病毒库，每月定期全盘查杀病毒。三是加强日常上网行为的管理，严禁在内网搭建WLAN网络，严禁将内网线路接入家庭使用。四是视频会议专用计算机不做日常工作计算机使用，指定专门人员负责视频会议设备的日常管理和软件维护。

六、加强调研分析，成效显著

2014年，马山调查队注重收集群众反映的热点难点问题，广泛挖掘信息题材，坚持调研掌握资料为主，部门资料为辅的原则，经过实地调研，对调查数据反复核实之后进行整理，撰写调查信息上报。2014年调查信息和调查报告上报23篇，被广西调查总队综合采用22篇，采用率96%，其中：被国家领导批示5篇次，被国家统计局领导批示6篇次，被国办、国家统计局、党委、政府采用12篇次。

七、加强沟通，提高调查队知名度和存在感

一是加强部门和乡镇联动。2014年，马山调查队分别召开马山县三项统计调查调查工作联席会议，会议进一步明确各部门工作职责，及时部署马山县统计调查各项工作，充分发挥联席会议办公室的作用，提高调查队知名度和存在感。二是加强与县政府沟通。主动向县分管领导汇报经济运行情况，为马山经济社会发展积极进言献策。2014年，马山调查队向马山县政府提交季度经济运行情况及分析3次，汇报两个收入完成情况、粮食生产完成情况4次，为县委、县政府决策提供依据。

2015年5月19日，广西调查总队总队长邹伟忠（左三）、副总队长杨锡虹（左四）带队到马山县古零镇石丰村进行粮食抽样调查情况调研

国家统计局鹿寨调查队

2014年，国家统计局鹿寨调查队（以下简称鹿寨队）在国家统计局广西调查总队（以下简称总队）及鹿寨县县委、县政府的正确领导下，紧紧围绕“业务改革巩固年”主题活动，深入开展第二批党的群众路线教育实践活动，进一步改进工作作风，扎实推进各项工作，圆满完成了各项任务。

一、2014年主要工作完成情况

（一）进一步巩固三项业务改革成果

1. 城乡住户调查工作扎实开展。

今年鹿寨队始终坚持“独立调查、独立上报”原则，独立完成住户调查数据的采集、录入、审核和评估，独立上报报表等工作。在网点管理方面，注重与记账户的交流沟通，定期了解记账户的生产生活情况，随时掌握他们的思想动态，对记账工作有情绪的及时疏导化解，对于确实不能记账的严格执行换户流程和步骤。日常工作中，注重自身业务学习和对辅助调查员、记账户的培训，一方面积极参加柳州市住调办召开的业务培训会议，另一方面在县城内召开季度业务培训会，统一反馈住户记账数据、讲解记账中存在的问题，同时，利用收账的机会深入各调查网点与记账户座谈，查看记账情况，解答记账户疑问。在数据分析评估方面，充分发挥住调办平台作用，以发文、发函等方式，向鹿寨县职能部门收集相关数据材料，为数据审核、评估提供可靠依据。

2. 进一步夯实农作物调查基础。

2014年，鹿寨队从加强培训、坚持独立调查、明确上报时间、强化审核录入、规范业务流程和加强与地方部门沟通协作等六个方面明确了农作物播种面积调查的工作思路。3月，与鹿寨县农业局领导班子就鹿寨县农业生产情况进行了座谈，认真分析了鹿寨县农业生产的特点以及粮食生产存在的问题，并达成加强局队合作、加强对网点辅助调查员的管理培训和共同解决工作中面临的困难等三点共识。6月，召开2014年农作物调查培训会议，对农作物春播面积调查、粮食单产实测调查等内容进行了培训，详细讲解了播种面积地块实际种植情况调查表的填写方法和具体要求，讲解放样实测作物的工作步骤和操作规程，从踏田估产、地块抽选、放样到实割实测等各环节的操作方法及注意事项，进一步强化了农业调

2014年10月17日，鹿寨调查队在鹿寨县平山镇中村村开展住户收支调查样本轮换记账培训工作

查制度的执行力。2014年，鹿寨队成功建立“农作物产量定点观测点”，实现了GPS定位系统对农作物调查的全程监控。

（二）圆满完成三经普个体经营户抽样调查

3月至5月，鹿寨队的工作重心逐步转移到三经普抽样调查上，由于样本量大、时间紧，该队采取多措施确保调查工作按时、按质完成：一是高度重视，及时成立了鹿寨县第三次全国经济普查个体经营户抽样调查工作领导小组，并制定切实可行的工作实施方案，指定专人负责协调三经普抽样调查工作，并与总队工作组沟通联系；二是精心选聘调查员和指导员，从现有辅助调查员中，选聘熟悉统计工作、责任心强的作为调查员，与抽中普查小区的社区、村委联系，选聘熟悉小区方位的干部作为指导员；三是做好业务学习和培训工作，一方面认真参加总队、柳州队召开的业务培训会，并派员参与在柳州开展的现场调查试点工作，另一方面认真开展队内培训，分别召开三经普调查员、指导员培训会，详细讲解个体经营户抽样调查方案、现场调查组织实施流程、现场调查方法与技巧、PDA设备及程序的操作等内容，并发放《鹿寨县三经普个体经营户抽样调查业务培训测试题》，现场模拟数据采集过程；四是做好后勤保障工作，采购一批公文包、写字板、计算器等工具方便现场调查，安排两台笔记本电脑用于数据的推送、审核及备份工作，租赁车子解决交通工具问题，由专人负责管理、维护全队PDA设备，对故障设备及时更换保修；五是扎实开展现场问卷调查，采取“一看二听三评四审”措施，保证源头数据质量，即：看业主的营业场所面积、地理位置、经营项目、品种多少、是否有兼营行业等，听调查对象介绍生产经营的人员、各种税费、经营支出、营业收入等各项数据的来源，准确填入“现场调查日志”，对比相同行业，与业主或老板共同评估各项数据的准确性、完整性，是否有遗漏或重复，对各项数据的逻辑关系进行详细审核，是否有填写错误；六是认真做好事后抽查工作，自查过程中严格执行工作方案，避免走过场，应负了事，从抽中的普查小区中，随机抽选出20个调查对象进行调查，并将自查结果录入、整理、汇总，对逻辑异常的数据做出详细说明；七是做好后期资料整理、开发工作，对所有调查表、日志进行统一装订保管，对电子数据进行统一备份，确保数字资料不泄密，同时，根据掌握的资料撰写调查报告，分析鹿寨县个体经济发展情况。

（三）常规调查和专项调查顺利完成

顺利完成了CPI、低收入居民基本生活费用价格、农业生产资料价格、批发零售住宿餐饮限额以下行业、规模以下工业、主要畜牧业监测、农产品生产者价格、主要农产品中间消耗、农户固定资产投资、农民工监测、退耕还林（草）监测调查等11项常规调查任务和千村调查、农村党员培训、党风廉政建设满意度等多项专项调查任务，顺利铺开新设立小微企业和个体经营户跟踪调查。

（四）扎实开展第二批党的群众路线教育实践活动

3月底，鹿寨队正式启动第二批党的群众路线教育实践活动，及时成立了领导机构和工作机构，并指定专人联系总队第三督导组。在活动过程中，采取集中学习与自觉学习，结合上党课、观看《焦裕禄》等影视教育片等方式对广大党员干部进理想、信念教育，通过召开各类座谈会、个别谈话、设立意见箱、发放征求意见表及通过公文交换等形式，收集各方意见，并经过认真反复梳理，共形成领导班子“四风”意见10条、个人“四风”意见17条，根据“四风”问题认真撰写对照检查材料，为召开专题组织生活会作好精心准备。8月14日，召开党的群众路线教育实践活动专题组织生活会，以反对“四风”、服务群众为重点，深刻查摆了领导班子以及支部党员在“四风”方面存在的问题，剖析问题原因，制定整改措施。在批评与自我批评环节中，领导干部抛开面子、普通党员开门见山，相互之间提问题、提意见、提建议，都做了深刻的自我批评和真诚的相互批评，并提出了个人今后的努力方向和改进措施，做到了见人见事见思想，达到了“团结—批评—团结”的目的。

（五）进一步加强党风廉政建设。

2014年以来，鹿寨队以开展群众路线教育活动为契机，在全队开展党风廉政宣传教育活动：一是在各类工作和业务会议中加强《统计法》知识学习，防止统计弄虚作假；二是组织党员干部参与柳州队群众路线现场体验教育活动，通过重温入党誓词、重走红军路和听取革命历史讲解，增强理想信念教育；三是组织全队干部观看廉政影片，教育和警醒全队干部要时刻牢记廉洁从政的要求；四是开展“坚定理想信念，坚守组织纪律”党风廉政主题教育活动，组织学习《违反组织纪律典型案例警示》和观看《信念崩溃、纪律涣散的悲剧人生——毛绍烈腐败案件警示录》电教片。

此外，鹿寨队还强化财务管理和纪检监督的作用，进一步落实中央八项规定：一是严格执行预算管理制度，对召开的会议，由负责人提前申报预算，经主要领导同意后方可召开；二是加强财务审批，报账时要写明报销事由，并粘附明细清单，加大公务卡的使用力度，减少现金支出；三是纪检监察员对全队组织纪律、工作纪律进行监督，避免公车私用、超规格接待等行为的发生。

2015年3月24日，鹿寨县副县长陈以平（右一）陪同广西调查总队农业处副处长邓有朝（右三）在鹿寨县鹿寨镇新村村调研耕地流转情况，右二为柳州调查队副队长徐文胜

国家统计局象州调查队

2014年，国家统计局象州调查队（以下简称象州队）在广西调查总队和地方党委、政府的正确领导下，象州队认真贯彻落实党的十八届三中、四中全会精神，按照全区统计调查工作会议的统一部署，紧紧围绕"三个提高"，牢固树立国家使命意识、国家责任意识、国家担当意识，以提高数据质量为核心，切实开展"业务改革巩固年"活动，进一步夯实基础工作机制，着力提高源头调查数据质量，较好的完成了各项工作任务。

一、切实改进干部工作作风，努力打造高效务实、风清气正的良好形象

2014年3月份，在广西调查总队的指导下正式启动党的群众路线教育实践活动。及时制定工作方案，成立由队主要领导担任组长的活动领导小组，召开动员大会广泛开展宣传发动工作，制作活动板报，细化责任职责，做到活动开展严要求、快部署。把理论学习贯穿活动始终，先后8次组织队员开展集中学习，学习的内容包括介绍党的群众路线形成历史、探讨在实际工作中如何坚持群众路线，以及辅导学习贯彻习近平总书记在教育实践活动工作会议上的重要讲话等；组织队员到象州县革命传统教育基地——寺村镇交址村开展革命传统教育学习活动，实地感受革命先烈的奋斗历程、崇高情怀和优良作风，使革命优良传统得到进一步传承。面向广大调查对象征求意见，召开征求意见座谈会5次，发放征求意见问卷调查85份，下乡开展与调查对象面对面交流听取意见8次，共计收集意见和建议50多条。本着对同志负责，对组织负责、对自己负责的态度，认真开展谈心活动，党员领导干部之间谈深、谈透"四风"问题，增强了队伍团结。根据收集到的意见及建议及时制定整改方案，切实将"四风"问题查摆清楚，以思想的提升引领机关作风转变，不断强化机关作风建设，取得了良好效果。

二、强化业务流程规范，圆满完成各项统计调查工作

（一）扎实开展城乡住户一体化调查

一是圆满完成城乡住户一体化常规调查工作。充分发挥联席会议制度牵头作用，加强与象

2014年7月18日，象州调查队下乡开展早稻实割实测工作

2014年10月17日，象州调查队深入住户调查点开展样本轮换工作，面对面与新调查户进行记账培训

州县财政局、象州县民政局等11个统计联席单位的沟通联系，全面了解掌握象州县城镇居民、农村居民的增收亮点与难点，从宏观上把握“两个收入”数据的准确性；结合日常记账中存在的问题走访记账户，对记账过程中容易出错的地方进行认真辅导；创新调查数据反馈机制，利用手提电脑数据，直接下村入户与调查户面对面反馈数据，让调查户及时了解收支情况，保证源头数据的准确性；年终在每个调查点评选表彰优秀记账户1名，充分提高调查记账户的记账积极性。二是全面推进住户样本轮换工作。按照国家局和广西调查总队的统一部署，11月全面启动新一轮城乡住户样本轮换工作，对于新轮转组内无法记账的住户，在普查区内寻找家庭人员构成、工作情况及收入来源等情况与原抽中户相当的住户进行调换，并对退出户进行安抚，确保按时按量完成住户样本轮换工作及时开展试记账。三是基础工作进一步巩固。10月底，代表广西接受国家局住户办对基础工作、数据质量的调研、检查，通过机账对应、入户核实等程序，得到国家局住户办领导的高度好评。

（二）粮食产量抽样调查建立起“农作物产量定点观测制度”，并利用GPS进行监测

抽选象州镇龙门村委、大乐镇六回村委两个粮食产量调查村建立“农作物产量定点观测制度”，用GPS对这两个村的稻谷、玉米的种植结构、长势情况进行定点监测，为了解不同时期农作物生产特点和结构变化，准确判断粮食生产形势提供参考依据。

（三）实事求是开展第三次经济普查个体抽样调查工作，认真落实“三条红线”

4月，根据广西调查总队的统一部署，象州队手持PDA对全县65家个体经营户进行现场调查。象州队主要领导特别强调“三条红线”是带电的高压线，全体队员要对“三条红线”持敬畏心理，要依法依规开展调查，对于国家局和广西调查总队发现违反三条红线的能力和严肃处理的决心不能有侥幸心理。为保证调查数据质量，象州队主要领导作为第一责任人，以业务工作的指挥者和“三条红线”的监督者的身份全程跟队到点，防止违反“三条红线”的情况发生。

三、强化基层基础建设，全力提高统计调查数据质量

2014年，象州队始终把搞准数据质量作为核心任务和中心工作，始终坚持“独立调查，独立上报”的原则，牢固树立“国家队意识”和“调查队意识”，千方百计维护和提高统计公信力，全力提高统计调查数据质量。

（一）完善加强数据质量控制制度和手段

严格执行调查项目管理制度，在现有的业务规范化基础上，对调查数据采集、录入、审核、汇总、评估、上报等环节的质量控制制定新标准，提出新要求，切实提高基层调查数据质量。

2014年10月20日，象州调查队联合县统计局参加象州县2014年机关干部职工全民健身气排球比赛

2014年10月25日，国家统计局住户办王有捐副主任（右二）、王琦处长（右一）等在核实象州县住户记账情况

如，调查数据采集要求直面调查对象，坚持现场调查，运用当前先进技术手段，在三经普调查、党风调查采用PDA现场录入上报，为今后全面推行PDA录入上报作了积极探索。全程派员实地参与粮食产量实割实测；组织队员进行日常记账，亲身感受记账过程，与记账户构筑起交流桥梁，拉近与记账户的距离等。

（二）完善调查数据评估办法

规范城乡住户一体化调查数据评估，综合历史数据、样本数据、主要宏观数据、部门情况、经济发展的支撑点及调查数据质量，由专业人员、综合股和队领导组成数据评估小组进行评估。设置《象州县农民收支对比表》和《象州县城镇居民收支对比表》两张表，开展分城乡新、旧网点收支数据对比分析，认真分析和查找新网点调查数据存在的不足和差距，并及时采取多项措施，努力提高调查户记帐完整和准确性。农产量调查根据实际调查情况，参考历史数据、部门资料进行早晚稻种植面积初步评估工作，使调查数据更符合象州县稻谷实际生产情况；在对秋收粮食调查数据录入整个过程中，象州队还以报表机账数据间的审核为基础，以走访农户多方调查为辅助，加强对审核数据的综合评估，杜绝因调查过程中出现误差影响数据真实性的现象。主要畜禽调查加强与水产畜牧兽医局合作，在不违背“两个意识”的前提下实现数据资源共享；同时结合生产形势坚持进行季度数据环对比分析，保证数据的稳定衔接。

（三）创新业务培训模式，提高辅助调查员整体素质

一是集中业务培训改由一对一批改作业的方式进行。即针对以往专业报表中容易出现的错误，培训时业务人员设计了相关题目现场对辅助调查员进行模拟填报测试，然后逐一进行面对面批改点评，提高调查员对报表的认知，业务培训针对性得到加强。二是加强现场业务培训力度。现场业务培训既能培训辅助调查员的调查技巧，又能现场指出操作不规范的调查步骤，具有针对性强、操作性高的特点。为此，2014年象州队的粮食产量抽样调查、规模以下工业调查、党风廉政建设调查等多采取现场业务培训的方式进行。三是从象州县相关部门挖掘师资，开设“专家讲坛”，邀请象州县农业局、象州县水产畜牧兽医局等外单位专业人员到队内进行讲课，鼓励队员跳出专业看专业，从宏观上把握业务工作，提高调查数据的分析能力。

2014年10月25日，国家统计局住户办王有捐副主任等听取象州队工作汇报

2014年10月31日，象州调查队深入调查点开展2014年党风廉政建设民意调查

四、强化后勤保障能力，全力提升机关行政效能

在行政管理方面，象州队加强机关管理，规范日常办公事务，做好办公室后勤保障工作，确保办公室工作服务于大局；多渠道筹措资金，缓解调查经费不足，加强预算管理，使有效的资金发挥最大效能；强化执法检查，夯实基层法制工作基础，明确要求所有专业的样本确认、统计法律事务告知书、资料签收签领等基础性制度要落到实处，对未落实情况实行“零容忍”，极大夯实了基层统计法制基础。

五、强化统计服务意识，全面提升基层服务影响力

（一）提高数据解读能力，为地方党委政府提供切实可行的统计分析决策参考

2014年，象州队加强对各专业数据的评估审核，充分发挥城乡住户一体化、粮食产量等数据资源优势，切实提高数据解读能力，为地方党委政府决策提供依据。受邀参加地方经济运行进度分析工作会议，多次对象州县城镇居民收入、农民人均纯收入等进行研究分析，为提高象州县城镇居民收入、农民人均纯收入提供参考决策。其中，对2013年农民纯收入分项构成的解读成果被作为2014年象州县农村工作会议分析象州县农民人均纯收入现状的材料在全体参会单位中进行分析学习。针对2014年初外来沙糖桔种植抢占基本农田的事实形成专门报告向象州县委、县府反映，让象州县委、县府及时调整水果产业发展政策，有效地保护了基本农田水稻种植面积，同时又积极稳妥地推进了水果产业的发展。

2015年3月5日，象州调查队队长刘颢（左一）带队深入调查点开展春耕备耕情况调研

（二）与媒体记者合作，创新新闻宣传平台

一是与象州电视台合作发布统计调查数据。在2013年12月1日到2014年5月30日期间，在象州电视台《象州新闻》播出前后滚动播出统计法律法规、象州队承担的统计抽样调查、经广西调查总队批准发布的相关调查数据等资料，提高社会各界对统计调查工作的关注度。二是邀请媒体记者亲身感受统计调查工作始末。第五届“中国统计开放日”前夕，象州队邀请统计联席成员单位、象州县电视台等媒体记者深入调查村委开展调查户座谈慰问活动，充分利用媒体的力量广泛宣传统计工作，积极传播统计知识，加大解疑释惑力度，增进公众对统计调查工作的认识、理解、信任和支持，提高政府统计公信力。

2015年1月29日，象州调查队队长刘颢（右二）带队前往环江调查队就规范化和档案管理工作进行交流学习

国家统计局忻城调查队

2014年，国家统计局忻城调查队在国家统计局广西调查总队和地方党委、政府的正确领导下，紧紧围绕2014年全区调查工作会议上提出的“业务改革巩固年”工作主题，以“开拓进取，砥砺奋进，狠抓两个规范化建设，强力推进各项业务工作实现新跨越”为工作思路，将践行党的群众路线和推进调查工作并轨驱动，加强管理，狠抓数据质量，全力巩固调查业务改革成果，取得了广西调查系统2014年度目标管理考核县级队排名第一的优异成绩。

一、教育实践活动取得明显成效

以“照镜子、正衣冠、洗洗澡、治治病”为总要求，紧密聚焦“四风”突出问题，扎扎实实完成“学习教育、听取意见，查摆问题、开展批评，整改落实、建章立制”三个环节的工作任务，达到了预期的目标，通过教育实践活动，全队党员干部展现了昂扬向上的精神状态，激发了锐意进取的工作热情，在全队更加形成了心齐、气顺、劲足、实干的发展氛围。

二、统筹兼顾，“三项”业务改革成果得到深入推进

1.精益求精，抓好业务学习培训。一是抓好业务工作人员学习，要求吃透并熟练掌握方案制度，各项指标要素烂熟于心；二是抓好以会代训。建立住户调查月度例会制度，主要对上月记账工作进行总结，反馈月记账质量检查情况，通过列出错误“清单”，及时纠正整改，进一步提高调查数据质量。

2. 加强样本管理和维护，夯实基层基础工作。一是完善调查制度，规范调查行为，加强样本维护和管理，保证样本代表性。二是努力融洽与调查网点的关系。建立了《辅助调查员考核评比办法》，给予15名先进辅助调查员购买“人身意外伤害保险”，增强调动辅助调查员的工作责任心和积极性。

3. 构建三级“网底工程”，提高调查工作质量。一是每季度末20日之前将居民增收措施和亮点材料上报到住户调查联席会议制度办公室，同时，每季度召开1次联席办公室工作会议；二是将居民增收任务列为乡镇政府工作的一项主要考核指标，由乡（镇）政府配合协助管理及督促辅助调查员、记账户，在人力、物力等方面给予大力支持；三是村级辅助调查员在本村均担任村干、屯干，将对调查工作的配合情况列入村、屯干年度考核，提高村级辅助调查员的责任心和调查工作积极性。

4. 强化督促检查，严把数据审核评估关。一是抓好自身调查网络检查，重点对专业调查人员、辅助调查员履职工作情况、记账户记账情况进行督促检查，加大调查人员与调查户的沟通和指导力度；二是认真执行数据质量控制办法，数据生产全过程实现规范操作，始终把好数

2014年8月，忻城调查队副队长韦家恒与年轻队员签订传帮带协议

2014年8月，忻城调查队下乡开展早稻实割实测调查

据审核“四道关”，即通过审核数据的人为记录差错、逻辑性、一致性和完整性，确保上报数据零差错审核。

三、高质量高标准做好其他各项业务调查工作

通过统筹兼顾，各项业务调查工作形成齐头并进的良好局面，高质量完成了农村固定资产调查、退耕还林调查、主要畜禽监测调查、中间消耗调查、农民工调查、农产品价格调查、粮食产量调查、农作物播种面积调查、规模以下工业调查、批零住餐调查等工作，并做好数据的录入、审核、上报工作；严格按照总队的部署，完成了农村党员培训情况调查、全区党风廉政建设民意调查；高效完成第三次全国经济普查个体户经营户抽样调查工作；整合力量，稳步推进，扎实做好住户一体化样本轮换工作、新设立企业和个体经营户情况跟踪调查工作和规模以下服务业抽样调查样本核查工作。

四、突出“品牌”建设，不断提升服务能力

1．抓创新促发展。一是开通“忻城调查队”新浪官方微博搭建亲民桥，进一步打响忻城统计调查服务品牌。二是因地制宜，长期坚持开展“夜访”进行业务培训及检查指导工作，得到了调查对象高度赞誉和积极配合。

2．抓服务提质量。2014年，调查信息采用21篇，政务信息被总队采用75篇，国家局采用3篇。《关于2013年城乡住户调查分析的报告》得到县委书记谢大研和常务副县长黄真石的批示。

3．抓帮扶解难题。协调解决古蓬镇龙球调查点7公里村级道路硬化；积极向来宾市桂中治旱管理局争取资金和项目修建了2.6公里的村级水泥路和一个大型饮水池，有效解决了调查点新圩乡隆礼村行路难、饮水难、生产难等问题；组织党员干部4次进入联系点板内和古稠村委开展结对帮扶、清洁乡村和修筑路基等活动；开展“洁净城镇”责任区清洁卫生工作活动6次；派出6名队员担任县“薰衣草节”的青年志愿者服务。

五、狠抓队伍建设，提升凝聚力和战斗力

1．强化考核机制，优化竞争意识。广泛征求队员意见重新修订《国家统计局忻城调查队2014年岗位目标管理责任制》，侧重从专业考核和优质服务、日常工作表现等方面对每位队员进行全方面考评。

2．破解人手不足难题。一是继续争取到5名公益性岗位。二是倾力打造本地大学生实习服务

2014年10月，忻城调查队档案室晋级三级档案室

基地，先后有来自中南大学等5名在校本地大学生进行见习，有效增强队伍力量。

3. 重视抓好干部队伍学习培训。先后派员参加总队和地方组织人事部门和党校组织的各种培训班共16人次；队主要领导先后赴北戴河参加第37期县级调查队主要负责人培训示范班和在成都举办的六省（区）国家调查队系统领导能力培训班学习3次；派员参加中共忻城县委员会举办的"新动力课堂"共12人次；2名年轻干部任新农村指导员和清洁乡村工作队队长。

4. 抓好传帮带，助力干部成长。以师徒结对、以老带新的模式对年轻队员有针对性的进行传、帮、带，签订培训协议，让老同志丰富的调查工作经验更好传承给年轻队员，助力年轻同志快速茁壮成长。

5. 大力实施人文关怀，提升向心力。先后开展了9次家访谈心活动，通过家访的"心灵触动"拉近干群关系。当每一位队员生病或家人变故都会派出队员送去组织关怀的问候，让其感受到调查队大家庭的温暖，进一步增强队员作为调查人的荣誉感和责任感，不断提高队伍的凝聚力和向心力。

六、倾力打造和谐机关文化氛围，提升凝聚力和向心力

1. 牢固树立统计文化核心价值观。牢固树立"真实可信、科学严谨、创新进取、服务人民"的统计核心价值观，切实增强"两种意识"、坚持"两个独立"、强化"三个提高"，不断强化每一位队员的责任感、使命感和凝聚力、向心力。

2. 倾力打造机关"励志文化长廊"。以机关走廊和办公室内墙为平台，专心策划，设置了一批图文并茂、寓意深刻的宣传图画，倡导"敢当、拼搏、创新"的文化理念。设立"文化加油站"，每月订阅文化知识报刊，丰富队员文化知识。

3. 创建"廉政宣传阵地"，大力实施廉政大宣教。即印制醒目廉政警句、格言等作品挂在每一个股室和会议室等，通过正反典型常敲警钟，发挥警示教育作用，不断增强防腐拒变能力。

七、突出"防控"，全面加强党风廉政建设

1. 加强学习宣传和教育工作。组织党员干部学习《党章》、《廉政准则》、"八项规定"等党纪法规，观看反腐倡廉教育片，参加全县领导干部廉政教育；认真落实中央"八项规定"、《国家统计局工作人员"九不准"规定》、《国家统计局调查队系统党风廉政建设责任制实施办法》，开展党性、党风、党纪宣教活动，为防腐拒变提供正能量。

2. 把握要求，筑牢思想防线。认真贯彻落实国家统计局广西调查总队及忻城县纪律检查委员会党风廉政建设工作要点和工作部署，建立健全党风廉政建设和反腐倡廉的制度措施，从抓好队内资金资产管理、规范经费开支入手，增强办事透明度，开展厉行节约等工作，执行好中央"八项规定"，严格"三公"经费管理、车辆管理，控制公用经费支出，构筑防腐防线。

3. 坚持党务政务公开制度。按要求搞好队内党务政务公开工作，纪检监察员对队内重大事项进行全程监督，队内重大决策和重大工作部署、大项经费使用等遵循民主公开，集体讨论，并在队内搞好公开。坚持"三重一大"研究报告制度，认

2015年5月，忻城调查队开展"政务公开日"宣传活动，忻城县常务副县长黄真石亲临活动现场指导

真落实和履行《党风廉政建设责任书》事项。

4. 加强行风建设。把统计行风建设贯穿于统计调查业务工作之中，加强了理想信念教育、统计法制教育和统计职业道德教育，使统计调查工作人员树立正确的利益观，牢固树立数据质量第一的理念，树立求真务实、风清气正的统计行风。

2014年12月，忻城调查队举办第一届乒乓球比赛

八、加强后勤保障能力建设上新台阶

1. 财务管理工作进一步加强。一是重新修订完善了《国家统计局忻城调查队财务管理制度》，强化监督使财务更加公开和透明化。二是规范财务核算，严格控制"三公经费"的支出，切实加强有限经费的管控。

2014年10月，忻城调查队夜访调查点开展住户账本核查工作

2. 破解历史难题，改善办公环境。队领导班子通过不懈努力争取，于6月份正式搬迁进驻县农业局办公附楼，不仅解决了长期以来办公场所紧缺问题，而且还有效解决了档案室、会议室和活动室等问题。

3. 统筹安排，做好档案上等级创建工作。主动联系县档案局到队指导，对2006—2013年的各种文书、专业和财务档案共计2595件文档资料进行规范化整理，实现管理、查询、利用自动化，并顺利通过县直机关三级档案室验收。

4. 重视和加强信息化建设。指定一名网络管理员定期维护系统，在所有计算机安装金山毒霸网络版杀毒软件服务器端，定时进行全面查杀病毒；及时更改系统用户名及操作系统口令，进一步加强对网络服务器的监管；落实专人负责对视频会议的设备管理和调试工作，确保视频会议顺利进行。

5. 大力加强统计法制建设。一是开展"政务公开日"、"统计开放日"和"法制宣传日"宣传活动，在县城中心广场LED大屏幕滚动播放统计法制宣传视频，共发放了宣传单页800多份，接待群众咨询120多人次，统计法规知识"三进"活动取得良好效果。二是结合统计调查、执法检查和年报会等灵活进行统计法宣传，有效提高辅助调查员、记账户和企业的统计法制意识。今年先后对1个规下企业、1个住宿企业和2个主要畜禽规模户进行了执法检查，通过统计执法检查，源头数据质量得到有效保障。

2015年5月，忻城县常委、副县长莫增纯（中）深入住户调查点调研住户调查工作

国家统计局阳朔调查队

2014年，阳朔调查队在广西调查总队的正确领导下以及地方党委、政府的大力支持下，以党的十八大和十八届三中全会精神为指引，以业务改革巩固为主题，认真贯彻落实全区调查会议精神，积极工作，周密部署，较好地完成了各项工作。现将我队2014年工作总结情况汇报如下:

一、巩固业务改革，推进各项业务工作再上新台阶

（一）深化巩固住户一体化调查改革成果

1. 住户培训坚持以集中培训和入户现场培训相结合为主的形式开展培训活动，培训内容细致、方式灵活、要求严格。不断探索新的培训方式方法，逐步利用电话回访、记账户案例分析讨论会等新颖的方法开展培训。

注重住户培训工作，做好住户调查专业人员培训，首先是做好住户调查专业工作人员岗前培训，带领新住户专业人员逐点走访，掌握了解各个调查点住户特点，并强化制度学习，组织新工作人员学习住户调查一体化调查方案和调查制度。其次是强化辅助调查员业务培训，每个月对辅助调查员进行现场培训一次，使辅助调查员具备帐页检查、数据质量审核的能力，使账本不出村就能发现错误，改正错误。

2. 在工作中我们的住户调查人员与记账户坦诚相待，同记账户真心交朋友，加强与调查户的感情沟通，提高了调查户对记账工作的理解度和配合度，进一步夯实了一体化住户调查的工作基础。对记账户耐心指导，不怕繁琐，对于重点、难点问题多讲解，帮助记账户熟练掌握记账，真实反映其生活生产情况，从源头上确保调查数据真实可靠，进一步提高一体化住户调查数据质量。

3. 积极争取地方政府对城乡住户调查一体化改革工作给予支持和配合.

今年以来阳朔县县委书记和县委常委、常务副县长分别听取阳朔调查队关于阳朔县城乡住户一体化的工作报告，并就阳朔县住户一体化工作做出重要指示。阳朔县政府专门召开住户调查工作座谈会，召集住户一体化工作相关各单位座谈研讨阳朔住户一体化工作，切实保障住户一体化工作的顺利开展。在日常住户工作开展过程中利用好地方政府的力量开展工作，对于工作开展过程中遇到的困难和问题，及时向地方政府提出，由地方政府出面协调解决。

2014年8月20日，广西调查总队副总队长梁开光（右一）到阳朔县指导千村调查工作

（二）夯实基层基础，强化横向联系，筑牢县级粮食调查抽样调查工作业务改革成果

1. 坚持深入基层一线，数据直接出于田间地头、农户家中的调查理念，确保农产调查数据真实可靠。制定辅助调查员的管理

制度，规范辅助调查员的管理及使用，树立辅助调查员的责任意识，提高辅助调查员的使命感和荣誉感，树立辅助调查员的专业意识，促使辅助调查员形成不断学习，积极进取的心态，进一步夯实农业调查基础工作。

2. 创新会议形式，将会议直接开到田间地头。以现场会的方式对阳朔县6个乡镇统计员和20个调查点辅助调查员进行农业抽样调查制度、播种面积调查和粮食产量面积调查的工作步骤及操作规范等方面内容的培训并现场演练，使辅助调查员易于理解接受并活学活用，取得较好的培训效果。

2014年9月4日，阳朔调查队向调查户宣传统计法

3. 加强与地方统计、农业等有关部门及各乡镇的沟通联系。确实发挥阳朔县县级粮食产量抽样调查工作领导小组牵头单位作用，做好协调工作，为粮食产量调查工作创造良好的工作环境。

4. 强化核查，对上报数据坚持实地核查。特别是粮食播种面积等重要数据要到地头对照台帐核查，避免虚报漏报现象在数据审核上采取录入人员与审核人员分离的措施，确保数据不出差错。数据审核过关后再经分管领导审查，单位主要领导审批上报。做到纸质数据与电子数据吻合一致，上报数据，无错报、漏报。

（三）严密组织，确保各项调查任务顺利完成

1. 保障有力促进第三次经济普查抽样调查顺利完成

阳朔调查队根据总队《关于开展广西第三次全国经济普查个体抽样调查工作的通知》（桂调办字〔2014〕6号）文件要求，首先及时成立以队长翟中元为组长的阳朔县第三次全国经济普查个体经营户抽样调查工作领导小组，明确分管领导和办公室职责，搭建工作机构，切实做好三经普个体抽样调查的组织、协调工作，以确保普查工作的有序推进。并且积极与县经普办、统计局做好沟通，认真做好相关协调和认证工作，仔细核查抽中小区名称、代码及变动情况；同时，深入相关普查小区走访核实，确保普查小区相关信息的准确真实。为了保障第三次经济普查抽样调查顺利完成，阳朔队根据总队培训会议的精神，分别于3月14日、4月9日召开动员培训会，对PDA操作、调查技巧、工作要求等方面进行培训讲解。在进行调查的时候在严格遵守调查方案和流程的前提下创新工作方法，对同一行业不同调查户之间的数据进行认真对比分析，查找支出和收入是否有遗漏或多报、少报，引导调查户真实完整的填报数据，提高数据质量。抽样调查完成之后，认真按照总队部署展开自查活动，并利用三经普抽样调查的契机，深挖数据撰写调查信息，服务各级政府。

2. 专人专责，高质量完成千村调查任务

根据国家统计局、广西调查总队关于贯彻群众路线，深入基层开展调查研究的要求，阳朔队高度重视，周密部署，安排专人专项负责千村调查工作开展。千村调查自开展以来受到总队、市队、以及阳朔县各级部门的支持，总队、市队领导多次到阳朔调查指导工作，阳朔县各级部门领导也多次陪同入户，协助千村调查工作的开展。千村调查历时3个月，入村次数近10次，入户次数超过20次，形成一篇1万字的调查报告，调查报告以严密的数据、丰富的案例阐述了石板桥村乡村旅游业的发展过程，及发展旅游过程对当地建设的作用及启迪。整个千村调查方案严谨，工作组织部署周密，调查过程严格谨慎，形成调查报告数据详实，调查内容具有代表性，针对性，对当地政府发展经济具有重要参考价值，同时也提升了阳朔调查队在当地的威信与地位。

3. 周密部署，助力住户调查样本轮换

住户调查样本轮换工作是今年住户调查工作的重中之重，阳朔队高度重视，通过周密部署，合理安排各项工作时间，克服工作任务多，人员调配紧张的困难，集中全队力量做好住户调查一体化样本轮换工作。阳朔队未雨绸缪在总队正式布置开展住户样本轮换工作之前就利用工作空挡期提前开始住户调查样本轮换摸底工作，率先掌握各个调查点的一手资料，做到准备充分，应对有方。阳朔于10月份开始辅助调查员培训、在10月中旬完成调查小区摸底，并集中力量在10月底进行新增记账户开户与培训工作，在1周内完成10个调查点59户调查户的开户与记账培训工作。按照样本轮换方案要求，此次共轮换59户，扩充调查小区3个，扩充样本81个。

（四）求真务实，改革创新，加快服务型统计建设

围绕“三个面向”做好服务这一重点，阳朔调查队以数据质量为核心，以优质服务为主线，改进作风，狠抓落实，全力推进面向统计用户、面向统计基层、面向调查对象的现代化服务型统计建设。

1. 做好常规调查，积极利用好“住户一体化”、“粮食产量”等调查，充分挖掘调查数据，做好数据分析，寻找居民收入增加新亮点，为地方政府发展经济提高居民收入水平提供有力保障。密切关注城乡居民收入、生产价格、农牧业生产等重要指标的变化情况，及时发现苗头性和趋势性问题，及时向政府及社会提供调查数据、分析报告和咨询建议。

2. 围绕重点工作和社会关心的热点难点，做好信息工作，丰富统计调查服务内容。针对难点热点，把握信息重点，及时组织力量深入调查一线、深入社会各阶层，通过问卷调查、典型调查、走访座谈等形式，了解和掌握经济运行和社会发展中出现的困难和问题，力求提供观点正确、数据真实、作用高效的丰富的信息服务内容。全年，全队上报调查信息9篇，总队采用（综合采用）9篇。

（五）注重管理水平提升，以管理促提高

1. 以制度建设为契机，深化内部管理，完善岗位责任制，严格制度、严格管理，设定工作目标，明确责任，强化执行能力，调动每个干部、职工的积极性保障各项工作进度。强化制度学习，继续深化贯彻落实各项规章制度，明确行为规范，用制度管人，用制度管事，确保全队整体工作严谨、周密、准确。促进了工作正常有序运转和各项任务的完成。将规章制度落到实处，强化责任意识。在规章制度执行的过程中，严格保障规章制度的严肃性，充分体现“公开、公平、公正”的原则。在执行对象上对事不对人，人人平等，领导更起到带头作用。在执行时间上保证始终如一的按照规章制度要求执行，避免前紧后

2014年10月14日，广西调查总队农业处副处长邓有朝（左一）询问晚稻收获情况

松，杜绝形式主义。完善人事规则制度，侧重制度的贯彻落实。理顺机制，强化考核，以制度管人，治庸治懒，纯洁调查队伍。

2. 严格执行保密制度，做好文件的分发、传阅、保管工作，加强对计算机、网络、移动存储介质日常安全管理杜绝保密事故发生。对所有计算机，移动存储介质进行安全检查，加强网络管理，做好信息化建设。认真按照总队要求，为每台计算机安装杀毒软件、安全管理软件，为每台联网计算机安装桌面管理客户端。对所有电脑进行安全检查，定期查杀木马病毒，检查电脑防火墙、端口安全。同时进一步规范上网行为，禁止上班时间上网下载视频，严禁私自卸载杀毒软件，使用代理服务器上网等行为。

3. 夯实基础，提高数据质量。

一是增强责任意识，切实把提高数据质量作为统计调查工作的重中之重。各相关专业人员根据前期数据质量自查和总队检查反馈意见，认真总结经验，针对存在问题，制定有效的整改措施，着重抓好工作落实，把好数据入口关，确实达到提高数据质量之目的。

二是狠抓实务制度落实，进一步规范和完善数据质量评估和检查监督机制。严格按照要求，坚持层层负责，抓好源头数据采集、录入、审核、汇总、评估、上报等各环节，努力提高基础工作规范化水平。

三是加强业务学习和培训，努力提高统计调查能力。加强调查员的培训，采取走出去、请进来、业务轮讲、专业以会代训等多种形式，搞好各类专业人员培训。增加队干部职工的技能培训，组织参加总队的培训考试，提高队员的电脑水平，新增GPS使用、PDA操作培训，不断适应高科技下的调查工具和调查方式。

四是确保统计人员的相对稳定。一方面是保证队内人员的稳定性，保证各个岗位的工作人员稳定，熟悉当前工作业务流程。一方面是保持辅助调查员和各单位负责统计的负责人稳定，保证统计工作的连贯性。采取一定措施，保证在更换统计人员的过程中各项资料交接工作及时进行，以确保填报统计报表时有据可依。

二、统计新闻宣传工作有所提升

1. 紧扣主题，开展好统计宣传

根据总队《关于开展第五届“中国统计开放日”活动的通知通知》（桂调办字〔2014〕128号）文件要求，阳朔调查队紧扣“统计人 统计情 统计梦”的活动主题，认真按照总队第四届“中国统计开放日”活动方案，结合本队实际，精心组织、周密部署，于9月中旬先后开展了多项丰富多彩、有声有色的宣传活动，真正收到了宣传中心工作、弘扬统计调查精神、普及统计调查知识、营造良好工作氛围的宣传效果。

2. 多种宣传手段弘扬统计精神

今年以来，阳朔队采取三种手段开展统计宣传，扩大高新闻宣传途径，提高调查队知名度，促进调查统计活动顺利开展。一是利用工作、会议等机会与地方政府部门进行互动交流，宣传统计调查工作的意义与重要性，增强地方政府部门的配合力。二是利用好辅助调查员进行新闻宣传，赋予辅助调查员调查统计宣传的职责，强化辅助调查员的责任意识，提高辅助调查员的使命感和荣誉感，通过辅助调查员的日常宣传，让群众的思想认识在潜移默化中发生变化，从不了解统计、抵触统计到认识统计、配合统计工作。三是在重要调查活动过程中注重宣传，在进行农业调查、住户调查等工作的同时对县、乡镇、调查点分级宣传使其分别重视，在进行三经普抽样调查的时候，正式入户调查之前提前将《致个体经营户的一封信》发放到调查户手中，向调查户宣传三经普个体抽样调查，利用每一个入户调查的机会做好新闻宣传工作。

三、开展好党的群众路线教育实践活动，推进各项工作开展

1. 加强党风廉政建设，转变工作作风

队长作为党风廉政建设的“第一责任人”，担负党风廉政建设的主体责任，督促全体党员干部严守党的各项纪律，队领导班子成员切实履行“一岗双责”，坚决纠正无组织无纪律、自由主义、好人主义等现象，真正做到调查业务建设、党风廉政建设、行风建设同布置、同检查、同落

实，并抓好分工落实，促进党风廉政建设工作有效开展。采取领导干部讲党课、组织全体队员观看廉政教育片的方式，结合党的群众路线教育实践活动，宣传“真实可信、科学严谨、创新进取、服务奉献”的统计核心价值观，加强教育学习，促使党员干部树立正确的世界观、人生观、价值观和权力观、地位观、利益观，在潜移默化中不断提高干部的廉洁自律意识。认真落实和完善党员领导干部报告个人有关事项制度，按照总队统一部署，把住房、投资、配偶子女从业等情况列入报告内容，严格执行国家统计局党风廉政建设重大事项报告制度。围绕“三重一大”事项，在人、财、物管理等重点领域，监督领导班子民主决策情况、班子成员带头严于律己做表率执行制度情况以及干部选调任用、大额物资采购、财务预决算等重大事项决策情况，监察员列席本单位班子会议，健全决策权、执行权和监督权既相互制约又相互协调的权力运行机制。

2. 加强党支部组织建设，健全党支部组织生活，构筑坚强战斗堡垒

认真学习和领会十八大三中全会精神，为支部建设和全处各项工作的开展提供理论基础和思想保证。支部始终把十八大全会精神的学习贯彻作为工作开展的重中之重，坚持把学习贯穿工作始终，采取领导班子带头学、理论学习集体学、分组讨论集中学、专题报告辅导学等多种形式，做到人人有心得、学习有记录、成效有保障。通过几个月的学习，支部整体在深化认识、统一思想上取得了成效，在凝聚力量、统一行动上取得了成效， 更重要的是在联系实际、贯彻落实上取得了成效，学习贯彻活动取得了显著的实效。认真做好党支部组织生活，丰富党组织活动。阳朔调查队党支部通过举办形式多样的主题教育活动，丰富党员的组织生活。通过集体学习党的群众路线、集体接受党的廉政教育、组织观看《焦裕禄》等方式组织党员集体活动，按规定组织党员过集体生活，加强党员教育，提高了队员的思想觉悟水平。

3. 深入开展党的群众教育实践活动，全心全意为人民服务

队领导班子通过召开全体会议、座谈会等形式，带头组织党员干部认真学习中国特色社会主义理论体系，深入学习习近平总书记一系列重要讲话精神，认真学习党章和党的十八大报告、十八届三中全会决定，学习党的光荣历史和优良传统。要将《习近平关于实现中华民族伟大复兴的中国梦论述摘编》、《论群众路线——重要论述摘编》、《党的群众路线教育实践活动学习文件选编》、《厉行节约、反对浪费——重要论述选编》、《各地联系服务群众经验做法选编》、《损害群众利益典型案例剖析》六本学习材料，作为学习教育的重要内容。学习教育中，要因地制宜地采取多种形式，不断激发学习热情，努力提高学习效率；要注重发挥系统内正反面典型的示范和警示作用，结合实际把学习教育做具体、做扎实。

2014年10月27日，国家统计局住户调查办公室王有捐副主任（右二）到阳朔县高田镇安定村 委入户访问，检查阳朔县住户调查质量

国家统计局藤县调查队

2014年6月2日，藤县调查队召开2014年农业调查业务培训

一年来，在总队的正确领导和县委县政府的大力支持和关心下，藤县队认真贯彻落实全区调查工作会议和县委县政府的各项部署，以科学发展观为指导，围绕总队“业务改革巩固年”的工作部署，重点抓好城乡住户调查一体化调查、贫困监测、县级粮食产量抽样调查等三项统计调查改革工作和开展党的群众路线教育实践活动、第三次全国经济普查个体经营户抽样调查、新设立小微企业和个体经营户跟踪调查，较好的完成了的各项工作。现将一年来的工作情况报告如下：

（一）住户调查一体化抓住质量、重视评估

住户股严格按照“调查方案”的要求，维护、管理好调查户，确保样本的代表性，全年住户一体化工作的调查户比较稳定、没有反生换点，有三户换户。执行“事后评估制”。月度数据出笼后，先由分管领导召集股室人员对数据进行评估分析（初审），然后提交队长定审，再上报总队。对帐本、纸介质报表和其它资料，每月及时整理，装订成册。资料归置和存放有厨柜并加锁，保证了调查资料的保密性。

（二）农业报表制度上墙

农业股通过农业报表制度上墙，对全年各项农业制度一目了然，统筹规划农业调查工作，既要抓报表时间又要抓报表质量。按照农业调查业务和技术培训制度，精心组织，采用新的互动模式对农业股各调查专业辅助调查员进行业务培训，为提高农业调查数据质量奠定基础。

（三）三坚持、三确保开展三经普个体户抽样调查工作

四月底，藤县三经普个体户入户抽样调查工作已全面完成，国家统计局藤县调查队严格按照广西调查总队的安排部署，坚持独立调查原则，确保数据原汁原味；坚持现场入户调查，确保数出有依有据；坚持时间服从质量，确保数据更加精确。循序渐进，切实推进抽样调查工作顺利开展，顺利完成8个普查区，9个普查小区，787户的调查任务。

（四）常规调查和专项调查顺利完成

坚持以数据质量为中心，严格执行调查制度

2014年8月20日，广西调查总队第三督导组副组长文著，组员邓维乐指导藤县队召开党的群众路线教育实践活动专题组织生活会

方案，统筹协调，较好地完成规下工业企业、批零住餐小微企业和个体户、党风廉政建设民意调查、新设立小微企业和个体经营户跟踪调查等调查任务。

（五）深入开展党的群众路线教育实践活动，贯彻落实中央八项规定，切实改进工作作风

一是深入开展党的群众路线教育实践活动，按照“照镜子，正衣冠，洗洗澡，治治病”的总要求，坚决反对“形式主义，官僚主义、享乐主义和奢靡之风”，要求大家强化思想自觉，把教育实践活动作为根治“四风”顽疾，破解工作难题、提高工作能力的重要机遇。

二是以贯彻落实中央八项规定精神为切入点，以牢固树立“两个意识”、坚决反对和制止统计数据弄虚作假为聚焦点，以加快建设现代化服务型统计为重要目标，以全面深化统计调查改革为着力点，切实加强党员干部马克思主义群众观点和党的群众路线教育，着力解决影响和制约统计服务人民群众的突出问题，以作风建设的新成效促进数据质量的新提高。

2014年工作亮点

一是优质服务取得较大进步。藤县队围绕各项重点工作，及时收集、整理、报送信息，切实提高工作能力和服务水平。政务信息和调查信息方面不管是从提交量还是从总队采用量，相比2013年 都有了显著提升。截至2014年11月30日，藤县队向总队提交了79篇政务信息，获得总队采用的政务信息有59篇。相比2013年藤县队向总队提交的28篇政务信息，获得总队采用的23篇政务信息的量有了较大进步。调查信息上报量和质量也有所提高。

二是筹建星级档案室。通过向先进队取经，按照计划稳步推进成星级档案室的筹建，落实经费、人力、物力等资源。现已经完成历年文书档案、照片档案、录像档案、实物档案、会计档案五大类档案的整理录入工作，藤县档案局评审组定于12月30日对我队档案室进行评定。

三是扩大业务培训。一年以来，住户调查一体化专业共召开了14次专业会议，其中专业碰头会4次，月度送审会议8次，学习有关会议精神或有关文件会议2次。农村贫困监测工作座谈会1次。农业调查业务培训会议召开1次，对有关人员

2014年9月，藤县调查队深入农户开展“第五届中国统计开放日”活动

进行了面积调查、粮食产量调查、中间消耗调查业务培训。

四是巩固新的调查数据采集方式。做好批零住餐、新设立小微企业和个体经营户跟踪调查的网上直报工作。运用PDA等现代化电子工具开展三经普抽样调查、2014年全区党风廉政建设调查工作。手持GPS在农作物播种面积和单位面积产量测量、样本地理信息定位等的应用。

2014年12月30日，藤县调查队档案室获评县直机关三级档案室

2015年1月28日，藤县绩效考评组到藤县调查队开展2014年度藤县机关绩效年终考评工作

国家统计局桂平调查队

2014年8月13日，国家统计局党的群众路线教育实践活动第八巡回督导组组长王雁南（左二）、广西调查总队总队长邹伟忠（左三）到桂平调查队督导召开党的群众路线教育实践活动进行情况

2014年，桂平调查队在广西调查总队和桂平市委、市政府的正确领导下，在总队领导和各处室的关心、帮助和指导下，全体队员团结协作，认真贯彻落实全区调查工作会议精神，统一思想，开拓创新，围绕“业务改革巩固年”主题，以“一二三四”工作思路为主线，抓好各项工作的落实，现就全年的工作总结如下：

一、一是全面完成国家调查任务

农业调查结合本队实际，合理调整人员分工。多动脑子多学习多创新。生猪调出大县、主要畜禽监测、中间消耗、农产品生产者价格等开展实地调研。加强了与各地方部门的联系沟通，交流。住户调查夯实基础，确保数据源头质量。集中编码，相互学习，保证编码的正确性。加强审核，尽可能消除报表错误。发挥住户调查联席会的作用，做好数据的评估。完成农村党员培训、千村调查工作。顺利完成2015年度住户样本轮换工作。规模以下工业调查完成在产目录企业和非目录企业的常规季度调查。做好桂平市小微企业春季用工情况调研。做好样本轮换工作，有效排除不符合要求样本。小微企业跟踪调查迅速展开培训，多部门沟通协作，按时按质完成。

二、完成两项重点工作

（一）做好第三次经济普查个体经营户抽样调查工作

领导重视，快速行动。并根据本队实际情况制定调查方案。重视培训，保障数据质量。到点到户深入调查。利用现场审核，紧抓异常数据。总结经验，紧扣全年调查工作。形成报告，反映当地个体户经营情况。

（二）巩固三项业务改革成果

发挥联席会议作用。住户联席会议制度不断巩固，影响力不断扩大，结合当季度反馈数据，

2014年9月2日，桂平市常务副市长杨大东（左二）在贵港调查队队长谢朝佳（右三）、桂平调查队队长李善生（右二）陪同下到西山镇长安村了解农民增收情况

2014年6月30日，桂平调查队队长李善生（左二）来到江口镇和合村记账户家中开展第二批党的群众路线教育实践活动中听取群众意见、了解记账户家庭情况

能形成居民收支数据与增收亮点难点结合，指标分析涵盖面广，每季度市委市政府召开的经济形势分析会桂平队队长均向市委市领导做桂平市居民收支分析详细汇报，作为调查队的一项工作成果作用不断凸显。

夯实基础，进一步巩固县级粮食产量抽样调查，加强对辅助调查员的培训和现场指导。粮食产量调查业务工作逐渐完善，网点维护日趋稳定，样本代表性科学合理，业务队伍不断扩大，培训内容不断深化。

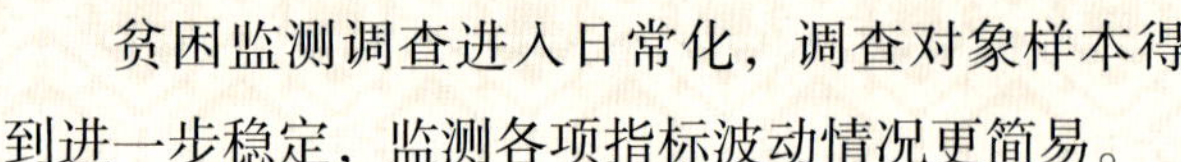

贫困监测调查进入日常化，调查对象样本得到进一步稳定，监测各项指标波动情况更简易。

三、三个面向服务有效提高

（一）坚持面向统计用户，提供更多更好的统计产品

一是提高统计调查服务质量，高度重视约稿工作。二是量化考核指标，确保责任到位。三是提高统计调查服务及时性，及时将上级反馈数据报送至市委、市政府及各级领导和有关单位。四是加大新闻宣传工作力度。五是按照市委、市政府的工作部署，围绕桂平市经济社会发展热点、难点开展调查工作，为市委、市政府决策做好服务。

（二）面向基层调查人员，提供服务基层能力

1. 住户股严格执行国家统计局《住户收支与生活状况调查方案》，确保数据质量。数据质量是统计的生命，住户股全体同志坚持每个季度至少深入调查户一次，检查、督促、指导调查户的记账、发现问题，及时向调查户指出，了解掌握调查户的基本情况，做到心中有数、数出有据，同时做好报表的相关审核工作。尽可能减少工作误差，确保数据质量。

2. 继续加强辅助调查员业务培训。6月10日召集所有辅助调查员召开全市县级粮食产量抽样调查培训会议，对上年度县级粮食产量抽样调查工作进行了总结，并对面积调查、实割实测流程进行了巩固性的培训，着重讲解实际工作中发现的问题，培训取得了良好的效果。

3. 结合群众路线教育实践活动，多下乡入户，切实地深入田间地头去了解农业生产形势，掌握农村经济发展状况，跟农民谈心交心，始终牢记统计调查植根人民、依靠人民、服务人民的本质要求。

（三）面向调查对象，提高配合度

1. 深入开展党的群众路线教育实践活动，为调查户提供力所能及的帮助。结合群众路线教育实践活动契机，为农村记账户联系到谷种、马铃薯种、化肥，并及时发放到记账户手中，增强记账户的荣誉感和光荣感，使调查户能主动配合我队的住户记账工作。

2. 做好样本管理和维护工作。全市10个住户调查点，记账户的思想认识参差不齐，住户股结合每次访户的时机，多向群众宣传住户调查的意义，使调查户能理解和配合住户调查工作，做到全年的记账户基本保持稳定。

四、做好四个保障工作

（一）保障工作作风：扎实开展党的群众路线教育实践活动

1. 按照总队方案的要求，及时成立了国家统计局桂平调查队党的群众路线教育实践活动领导

小组及下设办公室。

2. 较好地完成了第一环节的学习教育、听取意见。一是学习教育贯彻始终：印发了桂平调查队党的群众路线教育实践活动学习材料1—13，二是采取挂墙报、贴警示标语、下乡谈心等方式进行活动宣传，形成良好的活动氛围；

2014年6月30日桂平队队长李善生（左二）来到江口镇和合村记账户家中开展第二批党的群众路线教育实践活动中听取群众意见、了解记账户家庭情况。

三是采用座谈、单独谈心、下乡了解、发函、单位门口悬挂征求意见箱等多种方式面向职工、政府部门、乡镇政府、调查对象、辅助调查员等征求到桂平队领导班子及班子成员的意见建议34条。

3. 查摆问题有实效。在第二环节查摆问题、开展批评中，通过上级点、群众提、自己查，梳理出桂平队领导班子四风问题共29条，其中形式主义方面9条，官僚主义方面8条，享乐主义方面7条，奢靡之风方面5条，梳理出队长李善生四风问题共18条，其中形式主义方面5条，官僚主义方面5条，享乐主义方面4条，奢靡之风方面4条，梳理出副队长江树明四风问题共20条，其中形式主义方面6条，官僚主义方面4条，享乐主义方面7条，奢靡之风方面3条，初步地达到了出出汗、红红脸的效果。

4. 深入谈心交心。在做好“四必谈”规定动作的基础上，班子成员分别与全队干部职工进行谈心，在谈心中，班子成员都能够敢于亮短、敢于揭丑、敞开心扉、坦诚相见，做到真心征询，真心提醒。通过谈心谈话，完善了个人查摆问题条目和相互批评要点，并进一步达成共识，增进了解。

5. 撰写对照检查材料。队领导班子高度重视对照检查材料撰写工作。班子成员对照党章、对照焦裕禄精神、“三严三实”、苏区调查精神，认真准备队领导班子及班子成员的对照检查材料。从6月12日至7月23日，队领导班子及班子成员的对照检查材料反复修改，先后送审了5稿。领导班子成员都能够根据这次专题组织生活会的主题和要求，结合战线和自身实际，找准自身存在的突出问题，深刻剖析思想根源，制定了明确的努力方向和整改措施。

6. 狠抓整改落实、建章立制。桂平队多次召开班子会议、常务会议，对整改落实、建章立制环节进行讨论，抓紧制定了班子的整改方案、专项整治方案和制度建设计划并在全队进行公布。整改方案的目标明确、措施具体、责任明晰、落实到人，有具体明确的整改任务书、时间表、路线图。引入项目管理机制，列出整治清单，建立整治台账，明确完成时限，建立目标责任制，及时开展自查自纠，确保问题排查到位、责任落实到人，防止出现遗漏和“死角”。对专项整治项目实行销号式管理，定期开展进度情况分析，对已经完成的整治工作，经班子研究讨论同意后，向群众公示，对无异议的项目实行销号；对正在整治的要严格标准，一改到位；对整治迟缓的要查明原因、加快进度；对尚未整治的要明确时限、抓紧整改。

2014年11月4日，桂平调查队副队长江树明与农业股在农产点进行实割实测

（二）保障工作纪律：严保数据质量，始终把党风廉政建设融入日常工作中

1. 加强党风廉政建设工作。摒弃“调查队是清水衙门，不容易产生腐败”的错误认识，深刻认识到党风廉政建设无小事，优良作风建设要从每一处细节做起。继续坚持凡属“三重一大”工作事项一概由队领导班子

2014年8月13日，国家统计局第八巡回督导组王雁南组长及广西调查总队总队长邹伟忠与桂平调查队员合影

集体研究决定，纪检监察员列席队班子会议。时刻谨记马建堂局长“在统计数据上弄虚作假是统计领域最大的腐败”的讲话精神，坚持两个独立原则，坚决抵制一切在数据上弄虚作假的行为。

2. 营造良好的宣传氛围。在楼梯间、走廊过道、办公室、会议室等醒目位置张贴悬挂了“保持党性纯洁”、“为民 务实 清廉”、“严以修身 严以用权 严以律己”、“谋事要实 创业要实 做人要实”、“反对形式主义、官僚主义、享乐主义和奢靡之风”、“厉行节约 反对浪费 下班请关上电灯、电脑、空调、饮水机”等标语警句。

3. 加强日常考勤。召开全体职工会议，强调工作纪律和工作作风问题，对上下班出现迟到早退、上班时间上网消遣、吃零食、玩手机、逛淘宝，有的甚至随意离开工作岗位外出溜达等现象进行通报和批评；参照《国家统计局广西调查总队机关工作人员考勤管理办法》制定《国家统计局桂平调查队工作人员考勤管理办法》，严格执行请销假制度。

4. 强化财务管理、加强预算管理和执行。对全队所有调查业务的辅助调查员劳务费、记账户记账补贴、培训会议费标准等重新进行讨论然后确定下来；重新制定《国家统计局桂平调查队财务管理和会计工作规范》，对接待支出、会议支出、购买或处置固定资产等要求严格执行事前审批制度。

（三）保障调查队伍的稳定

1. 组织学习。学习习近平总书记近期对统计调查工作的一系列重要讲话以及马建堂局长、邹伟忠总队长的讲话精神。每季度集中学习一次以上。

2. 强化培训。抓实业务技能培训，进一步强化公文写作，计算机应用，信息撰写，各专业调查方案，调查技巧以及各专业存在突出问题解决办法的各类培训。

3.加强管理。一是对在编干部的管理，实行一岗多责，个人负责的工作列出明细表，防止扯皮推诿，每周一在队里公布当周要完成的工作以及责任人，起到提醒、监督作用。二是对聘用人员的管理，根据各人特点安排工作，并尽可能参与各个专业的工作，解决有些专业工作时间安排过于集中与人员不足的矛盾，保障各项工作顺利完成。制定聘用人员工资正常增长机制，调动工作积极性。年内新聘了2名工作人员，弥补了因退休、调动造成的人员不足。三是对辅调员的管理。建立完善易操作的辅调员管理办法，充分利用好辅调员在最基层、知真情、了民意的特点，发挥桥梁纽带作用。

2014年9月29日，桂平调查队队长李善生与调查员到大洋镇焦树村进行住户记账户换户摸底

4. 加强干部培养，给年轻干部压担子，安排多岗位锻炼，积极推荐参加各种业务培训，向党组织推荐入党积极分子1名，吸收为预备党员1名，不断提高年轻干部的政治和业务素质。

（四）保障工作环境改善，各方面条件不断提高

1. 严格执行财务管理有关规定和制度，科学合理安排全年预算支出，预算执行能力与上年相比有了很大的提升。根据2013年总队对我队的审计报告，逐项逐条进行对照检查改正，重新讨论修订了《国家统计局桂平调查队财务管理和会计工作规范》，对差旅、会议、接待等都按照新的精神新的要求做出新的规定；严格执行政府采购制度，规范使用新的政府采购系统购置2台计算机、1台打印机、3台空调，加强了硬件水平和办公能力。较好地完成了广西调查总队布置的各项财务工作。

2. 按照国家局、广西调查总队的布置认真地开展了三公经费自查、非税收入自查、贯彻执行中央八项规定严肃财经纪律和“小金库”专项治理等工作。

3. 规范现金使用，严格执行公务卡使用规定。重新整理并完善固定资产数据，录入到新版行政事业单位资产管理信息系统。

4. 重新讨论了各专业辅助调查员的劳务费和调查对象的补助，完善辅助调查员的工作待遇。

2014年12月3日，桂平调查队队长李善生向广西调查总队纪检组长吴多明汇报全年工作

国家统计局田东调查队

2014年6月29日，百色辖区调查队到烈士纪念碑接受革命传统教育

2014年，在广西调查总队和田东县委、县政府的正确领导下，我队认真学习十八精神，贯彻落实全国统计工作会议和全区调查工作会议精神，紧紧围绕总队提出的全区调查工作主题“业务改革巩固年”的工作方针，认真开展党的群众路线教育实践活动，进一步提高调查工作能力，在全队干部职工的共同努力下，较好完成了全年的各项调查工作任务。

一、五项措施确保“业务改革巩固年”的贯彻落实

一是认真学习领会中央领导对统计工作的重要指示精神，进一步提高思想认识，牢固树立国家使命意识、国家责任意识、国家担当意识，增强责任感、使命感和光荣感。

二是加强业务学习，进一步提高调查业务水平和调查工作能力，熟练掌握调查方法制度，高质量完成各项调查工作任务。

三是加强调查网点管理，夯实基础工作。坚持深入调查点参与、检查指导工作，提高原始数据质量。

四是完善工作岗位责任制和激励机制。把调查工作任务科学合理安排到每个队员，各负其责。同时要制定好奖罚办法，进一步激发队员的工作积极性。

五是加强数据综合分析能力和数据评估水平，加强写作能力，提高优质服务水平。通过五项措施的落实，干部队伍素质得到了进一步的提高，精神面貌有了大大的改善，增强了事业心和工作纪律，提高了工作效率。各项工作计划得以全面落实，确保了各项工作的顺利完成。

二、多措并举扎实做好三经普个体户抽样调查工作

一是成立工作领导小组，加强调查工作。根据总队统一安排部署，倒排时间节点，严格责任落实，确保普查登记工作有序完成。

二是做好样本户摸底。队主要领导带领主要

2014年10月27日，广西调查总队住户专项调查队处处长谢胜到田东万亩香蕉种植基地调研

业务骨干深入调查小区开展样本户的摸底工作，基本掌握个体户的分布情况，为入户调查打下基础。加强与统计、工商、税务部门沟通协调，深入比对单位核查名录库，全力查找遗漏单位，确保应统尽统。

三是认真学习调查制度、方法和要求，熟练掌握PDA设备操作规程和方法，正确填报好调查表。建立分包调查点制度，业务骨干全部下沉普查小区，深入普查一线，加强对基层普查工作的业务指导。

四是安排业务骨干多次深入调查点开展数据审核工作，将疑难问题、可能出现的问题提前思考，妥善解决在基层。坚持独立调查、独立上报原则，全队人员逐户登门现场采集数据、现场录入上报，确保数据质量。

三、尽心尽职完成各项调查工作

修改完善《田东调查队2014年工作目标管理岗位责任制》，制定工作分工表，把全年工作任务量化分解到每个县队队员身上，样样工作有人管、样样工作有人做、个个调查点有人负责，从而增强了全体干部职工的国家使命意识、国家责任意识、国家担当意识，确保全面完成各项国家调查任务。

1. 完成常规业务调查工作。我队完成了农作物播种面积调查、粮食产量调查、城乡住户调查、农民工调查、贫困监测调查、主要畜禽调查、中间消耗和农产品价格调查、农村固定资产、规模以下工业调查、小微企业调查、批零贸易调查、农村党员培训调查、党风廉政民意调查等。

2. 重点抓好城乡住户调查工作。两大收入是我们县级调查队主要的拳头产品，也是加快推进现代服务型统计调查建设的主要平台。今年以来，我队在着重抓好调查网点的维护管理的基础上，努力提高调查数据质量。根据城乡住户一体化记账户记账特点，采取有效措施，从源头抓起，确保住户数据质量。

3. 联合地方部门参与调查活动，扩大调查队的影响。在开展调研活动中，我队还利用农业局农技人员的优势，为调查点的调查员、调查户进行农业生产技术指导，帮助调查户解决农业生产难题。同时加强了调查队与地方部门的联络，进行技术合作。调查队积极参与农业局进行的粮食高产试验田产量验收工作，县农业局不定期派技术人员对调查点、调查户进行农业生产技术指导。

2014年11月4日，田东调查队在粮食调查点进行晚稻脱粒工作

四、加强队伍业务建设，切实抓好党风廉政建设

今年以来，我队积极贯彻落实党的十八大三中、四中全会精神，认真贯彻落实《国家统计局广西调查系统2014年党风廉政建设工作要点》，制定了《国家统计局田东调查队2014年党风廉政建设工作要点》，全部职工都签订了《党风廉政建设承诺书》，完善队长“一岗双责”的党风廉政建设工作机制。积极开展党风廉政建设学习教育，坚持在政治理论学习日学习党风廉政建设知识。工作中，坚持用制度管事、以制度育人、按制度行事。加大了对人、财、物、数的管理力度，做到所有财物有使用人，有监管人。坚持勤俭节约，反对铺张浪费。

2015年2月15日，田东调查队到挂点扶贫村慰问留守儿童

国家统计局靖西调查队

2014年，靖西调查队在广西调查总队的正确领导和地方党委政府的大力支持下，紧扣“业务改革巩固年”这个主题，以三项业务的巩固发展为工作重心，结合地方实际夯实调查基础，在做稳做实调查工作的基础上，积极探索创新工作方法，多项业务调查工作取得突破。

一、群众路线稳步开展，动真碰硬抓出实效

靖西调查队按照广西调查总队党的群众路线教育实践活动的统一部署，从2014年3月份开始，用了大半年时间深入开展了以解决“四风”问题为主要内容的党的群众路线教育实践活动。这次教育活动，靖西调查队始终坚持立足学习提高，加强党性修养，着眼解决问题，坚持群众路线，贯彻边整边改，建立长效机制，认真完成了学习教育、征求意见，查摆问题、开展批评和整改落实、建章立制三个环节的各项工作。活动全过程始终贯穿“照镜子、正衣冠、洗洗澡、治治病”的总要求，以务实清廉为民来推动靖西队的调查工作的开展。靖西调查队把活动的开展与“业务巩固年”的工作实际结合起来，把这次教育实践活动作为坚决反对和制止统计数据上弄虚作假的机遇，作为加快建设服务型统计的机遇，作为提高统计执行力的机遇，着力在四个方面狠下功夫，努力实现“一个更加坚定、三个新提高”的目标。通过群众路线教育活动，靖西调查队上下对清廉务实为民的工作作风有了更深的认识，“求实、创新、严谨、奉献”的统计行风深入骨髓，统计的服务理念落实到实际的调查工作的每一个细节中，紧紧地把个人梦与中国梦结合起来为统计调查业务的发展而努力工作。

二、积极提高数据质量，多举措巩固三项业务基础

随着三项业务工作的深入开展，对调查工作的要求越来越高，数据的准确度也是要求精益求精，这都给调查工作的开展提出了新的挑战，对此靖西调查队结合群众路线的开展，由调查对象提问题到我找调查对象提问题的作风转变，有力地巩固了三项业务的基础。

（一）城乡住户调查一体化改革工作

1. 强化业务培训，提高数据质量

一是狠抓业务培训，提高业务水平。定期开展了多种形式的统计调查业务培训，有效提高了调查员的统计能力。利用每月收集报表、基础工作检查等时机，开展了点对点、面对面的业务辅导，提高辅助调查员的整体水平。

二是量体裁衣设置个性化培训。针对调查样本的出现错误的不同特点，仔细分析产生的原因结合调查方案和调查制度，对多次出现错误的调查对象开展“小灶”式培训。

2. 积极创新助推换户工作开展

一是身心俱到保记账。逐个小区召开培训

2014年6月24日，百色调查队何朝伟副队长到靖西开展粮食产量面积核查指导

2014年9月19日，第五届“中国统计开放日”宣传活动现场

会，宣传《统计法》、惠民政策和为国记账的重要意义，增强记账户的责任感和自豪感；深入浅出地用本地话讲解记账方法和注意事项，确保记账户会记账，记实账。同时从邀请优秀的记账户现身说记账，谈记账的“技巧”和心得体会，让新记账户从身到心接受记账。

二是同帮互助“结对子”。根据老记账户记账的实际情况和辅助调查员反映的新老样本户间的亲疏关系，有意识地采取以老带新的“结对子”方法，利用老记账户的经验带动新记账户的成长，同时还有力地促进邻里之间的交流和互助。

三是记账困难有“套餐”。部分记账户由于文化水平等其他原因导致记账有困难，但同时也意味着他的收入和支出比较简单，靖西调查队针对具体情况开出具体“套餐”。如某记账户由于文化水平低和打零工收入不正常，就针对其日常开支（如猪肉、洗涤用品等每月必有开支，衣服等季度开支），各种开支梳理到位，账目紧扣生活，自然地做到了不漏记且账目清楚合理。

（二）粮食产量抽样调查精益求精

在农产工作多、烦、杂的面前，靖西调查队一方面根据实际情况从各股室抽调人员，应对玉米、水稻的测产工作，用车方面优先安排；另一方面充分发挥辅助调查员的作用。通过与辅助员打“感情牌”等方式调动其积极性。通过全体队员的认真工作，农业调查数据质量更加客观真实可信。

（三）主动深入做准贫困监测

靖西调查队结合一体化住户调查工作的开展，主动筛选调查数据，紧密关注地方扶贫政策，深入动态关注居民收支与生活状况，客观真实地反映靖西县的真实情况。

三、办公室与时俱进，积极创建务实清廉高效办公环境

（一）夯实政治理论基础，建设务实清廉高效办公环境

靖西调查队办公室以夯实政治理论为基础，着力建设务实清廉高效的办公室运作体系，办公室以实际的行动来践行党的群众路线教育活动的深入开展，从思想到行动上做好办公室的各项工作。一是做好规定动作。根据广西调查总队的群总路线开展的要求，制定理论学习计划，适时地组织全体队员学习计划规定的内容，为做好工作

2014年12月4日，法制日宣传现场

2015年2月10日，靖西调查队到化峒镇爱布村权屯住户调查点开展春节慰问

关键环节，从制度上确保党的群众路线教育活动成效得到持之以恒的发展。

（三）着力搞好综合服务、督查督办和协调

加强综合协调是办公室工作的主旋律，是办公室为领导、为机关、为基层、为群众提供深层次服务的切入点，一年来，我们主要抓了以下几个方面：一是做好公文运转及保密工作。广泛征求各方面的意见，不断提高公文质量，为领导提供优质、高效的服务。同时按照相关的公文保密规定，做好文件保密工作。二是做好会议协调。主要协调会议的时间、地点、议题和决定事项的落实工作，保证了会议达到预期目的。三是抓好事务组织协调。协助领导处理有关日常事务，使领导腾出更多的时间抓大事；努力提高接待水平，赢得各级领导理解和支持。四是积极做好文件的收发与登记管理和规范档案管理，将照片档案列入随时归档工作，及时整理，及时归档。五是抓好日常管理协调。一方面充分发挥“总调度”和“中转者”的作用，协调好对上的关系、对下的关系和内部各股室之间的关系。一方面抓好总队的工作要点和本队的工作部署进行督办。做好督办事项登记，明确承办单位、办理要求、办结时间、反馈形式等，做到人、事、财、责四清。

（四）优质服务抓出实效

靖西调查队办公室一方面根据总队的约稿要求和调查内容的归属，及时把约稿任务下发各股

提高有力的思想保证和理论依托。二是自选动作有提高。办公室根据自身的实际情况和存在问题，按照“红红脸、出出汗”的要求，敢于动真碰硬以从根本上解决问题为突破口，在办公效率和调查业务开展上全面提升。

（二）紧扣工作重点，以建章立制确保整改成效

1. 紧扣“业务改革巩固年”主题，确保各项工作扎实到位。靖西调查队办公室根据全年工作重心的所在，按照各个时段工作的不同及时做好相关的配套工作，同时把党的群众路线教育实践活动的开展与调查业务的巩固发展结合起来共同促进调查事业的发展。

2. 与时俱进以建章立制确保整改成效。靖西调查队根据整改的成效，先后修订了15项规章制度，涉及会议、公务接待、公务车等人、才、物

2015年3月3日，靖西调查队到同德乡七联村住户点开展宣传活动

室并落实到人，2014年政务信息和调查信息取得突破，在规范化评比中获得二等奖；另一方面及时加强工作总结和创新工作方法并形成政务信息上报，根据专业和内容的不同，落实到个人任务和考核，及时督查督办。

四、高质量完成三经普个体抽样调查工作

靖西调查队认真领会和落实广西调查总队三经普个体抽样调查方案，采取“四措施”高质量完成现场采样、数据录入、审核上报工作:

一是调查员在现场登记时，要仔细询问，细心记录，把好逻辑关系审核，统一在日志记录本上记录和登记表上记录询问的内容，特殊情况要做好相关详细记录并拍好相片存证。

二是调查时不允许修改已加载的个体经营户信息，如果发现前期登记存在单位重复、遗漏、指标错填等情况，应如实记录，并做好相关情况说明，“三条红线”绝对不可以跨越。

三是要记录好个体经营户的基本信息、经营行业、成本支出的组成细项及金额、营业收入计算过程，四项指标的逻辑关系审核、验证和评估过程，并且相关数据汇总后，要得到调查对象的签字认可，作为下一步查询、验证和评估的依据。

四是按照调查一户上报一户的原则，数据要及时上报。在调查区没有信号的情况下，要创造条件或及时填写数据，待到达信号好的地方时及时上报。

五、“统计人 统计情 统计梦”深入人心

靖西调查队按照总队《第五届“中国统计开放日”活动方案》，结合靖西调查队的实际情况，积极开展统计开放日的“统计人 统计情 统计梦”宣传活动。

一是借统计开放日契机，强调数据客观真实。借助统计开放日契机深入调查点，发放《致调查对象的一封信》致以节日问候。并邀请村干部、辅助调查员、记账户召开座谈会，感谢他们一直以来对靖西调查队工作的鼎力支持。通过谈心交心，与记账人员加深了感情，建立起良好的工作关系和朋友关系，争取得到他们的理解和支持。希望调查对象打消顾虑放心记账，记好账，记准账，做到应统尽统，确保调查数据真实可靠。

二是强化调查流程宣传，展现调查队本色。一方面采用展板的形式详细的介绍靖西调查队各专业的工作开展流程及统计调查工作成果，接受社会群众对各种触犯《统计法》的行为监督举报；另一方面利用传单和横幅形式彰显调查队本色，提升调查队形象，宣传“国家调查为你服务”的统计文化。

三是综合宣传，赢得支持。统计日期间共发放宣传单500多份，接受咨询40余人次，板报浏览人数达到1000人次以上。通过“统计开放日”这个平台，提升了调查队知名度，加深了社会各界对统计调查工作理解和支持，为统计调查工作营造良好的社会环境，为调查人员开展统计调查拥有更多的职业自信，为统计调查数据赢得更多的社会认可。

2015年3月3日，靖西调查队到新靖镇那耀村部屯住户调查点开展春节慰问

2015年4月1日，靖西调查队到百色廉政教育基地接受教育

国家统计局南丹调查队

2014年，南丹调查队认真贯彻落实党的十八届三中全会精神，按照全区调查队系统工作会议的统一部署，牢固树立国家使命意识、国家责任意识、国家担当意识，以提高数据质量为核心，紧紧围绕 “三个提高”及“业务改革巩固年”主题活动，深入开展群众路线教育实践活动，转变工作作风，进一步提高本队统计调查能力和服务水平，圆满完成了各项工作目标任务。

一、多方式多手段巩固城乡住户一体化工作改革成果

南丹队把城乡住户调查一体化工作作为2014年工作的重中之重，多方式多手段巩固改革成果。

1.“四个坚持”促工作顺利开展：一是坚持依法独立调查，独立上报原则，排除一切人为干扰，确保数据采集上报不受地方部门或个人影响，调查结果不走样；二是坚持脚踏实地，审核原始台账数据，要求调查人员通过仔细查看记账户账本，核实账本奇异数据情况，带“问题”深入调查点，现场指导纠正记账户出现的错记、漏记和混记等问题，保证原始台账数据的真实性；三是坚持联席制度，发挥成员单位作用，沟通联络深入了解和收集各项惠农政策的落实及重点工作的进展情况，为数据评估和正确把握数据变化趋势搜集依据；四是坚持考核制度，提高业务水平，修订《辅助调查员考核评比办法》及完善《干部职工目标管理责任制》，年终评选优秀辅调员、评定公务员等次，以考核力促辅调员树立争先意识，激发工作积极性，增强专业队员的工作责任心，提高调查队伍的整体业务水平，促进工作的顺利开展。

2.“三措施”维护一体化记账户：一是严格遵守换户流程，确保记账衔接。对于有思想波动的记账户，深入了解其思想波动原因，并通过专业调查员电话沟通、辅助调查员当面劝导、队领导亲自入户开展思想动员的方式让原本拒绝记账的12户记账户放弃换户要求；二是传授简便的记账技巧，减轻记账难度；三是以活动为引导，建立感情纽带。集中记账户开展各类趣味活动，如邀请城镇记账户中的妇女成员参加3.8妇女节郊游活动，在活动中培养感情，提高其对调查工作的理解和支持。

2014年8月7日，广西调查总队法规制度处处长张学宁到南丹调查队召开党的群众路线教育实践活动专题组织生活会

3.“四多”改进一体化工作方式：一是多访。坚持党的群众路线教育活动要求，带着问题到群众中，争取每季度到调查点一次，每月走访、电话访问有记账问题调查户一次，与群众建立亲情，打开工作被动局面。二是多听。入户调查时多听记账户对一体化工作的想法，充分利用好群众这一面镜子，在倾听中查找工作的不足，不断提升业务能力水平。多了解记账户的难处，尽最大努力为记账户排忧解

难，为记账户生产生活出谋划策。三是多赞。每一位队员入户核查时，多发现记账户的进步，多挖记账户的优点，每一户记得好地方都给予表扬。在记账户中树立“为国家记账、为自己理财”的意识，增强记账户记账的荣誉感和成就感。四是多记。对记账户出现的错误，做好记录、汇总，及时向记账户反馈。不断强化配角意识，随时准备好充当记账户“参谋”，适时为记账户提供具有可操作性的意见和建议，给记账户提意见和建议时语气尽量委婉，进一步拉近和记账户的距离。

2014年8月18日，南丹调查队在月里镇巴峨村开展“千村调查—留守儿童现状调查报告”撰写调研

4.“三办法”扎实开展住户样本轮换工作：一是高度重视，提供人财物保障。总队换户培训会后，队领导及时向县政府汇报工作得到县政府经费支持，换户期间全员参与入户核查及开户工作，在经费、车辆使用上给予保障，确保换户工作有序开展；二是抓住难点，提前做好预案。提前预估换户工作存在的难点，针对调查点中文化程度普遍低及外出务工率极高的调查村制定“无人记账，需扩点”预案，在下乡时间表上提前安排，避免耽误换户整体进度；三是加强核查及宣传力度，确保换户质量。与新调查户的沟通中注重情理结合，并发放统计开放日宣传资料，使他们意识到记账是一件光荣的事情，确保开户质量及记账可持续性。

2014年8月22日，南丹调查队参与南丹县2014年春玉米高产创建项目验收工作

二、力求规范，认真做好常规调查

南丹队严格按照国家调查方法制度的要求，坚持以提高数据质量为中心，树立“两个意识”，不断规范农业调查、主要畜禽监测调查、退耕还林监测调查、批零住餐调查、规下工业调查以及农民工监测调查等常规调查，提出“四个不准”提升常规调查质量：

一是业务培训要深入开展，不准敷衍塞责。要求各专业主管人员认真梳理调查网点的情况，对辅助调查员工作情况进行分析，了解各调查点存在的问题，并就问题对辅助调查员进行一对一培训，解答业务工作中疑难点问题，提高辅助调查员业务能力。二是调查工作要坚持原则，不准授意或随意改动数据。即要求坚持“独立调查、独立上报”的原则开展各项调查工作业务，落实到人，责任到人，全程监控数据采集过程，不委托地方部门开展调查，调查结果直接上报总队。三是数据核查要严格细致，不准走马观花。发现问题时，要求调查员深入调查点入户核查，了解存在的问题以及原因。不允许任何数据凭空猜测报数据。四是数据处理要专人负责，不准越俎代庖。实行调查业务专人负责制，本职业务的所有数据，由指

2014年9月19日，南丹调查队黄艳队长在第五届统计开放日活动现场接受南丹县电视台记者采访

定负责人收集、审核、录入及上报，其他人员无特殊情况不得跨专业处理业务数据，确保数据口径统一，确保错误及时纠正，提高数据质量。

三、全面准备，切实做好专项调查工作

1. 脚踏实地开展“千村调查”： 一是精心部署，明确责任。召开全体队员会议，学习“千村调查”相关文件，熟悉文件的要求，并根据文件精神及时与市队沟通，明确了调查村与调查主题。成立工作领导小组，做好人员工作分工，做到目的明确，人员、责任到位，为“千村调查”工作的开展提供了保障；二是制定工作方案。组织召开队务会议专题研究并确定工作开展的方法方式、步骤及要求，促进“千村调查”工作有章可循，顺利开展；三是加强业务培训，提高调查能力。认真拟写“千村调查”主题问卷，并在入户调查前进行业务培训，对调查问卷以及入户方法进行讨论，培训入户调查员各种问答技巧，提高调查员的调查能力，确保“千村调查”工作高质量完成；四是进村入户，深入实际开展调查工作。确保调查活动不走过场，不流于形式，达到调查的最终目的。队长带队到南丹县巴峨村，并走入10户典型调查户现场调查，直接获得第一手资料，为调查报告的撰写找足材料，高质量的完成此次调查工作。

2.“细全严”布置党风廉政建设民意调查： “细”即细致研究方案，精心部署工作。队领导高度重视此次向无纸化转变的调查工作，在总队召开视频会之后，立即召开专题会议，全面系统的学习了调查工作方案，并根据要求确定了工作负责人、调查样本村（社区），统筹安排，保证调查工作人员到位，为该项调查提供高效保障；“全”即全面培训，掌握调查要点，熟练PDA操作。对调查人员进行如何入户访问、如何审核问卷、如何使用PDA现场调查进行一系列培训。掌握问卷细节，便于指导群众准确的理解题意；充分掌握PDA操作，适应无纸化调查方式；“严”即严格按照文件要求完成独立调查、独立上报。严格执行方案，实现无纸化调查；严格独立调查，独立上报的调查宗旨，严格执行总队及国家的调查方案，深入村屯一线，与调查对象面对面，确保真实反映民意。

四、扎实做好第三次经济普查个体经营户抽样调查工作

在三经普个体经营户抽样调查过程中，南丹队高度重视，明确责任，严格按照总队的统一部署和方案要求，精心组织、周密部署、迅速实施，克服三重困难，按时高质完成三经普个体抽样调查工作。一是克服人力不足之难。南丹队在仅有7名调查员且调查员还身背各项业务工作的严峻条件下，充分发挥每个调查员的自身优势，组成现场调查、PDA录入审核、资料下载及数据审核三个小分队，同步开展工作，全面提升效率及进度；二是克服调查点偏远之难。本次南丹队所负责的三个调查点均处偏远山村，路途遥远且道路状况差，其中一个调查点甚至不通车。调查员严守三经普个体抽样调查工作“三条红线”原则，发挥吃苦耐劳的调查人精神，步行几个小时进入调查点开展现场调查，不仅得到了真实的数据，更得到了调查对象的赞赏；三是克服“不配合，找不到”之难。对在调查中遇到调查户不配合的现象，调查员配合指导员与调查户诚心交

流、耐心沟通、分析利弊，最终均获得了调查对象的支持；而对于找不到调查户的情况，调查员先通过左邻右舍获取其联系方式，联系好之后不辞辛苦不惧路途遥远再次登门调查，最终圆满完成了所有调查点的现场入户工作。

五、深入开展群众路线教育实践活动，积极转变作风。

按照总队统一部署，南丹队以为民、务实、清廉为主要内容，按照“照镜子、正衣冠、洗洗澡、治治病”的要求，深入开展教育实践活动。

2014年9月22日，南丹调查队组织人员深入田间开展水稻实割实测调查工作

一是通过学习习近平总书记一系列讲话精神以及中央、国家局、总队主要领导的讲话精神，制定详细学习计划表，定期开展集中学习，定期检查个人自学情况，要求笔记要做好做细，体会要写真写实，用理论知识和活动精神指导日常统计调查工作；多方式开展党的群众路线专题学习宣传周活动，通过出墙报、张贴警句、制作《学习材料汇编》等手段营造群众路线教育实践活动的氛围，党员干部学习热情高，群众路线教育实践活动开展扎实有成效。二是把学习弘扬焦裕禄精神作为一条红线贯穿始终，自觉践行“三严三实”要求，坚决反对形式主义、官僚主义、享乐主义和奢靡之风，深入里湖瑶族乡中心小学及各专业调查点进行调研及征求意见活动。通过深入基层不仅了解了群众生活状况，更是提高了直接调查能力，永葆国家调查队“轻骑兵”本色。三是开好专题组织生活会。组织生活会中队领导班子和党员干部都能严格对照焦裕禄精神、“三严三实”、苏区调查精神和“六不”，聚焦四风，联系本职工作查找问题，主题突出；自我剖析敢于亮丑，认真查摆个人四风问题；剖析深刻，触及思想根源；能够开展批评和自我批评，敢于揭短，利于队员的发展。四是开展整改落实，建章立制工作。制定“两方案一计划”，落实责任，全面整治“四风”，干部作风得到进一步转变。

六、加强统计调查分析，优质服务成绩有突破

南丹队继续加强“两项制度”，落实“四个坚持”，围绕热点、难点和重点问题，以约稿信息为突破口，从提高“三个能力”（农村政策的解读能力、文字写作能力、沟通交流能力）着手，集全队之力开展调查调研，统计调查分析能力进一步提高，优质服务工作成绩有了新的突破。据统计，至10月底，南丹队完成调查信息28篇，经总队组稿后获中央领导人批示10篇次，中办国办采用11篇次，较去年

2015年3月12日，广西调查总队副总队长杨锡虹（左三）到南丹开展工作调研

有了大幅度的突破。同时向南丹党建网投稿，向网民宣传南丹住户一体化调查工作“两个收入”调查成果。

七、“三注重”筑牢廉政防线，强化党风廉政工作

一是注重学习强自身。始终把学习作为加强、改进领导班子自身建设和提高干部素质的基础性工作常抓不懈。要求队员认真制定个人学习计划，每季度完成一个纪检专题学习，完成一篇学习心得；通过开展上廉政教育课、观廉政教育片、参与反腐倡廉知识学习等多种形式对干部职工进行党风廉政教育、统计行风教育，引导干部职工不断加强自警、自醒、自律意识。二是注重制度防腐败。签订党风廉政建设责任书，完善廉政谈话、诫勉、领导干部述职述廉、重大事项报告等制度，做到任务细化分解到位，工作检查考核到位，个人责任追究到位，将党风廉政建设责任制落到实处；修订完善各项工作制度，进一步明确工作流程，按制度办事，让制度说话，让所有的权力都在制度下运行，促进权力规范透明。三是注重督查固成效。建立完善的工作督查制度，将全队开展党风廉政建设和纠正“四风”工作纳入年底考核，实行定期或不定期检查，促进作风建设长效化；充分发挥纪检监察人员在防止统计弄虚作假、建立统计数据风险防控机制、提高统计调查数据质量方面的监督作用，巩固前阶段所取得的成绩。

八、细则入手，财务管理能力增强

一是多方努力，为重点业务开展提供经费保障。今年来南丹队加强与当地政府的沟通与工作情况汇报，积极争取地方财政支持，全年落实地方财政资金用于城乡住户一体化调查改革，为本队重点业务工作提供了有力的经费保障。二是加强规范化管理，提高预算执行力。完善覆盖会计核算、预算编制、预算执行、审计监督在内的一体化财务管理制度框架，提高财务工作的规范化水平。同时加强与各专业股室的协调配合，强化预算执行管理，落实领导责任，提高预算执行能力。三是全面整理六年来的财务资料档案，配合总队对我队开展的内部审计工作，按照总队审计意见进行全面整改落实，进一步规范财务工作。

九、着重加强行政规范化，行政工作稳步提升

1. 抓好队伍管理，提升队员素质。一是抓培训。队长参加了国家统计局在成都举办的“六省区领导干部能力提升培训班”，选派两名业务骨干参加了国家统计局统计基础培训班（第21期）的学习，提升理论知识及业务能力。积极参加总队召开的各种现场及视频培训会，切实提高队员业务技能；二是抓作风。根据中央及广西调查总队关于进一步改进工作作风的若干规定的精神，明确接待及接待标准，强调接待工作必须严格遵守先审批后接待的原则，树立节俭意识，加强用车管理，严格执行派车制度，规定派车范围，杜绝公车私用的现象，同时采取油卡加油、及时记录的方式实时监控汽油耗费情况；三是抓素质。积极参加河池队举办的区域统计知识竞赛和县里组织的“新春杯”和“五一劳动杯”、“国庆杯”气排球比赛，并在“国庆杯”比赛中夺得亚军，丰富和活跃职工的文化生活，提高队员团队合作意识的同时提高了队员的身体素质，提升了调查队的知名度。

2. 狠抓行政管理，增强服务能力。一是规范公文办理，不断规范公文办理，认真学习《公文处理办法》和《党政机关公文格式》，提高对公文处理的敏感性和重要性认识，增强“效率”意识，认真细致做好文电处理工作，及时处理收文，制作文电处理笺，并制作电子收文登记本，及时登记收文情况。做好发文的起草、审核、印发等工作，不断提高撰文能力，确保文稿不出现大的失误和错误；二是加大督查督办力度，定期对业务调查制度的执行情况做督查督办，凡是队务会议通过的事项，要求雷厉风行，定了就要干，要干就干好；凡是交办的任务，要有方案有措施、有结果、有反馈，第一时间落实到位，有困难有问题要想方设法解决；三是继续加强政务信息写作。南丹队在完善“南丹调查队信息考评

办法”中要求，加大信息编写的激励政策与下达编写任务相结合，全体队员包括队领导都必须参与到政务信息和调查信息的写作，并鼓励全体队员积极撰写调查信息和政务信息，出好信息。至11月底，共上报政务信息58篇（含工作要事12篇），被总队采用47篇（含12篇工作要事）；四是提高档案工作水平，重点加强音像、实物档案归档工作，努力实现常态化。

3. 严格做好保密工作及强化信息化管理。坚持“保密工作无小事”和“以防为主”的理念，严格执行阅览权限规定，坚决做好计算机和移动存储介质的管理，半年来，南丹队均能严守保密制度，无涉密事件。按照总队《关于加强信息安全管理工作的紧急通知》中有关安全清理检查规定要求，对所有股室的工作计算机开展“大清扫”，及时更新杀毒软件病毒库、全盘查杀病毒、设置复杂度高操作系统用户名及口令，安装国家统计局统一配置的“客户端安全管理软件”，严格落实入网实名制，确保网络运行安全。

4. 加强法制工作，统计调查意识进一步强化。一是抓学习巩固依法行政基础。南丹队根据全区系统法制工作要点的要求，制定年度学习计划，通过学习培训使全体队员更深刻的了解统计法制工作具体内容，进一步巩固了依法行政的基础。同时，将依法行政的内容量化到具体业务开展的过程中，纳入全年目标管理考核中；二是多方式创新统计法制宣传。深入到城乡住户、畜禽、农产等调查对象及辅助调查员家中介绍和宣传调查工作，详细向记账户讲解《统计法》所赋予的权利和义务，增强依法记账、依法配合调查工作的自觉性，提高调查户依法履行统计义务的意识。通过群发短信、派发宣传资料、印制横幅板报等方式宣传“统计开放日”、“统计法”颁布30周年及统计知识、统计法律、统计成果，切实加深民众对统计调查工作和统计法的认识。邀请电视台记者报道。9月19日，队长黄艳接受南丹电视台《社会扫描》栏目记者采访，就调查队工作及统计法制建设做了介绍，增强了统计调查公信力。

十、积极争取地方支持，办公条件得到一定改善

今年以来，队领导多次向县政府领导专题汇报，反映多年来调查队办公室紧张的问题，县常务副县长先后两次到调查队实地调研，积极协调。11月上旬，县政府下文将原农经局办公用房调整给调查队长期使用，南丹调查队办公用房面积由原来的40多㎡扩大到140多㎡，办公条件得到一定改善。

2015年4月23日，南丹调查队在都安县参加河池辖区调查队系统第二届调查业务知识竞赛

国家统计局宜州调查队

2014年7月21日，宜州调查队下乡开展早稻实割实测工作

2014年，宜州调查队在国家统计局广西调查总队的正确领导下，在宜州市委、市政府的支持下，认真贯彻落实中央、自治区和市委的决策部署，积极落实全区调查系统统计调查工作会议精神，围绕“业务改革巩固年”的主题开展业务活动，以科学发展观以及党的群众路线教育实践活动为指导，贯彻落实党的十八大精神及中央八项规定，不断改进工作方法，转变工作作风。经过全体队员扎实有效的努力，很好地完成了各项调查工作任务。在2014年广西调查队系统市县级调查队目标管理考核中，总体成绩较2013年有所进步。

一、注重团队氛围，加强队伍建设

（一）扎实开展党的群众路线教育实践活动，严格执行八项规定

一是以“为民、务实、清廉”为主要内容，按照“照镜子、正衣冠、洗洗澡、治治病”的要求，扎实开展党的群众路线教育实践活动，通过面对面谈心、填写意见表、设立意见箱等多种方式，面向调查对象、辅助调查员及其他单位广泛征求意见，并就工作中存在的问题进行整改。二是坚决落实中央八项规定，纠正“四风”问题，加强对调查经费和三公经费的审批管理，反对铺张浪费。

（二）加强作风建设，完善制度

进一步整治文风、会风，转变作风，加大对人财物的管理，规范用车行为，先后对《国家统计局宜州调查队会议管理制度》、《国家统计局宜州调查队公务车辆管理制度》、《国家统计局宜州调查队公务接待管理规定》、《国家统计局宜州调查队工作人员考勤规定》等制度进行修订完善，切实做到“制度管人、制度管事”。

（三）注重干部培养，营造和谐氛围

注重干部教育培训工作，加大干部思想政治学习，强化干部管理监督：5月，派2名年轻干部参加国家局培训班学习；同时，派员参加河池辖区调查队统计知识竞赛；6月，组织职工赴都安队学习档案管理工作；9月—11月，派年轻干部参加自治区文明城市测评工作；11月，队领导赴省外参加国家调查队系统领导能力提升培训班；11月，组织职工参加普法学习和考试。

2014年8月6日，广西调查总队机关党委副书记梁涛到宜州市参加宜州调查队党的群众路线教育实践活动专题组织生活会

二、紧抓主要工作，巩固业务水平

（一）注重规范操作，巩固基础工作

1.在调查业务开展前制定各项业务工作方案，遵守工作制度，完善工作记录，做到工作开展“有据可依”。

2.坚持“独立调查，独立上报”的原则，调查员坚决按照统计法的要求，遵守各项调查方案制度以及保密原则，巩固“两个意识”，严守“三条红线”，依法、独立深入调查点开展调查，掌握一线材料，努力减少中间层级，并履行好监督检查职责，避免了各种干扰统计数据质量的行为发生。

2014年8月8日，宜州调查队到北山镇梅洞村开展千村调查工作

（二）加强监督力度，巩固执行效果

1. 围绕本年度重点工作、信息撰写工作及其他需要督办的重要事项进行督查督办，标明工作任务、责任人、工作完成度以及未完成原因。

2. 定期到调查点进行督查核查，执行辅助调查员管理制度，通过强化培训、实践锻炼、评比考核等方式，促进辅调员业务工作水平，提高工作效率。

（三）围绕重点工作，巩固业务成果

1 .多种方式开展业务培训和指导，提高工作能力。一是本队调查员积极参加上级部门组织的业务学习，并与其他市县队同事进行探讨，增强对方案、指标、程序操作等方面的理解和掌握。二是有针对性的开展对辅调员培训和指导：三经普工作按照进度和培训内容的不同分批进行培训，确保调查员有足够的时间练习PDA操作；住户调查工作坚持开展季报会审培训，为辅调员提供交流的平台，保持沟通渠道畅通，确保及时解决问题；农业调查结合实际情况多采取现场指导的方式开展培训；CPI调查更新培训方式，每月利用集中交采价本的机会进行30分钟业务交流；对每个专业要求坚持每季度入户进行交流，掌握调查对象情况。

2. 注重数据审核工作，通过多种渠道加强数据监控。住户股运用“数据审核查询卡”做好相关记录，及时与调查对象联系核实异常数据，并在每个季度初将上季度记账中存在的问题进行归纳，列出当下季节普遍出现的收支项目，打印成册，入户时有针对性地进行指导，提醒记账户不要漏记；专业负责人不定期到调查网点对规格品的价格进行抽查；CPI后台监控人员在采价日按“定时定人”的“二定原则”及时检查当日数据上报情况，并对数据进行即报即审，采价员发现规格品价格变动较大时，主动与后台监控人员进行电话汇报并说明变动原因，后台监控人员通过电话咨询或到网点进行实地核实评估数据，确保源头数据质量；农业调查人员提前深入了解今年粮食播种情况、生产形势、气候条件以及病虫害等对粮食产量的影响，对实测原始数据进行逻辑关系和平衡关系的评估和论证，确保夏粮实割实测数据的可靠性。

3. 加强走访力度，维系感情的同时提高数据真实性。住户调查人员经常深入调查一线，全面掌握调查小区和调查户的基本情况，尤其是记账户的收入项目和产业规模，留意记账户房前屋后的特色产业，以此推断评估记账户的收支数据是否存在漏记、少记等现象；CPI调查人员定期走访各个网点，自上而下，层层带动，坚决杜绝“形式主义”和“享乐主义”，深入调查一线，多方面了解市场情况，掌握市场动态；农业调查人员加强与基层调查员的沟通，建立与基层网点的快

2014年9月19日，宜州调查队在宜州市城南广场开展“第五届中国统计开放日”宣传活动

速联络机制，及时跟进各网点的水稻和玉米生长情况，根据调查户的收割安排制订实割实测的时间表，确保测产工作计划符合实际情况。

（四）兼顾其他业务，巩固数据质量

在完成拳头产品任务的同时，加强统筹协调，推进批零住餐、规模以下工业、新设立小微企业、农产品中间消耗以及其他一次性专项调查等工作的进一步规范，注重样本维护和管理，强化对调查员和辅调员的业务技能培训，坚持“两个独立”，认真做好数据质量审核，确保调查数据的趋势性和正确性。

三、围绕服务理念，树立统计形象

（一）加强宣传力度，提高知晓度

1. 结合日常工作下点机会积极开展统计宣传，向调查网点发放宣传资料，为调查对象讲解统计业务相关知识和统计法律法规，增强辅调员的责任意识，获取理解和支持。

2. 以“第五届统计开放日”、“12·4”国家宪法日和“12·8”统计法颁布纪念日为契机，利用多种形式开展宣传活动。通过在广场设立宣传展台、慰问记账户、走访消价调查网点、召开辅调员座谈会、发送短信等方式，为市民及调查对象营造良好的统计调查氛围，树立国家队统计形象。

（二）运用“服务”效用，提高配合度

1. 结合群众路线活动，队领导及专业负责人员不定期开展走访活动，加强沟通与交流，认真倾听辅调员、调查对象、普通居民的意见和建议，及时作出整改，树立可靠形象。

2. 尽力协助解决困难，尽心服务调查对象。为调查对象提供、解释各项政策信息；协助农户了解政策，为大多数农户争取到稻谷、红花草种子以及化肥等生产资料；及时反馈住户收支调查结果，入户回访解释图表意义，以彩图的形式让调查户更直观的了解自己的收支情况。

3. 严格落实村级“零接待”，从实减轻基层负担。调研不搞层层陪同，各股室到村工作和调研需在村里就餐的，要支付伙食补助。

（三）积极采取措施，提高优质服务质量

根据本队实际情况，调整工作方法，一是要求各股室人员加入总队综合群，采用主动学习的

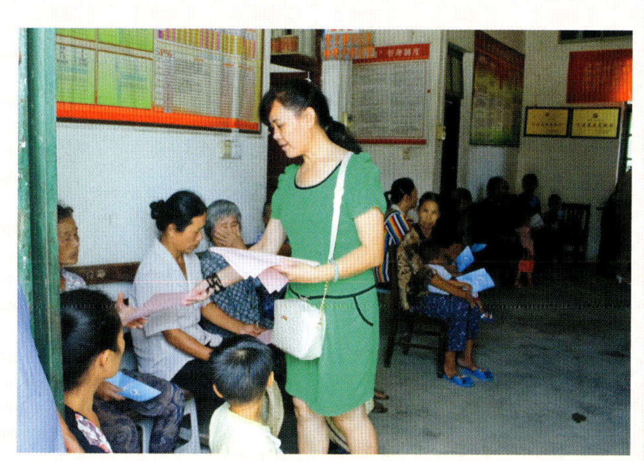
2014年9月19日，宜州调查队由副队长潘珍玉带队前往北山镇梅洞村开展约稿调查，并向村民宣传统计调查工作

方式提升撰写水平；二是调整工作方式，将被动接受变为主动安排，针对期内的重点工作提醒相应业务股室进行信息的调研撰写；三是加强对信息工作的针对性指导，综合股人员根据约稿“要点”要求，详细讲解需调研的主要内容，细化撰写提纲和信息要点，然后再将任务分配落实到具体人或临时小组，大幅度减少了对信息要点理解不透、缺乏针对性等情况；四是执行“综合股—撰写人—综合股—队领导”的四级审核模式，确保数据、信息的真实性，以及表述的准确性。2014年度信息采用量有所提高，由2013年的提量逐步走向提质阶段。

（四）加强协调能力，提高后勤服务水平

1. 加强文秘工作。一是要求办公室人员要贯彻落实习总书记提出的“五个坚持”，充分发挥办公室的职能作用，推进办公室工作与时俱进；二是要主动发挥参谋作用，树立大局观念，对各方来文合理提出可行的拟办意见，确保领导决策的贯彻执行和各项工作的部署不折不扣完成。三是找准定位，敢于担当，提高服务和奉献意识，学会利用和整合各方资源，努力协调各股室间的工作关系，强化内务管理和后勤服务，积极发挥助手作用，促使本队的各项工作任务有序进行。

2. 加强财务保障。及时修订各项规章制度，严格按照制度进行管理，八项规定，完善审批程序，遵守先审批后办理的原则，控制经费使用；加强预算管理，统筹兼顾，合理安排资金，确保每一笔经费的使用都符合要求，保证各项工作有足够的经费顺利开展，使有限的资金发挥最大的效能；认真学习各项财务知识，并积极配合总队开展内部审计。

3. 严控公款接待和会议规模。强化在公务接待和各类会议的审批管理，严格按照有关规定执行，切实做到不超标准安排，推动工作作风的转变。

五、协助地方工作，提高支持力度

充分发挥联席制度效用，不断优化与联席单位的合作关系，定期召开住调办联席会议，及时通报总队反馈的数据，共同分析和研判当前增收形势；同时，利用住调办平台广泛宣传住户调查工作，提高记账户的配合度。

按时按要求向市绩效办提供“两个收入”数据；定期向市物价局提供居民消费价格指数数据；受市政府和市价格调节基金管理办公室的委托，负责宜州市“菜蓝子”工程农副产品平价商店市场价格采集工作；积极参加地方安排的各项工作，尽力完成各项任务。

2014年10月31日，宜州调查队到祥贝乡拉托村开展住户轮换培训工作

2015年3月12日，宜州调查队到龙头乡开展2015年宜州市农村党员培训情况调查

国家统计局都安调查队

2014年8月7日，都安调查队召开党的群众路线教育专题组织生活会，广西调查总队第二督导组到会指导

2014年，在总队领导的关心和指导下，都安调查队紧紧围绕“业务改革巩固年”主题，深入开展党的群众路线教育实践活动，狠抓“四风”整改，强化基层调研，严保数据质量，顺利完成各项工作目标。

一、积极稳妥，推进各项调查业务发展

（一）抓基础提质量

狠抓业务基础工作，打好根基，确保数据质量。一是坚持数据联审原则。充分发挥联席会议办公室的作用，坚持“两个独立”，对数据充分评估分析。建立与住调办成员沟通渠道畅通的协作机制，把握新老口径数据之间差异，全面收集影响城乡居民收入分配、增收的政策措施，关注本地经济发展趋势。二是强化审核确保零差错。各专业严格调查制度要求，在细节上做文章，步步为营，狠抓数据审核环节，利用业务程序、电子表格、逻辑推算、机账核对等手段对各项数据指标进行严格细致地审核，确保上报数据零差错审核。三是借助统计法制提高配合程度。在城乡住户调查、批零住餐调查、规下工业调查等专业中，都安队始终将统计法作为调查工作的保障，入户调查时首先向调查对象宣传《统计法》，强调数据保密的相关条款，消除调查对象的心理顾虑，提高其配合度，然后以拉家常的方式进行访问，力求源头数据接近实际情况。

（二）抓创新促发展

都安队按照主题年活动要求，积极创新，不断探索提高业务水平、确保数据质量的新思路新方法，进一步巩固统计业务改革成果。如：为提高记账户记账质量，都安队采取“清单+考核”两种模式，确保记账规范实现长效化。“清单”

2014年9月4日，都安调查队深入住户调查点开展“统计开放日”座谈会

模式促记账整改，将每户调查户原始账本中的错误列成清单，分点分户分条核实整改；“考核”模式提升辅调员业务，制作辅助调查员定期考核表，每季度下点实地检查辅调员工作情况，加强业务指导，提高辅调员的工作责任心及审理账本能力，及时在记账源头查遗补漏。又如：为确保农产调查取样准确。减少人为误差，都安队采取“整块收割验证法”，在玉米、中稻调查点中分别抽取1块样本地，邀请部分辅调员参与整块收割，对样本抽选情况进行验证，查看整块收割湿谷（生苞）实收值与样本湿谷（生苞）推算值的差异，以验证放样是否分布均匀合理、抽取过程是否规范到位，及时发现取样过程中不规范、存在人为误差的环节，及时改进完善。

（三）抓细节促规范

求各专业严格按照业务规范化要求，强化业务基础工作，抓流程和细节规范。如：在农民工监测调查中，为了准确反映农民工从业情况，逐点逐户建立《农民工从业信息台账》，及时更新外出从业农民工务工地点、行业、从业时间、收入、劳动保障等项目详细内容；跟踪建立《外出务工人员电话联系号码簿》，善于使用电话沟通，结合农耕节气、民俗传统节日等变化规律，及时提醒，掌握外出务工人员准确信息。又如：在住户调查中，为规范记账计量单位，制作《现金收支日记账计量单位规范填写》分发到每个记账户，让日常收支中如何填写计量单位有循可依，用细致专业的态度提高记账户对账本的重视度，有效减少马虎、懈怠记账行为。

二、积极转变作风，强化队伍建设

（一）落实“四风”整改，深入开展群众路线教育活动

今年以来，都安队按照总队的统一部署，以为民、务实、清廉为主要内容，按照“照镜子、正衣冠、洗洗澡、治治病”的要求，扎实开展教育实践活动。

一是学上注“细”，真学真领会。将十八届三中全会、习近平总书记一系列讲话精神以及中央、国家局、总队主要领导的讲话精神等作为全队干部日常学习的必修课，制定详细学习计划表，编制《党的群众路线教育活动应知应会知识手册》，定期开展集中学习，定期检查个人自学情况，要求笔记要做好做细，体会要写真写实，用理论知识和活动精神指导日常统计调查工作。活动开展期间，共组织开展集中学习6次，形成个人心得体会14篇。

二是干上着实，真抓真落实。认真践行习总书记“三严三实”的要求，对照焦裕禄精神，坚决反对“四风”，沉下身子，加强基层走访，用心用情开展工作。教育实践活动开展以来，都安队结合一体化住户调查、农业调查、批零住餐调查等业务工作，开展调查对象走访活动，帮助个体户反映经营困境，慰问家庭困难记账户；深入美丽乡村建设活动联系点百旺镇崇文村，指导新农村建设；深入永安乡、拉烈镇，慰问山区小学留守儿童及孤寡老人。同通过面对面谈心、填写意见表、设立意见箱等多种方式，面向调查对象、辅助调查员及兄弟单位征集到意见和建议20多条。

2014年12月4日，都安调查队在县城人流量最大的宣传广场设立咨询点，面向群众开展统计法制宣传

（二）抓队伍素质提升，强化责任意识

2014年，都安队下大力气打造业务骨干、辅

助调查员业务素质升级模式，以高业务水平的调查素质，预防数据质量因人为因素造成失真。于年初制定了统计业务人员和辅助调查员技能及培训计划，并不断加大培训力度和投入。3月份，选派住户股业务骨干参加国家统计局在成都举办的统计基础培训班；5月份，支持年轻同志脱产赴广西师范大学参加在职研究生集中学习；5月上旬，组建一支参赛队参加河池辖区调查队系统知识竞赛，获得团体一等奖；11月份，队领导班子赴成都参加领导干部培训班；多次组织全体队员集中探讨调查信息及政务信息撰写、业务技巧知识等，干部的知识水平和业务素质得到有效提升。同时，要求各专业每季度至少对辅助调查员开展1—2次集中业务培训或现场业务指导，要求对一体化记账户进行每季度至少开展1—2次的“零距离”的走访，答疑解惑，指导记账。通过对涉及统计数据生产线上的业务员、辅调员、调查户等主体开展全方位立体培训，充分确保数据源头的真实可靠。

三、全员协作，扎实开展三经普抽样调查

在总队经普办的指导和都安调查队所有调查员、指导员的努力下，都安队统筹兼顾，精密部署，圆满完成三经普个体户抽样调查。一是周密部署，合理分工。共召开3次全体调查员和指导员工作会议，周密部署分工方案、PDA推送方案、与各小区指导员确定最有效的小区行走路线等，确保工作任务细化、清晰、明了。强调严守“三条红线”：必须坚持现场访问数据；必须现场上报数据、不得擅自修改编撰数据；必须对调查户所提供数据严格保密。二是强化经普业务培训。于3月中旬至下旬，通过集中培训、“一对一”指导、个性化指导多种方式调查员开展周期为“认识—巩固—验收”的系统培训，并汇编《注意事项》手册印发至每一位调查手中，确保每个调查员都能吃透“三经普”调查的工作要求和工作规范。三是注重现场评估审核。要求调查员提高洞察力，仔细观察，对个体户的经营规模、营业情况有大致了解，做到调查时心中有数。强化评估审核意识，对个体户提供的数据进行现场计算审核，存在异常数据的情况，现场与调查对象进行核实，做好相关记录。

四、抓服务树形象，努力构建服务型统计

今年以来，都安队结合党的群众路线教育实践活动，不断增强主动服务意识，突出服务重点，丰富服务内容，精心服务统计用户、尽心服务调查对象，努力建设服务型统计。一是深抓两个信息，反映现象，服务决策。截至11月25日，全队上报每月要事10篇，总队采用10篇，采用率100%；上报政务信息50篇，总队内网采用42篇，采用率84%，其中《都安队借助先进记账户经验力促记账规范化》《都安队“借机使力”强化批零住餐调查》《都安队“二再、一提”夯实一体化基础工作》等7篇文章获国家局网站采用。调查信息获总队采用31篇，其中：经总队综合采用后，有8篇约稿信息获中央领导批示（直报领导），1篇获中办采用，6篇获国家局领导批示，4篇获区党委办公厅采用；题为《都安县贫困山区种植结构调整存在的困难及对策》的调查报告获总队内网采用，实现了“零突破”。二是深入调查点，

2015年1月20日，都安调查队迎接2015年全区调查工作会议会议代表现场观摩

尽心服务调查对象。定期向每个记账户反馈四大项主要收入数据，配以图表呈现数字，直观查看家庭收支变动情况，为家庭理财提供帮助；为部分调查户争取到优质菜籽，很好的解决了因习惯性丢荒而造成的土地资源浪费，获得了调查户的认可。三是积极开展统计宣传，树立调查队新形象。9月份结合统计开放日“统计人、统计情、统计梦”的主题开展系列宣传服务活动，为群众提供统计咨询服务，开展慰问座谈，向群众宣传统计业务知识及政策法律法规，认真倾听调查对象、普通居民的意见和建议。

五、强化警示教育，筑牢廉政防线

为确保权力在阳光下运行，一年来，都安队不断注重廉政建设，强化警示教育，以廉洁从政凝聚人心，以勤政廉政推动单位各项事业发展。一是案件通报，提高警惕。组织全体学习《2013年国家统计局系统查处违纪违规案件情况通报》和《国家统计局办公室关于央视曝光湖北阳新统计系统领导干部违规问题出和追责情况的通报》等警示教育文件，抓住关键节点，从会员卡、贺年卡、节礼、津补贴、“三公经费”等细节及具体事情抓起，确保每个节日风清气正。二是学政策法规，提高素质。组织队员认真学习《统计法》及“九不准”规定，严格执行系统党风廉政建设承诺书，坚定以提高数据质量为核心，保持“两个独立”开展调查工作，努力增强自律意识，做到“法无授权不可为”。三是学岗位职责，提高防控。重新修订2014年岗位目标责任制，注意与围绕岗位潜在的廉政风险点，每个队员提出各自岗位防控措施承诺，把岗位职责和风险防控机结合，确保廉政风险防控常抓不懈。

六、抓监督强执行，推动重点工作落实

不断加强督查督办力度，力克“精神懈怠、工作疲软、办事拖拉”，不断提高执行力，确保各项工作顺利、高效落实。年初根据“业务改革巩固年”工作主题，结合全区调查会议及邹伟忠总队长的讲话精神，明确全年重点工作，制定《2014年都安调查队重点任务分解表》及《都安调查队2014年督办计划》，明确督查督办事项及方式。采用督办单、督办表、口头督办、现场督查等多种方式开展督查督办，对重点工作的执行进度、存在的问题及拟解决的措施进行跟踪督促，有效推进各项工作规范、有序开展。截止10月底，启用督办表对每月经济约稿任务开展督办11次，启用督办单对住户调查、主要畜禽调查、政务信息、档案工作等开展督办12次。同时，由队长亲自担任督导员，对三经普个体户抽样调查采取现场督查督办，较好地保障了现场调查的数据质量。

七、规范高效，进一步提高保障能力

（一）完善制度，规范管理

按照总队文件，及时更新公务接待管理规定，公务接待遵守先审批后接待的原则，不上高档菜不送受礼品，树立节俭意识与“光盘”理念；完善用公车管理制度，强调公车使用“六不准”原则，严格执行派车制度，规定派车范围，杜绝公车私用的现象，同时采取油卡加油、及时记录的方式实时监控汽油耗费情况。

（二）加强法制宣传，营造良好氛围

一是借助全国法制宣传日开展形式多样的统计法宣传，组织综合法规股人员到都安县主街道派发宣传单页，并深入个体户店面进行统计法制及统计工作讲解，同时在全县人流量较大的6个政

2015年4月28日，都安调查队队长陆宇平率工作组深入10个住户调查点开展基础检查

讯商讯信息宣传栏张贴《统计法》颁布三十周年纪念海报，不断扩大统计法制及统计工作的公众知晓度。二是围绕中心工作，借助三经普抽样调查和其他常规入户调查的机会，深入基层讲解新《统计法》相关知识，积极向辅助调查员以及农户、企业负责人宣传统计法，增强调查对象抵制在统计活动中弄虚作假的能力，切实做到“送法下乡”、“送法入户”及“送法到企业”。

2015年5月27日，都安调查队与县商务局联合开展农产品电子商务发展情况调研

（三）细化预算，强化财务管理

不断提高财务人员素质，强调细化预算编制、规范预算支出、注意分析预算执行情况和加强监控预算执行进度等，确保全队财务情况运行良好。同时，按照总队财务管理的要求，开源节流，积极向当地政府汇报争取支持，缓解县级调查队经费与工作实际需求的突出矛盾，2014年都安调查队地方财政预算经费同比增长12.5%。

（四）夯实基础，确保档案工作规范化

一是继续夯实档案基础，完成2013年所有综合类、业务类、会计类、实物类档案的归档、编号、录入和上架工作，加强对档案室的日常管理、维护工作，严格执行档案借阅制度，及时登记借阅情况，做好防虫防火防潮等各项保障工作。二是要求档案管理人员定期浏览广西档案信息网等业务网站，及时了解关于档案工作的最新制度文件，不断提高档案业务技能。三是积极开展档案室升级申报工作，主动与自治县档案局业务人员沟通联系，完成升级考证、考评等各项材料，进一步规范健全档案管理制度，根据档案局的要求，积极自检自查，落实各项整改完善措施，于2014年11月28日顺利通过自治县档案局评审组的评定，成功升级为县直机关二级档案室，档案工作得到质的提升。

（五）积极开展“大清扫”，强化信息化管理

按照总队《关于加强信息安全管理工作的紧急通知》中有关安全清理检查规定要求，5月份，对所有股室的工作计算机开展“大清扫”，及时更新杀毒软件病毒库、全盘查杀病毒、设置复杂度高操作系统用户名及口令，安装国家统计局统一配置的“客户端安全管理软件”；对在内网搭建无线路由、随身wifi及将内网接入家庭使用等情况开展清查；强调上班时间不听音乐、不看视频、不浏览与工作不相关的网页、下班关闭电脑电源等，营造较好的网络使用氛围。

2014年11月28日，都安调查队档案室顺利通过自治县档案局评审组的评定，成功升级为县直机关二级档案室

八、积极参与地方活动，扩大知名度

都安队在完成国家局和广西调查总队部署的各项工作基础上，积极参与自治县人民政府部署的中心工作任务。一是定期向县委信息科报送调查信息，及时反映都安县农村经济情况。二是积极参与“美丽都安”乡村建设（扶贫）工作，做好活动联系点百旺镇崇文村的派员驻村、下点指导工作。

国家统计局灵山调查队

2014年，在总队的正确领导下，灵山调查队紧紧围绕全区调查会议布置的中心工作，狠抓各项工作落实，围绕“业务改革巩固年”活动主题，求真务实，进一步扎实统计调查基础工作，圆满完成了总队和地方党委、政府交办的各项统计调查任务。

2014年8月22—24日，灵山调查队队员到平南镇古修村进行测产

一、夯实基础工作，提高数据质量

（一）加强源头数据采集，提高基础数据质量。坚持现场调查，直面调查对象，通过现场询问、观察和数据逻辑审核等，防止调查对象应付式接受调查，提高调查对象配合度，确保数据质量准确、真实。

2014年10月27日，灵山调查队副队长黄文平（右二）带队到新圩镇开展小微企业跟踪调查

（二）注重调查业务培训，各项调查基础工作扎实推开。今年以来，我队注重辅助调查员的培训，针对各项业务工作特点，通过以会代训、集中培训、上门培训、现场培训等多层次多形式方式对辅助调查员、记账户开展业务培训。全年召开了城乡住户一体化联席会议、规模以下工业抽样调查、县级粮食产量抽样调查早稻调查汇总分析暨夏播面积调查布置、主要畜禽监测调查等会议。学习调查制度，熟悉指标含义，提高调查技能。注重排查，根据日常观察和报表质量，着重对指标不够熟、报表质量相对较差的辅助调查员、记账户进行着重指导，进行实地走访面对面指导，及时沟通，有针对性地解决问题，提高报表和数据质量。

（三）加强数据审核，把好数据质量关。要求各专业抓好数据审核评估，在数据审核过程中，如果发现有错误的数据，及时与调查对象核实确认，有效提高调查数据质量。落实各级负责人的责任，汇总数据需经过专业负责人、股室负责人、分管领导和队长的层层审核把关后才能上报。

（四）注重检查核实数据台帐，进一步完善基础工作。各调查专业调查过程中的原始资料、汇总数据、统计分析报告等按调查时段整理

2014年11月14日，灵山调查队副队长黄文平（左二）带队深入三隆镇大马村进行晚稻测产

装订，基础数据得到规范存档。创新思路，改变调查方法，实行下乡记录制，强化下乡日记录，做到下乡工作有安排有记录有成果，既防止工作走过场，又为资料收集和材料整理提供了方便，确保调查工作真实有效。

二、实行目标任务量化，信息撰写工作得到有效保证

一是制定年度目标管理责任制，将“两个信息”任务分解到个人，将完成任务情况纳入评优标准，调动全队队员信息写作积极性。二是加强督查督办，不定期对“两个信息”进行督查督办，跟踪写作进度和把握上报时间。2014年灵山队10篇调查信息、约稿得到总队采用，同比增长43%，超额完成任务，其中，4篇约稿被综合组成报告。政务信息共上报42篇，被总队采用37篇。

三、以实践活动为抓手，推进党风廉政建设工作

（一）加强“三会一课”的组织学习，提高党性觉悟。灵山队共组织10多次集中学习，提高党员干部的党性觉悟，模范遵守党中央规定，自觉提高服务能力，促进业务水平的提高。召开组织生活会，认真查摆“四风”问题，开展批评和自我批评，交换意见，沟通思想，纠正缺点、错误，消除思想和工作上的分歧，加强自身建设，进一步发挥民

2015年3月25—26日，广西调查总队副巡视员邱洪刚（右三）到联系点灵山调查队调研工作

2015年3月2日，灵山调查队召开主要畜禽监测调查培训会

主决策，增强党组织的凝聚力。

（二）签订党风廉政建设责任书，强化监督力度。年初，签订了党风廉政建设责任书，强化廉政“紧箍咒”作用。将党风廉政建设作为常态性来抓，抓住节假日节点，执行落实要求，监督规范用车用钱，纪检监察工作得到进一步加强。

（三）立行立改，完善各项工作制度。一是加强工作纪律管理。修订完善考勤制度，实行打卡上下班打卡签到制，每月对考勤数据进行通报，严肃上班纪律。二是规范公务接待。严格按照工作接待规定和中央“八项规定”要求，接待活动必须有接待通知等文件作为凭证，规范接待流程。三是加强车辆的管理。严格公车管理，完善车辆使用登记审批手续，实行公车封存制度，严格执行总队制定的用车“六不准”，做好车辆使用和检修工作。进一步提高制度执行力，以纪律建设抓作风转变，整治庸懒散、推诿扯皮等不良现象初见成效。

2015年4月15日，灵山调查队副队长劳泓翰（右一）到檀圩镇开展春收产量调查

四、加强与地方政府沟通，争取更多支持

（一）注重工作汇报，争取到了灵山县委、县政府的高度重视，工作经费得到进一步落实保障。灵山队一年来，认真按照总队“业务改革巩固年”有关部署要求，积极从经费、人员、工作配合等方面加大向地方党委政府的汇报沟通工作，力争地方党委政府对灵山队各方面的大力支持，经常过问调查队工作，尤其是在对住户调查的支持。灵山县党委政府今年加大了对灵山队住户调查的经费支持，预算经费同比增60%。

2015年5月4日，灵山调查队队员到丰塘镇睦村进行访户

（二）加强沟通，为调查点、记账户办好事。灵山县政府韦大器副县长亲自为一户记账户解决失业工作安排。在今年的样本轮换中，韦副县长还亲自协助做抽中调查户的思想工作，打消了这个抽中户的思想顾虑，安心为我们记账。记账点那隆镇充头村调查员向我队反映他们的自然村要打一条进村水泥路的情况，请求我们帮忙解决，后经队领导积极沟通，争取到县有关部门和那隆镇党委政府的支持，目前已经打好这条水泥路，得到了记账户等村民的高度认可。

2015年5月28日，灵山调查队队长郑广钧（左三）率队到浜乐食品厂服务基层企业

国家统计局浦北调查队

2014年，浦北队在队领导班子的带领下，紧紧围绕总队“业务改革巩固年”的工作部署，采取多项措施，有力地推动了各项工作的顺利开展，取得一定的成效。被评为2014年广西调查队系统市县级调查队目标管理考核良好单位、2014年广西住户调查工作先进集体，荣获浦北县2014年度绩效目标管理工作优秀奖。单项奖：新闻宣传工作获一等奖，法规制度工作和主要农产品中间消耗调查获二等奖，主要畜牧业监测调查、县级粮食产量抽样调查、农产品生产者价格调查、农民工监测调查、行政文秘工作、保密档案工作和财务工作获三等奖。

一、第二批党的群众路线教育实践活动成效显著

从2014年3月开始，浦北调查队按照中央和国家统计局的统一部署，在广西调查总队的精心指导下，认真开展学习教育、听取意见，查摆问题、开展批评，整改落实、建章立制三个环节的各项工作，教育实践活动重点突出、特色鲜明、成效明显，取得了三大成果：一是领导班子及成员的思想认识和宗旨意识进一步增强；二是形式主义、官僚主义、享乐主义和奢靡之风得到有力整治；三是以转变作风为重点的制度体系更加完善。

二、圆满完成三经普个体经营户抽样调查工作

据总队的统一部署，浦北调查队高度重视，精心组织，周密安排，深入浦北辖区范围内7个小区进行现场调查，认真核实调查数据，圆满完成了575户个体户的调查任务。

2014年6月5日 ，浦北调查队召开浦北调查工作会议暨党的群众路线教育实践活动座谈会

三、多举措巩固调查业务改革成果

1. 明确分工，落实责任。为加强聘用人员、公益性岗位人员的管理，出台《2014年浦北调查队目标管理责任制》和《浦北调查队临时工管理办法》，将临时工纳入考核范围并进行详细分工，明确责任。

2. 强化督查督办，全面推进工作落实。2014年，开展11次组织了针对三经普、住户调查、畜禽监测调查、调查信息等的专项督查，加强对各项重要工作的督查督办力度，推动各项工作的及时、高效落实。

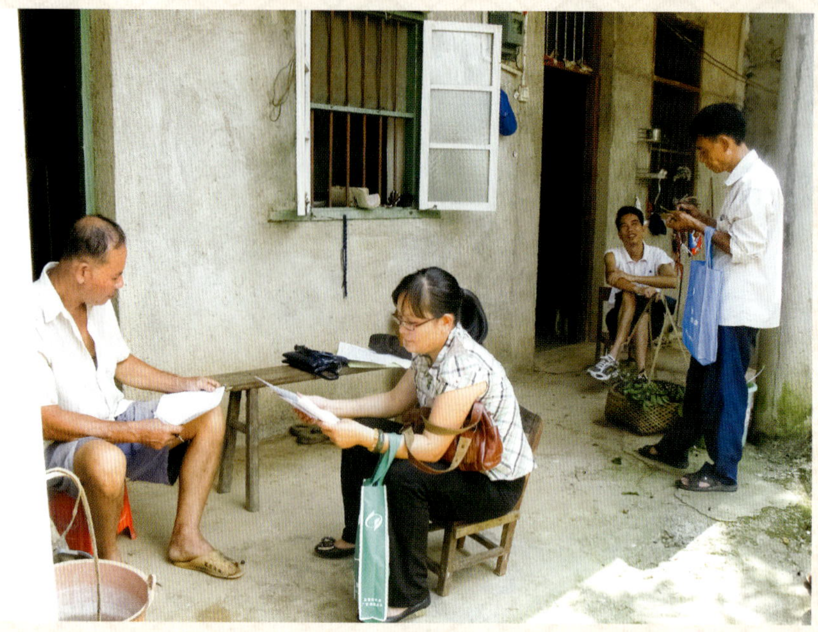

2014年7月2日，浦北调查队队长张英（左二）带领队员到泉水镇开展千村调查

3. 加强网点维护，稳定辅助调查员队伍。一是春节慰问送关心。二是及时完善辅助调查员名录库。三是购买保险送关爱。四是适当提高部分辅助调查员待遇。

4. 全程控制，狠抓数据质量。在业务开展前，通过业务培训、印发《记账须知》等提高调查对象业务能力；在业务开展中，要求队员认真做好下乡指导工作，完善下乡记录；在收集到业务调查数据后，认真做好数据录入前的编码审核，录入中的录入中的数据控制范围、指标间的逻辑关系审查和录入后对波动比较大的异常数据核查等工作，并做好业务回访和登记工作。住户调查、农产量调查、畜禽监测、农产品价格、农民工、规下工业等常规专业调查数据质量提升效果明显。

5. 积极争取地方党委政府的重视和支持。通过不断深化数据解读和分析能力，向地方政府和各部门提供高质量的数据分析报告等方式，为地方经济的规划与发展献言献策，努力扩大调查队在地方的影响力，并主动向县政府有关领导汇报工作。县政府和相关单位对调查队的工作性质和作用有了更多的了解和更大的重视，并将城乡一体化、县级粮食产量调查和生猪调查等项目列入2014年度浦北县财政预算。

四、努力打造服务型统计

1. 狠抓统计宣传，提高调查队影响力

（1）以住户联席会议制度为契机加强部门间沟通。通过参加钦州市住户联席会议、利用浦北县住户联席会议办公室收集面上资料等方式，与地方政府、农业局、水产畜牧兽医局和统计局等其他经济部门保持定期沟通，了解经济运行状况，撰写经济运行分析材料，为当地经济服务。

（2）多渠道开展统计宣传。一是在《统计法》颁布30周年和“中国统计开放日”时间组织专项宣传活动，加强对统计法和统计工作的宣传力度；二是认真编辑浦北调查队信息公开指南和信息公开目录等并在广西地方政务平台上发布，并及时更新工作动态；三是及时更新维护队内网的政务动态、调查信息等栏目，加强与兄弟队的交流。

2. 优质服务建设常抓不懈

2014年，全队共撰写调查（约稿）信息18条，据2014年10月份总队反馈信息采用情况看，总队已采用12条（次），无论是在采用数量、采用率还是参与度上都比2013年有提高。向地方政府报送2014年浦北县城乡居民收入分析及增收亮点难点分析等4篇（次），有效的发挥了为地方政

府决策提供依据的功能。

五、党建工作进一步推进

2014年9月正式成立浦北调查队党支部，不断加强党建工作。以开展党的群众路线教育实践活动为契机，围绕调查中心工作，大力弘扬苏区调查精神，坚定不移改进统计工作，为建设服务型统计工作作出了贡献。

2014年9月30日，浦北调查队队长张英（右二）带领住户股队员到福旺镇下垌村委开展住户调查记账培训工作

六、法制工作取得新进展

一是完善统计调查项目的管理工作，根据2013年10月建立的《国家统计局浦北调查队统计调查项目管理制度（试行）》，浦北调查队自2013年12月以来已开展《浦北县"新农合"政策执行情况调查项目》和《2013年浦北县绩效考评社会评价调查项目》等5个新增地方调查项目，对新增项目的组织建设、申报审批、实施程序、实施等严格按制度执行，有力的提高了统计调查项目的管理水平。二是认真开展《统计法》活动宣传，在《统计法》颁布30周年和"中国统计开放日"时间组织专项宣传活动，印发并讲解统计法相关知识，为使浦北县社会各界进一步了解《统计法》、了解统计工作，切实提高社会各界对依法统计的认知度、支持度和配合度，营造依法统计的良好社会氛围起到积极的推动作用。

2014年9月19日，浦北调查队开展第五届"中国统计开放日"宣传活动

国家统计局合浦调查队

2014年7月23日，合浦调查队队长潘朝远带队深入田间了解台风后灾情

2014年，合浦调查队在广西调查总队的正确指导下，在地方党委政府的大力支持下，队领导带领全体队员团结一致，紧紧围绕总队“业务改革巩固年”工作主题，认真贯彻落实总队的各项工作部署，认真开展第二批党的群众路线教育实践活动，坚持实事求是开展调查，着力提高数据质量，提升决策服务水平，积极推动调查事业科学发展。

一、形成合力，工作取得成效

合浦队在队领导的带领下，全队人员团结一致，形成合力，突出工作重点，抓好各项调查工作的开展。2014年各项工作取得突破性进展，获得全区目标管理考核县级队一等奖、调查信息报告工作考核评比县级队二等奖、全区住户调查先进集体；在单项评比中，政务信息工作、信息化工作、新闻宣传工作、农产品生产者价格调查、主要农产品中间消耗调查、退耕还林（草）监测调查共6个单项工作获得二等奖；行政文秘工作、财务工作、纪检工作、法规工作、人事工作、数据管理工作、生猪大县调查、农作物播种面积调查、农作物单位面积产量调查、县级粮食产量抽样调查、住户一体化收支调查、农户固定资产投资调查、农民工监测调查共13个单项工作获得三等奖。

二、夯实基础，提升数据质量

（一）强培训，积极推进住户一体化调查工作。2014年是城乡住户一体化调查开展的第二年，合浦队积极探索推进业务改革、夯实基础数据的方法，切实提高数据质量。一是全面梳理和整改记账问题，认真梳理出住户调查记账工作中存在的问题，对记账户开展密集下户检查，进

2014年8月8日，合浦调查队召开党的群众路线教育实践活动专题组织生活会

2014年12月8日，合浦调查队在县还珠广场开展“12.4国家宪法日”“12.8统计法颁布日”系列法制宣传活动

行一对一问题纠正与指导，达到消灭了漏记、预防了加账、详细了记账的良好效果。二是印发手册方便记账，对记账户和辅助调查员有双促进。自创《简要记账四要素》印发给每一个记账户及辅助调查员。对于记账户来说，记账质量有明显的改善，漏记的现象好转了，记账的内容也更详细了。对辅助调查员来说，收账本审核时好对照检查，能及时发现漏记、混记、错记现象。三是多下基层接地气，切实维护样本的持续稳定。以党的群众路线教育实践活动为指导思想，多下基层接地气，了解和切实解决调查户存在的问题和困难，对于记账配合程度低、抵触情绪高的记账户，队长亲自带队下户去开展谈心交流，消除他们的思想顾虑，争取他们的继续支持；对于拒绝记账需要换户的情况，严格根据选户的要求，详细了解家庭的基本情况，及时做好新户的辅导工作，使得新记账户尽快熟悉掌握记账流程和要点，确保记账工作的连贯和衔接。

（二）抓核实，实事求是开展农业调查工作。合浦县既是粮食大县又是生猪调出大县，合浦队坚持实事求是开展调查，深入田间地头，搞准源头数据。

1. 强抓调查制度，强化业务培训。严格按照农业各项调查的方案制度开展工作，队领导班子一方面要求业务人员必须加强学习，特别是严格对照总队规范化要求的各项指标，另一方面定期对辅助调查员开展业务指导和培训。

2. 多下田间地头，搞准一手数据资料。合理安排好下点入村的时间，做到及时调查、及时上报。一是杜绝办公室出数据，积极下乡和农户核实台账，把“问题数据”解决在田地里。二是多和农户交流，比如深入了解调查点的种植特点，做到调查点习惯种植什么作物和不种什么作物都了然于心。认真到田间地里调查，搞准、做实数据，做到“账实对应，账账相联”，让调查队的数据能真实、准确的反映合浦县农业生产的形势。

3. 多关审核录入数据，严格控制上报差错。

2015年2月2日，合浦调查队队长潘朝远带领农业股人员到石湾镇开展秋冬播粮食调研

2015年2月4日，广西调查总队农业处邓有朝一行带队到合浦县开展马铃薯种植情况调研

实行多关审核，即一人录入后，股室负责人复核，再由分管领导终核，尽量消灭手误造成的机账不符，严格控制上报差错，保证数据的准确率。

4. 部门间多沟通协助，促进农业工作顺利开展。注重与地方部门的协助与沟通，经常利用互相邀请水产畜牧局、农业局等先关部门的领导和业务人员一起到各个乡镇开展调研，通过互相协助，达到在数据上互不干扰、资源共享的共识，从而促进农业工作的顺利开展。

二、加强沟通，积极争取各方支持调查工作

1. 主动汇报，争取地方财力支持。2014年，队领导班子先后共11次向县委、县政府主要领导汇报了住户、粮食产量及三经普等调查工作的有关精神、要求以及在调查工作中的困难和问题。县委、县政府召开专题会议研究经济工作，邀请队长参与探讨4次。县政府将合浦队3项调查业务工作经费纳入当地2014年财政预算，保障调查工作的顺利开展。

2. 加强沟通，加大与地方部门协调合作。2014年协同县农业局、林业局、水产畜牧局等部门共下乡下点开展农业生产情况调研9次，召开座谈会探讨农业生产形势3次。

三、立行立改，切实将群众路线落到实处

群众路线教育实践活动开展以来，合浦队坚持把聚焦“四风”解决问题贯穿活动始终，立行立改，以专项整治活动为切入点，切实转变工作作风，确保各项整改措施见成效。一是针对班子存在的问题，研究制订了“两方案一计划”，明确了整改措施和整改责任，确定了六个方面24项整改任务和七个方面的12项专项整治任务，提出了完善23项制度的计划，并制定督查督办计划，力求整改措施长效有力。二是成立党支部，解决组织涣散问题。2014年5月，中共合浦县直属机关工委以合直复字〔2014〕24号文《关于同意成立中共国家统计局合浦调查队支部的批复》，批准合浦队成立中共国家统计局合浦调查队支部委员会，队长潘朝远为支部负责人。这标志着合浦队第一届党支部的成立，同时也解决了长期以来组织疲软涣散的问题，提升了队伍的凝聚力和战斗力。

四、深入基层，全面提高优质服务水平

合浦队围绕社会关注的热点和重点，狠抓约稿，队领导经常带领队员坚持深入基层，扑身田

2015年3月18日，广西调查总队统计监测处一行到合浦县进行生猪生产、价格的调研

2015年4月28日，合浦调查队队长带队深入石湾镇调研豇豆种植情况

2015年5月4日，合浦调查队队长潘朝远带领住户股人员到村里培训记账户

间地头，搞准数据，摸清情况，加强调研，积极撰写分析报告。全年获总队采用信息报告共33篇次，总分585.2分，同比增长64%。

五、坚持依法统计，保障统计数据真实可信

1. 加强培训，提升法制素质。对内，对统计执法流程、执法文书和相关法律法规知识进行详细的讲解，提高队伍执法水平，维护和树立统计调查工作的权威性。特别是加强对新公务员的培训，系统的组织学习《统计法》等相关法律法规知识，确保新进队员能够熟练掌握法制工作流程，全面提高法制工作意识；对外，在定期召开的各类调查业务会议时，进行统计法律法规讲座及发放宣传资料，通报执法典型案件，敲响警钟，提高调查对象依法统计意识。

2. 加强对统计基础工作督导。加强对各专业统计报表的检查，针对基础工作和数据质量方面存在的突出问题，定期或不定期抽取一定数量的调查单位或住户，有重点、有针对性地进行检查。重点检查填报数据是否真实，是否符合经济发展趋势等内容，以提高源头数据质量。

3. 积极开展法制系列宣传活动。开展形式多样的法制宣传活动。一是慰问记账户及辅助调查员。利用住户调查基础工作检查以及专项调查开展之机，在统计开放日活动期间，走访记账户以辅助调查员，以座谈以及走家串户方式，了解他们的记账工作以及在记账工作中出现的问题，发放《致调查对象的一封信》，并对他们致以节日的慰问以及感谢他们长期以来对调查工作的支持。二是邀请媒体宣传。以“9.19统计开放日”、“12.4国家宪法日”“12.8统计法颁布日”为契机，在合浦人口最集中的还珠广场开展了2场宣传活动，摆摊设点宣传统计相关知识，对过往路人发放宣传资料，普及统计调查知识。活动当日，均邀请当地媒体《今日合浦》记者全程跟踪报道，进一步提高调查队的知名度。

第四篇　农村农业

Chapter 4　Agriculture and Rural Areas

4-1 主要粮食作物生产情况（1985—2014年）

Basic Statistics on Main Grain Crops（1985—2014）

年 份 Year	粮食作物 Grain Crops			早 稻 Early Rice		
	播种面积（千公顷） Sown Area（1000 hectares）	每公顷产量（公斤/公顷） Per Hectare Output（kg/hectare）	总 产 量（万吨） Total Output（10 000 tons）	播种面积（千公顷） Sown Area（1000 hectares）	每公顷产量（公斤/公顷） Per Hectare Output（kg/hectare）	总 产 量（万吨） Total Output（10 000 tons）
1985	3447.3	3240.5	1117.1	1153.2	4701.7	542.2
1986	3530.6	3166.9	1118.1	1157.9	4556.4	527.6
1987	3539.5	3418.6	1210.0	1145.5	4863.2	557.1
1988	3510.7	2976.6	1045.0	1128.5	4691.9	529.5
1989	3596.9	3533.0	1270.8	1178.4	5070.4	597.5
1990	3639.9	3744.8	1363.1	1190.3	5287.9	629.4
1991	3567.7	3758.7	1341.0	1124.1	5473.9	615.3
1992	3521.8	4028.9	1418.9	1153.6	5710.8	658.8
1993	3538.8	4115.8	1456.5	1137.1	5678.5	645.7
1994	3633.6	3502.0	1272.5	1134.1	4554.3	516.5
1995	3662.7	4117.7	1508.2	1148.4	5846.4	671.4
1996	3708.0	4070.4	1509.3	1152.4	5795.7	667.9
1997	3738.5	4132.1	1544.8	1155.3	5983.7	691.3
1998	3757.7	4143.8	1557.1	1147.9	5551.9	637.3
1999	3725.5	4227.6	1575.0	1116.4	5966.6	666.1
2000	3655.9	4180.9	1528.5	1078.1	5865.9	632.4
2001	3641.9	4150.0	1511.4	1141.5	5148.5	587.7
2002	3556.9	4180.0	1486.8	1130.3	5383.5	608.5
2003	3470.0	4222.2	1465.1	1118.5	5353.6	598.8
2004	3511.2	3983.0	1398.5	1098.9	5217.0	573.3
2005	3496.2	4254.0	1487.3	1131.3	5056.1	572.0
2006	3133.2	4556.4	1427.6	1053.3	5261.6	554.2
2007	2984.0	4680.0	1396.6	991.5	5414.0	536.8
2008	2973.1	4691.1	1394.7	984.4	5306.8	522.4
2009	3067.5	4770.0	1463.2	988.8	5595.7	553.3
2010	3061.1	4613.8	1412.3	964.8	5508.9	531.5
2011	3072.8	4653.4	1429.9	941.3	5634.9	530.4
2012	3069.1	4838.2	1484.9	928.8	5860.4	544.9
2013	3076.0	4947.3	1521.8	927.9	5983.5	555.2
2014	3067.7	5001.9	1534.4	917.6	5920.9	543.3

4-1 续表 continued

年 份 Year	晚 稻 Late Rice			玉 米 Corn		
	播种面积（千公顷） Sown Area (1000 hectares)	每公顷产量（公斤/公顷） Per Hectare Output (kg/hectare)	总 产 量（万吨） Total Output (10 000 ton)	播种面积（千公顷） Sown Area (1000 hectares)	每公顷产量（公斤/公顷） Per Hectare Output (kg/hectare)	总 产 量（万吨） Total Output (10 000 ton)
1985	1124.5	3616.7	406.7			
1986	1180.9	3407.6	402.4			
1987	1172.7	3855.2	452.1			
1988	1151.2	3015.1	347.1			
1989	1134.5	3963.0	449.6			
1990	1174.5	4330.4	508.6			
1991	1182.4	4217.7	498.7			
1992	1160.2	4453.5	516.7			
1993	1131.8	4547.6	514.7			
1994	1132.2	3413.7	386.5			
1995	1136.9	4546.6	516.9			
1996	1143.3	4537.7	518.8			
1997	1143.8	4416.0	505.1			
1998	1140.0	5064.0	577.3			
1999	1123.8	4825.6	542.3			
2000	1068.7	4775.9	510.4	610.7	3016.2	184.2
2001	1147.3	4915.9	564.0	556.9	3025.7	168.5
2002	1142.0	4659.4	532.1	520.3	3094.4	161.0
2003	1110.2	4800.0	532.9	531.1	3007.0	159.7
2004	1125.0	4245.3	477.6	586.6	3002.0	176.1
2005	1108.4	4767.2	528.4	575.7	3682.5	212.0
2006	1038.8	4944.2	513.6	516.3	3844.7	198.5
2007	986.7	4969.1	490.3	490.4	4161.9	204.1
2008	983.9	5056.5	497.5	489.7	4231.2	207.2
2009	991.0	5125.5	507.9	534.6	4212.5	225.2
2010	979.7	5199.6	509.4	538.6	3874.8	208.7
2011	986.3	4785.0	471.9	565.9	4324.6	244.7
2012	979.2	5205.3	509.7	580.5	4317.0	250.6
2013	967.4	5251.0	508.0	587.6	4526.9	266.0
2014	959.7	5473.6	525.3	584.0	4561.6	266.4

4-2 主要县（区）粮食生产情况

Basic Statistics of Grain by Major County（District）

地 区	Region	粮食播种面积（千公顷）Sown Area of Grain（1 000 hectares）		粮食单位面积产量（公斤/公顷）Output of Grain Per Hectare（kg/hectare）		粮食总产量（万吨）Total Output of Grain（10 000 tons）	
		2013	2014	2013	2014	2013	2014
邕宁区	Yongning	27.1	26.5	5154.5	5198.9	14.0	13.8
武鸣县	Wuming	71.9	73.3	5137.1	5181.7	36.9	38.0
隆安县	Long'an	36.2	37.3	4555.4	4521.2	16.5	16.9
马山县	Mashan	39.7	40.3	4535.7	4550.7	18.0	18.3
上林县	Shanglin	39.0	38.9	4633.1	4815.3	18.0	18.7
宾阳县	Binyang	71.0	70.3	5233.1	5242.6	37.1	36.9
横 县	Hengxian	82.2	78.6	5319.8	5374.6	43.7	42.2
柳江县	Liujiang	34.7	34.0	5168.0	5149.8	17.9	17.5
柳城县	Liucheng	32.3	32.9	5132.9	5266.0	16.6	17.3
鹿寨县	Luzhai	32.8	32.5	5103.3	5230.6	16.7	17.0
阳朔县	Yangshuo	24.0	23.9	4891.9	4982.2	11.7	11.9
临桂县	Lingui	48.5	48.3	5523.0	5457.5	26.8	26.3
灵川县	Lingchuan	33.0	32.6	5170.1	5296.9	17.0	17.3
全州县	Quanzhou	79.0	78.8	5371.8	5505.3	42.4	43.4
兴安县	Xing'an	38.7	38.9	5567.8	5555.4	21.5	21.6
永福县	Yongfu	27.8	27.5	5317.5	5358.1	14.8	14.7
平乐县	Pingle	30.7	31.3	5462.5	5389.5	16.8	16.9
藤 县	Tengxian	49.4	48.0	5550.0	5515.3	27.4	26.5
岑溪市	Cenxi	47.8	47.5	4920.9	4968.3	23.5	23.6
合浦县	Hepu	65.1	65.8	4904.9	4976.9	31.9	32.8
钦北区	Qinbei	54.7	55.7	5234.3	5191.8	28.6	28.9
灵山县	Lingshan	78.9	78.6	5114.6	5241.0	40.3	41.2
浦北县	Pubei	46.6	47.7	5429.1	5498.9	25.3	26.2
平南县	Pingnan	65.8	65.1	5465.4	5526.5	36.0	36.0
桂平市	Guiping	103.9	101.9	5494.7	5525.6	57.1	56.3
容 县	Rongxian	39.2	38.5	5903.5	6037.0	23.1	23.2
陆川县	Luchuan	45.1	43.7	6091.1	6299.6	27.5	27.5
博白县	Bobai	88.9	88.0	5469.1	5560.9	48.6	48.9
兴业县	Xingye	42.2	42.5	5840.5	6021.1	24.6	25.6
北流市	Beiliu	60.7	61.6	5908.0	5840.9	35.9	36.0
田阳县	Tianyang	24.6	23.7	5112.1	5162.2	12.6	12.2
靖西县	Jingxi	53.1	52.9	4268.9	4463.1	22.7	23.6
八步区	Babu	57.9	58.8	5317.7	5348.2	30.8	31.4
环江毛南族自治县	Huanjiang	25.7	24.3	4859.7	5299.3	12.5	12.9
宜州市	Yizhou	47.8	47.4	4586.1	4677.7	21.9	22.2
兴宾区	Xingbin	66.0	66.2	4583.3	4678.7	30.2	31.0
象州县	Xiangzhou	35.9	34.9	5330.3	5461.8	19.1	19.0

4-3 主要畜禽生产情况（1978—2014年）

年份 Year	生猪 Live Hog			牛 Cattle		
	存栏（万头）Number of Hogs (10 000 heads)	出栏（万头）Slaughtered Hogs (10 000 heads)	肉产量（万吨）Output of Pork (10 000 tons)	存栏（万头）Number of Cattle (10 000 heads)	出栏（万头）Slaughtered Cattle (10 000 heads)	肉产量（万吨）Output of Beef (10 000 tons)
1978	1246.3	650.6		413.9	7.4	
1979	1103.0	683.2	36.6	415.5	8.5	0.5
1980	1034.1	564.7	39.7	411.0	5.0	0.3
1981	1125.3	514.7	42.6	428.3	6.5	0.5
1982	1284.2	610.2	50.4	460.4	7.1	0.6
1983	1355.3	691.6	56.4	484.0	7.6	0.6
1984	1350.0	743.5	61.8	522.7	9.1	0.8
1985	1435.7	693.4	60.8	560.2	12.5	1.1
1986	1563.8	733.2	62.1	595.5	14.8	1.3
1987	1564.6	841.0	69.1	627.2	21.3	1.8
1988	1527.2	876.1	71.3	648.0	27.2	2.4
1989	1634.0	939.4	76.9	672.8	28.1	2.4
1990	1742.5	1063.9	87.2	703.9	35.0	3.0
1991	1808.6	1195.0	97.4	708.7	44.2	3.8
1992	1903.9	1349.9	109.8	712.3	55.3	4.8
1993	1923.6	1464.4	118.1	714.8	60.3	5.3
1994	1990.1	1654.3	134.4	724.8	67.1	5.9
1995	2075.7	1905.8	153.6	738.8	73.5	6.5
1996	2137.0	2187.0	175.9	747.4	83.2	7.5
1997	2244.0	2378.4	190.0	759.6	96.9	8.7
1998	2085.2	2424.5	194.0	776.3	105.8	9.5
1999	2309.6	2547.0	202.5	770.7	99.9	8.9
2000	2415.6	2756.9	217.9	775.3	108.9	9.8
2001	3154.6	2768.4	208.1	766.6	115.5	10.4
2002	3029.3	2656.5	190.8	766.5	129.1	11.6
2003	2637.7	2555.1	179.8	760.6	144.4	12.9
2004	2671.0	2462.5	161.7	739.7	163.5	14.6
2005	3015.0	2831.9	186.0	735.6	188.3	16.9
2006	2259.9	2957.2	210.3	403.8	117.1	10.9
2007	2169.3	2767.3	206.2	396.8	125.4	11.7
2008	2307.0	2935.0	218.4	421.8	133.7	12.5
2009	2332.4	3119.9	232.3	448.0	143.0	13.4
2010	2344.0	3230.0	241.5	450.0	146.3	13.7
2011	2412.0	3195.1	239.8	441.7	150.4	14.3
2012	2466.6	3342.1	252.5	453.6	147.7	13.9
2013	2471.5	3456.7	261.3	457.0	148.2	14.3
2014	2360.3	3518.0	266.3	448.6	149.6	14.4

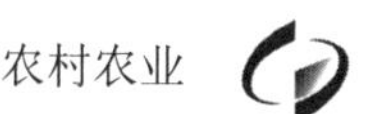

Basic Statistics on Main Livestock and Poultry（1978—2014）

年份 Year	羊 Sheep			家禽 Poultry		
	存栏（万只） Number of Sheep（10 000 heads）	出栏（万只） Slaughtered Sheep（10 000 heads）	肉产量（万吨） Output of Mutton（10 000 tons）	存栏（万只） Number of Poultry（10 000 heads）	出栏（万只） Slaughtere Poultry（10 000 heads）	肉产量（万吨） Output of Poultry（10 000 tons）
1978	94.8	17.8				
1979	87.5	16.0	0.3			
1980	80.3	15.1	0.2			
1981	78.0	14.2	0.2			
1982	79.8	12.6	0.2			
1983	76.6	10.3	0.2			
1984	71.8	11.9	0.2			
1985	66.6	14.4	0.2			
1986	63.6	15.7	0.2			
1987	66.7	15.3	0.2			
1988	68.8	17.4	0.2			
1989	74.6	18.2	0.3			
1990	80.6	21.5	0.3			
1991	84.0	25.5	0.4			
1992	89.1	30.3	0.4			
1993	95.4	34.7	0.5			
1994	104.2	38.9	0.6			
1995	131.5	51.5	0.8			
1996	161.6	66.3	1.1			
1997	228.7	102.8	1.6			
1998	239.2	133.1	2.1			
1999	241.1	150.9	2.3			
2000	241.8	165.0	2.5			
2001	237.6	173.8	2.6		24617.3	43.4
2002	232.4	181.5	2.6		22918.3	41.6
2003	246.6	194.4	2.8		21206.9	29.3
2004	278.1	217.7	3.2		20166.1	28.4
2005	260.0	255.0	3.8		27111.6	33.5
2006	151.4	166.5	2.5	23957.5	60123.0	94.5
2007	155.1	176.0	2.7	25938.8	64538.1	105.3
2008	176.4	190.9	2.9	27495.1	69701.1	113.7
2009	190.0	205.0	3.2	28180.0	72834.0	118.4
2010	193.4	212.3	3.3	28501.3	77058.4	124.9
2011	198.2	205.0	3.2	30282.6	79169.8	128.8
2012	203.6	206.0	3.2	31202.6	82631.7	136.0
2013	202.2	205.6	3.2	30625.4	82218.5	135.3
2014	201.6	205.0	3.2	30656.0	78288.1	128.2

4-4 退耕还林（草）农村居民家庭基本情况

Basic Conditions of Rural Households in Grain for Green（Grass）

指　　标 Item	2010	2011	2012	2013	2014
家庭人口（人/户） Average Household Population（person/household）	4.7	4.6	4.6	4.6	4.6
耕地面积（亩/人） Area of Cultivated Land（mu/person）	1.7	1.7	1.7	1.5	1.6
住房面积（平方米/人） Per Capita Floor Space of Houses（sq.m/person）			32.7	33.6	34.1
固定资产原值（元/人） Original Value of Fixed Assets（yuan/person）					
粮食播种面积（亩/人） Sown Area of Grain Crops（mu/person）	1.4	1.2	1.1	1.0	1.0
粮食产量（公斤/人） Output of Grain Crops（kg/person）	408.4	402.2	391.0	384.3	354.3
每百户农户住房类型构成情况（%） Structure of Houses Per 100 Rural Households（%）					
砖混 Brick Concrete Structure					
钢筋混凝土 Reinforced Concrete Structure					
其他 Others					
每百户农户饮用水源构成情况（%） Drinking Water Source Situation Per 100 Rural Households（%）					
自来水 Running Water					
井水 Well Water					
其他 Others					
每百户农户通电家庭所占比重（%） Energized Proportion Per 100 Rural Households（%）					
每百户农户生活主要燃料构成情况（%） Main Fuel of Life Per 100 Rural Households（%）					
燃气 Liquefied Gas					
柴草 Firewood and Grass					
煤 Coals					
其他 Others					
退耕地造林种草累计面积（亩/人） Total Area of Afforestation and Grass Planting（mu/person）	2.0	2.0	3.2	1.9	2.0
# 实际保存面积 # Actual Area	2.0	2.0	3.2	1.9	1.9
当年退耕还林（草）补助总收入（元/人） Subsidy Total Income at Current Year（yuan/person）	248.5	238.2	247.2	112.3	106.1

4–5 退耕还林（草）县级监测情况

Monitor Situation of Grain for Green（Grass）by County-level

指　　标 Item	2010	2011	2012	2013	2014
监测县（市、区）数量（个） Number of Counties（Cities、Districts）（unit）	17	17	17	17	17
年末退耕还林（草）总户数（万户） Total of Households at Year-end（10 000 household）	24.3	26.1	26.7	26.9	
年末退耕还林（草）总人口（万人） Total Population at Year-end（10 000 persons）	106.8	108.3	108.4	108.7	
截至本年末累计完成退耕还（草）面积（公顷） Total Area of Grain for Green（Grass）Complete This Year（hectare）	270016.0	280935.6	279150.5	286084.1	
按工程类型分 By Project Type					
退耕地造林 Retreat Farmland of Afforestation	248083.4		85594.0	88017.1	
荒山荒地造林 Barren Mountains and Virgin Lands of Afforestation	21932.6		154909.6	158923.3	
封山育林 Mountain Seal for Afforestation			38646.9	39143.7	
按林种分 By Function of Forest					
生态林 Ecological Forests	151405.2		273399.9	280389.3	
经济林 By-product Forsts	59452.3		5750.6	5694.8	
草 Grass	59158.5				
截至本年末退耕还林（草）工程实际保存面积（公顷） Actual Area of Grain for Green（Grass）Projects This Year（hectare）			274695.8	283795.6	
本年退耕还林（草）初助资金（万元） Grant funds of Grain for Green（Grass）This Year（10 000 yuan）	36102.4	29067.9	29075.8	31237.0	
原政策到期补助资金 Original Policies of Grant Funds	16567.1	7416.2	5491.2	4040.0	
完善退耕还林（草）补助资金 Perfect Grain for Green（Grass）of Grant Funds	6594.3	9373.3	10253.1	14125.7	
巩固退耕还林（草）成果专项资金 Consolidate Achievement of Special Funds	11136.0	10359.8	11663.5	11611.3	
其他资金 Other Funds	1805.0	1918.6	1668.0	1460.0	
新能源建设（个） New Energy Construction（unit）					
截至本年末建成沼气池累计个数 Accumulative Completed of Marsh Gas Pool This Year	523162	560706	610721	638723	
截至本年末节煤节柴灶累计个数 Number of Energy-saving Coal and Wood Stoves This Year	629908	667317	778305	748110	
截至本年末太阳灶累计个数 Number of Solar Cooker This Year	1916	4390	9278	2585	

4-6 退耕还林（草）农村居民家庭人均收入与支出

Per Capita Income and Expenditure of Rural households in Grain for Green（Grass）

单位：元 （yuan）

指　标	Item	2013	2014
总收入	**Total Income**	**8009.4**	**8591.8**
工资性收入	Income from Wages and Salaries	1968.9	2389.8
家庭经营收入	Income from Household Operations	5485.3	5587.1
第一产业收入	Primary Industry	5061.4	5051.1
种植业收入	Planting	2892.6	2858.0
林业收入	Forestry	706.1	649.9
牧业收入	Animal Husbandry	1434.7	1511.3
渔业收入	Fishery	28.0	32.0
第二产业收入	Secondary Industry	58.4	89.1
第三产业收入	Tertiary Industry	365.5	446.9
财产性收入	Income from Properties	62.1	75.6
转移性收入	Income from Transfers	493.2	539.2
其他收入	Others		
总支出	**Total Expenditure**	**2150.5**	**2070.1**
家庭经营费用支出	Expenditure for Household Operations	2058.0	1979.9
第一产业生产费用支出	Primary Industry	1951.3	1823.8
第二产业生产费用支出	Secondary Industry	6.0	25.5
第三产业生产费用支出	Tertiary Industry	100.7	130.6
购置生产性固定资产支出	Purchase of Productive Fixed Assets	82.2	79.9
建、造生产性固定资产雇工支出	Build of Productive Fixed Assets	5.9	5.9
税费支出	Taxes and Fees	0.1	
财产性支出	Expenses on Properties		
转移性支出	Expenses on Transfers	4.3	4.5
纯收入	**Net Income**	**5763.2**	**6434.9**
工资性收入	Wages Income	1968.9	2389.9
家庭经营纯收入	Net Income from Household Operations	3255.4	3437.6
第一产业纯收入	Primary Industry	2961.2	3081.8
农业收入	Farming	1742.7	1751.8
林业收入	Forestry	485.3	450.4
牧业收入	Animal Husbandry	721.9	860.6
渔业收入	Fishery	11.3	19.0
非农产业纯收入	Not Farming Industry	294.2	355.8
财产性纯收入	Property Income	62.1	75.6
转移性纯收入	Transfer Incom	476.9	531.8

4-7 退耕还林（草）农村居民家庭人均现金收入与支出

Per Capita Cash Income and Expenditure of Rural households in Grain for Green（Grass）

单位：元 （yuan）

指 标	Item	2010	2011	2012	2013	2014
期内现金收入	**Cash Income**	**4771.6**	**5772.1**	**6314.2**	**6711.2**	**7382.3**
工资性收入	Income from Wages and Salaries	1138.0	1338.8	1574.5	1966.1	2387.2
家庭经营现金收入	Income from Household Operations	3026.8	3876.0	4164.7	4224.0	4413.6
第一产业现金收入	Primary Industry	2673.0	3407.0	3734.4	3800.1	3877.6
种植业现金收入	Planting	1399.6	1716.3	1950.5	1901.3	2109.1
林业现金收入	Forestry	581.9	691.2	650.6	658.0	556.0
牧业现金收入	Animal Husbandry	672.8	987.3	1116.8	1216.7	1180.6
渔业现金收入	Fishery	18.6	12.3	16.4	24.1	31.9
第二产业现金收入	Secondary Industry	57.3	50.8	50.3	58.4	89.1
第三产业现金收入	Tertiary Industry	296.5	418.2	380.1	365.5	446.9
财产性现金收入	Income from Properties	45.6	13.3	15.6	27.9	42.4
转移性现金收入	Income from Transfers	561.2	544.1	559.4	493.2	539.2
其他现金收入	Others					
期内现金支出	**Cash Expenditure**	**1315.8**	**1871.6**	**2067.8**	**1980.5**	**1937.3**
家庭生产经营现金支出	Expenditure for Household Operations	1198.1	1694.7	1848.8	1888.0	1847.0
农业生产支出	Agricultural	1116.3	1601.1	1741.4	1781.3	1691.0
种植业生产支出	Planting	694.8	989.3	938.8	1060.5	1024.0
林业生产支出	Forestry	155.9	236.1	233.1	210.9	190.0
畜牧业生产支出	Animal Husbandry	246.5	371.4	557.0	493.5	463.9
渔业生产支出	Fishery	19.2	4.2	8.9	15.6	12.5
第二产业生产支出	Secondary Industry	5.2	9.3	13.2	6.0	25.5
第三产业生产支出	Tertiary Industry	76.6	84.3	94.2	100.7	130.6
购置生产固定资产支出	Purchase of Productive Fixed Assets	81.3	151.7	192.7	82.2	79.9
税费现金支出	Taxes and Fees	0.3	0.2	0.3	0.1	
生活消费现金支出	Cash Consumption Expenditure					
食品消费支出	Food					
# 购买粮食支出	Purchase of Grain					
衣着消费支出	Clothing					
居住消费支出	Residence					
其他消费支出	Others					
财产性现金支出	Expenses on Properties					
转移性现金支出	Expenses on Transfers				4.3	4.5
其他现金支出	Others					

4-8 广西国家扶贫开发工作重点县农村居民家庭基本情况

Basic Conditions of Rural Households on Key Counties for National Poverty Alleviation and Development Work by Guangxi

项 目	Item	2013	2014
调查户类别（户）	**Household Survey Categories（household）**		
调查户数	Number of Household Surveyed	2164	2165
低保户	Low Income Households	380	411
五保户	Households Enjoying Five Guarantees	6	7
建档立卡户	Cardholders Archiving Legislation	405	536
退耕还林户	Grain for Green by Households	560	521
种养业大户	Large Breeding Industry	65	80
当年参加专业性合作经济组织的户	Specialized Cooperative Economic Organizations of Households	30	54
当年家中是否发生大事	The Occurrence of Events at Home		
没有大事	No Big Thing	1679	1732
盖房买房	Build a House Buy a House	194	131
婚丧嫁娶	Wedding and Funeral	98	94
子女上大学（含大中专）	Their Children to University（Including College）	79	85
大病治疗	Serious Illness Treatment	114	123
家庭成员基本情况（人）	**Basic Statistics of Family Members（person）**		
家庭全部人口	Family Entire Population	9758	9852
常住人口	Resident Population	9712	9787
男	Male	5155	5187
女	Female	4603	4600
少数民族人口	Minority Population	8094	8183
有病是否能及时就医	Whether Prompt Medical Illness		
是	Yes	9564	9454
否	No	194	369
不能及时就医的主要原因	Main Reasons for Not Timely Medical Treatment		
经济困难	Economic Difficulties	76	46
医院太远	Hospitals Too Far	117	236
没有时间	No Time		9
本人不重视	I Do Not Pay Attention		16
小病不用医	Minor Ailments Without Doctors		3
其他	Other	1	59
享受农村最低生活保障人数	Number of Enjoy Rural with Minimum Living Security	1330	1407
5周岁及以下人口是否接受计划免疫人数	Whether to Accept the Number of Planned Immunization	691	719

4-8 续表 1 continued

项 目	Item	2013	2014
劳动力素质及就业状况（人）	**Quality of Labor Force and Employment Status（person）**		
劳动力人数	Number of Labor Force	5458	5333
劳动力文化程度	Labour Force Education Background		
不识字或识字不多	Illiterate or Semi-literate	260	249
小学	Primary Schools	1894	1821
初中	Junior Secondary Schools	2608	2566
高中	Senior Secondary Schools	558	547
中专	Vocational Secondary Education		
大专及以上	College Degree or Above	138	150
# 第一产业就业劳动力	# Primary Industry Employment Labor	3982	3924
第二产业就业劳动力	Secondary Industry Employment Labor	687	547
第三产业就业劳动力	Tertiary Industry Employment Labor	537	640
曾受过技能培训人数	Number of Received Skills Training		
# 接受农业技术培训	# Accept Agricultural Technical Training	1975	2454
接受非农技能培训	Accept Non-agricultural Skills Training	1107	1197
就业劳动力人数	Number of Employed Labor Force	5333	5186
当年从事的主要行业	Engage of Major Sectors	5206	5111
第一产业	Primary Industry	3982	3924
第二产业	Secondary Industry	687	547
第三产业	Tertiary Industry	537	640
当年外出打工人数	Number of Migrant Workers	1769	2088
外出方式	Manner Migrant Workers by Out	1769	2088
政府或单位组织	Governmental Organization or Unit	11	17
中介组织介绍	Intermediary Organization Introduction	20	17
亲戚朋友介绍	Relatives and Friends Introduced	497	579
自发	Spontaneous	1151	1342
其他	Other	90	133
劳动力外出地区	Labour Force Transfer Destination		
县内乡外	County of Neixiang	175	335
省内县外	The Province Outside the County	315	431
省外	Outside the Province	1263	1304
学生就学情况（人）	**Situations on Schooling（person）**		
他/她在本年度的主要居住地点	His/Her Principal Place of Residence During the Year	1406	1433
本村	Village	876	937
村外乡内	Village Outside and Township Inside	245	216
乡外县内	Township Outside and Country Inside	218	220
县外省内	Country Outside and Province Inside	59	49
省外	Province Outside	6	4
其他	Other	2	7

4-8 续表 2 continued

项　目	Item	2013	2014
他/她本年度主要和谁居住在一起	His/Her is This Year the Main and Who Live Together		
父母双方	Both Parents	983	986
父亲一方	Father's Side	37	55
母亲一方	Mother's Side	94	110
（外）祖父母	（Outside） Grandparents	149	151
亲属	Relatives	37	25
独自居住	Living Alone		3
其他	Other	106	103
他/她现在是否上学	Whether He/She is Attending School	1406	1433
是	Yes	1380	1403
辍学	Drop Out	13	4
没到上学年龄	Not Reached School Age	12	25
其他	Other	1	1
学校类型	Type of School	1380	1403
公立	Public	1356	1390
私立	Private	12	7
农民工子弟学校	Schools for the Children of Migrant Workers	5	2
其他	Other	7	4
他/她是否住校	Does He/She Whether Live on Campus	1380	1403
是	Yes	779	776
否	No	601	627
他/她每天怎么去学校	He/She How go to School Every Day	1368	1403
步行	Walk	820	805
骑自行车	By Bike	37	30
公交车	By Bus	90	103
校车	By School Bus	5	5
租车	By Taxi		16
其他	Other	416	444
他/她辍学的主要原因	He/She is the Main Reason for Dropping Out of School	13	4
务工地入学难	Place of Work to School Difficult		
学校距离太远、交通不便	The School is Too Far Away and Inaccessible		
家庭经济困难或缺少劳动力	Family Economic Difficulties or Lack of Labor Force		
孩子个人原因	Children for Personal Reasons	10	2
其他	Other	3	2

4-8 续表 3 continued

项 目	Item	2013	2014
营养及其他（人）	**Nutrition and Other（person）**		
他/她每周能吃到下面这些食物吗	He/She Weekly Can Eat These Food		
肉类食物（猪、牛、羊、禽肉等）	Food of Meat（Pork, Beef, Sheep, Poultry, Etc.）		
每天	Every Day	907	
每周2～3次	Every Week 2～3 Times	231	
每周1次或少于1次	1 Times a Week or Less Than Once	11	
蛋类	Eggs		
每天	Every Day	163	
每周2～3次	Every Week 2～3 Times	580	
每周1次或少于1次	1 Times a Week or Less Than Once	406	
奶及奶制品	Milk and Milk Products		
每天	Every Day	176	
每周2～3次	Every Week 2～3 Times	388	
每周1次或少于1次	1 Times a Week or Less Than Once	585	
蔬菜、水果	Vegetables, Fruits		
每天	Every Day	849	
每周2～3次	Every Week 2～3 Times	216	
每周1次或少于1次	1 Times a Week or Less Than Once	84	
豆类及制品（豆浆、豆腐、豆奶等）	Beans and Products（Soyabean Milk, Tofu, Bean Milk）		
每天	Every Day	160	
每周2～3次	Every Week 2～3 Times	495	
每周1次或少于1次	1 Times a Week or Less Than Once	494	
他/她是否享受免费营养餐	Does He/She Enjoy Free Nutritious Meals		
享受	Enjoyment	936	913
不享受	Do Not Enjoy	118	1014
未处在义务教育阶段	Not in the Compulsory Education Stage	14	4
他/她本年内是否受到社会捐助	He/She Whether by Social Donation This Year		
是	Yes	48	32
否	No	1020	1014
他/她是否享受“两免一补”政策	Does He/She Enjoy the “Two Exempt and one Subsidy” Policy		
享受	Enjoyment	923	896
不享受	Do Not Enjoy	129	146
未处在义务教育阶段	Not in the Compulsory Education Stage	16	4

4-8 续表 4 continued

项 目	Item	2013	2014
住房及生活设施情况（户）	**Household and Living Facilities (household)**		
现住房为自有住房的	Current Housing is Owner-occupied Housing	2156	2158
居住住房主要建筑材料	Residential Housing Construction Materials	2164	2165
钢筋混凝土	Reinforced Concrete	198	271
砖混材料	Masonry Materials	1454	1456
砖瓦砖木	Brick and Tile Brick	326	289
竹草土坯	Bamboo Grass Adobe	58	33
其他	Other	128	116
住宅外道路路面情况	Road Surface State of the Road Outside the House	2164	2165
水泥或柏油路面	Cement or Road Surface of Pitch	814	915
沙石或石板等硬质路面	Stone, Sand gravel or Other Hard-surface	582	551
其他	Other	768	699
是否有管道供水	Whether Ther is Water Supply Pipeline	2164	2165
管道供水入户	Pipe Water into People's Homes	1580	1691
管道供水至公共取水点	Pipeline Water Supply to the Public Water Points	91	58
没有管道设施	No Pipeline Facilities	493	416
主要饮用水来源	Major Sources of Drinking Water	2164	2165
经过净化处理的自来水	After Purification of Water	665	719
受保护的井水和泉水	Protected Wells and Springs	929	996
不受保护的井水和泉水	Unprotected Wells and Springs	284	178
江河湖泊水	Rivers, Lakes and Water	21	15
收集雨水	Collect Rainwater	96	60
桶装水	Bottled Water	2	1
其他水源	Other Sources	167	196
获取饮用水存在的主要困难	The Main Difficulty in Obtaining Drinking Water Exists	2164	2165
单次取水往返时间超过半小时	The Single Water Round-trip Time More Than Half an Hour	53	32
间断或定时供水	Intermittent or Regular Water Supply	178	170
当年连续缺水时间超过15天	Continuous Dry Year Period More Than 15 Days	167	126
无上述困难	None of the Above Difficulties	1766	1837
饮用前在家里所采取的主要处理措施	Water in the Home Mainly Deal with Measures Taken	2164	2165
煮沸	Boiled	2164	2047
加漂白剂/氯等	Add Bleach/Chlorine		7
使用水过滤器	Use Water Filter		42
其他处理措施	Other Treatment Measures		16
没有任何水处理措施	No Water Treatment Measures		53

4-8 续表 5 continued

项 目	Item	2013	2014
厕所类型	Toilet Type	2164	2165
水冲式卫生厕所	Water Flush Sanitary Toilet	1110	1252
水冲式非卫生厕所	Water Flush Non-sanitary Toilet	82	108
卫生旱厕	Sanitary Toilet	262	254
普通旱厕	Ordinary Toilet	674	530
无厕所	No Toilet	36	21
厕所使用情况	Situation of Toilet Use	2164	2165
本住户独用	Household Use Alone	2012	2088
几户合用	Several Families Sharing	69	42
公用厕所	Communal Lavatories	83	35
洗澡设施	Facilities for Bathing	2164	2165
统一供热水	Unity of Hot Water Supply		
家庭自装热水器	Families Install Their Own Water Heater	679	858
其他	Other	1485	1184
无洗澡设施	No Bathing Facilities		
主要取暖用能源状况	Mainly for Heating Energy Situation	2164	2165
柴草	Firewood	1295	1127
煤炭	Coal	103	66
罐装液化石油气	Bottled Liquefied Petroleum Gas	16	17
管道液化石油气	Pipeline Liquefied Petroleum Gas		
管道煤气	Pipeline Gas		
管道天然气	Pipeline Natural Gas		
电	Electricity	151	216
燃料用油	Fuel Oil		
沼气	Biogas	5	5
其他	Other	150	147
无取暖行为	No Heating Behavior	444	587
主要炊用能源状况	Mainly to Cooking Energy Situation	2164	2165
柴草	Firewood	1552	1481
煤炭	Coal	3	1
罐装液化石油气	Bottled Liquefied Petroleum Gas	275	299
管道液化石油气	Pipeline Liquefied Petroleum Gas		
管道煤气	Pipeline Gas		
管道天然气	Pipeline Natural Gas		
电	Electricity	250	299
燃料用油	Fuel Oil		
沼气	Biogas	82	79
其他	Other	2	3
无炊用行为	No Cooking With Behavior		
使用照明电的	Use of Lighting Electricity	2164	2162

4-8 续表 6 continued

项 目 Item	2013	2014
社会事务参与情况（户） **Statistics of Participation in Social Affairs（household）**		
当年有人参加过村务会议的户 Households of Participated in Village meetings This Year	953	968
当年有人为村级公共事务提过建议的户 Households of Village-level Public Affairs When Someone Mentioned Recommendations This Year	802	815
本村的低保户是如何确定的 The Village is How to determine the minimal Assurance Households	2164	2165
村民公开评议 Public Comment by Villagers	1747	1792
村干部指定 Specified by Village Cadres	215	225
大家轮流 Everyone Take Turns	9	6
关系户优先 Priority of Family Relations	12	10
其他 Other	181	132
本村的扶贫项目户如何确定的 The Village is How Poverty Alleviation Project Households to Determine	2164	2165
村民公开评议 Public Comment by Villagers	1691	1769
村干部指定 Specified by Village Cadres	184	198
大家轮流 Everyone Take Turns	8	9
关系户优先 Priority of Family Relations	13	10
其他 Other	268	179
所在的行政村有村级扶贫规划的户 Where Administrative Village of Village Poverty Alleviation Planning Households	922	929
了解规划内容的户 Understanding of the Planning Content of Households	613	521
参与村级扶贫规划的制定的户 To Participate in the Village Poverty Alleviation Planning Households	302	295
您家当年面临的主要问题 The Main Problem That Faces in Your Home	2164	2165
缺乏致富技术 Lack of Enrichment Technology	481	565
缺乏资金 Lack of Funds	1307	1232
缺乏劳动力 Lack of Labour Force	114	127
家中有人患大病 Someone Suffering From a Serious Illness by Households	57	54
家中有人残疾 Someone Disability by Households	29	25
容易遭受自然灾害 Vulnerable to Natural Disasters	43	32
其他 Other	133	130

4-8 续表 7 continued

项 目 Item	2013	2014
您认为您家在本村属于 Do You Think That Your Home in the Village Belong To	2164	2165
贫困户 Low Income households	405	381
中等偏下户 Lower Middle Income households	756	726
中等收入户 Middle Income households	842	888
中等偏上户 Upper middle Income Households	149	161
富裕户 High Income Households	12	9
扶贫活动参与情况（户） **Statistics of Participation in Poverty Reduction Activities（households）**		
所在村已落实新的扶贫项目或新到位扶贫资金的户 The Village has Implemented New Project or Position Poverty Alleviation Fund Families	742	718
您如何知道本村参加了扶贫项目 How Do You Know the Village Took Part in the Poverty Alleviation Project	742	718
通过村务公开公告栏或通知 Through Making Village Affairs Public Bulletin Boards or Notice	621	620
通过村干部个别通知 Informed Individually Through the village Cadres	47	27
通过亲朋好友 Through Friends and Family	23	23
其他 Other	51	48
参与村级扶贫项目选定的户 Poverty Alleviation Project in selected Households	253	237
本村的扶贫项目是如何分配的 The Village Poverty Alleviation Project is How to Allocate	742	718
贫困户优先得到项目 Poor Households Receive Priority Projects	565	604
先给有偿还能力或脱贫能力强的户 The First to Have Repayment Ability, or Ability of Households Out of Poverty	85	53
优先考虑关系户 Priority of Family Relations	6	6
其他 Other	86	55
参与扶贫项目户的确定的户 Participation in Poverty Alleviation Project Households Identified Households	284	265
当年参加扶贫项目的户数 Number of households That Took Part in Poverty Alleviation Projects	141	144
您家参加的扶贫项目类型 Your Home in Poverty Alleviation Project Type	187	177
种植业 Crop Farming	52	88
林业 Forestry	10	24
养殖业 Aquaculture	41	11
农产品加工业 Agricultural Product Processing Industry		
人畜饮水工程 Drinking Water Project	13	18

4-8 续表 8 continued

项 目 Item	2013	2014
危房改造 Repair of Dangerous Buildings	22	22
沼气等新能源建设 Construction of New Energy Sources Such as Biogas	18	8
教育免费 Education is Free	6	2
卫生 Health		
专业技能培训 Professional Skills Training	1	
其他 Other	24	4
当年得到的扶贫资金总额（元） Total of get Alleviation Funds in This Year（yuan）	694236.0	727537.0
当年得到扶贫资金来源 Then get Help Alleviation Funds Source in This Year	187	177
扶贫贴息贷款 Poverty Alleviation Loans	5	
财政扶贫专项资金 Special Funds to Finance Poverty Alleviation	100	108
国内无偿政策性补贴 The Domestic Gratuitous Policy-related Subsidies	26	19
外资项目贷款 Foreign Project Loans		
外资无偿赠款 Gratuitous Donated of Foreign Funds	1	9
其他 Other	55	41
当年扶贫项目净收益（元） Net Income From Poverty Alleviation Project in This Year（yuan）	426910.0	463907.0
您最希望得到的扶贫项目 You Want Most of the Poverty Alleviation Project	2164	2165
种植业 Crop Farming	547	682
林业 Forestry	92	99
养殖业 Aquaculture	569	574
农产品加工业 Agricultural Product Processing Industry	33	24
人畜饮水工程 Drinking Water Project	94	62
危房改造 Repair of Dangerous Buildings	187	158
沼气等新能源建设 Construction of New Energy Sources Such as Biogas	25	15
免费教育 Education is Free	47	57
卫生 Health	31	32
专业技能培训 Professional Skills Training	214	273
其他 Other	325	189

4-9 广西国家扶贫开发工作重点县农村居民家庭人均总收入及构成

Per Capita Income and Composition of Rural Households of National Poverty Alleviation and Development Focus Counties by Guangxi

项　目	Item	2013	2014
总收入（元）	**Total Income（yuan）**	**8568.31**	**9272.13**
工资性收入	Wages Income	1553.66	1778.30
家庭经营收入	Household Business Income	5480.72	5773.38
第一产业	Primary Industry	4376.95	4576.11
农业	Farming	2514.81	2535.75
林业	Forestry	378.06	427.46
牧业	Animal Husbandry	1402.17	1545.90
渔业	Fishery	81.91	67.00
第二产业	Secondary Industry Income	125.33	201.52
工业	Industry	76.85	143.74
建筑业	Construction	48.47	57.78
第三产业	Tertary Industry	978.45	995.75
交通、运输、邮电业	Transport and Telecommunications Industries	388.73	251.05
批发和零售贸易、餐饮业	Wholesale and Retail Trade, Catering Industry	422.03	497.88
社会服务业	Social Services	152.66	228.78
文教卫生业	Culture, Education and Health Care		
其他行业	Other Industry	15.02	18.05
财产性收入	Property Income	50.91	63.30
转移性收入	Transferred Income	1483.02	1657.15
总收入构成（%）	**Composition of Total Income（%）**		
工资性收入	Wages Income	18.13	19.18
家庭经营收入	Household Business Income	63.97	62.27
第一产业	Primary Industry	51.08	49.35
农业	Farming	29.35	27.35
林业	Forestry	4.41	4.61
牧业	Animal Husbandry	16.36	16.67
渔业	Fishery	0.96	0.72
第二产业	Secondary Industry Income	1.46	2.17
工业	Industry	0.90	1.55
建筑业	Construction	0.57	0.62
第三产业	Tertary Industry	11.42	10.74
交通、运输、邮电业	Transport and Telecommunications Industries	4.54	2.71
批发和零售贸易、餐饮业	Wholesale and Retail Trade, Catering Industry	4.93	5.37
社会服务业	Social Services	1.78	2.47
文教卫生业	Culture, Education and Health Care		
其他行业	Other Industry	0.18	0.19
财产性收入	Property Income	0.59	0.68
转移性收入	Transferred Income	17.31	17.87

4-10 广西国家扶贫开发工作重点县农村居民家庭人均可支配收入及构成

Per Capita Disposable Income and Composition of Rural Households of National Poverty Alleviation and Development Focus Counties by Guangxi

项　目	Item	2013	2014
可支配收入（元）	**Disposable Income（yuan）**	**5773.76**	**6546.32**
工资性收入	Wages Income	1553.66	1778.30
经营净收入	Net Business Income	2844.70	3149.77
第一产业	Primary Industry	2292.23	2488.35
农业	Farming	1406.63	1512.31
林业	Forestry	302.20	326.28
牧业	Animal Husbandry	556.47	621.29
渔业	Fishery	26.92	28.47
第二产业	Secondary Industry	67.47	93.15
工业	Industry	30.62	53.03
建筑业	Construction	36.85	40.12
第三产业	Tertiary Industry	485.01	568.27
交通、运输、邮电业	Transport and Telecommunications Industries	100.93	112.68
批发和零售贸易、餐饮业	Wholesale and Retail Trade, Catering Industry	287.21	290.56
社会服务业	Social Services	89.35	159.49
文教卫生业	Culture, Education and Health Care		
其他行业	Other Industry	7.52	5.55
财产性收入	Property Income	44.82	58.09
转移性收入	Transferred Income	1330.58	1560.16
可支配收入构成（%）	**Composition of Disposable Income（%）**		
工资性收入	Wages Income	26.91	27.16
经营净收入	Net Business Income	49.27	48.12
第一产业	Primary Industry	39.70	38.01
农业	Farming	24.36	23.10
林业	Forestry	5.23	4.98
牧业	Animal Husbandry	9.64	9.49
渔业	Fishery	0.47	0.43
第二产业	Secondary Industry	1.17	1.42
工业	Industry	0.53	0.81
建筑业	Construction	0.64	0.61
第三产业	Tertiary Industry	8.40	8.68
交通、运输、邮电业	Transport and Telecommunications Industries	1.75	1.72
批发和零售贸易、餐饮业	Wholesale and Retail Trade, Catering Industry	4.97	4.44
社会服务业	Social Services	1.55	2.44
文教卫生业	Culture, Education and Health Care		
其他行业	Other Industry	0.13	0.08
财产性收入	Property Income	0.78	0.89
转移性收入	Transferred Income	23.05	23.83

4-11 广西国家扶贫开发工作重点县农村居民家庭人均现金可支配收入及构成

Per Capita Cash Disposable Income and Composition of Rural Households of National Poverty Alleviation and Development Focus Counties by Guangxi

项　目	Item	2013	2014
现金可支配收入（元）	**Cash Disposable Income（yuan）**	**7212.30**	**7285.42**
工资性收入	Wages Income	1552.98	1776.20
经营净收入	Net Business Income	4231.70	4039.26
第一产业	Primary Industry	3127.93	2841.99
农业	Farming	1626.61	1326.29
林业	Forestry	222.86	270.79
牧业	Animal Husbandry	1201.36	1184.37
渔业	Fishery	77.11	60.53
第二产业	Secondary Industry	125.33	201.52
工业	Industry	76.85	143.74
建筑业	Construction	48.47	57.78
第三产业	Tertiary Industry	978.45	995.75
交通、运输、邮电业	Transport and Telecommunications Industries	388.73	251.05
批发和零售贸易、餐饮业	Wholesale and Retail Trade, Catering Industry	430.94	517.36
社会服务业	Social Services	143.75	209.29
文教卫生业	Culture, Education and Health Care		
其他行业	Other Industry	15.02	18.05
财产性收入	Property Income	50.91	63.30
转移性收入	Transferred Income	1376.71	1406.67
现金可支配收入构成（%）	**Composition of Cash Disposable Income（%）**		
工资性收入	Wages Income	21.53	24.38
经营净收入	Net Business Income	58.67	55.44
第一产业	Primary Industry	43.37	39.01
农业	Farming	22.55	18.20
林业	Forestry	3.09	3.72
牧业	Animal Husbandry	16.66	16.26
渔业	Fishery	1.07	0.83
第二产业	Secondary Industry	1.74	2.77
工业	Industry	1.07	1.97
建筑业	Construction	0.67	0.79
第三产业	Tertiary Industry	13.57	13.67
交通、运输、邮电业	Transport and Telecommunications Industries	5.39	3.45
批发和零售贸易、餐饮业	Wholesale and Retail Trade, Catering Industry	5.98	7.10
社会服务业	Social Services	1.99	2.87
文教卫生业	Culture, Education and Health Care		
其他行业	Other Industry	0.21	0.25
财产性收入	Property Income	0.71	0.87
转移性收入	Transferred Income	19.09	19.31

4-12 广西国家扶贫开发工作重点县农村居民家庭人均总支出及构成

Per Capita Total Expenditure and Composition of Rural Households of National Poverty Alleviation and Development Focus Counties by Guangxi

项　目	Item	2013	2014
总支出（元）	**Total Expenditure（yuan）**	**11759.67**	**11293.94**
家庭经营费用支出	Expenditure for Household Business	2358.55	2332.13
第一产业	Primary Industry	1945.32	1878.41
农业	Farming	1016.87	921.45
林业	Forestry	74.34	100.22
牧业	Animal Husbandry	803.81	818.26
渔业	Fishery	50.30	38.49
第二产业	Secondary Industry	47.31	93.50
工业	Industry	37.97	81.62
建筑业	Construction	9.34	11.88
第三产业	Tertary Industry	365.91	360.21
交通、运输、邮电业	Transport and Telecommunications Industries	181.92	93.98
批发和零售贸易、餐饮业	Wholesale and Retail Trade, Catering Industry	123.68	193.09
社会服务业	Social Services	57.74	64.96
文教卫生业	Culture, Education and Health Care		
其他行业	Other Industry	2.57	8.18
购置生产性固定资产支出	Expenditure for Productive Fixed Assets	1307.06	1060.80
生活消费支出	Consumption Expenditure	5532.14	6262.38
食品	Food	2034.79	2358.84
衣着	Clothing	206.28	221.53
居住	Residence	1262.70	1318.90
家庭设备、用品及服务	Household Facilities, Articles and Services	361.96	398.18
医疗保健	Medicines and Medical Services	495.28	581.39
交通通讯	Transport, Post and Telecommunications	548.55	666.13
文化娱乐用品及服务	Stationery & Recreation Goods and Services	520.74	604.23
其他商品和服务	Other Commodities and Services	101.83	113.18
财产性支出	Expenditure for Property	4.81	3.76
转移性支出	Transferred Expenditure	152.21	96.97

4-12 续表 continued

项 目	Item	2013	2014
总支出构成（%）	**Composition of Total Expenditure（%）**		
家庭经营费用支出	Expenditure for Household Business	20.06	20.65
第一产业	Primary Industry	16.54	16.63
农业	Farming	8.65	8.16
林业	Forestry	0.63	0.89
牧业	Animal Husbandry	6.84	7.25
渔业	Fishery	0.43	0.34
第二产业	Secondary Industry	0.40	0.83
工业	Industry	0.32	0.72
建筑业	Construction	0.08	0.11
第三产业	Tertary Industry	3.11	3.19
交通、运输、邮电业	Transport and Telecommunications Industries	1.55	0.83
批发和零售贸易、餐饮业	Wholesale and Retail Trade, Catering Industry	1.05	1.71
社会服务业	Social Services	0.49	0.58
文教卫生业	Culture, Education and Health Care		
其他行业	Other Industry	0.02	0.07
购置生产性固定资产支出	Expenditure for Productive Fixed Assets	11.11	9.39
生活消费支出	Consumption Expenditure	47.04	55.45
食品	Food	17.30	20.89
衣着	Clothing	1.75	1.96
居住	Residence	10.74	11.68
家庭设备、用品及服务	Household Facilities, Articles and Services	3.08	3.53
医疗保健	Medicines and Medical Services	4.21	5.15
交通通讯	Transport, Post and Telecommunications	4.66	5.90
文化娱乐用品及服务	Stationery & Recreation Goods and Services	4.43	5.35
其他商品和服务	Other Commodities and Services	0.87	1.00
财产性支出	Expenditure for Property	0.04	0.03
转移性支出	Transferred Expenditure	1.29	0.86

4-13 广西国家扶贫开发工作重点县农村居民家庭人均现金支出及构成

Per Capita Cash Expenditure and Composition of Rural Households of National Poverty Alleviation and Development Focus Counties by Guangxi

项目	Item	2013	2014
现金支出（元）	**Cash Expenditure（yuan）**	**9524.45**	**8614.09**
生产费用现金支出	Cash Expenditure of Productive Costs	2159.06	2078.62
第一产业	Primary Industry	1745.83	1624.90
农业	Farming	967.77	844.27
林业	Forestry	74.31	100.22
牧业	Animal Husbandry	653.45	641.92
渔业	Fishery	50.30	38.49
第二产业	Secondary Industry	47.31	93.50
工业	Industry	37.97	81.62
建筑业	Construction	9.34	11.88
第三产业	Tertiary Industry	365.91	360.21
交通、运输、邮电业	Transport and Telecommunications Industries	181.92	93.98
批发和零售贸易、餐饮业	Wholesale and Retail Trade, Catering Industry	123.68	193.09
社会服务业	Social Services	57.74	64.96
文教卫生业	Culture, Education and Health Care		
其他行业	Other Industry	2.57	8.18
购置生产性固定资产支出	Expenditure for Productive Fixed Assets	1307.06	1060.80
生活消费支出	Consumption Expenditure	4205.63	4388.06
财产性支出	Expenditure for Property	4.81	3.76
转移性支出	Transferred Expenditure	152.21	96.97
现金支出构成（%）	**Composition of Cash Expenditure（%）**		
生产费用现金支出	Cash Expenditure of Productive Costs	22.67	24.13
第一产业	Primary Industry	18.33	18.86
农业	Farming	10.16	9.80
林业	Forestry	0.78	1.16
牧业	Animal Husbandry	6.86	7.45
渔业	Fishery	0.53	0.45
第二产业	Secondary Industry	0.50	1.09
工业	Industry	0.40	0.95
建筑业	Construction	0.10	0.14
第三产业	Tertiary Industry	3.84	4.18
交通、运输、邮电业	Transport and Telecommunications Industries	1.91	1.09
批发和零售贸易、餐饮业	Wholesale and Retail Trade, Catering Industry	1.30	2.24
社会服务业	Social Services	0.61	0.75
文教卫生业	Culture, Education and Health Care		
其他行业	Other Industry	0.03	0.09
购置生产性固定资产支出	Expenditure for Productive Fixed Assets	13.72	12.31
生活消费支出	Consumption Expenditure	44.16	50.94
财产性支出	Expenditure for Property	0.05	0.04
转移性支出	Transferred Expenditure	1.60	1.13

4-14 广西国家扶贫开发工作重点县农村居民家庭平均每百户耐用消费品拥有量

Ownership of Major Durable Consumer Goods Per 100 Rural Households of National Poverty Alleviation and Development Focus Counties by Guangxi

项　目	Item	2013	2014
家用汽车（辆）	Household Automobile（unit）	5.27	6.70
摩托车（辆）	Motorcycle（unit）	80.41	92.20
助力车（台）	Man-drawn Veicle（set）	14.88	19.47
洗衣机（台）	Washing Machine（set）	52.17	61.95
电冰箱（柜）（台）	Refrigerator（set）	74.40	83.89
微波炉（台）	Microwave Oven（set）	16.07	19.12
彩色电视机（台）	Color Tv（set）	104.99	110.53
# 接入有线电视网（台）	# Access Cable Television Network（set）	28.56	32.38
空调（台）	Air Conditioning（set）	9.20	11.78
热水器（台）	Water Heater（set）	34.15	43.73
# 太阳能热水器（台）	# Solar Water Heater（set）	4.90	7.11
消毒碗柜（台）	Disinfection Cupboard（set）	18.72	24.58
洗碗机（台）	Dishwasher（set）		
排油烟机（台）	Smoke Absorber（set）	3.79	5.22
固定电话（线）	Fixed Telephone（line）	18.58	23.79
移动电话（部）	Hand Telephone（unit）	221.09	244.81
# 接入互联网（部）	# Access to the Internet（unit）	48.20	66.71
计算机（台）	Computer（set）	10.44	14.87
# 接入互联网（台）	# Access to the Internet（set）	5.73	8.27
摄像机（台）	Video Camera（set）	0.69	0.67
照相机（台）	Camera（set）	2.63	3.19
中高档乐器（架）	Medium Upscale Musical Instrument（unit）	0.32	0.32
健身器材（台）	Fitness Equipment（set）	0.14	0.28
组合音响（套）	Audio System（set）	9.29	11.09

4-15 广西国家扶贫开发工作重点县农村居民家庭人均主要食品消费量

Per Capita Main Food Consumption of Rural Households of National Poverty Alleviation and Development Focus Counties by Guangxi

单位：公斤 (kg)

项 目	Item	2013	2014
谷物消费量	Cereal Consumption	128.76	126.66
# 稻谷	# Rice	110.62	108.97
玉米	Corn	12.26	11.38
薯类消费量	Potato Consumption	0.54	0.50
豆类消费量	Soy Consumption	3.60	4.58
油脂类消费量	Oil and Fats Consumption	4.85	4.68
烟叶消费量	Tobacco Consumption	0.92	0.75
豆制品	Soybean	2.24	2.78
蔬菜及菜制品消费量	Vegetables and Food Products Consumption	63.59	62.80
# 叶菜类	# Leaf	62.74	61.99
瓜类	Melons	6.77	7.86
# 西瓜	# Watermelon	0.39	0.53
水果类	Fruits	7.91	9.11
消费茶叶	Tea Consumption	0.10	0.13
坚果消费量	Nuts Consumption	0.44	0.41
肉禽及其制品	Meat, Poultry and Related Products	35.21	37.96
# 猪肉	# Pork	21.63	21.97
牛肉	Beef	0.51	0.46
羊肉	Mutton	0.13	0.17
家禽	Poultry	11.79	14.08
蛋类及蛋制品	Eggs and Eggs Products	1.16	3.57
奶和奶制品	Milk and Dairy Products	2.78	1.17
水产品	Aquatic Products	2.90	3.41
# 鱼类	# Fish	2.75	3.26
虾、贝、蟹类	Shrimp, Shells, Crabs	0.04	0.04
食糖	Sugar	0.71	0.77
酒	Wine	16.38	17.70
# 白酒	# Liquor	5.73	4.52
啤酒	Beer	6.46	6.49

4-16 广西国家扶贫开发工作重点县社区基本情况

Basic Conditions of Community on Key Counties for National Poverty Alleviation and Development Work by Guangxi

项 目 Item	2013	2014
社区情况（个） **Situation of community（unit）**		
调查村个数 Number of Surveyed Villages	216	218
少数民族村 National Minority Village	163	168
政府确定的贫困村 Poor Villages Identified by the Government	90	108
有卫生站（室）的行政村个数 Number of Administrative Villages in There Are Health Stations（Room）	205	213
拥有合法行医证医生/卫生员的行政村个数 Number of Administrative Villages in Have Legitimate License to Practice Medicine Doctors/Hygienist	183	185
自然村个数 Number of Natural Village	2696	2724
通公路的自然村 Natural Village to Build Up Roads	2486	2539
主干道路面经过硬化处理的自然村 Natural Village by Trunk Road Through Hardened	1222	1415
通客运班车的自然村 Natural Village Through Passenger Bus	821	888
通电的自然村 Electricity Came to Natural village	2686	2719
通电话的自然村 Telephone Came to Natural Village	2228	2421
通有线电视信号的自然村 Cable Tv Signal Came to Natural Village	1137	1184
通宽带的自然村 Broadband Came to Natural Village	800	921
被通信信号覆盖的自然村 Natural Village Covered by the Communication Signal	2369	2549
有健身器材的自然村 There Are Fitness Equipment of Natural Village	55	71
饮用水经过集中净化处理的自然村 Purified Drinking Water Treatment of Natural Village	416	646
进村道路的路面状况 Condition of Go Into Village by Road Pavement	216	218
水泥或柏油路面 Cement or Asphalt Pavement	167	186
沙石或石板等硬质路面 Sand or Slate etc Hard Road Surface	36	24
其他 Other	13	8
有文化活动室的行政村个数 Number of Administrative Village Cultural Activity Room	135	155
有畜禽集中饲养区的行政村个数 Number of Administrative Villages in Have concentrated Livestock Feeding Area	18	42

4-16 续表 1 continued

项 目 Item	2013	2014
上幼儿园或学前班的便利程度如何 How to Facilitate the Extent Kindergarten or Preschool	216	218
村内有，且便利 Village Have, and Convenient	133	147
村内无，但入园较便利 Village Not Have, But More Convenient to Go to Kindergarten	41	38
不便利 Not Convenient	42	33
上小学的便利程度 Convenience Degree of go Elementary School	216	218
村内有，且便利 Village Have, and Convenient	164	178
村内无，但入学校便利 Village Not Have, But More Convenient to Go to School	29	25
不便利 Not Convenient	23	15
年内召开村民大会或村民代表大会次数（次） Number of Village Assembly Held During or Villager Congress Views in the Year（times）	837	972
有专业合作经济组织或行业协会的行政村个数 Number of Administrative Villages of Cooperative Economic Organizations or Industry Associations	59	70
人口和资源情况 **Condition of Population and Resource**		
年末户籍人口（人） Household Population at Year-end（person）	601488	623887
年末常住户数（户） Number of Resident Households at Year-end（household）	142723	150198
年末常住人口数（人） Number of Usual Residents（person）	541298	563021
耕地面积（亩） Area of Cultivated Land（mu）	656905	616483
# 有效灌溉面积（亩） # Irrigated Area（mu）	231302	233777
园地面积（亩） Area of Garden Plot（mu）	182834	152890
林地面积（亩） Area of Forests Land（mu）	1839529	1716459
牧草地面积（亩） Area of Grassland（mu）	97971	152595
养殖水面面积（亩） Water Area of Breeding Aquatics（mu）	30551	34137
全村当年粮食总产量（吨） Total Output of Grain on Village This Year（ton）	251427.9	18707509
救济及社会保障情况 **Situation of Relief and Social Security**		
年内收到救济、救灾款物（包括实物折价）（元） Receive Relief, Relief Funds and Materials（Including In-kind Discounts）（yuan）	6246916	3681827
年内收到过救济、救灾款物的户数（户） Number of Households by Received Relief, Relief Funds and Materials（household）	12760	11365

4-16 续表 2 continued

项 目 Item	2013	2014
年内缺粮需要救济的户数（户） Number of Households by Due to Lack of Food in Need of Relief（household）	10988	10697
享受农村最低生活保障人数（人） Number of Rural Residents with Minimum Living Allowance（person）	52505	57817
参加新型农村合作医疗人数（人） Number of New Cooperative Medical System（person）	537549	539525
参加农村社会养老保险人数（人） Number of Rural Social Endowment Insurance（person）	250482	249597
村级扶贫活动情况 **Situation of Poverty Alleviation Activities by Village-level**		
有小额信贷组织或村民互助资金组织的村（个） There Microfinance Organizations or Mutual aid Funds Organizations of Villager in the Village（unit）	32	34
有村级扶贫规划的村（个） There Poverty Alleviation Plan of Village-level by Villages（unit）	125	127
扶贫规划为村民讨论共同决定的村（个） Poverty Reduction Program for the Villagers to Discuss the Decision of the Village（unit）	118	124
参加过扶贫开发项目的村（个） Participated in Poverty Alleviation and Development Projects the Villages（unit）	150	138
政府或机构拨付到位扶贫资金总额（万元） Total Amount of Government or Agencies of Poverty Funds be Appropriated in Place（10 000 yuan）	16202.8	12300.4
# 扶贫贷款 # Loans of Poverty Alleviation	4452.3	2557.6
扶贫资金的投向（万元） Poverty Alleviation Funds to Investment Direction（10 000 yuan）	16202.8	12300.4
农业 Agriculture	337.3	242.7
林业 Forestry	441.2	567.0
畜牧业 Stockbreeding	72.4	141.8
农产品加工业 Agricultural Product Processing Industry	2.4	15.0
农村饮水安全工程 Drinking Water Safety Project of Rural	1312.8	1079.5
小型农田水利及农村水电 Irrigation and Water Conservancy of Small-scale and hydropower of Rural	231.7	863.9
病险水库除险加固 Dangerous Reservoir Reinforcement	150.0	245.0
村通公路（通畅、通达工程等） Open Up Roads of Village（Smooth, Tongda Engineering Etc）	3939.1	3489.7
农网完善及无电地区电力设施建设 Perfect Power Network of Rural and Building of Power Facilities of Areas Without Electricity	718.5	575.5
村村通电话、互联网覆盖等信息化建设 Village Phone, Internet coverage Information Construction	210.0	29.7
农村沼气等清洁能源建设 Rural Biogas and so on Clean Energy Construction	299.8	90.9

4-16 续表 3 continued

项 目 Item	2013	2014
农村危房改造 Repair of Dangerous Buildings by Rural	4573.8	4369.7
中低产田改造、土地开发整理 Low-yielding Farmland, Land Development and consolidation	2514.0	140.0
村卫生站（室）建设及设施 Construction and Facilities of Village Health Station（Room）	158.0	86.0
农村中小学建设 Construction of Rural Primary and Secondary	1021.0	291.0
劳动力职业技能培训 Workforce Occupational Skill Training	35.0	67.0
易地扶贫搬迁 Places as a Poverty Removal	185.8	6.0
扶持农户数或公共项目成果（户） Support is Number of Rural Households or Public Project Results（households）		
农业 Agriculture	9057	3222
林业 Forestry	4094	1719
畜牧业 Stockbreeding	1448	1747
农产品加工业 Agricultural Product Processing Industry	153	12
农村饮水安全工程 Drinking Water Safety Project of Rural	6052	3729
小型农田水利及农村水电（亩） Irrigation and Water Conservancy of Small-scale and hydropower of Rural（mu）	2108	7460
病险水库除险加固（平方米） Dangerous Reservoir Reinforcement（sq.m）	4500	8000
村通公路（通畅、通达工程等）（公里） Open Up Roads of Village（Smooth, Tongda Engineering Etc）（km）	1082	535
农网完善及无电地区电力设施建设 Perfect Power Network of Rural and Building of Power Facilities of Areas Without Electricity	2786	1466
村村通电话、互联网覆盖等信息化建设 Village Phone, Internet coverage Information Construction	1592	508
农村沼气等清洁能源建设（个） Rural Biogas and so on Clean Energy Construction（unit）	1429	163
农村危房改造（平方米） Repair of Dangerous Buildings by Rural（sq.m）	188272	190284
中低产田改造、土地开发整理（亩） Low-yielding Farmland, Land Development and consolidation（mu）	11237	2300
村卫生站（室）建设及设施（平方米） Construction and Facilities of Village Health Station（Room）（sq.m）	1459	598
农村中小学建设（平方米） Construction of Rural Primary and Secondary	10588	2775
劳动力职业技能培训（人次） Workforce Occupational Skill Training（person-times）	5506	9168
易地扶贫搬迁 Places as a Poverty Removal	113	5

主要统计指标解释

粮食产量 指全社会的产量。包括国有经济经营的、集体统一经营的和农民家庭经营的粮食产量，还包括工矿企业办的农场和其他生产单位的产量。粮食除包括稻谷、小麦、玉米、高粱、谷子及其他杂粮外，还包括薯类和豆类。其产量计算方法，豆类按去豆荚后的干豆计算；薯类（包括甘薯和马铃薯，不包括芋头和木薯）1963年以前按每4公斤鲜薯折1公斤粮食计算，从1964年开始改为按5公斤鲜薯折1公斤粮食计算。城市郊区作为蔬菜的薯类（如马铃薯等）按鲜品计算，并且不作粮食统计。其他粮食一律按脱粒后的原粮计算。1989年以前全国粮食产量数据主要靠全面报表取得，1989年开始使用抽样调查数据。

猪、牛、羊肉产量 指当年出栏并已屠宰、除去头蹄下水后带骨肉（即胴体重）的重量。包括全社会范围内的产量。1996年前为各级逐级上报数据。1996年第一次农业普查以后，由于畜牧业产品年报数据与普查数据之间存在一定的差距，国家统计局农调总队对畜牧业年报数据与普查数据进行衔接。1999年以后，国家统计局开展了猪、牛、羊、禽等主要畜禽品种的抽样调查，并用抽样数据作为国家定案数据使用。未开展抽样调查的品种，仍使用各级统计部门逐级上报数据。

期初（末）畜禽存栏头（只）数 指报告期初（末）农村各种合作经济组织和国营农场、农民个人、机关、团体、学校、工矿企业、部队等单位以及城镇居民饲养的大牲畜、猪、羊、家禽等畜禽的存栏数。数据上报方式及数据调整情况同猪、牛、羊肉产量。

当年出栏头数 指农林牧渔企业生产单位饲养的，供屠宰并已出栏的全部牲畜头数。包括交售给国家，集市上出售的部分。

常用耕地 是指耕地总资源中专门种植农作物并经常进行耕种、能够正常收获的土地。包括当年实际耕种的熟地；弃耕、休闲不满三年，随时可以复耕的地；开荒利用三年以上的土地。在统计口径上包括南方小于1米、北方小于2米宽的沟、渠、路和田埂。不包括临时种植农作物的坡度在25度以上的陡坡地；在河套、湖畔、库区临时开发的成片或零星土地；也不包括已列为国家和省（区、市）退耕计划但临时耕种的土地。常用耕地是国家需要重点保护的耕地，是反映我国农业综合生产能力的一个重要指标。

农作物播种面积 指实际播种或移植有农作物的面积。凡是实际种植有农作物的面积，不论种植在耕地上还是种植在非耕地上，均包括在农作物播种面积中。在播种季节基本结束后，因遭灾而重新改种和补种的农作物面积，也包括在内。它是反映我国耕地面积利用情况的一个重要指标。目前，农作物播种面积主要包括粮食、棉花、油料、糖料、麻类、烟叶、蔬菜和瓜类、药材和其他农作物九大类。

Explanatory Notes on Main Statistical Indicators

Grain Output refers to the total output in the whole country including grains produced by state farms, collective units, rural households, as well as by farms affiliated to industrial and mining enterprises and other production units. Grain includes rice, wheat, corn, sorghum, millet and other miscellaneous grains as well as tubers and bean. Output of beans refers to dry beans without pods. The output of tubers (sweet potatoes and potatoes, not including taros and cassava) was converted into that of grain at the ratio 4:1, i.e. 4 kilograms of fresh tubers was equivalent to 1 kilogram of grain up to 1963. Since 1964 the ratio for conversion has been 5:1. Tubers supplied as vegetables (such as potatoes) in cities and suburbs are calculated as fresh vegetables and their output is not included in the output of grain. Output of all other grains refers to husked grain. Data on grain production before 1989 were obtained through Comprehensive Statistical Reporting System. Since 1989, data from sample surveys are used.

Output of Pork, Beef, and Mutton refers to the meat of slaughtered hogs, cattle, sheep and goats with head, feet, and offal taken away. Data refers to the production of the whole country. The first agriculture census of China in 1996 revealed some discrepancy between the production of animal products from the annual reports and that from the census. Efforts were made by the Rural Socio-economic Survey Organization of NBS to adjust the output value of animal husbandry to make the figures from the annual reports consistent with the census data. Since 1999, NBS conducted sample survey for the major animal husbandry products, such as hogs, cattle, sheep and goats and fowls, and the data from sample surveys are used as national finalized data. Those products, which are not covered by the sample survey, are still reported by statistical agencies level by level.

Number of Livestock or Poultry in Stock at Beginning (or End) refers to the total number of large animals, pigs, sheep, fowls, etc. raised by rural cooperative organizations, state farms, rural individuals, government agencies, schools, industrial and mining enterprises, army, and urban residents at the beginning (or end) of the reference period. Data reporting system and data adjustment are the same as that in the output of pork, beef and mutton.

Number of Livestock Slaughtered refers to the total number of animals for butchering by farming, forestry, animal husbandry and fishery, including parts of selling to country and markets.

Regularly Cultivated Land refers to farmland among the total land resources, which is exclusively used for farming and is under regular cultivation with harvest in normal years. Included are currently cultivated land, land that has been abandoned or put in idle for less than 3 years and could be re-used for cultivation at any time, and new-claimed land that has been put into cultivation for more than 3 years. According to statistical coverage, it includes the gouges, dykes, roads and ridges of field with 1 meter wide in Southern areas and 2 meters wide in Northern areas. Excluded under this category are steep slope land over 25 degrees under temporary cultivation, land (large or small plots) that is claimed along river bends, lake sides or banks of reservoirs, as well as land that has been designated under the "Green for Grain" programme of the state and provincial governments but is still temporarily under cultivation. The regularly cultivated land is the key protection land of the nation, an important indicator reflecting the comprehensive productivity of agriculture of China.

Sown Area of Crops refers to area of land sown or transplanted with crops regardless of being in cultivated area or non-cultivated area. Area of land re-sown due to natural disasters is also included. This is an important indicator that can reflect the utilization condition of the cultivated land in China. At present, the sown area of crops mainly include the following 9 categories of crops: grain, cotton, oil-bearing crops, sugar crops, fiber crops, Tobacco, Vegetables and melons, medicinal materials and other farm crops.

第五篇　企业调查

Chapter 5　Enterprises Survey

5-1 规模以下工业主要指标

Main Indicators of Industrial Enterprises Under Designated Size

单位：亿元 (10 million yuan)

指　标	Item	2013	2014
总体估计量	**Population Estimator**		
单位数（万个）	Number of Enterprises（10 000 unit）	18.9	18.6
期末从业人数（万人）	Number of Employed Persons at the Year-end（10 000 persons）	103.9	100.1
工业总产值（当年价格）	Gross Industrrial Ouptput Value（current prices）	1072.0	1099.3
企业子总体估计量	**Population Estimator Of Enterprise**		
企业数（万个）	Number of Enterprises（10 000 unit）	1.8	1.7
期末从业人数（万人）	Number of Employed Persons at the Year-end（10 000 persons）	31.7	29.0
工业总产值（当年价格）	Gross Industrrial Ouptput Value（current prices）	460.9	452.9
资产总计	Total Assets	730.6	693.7
主营业务收入	Revenue from Principal Business	456.3	448.4
税金总额	Total Taxes	17.9	15.3
应付职工薪酬	Employee Benefits Payable	68.2	62.3
固定资产原价	Original Value of Fixed Assets	433.1	403.4
固定资产净值	Net Value of Fixed Assets	306.3	283.6
个体子总体估计量	**Population Estimator Of Individual**		
单位数（万个）	Number of Enterprises（10 000 unit）	17.1	16.9
期末从业人数（万人）	Number of Employed Persons at the Year-end（10 000 persons）	72.2	71.1
资产总计	Total Assets	377.7	376.4
营业收入	Business Income	605.1	640.0

注：1. 以上数据是以广西为总体进行抽样调查推估而得，其中工业总产值为抽样核心指标，抽样误差较小；而其他指标不是抽样核心指标，抽样误差可能较大。

Source:1.The above data is based on a sample survey conducted in Guangxi for the overall estimate derived, where industrial output is sampled core indicators, the sampling error is small,The projected value of the indicators are certain sampling error.

5-2 服务业小微企业主要经济指标

Main Economic Indicators of Service Industry Micro Enterprises

单位：万元 (10 million yuan)

指　标	Item	2013	2014
企业数（个）	Number of Enterprises（unit）	45326	44058
资产总计	Total Assets	3069.3	3375.3
固定资产原价	Orginal value of Fixed Assets	471.9	354.1
营业收入	Business Income	428.8	319.3
营业成本	Cost of business	222.3	180.5
营业税金及附加	Tax and Addition of Business	15.4	8.8
费用合计	Total Cost	214.8	169.7
应付工资总额	Total Wages Payable of the Year	128.0	106.0
从业人数（万人）	Number of Employment（person）	48.5	40.6

注：1. 以上数据是以广西为总体进行抽样调查推估而得，其中营业收入为抽样核心指标，抽样误差较小；而其他指标不是抽样核心指标，抽样误差可能较大

Source:1.The above figures are for the whole of Guangxi estimate derived from a sample survey, in which the core operating income as indicators of sampling, the sampling error is small,The projected value of the indicators are certain sampling error.

附录一 全国及各省市区主要统计调查指标

APPENDIX Ⅰ Main Statistical Survey Indicators by Province, Municipality and Autonomous Region

附录1-1 全国及各省市区城镇居民人均收入与支出

Per Capita Income and Expenditure of Urban Households by Provinces and Regions

单位：元 （yuan）

地区	Region	城镇居民人均可支配收入 Per Capita Disposable Income of Urban Households		城镇居民人均消费支出 Per Capita Consumption Expenditure of Urban Households	
		2013	2014	2013	2014
全国	National	26467	28844	18488	19968
北京	Beijing	44564	48532	31632	33717
天津	Tianjin	28980	31506	22306	24290
河北	Hebei	22227	24141	14970	16204
山西	Shanxi	22258	24069	13763	14637
内蒙古	Inner Mongolia	26004	28350	19244	20885
辽宁	Liaoning	26697	29082	19318	20520
吉林	Jilin	21331	23218	15941	17156
黑龙江	Heilongjiang	20848	22609	15704	16467
上海	Shanghai	44878	48841	32447	35182
江苏	Jiangsu	31585	34346	22262	23476
浙江	Zhejiang	37080	40393	25254	27242
安徽	Anhui	22789	24839	14594	16107
福建	Fujian	28174	30722	20565	22204
江西	Jiangxi	22120	24309	13843	15142
山东	Shandong	26882	29222	16646	18323
河南	Henan	21741	23672	15249	16184
湖北	Hubei	22668	24852	15334	16681
湖南	Hunan	24352	26570	16867	18335
广东	Guangdong	29537	32148	21621	23612
广西	Guangxi	22689	24669	14470	15045
海南	Hainan	22411	24487	15833	17514
重庆	Chongqing	23058	25147	17124	18279
四川	Sichuan	22228	24234	16098	17760
贵州	Guizhou	20565	22548	13768	15255
云南	Yunnan	22460	24299	14862	16268
西藏	Tibet	20394	22016	13679	15669
陕西	Shaanxi	22346	24366	16399	17546
甘肃	Gansu	19873	21804	14411	15942
青海	Qinghai	20352	22307	16223	17493
宁夏	Ningxia	21476	23285	15807	17216
新疆	Xinjiang	21091	23214	16858	17685

附录1-2 全国及各省市区农村居民人均收入与支出

Per Capita Income and Expenditure of Rural Households by Provinces and Regions

单位：元 （yuan）

地区	Region	农村居民人均可支配收入 Per Capita Disposable Income of Rural Households		农村居民人均消费支出 Per Capita Consumption Expenditure of Rural Households	
		2013	2014	2013	2014
全国	National	9430	10489	7485	8383
北京	Beijing	17101	18867	13564	14535
天津	Tianjin	15353	17014	12491	13739
河北	Hebei	9188	10186	7377	8248
山西	Shanxi	7949	8809	6458	6992
内蒙古	Inner Mongolia	8985	9976	9080	9972
辽宁	Liaoning	10161	11191	7032	7801
吉林	Jilin	9781	10780	7523	8140
黑龙江	Heilongjiang	9369	10453	7192	7830
上海	Shanghai	19208	21192	13016	14820
江苏	Jiangsu	13521	14958	10759	11820
浙江	Zhejiang	17494	19373	12803	14498
安徽	Anhui	8850	9916	7200	7981
福建	Fujian	11405	12650	9986	11056
江西	Jiangxi	9089	10117	6807	7548
山东	Shandong	10687	11882	6877	7962
河南	Henan	8969	9966	6359	7277
湖北	Hubei	9692	10849	7850	8681
湖南	Hunan	9029	10060	7833	9025
广东	Guangdong	11068	12246	8938	10043
广西	Guangxi	7793	8683	6035	6675
海南	Hainan	8802	9913	6376	7029
重庆	Chongqing	8493	9490	6971	7983
四川	Sichuan	8381	9348	7365	8301
贵州	Guizhou	5898	6671	5291	5970
云南	Yunnan	6724	7456	5247	6030
西藏	Tibet	6553	7359	4102	4822
陕西	Shaanxi	7092	7932	6488	7252
甘肃	Gansu	5589	6277	5654	6148
青海	Qinghai	6462	7283	7506	8235
宁夏	Ningxia	7599	8410	6740	7676
新疆	Xinjiang	7847	8724	7103	7365

附录1-3 广西与全国居民消费价格主要分类指数（2014年）

Consumer Price Indices by Category in Country and Guangxi（2014）

（上年=100） （preceding year=100）

指 标	Item	2013		2014	
		全国平均 National Average	广西 Guangxi	全国平均 National Average	广西 Guangxi
居民消费价格指数	**Consumer Price Index**	**102.6**	**102.2**	**102.0**	**102.1**
食品	Food	104.7	103.8	103.1	104.3
粮食	Grain	104.6	101.4	103.1	102.2
肉禽及其制品	Meal, Poultry and Their Products	104.3	102.4	100.4	103.6
蛋	Eggs	104.9	107.7	110.4	106.1
水产品	Aquatic Products	104.2	103.9	104.4	107.4
鲜菜	Fresh Vegetables	108.1	108.0	98.5	103.5
鲜果	Fresh Fruits	107.1	109.1	118.0	118.8
烟酒及用品	Tobacco, Liquor and Articles	100.3	99.8	99.4	99.2
衣着	Clothing	102.3	102.3	102.4	100.4
家庭设备用品及服务	Household Facilities, Articles and Services	101.5	101.1	101.2	100.3
医疗保健及个人用品	Health Care and Personal Articles	101.3	100.7	101.3	101.0
交通和通信	Transportation and Communication	99.6	99.9	99.9	99.9
娱乐教育文化用品及服务	Recreation, Education and Culture Articles	101.8	100.8	101.9	101.5
居住	Residence	102.8	102.7	102.0	101.5
商品零售价格指数	**Retail Price Index**	**101.4**	**101.2**	**101.0**	**101.4**
食品	Food	104.7	103.9	103.0	104.3
饮料、烟酒	Beverages, Tobacco and Liquor	100.7	100.5	99.9	100.1
服装、鞋帽	Garments, Shoes and Hats	102.2	101.7	102.4	100.4
纺织品	Textiles	101.0	101.7	100.9	100.0
家用电器及音像器材	Household Appliances, Music and Video Equipment	98.3	98.4	98.5	98.7
文化办公用品	Cultural and Office Appliances	98.6	98.6	99.0	99.8
日用品	Articles for Daily Use	100.8	100.6	100.5	100.4
体育娱乐用品	Sports and Recreation Articles	100.7	100.0	100.5	100.9
交通、通信用品	Transportation and Communication Appliances	97.3	98.5	98.6	98.7
家具	Furniture	101.2	100.2	101.5	100.1
化妆品	Cosmetics	101.5	101.0	100.8	100.3
金银珠宝	Gold, Silver and Jewelry	91.9	90.6	91.6	91.5
中西药品及医疗保健用品	Traditional Chinese and Western Medicines and Health Care Articles	101.3	100.6	101.7	101.8
书报杂志及电子出版物	Books, Newspapers, Magazines and Electronic Publications	101.3	99.9	101.1	101.0
燃料	Fuels	99.9	99.7	99.2	99.4
建筑材料及五金电料	Building Materials and Hardware	100.5	100.9	100.4	100.1
农业生产资料价格指数	**Price Index of Means of Agricultural Production**	**101.4**	**99.9**	**99.1**	**98.9**

附录1-4 全国及各省市区居民消费价格指数

Consumer Price Indices by Provinces and Regions

（上年=100） (preceding year=100)

地区	Region	2010 指数 Index	2010 排位 Rank	2011 指数 Index	2011 排位 Rank	2012 指数 Index	2012 排位 Rank	2013 指数 Index	2013 排位 Rank	2014 指数 Index	2014 排位 Rank
全国平均	National Average	103.3		105.4		102.6		102.6		102.0	
北京	Beijing	102.4	30	105.6	11	103.3	3	103.3	5	101.6	28
天津	Tianjin	103.5	12	104.9	31	102.7	16	103.1	9	101.9	21
河北	Hebei	103.1	18	105.7	9	102.6	19	103.0	12	101.7	23
山西	Shanxi	103.0	23	105.2	20	102.5	24	103.1	10	101.7	25
内蒙古	Inner Mongolia	103.2	14	105.6	11	103.1	7	103.2	6	101.6	30
辽宁	Liaoning	103.0	23	105.2	20	102.8	10	102.4	24	101.7	24
吉林	Jilin	103.7	10	105.2	20	102.5	25	102.9	13	102.0	15
黑龙江	Heilongjiang	103.9	7	105.8	7	103.2	6	102.2	29	101.5	31
上海	Shanghai	103.1	18	105.2	20	102.8	11	102.3	27	102.7	3
江苏	Jiangsu	103.8	8	105.3	17	102.6	21	102.3	26	102.2	9
浙江	Zhejiang	103.8	8	105.4	16	102.2	28	102.3	28	102.1	13
安徽	Anhui	103.1	18	105.6	11	102.3	27	102.4	25	101.6	27
福建	Fujian	103.2	14	105.3	17	102.4	26	102.5	22	102.0	14
江西	Jiangxi	103.0	23	105.2	20	102.7	14	102.5	21	102.3	7
山东	Shandong	102.9	27	105.0	28	102.1	29	102.2	30	101.9	17
河南	Henan	103.5	12	105.6	11	102.5	22	102.9	14	101.9	18
湖北	Hubei	102.9	27	105.8	7	102.9	9	102.8	15	102.0	16
湖南	Hunan	103.1	18	105.5	15	102.0	31	102.5	19	101.9	19
广东	Guangdong	103.1	18	105.3	17	102.8	12	102.5	23	102.3	8
广西	Guangxi	103.0	23	105.9	4	103.2	4	102.2	31	102.1	12
海南	Hainan	104.8	2	106.1	2	103.2	5	102.8	17	102.4	6
重庆	Chongqing	103.2	14	105.3	17	102.6	20	102.7	18	101.8	22
四川	Sichuan	103.2	14	105.3	17	102.5	23	102.8	16	101.6	29
贵州	Guizhou	102.9	27	105.1	27	102.7	17	102.5	20	102.4	4
云南	Yunnan	103.7	10	104.9	30	102.7	15	103.1	8	102.4	5
西藏	Tibet	102.2	31	105.0	28	103.5	2	103.6	3	102.9	1
陕西	Shaanxi	104.0	6	105.7	9	102.8	13	103.0	11	101.6	26
甘肃	Gansu	104.1	4	105.9	6	102.7	18	103.2	7	102.1	10
青海	Qinghai	105.4	1	106.1	2	103.1	8	103.9	1	102.8	2
宁夏	Ningxia	104.1	4	106.3	1	102.0	30	103.4	4	101.9	20
新疆	Xinjiang	104.3	3	105.9	4	103.8	1	103.9	2	102.1	11

附录1-5 全国及各省市区商品零售价格指数

Retail Price Indices by Provinces and Regions

（上年＝100） (preceding year=100)

地区	Region	2010 指数 Index	2010 排位 Rank	2011 指数 Index	2011 排位 Rank	2012 指数 Index	2012 排位 Rank	2013 指数 Index	2013 排位 Rank	2014 指数 Index	2014 排位 Rank
全国平均	National Average	103.1		104.9		102.0		101.4		101.0	
北　京	Beijing	100.4	31	103.2	31	100.6	31	99.8	31	99.1	31
天　津	Tianjin	103.4	10	104.7	23	103.0	2	101.7	15	100.9	22
河　北	Hebei	103.1	17	105.0	16	102.2	15	102.2	8	101.0	16
山　西	Shanxi	102.3	27	104.9	17	101.8	22	101.8	10	100.6	28
内蒙古	Inner Mongolia	103.0	21	104.9	18	102.5	7	102.6	4	100.7	26
辽　宁	Liaoning	103.2	13	105.0	15	102.2	13	101.6	18	101.0	18
吉　林	Jilin	104.1	5	104.9	19	101.7	25	101.6	17	101.2	12
黑龙江	Heilongjiang	103.1	17	104.9	28	102.2	12	101.1	27	100.8	25
上　海	Shanghai	101.7	28	104.1	29	101.2	29	100.2	30	100.9	24
江　苏	Jiangsu	103.2	13	104.6	27	102.1	18	101.4	23	101.6	5
浙　江	Zhejiang	103.9	6	105.5	4	101.9	21	101.0	28	100.9	19
安　徽	Anhui	103.2	13	105.3	10	102.1	19	101.3	24	100.4	30
福　建	Fujian	103.4	10	104.8	20	101.8	23	101.1	26	101.1	14
江　西	Jiangxi	102.7	25	104.8	21	102.1	16	101.5	21	101.2	10
山　东	Shandong	102.7	25	104.7	25	101.6	26	101.4	22	101.0	15
河　南	Henan	103.7	7	105.7	2	102.3	10	101.9	9	101.0	17
湖　北	Hubei	103.1	17	105.6	3	102.6	6	101.8	11	100.9	21
湖　南	Hunan	103.1	17	105.5	5	101.7	24	101.7	14	101.2	11
广　东	Guangdong	103.3	12	105.1	13	102.2	14	101.0	29	101.4	7
广　西	Guangxi	103.0	21	106.0	1	102.3	9	101.2	25	101.4	8
海　南	Hainan	104.6	1	105.4	8	102.7	4	101.5	19	101.2	9
重　庆	Chongqing	101.7	28	104.7	24	101.6	28	101.8	13	100.9	23
四　川	Sichuan	103.0	21	104.6	26	101.6	27	101.7	16	100.6	29
贵　州	Guizhou	103.0	21	105.5	6	102.0	20	101.5	20	101.2	13
云　南	Yunnan	103.6	8	105.1	14	102.4	8	102.6	5	101.6	4
西　藏	Tibet	101.0	30	103.7	30	102.9	3	103.0	2	102.2	1
陕　西	Shaanxi	103.6	8	104.8	22	102.3	11	101.8	12	100.7	27
甘　肃	Gansu	104.6	1	105.4	7	102.6	5	102.6	6	101.7	2
青　海	Qinghai	104.3	4	105.4	9	102.1	17	102.7	3	101.5	6
宁　夏	Ningxia	103.2	13	105.3	11	101.0	30	102.4	7	100.9	20
新　疆	Xinjiang	104.6	1	105.1	12	103.3	1	103.3	1	101.7	3

附录1-6 全国和36个大中城市居民消费价格指数

Price Indices of Consumer in China and 36 Large and Medium-sized Cities

（上年=100） (preceding year=100)

地区	Region	2010		2011		2012		2013		2014	
		指数 Index	排位 Rank	指数 Index	排位 Rank	指数 Index	排位 Rank	指数 Index	排位 Rank	指数 Index	排位 Rank
全国平均	National Average	103.1		105.3		102.6		102.7		102.1	
北京	Beijing	102.4	33	105.6	5	103.3	4	103.3	8	101.6	33
天津	Tianjin	103.5	11	104.9	34	102.7	19	103.1	12	101.9	29
石家庄	Shijiazhuang	103.0	19	105.7	2	102.8	15	102.9	14	102.0	25
太原	Taiyuan	103.0	19	105.4	15	102.1	34	103.1	10	102.2	15
呼和浩特	Hohhot	102.6	31	105.5	9	103.1	7	103.8	3	101.2	36
沈阳	Shenyang	102.9	25	105.4	14	103.0	11	102.5	28	102.2	14
大连	Dalian	102.7	28	105.4	18	103.4	2	102.5	27	102.0	26
长春	Changchun	103.6	10	105.5	13	102.3	31	103.0	13	102.2	17
哈尔滨	Harbin	103.7	8	105.6	6	103.2	5	102.1	35	102.0	22
上海	Shanghai	103.1	18	105.2	26	102.8	14	102.3	31	102.7	7
南京	Nanjing	104.2	2	105.4	16	102.7	23	102.7	20	102.6	9
杭州	Hangzhou	103.9	5	104.8	35	102.5	27	102.5	26	102.0	24
宁波	Ningbo	103.7	8	105.3	24	101.7	36	102.2	34	101.9	28
合肥	Hefei	102.7	28	105.7	1	102.2	32	102.7	22	102.0	20
福州	Fuzhou	103.5	11	104.9	31	102.0	35	102.6	24	101.7	31
厦门	Xiamen	103.0	19	105.2	27	102.1	33	102.3	33	102.2	12
南昌	Nanchang	103.3	15	105.0	29	102.9	13	102.3	32	102.5	10
济南	Jinan	102.1	36	105.4	17	102.4	28	102.8	18	102.2	13
青岛	Qingdao	102.2	34	105.0	28	102.7	21	102.5	29	102.6	8
郑州	Zhengzhou	103.0	19	104.9	32	102.7	22	102.8	17	102.0	21
武汉	Wuhan	103.0	19	105.2	25	102.8	16	102.4	30	101.9	27
长沙	Changsha	102.9	25	105.5	12	102.3	30	102.8	16	102.7	6
广州	Guangzhou	103.2	16	105.5	10	103.0	9	102.6	25	102.3	11
深圳	Shenzhen	103.5	11	105.4	21	102.8	17	102.7	19	102.0	23
南宁	Nanning	102.5	32	105.7	4	102.9	12	102.1	36	101.6	32
海口	Haikou	104.2	2	105.4	22	103.3	3	102.9	15	102.2	16
重庆	Chongqing	103.2	16	105.3	23	102.6	25	102.7	23	101.8	30
成都	Chengdu	103.0	19	105.4	19	103.0	10	103.1	11	101.3	35
贵阳	Guiyang	102.9	25	105.5	11	102.6	24	103.2	9	102.7	5
昆明	Kunming	104.2	2	104.9	33	103.1	8	103.9	1	103.1	1
拉萨	Lasa	102.2	34	105.0	30	103.2	6	103.4	7	103.0	2
西安	Xi'an	103.5	11	105.6	7	102.8	18	102.7	21	101.4	34
兰州	Lanzhou	103.8	6	105.4	20	102.4	29	103.5	5	102.2	18
西宁	Xining	104.5	1	105.7	3	102.7	20	103.8	2	102.8	3
银川	Yinchuan	103.8	6	105.5	8	102.6	26	103.5	6	102.1	19
乌鲁木齐	Urumqi	102.7	28	104.5	36	103.4	1	103.5	4	102.8	4

附录1-7 全国和36个大中城市商品零售价格指数

Price Indices of Retail in China and 36 Large and Medium-sized Cities

（上年=100） (preceding year=100)

地区	Region	2010		2011		2012		2013		2014	
		指数 Index	排位 Rank	指数 Index	排位 Rank	指数 Index	排位 Rank	指数 Index	排位 Rank	指数 Index	排位 Rank
全国平均	National Average	102.5		104.5		102.0		101.0		100.8	
北京	Beijing	100.4	36	103.2	36	100.6	36	101.3	20	99.1	35
天津	Tianjin	103.4	11	104.7	19	103.0	1	101.5	16	100.9	21
石家庄	Shijiazhuang	103.4	11	104.9	15	101.9	18	101.2	23	101.2	14
太原	Taiyuan	102.6	23	104.8	17	101.2	33	100.2	35	100.7	26
呼和浩特	Hohhot	102.6	23	104.7	22	101.5	29	102.1	7	98.6	36
沈阳	Shenyang	102.6	23	105.2	6	102.4	11	101.7	12	101.3	10
大连	Dalian	104.0	3	104.4	25	102.5	6	101.8	10	101.0	20
长春	Changchun	104.6	1	104.8	16	101.8	21	101.0	27	101.2	16
哈尔滨	Harbin	101.9	30	104.4	26	102.5	5	102.3	6	101.5	8
上海	Shanghai	101.7	31	104.1	33	101.2	32	103.5	2	100.9	23
南京	Nanjing	103.5	10	104.2	30	101.4	30	101.4	18	102.0	4
杭州	Hangzhou	103.7	7	104.4	27	101.9	19	101.6	15	100.8	24
宁波	Ningbo	103.9	4	105.7	2	101.8	23	102.5	4	100.3	33
合肥	Hefei	102.1	29	105.1	9	101.9	17	101.2	25	100.3	34
福州	Fuzhou	102.9	19	104.0	34	101.1	34	100.7	32	100.6	30
厦门	Xiamen	102.8	20	104.7	20	101.6	27	102.7	3	100.7	29
南昌	Nanchang	103.0	18	105.2	7	102.4	9	101.7	13	101.1	17
济南	Jinan	101.3	34	104.6	23	101.8	22	101.3	21	101.2	15
青岛	Qingdao	101.4	33	104.5	24	101.7	25	101.9	9	102.3	2
郑州	Zhengzhou	102.7	21	104.9	14	102.4	10	101.3	22	101.1	18
武汉	Wuhan	103.1	17	104.7	18	102.3	12	102.5	5	100.5	31
长沙	Changsha	103.8	6	105.4	3	101.5	28	100.4	34	101.7	7
广州	Guangzhou	103.2	14	105.1	8	101.9	20	100.8	31	101.5	9
深圳	Shenzhen	103.2	14	105.3	5	102.4	7	101.4	17	101.0	19
南宁	Nanning	102.3	28	104.9	13	101.7	24	103.5	1	100.7	28
海口	Haikou	103.7	7	105.0	11	102.8	4	101.0	28	101.2	12
重庆	Chongqing	101.7	31	104.7	21	101.6	26	100.5	33	100.9	22
成都	Chengdu	102.4	27	104.3	29	101.4	31	101.2	24	100.4	32
贵阳	Guiyang	103.2	14	105.0	10	102.0	16	101.2	26	101.2	11
昆明	Kunming	103.6	9	104.9	12	102.0	15	99.8	36	101.8	6
拉萨	Lasa	101.2	35	103.9	35	102.9	3	101.0	29	102.3	3
西安	Xi'an	102.7	21	104.4	28	102.3	14	100.9	30	100.7	27
兰州	Lanzhou	103.9	4	105.4	4	102.4	8	101.9	8	101.8	5
西宁	Xining	104.6	1	106.0	1	102.3	13	101.7	11	101.2	13
银川	Yinchuan	102.5	26	104.2	31	100.6	35	101.6	14	100.8	25
乌鲁木齐	Urumqi	103.4	11	104.1	32	102.9	2	101.3	19	102.4	1

附录1-8 全国及各省市区工业品出厂价格指数（2014年）

（上年同期＝100）

地 区	Region	全 年 Annual Year	1 月 January	2 月 February	3 月 March	4 月 April
全 国	National	98.1	98.4	98.0	97.7	98.0
北 京	Beijing	99.1	98.1	98.9	99.2	99.0
天 津	Tianjin	96.3	96.5	96.1	96.5	96.9
河 北	Hebei	95.2	96.9	95.3	94.7	95.6
山 西	Shanxi	91.4	92.0	91.1	90.0	89.4
内蒙古	Inner Mongolia	97.3	98.2	97.9	97.3	97.3
辽 宁	Liaoning	98.2	98.6	98.0	97.6	97.9
吉 林	Jilin	99.1	99.2	98.9	98.8	99.3
黑龙江	Heilongjiang	97.1	99.0	97.9	96.9	97.9
上 海	Shanghai	98.9	98.7	98.3	98.2	98.7
江 苏	Jiangsu	98.3	98.3	97.9	97.7	98.1
浙 江	Zhejiang	98.8	98.8	98.5	98.3	98.8
安 徽	Anhui	97.4	98.6	98.0	97.1	97.3
福 建	Fujian	98.6	98.5	98.3	98.1	98.4
江 西	Jiangxi	97.8	98.6	97.9	97.2	97.6
山 东	Shandong	98.4	98.7	98.4	98.1	98.1
河 南	Henan	98.1	98.0	97.7	97.4	97.7
湖 北	Hubei	98.4	98.5	98.4	98.1	98.3
湖 南	Hunan	98.4	98.5	98.3	97.8	98.0
广 东	Guangdong	98.9	98.9	98.9	98.8	99.0
广 西	Guangxi	98.4	98.6	98.0	98.0	98.3
海 南	Hainan	97.6	100.4	99.2	98.1	98.9
重 庆	Chongqing	98.3	97.8	97.7	97.7	97.7
四 川	Sichuan	98.7	99.2	99.1	98.8	99.1
贵 州	Guizhou	98.3	97.1	97.2	97.1	97.5
云 南	Yunnan	97.8	98.2	98.3	98.1	98.0
西 藏	Tibet	99.0	101.3	101.4	101.8	100.0
陕 西	Shaanxi	97.1	97.8	97.1	96.9	97.3
甘 肃	Gansu	96.7	96.2	94.5	94.3	96.4
青 海	Qinghai	96.1	96.0	95.2	93.7	93.9
宁 夏	Ningxia	96.3	97.0	96.4	95.7	96.2
新 疆	Xinjiang	96.2	97.8	96.2	95.2	96.1

Ex-Factory Price Indices of Industrial Products by Provinces and Regions（2014）

（preceding year=100）

5 月 May	6 月 June	7 月 July	8 月 August	9 月 September	10 月 October	11 月 November	12 月 December
98.6	98.9	99.1	98.8	98.2	97.8	97.3	96.7
99.2	99.4	99.5	99.4	99.3	99.2	99.2	99.1
97.5	98.1	98.4	97.3	95.9	95.3	94.3	93.0
96.4	97.1	96.9	95.9	94.2	93.8	93.3	92.2
90.8	92.0	93.3	93.3	92.3	91.5	91.2	90.8
97.4	97.3	97.7	97.3	97.3	97.0	96.8	96.3
98.7	99.3	99.5	99.0	98.2	97.6	97.2	96.5
99.6	99.8	99.9	99.5	99.2	98.8	98.4	97.7
99.2	99.6	100.3	99.2	96.9	94.8	92.9	90.3
99.2	99.6	100.1	99.9	99.2	98.8	98.2	97.7
98.6	99.1	99.2	99.1	98.6	98.1	97.7	97.2
99.3	99.6	99.7	99.3	99.0	98.6	98.3	97.9
97.7	97.7	98.5	97.9	97.1	96.7	96.4	95.6
98.8	99.2	99.2	99.0	98.7	98.5	98.3	98.0
98.4	98.7	99.2	98.0	97.6	97.3	96.8	96.4
98.5	99.1	99.3	99.2	98.7	98.3	97.8	96.9
98.3	98.6	99.0	98.9	98.4	98.0	97.5	97.0
98.8	98.9	99.2	99.0	98.6	98.2	97.8	97.3
98.8	99.1	99.4	99.1	98.6	98.4	98.1	97.4
99.5	99.5	99.7	99.3	98.9	98.6	98.3	97.9
98.9	99.2	99.3	99.0	98.2	97.6	97.5	97.6
100.6	100.3	100.2	98.1	95.4	95.1	93.3	91.4
97.9	98.5	98.8	99.0	98.9	98.8	98.6	98.3
99.1	99.0	98.9	98.8	98.6	98.0	97.9	97.5
97.9	98.6	98.8	99.1	99.3	99.2	99.2	99.3
97.3	96.7	97.7	97.9	97.4	97.2	98.1	98.1
99.8	99.4	99.0	99.7	98.3	97.2	95.8	94.7
98.1	98.3	98.1	97.7	96.9	96.4	95.8	95.1
99.0	100.2	100.7	99.3	97.1	95.6	94.1	92.9
95.8	95.6	96.9	97.5	98.2	97.6	97.1	96.4
97.0	96.9	97.3	96.9	96.6	96.0	95.4	94.1
98.2	99.4	100.3	98.8	96.3	94.3	92.4	89.8

附录1-9 全国及各省市区原材料、燃料、动力购进价格指数（2014年）

（上年同期=100）

地区	Region	全年 Annual Year	1月 January	2月 February	3月 March	4月 April
全国	National	97.8	98.3	97.9	97.5	97.7
北京	Beijing	98.8	98.8	98.5	98.6	98.9
天津	Tianjin	97.1	97.3	96.8	96.6	97.0
河北	Hebei	95.6	97.8	96.5	95.4	95.7
山西	Shanxi	96.2	96.8	96.2	95.6	95.7
内蒙古	Inner Mongolia	98.4	99.8	99.7	99.6	99.3
辽宁	Liaoning	98.0	98.5	98.2	98.0	98.1
吉林	Jilin	99.2	99.4	99.2	98.9	99.2
黑龙江	Heilongjiang	97.6	99.5	98.6	97.6	98.5
上海	Shanghai	95.9	96.2	95.5	94.9	95.7
江苏	Jiangsu	97.0	97.8	97.1	96.4	96.7
浙江	Zhejiang	98.2	98.2	97.9	97.6	97.8
安徽	Anhui	97.2	97.4	97.0	96.3	96.6
福建	Fujian	98.3	98.2	98.0	98.0	97.9
江西	Jiangxi	98.4	99.1	98.6	98.1	98.5
山东	Shandong	98.2	98.8	98.3	97.9	98.1
河南	Henan	98.4	98.9	98.1	97.5	98.0
湖北	Hubei	97.8	98.4	97.6	97.0	97.2
湖南	Hunan	97.9	98.1	97.7	97.4	97.8
广东	Guangdong	98.8	98.9	99.0	98.8	99.0
广西	Guangxi	98.2	98.7	98.4	98.1	98.0
海南	Hainan	99.0	97.7	98.0	99.4	99.7
重庆	Chongqing	98.1	97.7	97.6	97.4	97.5
四川	Sichuan	98.7	98.9	98.5	98.4	98.4
贵州	Guizhou	98.6	97.6	97.2	97.4	97.9
云南	Yunnan	99.0	98.7	98.5	98.1	99.0
西藏	Tibet					
陕西	Shaanxi	98.5	99.6	99.4	99.2	98.8
甘肃	Gansu	97.6	97.5	96.9	96.8	97.1
青海	Qinghai	97.6	98.8	97.8	96.2	96.7
宁夏	Ningxia	97.0	98.1	97.1	97.0	97.1
新疆	Xinjiang	97.5	99.0	98.5	97.4	97.3

Indices of Purchasing Prices of Raw Materials, Fuels and Power by Provinces and Regions（2014）

（preceding year=100）

5 月 May	6 月 June	7 月 July	8 月 August	9 月 September	10 月 October	11 月 November	12 月 December
98.2	98.5	98.9	98.6	98.1	97.5	96.8	96.0
99.8	100.0	100.4	100.0	99.1	97.9	97.2	96.3
97.5	98.2	98.7	98.1	97.3	96.8	95.8	94.9
96.8	96.5	97.1	96.4	95.2	94.2	93.3	92.0
96.0	96.6	97.0	96.5	96.7	96.5	95.9	95.4
98.8	98.6	98.3	97.9	97.3	97.3	97.1	97.2
98.5	98.8	99.0	98.8	98.3	97.6	96.8	95.8
99.7	99.7	100.0	99.9	99.2	98.9	98.2	97.5
99.8	100.1	100.4	99.6	96.6	95.1	93.7	92.0
96.3	97.3	98.3	97.7	96.5	95.2	94.5	93.2
97.3	97.8	98.3	97.9	97.4	96.5	95.7	94.6
98.2	98.7	99.2	99.1	98.7	98.1	97.6	96.8
97.5	97.9	98.3	98.5	97.7	96.8	96.5	95.5
98.5	98.6	98.9	99.1	98.8	98.4	98.0	97.5
98.8	99.2	99.6	98.9	98.5	97.8	97.3	96.6
98.4	98.7	98.9	98.7	98.5	98.0	97.5	96.9
98.6	98.9	99.4	99.3	98.9	98.3	97.7	97.1
97.6	98.4	99.0	98.8	98.8	97.9	96.9	95.4
98.3	98.6	98.9	98.8	98.2	97.6	96.8	96.0
99.2	99.2	99.5	99.2	98.9	98.7	98.2	97.5
98.3	98.5	98.6	98.4	98.3	97.8	97.7	97.6
101.4	101.4	101.2	100.5	99.3	98.7	97.6	92.9
97.4	98.2	98.6	98.7	98.8	98.6	98.4	98.1
99.3	99.6	99.6	99.1	99.0	98.4	98.1	97.7
98.1	98.5	98.6	98.9	100.2	99.8	99.6	99.3
99.9	99.8	99.7	100.0	99.2	98.5	98.4	98.4
98.4	98.5	98.6	99.1	98.3	97.8	97.9	96.7
97.9	100.0	99.4	99.8	98.5	96.9	96.2	94.2
96.6	96.9	97.9	97.6	98.3	98.2	98.6	98.3
97.2	97.6	97.8	97.5	97.0	96.9	95.8	94.7
98.7	100.2	100.2	99.9	98.3	95.8	93.5	91.4

附录1–10 全国70个大中城市住宅销售价格指数（2014年）

（上年同期=100）

地区	Region	新建住宅价格指数				
		1月 January	2月 February	3月 March	4月 April	5月 May
北京	Beijing	114.7	112.2	110.3	108.9	107.7
天津	Tianjin	107.3	106.3	105.1	104.5	104.1
石家庄	Shijiazhuang	109.7	108.9	108.0	107.4	106.1
太原	Taiyuan	112.2	111.4	110.9	109.6	107.5
呼和浩特	Hohhto	109.5	108.6	108.5	108.6	107.2
沈阳	Shenyang	111.8	110.7	109.9	107.8	105.6
大连	Dalian	109.7	108.9	108.3	106.8	105.5
长春	Changchun	109.2	108.4	108.0	107.2	106.1
哈尔滨	Harbin	108.8	107.9	107.1	106.1	105.4
上海	Shanghai	117.5	115.7	113.1	111.5	109.6
南京	Nanjing	111.2	109.8	108.7	107.5	106.6
杭州	Hangzhou	110.0	109.1	107.8	105.6	103.4
宁波	Ningbo	107.1	106.1	105.9	105.1	103.8
合肥	Hefei	109.8	109.1	108.5	107.8	106.9
福州	Fuzhou	113.1	111.6	110.6	108.8	108.4
厦门	Xiamen	116.0	115.0	113.4	112.0	110.8
南昌	Nanchang	109.9	108.6	107.0	106.2	105.0
济南	Jinan	109.0	108.6	108.1	107.0	105.9
青岛	Qingdao	109.9	108.8	107.8	107.1	106.1
郑州	Zhengzhou	110.9	109.6	108.1	106.6	105.9
武汉	Wuhan	109.7	108.8	108.2	107.2	106.3
长沙	Changsha	111.7	110.8	109.3	108.2	106.7
广州	Guangzhou	118.6	115.7	113.3	111.1	109.5
深圳	Shenzhen	117.8	115.6	112.8	111.0	108.7
南宁	Nanning	110.9	109.9	108.4	107.8	106.4
海口	Haikou	103.1	103.0	102.6	102.4	101.9
重庆	Chongqing	108.7	107.9	107.2	106.1	105.4
成都	Chengdu	109.2	108.9	108.3	106.5	105.1
贵阳	Guiyang	106.6	106.2	105.5	104.6	104.0
昆明	Kunming	106.1	106.3	105.5	105.1	104.4
西安	Xi'an	109.6	109.1	108.3	107.7	106.2
兰州	Lanzhou	107.6	106.9	105.8	105.2	104.3
西宁	Xining	110.7	109.5	109.2	108.6	107.4
银川	Yinchuan	108.6	108.3	108.2	107.3	106.6
乌鲁木齐	Urumqi	109.6	108.5	108.0	106.7	105.8

Residential Sales Price Index in 70 Large-scale and Medium-scale Cities（2014）

（preceding year=100）

New Housing Price Index						
6 月 June	7 月 July	8 月 August	9 月 September	10 月 October	11 月 November	12 月 December
106.4	104.0	102.1	100.4	98.7	97.9	97.3
103.3	102.1	100.6	99.3	98.4	97.7	97.0
104.9	103.6	101.5	99.6	97.9	97.2	96.8
105.9	103.4	101.3	99.1	97.6	97.0	96.3
106.4	104.1	101.7	100.0	98.0	96.3	94.9
103.6	100.8	98.4	96.2	94.7	93.3	92.2
104.4	102.3	100.3	98.8	97.0	95.3	93.6
104.5	103.1	101.3	99.3	98.3	97.1	96.3
104.2	103.1	101.5	100.0	98.0	96.8	95.8
107.0	104.1	101.5	99.2	98.0	97.1	96.3
105.1	103.5	101.7	100.2	99.1	98.5	97.9
100.6	97.6	94.6	92.4	91.3	90.5	90.1
101.3	100.0	98.7	97.3	96.5	95.6	94.7
105.7	104.0	102.7	101.1	100.5	99.4	98.3
105.2	102.9	101.2	98.4	97.0	95.3	94.7
109.2	107.1	106.3	104.8	103.7	102.9	102.1
103.4	102.0	100.0	98.0	96.3	95.6	94.9
104.6	102.3	100.0	98.7	97.8	96.8	96.0
104.6	102.6	100.3	98.5	96.6	95.2	93.8
104.8	103.1	101.8	100.7	100.6	100.4	100.2
105.0	102.3	99.7	98.5	97.2	96.4	96.0
104.8	102.3	99.7	98.1	95.8	94.3	93.2
107.7	105.2	102.1	99.4	97.3	96.2	95.3
106.6	105.1	102.5	100.3	99.0	98.1	98.7
104.8	102.3	100.4	98.5	97.2	96.7	95.7
101.2	100.3	99.8	98.8	97.2	96.3	95.4
103.9	102.4	100.3	97.7	96.4	95.2	94.8
103.6	102.2	100.1	98.5	96.9	95.8	95.4
104.3	103.2	101.9	100.5	98.7	98.0	97.3
103.4	102.3	100.5	99.2	98.3	97.2	96.2
105.3	103.6	101.4	99.8	98.6	97.6	96.6
102.4	101.3	99.8	99.0	98.1	97.4	97.0
106.3	105.4	102.9	101.5	99.7	98.7	97.9
105.8	104.3	101.5	100.4	99.4	97.7	97.0
105.5	104.2	101.7	99.8	98.5	97.3	96.0

附录1-10　续表

（上年同期=100）

地　区	Region	新建住宅价格指数				
		1 月 January	2 月 February	3 月 March	4 月 April	5 月 May
唐　山	Tangshan	102.0	101.7	101.1	101.2	100.8
秦皇岛	Qinhuangdao	107.1	106.2	105.4	104.7	103.8
包　头	Baotou	107.3	105.5	104.7	104.2	102.7
丹　东	Dandong	109.2	108.3	107.2	106.4	105.7
锦　州	Jinzhou	110.7	109.9	109.8	108.8	107.2
吉　林	Jilin	108.0	107.3	106.6	106.1	104.5
牡丹江	Mudanjiang	106.2	105.3	104.4	103.4	102.7
无　锡	Wuxi	105.5	105.0	103.7	103.0	101.8
扬　州	Yangzhou	107.9	107.6	107.5	106.5	105.4
徐　州	Xuzhou	109.6	108.7	107.5	106.5	104.7
温　州	Wenzhou	96.0	96.1	96.1	95.9	95.6
金　华	Jinhua	106.8	107.0	106.2	105.3	103.8
蚌　埠	Bengbu	104.8	104.5	104.2	104.0	103.0
安　庆	Anqing	106.1	105.3	104.3	103.8	102.9
泉　州	Quanzhou	108.0	107.9	108.0	106.5	105.7
九　江	Jiujiang	106.6	105.7	105.3	104.9	103.4
赣　州	Ganzhou	108.8	107.9	106.3	105.4	104.8
烟　台	Yantai	109.1	108.5	107.3	106.7	106.4
济　宁	Jining	109.3	108.1	106.8	106.0	105.8
洛　阳	Luoyang	109.1	108.2	107.9	107.0	106.4
平顶山	Pingdingshan	110.0	109.2	107.9	107.3	106.5
宜　昌	Yichang	109.4	108.8	107.4	106.2	104.9
襄　阳	Xiangyang	108.5	108.1	107.0	105.7	104.0
岳　阳	Yueyang	106.9	106.7	105.8	105.0	104.1
常　德	Changde	107.0	106.7	105.8	105.3	105.0
惠　州	Huizhou	109.1	108.9	108.5	107.4	106.4
湛　江	Zhangjiang	109.2	108.5	108.3	107.7	106.7
韶　关	Shaoguan	105.6	104.5	104.0	103.3	101.4
桂　林	Guilin	112.6	112.9	112.3	111.7	108.7
北　海	The North Sea	110.7	109.9	109.2	108.2	107.4
三　亚	Sanya	105.4	105.2	105.0	104.6	104.7
泸　州	Luzhou	109.0	108.5	107.6	107.0	107.0
南　充	Nanchong	109.8	109.0	107.9	106.9	105.9
遵　义	Zunyi	105.9	105.2	104.8	104.3	104.3
大　理	Dali	105.8	105.7	105.0	104.8	104.2

continued

(preceding year=100)

New Housing Price Index						
6 月 June	7 月 July	8 月 August	9 月 September	10 月 October	11 月 November	12 月 December
100.7	100.5	99.4	98.8	97.3	97.2	96.9
102.9	101.4	99.6	97.9	96.5	95.9	95.4
102.0	100.4	99.0	98.0	96.7	95.5	94.4
104.2	102.6	101.1	98.7	96.7	95.1	94.0
105.1	104.0	101.3	99.1	96.9	95.0	94.1
102.9	101.9	100.5	98.3	97.4	96.5	96.0
102.0	101.7	100.4	99.5	98.9	98.3	97.3
100.9	100.1	99.2	98.2	97.3	96.3	96.0
104.2	102.4	100.4	99.2	97.0	95.8	95.2
103.4	102.4	100.1	98.7	97.4	96.4	95.8
95.0	95.4	95.5	95.2	94.5	94.5	95.6
102.8	100.8	98.1	96.6	95.9	95.7	95.1
102.0	101.4	100.0	97.4	95.6	94.7	94.4
102.1	101.4	99.7	97.8	96.4	95.0	94.4
104.2	102.0	100.5	98.0	96.8	95.3	94.3
102.0	101.3	99.9	98.8	97.6	96.5	95.7
104.2	102.0	100.1	97.7	96.1	94.8	94.5
105.5	103.9	101.2	99.4	97.9	96.4	95.1
104.1	103.0	100.9	99.9	98.2	97.5	96.5
104.5	102.5	100.9	99.0	98.0	96.9	96.0
105.0	103.1	101.1	99.1	98.2	97.0	96.3
103.5	102.0	99.8	98.4	97.4	96.1	95.0
102.3	101.1	99.2	98.1	97.1	95.7	95.1
102.9	102.2	100.9	99.4	98.8	98.2	97.9
103.9	102.4	100.3	99.2	98.3	97.5	96.9
105.2	103.7	101.1	99.2	97.4	96.0	94.8
106.0	104.5	101.9	99.4	97.6	95.9	95.0
100.8	98.4	96.6	95.3	93.4	92.7	92.4
106.0	102.7	100.4	98.6	96.5	94.0	92.9
105.6	104.2	101.8	99.6	98.2	96.5	96.0
104.4	101.6	100.5	99.8	98.4	96.8	96.0
106.3	103.4	100.9	97.3	96.2	95.4	93.4
103.6	101.6	99.6	98.2	96.8	96.1	95.0
103.8	102.7	100.7	99.8	98.7	97.4	97.0
103.6	103.3	101.2	100.3	99.0	97.6	96.9

附录1-10 续表 1

（上年同期=100）

地 区	Region	新建商品住宅价格指数				
		1 月 January	2 月 February	3 月 March	4 月 April	5 月 May
北 京	Beijing	118.8	115.5	113.0	111.2	109.7
天 津	Tianjin	108.3	107.1	105.7	105.1	104.6
石家庄	Shijiazhuang	109.9	109.1	108.2	107.5	106.3
太 原	Taiyuan	112.7	111.8	111.3	109.9	107.8
呼和浩特	Hohhto	109.8	108.9	108.7	108.9	107.4
沈 阳	Shenyang	111.9	110.8	110.0	107.9	105.6
大 连	Dalian	109.8	109.0	108.3	106.9	105.6
长 春	Changchun	109.5	108.7	108.3	107.4	106.3
哈尔滨	Harbin	109.3	108.3	107.4	106.4	105.7
上 海	Shanghai	120.9	118.7	115.5	113.6	111.3
南 京	Nanjing	114.7	112.8	111.3	109.8	108.6
杭 州	Hangzhou	110.4	109.4	108.1	105.8	103.5
宁 波	Ningbo	107.5	106.4	106.3	105.4	104.0
合 肥	Hefei	110.7	109.9	109.2	108.5	107.5
福 州	Fuzhou	113.3	111.7	110.7	108.9	108.5
厦 门	Xiamen	116.4	115.3	113.7	112.2	111.0
南 昌	Nanchang	110.4	109.0	107.3	106.5	105.2
济 南	Jinan	109.0	108.6	108.1	107.0	105.9
青 岛	Qingdao	110.4	109.2	108.2	107.5	106.4
郑 州	Zhengzhou	111.2	109.9	108.3	106.7	106.1
武 汉	Wuhan	110.1	109.2	108.6	107.6	106.6
长 沙	Changsha	111.8	110.9	109.4	108.3	106.7
广 州	Guangzhou	118.9	115.9	113.4	111.2	109.6
深 圳	Shenzhen	118.2	115.9	113.0	111.2	108.9
南 宁	Nanning	111.2	110.2	108.7	108.0	106.5
海 口	Haikou	103.2	103.0	102.6	102.5	102.0
重 庆	Chongqing	108.8	108.1	107.3	106.2	105.5
成 都	Chengdu	109.3	109.0	108.3	106.6	105.2
贵 阳	Guiyang	107.2	106.8	106.0	105.1	104.4
昆 明	Kunming	107.2	107.5	106.5	106.0	105.3
西 安	Xi'an	110.7	110.1	109.2	108.5	106.9
兰 州	Lanzhou	107.7	107.0	105.9	105.3	104.4
西 宁	Xining	110.7	109.5	109.2	108.6	107.4
银 川	Yinchuan	109.3	109.0	108.8	107.9	107.1
乌鲁木齐	Urumqi	109.7	108.6	108.0	106.8	105.9

continued

(preceding year=100)

New Commercial Housing Price Index						
6 月 June	7 月 July	8 月 August	9 月 September	10 月 October	11 月 November	12 月 December
108.0	104.9	102.6	100.4	98.3	97.4	96.6
103.7	102.3	100.7	99.2	98.2	97.4	96.6
105.0	103.7	101.5	99.6	97.8	97.1	96.7
106.1	103.5	101.4	99.0	97.5	96.9	96.1
106.6	104.2	101.8	100.0	97.9	96.2	94.7
103.7	100.8	98.4	96.2	94.6	93.2	92.2
104.4	102.3	100.3	98.8	97.0	95.3	93.6
104.6	103.2	101.3	99.3	98.2	97.0	96.2
104.4	103.2	101.5	100.0	97.9	96.6	95.6
108.2	104.8	101.7	99.1	97.6	96.5	95.6
106.6	104.5	102.2	100.2	98.8	98.1	97.3
100.7	97.5	94.4	92.1	90.9	90.1	89.7
101.4	100.0	98.6	97.2	96.3	95.3	94.4
106.2	104.4	103.0	101.2	100.5	99.3	98.1
105.2	103.0	101.2	98.4	97.0	95.3	94.6
109.4	107.2	106.4	104.9	103.8	103.0	102.1
103.5	102.0	100.0	97.9	96.1	95.4	94.6
104.6	102.3	100.0	98.7	97.8	96.8	96.0
104.8	102.7	100.3	98.4	96.4	94.9	93.5
105.0	103.2	101.9	100.7	100.6	100.4	100.2
105.2	102.4	99.7	98.4	97.0	96.2	95.8
104.8	102.3	99.7	98.0	95.8	94.3	93.1
107.7	105.3	102.1	99.4	97.3	96.2	95.2
106.7	105.1	102.6	100.3	99.0	98.0	98.7
104.9	102.4	100.4	98.5	97.1	96.6	95.6
101.3	100.3	99.8	98.7	97.1	96.2	95.3
103.9	102.5	100.3	97.6	96.4	95.1	94.7
103.7	102.2	100.1	98.5	96.9	95.8	95.3
104.7	103.5	102.0	100.5	98.6	97.8	97.0
104.1	102.7	100.6	99.0	98.0	96.7	95.5
105.9	104.0	101.5	99.8	98.5	97.3	96.2
102.4	101.3	99.8	99.0	98.1	97.3	97.0
106.4	105.4	102.9	101.5	99.7	98.7	97.9
106.2	104.7	101.6	100.4	99.3	97.6	96.7
105.5	104.2	101.7	99.8	98.5	97.3	95.9

附录1-10 续表

（上年同期为100）

地 区	Region	新建商品住宅价格指数				
		1 月 January	2 月 February	3 月 March	4 月 April	5 月 May
唐 山	Tangshan	102.2	101.8	101.2	101.3	100.9
秦皇岛	Qinhuangdao	107.9	106.8	105.9	105.1	104.2
包 头	Baotou	108.5	106.4	105.4	104.9	103.1
丹 东	Dandong	109.3	108.4	107.2	106.5	105.7
锦 州	Jinzhou	110.7	109.9	109.8	108.8	107.2
吉 林	Jilin	108.5	107.6	106.9	106.4	104.7
牡丹江	Mudanjiang	106.2	105.4	104.4	103.4	102.7
无 锡	Wuxi	106.4	105.8	104.2	103.4	102.0
扬 州	Yangzhou	108.2	107.9	107.8	106.7	105.6
徐 州	Xuzhou	110.1	109.1	107.8	106.8	104.9
温 州	Wenzhou	95.7	95.9	95.8	95.6	95.2
金 华	Jinhua	106.9	107.0	106.2	105.4	103.8
蚌 埠	Bengbu	104.9	104.6	104.3	104.1	103.1
安 庆	Anqing	106.5	105.6	104.6	104.0	103.1
泉 州	Quanzhou	108.4	108.3	108.4	106.8	105.9
九 江	Jiujiang	106.9	106.0	105.5	105.1	103.5
赣 州	Ganzhou	108.9	107.9	106.3	105.4	104.9
烟 台	Yantai	109.3	108.6	107.4	106.8	106.5
济 宁	Jining	109.6	108.4	107.0	106.2	105.9
洛 阳	Luoyang	109.3	108.3	108.1	107.2	106.5
平顶山	Pingdingshan	110.2	109.3	108.0	107.4	106.6
宜 昌	Yichang	109.5	109.0	107.6	106.3	105.0
襄 阳	Xiangyang	108.5	108.2	107.1	105.7	104.1
岳 阳	Yueyang	111.1	110.7	109.3	107.9	106.4
常 德	Changde	107.1	106.8	105.9	105.4	105.1
惠 州	Huizhou	109.1	108.9	108.6	107.4	106.5
湛 江	Zhangjiang	109.2	108.5	108.3	107.7	106.7
韶 关	Shaoguan	105.8	104.6	104.1	103.4	101.5
桂 林	Guilin	112.8	113.1	112.6	111.9	108.8
北 海	The North Sea	110.7	109.9	109.2	108.3	107.4
三 亚	Sanya	105.4	105.3	105.1	104.6	104.7
泸 州	Luzhou	109.3	108.7	107.9	107.2	107.3
南 充	Nanchong	109.9	109.1	108.0	107.0	105.9
遵 义	Zunyi	106.6	105.8	105.3	104.8	104.8
大 理	Dali	106.3	106.3	105.5	105.3	104.6

continued

(preceding year=100)

New Commercial Housing Price Index						
6 月 June	7 月 July	8 月 August	9 月 September	10 月 October	11 月 November	12 月 December
100.8	100.6	99.3	98.7	97.1	97.0	96.7
103.2	101.6	99.5	97.7	96.2	95.5	95.0
102.4	100.5	98.8	97.6	96.1	94.7	93.5
104.2	102.6	101.1	98.7	96.6	95.0	93.9
105.1	104.0	101.3	99.1	96.9	95.0	94.1
103.0	102.0	100.5	98.3	97.2	96.4	95.8
102.0	101.7	100.4	99.5	98.9	98.3	97.3
101.0	100.0	99.0	97.9	96.8	95.7	95.3
104.4	102.5	100.4	99.2	96.9	95.7	95.1
103.6	102.5	100.1	98.6	97.2	96.2	95.6
94.7	95.1	95.1	94.9	94.1	94.1	95.3
102.8	100.8	98.1	96.6	95.9	95.7	95.1
102.1	101.5	100.0	97.4	95.6	94.6	94.3
102.2	101.5	99.7	97.7	96.2	94.7	94.1
104.4	102.0	100.5	97.9	96.6	95.0	94.0
102.1	101.4	99.9	98.7	97.4	96.3	95.5
104.2	102.0	100.1	97.7	96.1	94.7	94.5
105.5	104.0	101.2	99.4	97.8	96.4	95.0
104.2	103.1	101.0	99.9	98.1	97.5	96.4
104.6	102.6	100.9	99.0	97.9	96.9	95.9
105.1	103.1	101.1	99.1	98.1	97.0	96.3
103.5	102.0	99.8	98.3	97.4	96.0	94.9
102.4	101.1	99.2	98.1	97.0	95.7	95.1
104.5	103.3	101.3	98.8	97.9	97.0	96.5
103.9	102.5	100.3	99.2	98.3	97.5	96.9
105.2	103.7	101.1	99.2	97.4	96.0	94.8
106.0	104.5	101.9	99.4	97.6	95.9	95.0
100.8	98.3	96.5	95.1	93.3	92.6	92.2
106.1	102.8	100.4	98.6	96.4	93.9	92.8
105.6	104.2	101.8	99.6	98.2	96.5	95.9
104.4	101.6	100.5	99.8	98.4	96.8	96.0
106.5	103.5	101.0	97.2	96.0	95.2	93.2
103.7	101.6	99.6	98.2	96.8	96.0	94.9
104.2	103.1	100.8	99.8	98.6	97.1	96.6
103.9	103.6	101.3	100.3	98.9	97.3	96.6

附录1-10　续表 2

（上年同期=100）

地　区	Region	二手住宅价格指数				
		1 月 January	2 月 February	3 月 March	4 月 April	5 月 May
北　京	Beijing	118.4	115.9	112.6	110.2	107.4
天　津	Tianjin	105.4	104.6	104.5	104.5	104.1
石家庄	Shijiazhuang	103.1	102.7	102.9	102.5	102.3
太　原	Taiyuan	103.8	103.4	103.1	103.4	103.2
呼和浩特	Hohhto	103.4	103.0	102.4	102.0	101.6
沈　阳	Shenyang	105.4	105.3	105.3	105.0	104.8
大　连	Dalian	101.8	101.7	101.4	101.1	100.9
长　春	Changchun	103.9	103.6	103.4	102.9	102.7
哈尔滨	Harbin	104.8	104.4	104.0	103.8	103.8
上　海	Shanghai	113.2	112.1	109.5	108.1	106.8
南　京	Nanjing	108.1	107.5	106.8	106.2	105.7
杭　州	Hangzhou	103.5	101.7	101.2	100.3	99.7
宁　波	Ningbo	104.7	103.5	103.2	102.7	101.7
合　肥	Hefei	106.9	107.1	106.6	106.7	106.3
福　州	Fuzhou	109.8	109.1	108.0	106.9	105.7
厦　门	Xiamen	106.8	107.3	106.8	106.8	106.9
南　昌	Nanchang	105.8	105.1	104.4	104.1	103.8
济　南	Jinan	104.3	103.9	103.8	103.4	102.8
青　岛	Qingdao	103.8	103.5	103.2	102.6	101.8
郑　州	Zhengzhou	107.8	108.0	108.3	107.8	107.6
武　汉	Wuhan	108.6	107.6	107.7	106.7	105.6
长　沙	Changsha	106.8	106.8	106.5	106.0	105.0
广　州	Guangzhou	112.9	111.4	109.9	109.8	108.7
深　圳	Shenzhen	115.2	114.5	113.2	112.0	111.1
南　宁	Nanning	103.6	103.6	103.5	103.5	101.9
海　口	Haikou	100.3	100.4	100.2	100.0	99.9
重　庆	Chongqing	104.8	104.6	104.0	103.6	102.9
成　都	Chengdu	105.3	105.0	104.5	103.7	103.5
贵　阳	Guiyang	109.7	109.5	108.4	107.8	107.1
昆　明	Kunming	107.2	106.1	105.5	105.0	103.8
西　安	Xi'an	104.5	103.6	102.6	102.5	101.9
兰　州	Lanzhou	103.2	102.9	102.5	102.3	101.9
西　宁	Xining	104.3	104.1	103.6	103.2	102.6
银　川	Yinchuan	108.4	107.9	107.5	107.0	106.4
乌鲁木齐	Urumqi	105.3	105.2	105.0	104.9	104.6

continued

(preceding year=100)

Second-hand Housing Price Index						
6 月 June	7 月 July	8 月 August	9 月 September	10 月 October	11 月 November	12 月 December
104.7	102.4	100.4	97.6	96.8	96.3	95.9
103.9	102.8	101.6	100.0	99.3	98.3	97.8
102.4	102.3	101.9	100.4	98.8	98.3	98.0
102.7	101.2	100.5	99.0	97.6	97.1	96.5
101.2	100.1	99.4	98.2	96.8	95.8	95.4
104.2	102.1	100.8	99.2	98.4	98.0	97.4
100.4	99.1	98.4	97.3	96.2	95.7	95.2
102.2	101.7	100.3	98.6	97.3	96.4	95.7
103.9	103.6	102.4	100.6	99.1	97.3	96.3
105.0	103.2	101.7	99.9	99.0	98.3	98.2
104.4	103.0	101.7	100.1	99.3	99.1	98.7
98.5	97.5	96.7	95.4	95.7	95.3	94.9
100.5	99.5	98.4	97.5	96.1	95.0	94.1
105.9	104.3	104.1	102.3	100.7	99.5	98.5
104.1	102.2	100.8	99.1	97.6	96.7	95.7
106.2	105.7	105.2	104.3	103.0	102.7	101.6
103.3	102.2	100.9	98.9	97.6	96.7	96.6
102.1	100.5	99.5	98.2	97.2	96.3	95.2
101.0	99.8	98.6	97.4	96.4	95.6	94.8
106.8	106.4	105.2	103.5	102.1	101.4	101.0
104.6	102.4	100.7	98.9	97.5	96.5	96.0
104.2	102.6	101.7	100.3	98.9	98.2	97.6
107.4	105.2	102.7	101.0	100.0	98.7	98.3
109.1	107.4	105.2	103.1	102.2	101.8	101.8
101.6	100.6	99.5	97.0	96.0	97.1	95.7
99.5	99.0	98.3	97.4	96.5	95.9	95.0
102.2	101.1	100.1	98.7	97.3	96.2	95.7
102.4	100.9	99.7	98.3	97.0	96.5	95.9
106.1	104.7	103.7	101.1	99.6	98.3	98.0
103.1	101.4	100.0	98.6	97.1	95.9	94.8
101.1	100.0	98.7	97.4	96.1	95.1	94.3
101.9	101.1	100.5	98.9	97.7	97.0	96.6
102.1	102.1	101.2	99.8	99.0	98.6	97.7
105.8	104.7	102.9	100.9	99.2	98.1	96.9
104.2	103.3	102.8	101.4	99.8	99.4	98.9

附录1-10 续表

（上年同期=100）

地 区	Region	二手住宅价格指数				
		1 月 January	2 月 February	3 月 March	4 月 April	5 月 May
唐 山	Tangshan	102.5	102.0	101.7	101.3	100.6
秦皇岛	Qinhuangdao	102.0	101.5	101.0	100.9	99.5
包 头	Baotou	103.3	102.9	102.7	102.5	102.1
丹 东	Dandong	104.1	103.7	103.3	102.9	102.2
锦 州	Jinzhou	103.3	103.0	102.6	102.4	101.9
吉 林	Jilin	101.9	101.3	101.3	100.9	100.3
牡丹江	Mudanjiang	101.5	101.0	99.9	99.1	98.3
无 锡	Wuxi	102.8	102.2	101.9	101.4	101.2
扬 州	Yangzhou	103.5	103.0	102.8	102.2	101.9
徐 州	Xuzhou	101.1	100.6	101.2	101.3	101.1
温 州	Wenzhou	91.4	91.2	91.6	91.7	91.3
金 华	Jinhua	104.9	104.4	103.0	102.6	101.9
蚌 埠	Bengbu	103.5	104.1	104.6	104.4	104.0
安 庆	Anqing	102.0	101.6	101.4	101.0	100.6
泉 州	Quanzhou	104.4	104.2	104.2	103.7	103.3
九 江	Jiujiang	103.8	102.8	101.9	101.6	101.1
赣 州	Ganzhou	102.1	101.5	100.6	100.4	100.2
烟 台	Yantai	106.6	106.0	105.3	104.7	104.0
济 宁	Jining	103.6	103.0	102.4	101.8	101.4
洛 阳	Luoyang	106.3	106.1	106.1	105.9	105.4
平顶山	Pingdingshan	105.6	105.7	105.6	105.0	104.2
宜 昌	Yichang	109.0	107.6	106.2	105.1	104.0
襄 阳	Xiangyang	109.1	108.3	107.3	105.9	104.4
岳 阳	Yueyang	104.7	104.7	104.3	103.8	103.3
常 德	Changde	108.6	108.3	105.8	104.0	103.2
惠 州	Huizhou	106.6	106.3	105.9	105.7	105.6
湛 江	Zhangjiang	104.1	103.8	103.7	103.4	103.1
韶 关	Shaoguan	104.2	103.2	102.6	102.2	102.1
桂 林	Guilin	104.5	104.0	103.6	103.0	102.1
北 海	The North Sea	106.3	105.9	105.0	104.4	103.5
三 亚	Sanya	102.4	102.4	102.2	102.1	101.8
泸 州	Luzhou	104.2	104.8	104.8	104.7	104.5
南 充	Nanchong	105.4	104.9	104.6	104.2	103.6
遵 义	Zunyi	104.5	103.7	103.1	102.7	102.4
大 理	Dali	102.6	102.0	101.3	101.0	100.0

continued

(preceding year=100)

Second-hand Housing Price Index						
6 月 June	7 月 July	8 月 August	9 月 September	10 月 October	11 月 November	12 月 December
100.3	100.0	99.9	99.1	97.8	97.3	97.2
98.5	97.4	96.1	95.3	94.4	94.2	94.0
101.5	100.0	99.1	97.7	96.3	95.6	95.2
101.9	100.9	99.5	98.1	96.3	95.1	93.8
101.1	99.9	98.7	97.6	96.1	95.2	94.1
99.7	98.8	98.0	97.4	96.1	95.2	94.8
96.6	95.4	94.3	92.3	90.8	89.0	87.5
100.8	100.2	99.1	98.1	97.4	96.6	96.3
101.8	101.7	100.5	99.6	98.5	98.0	97.8
100.4	100.0	98.8	97.9	96.7	96.3	96.4
90.4	89.8	89.5	89.6	89.3	89.3	90.5
100.9	99.5	98.1	96.2	94.9	93.9	93.3
103.5	102.7	101.1	100.1	98.3	96.9	95.5
100.1	99.3	98.0	97.0	96.0	95.5	95.5
102.4	100.8	99.3	98.1	96.7	95.9	95.2
100.9	100.5	99.3	98.8	97.5	96.5	96.0
99.9	98.4	97.0	95.8	94.3	94.2	94.3
103.2	101.3	99.9	98.5	96.9	95.6	94.6
100.7	99.6	98.6	97.6	96.7	96.3	95.5
105.3	103.6	102.5	101.2	99.9	99.0	98.0
103.8	102.3	100.9	99.7	98.6	98.0	97.0
103.2	101.8	100.5	99.4	97.6	96.5	95.9
103.2	101.6	99.8	98.5	97.1	96.1	95.4
102.9	101.9	100.5	99.0	97.9	97.2	96.9
102.3	101.7	100.3	99.0	98.0	97.6	97.4
104.7	102.9	101.6	100.2	98.6	97.4	96.1
102.8	101.8	100.7	99.2	98.0	97.1	96.1
101.4	100.2	98.1	96.1	94.7	94.2	93.5
101.6	100.4	99.2	97.7	96.3	95.7	94.7
102.4	101.1	99.4	98.0	96.5	95.3	94.1
101.6	100.9	100.1	99.6	98.7	98.6	97.7
104.1	102.9	101.8	100.3	98.4	97.4	96.7
103.2	102.3	100.9	99.0	97.3	96.1	95.5
102.3	101.7	101.6	100.9	99.6	99.0	98.6
99.6	99.2	98.7	97.7	96.6	95.8	94.2

附录1-11 全国及各省市区固定资产投资价格指数（2014年）

Price Indices of Investment in Fixed Assets by Provinces and Regions（2014）

（上年=100） (preceding year=100)

地 区	Region	固定资产投资 Investment in Fixed Assets	建筑安装工程 Construction and Installation	设备、工器具 Purchase of Equipment, Tools and Instruments	其他费用 Others
全 国	National	100.5	100.6	99.7	101.4
北 京	Beijing	100.0	98.5	99.4	101.7
天 津	Tianjin	100.5	100.5	99.3	101.6
河 北	Hebei	100.2	100.2	99.5	101.9
山 西	Shanxi	99.6	99.5	99.7	100.2
内蒙古	Inner Mongolia	99.8	99.8	99.7	100.9
辽 宁	Liaoning	99.7	99.3	99.6	101.7
吉 林	Jilin	100.2	100.4	99.7	100.6
黑龙江	Heilongjiang	100.0	99.9	99.7	101.4
上 海	Shanghai	100.5	100.3	99.5	101.5
江 苏	Jiangsu	101.1	101.7	99.6	101.9
浙 江	Zhejiang	100.6	100.3	99.5	102.0
安 徽	Anhui	100.3	100.4	99.6	101.0
福 建	Fujian	100.4	100.4	99.7	100.7
江 西	Jiangxi	100.1	100.0	99.6	102.1
山 东	Shandong	100.3	100.2	99.9	101.4
河 南	Henan	100.0	100.1	99.4	100.7
湖 北	Hubei	101.0	101.1	99.5	102.6
湖 南	Hunan	101.5	101.5	100.0	103.4
广 东	Guangdong	101.5	102.0	99.7	101.3
广 西	Guangxi	101.6	102.2	100.4	100.7
海 南	Hainan	100.6	100.6	99.7	101.1
重 庆	Chongqing	100.3	100.4	99.7	100.4
四 川	Sichuan	100.5	100.6	99.9	101.1
贵 州	Guizhou	101.1	101.3	99.3	101.1
云 南	Yunnan	101.0	101.2	99.4	100.7
西 藏	Tibet				
陕 西	Shaanxi	101.1	101.2	99.9	101.8
甘 肃	Gansu	100.1	100.2	99.1	101.6
青 海	Qinghai	100.9	101.1	99.4	102.2
宁 夏	Ningxia	100.8	101.1	99.6	100.0
新 疆	Xinjiang	100.3	100.2	99.3	103.7

附录1-12 全国及各省市区工业品出厂价格指数

Ex-Factory Price Indices of Industrial Products by Provinces and Regions

（上年=100） (preceding year=100)

地 区	Region	2009	2010	2011	2012	2013
全 国	National	94.6	105.5	106.0	98.3	98.1
北 京	Beijing	94.4	102.2	102.3	98.4	97.4
天 津	Tianjin	92.5	105.1	103.8	97.0	97.0
河 北	Hebei	89.1	109.0	107.7	94.7	96.6
山 西	Shanxi	92.0	109.5	107.5	94.5	90.7
内蒙古	Inner Mongolia	96.2	106.7	107.8	100.2	97.0
辽 宁	Liaoning	94.0	107.4	106.5	99.9	99.0
吉 林	Jilin	96.1	105.2	105.4	99.1	98.7
黑龙江	Heilongjiang	87.4	115.0	112.0	100.0	98.0
上 海	Shanghai	93.8	102.3	102.9	98.4	98.2
江 苏	Jiangsu	95.2	107.3	106.2	97.1	98.0
浙 江	Zhejiang	94.9	106.2	105.0	97.3	98.2
安 徽	Anhui	92.8	109.0	108.3	98.3	98.2
福 建	Fujian	95.5	103.2	103.9	98.7	98.4
江 西	Jiangxi	93.0	115.2	111.3	96.5	98.5
山 东	Shandong	94.1	107.1	106.0	98.4	98.4
河 南	Henan	94.9	107.8	107.2	99.4	98.5
湖 北	Hubei	95.6	104.9	106.6	100.3	99.2
湖 南	Hunan	94.3	106.9	108.5	99.1	98.5
广 东	Guangdong	95.8	103.2	103.7	99.5	98.8
广 西	Guangxi	93.5	112.0	108.5	97.8	98.2
海 南	Hainan	90.6	107.7	108.8	100.8	99.5
重 庆	Chongqing	95.5	105.0	103.8	99.9	98.0
四 川	Sichuan	96.5	104.7	107.3	98.6	98.7
贵 州	Guizhou	95.1	108.8	105.4	101.0	97.4
云 南	Yunnan	91.5	105.8	104.7	97.9	97.5
西 藏	Tibet	98.2	103.1	104.3	99.7	99.8
陕 西	Shaanxi	96.1	108.7	107.2	100.7	97.3
甘 肃	Gansu	91.0	115.0	111.0	96.8	96.9
青 海	Qinghai	91.3	109.3	107.4	96.9	97.0
宁 夏	Ningxia	93.9	109.1	109.5	97.4	96.0
新 疆	Xinjiang	85.5	125.2	114.8	96.9	96.5

附录1-13 全国及各省市区固定资产投资价格指数

Price Indices of Investment in Fixed Assets by Provinces and Regions

（上年=100） (preceding year=100)

地区	Region	2009	2010	2011	2012	2013
全国	National	97.6	103.6	106.6	101.1	98.0
北京	Beijing	97.1	102.5	105.7	101.3	97.8
天津	Tianjin	97.6	102.6	105.7	100.0	97.4
河北	Hebei	96.5	103.7	105.5	100.3	97.6
山西	Shanxi	98.1	103.7	105.5	101.2	95.5
内蒙古	Inner Mongolia	98.5	105.4	106.3	101.6	99.3
辽宁	Liaoning	97.0	103.3	106.6	101.0	98.5
吉林	Jilin	99.4	102.4	105.6	100.4	99.4
黑龙江	Heilongjiang	97.6	105.2	107.5	100.8	98.7
上海	Shanghai	97.0	103.8	106.5	99.4	96.5
江苏	Jiangsu	97.7	105.1	106.8	98.6	97.1
浙江	Zhejiang	96.7	104.7	107.5	99.2	97.7
安徽	Anhui	96.0	105.4	108.1	101.0	96.9
福建	Fujian	98.0	103.3	106.2	100.3	98.4
江西	Jiangxi	96.1	104.8	108.4	101.0	98.4
山东	Shandong	96.9	103.6	106.8	100.8	98.4
河南	Henan	96.4	103.5	107.4	101.0	99.3
湖北	Hubei	98.8	104.7	107.3	101.8	98.2
湖南	Hunan	99.7	104.0	107.2	101.7	98.4
广东	Guangdong	96.7	103.0	105.5	101.5	98.2
广西	Guangxi	97.9	103.0	106.2	100.6	98.9
海南	Hainan	97.7	105.2	106.4	102.0	97.0
重庆	Chongqing	97.8	102.1	105.9	101.8	97.6
四川	Sichuan	98.3	102.5	105.2	101.0	99.2
贵州	Guizhou	100.5	102.7	105.4	101.5	96.4
云南	Yunnan	98.1	102.7	104.6	101.4	98.8
西藏	Tibet	-	-	-	-	-
陕西	Shaanxi	99.3	103.6	105.9	102.6	99.3
甘肃	Gansu	101.5	103.5	104.7	102.1	97.8
青海	Qinghai	100.9	103.8	106.5	102.2	98.8
宁夏	Ningxia	100.2	104.2	107.5	101.5	97.0
新疆	Xinjiang	98.0	104.6	107.1	100.6	97.8

附录1-14 全国粮食作物播种面积（1980—2014年）

Sown Area of Grain Crops by Nationwide（1980—2014）

单位：千公顷 （1 000 hectares）

年 份 Year	粮食作物播种面积 Sown Area of Grain Crops	稻 谷 Rice	小 麦 Wheat	玉 米 Corn	大 豆 Soybean	薯 类 Tubers
1980	117234	33878	28844	20087	7226	10153
1981	114958	33295	28307	19425	8024	9620
1982	113462	33071	27955	18543	8419	9370
1983	114047	33136	29050	18824	7567	9402
1984	112884	33178	29576	18537	7286	8988
1985	108845	32070	29218	17694	7718	8572
1986	110933	32266	29616	19124	8295	8685
1987	111268	32193	28798	20212	8445	8868
1988	110123	31987	28785	19692	8120	9054
1989	112205	32700	29841	20353	8057	9097
1990	113466	33064	30753	21401	7560	9121
1991	112314	32590	30948	21574	7041	9078
1992	110560	32090	30496	21044	7221	9057
1993	110509	30355	30235	20694	9454	9220
1994	109544	30171	28981	21152	9222	9270
1995	110060	30744	28860	22776	8127	9519
1996	112548	31406	29611	24498	7471	9797
1997	112912	31765	30057	23775	8346	9785
1998	113787	31214	29774	25239	8500	10000
1999	113161	31283	28855	25904	7962	10355
2000	108463	29962	26653	23056	9307	10538
2001	106080	28812	24664	24282	9482	10217
2002	103891	28202	23908	24634	8720	9881
2003	99410	26508	21997	24068	9313	9702
2004	101606	28379	21626	25446	9589	9457
2005	104278	28847	22793	26358	9591	9503
2006	105068	28938	23723	28463	9304	7877
2007	105748	28919	23831	29478	8754	8082
2008	106793	29241	23617	29864	9127	8427
2009	108986	29627	24291	31183	9190	8636
2010	109876	29873	24257	32500	8516	8750
2011	110573	30057	24270	33542	7889	8906
2012	111205	30137	24268	35030	7172	8881
2013	111956	30312	24117	36318	6791	8963
2014	112723	30310	24069	37123	6800	8940

附录1-15 全国粮食作物总产量（1980—2014年）

Total Output of Grain Crops by Nationwide（1980—2014）

单位：万吨 （10 000 tons）

年 份 Year	粮食作物总产量 Total Output of Grain Crops	稻 谷 Rice	小 麦 Wheat	玉 米 Corn	大 豆 Soybean	薯 类 Tubers
1980	32056	13991	5521	6260	794	2873
1981	32502	14396	5964	5921	933	2597
1982	35450	16160	6847	6056	903	2705
1983	38728	16887	8139	6821	976	2925
1984	40731	17826	8782	7341	970	2848
1985	37911	16857	8581	6383	1050	2604
1986	39151	17222	9004	7086	1161	2534
1987	40298	17426	8590	7924	1247	2821
1988	39408	16911	8543	7735	1165	2697
1989	40755	18013	9081	7893	1023	2730
1990	44624	18933	9823	9682	1100	2743
1991	43529	18381	9595	9877	971	2716
1992	44266	18622	10159	9538	1030	2844
1993	45649	17751	10639	10270	1531	3181
1994	44510	17593	9930	9928	1600	3025
1995	46662	18523	10221	11199	1350	3263
1996	50454	19510	11057	12747	1322	3536
1997	49417	20073	12329	10431	1473	3192
1998	51230	19871	10973	13295	1515	3604
1999	50839	19849	11388	12809	1425	3641
2000	46218	18791	9964	10600	1541	3685
2001	45264	17758	9387	11409	1541	3563
2002	45706	17454	9029	12131	1651	3666
2003	43070	16066	8649	11583	1539	3513
2004	46947	17909	9195	13029	1740	3558
2005	48402	18059	9745	13937	1635	3469
2006	49804	18172	10847	15160	1508	2701
2007	50160	18603	10930	15230	1273	2808
2008	52871	19190	11246	16591	1554	2980
2009	53082	19510	11512	16397	1498	2995
2010	54648	19576	11518	17725	1508	3114
2011	57121	20100	11740	19278	1449	3273
2012	58958	20424	12102	20561	1302	3279
2013	60194	20361	12193	21849	1195	3329
2014	60703	20651	12621	21565	1215	3336

附录1–16 全国及各省市区粮食作物播种面积

Sown Area of Grain Crops by Provinces and Regions

单位：千公顷 (1 000 hectares)

地 区	Region	2010	2011	2012	2013	2014	2014年比2013年增长 Increase Rate in 2014 over 2013	
							绝对数 Value	%
全 国	National	109876.1	110573.0	111204.6	111955.6	112722.6	767.0	0.69
北 京	Beijing	223.5	209.4	193.9	158.9	120.2	-38.7	-24.38
天 津	Tianjin	311.8	310.8	322.9	332.8	345.8	13.0	3.92
河 北	Hebei	6282.2	6286.1	6302.4	6315.9	6332.0	16.1	0.26
山 西	Shanxi	3239.2	3287.9	3291.5	3274.3	3286.4	12.1	0.37
内蒙古	Inner Mongolia	5498.7	5561.5	5589.4	5617.3	5651.0	33.7	0.60
辽 宁	Liaoning	3179.3	3169.8	3217.3	3226.4	3235.1	8.7	0.27
吉 林	Jilin	4492.2	4545.1	4610.3	4789.9	5000.7	210.8	4.40
黑龙江	Heilongjiang	11454.7	11502.9	11519.5	11564.4	11696.4	132.0	1.14
上 海	Shanghai	179.2	186.3	187.6	168.5	164.9	-3.6	-2.16
江 苏	Jiangsu	5282.4	5319.2	5336.6	5360.8	5376.1	15.3	0.29
浙 江	Zhejiang	1275.8	1254.1	1251.6	1253.7	1266.8	13.1	1.04
安 徽	Anhui	6616.4	6621.5	6622.0	6625.3	6628.9	3.6	0.05
福 建	Fujian	1232.3	1226.8	1201.1	1202.1	1197.7	-4.4	-0.36
江 西	Jiangxi	3639.1	3650.1	3675.9	3690.9	3697.3	6.4	0.18
山 东	Shandong	7084.8	7145.8	7202.3	7294.6	7440.0	145.4	1.99
河 南	Henan	9740.2	9859.9	9985.2	10081.8	10209.8	128.0	1.27
湖 北	Hubei	4068.4	4122.1	4180.1	4258.4	4370.4	112.0	2.63
湖 南	Hunan	4809.1	4879.6	4908.0	4936.6	4975.1	38.5	0.78
广 东	Guangdong	2531.9	2530.4	2540.2	2507.6	2507.0	-0.6	-0.02
广 西	Guangxi	3061.1	3072.8	3069.1	3076.0	3067.7	-8.3	-0.27
海 南	Hainan	437.2	430.6	438.6	421.8	394.0	-27.8	-6.59
重 庆	Chongqing	2243.9	2259.4	2259.6	2253.9	2242.5	-11.4	-0.51
四 川	Sichuan	6402.0	6440.5	6468.2	6469.9	6467.4	-2.5	-0.04
贵 州	Guizhou	3039.5	3055.6	3054.3	3118.4	3138.4	20.0	0.64
云 南	Yunnan	4274.4	4326.9	4399.6	4499.4	4508.2	8.8	0.20
西 藏	Tibet	170.2	170.2	170.9	175.9	176.4	0.5	0.30
陕 西	Shaanxi	3159.7	3134.9	3127.5	3105.1	3076.5	-28.6	-0.92
甘 肃	Gansu	2799.8	2833.7	2839.4	2858.7	2842.5	-16.2	-0.57
青 海	Qinghai	274.5	279.4	280.2	280.0	280.1	0.1	0.05
宁 夏	Ningxia	844.1	852.4	828.3	801.6	771.3	-30.3	-3.78
新 疆	Xinjiang	2028.6	2047.5	2131.2	2234.8	2255.9	21.1	0.94
广西居全国位次	**Order of Precedence of Guangxi in the Country**	**17**	**17**	**17**	**18**	**18**		

附录1-17　全国及各省市区粮食作物总产量

Total Output of Grain Crops by Provinces and Regions

单位：万吨　　(10 000 tons)

地　区	Region	2010	2011	2012	2013	2014	2014年比2013年增长 Increase Rate in 2014 over 2013	
							绝对数 Value	%
全　国	National	54647.7	57120.8	58958.0	60193.8	60702.6	508.8	0.85
北　京	Beijing	115.7	121.8	113.8	96.1	63.9	-32.2	-33.51
天　津	Tianjin	159.7	161.8	161.8	174.7	176.0	1.3	0.74
河　北	Hebei	2975.9	3172.6	3246.6	3365.0	3360.2	-4.8	-0.14
山　西	Shanxi	1085.1	1193.0	1274.1	1312.8	1330.8	18.0	1.37
内蒙古	Inner Mongolia	2158.2	2387.5	2528.5	2773.0	2753.0	-20.0	-0.72
辽　宁	Liaoning	1765.4	2035.5	2070.5	2195.6	1753.9	-441.7	-20.12
吉　林	Jilin	2842.5	3171.0	3343.0	3551.0	3532.8	-18.2	-0.51
黑龙江	Heilongjiang	5012.8	5570.6	5761.5	6004.1	6242.2	238.1	3.97
上　海	Shanghai	118.4	122.0	122.4	114.2	112.5	-1.7	-1.49
江　苏	Jiangsu	3235.1	3307.8	3372.5	3423.0	3490.6	67.6	1.97
浙　江	Zhejiang	770.7	781.6	769.8	734.0	757.4	23.4	3.19
安　徽	Anhui	3080.5	3135.5	3289.1	3279.6	3415.8	136.2	4.15
福　建	Fujian	661.9	672.8	659.3	664.4	667.0	2.6	0.39
江　西	Jiangxi	1954.7	2052.8	2084.8	2116.1	2143.5	27.4	1.29
山　东	Shandong	4335.7	4426.3	4511.4	4528.2	4596.6	68.4	1.51
河　南	Henan	5437.1	5542.5	5638.6	5713.7	5772.3	58.6	1.03
湖　北	Hubei	2315.8	2388.5	2441.8	2501.3	2584.2	82.9	3.31
湖　南	Hunan	2847.5	2939.4	3006.5	2925.7	3001.3	75.6	2.58
广　东	Guangdong	1316.5	1361.0	1396.3	1315.9	1357.3	41.4	3.15
广　西	Guangxi	1412.3	1429.9	1484.9	1521.8	1534.4	12.6	0.83
海　南	Hainan	180.4	188.0	199.5	190.9	186.6	-4.3	-2.25
重　庆	Chongqing	1156.1	1126.9	1138.5	1148.1	1144.5	-3.6	-0.31
四　川	Sichuan	3222.9	3291.6	3315.0	3387.1	3374.9	-12.2	-0.36
贵　州	Guizhou	1112.3	876.9	1079.5	1030.0	1138.5	108.5	10.53
云　南	Yunnan	1531.0	1673.6	1749.1	1824.0	1860.7	36.7	2.01
西　藏	Tibet	91.2	93.7	94.9	96.2	98.0	1.8	1.87
陕　西	Shaanxi	1164.9	1194.7	1245.1	1215.8	1197.8	-18.0	-1.48
甘　肃	Gansu	958.3	1014.6	1109.7	1138.9	1158.7	19.8	1.74
青　海	Qinghai	102.0	103.4	101.5	102.4	104.8	2.4	2.34
宁　夏	Ningxia	356.5	359.0	375.0	373.4	377.9	4.5	1.21
新　疆	Xinjiang	1170.7	1224.7	1273.0	1377.0	1414.5	37.5	2.72
广西居全国位次	**Order of Precedence of Guangxi in the Country**	**15**	**15**	**15**	**15**	**15**		

附录1-18 全国及各省市区稻谷播种面积

Sown Area of Rice by Provinces and Regions

单位：千公顷 （1 000 hectares）

地区	Region	2010	2011	2012	2013	2014	2014年比2013年增长 Increase Rate in 2014 over 2013	
							绝对数 Value	%
全国	National	29873.4	30057.0	30137.1	30311.7	30309.9	-1.8	-0.01
北京	Beijing	0.3	0.2	0.2	0.2	0.2		
天津	Tianjin	15.8	14.2	14.6	16.8	16.4	-0.4	-2.38
河北	Hebei	79.7	83.0	85.9	86.8	84.8	-2.0	-2.30
山西	Shanxi	1.0	1.0	1.0	1.0	0.9	-0.1	-10.00
内蒙古	Inner Mongolia	92.2	90.0	89.3	75.9	78.1	2.2	2.90
辽宁	Liaoning	677.5	659.6	661.8	649.2	562.1	-87.1	-13.42
吉林	Jilin	673.5	691.2	701.2	726.7	747.1	20.4	2.81
黑龙江	Heilongjiang	2768.8	2945.6	3069.8	3175.6	3205.5	29.9	0.94
上海	Shanghai	108.5	106.1	105.1	101.9	98.4	-3.5	-3.43
江苏	Jiangsu	2234.2	2248.6	2254.2	2265.7	2271.7	6.0	0.26
浙江	Zhejiang	923.2	894.8	832.6	828.7	824.2	-4.5	-0.54
安徽	Anhui	2245.4	2230.8	2215.1	2214.1	2217.3	3.2	0.14
福建	Fujian	854.8	845.3	827.6	817.5	804.5	-13.0	-1.59
江西	Jiangxi	3318.4	3317.7	3328.3	3338.0	3339.5	1.5	0.04
山东	Shandong	128.2	124.5	123.9	123.1	122.4	-0.7	-0.57
河南	Henan	628.0	638.0	648.2	641.3	649.7	8.4	1.31
湖北	Hubei	2038.2	2036.2	2017.9	2101.2	2144.0	42.8	2.04
湖南	Hunan	4030.5	4066.3	4095.1	4085.0	4120.7	35.7	0.87
广东	Guangdong	1952.7	1940.9	1949.4	1908.8	1893.3	-15.5	-0.81
广西	Guangxi	2094.4	2078.5	2057.6	2046.6	2026.2	-20.4	-1.00
海南	Hainan	324.3	318.6	324.4	311.9	312.2	0.3	0.10
重庆	Chongqing	683.9	686.5	687.0	688.7	689.7	1.0	0.15
四川	Sichuan	2004.5	2007.9	1997.8	1990.7	1991.8	1.1	0.06
贵州	Guizhou	695.8	681.5	683.0	684.5	682.0	-2.5	-0.37
云南	Yunnan	1021.0	1073.5	1082.9	1152.7	1144.7	-8.0	-0.69
西藏	Tibet	1.0	1.0	1.0	1.0	1.0		
陕西	Shaanxi	121.6	120.9	123.3	123.7	123.4	-0.3	-0.24
甘肃	Gansu	5.8		5.6	5.3	5.1	-0.2	-3.77
青海	Qinghai							
宁夏	Ningxia	83.2	83.9	84.3	82.1	78.1	-4.0	-4.87
新疆	Xinjiang	66.9	70.6	69.2	67.3	75.1	7.8	11.59
广西居全国位次	**Order of Precedence of Guangxi in the Country**	**6**	**6**	**6**	**7**	**7**		

附录1-19 全国及各省市区稻谷产量

Output of Rice by Provinces and Regions

单位：万吨 (10 000 tons)

地区	Region	2010	2011	2012	2013	2014	2014年比2013年增长 Increase Rate in 2014 over 2013	
							绝对数 Value	%
全国	National	19576.1	20100.1	20423.6	20361.2	20650.7	289.5	1.42
北京	Beijing	0.2	0.2	0.1	0.1	0.1		
天津	Tianjin	11.2	10.7	11.2	12.9	12.1	-0.8	-6.20
河北	Hebei	54.2	60.2	49.8	58.8	54.2	-4.6	-7.82
山西	Shanxi	0.5	0.5	0.6	0.7	0.6	-0.1	-14.29
内蒙古	Inner Mongolia	74.8	77.9	73.3	56.0	52.4	-3.6	-6.43
辽宁	Liaoning	457.6	505.1	507.8	506.9	451.5	-55.4	-10.93
吉林	Jilin	568.5	623.5	532.0	563.3	587.6	24.3	4.31
黑龙江	Heilongjiang	1843.9	2062.1	2171.2	2220.6	2251.0	30.4	1.37
上海	Shanghai	90.3	88.9	89.1	86.8	84.1	-2.7	-3.11
江苏	Jiangsu	1807.9	1864.2	1900.1	1922.3	1912.0	-10.3	-0.54
浙江	Zhejiang	648.2	649.0	608.3	580.2	590.1	9.9	1.71
安徽	Anhui	1383.4	1387.1	1393.5	1362.3	1394.6	32.3	2.37
福建	Fujian	507.9	514.1	503.8	502.0	497.1	-4.9	-0.98
江西	Jiangxi	1858.3	1950.1	1976.0	2004.0	2025.2	21.2	1.06
山东	Shandong	106.4	104.0	103.4	103.6	101.0	-2.6	-2.51
河南	Henan	471.2	474.5	492.6	485.8	528.6	42.8	8.81
湖北	Hubei	1557.8	1616.9	1651.4	1676.6	1729.5	52.9	3.16
湖南	Hunan	2506.0	2575.4	2631.6	2561.5	2634.0	72.5	2.83
广东	Guangdong	1060.6	1096.9	1126.6	1045.0	1091.6	46.6	4.46
广西	Guangxi	1121.3	1084.1	1142.0	1156.2	1166.1	9.9	0.86
海南	Hainan	138.5	145.1	155.8	149.8	155.4	5.6	3.74
重庆	Chongqing	518.6	493.5	498.0	503.1	503.2	0.1	0.02
四川	Sichuan	1512.1	1527.1	1536.1	1549.5	1526.5	-23.0	-1.48
贵州	Guizhou	445.7	303.9	402.4	361.3	403.2	41.9	11.60
云南	Yunnan	616.6	668.7	644.6	667.9	666.1	-1.8	-0.27
西藏	Tibet	0.6	0.6	0.5	0.6	0.5	-0.1	-16.67
陕西	Shaanxi	81.0	84.5	87.4	91.0	90.9	-0.1	-0.11
甘肃	Gansu	4.1		3.9	3.8	3.5	-0.3	-7.89
青海	Qinghai							
宁夏	Ningxia	70.0	70.8	71.3	68.9	61.8	-7.1	-10.30
新疆	Xinjiang	59.0	60.6	59.4	59.8	76.2	16.4	27.42
广西居全国位次	Order of Precedence of Guangxi in the Country	8	9	8	8	8		

附录1-20 全国及各省市区小麦播种面积

Sown Area of Wheat by Provinces and Regions

单位：千公顷 (1 000 hectares)

地 区	Region	2010	2011	2012	2013	2014	2014年比2013年增长 Increase Rate in 2014 over 2013	
							绝对数 Value	%
全 国	National	24256.5	24270.4	24268.3	24117.3	24069.4	-47.9	-0.20
北 京	Beijing	61.6	58.1	52.2	36.2	23.6	-12.6	-34.81
天 津	Tianjin	110.5	112.3	113.1	110.4	110.7	0.3	0.27
河 北	Hebei	2420.3	2396.1	2410.0	2377.7	2342.7	-35.0	-1.47
山 西	Shanxi	728.5	710.1	689.0	677.5	673.9	-3.6	-0.53
内蒙古	Inner Mongolia	566.2	567.9	609.6	571.2	563.5	-7.7	-1.35
辽 宁	Liaoning	7.5	6.9	6.8	5.6	5.8	0.2	3.57
吉 林	Jilin	3.6	3.2			0.4	0.4	
黑龙江	Heilongjiang	280.0	297.8	210.1	133.0	145.7	12.7	9.55
上 海	Shanghai	49.4	59.8	56.6	44.4	43.9	-0.5	-1.13
江 苏	Jiangsu	2093.1	2112.4	2132.6	2146.9	2159.9	13.0	0.61
浙 江	Zhejiang	66.2	72.6	74.5	75.5	82.1	6.6	8.74
安 徽	Anhui	2365.7	2383.0	2415.5	2432.9	2434.5	1.6	0.07
福 建	Fujian	3.6	2.8	2.5	2.3	2.3		
江 西	Jiangxi	10.4	10.9	11.9	11.8	12.0	0.2	1.69
山 东	Shandong	3561.9	3593.5	3625.9	3673.3	3740.2	66.9	1.82
河 南	Henan	5280.0	5323.3	5340.0	5366.7	5406.7	40.0	0.75
湖 北	Hubei	1000.1	1013.6	1065.5	1094.8	1074.3	-20.5	-1.87
湖 南	Hunan	39.2	40.4	35.3	32.3	30.6	-1.7	-5.26
广 东	Guangdong	0.9	1.0	0.9	0.9	0.9		
广 西	Guangxi	4.2	1.5	1.5	1.8	1.4	-0.4	-22.22
海 南	Hainan							
重 庆	Chongqing	150.5	138.4	125.4	107.6	87.0	-20.6	-19.14
四 川	Sichuan	1265.7	1259.3	1234.1	1216.0	1170.7	-45.3	-3.73
贵 州	Guizhou	260.8	257.6	259.8	251.8	251.5	-0.3	-0.12
云 南	Yunnan	428.9	437.9	442.2	437.3	434.4	-2.9	-0.66
西 藏	Tibet	37.1	37.6	37.7	37.8	36.9	-0.9	-2.38
陕 西	Shaanxi	1148.9	1136.7	1127.6	1094.8	1082.9	-11.9	-1.09
甘 肃	Gansu	879.7	861.6	833.9	811 7	792.5	-19.2	-2.37
青 海	Qinghai	101.0	94.0	94.2	95.4	88.6	-6.8	-7.13
宁 夏	Ningxia	211.4	202.1	179.0	148.8	127.5	-21.3	-14.31
新 疆	Xinjiang	1120.0	1078.0	1081.0	1121.0	1142.4	21.4	1.91
广西居全国位次	**Order of Precedence of Guangxi in the Country**	**27**	**29**	**28**	**28**	**28**		

附录1-21 全国及各省市区小麦产量

Output of Wheat by Provinces and Regions

单位：万吨 （10 000 tons）

地　区	Region	2010	2011	2012	2013	2014	2014年比2013年增长 Increase Rate in 2014 over 2013	
							绝对数 Value	%
全　国	National	11518.1	11740.1	12102.3	12192.6	12620.8	428.2	3.51
北　京	Beijing	28.4	28.4	27.4	18.7	12.2	-6.5	-34.76
天　津	Tianjin	53.2	54.2	55.8	57.3	58.6	1.3	2.27
河　北	Hebei	1230.6	1276.1	1337.7	1387.2	1429.9	42.7	3.08
山　西	Shanxi	232.2	240.3	259.2	230.7	259.1	28.4	12.31
内蒙古	Inner Mongolia	165.2	170.9	188.4	180.4	153.9	-26.5	-14.69
辽　宁	Liaoning	3.7	3.7	3.2	2.7	2.8	0.1	3.70
吉　林	Jilin	1.2	1.3			0.1	0.1	
黑龙江	Heilongjiang	92.5	103.8	70.0	38.9	46.6	7.7	19.79
上　海	Shanghai	19.3	24.1	22.6	17.6	18.6	1.0	5.68
江　苏	Jiangsu	1008.1	1023.2	1048.8	1101.3	1160.4	59.1	5.37
浙　江	Zhejiang	24.7	27.0	27.1	27.8	31.0	3.2	11.51
安　徽	Anhui	1206.7	1215.7	1294.0	1332.0	1393.6	61.6	4.62
福　建	Fujian	1.0	0.8	0.7	0.7	0.7		
江　西	Jiangxi	2.1	2.2	2.3	2.5	2.6	0.1	4.00
山　东	Shandong	2058.6	2103.9	2179.5	2218.8	2263.8	45.0	2.03
河　南	Henan	3082.2	3123.0	3177.4	3226.4	3329.0	102.6	3.18
湖　北	Hubei	343.1	344.8	370.8	416.8	421.6	4.8	1.15
湖　南	Hunan	9.9	10.2	8.6	11.0	10.3	-0.7	-6.36
广　东	Guangdong	0.2	0.3	0.3	0.3	0.3	0.0	
广　西	Guangxi	0.6	0.2	0.2	0.3	0.2	-0.1	-33.33
海　南	Hainan							
重　庆	Chongqing	45.9	42.4	38.5	33.7	27.0	-6.7	-19.88
四　川	Sichuan	427.7	436.0	437.0	421.3	423.2	1.9	0.45
贵　州	Guizhou	24.8	50.4	52.4	51.5	61.5	10.0	19.42
云　南	Yunnan	46.0	98.9	88.3	80.5	83.6	3.1	3.85
西　藏	Tibet	24.3	24.9	24.6	24.1	23.7	-0.4	-1.66
陕　西	Shaanxi	403.8	410.9	435.5	389.8	417.2	27.4	7.03
甘　肃	Gansu	250.9	247.5	278.5	235.9	271.6	35.7	15.13
青　海	Qinghai	37.3	35.4	35.2	36.0	34.9	-1.1	-3.06
宁　夏	Ningxia	70.3	63.0	62.0	46.3	40.6	-5.7	-12.31
新　疆	Xinjiang	623.5	576.6	576.5	602.1	642.3	40.2	6.68
广西居全国位次	**Order of Precedence of Guangxi in the Country**	**29**	**30**	**29**	**29**	**29**		

附录1-22　全国及各省市区玉米播种面积

Sown Area of Corn by Provinces and Regions

单位：千公顷　　　　(1 000 hectares)

地　区	Region	2010	2011	2012	2013	2014	2014年比2013年增长 Increase Rate in 2014 over 2013	
							绝对数 Value	%
全　国	National	32500.1	33541.7	35029.8	36318.4	37123.4	805.0	2.22
北　京	Beijing	149.8	140.5	132.0	114.5	88.6	-25.9	-22.62
天　津	Tianjin	168.9	169.0	179.3	191.7	202.8	11.1	5.79
河　北	Hebei	3008.6	3035.8	3049.1	3108.8	3170.9	62.1	2.00
山　西	Shanxi	1548.9	1646.7	1669.0	1670.0	1676.5	6.5	0.39
内蒙古	Inner Mongolia	2485.6	2669.6	2833.7	3170.6	3372.2	201.6	6.36
辽　宁	Liaoning	2093.0	2134.6	2206.7	2245.6	2330.1	84.5	3.76
吉　林	Jilin	3046.7	3134.2	3284.3	3499.1	3696.6	197.5	5.64
黑龙江	Heilongjiang	4368.4	4587.4	5190.6	5447.5	5440.2	-7.3	-0.13
上　海	Shanghai	4.4	4.2	3.8	3.6	4.0	0.4	11.11
江　苏	Jiangsu	403.7	414.3	418.9	426.4	436.1	9.7	2.27
浙　江	Zhejiang	27.3	30.9	62.0	63.4	66.5	3.1	4.89
安　徽	Anhui	761.1	818.8	822.5	845.1	852.4	7.3	0.86
福　建	Fujian	40.1	42.6	45.4	47.9	49.5	1.6	3.34
江　西	Jiangxi	18.2	25.7	28.1	29.5	29.9	0.4	1.36
山　东	Shandong	2955.3	2995.9	3018.1	3060.7	3126.5	65.8	2.15
河　南	Henan	2946.0	3025.0	3100.0	3203.3	3283.9	80.6	2.52
湖　北	Hubei	531.4	549.7	593.3	573.5	642.4	68.9	12.01
湖　南	Hunan	293.0	327.1	342.0	344.2	345.7	1.5	0.44
广　东	Guangdong	162.3	173.1	172.5	176.7	177.2	0.5	0.28
广　西	Guangxi	538.6	565.9	580.5	587.6	584.0	-3.6	-0.61
海　南	Hainan	21.0	23.5	27.5	27.7		-27.7	-100.00
重　庆	Chongqing	461.9	466.9	468.4	466.7	467.9	1.2	0.26
四　川	Sichuan	1355.4	1363.1	1371.1	1378.0	1381.2	3.2	0.23
贵　州	Guizhou	781.1	787.8	775.2	778.4	787.5	9.1	1.17
云　南	Yunnan	1417.8	1409.0	1456.9	1505.1	1525.7	20.6	1.37
西　藏	Tibet	4.2	4.2	4.4	4.3	4.2	-0.1	-2.33
陕　西	Shaanxi	1182.4	1177.8	1167.4	1166.2	1153.7	-12.5	-1.07
甘　肃	Gansu	835.5	838.7	902.7	976.1	1000.9	24.8	2.54
青　海	Qinghai	12.3	20.5	22.9	23.3	27.0	3.7	15.88
宁　夏	Ningxia	223.4	231.1	245.9	262.0	288.8	26.8	10.23
新　疆	Xinjiang	653.8	728.0	855.7	920.8	910.8	-10.0	-1.09
广西居全国位次	**Order of Precedence of Guangxi in the Country**	**16**	**16**	**17**	**16**	**17**		

附录1-23 全国及各省市区玉米产量

Output of Corn by Provinces and Regions

单位：万吨 (10 000 tons)

地区	Region	2010	2011	2012	2013	2014	2014年比2013年增长 Increase Rate in 2014 over 2013	
							绝对数 Value	%
全国	National	17724.5	19278.1	20561.4	21848.9	21564.6	-284.3	-1.30
北京	Beijing	84.2	90.3	83.6	75.2	50.0	-25.2	-33.51
天津	Tianjin	92.7	94.4	92.5	102.1	101.4	-0.7	-0.69
河北	Hebei	1508.7	1639.6	1649.5	1703.9	1670.7	-33.2	-1.95
山西	Shanxi	766.0	854.6	903.9	955.5	938.1	-17.4	-1.82
内蒙古	Inner Mongolia	1465.7	1632.1	1784.4	2069.7	2186.1	116.4	5.62
辽宁	Liaoning	1150.5	1360.3	1423.5	1563.2	1170.5	-392.7	-25.12
吉林	Jilin	2004.0	2339.0	2578.8	2775.7	2733.5	-42.2	-1.52
黑龙江	Heilongjiang	2324.4	2675.8	2887.9	3216.4	3343.4	127.0	3.95
上海	Shanghai	3.0	2.8	2.5	2.5	2.6	0.1	4.00
江苏	Jiangsu	218.5	226.2	230.2	216.4	239.0	22.6	10.44
浙江	Zhejiang	12.2	14.6	29.1	26.8	30.1	3.3	12.31
安徽	Anhui	312.7	362.6	427.5	426.0	465.5	39.5	9.27
福建	Fujian	15.2	16.6	18.0	19.3	20.3	1.0	5.18
江西	Jiangxi	8.4	10.5	12.6	12.0	12.3	0.3	2.50
山东	Shandong	1932.1	1978.7	1994.5	1967.1	1988.3	21.2	1.08
河南	Henan	1634.8	1696.5	1747.8	1796.5	1732.1	-64.4	-3.58
湖北	Hubei	261.0	276.2	282.6	270.8	293.7	22.9	8.46
湖南	Hunan	168.1	188.5	197.3	185.0	188.6	3.6	1.95
广东	Guangdong	72.1	78.9	79.7	81.6	76.9	-4.7	-5.76
广西	Guangxi	208.7	244.7	250.6	266.0	266.4	0.4	0.15
海南	Hainan	9.1	10.3	11.3	12.1		-12.1	-100.00
重庆	Chongqing	251.6	257.0	256.3	258.1	256.0	-2.1	-0.81
四川	Sichuan	669.0	701.6	701.3	762.4	751.9	-10.5	-1.38
贵州	Guizhou	415.4	243.7	342.3	298.0	313.8	15.8	5.30
云南	Yunnan	613.0	598.2	700.0	734.2	743.3	9.1	1.24
西藏	Tibet	2.8	2.8	2.6	2.5	2.4	-0.1	-4.00
陕西	Shaanxi	532.2	550.7	566.9	586.7	539.6	-47.1	-8.03
甘肃	Gansu	390.4	425.6	504.1	571.5	564.5	-7.0	-1.22
青海	Qinghai	10.7	15.2	17.0	16.4	18.7	2.3	14.02
宁夏	Ningxia	165.8	172.4	191.2	206.2	224.1	17.9	8.68
新疆	Xinjiang	421.6	517.7	592.1	669.0	641.1	-27.9	-4.17
广西居全国位次	**Order of Precedence of Guangxi in the Country**	**19**	**17**	**18**	**17**	**17**		

附录1-24 全国及各省市区粮食作物单位面积产量

Output of Grain Crops Per Hectare by Provinces and Regions

单位：公斤/公顷 (kg/hectare)

地区	Region	2010	2011	2012	2013	2014	2014年为2013年百分比（%）Per Centum in 2014 over 2013（%）
全国	National	4974	5166	5302	5377	5385	0.15
北京	Beijing	5177	5816	5868	6049	5320	-12.05
天津	Tianjin	5123	5207	5009	5250	5088	-3.09
河北	Hebei	4737	5047	5151	5328	5307	-0.39
山西	Shanxi	3350	3629	3871	4009	4049	1.00
内蒙古	Inner Mongolia	3925	4293	4524	4937	4872	-1.32
辽宁	Liaoning	5553	6422	6435	6805	5421	-20.34
吉林	Jilin	6328	6977	7251	7414	7065	-4.71
黑龙江	Heilongjiang	4376	4843	5001	5192	5337	2.79
上海	Shanghai	6608	6544	6524	6774	6826	0.77
江苏	Jiangsu	6124	6219	6320	6385	6493	1.69
浙江	Zhejiang	6041	6232	6151	5854	5979	2.14
安徽	Anhui	4656	4735	4967	4950	5153	4.10
福建	Fujian	5371	5484	5489	5527	5569	0.76
江西	Jiangxi	5371	5624	5671	5733	5797	1.12
山东	Shandong	6120	6194	6264	6208	6178	-0.48
河南	Henan	5582	5621	5647	5667	5654	-0.23
湖北	Hubei	5692	5794	5842	5874	5913	0.66
湖南	Hunan	5921	6024	6126	5927	6033	1.79
广东	Guangdong	5200	5378	5497	5248	5414	3.16
广西	Guangxi	4614	4654	4838	4947	5002	1.11
海南	Hainan	4126	4367	4548	4526	4736	4.64
重庆	Chongqing	5152	4988	5039	5094	5104	0.20
四川	Sichuan	5034	5111	5125	5235	5218	-0.32
贵州	Guizhou	3659	2870	3534	3303	3628	9.84
云南	Yunnan	3582	3868	3976	4054	4127	1.80
西藏	Tibet	5360	5509	5554	5467	5554	1.59
陕西	Shaanxi	3687	3811	3981	3915	3893	-0.56
甘肃	Gansu	3423	3581	3908	3984	4076	2.31
青海	Qinghai	3716	3699	3623	3656	3742	2.35
宁夏	Ningxia	4224	4211	4527	4658	4899	5.17
新疆	Xinjiang	5771	5981	5973	6162	6270	1.75
广西居全国位次	**Order of Precedence of Guangxi in the Country**	**21**	**22**	**22**	**22**	**22**	

附录1-25　全国及各省市区稻谷单位面积产量

Output of Rice Per Hectare by Provinces and Regions

单位：公斤/公顷　　　　(kg/hectare)

地　区	Region	2010	2011	2012	2013	2014	2014年为2013年百分比（%）Per Centum in 2014 over 2013（%）
全　国	National	6553	6687	6777	6717	6813	1.43
北　京	Beijing	6333	6522	6444	6912	6943	0.45
天　津	Tianjin	7093	7528	7658	7686	7414	-3.54
河　北	Hebei	6805	7249	5798	6768	6383	-5.69
山　西	Shanxi	4423	4902	5941	6837	6889	0.76
内蒙古	Inner Mongolia	8115	8657	8201	7381	6704	-9.17
辽　宁	Liaoning	6754	7658	7673	7808	8032	2.87
吉　林	Jilin	8441	9020	7587	7751	7866	1.48
黑龙江	Heilongjiang	6659	7001	7073	6993	7023	0.43
上　海	Shanghai	8328	8379	8481	8521	8544	0.27
江　苏	Jiangsu	8092	8290	8429	8484	8417	-0.79
浙　江	Zhejiang	7021	7254	7306	7001	7160	2.27
安　徽	Anhui	6161	6218	6291	6153	6289	2.21
福　建	Fujian	5942	6082	6087	6141	6179	0.62
江　西	Jiangxi	5600	5878	5937	6004	6064	1.00
山　东	Shandong	8294	8348	8346	8416	8252	-1.95
河　南	Henan	7503	7437	7599	7575	8136	7.41
湖　北	Hubei	7643	7941	8184	7980	8067	1.09
湖　南	Hunan	6218	6334	6426	6271	6392	1.93
广　东	Guangdong	5431	5651	5779	5475	5766	5.32
广　西	Guangxi	5353	5216	5550	5649	5755	1.88
海　南	Hainan	4270	4555	4802	4804	4979	3.64
重　庆	Chongqing	7583	7189	7249	7305	7296	-0.12
四　川	Sichuan	7544	7605	7689	7784	7664	-1.54
贵　州	Guizhou	6405	4460	5893	5279	5913	12.01
云　南	Yunnan	6039	6229	5953	5794	5819	0.43
西　藏	Tibet	6020	6000	5567	5789	4747	-18.00
陕　西	Shaanxi	6662	6987	7082	7351	7363	0.16
甘　肃	Gansu	7050		7020	7243	6887	-4.92
青　海	Qinghai						
宁　夏	Ningxia	8416	8430	8458	8387	7923	-5.53
新　疆	Xinjiang	8812	8590	8574	8890	10148	14.15
广西居全国位次	**Order of Precedence of Guangxi in the Country**	**28**	**26**	**29**	**27**	**28**	

附录1-26 全国及各省市区小麦单位面积产量

Output of Wheat Per Hectare by Provinces and Regions

单位：公斤/公顷 (kg/hectare)

地 区	Region	2010	2011	2012	2013	2014	2014年为2013年百分比（%）Per Centum in 2014 over 2013（%）
全 国	National	4748	4837	4987	5056	5244	3.72
北 京	Beijing	4610	4883	5258	5172	5177	0.10
天 津	Tianjin	4814	4828	4929	5189	5297	2.08
河 北	Hebei	5085	5326	5551	5834	6104	4.63
山 西	Shanxi	3188	3384	3762	3406	3845	12.89
内蒙古	Inner Mongolia	2918	3010	3091	3158	2731	-13.52
辽 宁	Liaoning	4933	5362	4706	4857	4828	-0.60
吉 林	Jilin	3473	4214			4005	
黑龙江	Heilongjiang	3303	3485	3333	2923	3199	9.44
上 海	Shanghai	3897	4031	3984	3976	4244	6.74
江 苏	Jiangsu	4816	4844	4918	5130	5372	4.72
浙 江	Zhejiang	3730	3720	3638	3685	3769	2.28
安 徽	Anhui	5101	5102	5357	5475	5724	4.55
福 建	Fujian	2840	2883	2874	2940	2931	-0.31
江 西	Jiangxi	2031	2011	1924	2114	2133	0.90
山 东	Shandong	5780	5855	6011	6040	6053	0.22
河 南	Henan	5838	5867	5950	6012	6157	2.41
湖 北	Hubei	3430	3402	3480	3807	3924	3.07
湖 南	Hunan	2526	2525	2428	3396	3376	-0.59
广 东	Guangdong	2826	3000	3226	3441	3226	-6.25
广 西	Guangxi	1357	1419	1333	1453	1399	-3.72
海 南	Hainan						
重 庆	Chongqing	3051	3063	3066	3132	3099	-1.05
四 川	Sichuan	3379	3462	3541	3465	3615	4.33
贵 州	Guizhou	952	1956	2017	2046	2445	19.50
云 南	Yunnan	1072	2258	1997	1842	1924	4.45
西 藏	Tibet	6553	6625	6512	6366	6427	0.96
陕 西	Shaanxi	3515	3615	3862	3560	3853	8.23
甘 肃	Gansu	2852	2873	3340	2906	3427	17.93
青 海	Qinghai	3693	3761	3736	3769	3935	4.40
宁 夏	Ningxia	3327	3116	3464	3112	3181	2.22
新 疆	Xinjiang	5567	5349	5333	5371	5622	4.67
广西居全国位次	**Order of Precedence of Guangxi in the Country**	**28**	**30**	**29**	**29**	**30**	

附录1-27 全国及各省市区玉米单位面积产量

Output of Corn Per Hectare by Provinces and Regions

单位：公斤/公顷 (kg/hectare)

地 区	Region	2010	2011	2012	2013	2014	2014年为2013年百分比（%）Per Centum in 2014 over 2013（%）
全 国	National	5454	5748	5870	6016	5809	-3.44
北 京	Beijing	5621	6429	6331	6567	5646	-14.02
天 津	Tianjin	5490	5584	5155	5329	5000	-6.17
河 北	Hebei	5015	5401	5410	5481	5269	-3.87
山 西	Shanxi	4945	5190	5416	5721	5596	-2.18
内蒙古	Inner Mongolia	5897	6114	6297	6528	6483	-0.69
辽 宁	Liaoning	5497	6373	6451	6961	5023	-27.84
吉 林	Jilin	6578	7463	7852	7933	7395	-6.78
黑龙江	Heilongjiang	5321	5833	5564	5904	6146	4.10
上 海	Shanghai	6659	6603	6597	6997	6633	-5.20
江 苏	Jiangsu	5412	5459	5495	5076	5480	7.96
浙 江	Zhejiang	4455	4716	4701	4221	4523	7.15
安 徽	Anhui	4109	4428	5197	5041	5461	8.33
福 建	Fujian	3793	3904	3971	4017	4103	2.14
江 西	Jiangxi	4642	4090	4485	4054	4101	1.16
山 东	Shandong	6538	6605	6609	6427	6360	-1.04
河 南	Henan	5549	5608	5638	5608	5274	-5.96
湖 北	Hubei	4912	5025	4762	4721	4571	-3.18
湖 南	Hunan	5737	5763	5768	5374	5456	1.53
广 东	Guangdong	4443	4560	4620	4620	4338	-6.10
广 西	Guangxi	3875	4325	4317	4526	4562	0.80
海 南	Hainan	4323	4376	4121	4362		-100.00
重 庆	Chongqing	5446	5504	5471	5530	5471	-1.07
四 川	Sichuan	4936	5147	5115	5533	5444	-1.61
贵 州	Guizhou	5318	3094	4415	3829	3985	4.07
云 南	Yunnan	4323	4246	4805	4878	4872	-0.12
西 藏	Tibet	6540	6627	6023	5764	5745	-0.33
陕 西	Shaanxi	4501	4676	4856	5031	4677	-7.04
甘 肃	Gansu	4673	5074	5585	5855	5640	-3.67
青 海	Qinghai	8702	7421	7411	7055	6907	-2.10
宁 夏	Ningxia	7422	7461	7776	7871	7760	-1.41
新 疆	Xinjiang	6448	7111	6919	7266	7039	-3.12
广西居全国位次	**Order of Precedence of Guangxi in the Country**	**30**	**27**	**29**	**26**	**25**	

附录二 中国—东盟国家及世界主要国家和地区经济、社会统计指标

APPENDIX II Main Social and Economic Indicators of China - ASEAN Countries and World Major Countries and Regions

附录2-1 国土面积与人口密度（2014年）

Country Area and Population Density（2014）

资料来源：世界银行WDI数据库。
Source:World Bank WDI Database.

国家或地区	Country or Area	国土面积（万平方公里）Country Area（10 000 sq.km）	人口密度（人/平方公里）Population Density（persons/sq.km）		
			2012	2013	2014
世　界	**World**	**13432.5**	**54.3**	**54.9**	**55.6**
中　国	China	960.0	143.9	144.6	145.3
文　莱	Brunei Darussalam	0.6	78.2	79.3	80.3
柬埔寨	Cambodia	18.1	84.2	85.7	87.3
印度尼西亚	Indonesia	191.1	136.3	137.9	139.6
老　挝	Laos	23.7	28.8	29.3	29.9
马来西亚	Malaysia	33.1	89.0	90.5	91.9
缅　甸	Myanmar	67.7	80.8	81.5	82.2
菲律宾	Philippines	30.0	324.3	330.0	335.7
新加坡	Singapore	0.1	7589.1	7713.1	7813.9
泰　国	Thailand	51.3	130.7	131.2	131.6
越　南	Viet Nam	33.1	286.3	289.3	292.6
中国香港	Hong Kong,China	0.1	6813.9	6845.2	6896.9
日　本	Japan	37.8	349.9	349.3	348.7
韩　国	Korea,Rep.	10.0	513.7	515.9	518.0
印　度	India	328.7	416.0	421.1	426.3
巴　西	Brazil	851.6	23.8	24.0	24.2
俄罗斯联邦	Russian Fed.	1709.8	8.7	8.8	8.8
加拿大	Canada	998.5	3.8	3.9	3.9
墨西哥	Mexico	196.4	62.2	62.9	63.7
美　国	United States	983.2	34.3	34.6	34.9
法　国	France	54.9	119.9	120.4	120.9
德　国	Germany	35.7	230.8	231.4	232.1
意大利	Italy	30.1	202.4	204.8	208.5
英　国	United Kingdom	24.4	263.3	265.0	266.7
澳大利亚	Australia	774.1	3.0	3.0	3.1
新西兰	New Zealand	26.8	16.7	16.9	17.1

附录2-2 土地利用（2014年）

Land Utilization（2014）

资料来源：世界银行WDI数据库。
Source:World Bank WDI Database.

单位：万公顷 （10 000 hectares）

国家或地区	Country or Area	陆地面积 Land Area	耕地面积① Arable Area ①	多年生作物面积① Permanent Crop Area ①	森林面积① Forest Area ①
世　界	**World**	**1297339**	**139589**	**16450**	**394301**
中　国	China	93882	10592	1580	21239
文　莱	Brunei Darussalam	53	…	1	38
柬埔寨	Cambodia	1765	410	16	984
印度尼西亚	Indonesia	18116	2350	2200	9306
老　挝	Laos	2308	145	17	1559
马来西亚	Malaysia	3286	96	650	2028
缅　甸	Myanmar	6533	1082	146	3115
菲律宾	Philippines	2982	555	535	777
新加坡	Singapore	7	…	…	…
泰　国	Thailand	5109	1656	450	1900
越　南	Viet Nam	3101	640	380	1409
中国香港	Hong Kong,China	11	…	…	
日　本	Japan	3646	425	30	2500
韩　国	Korea,Rep.	974	152	21	621
印　度	India	29732	15620	1280	6872
巴　西	Brazil	83581	7261	700	51513
俄罗斯联邦	Russian Fed.	163769	11975	160	80921
加拿大	Canada	90935	4592	483	31013
墨西哥	Mexico	19440	2313	268	6449
美　国	United States	91474	15511	260	30479
法　国	France	5476	1829	100	1605
德　国	Germany	3485	1183	20	1108
意大利	Italy	2941	712	244	931
英　国	United Kingdom	2419	621	5	290
澳大利亚	Australia	76823	4711	38	14745
新西兰	New Zealand	2633	58	7	825

注：①2012年数据。
Note:①Data refer to 2012.

附录2-3　国内生产总值

Gross Domestic Product

资料来源：世界银行WDI数据库。
Source:World Bank WDI Database.

单位：亿美元　　(100 million USD)

国家或地区	Country or Area	2010	2011	2012	2013	2014
世　界	**World**	**654892**	**725722**	**740416**	**761240**	**778688**
中　国	China	60397	74924	84616	94906	103601
文　莱	Brunei Darussalam	124	167	170	161	173
柬埔寨	Cambodia	112	128	141	152	167
印度尼西亚	Indonesia	7551	8930	9179	9105	8885
老　挝	Laos	72	83	94	112	118
马来西亚	Malaysia	2475	2893	3050	3132	3269
缅　甸	Myanmar			747	587	643
菲律宾	Philippines	1996	2241	2502	2721	2846
新加坡	Singapore	2364	2754	2899	3022	3079
泰　国	Thailand	3189	3457	3660	3873	3738
越　南	Viet Nam	1159	1355	1558	1712	1862
中国香港	Hong Kong,China	2286	2485	2626	2757	2909
日　本	Japan	54954	59056	59545	49196	46015
韩　国	Korea,Rep.	10945	12025	12228	13056	14104
印　度	India	17085	18358	18318	18618	20669
巴　西	Brazil	22094	26152	24132	23921	23461
俄罗斯联邦	Russian Fed.	15249	19048	20161	20790	18606
加拿大	Canada	16140	17888	18327	18390	17867
墨西哥	Mexico	10511	11712	11867	12622	12827
美　国	United States	149644	155179	161632	167681	174190
法　国	France	26470	28625	26814	28102	28292
德　国	Germany	34122	37519	35332	37303	38526
意大利	Italy	21267	22781	20752	21369	21443
英　国	United Kingdom	24079	25920	26149	26782	29419
澳大利亚	Australia	11413	13881	15344	15604	14538
新西兰	New Zealand	1453	1661	1744	1884	

附录2-4 人均国内生产总值

GDP Per Capita

资料来源：世界银行WDI数据库。
Source:World Bank WDI Database.

单位：美元 (USD)

国家或地区	Country or Area	2010	2011	2012	2013	2014
世　界	**World**	**9513**	**10421**	**10513**	**10684**	**10804**
中　国	China	4515	5574	6265	6992	7594
文　莱	Brunei Darussalam	30882	41060	41127	38563	40776
柬 埔 寨	Cambodia	783	878	946	1006	1084
印度尼西亚	Indonesia	3137	3663	3718	3644	3515
老　挝	Laos	1123	1270	1408	1653	1708
马来西亚	Malaysia	8754	10060	10429	10538	10830
缅　甸	Myanmar			1415	1101	1198
菲 律 宾	Philippines	2136	2358	2588	2765	2843
新 加 坡	Singapore	46570	53122	54578	55980	56287
泰　国	Thailand	4803	5192	5480	5779	5561
越　南	Viet Nam	1334	1543	1755	1909	2052
中国香港	Hong Kong,China	32550	35142	36708	38364	40170
日　本	Japan	42909	46204	46679	38634	36194
韩　国	Korea,Rep.	22151	24156	24454	25998	27970
印　度	India	1417	1503	1481	1487	1631
巴　西	Brazil	11318	13279	12148	11939	11613
俄罗斯联邦	Russian Fed.	10675	13324	14079	14487	12736
加 拿 大	Canada	47464	52087	52733	52305	50271
墨 西 哥	Mexico	8916	9812	9819	10318	10361
美　国	United States	48374	49781	51457	52980	54630
法　国	France	40709	43811	40853	42631	42736
德　国	Germany	41726	45868	43932	46255	47627
意 大 利	Italy	35878	38365	34854	35477	34960
英　国	United Kingdom	38362	40975	41051	41777	45603
澳大利亚	Australia	51801	62134	67512	67473	61887
新 西 兰	New Zealand	33394	37897	39574	42409	

附录2-5 国内生产总值增长率

Growth Rate of GDP

资料来源：世界银行WDI数据库。
Source:World Bank WDI Database.

单位：% (%)

国家或地区	Country or Area	2010	2011	2012	2013	2014
世　界	**World**	**4.1**	**2.8**	**2.2**	**2.4**	**2.5**
中　国	China	10.6	9.5	7.7	7.7	7.4
文　莱	Brunei Darussalam	2.6	3.4	0.9	-1.8	5.3
柬 埔 寨	Cambodia	6.0	7.1	7.3	7.4	7.0
印度尼西亚	Indonesia	6.2	6.2	6.0	5.6	5.0
老　挝	Laos	8.5	8.0	8.0	8.5	7.5
马来西亚	Malaysia	7.4	5.2	5.6	4.7	6.0
缅　甸	Myanmar				8.2	8.5
菲 律 宾	Philippines	7.6	3.7	6.8	7.2	6.1
新 加 坡	Singapore	15.2	6.2	3.4	4.4	2.9
泰　国	Thailand	7.8	0.1	6.5	2.9	0.7
越　南	Viet Nam	6.4	6.2	5.2	5.4	6.0
中国香港	Hong Kong,China	6.8	4.8	1.7	3.1	2.5
日　本	Japan	4.7	-0.5	1.8	1.6	-0.1
韩　国	Korea,Rep.	6.5	3.7	2.3	2.9	3.3
印　度	India	10.3	6.6	5.1	6.9	7.4
巴　西	Brazil	7.6	3.9	1.8	2.7	0.1
俄罗斯联邦	Russian Fed.	4.5	4.3	3.4	1.3	0.6
加 拿 大	Canada	3.4	3.0	1.9	2.0	2.5
墨 西 哥	Mexico	5.1	4.0	4.0	1.4	2.1
美　国	United States	2.5	1.6	2.3	2.2	2.4
法　国	France	2.0	2.1	0.2	0.7	0.2
德　国	Germany	4.1	3.6	0.4	0.1	1.6
意 大 利	Italy	1.7	0.6	-2.8	-1.7	-0.4
英　国	United Kingdom	1.9	1.6	0.7	1.7	2.6
澳大利亚	Australia	2.0	2.3	3.7	2.5	2.5
新 西 兰	New Zealand	1.4	2.2	2.2	2.5	

附录2-6 人均国内生产总值增长率

Growth Rate of GDP per Capita

资料来源：世界银行WDI数据库。
Source:World Bank WDI Database.

单位：% (%)

国家或地区	Country or Area	2010	2011	2012	2013	2014
世　界	**World**	**2.9**	**1.7**	**1.1**	**1.2**	**1.3**
中　国	China	10.1	9.0	7.2	7.2	6.8
文　莱	Brunei Darussalam	1.0	1.9	-0.5	-3.1	4.0
柬埔寨	Cambodia	4.3	5.3	5.5	5.4	5.1
印度尼西亚	Indonesia	4.8	4.8	4.7	4.3	3.8
老　挝	Laos	6.4	6.0	6.0	6.5	5.5
马来西亚	Malaysia	5.6	3.4	3.9	3.1	4.4
缅　甸	Myanmar				7.3	7.6
菲律宾	Philippines	5.8	1.9	5.0	5.3	4.3
新加坡	Singapore	13.2	4.0	0.9	2.8	1.6
泰　国	Thailand	7.6	-0.2	6.2	2.6	0.4
越　南	Viet Nam	5.3	5.1	4.1	4.3	4.8
中国香港	Hong Kong,China	6.0	4.1	0.5	2.6	1.7
日　本	Japan	4.6	-0.3	2.0	1.8	0.1
韩　国	Korea,Rep.	6.0	2.9	1.8	2.5	2.9
印　度	India	8.8	5.3	3.8	5.6	6.1
巴　西	Brazil	6.6	3.0	0.9	1.9	-0.7
俄罗斯联邦	Russian Fed.	4.5	4.2	3.2	1.1	-1.1
加拿大	Canada	2.2	2.0	0.7	0.8	1.4
墨西哥	Mexico	3.8	2.8	2.7	0.2	0.9
美　国	United States	1.7	0.8	1.5	1.5	1.6
法　国	France	1.5	1.6	-0.3	0.2	-0.3
德　国	Germany	4.3	3.6	2.1	-0.2	1.3
意大利	Italy	1.4	0.4	-3.0	-2.8	-2.2
英　国	United Kingdom	1.1	0.9	0.0	1.0	1.9
澳大利亚	Australia	0.4	0.9	2.0	0.8	0.9
新西兰	New Zealand	0.3	1.4	1.6	1.7	

附录2-7 居民消费率

Household Final Consumption Rate

资料来源：世界银行WDI数据库。
Source:World Bank WDI Database.

单位：% (%)

国家或地区	Country or Area	2010	2011	2012	2013	2014
世　界	**World**	**59.6**	**59.9**	**59.9**	**60.1**	
中　国	China	36.6	37.7	36.6	36.0	
文　莱	Brunei Darussalam	13.1	18.8	18.9	22.7	
柬埔寨	Cambodia	81.7	82.3	82.2	83.8	79.1
印度尼西亚	Indonesia	56.2	55.5	56.1	57.2	56.6
老　挝	Laos	68.6	69.7	66.5	65.3	60.1
马来西亚	Malaysia	47.5	47.3	49.0	51.1	51.8
缅　甸	Myanmar					
菲律宾	Philippines	71.6	73.5	74.2	73.3	72.0
新加坡	Singapore	35.5	36.7	38.1	37.7	37.9
泰　国	Thailand	53.7	55.6	55.6	53.7	52.8
越　南	Viet Nam	66.5	68.5	63.3	65.0	63.6
中国香港	Hong Kong,China	61.4	63.3	64.6	66.1	66.4
日　本	Japan	59.3	60.3	60.7	61.1	
韩　国	Korea,Rep.	50.3	51.0	51.4	50.9	50.4
印　度	India	56.4	56.4	59.5	59.2	59.2
巴　西	Brazil	60.2	60.3	61.7	62.1	62.5
俄罗斯联邦	Russian Fed.	50.6	48.4	49.1	51.6	
加拿大	Canada	56.5	55.5	55.5	55.6	
墨西哥	Mexico	67.5	67.4	66.2	67.1	66.7
美　国	United States	68.2	68.9	68.6	68.5	
法　国	France	56.1	55.7	55.7	55.6	55.5
德　国	Germany	56.1	55.8	56.0	55.9	55.3
意大利	Italy	61.0	61.5	61.6	60.8	60.8
英　国	United Kingdom	64.4	64.2	64.8	64.8	64.4
澳大利亚	Australia	55.4	53.9	53.7	55.0	55.8
新西兰	New Zealand	57.6	58.1	58.5	56.6	

附录2-8 国内生产总值产业构成

Composition of Gross Domestic Product by Industries

资料来源：世界银行WDI数据库。
Source:World Bank WDI Database.

单位：% (%)

国家或地区	Country or Area	农业增加值占国内生产总值比重 Primary Industry as Percentage of GDP		工业增加值占国内生产总值比重 Secondary Industry as Percentage of GDP		服务业增加值占国内生产总值比重 Tertiary Industry as Percentage of GDP	
		2013	2014	2013	2014	2013	2014
世 界	**World**	**3.1**		**26.4**		**70.5**	
中 国	China	9.4	9.2	43.7	42.6	46.9	48.2
文 莱	Brunei Darussalam	0.7		68.2		31.0	
柬埔寨	Cambodia	33.6	29.8	25.6	27.3	40.9	42.9
印度尼西亚	Indonesia	13.7	13.7	43.7	43.0	42.6	43.3
老 挝	Laos	26.5	27.5	33.1	31.3	40.4	41.2
马来西亚	Malaysia	9.3	9.1	40.5	40.5	50.2	50.4
缅 甸	Myanmar	36.4①		26.0①		37.6①	
菲律宾	Philippines	11.2	11.3	31.1	31.2	57.7	57.5
新加坡	Singapore	…		25.1		74.9	
泰 国	Thailand	12.0	11.6	42.6	42.0	45.5	46.3
越 南	Viet Nam	18.4	18.1	38.3	38.5	43.3	43.4
中国香港	Hong Kong,China	0.1		7.2		92.7	
日 本	Japan	1.2		26.2		72.6	
韩 国	Korea,Rep.	2.3	2.3	38.4	38.2	59.3	59.4
印 度	India	18.0	17.0	30.7	30.1	51.3	53.0
巴 西	Brazil	5.6	5.6	24.4	23.4	70.0	71.0
俄罗斯联邦	Russian Fed.	4.0		36.3		59.8	
加拿大	Canada	1.2①		25.6①		73.2①	
墨西哥	Mexico	3.5	3.5	34.4	33.8	62.1	62.7
美 国	United States	1.5		20.5		78.1	
法 国	France	1.6	1.7	19.8	19.4	78.7	78.9
德 国	Germany	0.9	0.8	30.7	30.7	68.4	68.6
意大利	Italy	2.3	2.2	23.4	23.4	74.2	74.4
英 国	United Kingdom	0.7	0.6	20.1	19.8	79.2	79.6
澳大利亚	Australia	2.5	2.5	26.8	27.1	70.7	70.4
新西兰	New Zealand	17.5		26.2		56.3	

注：①2010年数据。
Note:①Data refer to 2010.

附录2-9 年中人口

Mid-year Population

资料来源：世界银行WDI数据库。
Source:World Bank WDI Database.

国家或地区	Country or Area	人口（万人） Mid-year Population（10 000 persons）				2014年增长率（%） Growth Rate in 2014（%）
		2011	2012	2013	2014	
世　界	**World**	**696428.0**	**704294.2**	**712495.0**	**720773.5**	**1.2**
中　国	China	134413.0	135069.5	135738.0	136427.0	0.5
文　莱	Brunei Darussalam	40.7	41.2	41.8	42.3	1.3
柬埔寨	Cambodia	1460.6	1486.5	1513.5	1540.8	1.8
印度尼西亚	Indonesia	24380.2	24686.4	24986.6	25281.2	1.2
老　挝	Laos	652.1	664.6	677.0	689.4	1.8
马来西亚	Malaysia	2875.9	2924.0	2971.7	3018.8	1.6
缅　甸	Myanmar	5235.1	5279.7	5325.9	5371.9	0.9
菲律宾	Philippines	9505.3	9670.7	9839.4	10009.7	1.7
新加坡	Singapore	518.4	531.2	539.9	547.0	1.3
泰　国	Thailand	6657.6	6678.5	6701.1	6722.3	0.3
越　南	Viet Nam	8784.0	8877.3	8970.9	9073.0	1.1
中国香港	Hong Kong,China	707.2	715.5	718.8	724.2	0.8
日　本	Japan	12781.7	12756.2	12733.9	12713.2	-0.2
韩　国	Korea,Rep.	4977.9	5000.4	5022.0	5042.4	0.4
印　度	India	122115.6	123668.7	125214.0	126740.2	1.2
巴　西	Brazil	19693.5	19865.6	20036.2	20203.4	0.8
俄罗斯联邦	Russian Fed.	14296.1	14320.2	14350.7	14382.0	0.2
加拿大	Canada	3434.3	3475.4	3515.8	3554.0	1.1
墨西哥	Mexico	11936.1	12084.8	12233.2	12379.9	1.2
美　国	United States	31172.2	31411.2	31649.8	31885.7	0.7
法　国	France	6533.8	6563.5	6592.0	6620.1	0.4
德　国	Germany	8179.8	8042.6	8064.6	8089.0	0.3
意大利	Italy	5937.9	5954.0	6023.4	6133.6	1.8
英　国	United Kingdom	6325.9	6370.0	6410.7	6451.0	0.6
澳大利亚	Australia	2234.0	2272.8	2312.6	2349.1	1.6
新西兰	New Zealand	438.4	440.8	444.2	451.0	1.5

附录2-10　城市人口比重

Urban Population Percentage of Total

资料来源：世界银行WDI数据库。
Source:World Bank WDI Database.

单位：%　　(%)

国家或地区	Country or Area	2010	2011	2012	2013	2014
世　界	**World**	**51.6**	**52.0**	**52.5**	**53.0**	**53.5**
中　国	China	49.2	50.6	51.9	53.2	54.4
文　莱	Brunei Darussalam	75.5	75.9	76.2	76.6	76.9
柬 埔 寨	Cambodia	19.8	20.0	20.1	20.3	20.5
印度尼西亚	Indonesia	49.9	50.7	51.5	52.3	53.0
老　挝	Laos	33.1	34.3	35.4	36.5	37.6
马来西亚	Malaysia	70.9	71.7	72.5	73.3	74.0
缅　甸	Myanmar	31.4	31.9	32.5	33.0	33.6
菲 律 宾	Philippines	45.3	45.0	44.8	44.6	44.5
新 加 坡	Singapore	100.0	100.0	100.0	100.0	100.0
泰　国	Thailand	44.1	45.4	46.7	47.9	49.2
越　南	Viet Nam	30.4	31.0	31.7	32.3	33.0
中国香港	Hong Kong,China	100.0	100.0	100.0	100.0	100.0
日　本	Japan	90.5	91.3	91.9	92.5	93.0
韩　国	Korea,Rep.	81.9	82.0	82.1	82.3	82.4
印　度	India	30.9	31.3	31.6	32.0	32.4
巴　西	Brazil	84.3	84.6	84.9	85.2	85.4
俄罗斯联邦	Russian Fed.	73.7	73.7	73.8	73.9	73.9
加 拿 大	Canada	80.9	81.1	81.3	81.5	81.7
墨 西 哥	Mexico	77.8	78.1	78.4	78.7	79.0
美　国	United States	80.8	80.9	81.1	81.3	81.5
法　国	France	78.4	78.6	78.8	79.1	79.3
德　国	Germany	74.3	74.5	74.7	74.9	75.1
意 大 利	Italy	68.3	68.4	68.6	68.7	68.8
英　国	United Kingdom	81.3	81.6	81.8	82.1	82.4
澳大利亚	Australia	88.7	88.9	89.0	89.2	89.3
新 西 兰	New Zealand	86.2	86.2	86.2	86.2	86.3

附录2-11 劳动参与率

Labor Force Participation Rate

资料来源：世界银行WDI数据库。
Source:World Bank WDI Database.

国家或地区	Country or Area	劳动力人口（万人） Total Labor Force（10 000 persons）		劳动参与率（%） Labor Force Participation Rate（%）		女性劳动参与率（%） Female Labor Force Participation Rate（%）	
		2012	2013	2012	2013	2012	2013
世　界	**World**	**326776**	**331485**	**63.4**	**63.5**	**50.2**	**50.3**
中　国	China	78763	79331	71.1	71.3	63.8	63.9
文　莱	Brunei Darussalam	20	20	64.3	64.0	52.9	52.6
柬埔寨	Cambodia	843	861	82.5	82.5	78.9	78.8
印度尼西亚	Indonesia	11838	12029	67.8	67.7	51.3	51.4
老　挝	Laos	332	341	77.6	77.7	76.3	76.3
马来西亚	Malaysia	1272	1304	59.3	59.4	44.3	44.4
缅　甸	Myanmar	3101	3143	78.6	78.6	75.2	75.2
菲律宾	Philippines	4128	4225	65.2	65.2	51.0	51.1
新加坡	Singapore	302	307	68.1	67.8	59.0	58.8
泰　国	Thailand	3942	3965	72.4	72.3	64.4	64.3
越　南	Viet Nam	5286	5374	77.2	77.5	72.8	73.0
中国香港	Hong Kong,China	373	374	59.1	58.9	51.6	51.3
日　本	Japan	6528	6555	58.9	59.2	48.1	48.8
韩　国	Korea,Rep.	2577	2607	60.8	61.0	49.9	50.1
印　度	India	47213	48124	54.1	54.2	26.9	27.0
巴　西	Brazil	10475	10617	69.9	69.8	59.5	59.4
俄罗斯联邦	Russian Fed.	7688	7698	63.5	63.7	57.0	57.1
加拿大	Canada	1927	1945	66.3	66.2	61.6	61.6
墨西哥	Mexico	5285	5390	61.6	61.6	45.0	45.1
美　国	United States	15879	15914	62.9	62.5	56.8	56.3
法　国	France	3010	3013	56.1	55.9	50.9	50.7
德　国	Germany	4176	4198	59.8	59.9	53.5	53.6
意大利	Italy	2508	2542	49.0	49.1	39.4	39.6
英　国	United Kingdom	3262	3281	62.1	62.1	55.7	55.7
澳大利亚	Australia	1203	1220	65.3	65.2	58.8	58.8
新西兰	New Zealand	238	240	67.8	67.8	62.1	62.0

附录2-12 就业人数

Employment

资料来源：国际货币基金组织IFS数据库。
Source:IMF IFS Database.

单位：万人 （10 000 persons）

国家或地区	Country or Area	2010	2011	2012	2013	2014
世　界	World					
中　国	China	76105	76420	76704	76977	77253
文　莱	Brunei Darussalam	19				
柬埔寨	Cambodia	768	789			
印度尼西亚	Indonesia	10781	11048	11181	11241	11792
老　挝	Laos					
马来西亚	Malaysia	1129	1222	1254	1335	
缅　甸	Myanmar					
菲律宾	Philippines	3603	3719	3762	3792	3809
新加坡	Singapore	306	318	330	344	
泰　国	Thailand	3801	3846	3895	3893	3808
越　南	Viet Nam		5088			
中国香港	Hong Kong,China	348	358	367	374	376
日　本	Japan	6257	6244	6270	6311	6351
韩　国	Korea,Rep.	2383	2424	2468	2507	2560
印　度	India	37429				
巴　西	Brazil	2202	2243	2296	2312	2309
俄罗斯联邦	Russian Fed.	6979	7073	7154	7139	7154
加拿大	Canada	1696	1722	1744	1769	1780
墨西哥	Mexico	4641	4743	4791	4948	
美　国	United States	13906	13987	14247	14393	14631
法　国	France	2569	2575	2575	2575	
德　国	Germany	4098	4152	4198	4223	4258
意大利	Italy	2253	2260	2257	2219	2228
英　国	United Kingdom	2923	2937	2969	3005	3073
澳大利亚	Australia	1102	1121	1135	1146	1156
新西兰	New Zealand	219	222	223	228	

附录2–13　按产业类型划分的就业构成

Composition of Employment by Type of Industry

资料来源：世界银行WDI数据库。
Source:World Bank WDI Database.

单位：%　　(%)

国家或地区	Country or Area	第一产业 Primary Industry		第二产业 Secondary Industry		第三产业 Tertiary Industry	
		2011	2012	2011	2012	2011	2012
世　　界①	**World①**	**30.5**		**24.2**		**45.1**	
中　　国	China	34.8		29.5		35.7	
文　　莱	Brunei Darussalam						
柬 埔 寨	Cambodia	55.8	51.0	16.9	18.6	27.3	30.4
印度尼西亚	Indonesia	39.0	35.1	20.3	21.7	40.8	43.2
老　　挝	Laos						
马来西亚	Malaysia	11.5	12.6	28.9	28.4	59.6	59.0
缅　　甸	Myanmar						
菲 律 宾	Philippines	33.0	32.2	14.9	15.4	52.2	52.5
新 加 坡②	Singapore②	1.1		21.8		77.1	
泰　　国	Thailand	38.7	39.6	20.7	20.9	40.7	39.4
越　　南	Viet Nam	48.4	47.4	21.3	21.1	30.3	31.5
中国香港	Hong Kong,China	0.6	0.7	11.4	11.6	88.0	87.7
日　　本①	Japan①	3.7		25.3		69.7	
韩　　国①	Korea,Rep.①	6.6		17.0		76.4	
印　　度	India	51.1①	47.2	22.4①	24.7	26.6①	28.1
巴　　西	Brazil	15.3		21.9		62.7	
俄罗斯联邦②	Russian Fed.②	9.7		27.9		62.3	
加 拿 大③	Canada③	2.4		21.5		76.5	
墨 西 哥	Mexico	13.4		24.1		61.9	
美　　国①	United States①	1.6		16.7		81.2	
法　　国	France	2.9	2.9	22.1	21.7	74.6	74.9
德　　国	Germany	1.6	1.5	28.3	28.2	70.1	70.2
意 大 利	Italy	3.7	3.7	28.5	27.8	67.8	68.5
英　　国	United Kingdom	1.2	1.2	19.1	18.9	79.0	78.9
澳大利亚②	Australia②	3.3		21.1		75.5	
新 西 兰②	New Zealand②	6.6		20.9		72.5	

注：①2010年数据。②2009年数据。③2008年数据。
Note:①Data refer to 2010.②Data refer to 2009.③Data refer to 2008.

附录2-14 失业人数

Unemployment

资料来源：国际货币基金组织IFS数据库。
Source:IMF IFS Database.

单位：万人 (10 000 persons)

国家或地区	Country or Area	2010	2011	2012	2013	2014
世 界	**World**					
中 国①	China①	908.0	922.0	917.0	926.0	952.0
文 莱	Brunei Darussalam	0.5		0.2		
柬埔寨	Cambodia					
印度尼西亚	Indonesia	845.6	790.9	743.0	728.0	719.6
老 挝	Laos					
马来西亚	Malaysia	38.8	38.9	39.3	43.3	
缅 甸	Myanmar					
菲律宾	Philippines	285.9	281.4	283.3	289.6	278.9
新加坡	Singapore	6.5	6.1	6.0	6.0	6.1
泰 国	Thailand	40.3	25.4	26.1	28.5	32.3
越 南	Viet Nam					
中国香港	Hong Kong,China	15.7	12.7	12.5	13.1	12.5
日 本	Japan	333.6	300.3	284.8	265.1	235.9
韩 国	Korea,Rep.	92.0	85.5	82.0	80.7	93.7
印 度	India					
巴 西	Brazil	159.1	142.6	133.8	131.8	117.6
俄罗斯联邦	Russian Fed.	561.7	502.5	413.3	414.2	389.2
加拿大	Canada	148.6	139.9	137.2	134.7	132.2
墨西哥	Mexico	260.7	259.3	236.5	256.7	
美 国	United States	1482.5	1374.7	1250.6	1146.0	961.6
法 国	France	263.5	265.8	285.8	300.7	
德 国	Germany	323.9	297.6	289.7	295.0	289.9
意大利	Italy	205.8	205.6	269.1	306.9	323.0
英 国	United Kingdom	250.1	258.8	257.7	246.9	202.8
澳大利亚	Australia	60.6	60.0	62.5	68.7	74.7
新西兰	New Zealand	14.2	18.8	22.2	25.3	26.7

注：①城镇登记失业人数。
Note:①Urban Registered Unemployed persons.

附录2–15 失业率

Unemployment Rate

资料来源：国际货币基金组织IFS数据库。
Source:IMF IFS Database.

单位：%　　(%)

国家或地区	Country or Area	2010	2011	2012	2013	2014
世　界	**World**					
中　国①	China①	4.1	4.1	4.1	4.1	4.1
文　莱	Brunei Darussalam	2.7				
柬埔寨	Cambodia	0.4	0.2			
印度尼西亚	Indonesia	7.1	6.6	6.2		
老　挝	Laos					
马来西亚	Malaysia	3.3	3.1	3.0	3.1	2.9
缅　甸	Myanmar	4.0	4.0			
菲律宾	Philippines	7.4	7.0	7.0	7.1	6.8
新加坡	Singapore	2.1	1.9	1.8	1.7	2.7
泰　国	Thailand	1.1	0.7	0.7	0.7	0.8
越　南	Viet Nam	4.3	4.5	4.5		
中国香港	Hong Kong,China	4.3	3.4	3.3	3.4	3.2
日　本	Japan	5.1	4.6	4.4	4.0	3.6
韩　国	Korea,Rep.	3.7	3.4	3.2	3.1	3.5
印　度	India					
巴　西	Brazil	6.7	6.0	5.5	5.4	4.9
俄罗斯联邦	Russian Fed.	7.5	6.6	5.5	5.5	5.2
加拿大	Canada	8.1	7.5	7.3	7.1	6.9
墨西哥	Mexico	5.3	5.2	4.7	4.9	4.8
美　国	United States	9.6	9.0	8.1	7.4	6.2
法　国	France	9.3	9.2	9.4	9.9	10.0
德　国	Germany	7.7	7.1	6.8	6.9	6.7
意大利	Italy	8.4	8.4	10.6	12.1	12.7
英　国	United Kingdom	7.9	8.1	8.0	7.6	6.2
澳大利亚	Australia	5.2	5.1	5.2	5.7	6.1
新西兰	New Zealand	6.7	6.6	6.9	6.1	5.8

注：①城镇登记失业人数。
Note:①Urban Registered Unemployed persons.

附录2-16 企业开业成本

Cost of Business Start-up

资料来源：世界银行《全球营商环境报告》。
Source:World Bank Doing Business.

国家或地区	Country or Area	企业开业所要办理的手续数（个）Start-up Procedures to Register a Business (unit)		企业办理开业手续所需时间（天）Time Required to Start a Business (days)		企业登记注册费占人均GNI比重（%）Cost Business Start-up Procedures as Percentage of GNI Per Capita (%)	
		2013	2014	2013	2014	2013	2014
世　界	**World**						
中　国	China	13	11	34	31	1.9	0.9
文　莱	Brunei Darussalam	15	15	101	101	9.9	10.4
柬埔寨	Cambodia	11	11	101	101	150.6	139.5
印度尼西亚	Indonesia	9	10	76	53	21.9	21.1
老　挝	Laos	6	6	92	92	6.7	5.7
马来西亚	Malaysia	3	3	6	6	7.6	7.2
缅　甸	Myanmar	11	11	72	72	176.7	155.9
菲律宾	Philippines	16	16	36	34	18.7	16.6
新加坡	Singapore	3	3	3	3	0.6	0.6
泰　国	Thailand	4	4	28	28	6.7	6.6
越　南	Viet Nam	10	10	34	34	7.7	5.3
中国香港	Hong Kong,China	3	3	3	3	0.8	1.4
日　本	Japan	8	8	11	11	7.5	7.5
韩　国	Korea,Rep.	3	3	4	4	14.6	14.5
印　度	India	12	12	26	28	38.9	12.2
巴　西	Brazil	12	12	87	84	4.7	4.3
俄罗斯联邦	Russian Fed.	6	4	13	11	1.2	1.2
加拿大	Canada	1	1	5	5	0.4	0.4
墨西哥	Mexico	6	6	6	6	18.4	18.6
美　国	United States	6	6	6	6	1.2	1.2
法　国	France	5	5	7	5	0.9	0.9
德　国	Germany	9	9	15	15	4.8	8.8
意大利	Italy	6	5	6	5	14.2	14.1
英　国	United Kingdom	6	6	12	6	0.3	0.3
澳大利亚	Australia	3	3	3	3	0.7	0.7
新西兰	New Zealand	1	1	1	1	0.3	0.3

附录2–17 新注册企业数

New Businesses Registered

资料来源：世界银行WDI数据库。
Source:World Bank WDI Database.

单位：家 （number）

国家或地区	Country or Area	2008	2009	2010	2011	2012
世　界	**World**					
中　国	China					
文　莱	Brunei Darussalam					
柬埔寨	Cambodia	2744	2003			
印度尼西亚	Indonesia	37106	28998	38122	43775	47549
老　挝	Laos	80	286	265	398	
马来西亚	Malaysia	41623	41638	44202	45455	45441
缅　甸	Myanmar					
菲律宾	Philippines	13470	11435	11714	12590	16143
新加坡	Singapore	23543	24235	27483	29781	31532
泰　国	Thailand	27680	27587	31806	33940	41210
越　南	Viet Nam					
中国香港	Hong Kong,China	98645	109424	139530	148329	150165
日　本	Japan	91635	85673	87688	89373	91751
韩　国	Korea,Rep.	50505	56337	60593	65973	73972
印　度	India	84800	46000	64900	70450	99587
巴　西	Brazil	56704	51717	66512	64476	53876
俄罗斯联邦	Russian Fed.	577069	401471	399818	458930	442165
加拿大	Canada	21431	20191	24661	25985	25723
墨西哥	Mexico	50392	60358	67648	65016	68666
美　国	United States					
法　国	France	147049	128906	132696	132293	121538
德　国	Germany	65812	74055	73966	71190	69332
意大利	Italy	87665	83042	87415	80028	75645
英　国	United Kingdom	372400	330100	365600	400600	455600
澳大利亚	Australia	143153	147258	160615	168170	185009
新西兰	New Zealand	53512	48358	44898	42447	44169

附录2-18 新注册企业密度

New Business Density

资料来源：世界银行WDI数据库。
Source:World Bank WDI Database.

单位：个/万人 (unit per 10 000 persons)

国家或地区	Country or Area	2008	2009	2010	2011	2012
世　界	**World**	**39.6**	**33.8**	**35.8**	**36.7**	**38.3**
中　国	China					
文　莱	Brunei Darussalam					
柬埔寨	Cambodia	3.1	2.2			
印度尼西亚	Indonesia	2.4	1.9	2.4	2.8	2.9
老　挝	Laos	0.2	0.8	0.7	1.0	
马来西亚	Malaysia	22.9	22.3	23.2	23.3	22.8
缅　甸	Myanmar					
菲律宾	Philippines	2.5	2.1	2.1	2.2	2.7
新加坡	Singapore	66.3	66.1	73.5	77.9	80.5
泰　国	Thailand	5.9	5.8	6.7	7.1	8.6
越　南	Viet Nam					
中国香港	Hong Kong,China	189.8	209.5	265.0	280.1	281.2
日　本	Japan	11.1	10.4	10.8	11.1	11.5
韩　国	Korea,Rep.	14.3	15.8	16.9	18.2	20.3
印　度	India	1.1	0.6	0.8	0.9	1.2
巴　西	Brazil	24.4	21.9	27.7	26.3	21.7
俄罗斯联邦	Russian Fed.	56.6	39.3	39.0	44.7	43.0
加拿大	Canada	9.3	8.6	10.4	10.9	10.7
墨西哥	Mexico	6.9	8.2	9.0	8.5	8.8
美　国	United States					
法　国	France	35.1	30.7	31.5	31.3	28.8
德　国	Germany	12.1	13.7	13.8	13.2	12.9
意大利	Italy	22.2	21.0	22.0	20.1	19.1
英　国	United Kingdom	91.7	80.9	89.2	97.3	110.4
澳大利亚	Australia	98.9	99.9	107.7	111.8	121.6
新西兰	New Zealand	188.1	168.2	154.6	145.3	150.7

附录2-19　石油探明储量

Crude Oil Proved Reserves

资料来源：美国能源信息署。
Source:U.S. Energy Information Administration （EIA）.
单位：亿桶 (100 million barrels)

国家或地区	Country or Area	2010	2011	2012	2013	2014
世　界	**World**	**13557.4**	**14756.8**	**15283.6**	**16488.6**	**16555.6**
中　国	China	203.5	203.5	203.5	237.2	243.8
文　莱	Brunei Darussalam	11.0	11.0	11.0	11.0	11.0
柬埔寨	Cambodia					
印度尼西亚	Indonesia	39.9	39.9	38.9	40.3	37.4
老　挝	Laos					
马来西亚	Malaysia	40.0	40.0	40.0	40.0	40.0
缅　甸	Myanmar					
菲律宾	Philippines	1.4	1.4	1.4	1.4	1.4
新加坡	Singapore					
泰　国	Thailand	4.3	4.4	4.4	4.5	4.5
越　南	Viet Nam			44.0	44.0	44.0
中国香港	Hong Kong,China					
日　本	Japan	0.4	0.4	0.4	0.4	0.4
韩　国	Korea,Rep.					
印　度	India	56.3	56.8	56.1	54.8	56.4
巴　西	Brazil	128.0	128.6	139.9	131.5	150.5
俄罗斯联邦	Russian Fed.	600.0	600.0	600.0	800.0	800.0
加拿大	Canada	1752.1	1752.1	1736.3	1731.1	1732.0
墨西哥	Mexico	104.0	104.2	103.6	102.6	100.7
美　国	United States	206.8	251.8	289.5	334.0	365.2
法　国	France	1.0	0.9	0.9	0.9	0.9
德　国	Germany	2.8	2.8	2.8	2.5	2.3
意大利	Italy	4.2	4.8	5.2	5.2	5.6
英　国	United Kingdom	30.8	28.6	28.3	31.2	29.8
澳大利亚	Australia	33.2	33.2	14.3	14.3	14.3
新西兰	New Zealand	0.6	1.1	1.0	0.8	0.8

附录2-20 天然气探明储量

Proved Reserves of Natural Gas

资料来源：美国能源信息署。
Source:U.S. Energy Information Administration （EIA）.
单位：亿立方米　　　　(100 million cu.m)

国家或地区	Country or Area	2010	2011	2012	2013	2014
世　界	**World**	**1878606.4**	**1898417.8**	**1927020.6**	**1937183.7**	**1973222.6**
中　国	China	30281.0	30281.0	30281.0	39975.5	43973.1
文　莱	Brunei Darussalam	3905.4	3905.4	3905.4	3905.4	3905.4
柬埔寨	Cambodia					
印度尼西亚	Indonesia	29998.0	29998.0	39920.0	30677.2	29632.9
老　挝	Laos					
马来西亚	Malaysia	23489.0	23489.0	23489.0	23489.0	23489.0
缅　甸	Myanmar					
菲律宾	Philippines	984.8	984.8	984.8	984.8	984.8
新加坡	Singapore					
泰　国	Thailand	3418.4	3120.4	2996.7	2847.0	2558.0
越　南	Viet Nam	1924.4	1924.4	6990.1	6990.1	6990.1
中国香港	Hong Kong,China					
日　本	Japan	208.9	208.9	208.9	208.9	208.9
韩　国	Korea,Rep.	20.1	9.9	70.8	52.6	57.5
印　度	India	10742.7	10733.6	11530.8	12402.5	13539.3
巴　西	Brazil	3640.0	3662.0	4167.2	3952.7	4591.1
俄罗斯联邦	Russian Fed.	475440.0	475440.0	475440.0	477704.0	477704.0
加拿大	Canada	17531.9	17531.9	17264.1	19291.0	18882.0
墨西哥	Mexico	3594.7	3386.4	4900.4	4874.4	4832.2
美　国	United States	77120.1	86208.9	94541.0	87174.2	95728.7
法　国	France	70.8	67.9	55.2	107.0	96.5
德　国	Germany	1754.6	1754.6	1754.6	1249.2	1159.2
意大利	Italy	697.9	635.3	659.7	623.2	594.0
英　国	United Kingdom	2918.3	2558.3	2528.3	2458.4	2438.3
澳大利亚	Australia	31130.0	31130.0	7881.6	12179.5	12179.5
新西兰	New Zealand	339.6	343.6	276.2	294.0	283.3

附录2-21 石油消费量

Total Petroleum Consumption

资料来源：美国能源信息署。
Source:U.S. Energy Information Administration （EIA）.
单位：万桶/天 （10 000 barrels per day）

国家或地区	Country or Area	2010	2011	2012	2013	2014
世　界	**World**	**8815.7**	**8910.5**	**9034.0**	**9119.5**	
中　国	China	893.8	950.4	1017.5	1048.0	
文　莱	Brunei Darussalam	1.7	1.8	1.8	1.8	
柬埔寨	Cambodia	2.6	2.9	2.9	2.8	
印度尼西亚	Indonesia	148.7	157.5	169.8	171.8	
老　挝	Laos	0.3	0.3	0.3	0.3	
马来西亚	Malaysia	63.1	67.5	67.0	68.0	
缅　甸	Myanmar					
菲律宾	Philippines	30.9	30.1	31.0	31.4	
新加坡	Singapore	114.9	121.6	122.5	124.0	
泰　国	Thailand	107.4	111.0	115.2	117.1	
越　南	Viet Nam	41.2	42.8	45.3	47.1	
中国香港	Hong Kong,China	43.1	38.4	35.4	36.0	
日　本	Japan	442.9	444.2	469.5	453.1	429.7
韩　国	Korea,Rep.	226.9	225.9	232.2	232.4	235.0
印　度	India	330.6	346.1	361.8	366.0	
巴　西	Brazil	269.9	277.7	292.3	300.3	
俄罗斯联邦	Russian Fed.	313.5	342.2	344.5	349.3	
加拿大	Canada	228.3	231.0	235.2	243.1	241.3
墨西哥	Mexico	208.0	211.3	208.6	204.4	196.6
美　国	United States	1918.0	1888.2	1849.0	1896.1	1903.5
法　国	France	183.3	179.3	177.2	176.7	170.6
德　国	Germany	246.7	239.2	238.9	240.3	239.9
意大利	Italy	154.4	149.4	137.0	131.5	123.5
英　国	United Kingdom	162.0	157.8	152.8	150.8	150.5
澳大利亚	Australia	100.6	104.8	107.4	108.3	108.2
新西兰	New Zealand	15.3	15.4	15.2	15.3	15.7

附录2-22 能源平衡表（2013年）

Energy Balance Sheet（2013）

资料来源：国际能源机构。
Source:International Energy Agency.

单位：万吨标准油 （10 000 TOE）

国家或地区	Country or Area	能源生产量 Energy Production				进口 Imports	
		总计 Total	煤和煤制品 Coal & Coal Products	原油，凝析油和给料 Crude, NGL and Feedstocks	天然气 Nature Gas	总计 Total	煤和煤制品 Coal & Coal Products
世界	**World**		**399638**	**421507**	**288217**		**81174**
中国	China		190238	20790	9625		17428
文莱	Brunei Darussalam			679	1075		
柬埔寨	Cambodia						17
印度尼西亚	Indonesia		28138	4179	6875		
老挝	Laos						
马来西亚	Malaysia		186	3023	5330		1454
缅甸	Myanmar		71	80	1025		3
菲律宾	Philippines		374	89	291		836
新加坡	Singapore						31
泰国	Thailand		510	2013	3280		1131
越南	Viet Nam		2221	1739	842		71
中国香港	Hong Kong,China						853
日本	Japan	2720		57	283	45464	12105
韩国	Korea,Rep.	4352	81	61	42	28930	7745
印度	India		26453	4297	2887		9770
巴西	Brazil		327	11056	1795		1204
俄罗斯联邦	Russian Fed.		19661	52778	55126		1555
加拿大	Canada	43496	3510	19721	12890	7324	518
墨西哥	Mexico	21746	768	15025	3961	4880	439
美国	United States	185934	47920	46064	56455	59896	506
法国	France	13596	19	97	29	15297	1170
德国	Germany	11972	4498	337	891	24595	3419
意大利	Italy	3473	5	565	633	14931	1366
英国	United Kingdom	10928	751	4205	3281	16561	3106
澳大利亚	Australia	34483	26465	2009	5211	5050	3
新西兰	New Zealand	1568	273	185	400	758	13

附录2-22 续表 1 continued

单位：万吨标准油 （10 000 ton）

国家或地区	Country or Area	进口 Imports			出口 Exports		
		原油，凝析油和给料 Crude, NGL and Feedstocks	天然气 Nature Gas	电 Electricity	总计 Total	煤和煤制品 Coal & Coal Products	原油，凝析油和给料 Crude, NGL and Feedstocks
世　界	**World**		**86817**			**-83146**	
中　国	China		4350			-474	
文　莱	Brunei Darussalam						
柬埔寨	Cambodia						
印度尼西亚	Indonesia					-24851	
老　挝	Laos						
马来西亚	Malaysia		1114			-30	
缅　甸	Myanmar						
菲律宾	Philippines					-180	
新加坡	Singapore		733				
泰　国	Thailand		946				
越　南	Viet Nam					-672	
中国香港	Hong Kong,China		230				
日　本	Japan	18399	10306		-1776	-86	-29
韩　国	Korea,Rep.	12426	4765		-5677		
印　度	India		1484			-65	
巴　西	Brazil		1413				
俄罗斯联邦	Russian Fed.		673			-8930	-13769
加拿大	Canada	3339	2242	93	-25814	-2160	-6729
墨西哥	Mexico	47	1580	14	-7657		-2324
美　国	United States	45778	6671	547	-27134	-6822	-14
法　国	France	5548	4251	101	-2923	-7	-3
德　国	Germany	9233	7952	337	-4332	-116	-145
意大利	Italy	6643	5074	381	-2562	-20	-3431
英　国	United Kingdom	6094	4128	151	-7011	-50	-1327
澳大利亚	Australia	2465	560		-26088	-21738	-145
新西兰	New Zealand	532			-321	-149	

附录2-22 续表 2 continued

单位：万吨标准油 （10 000 TOE）

国家或地区	Country or Area	出口 Exports		国际运输燃料 Bunkers		库存变化 Changes in Stocks	一次能源供应量 TPES
		天然气 Nature Gas	电 Electricity	海运 Sea	空运 Air		
世界	**World**	**-87622**					
中国	China	-242					
文莱	Brunei Darussalam	-735					
柬埔寨	Cambodia						
印度尼西亚	Indonesia	-3035					
老挝	Laos						
马来西亚	Malaysia	-2906					
缅甸	Myanmar	-900					
菲律宾	Philippines						
新加坡	Singapore						
泰国	Thailand						
越南	Viet Nam						
中国香港	Hong Kong,China						
日本	Japan			-427	-708	55	45328
韩国	Korea,Rep.			-798	-418	-166	26223
印度	India						
巴西	Brazil						
俄罗斯联邦	Russian Fed.	-17312					
加拿大	Canada	-6779	-540	-51	-93	274	25136
墨西哥	Mexico	-3	-63	-81	-301	-335	18253
美国	United States	-3604	-97	-1515	-2154	3638	218666
法国	France	-451	-517	-212	-596	67	25229
德国	Germany	-1577	-614	-228	-818	51	31239
意大利	Italy	-19	-19	-203	-309	101	15431
英国	United Kingdom	-848	-27	-304	-1097	-54	19022
澳大利亚	Australia	-2799		-70	-360	-84	12931
新西兰	New Zealand			-30	-85	-30	1860

附录2-23 万美元国内生产总值能耗

Energy Consumption Per Ten Thousand USD of GDP

资料来源：世界银行WDI数据库。
Source:World Bank WDI Database.

单位：吨标准油/万美元（购买力平价法，2011年不变价） （TOE per 10 000 USD,Constant 2011 PPP）

国家或地区	Country or Area	2008	2009	2010	2011	2012
世　界	**World**	**1.4**	**1.4**	**1.4**	**1.4**	
中　国	China	2.0	2.0	2.0	2.0	
文　莱	Brunei Darussalam	1.3	1.1	1.2	1.3	
柬 埔 寨	Cambodia	1.0	1.4	1.4	1.4	
印度尼西亚	Indonesia	1.0	1.0	1.0	1.0	
老　挝	Laos					
马来西亚	Malaysia	1.3	1.3	1.3	1.3	
缅　甸	Myanmar					
菲 律 宾	Philippines	0.8	0.8	0.8	0.7	
新 加 坡	Singapore	0.8	0.9	0.9	0.9	
泰　国	Thailand	1.3	1.4	1.4	1.4	
越　南	Viet Nam	1.4	1.5	1.5	1.5	
中国香港	Hong Kong,China	0.4	0.5	0.4	0.4	
日　本	Japan	1.1	1.1	1.1	1.1	1.0
韩　国	Korea,Rep.	1.6	1.6	1.7	1.7	1.7
印　度	India	1.4	1.4	1.3	1.3	
巴　西	Brazil	0.9	0.9	0.9	0.9	
俄罗斯联邦	Russian Fed.	2.1	2.2	2.3	2.3	
加 拿 大	Canada	1.9	1.9	1.8	1.8	1.7
墨 西 哥	Mexico	1.0	1.0	1.0	1.0	1.0
美　国	United States	1.5	1.5	1.5	1.4	1.3
法　国	France	1.1	1.1	1.1	1.0	1.0
德　国	Germany	1.0	1.0	1.0	0.9	0.9
意 大 利	Italy	0.8	0.8	0.8	0.8	0.8
英　国	United Kingdom	0.9	0.9	0.9	0.8	0.8
澳大利亚	Australia	1.4	1.4	1.4	1.3	1.4
新 西 兰	New Zealand	1.3	1.3	1.3	1.3	1.3

附录2-24 电力装机容量（2012年）

Electricity Installed Capacity by Type（2012）

资料来源：美国能源信息署。
Source:U.S. Energy Information Administration （EIA）.
单位：万千瓦 （10 000 kilowatts）

国家或地区	Country or Area	总装机容量 Total	核电 Nuclear	石化燃料 Fossil Fuels	抽水蓄能水电 Hydroelectric Pumped Storage	可再生能源 Renewables
世界	**World**	**554964.3**	**37281.7**	**360567.9**	**13236.0**	**143878.8**
中国	China	117431.0	1286.0	81900.0	2100.0	32145.0
文莱	Brunei Darussalam	75.9		75.9		
柬埔寨	Cambodia	58.8		35.7		23.1
印度尼西亚	Indonesia	4775.4		3973.3		802.1
老挝	Laos	302.3		5.0		297.3
马来西亚	Malaysia	2853.2		2499.4		353.8
缅甸	Myanmar					
菲律宾	Philippines	1690.7		1150.4		540.3
新加坡	Singapore	1075.0		1047.8		27.2
泰国	Thailand	5385.4		4857.2		528.2
越南	Viet Nam	2453.7		1199.2		1254.5
中国香港	Hong Kong,China	1262.6		1262.5		0.1
日本	Japan	29331.4	4421.5	18890.0	2674.4	3345.5
韩国	Korea,Rep.	9435.3	2073.9	6528.3	470.0	363.1
印度	India	25468.4	439.1	18427.6		6601.7
巴西	Brazil	12168.4	188.4	2278.6		9701.4
俄罗斯联邦	Russian Fed.	23443.2	2364.3	16130.0	120.0	4828.9
加拿大	Canada	13503.7	1350.0	3472.0	17.7	8664.0
墨西哥	Mexico	6228.9	153.0	4621.0		1454.9
美国	United States	106303.3	10188.5	78115.7	2236.8	15762.3
法国	France	12932.6	6313.0	2631.5	698.5	3289.6
德国	Germany	17707.2	1206.8	8087.1	680.6	7732.7
意大利	Italy	12421.2		7322.0	755.5	4343.7
英国	United Kingdom	9378.4	923.1	6632.3	274.4	1548.6
澳大利亚	Australia	6324.7		4963.2	74.0	1287.5
新西兰	New Zealand	952.1		276.3		675.8

附录2-24 续表 continued

单位：万千瓦 (10 000 kilowatts)

国家或地区	Country or Area	可再生能源 Renewables				
		水 电 Hydroelctric	地 热 Geothermal	太阳、潮汐 Solar, Tide & Wave	风 电 Thermal	生物质和废物 Biomass and Waste
世　　界	**World**	**97910.6**	**1044.6**	**9356.9**	**26839.9**	**8726.8**
中　　国	China	24900.0	2.8	338.1	6100.0	804.0
文　　莱	Brunei Darussalam					
柬 埔 寨	Cambodia	22.5				0.6
印度尼西亚	Indonesia	525.8	132.4	1.6	0.1	142.2
老　　挝	Laos	297.3				
马来西亚	Malaysia	331.7		3.8		18.3
缅　　甸	Myanmar					
菲 律 宾	Philippines	352.1	184.8	0.1	3.3	
新 加 坡	Singapore	0.0				27.2
泰　　国	Thailand	350.0		36.4	11.2	130.6
越　　南	Viet Nam	1250.0		1.4	3.1	
中国香港	Hong Kong,China					
日　　本	Japan	2222.8	51.2	660.0	261.4	150.1
韩　　国	Korea,Rep.	174.7		114.6	48.3	25.5
印　　度	India	4280.4		117.6	1842.1	361.6
巴　　西	Brazil	8429.4		1.7	250.8	1019.5
俄罗斯联邦	Russian Fed.	4735.0	9.2		1.7	83.0
加 拿 大	Canada	7539.6		81.5	620.0	422.9
墨 西 哥	Mexico	1165.0	81.2	5.3	153.7	49.7
美　　国	United States	7873.8	259.2	317.0	5907.5	1404.8
法　　国	France	1838.2	0.2	546.3	760.0	144.9
德　　国	Germany	445.1	1.2	3277.1	3131.5	877.8
意 大 利	Italy	1432.5	72.8	1671.1	810.0	357.3
英　　国	United Kingdom	168.6	…	170.9	888.9	320.2
澳大利亚	Australia	805.0	0.2	141.2	258.4	82.7
新 西 兰	New Zealand	525.4	74.7	2.9	62.3	10.5

附录2-25 发电量（2013年）

Electricity Generation（2013）

资料来源：美国能源信息署。
Source:U.S. Energy Information Administration （EIA）.
单位：亿千瓦时 (100 million kwh)

国家或地区	Country or Area	发电量 Electricity Generation					
		总计 Total	化石燃料 Fossil Fuels	水电 Hydro	核电 Nuclear	风电 Wind	太阳能和潮汐 Solar, Tide and Wave
世界	**World**		**144977.1**	**36460.6**	**23448.1**	**5200.0**	**963.5**
中国	China		36750.0	8563.5	926.5	959.8	63.7
文莱	Brunei Darussalam		36.9				…
柬埔寨	Cambodia		8.4	5.1			…
印度尼西亚	Indonesia		1630.7	126.7		0.1	…
老挝	Laos		9.6	111.4			
马来西亚	Malaysia		1169.8	89.7			0.5
缅甸	Myanmar						
菲律宾	Philippines		490.3	101.5		0.8	…
新加坡	Singapore		441.2				0.1
泰国	Thailand		1426.9	86.7		1.4	4.9
越南	Viet Nam		651.6	528.5		0.9	
中国香港	Hong Kong,China		364.3			…	
日本	Japan	9630.3	8288.3	747.3	172.3	48.4	69.6
韩国	Korea,Rep.	4947.0	3501.1	39.3	1435.5	9.2	11.0
印度	India		8628.9	1245.7	296.7	282.8	21.0
巴西	Brazil		709.7	4111.9	151.7	50.5	
俄罗斯联邦	Russian Fed.		6790.2	1644.2	1662.9	0.1	
加拿大	Canada	6440.8	1299.1	3767.1	890.6	113.1	3.6
墨西哥	Mexico	2776.4	2264.6	315.4	84.1	36.4	0.7
美国	United States	40477.7	27750.3	2762.4	7693.3	1408.2	43.3
法国	France	5319.8	449.3	581.3	4074.4	149.1	44.7
德国	Germany	5759.5	3499.1	209.8	941.0	506.7	263.8
意大利	Italy	2861.8	1899.4	414.6		134.1	188.6
英国	United Kingdom	3388.8	2324.9	52.3	639.6	195.8	11.9
澳大利亚	Australia	2397.0	2114.2	138.9		61.1	14.9
新西兰	New Zealand	429.1	117.1	226.7		20.7	

附录2–26 能源净进口占能源消费比重

Net Energy Imports as Percentage of Energy Use

资料来源：世界银行WDI数据库。
Source:World Bank WDI Database.

单位：% (%)

国家或地区	Country or Area	2008	2009	2010	2011	2012
世　界	**World**	**-3.7**	**-3.3**	**-2.5**	**-3.5**	**26.0**
中　国	China	5.9	8.5	10.1	10.8	
文　莱	Brunei Darussalam	-496.5	-522.4	-473.2	-387.8	
柬 埔 寨	Cambodia	35.2	26.6	27.9	28.9	
印度尼西亚	Indonesia	-73.4	-76.1	-80.5	-88.8	
老　挝	Laos					
马来西亚	Malaysia	-25.9	-23.2	-18.2	-11.0	
缅　甸	Myanmar	-50.3	-54.2	-61.0	-59.3	
菲 律 宾	Philippines	42.6	38.4	42.2	41.0	
新 加 坡	Singapore	98.6	97.1	97.5	97.2	
泰　国	Thailand	39.2	39.8	39.9	42.3	
越　南	Viet Nam	-25.6	-24.3	-12.7	-8.8	
中国香港	Hong Kong,China	99.6	99.7	99.6	99.6	
日　本	Japan	82.1	80.1	80.1	88.8	94.0
韩　国	Korea,Rep.	80.3	80.7	82.0	82.0	82.0
印　度	India	24.5	26.4	26.6	27.8	
巴　西	Brazil	8.2	4.1	7.2	7.7	
俄罗斯联邦	Russian Fed.	-82.1	-84.1	-84.1	-79.9	
加 拿 大	Canada	-53.1	-55.3	-57.8	-62.4	-66.2
墨 西 哥	Mexico	-28.4	-25.3	-27.3	-22.6	-17.3
美　国	United States	25.3	22.1	22.2	18.6	15.0
法　国	France	48.5	49.2	48.2	46.2	47.1
德　国	Germany	59.2	58.8	59.8	60.2	59.9
意 大 利	Italy	84.7	83.7	82.5	81.2	79.4
英　国	United Kingdom	20.0	19.3	26.5	31.1	39.3
澳大利亚	Australia	-130.6	-138.0	-151.9	-141.5	-135.4
新 西 兰	New Zealand	14.0	12.4	7.7	11.2	14.3

附录2-27 中央政府财政收入占国内生产总值比重

Central Government Revenue as Percentage of GDP

资料来源：世界银行WDI数据库。
Source:World Bank WDI Database.

单位：% (%)

国家或地区	Country or Area	2009	2010	2011	2012	2013
世　界	**World**	**22.2**	**22.5**	**22.6**	**23.6**	
中　国	China	11.8	11.3	11.3		
文　莱	Brunei Darussalam					
柬 埔 寨	Cambodia	10.9	11.5	11.6	13.2	
印度尼西亚	Indonesia	15.4	15.0	16.2		
老　挝	Laos	14.2	14.4	15.1	16.6	
马来西亚	Malaysia	22.3	20.0	20.9	22.1	
缅　甸	Myanmar					
菲 律 宾	Philippines	14.0	13.4	14.0	14.5	
新 加 坡	Singapore	17.2	17.0	17.3	17.8	
泰　国	Thailand	18.6	20.3	21.3	20.5	
越　南	Viet Nam					
中国香港	Hong Kong,China	20.2	22.3	23.8		
日　本	Japan	11.4	11.2	11.3	11.2	
韩　国	Korea,Rep.	21.3	21.0	21.6		
印　度	India	11.2	12.9	11.4	12.5	
巴　西	Brazil	23.2	25.4	23.6	24.3	
俄罗斯联邦	Russian Fed.	25.5	26.1	31.3	29.8	
加 拿 大	Canada	17.7	17.1	16.9	17.1	17.1
墨 西 哥	Mexico					
美　国	United States	15.7	16.2	16.4	16.6	18.3
法　国	France	40.1	41.6	41.4	42.5	
德　国	Germany	28.5	27.6	28.0	28.2	
意 大 利	Italy	37.0	36.6	36.2	37.4	
英　国	United Kingdom	33.7	34.2	34.7	36.1	
澳大利亚	Australia	24.5	23.4	22.8	23.7	
新 西 兰	New Zealand	37.3	34.7	36.2	35.5	

附录2-28 中央政府财政盈余占GDP比重

Surplus of Central Government Revenue as Percentage of GDP

资料来源：世界银行WDI数据库。
Source:World Bank WDI Database.

单位：% (%)

国家或地区	Country or Area	2009	2010	2011	2012	2013
世　界	**World**	**-6.7**	**-6.3**	**-5.3**	**-4.9**	
中　国	China					
文　莱	Brunei Darussalam					
柬埔寨	Cambodia	-4.5	-3.5	-4.6	-4.4	
印度尼西亚	Indonesia	-1.7	-0.6	-1.1		
老　挝	Laos	-1.7	-0.8	-1.0	-0.8	
马来西亚	Malaysia	-6.1	-5.2	-4.8	-4.5	
缅　甸	Myanmar					
菲律宾	Philippines	-3.8	-3.5	-1.8	-2.0	
新加坡	Singapore	1.6	7.6	9.2	8.6	
泰　国	Thailand	-3.0	-0.6	-1.1	-2.2	
越　南	Viet Nam					
中国香港	Hong Kong,China	1.1	4.1	3.8		
日　本	Japan	-7.6	-6.8	-8.2	-8.0	
韩　国	Korea,Rep.	0.0	1.5	1.7		
印　度	India	-5.4	-3.4	-3.0	-3.8	
巴　西	Brazil	-3.4	-1.6	-2.4	1.8	
俄罗斯联邦	Russian Fed.	-4.2	-1.9	3.3	2.7	
加拿大	Canada	-1.2	-1.8	-1.0	-0.3	…
墨西哥	Mexico					
美　国	United States	-10.3	-10.1	-9.1	-7.6	-4.9
法　国	France	-7.1	-6.8	-5.1	-4.6	
德　国	Germany	-2.2	-3.1	-0.4	0.1	
意大利	Italy	-4.9	-3.7	-3.4	-3.0	
英　国	United Kingdom	-10.4	-9.5	-7.2	-5.5	
澳大利亚	Australia	-2.4	-4.0	-3.7	-3.0	
新西兰	New Zealand	1.1	-2.1	-7.8	-0.4	

附录2-29　货币供应量

Money Supply

资料来源：世界银行WDI数据库。
Source:World Bank WDI Database.

单位：亿本币　　(100 million local currency units)

国家或地区	Country or Area	广义货币 Quasi-Money and Money		准货币 Quasi-Money		货币 Money	
		2013	2014	2013	2014	2013	2014
世　界	**World**						
中　国	China	1106525	1228375	769234	880318	337291	348056
文　莱	Brunei Darussalam	142	146	97	102	45	44
柬埔寨	Cambodia	329009	426526	211870	283737	117139	142789
印度尼西亚	Indonesia	37301971	41733266	260075281	29861858	11294442	118714071
老　挝	Laos						
马来西亚	Malaysia	14189	15170	10712	11425	3477	3745
缅　甸	Myanmar	215054		119202		95852	
菲律宾	Philippines	80542	90559	59723	66948	20819	23612
新加坡	Singapore	4959	5125	3413	3522	1546	1602
泰　国	Thailand	160090	167526	144009	151267	16081	16260
越　南	Viet Nam	419462041	50226393	320529951	38232394	9893209	119939981
中国香港	Hong Kong,China	74962	81631	66378	72139	8584	9492
日　本	Japan	11896926	12248184	5982103	6045405	5914823	6202779
韩　国	Korea,Rep.	19207950	20772340	14051516	149141141	5156434	5858226
印　度	India	878261	971238	687163	760559	191098	210679
巴　西	Brazil	38727	43967	35190	40346	3537	3622
俄罗斯联邦	Russian Fed.	372719	430321	217353	276434	155366	153887
加拿大	Canada						
墨西哥	Mexico	53666	60210	28399	31483	25268	28727
美　国	United States	148244	155882	119925	125199	28319	30683
法　国	France	18552	19151	11041	10999	7511	8152
德　国	Germany	25055	26130	8503	8473	16552	17657
意大利	Italy	14104	14489	4936	4574	9167	9915
英　国	United Kingdom	25856	25199				
澳大利亚	Australia	16181	17383	10555	11130	5626	6254
新西兰	New Zealand						

附录2–30　年平均存款利率和贷款利率

Annual Average Deposit Rates and Lending Rates

资料来源：世界银行WDI数据库。
Source:World Bank WDI Database.

单位：%　　　　(%)

国家或地区	Country or Area	存款利率 Deposit Rates			贷款利率 Lending Rates		
		2012	2013	2014	2012	2013	2014
世　　界	**World**						
中　　国	China	3.0	3.0	2.8	6.0	6.0	5.6
文　　莱	Brunei Darussalam	0.2	0.3	0.3	5.5	5.5	5.5
柬 埔 寨	Cambodia	1.3	1.3	1.4			
印度尼西亚	Indonesia	6.0	6.3	8.8	11.8	11.7	12.6
老　　挝	Laos						
马来西亚	Malaysia	3.0	3.0	3.1	4.8	4.6	4.6
缅　　甸	Myanmar	8.0	8.0	8.0	13.0	13.0	13.0
菲 律 宾	Philippines	3.2	1.7	1.2	5.7	5.8	5.5
新 加 坡	Singapore	0.1	0.1	0.1	5.4	5.4	5.4
泰　　国	Thailand	2.8	2.9	2.0	7.1	7.0	6.8
越　　南	Viet Nam	10.5	7.1	5.8	13.5	10.4	8.7
中国香港	Hong Kong,China	…	…	…	5.0	5.0	5.0
日　　本	Japan	0.5	0.5	0.4	1.4	1.3	1.2
韩　　国	Korea,Rep.	3.7	2.9	2.5	5.4	4.6	4.3
印　　度	India				10.6	10.3	10.3
巴　　西	Brazil	7.9	7.8	10.0	36.6	27.4	32.0
俄罗斯联邦	Russian Fed.	5.5	5.6	6.0	9.1	9.5	11.1
加 拿 大	Canada	0.5	0.6	0.6	3.0	3.0	3.0
墨 西 哥	Mexico	1.1	1.3	0.8	4.7	4.3	3.6
美　　国	United States				3.3	3.3	3.3
法　　国	France	2.3	…	1.2			
德　　国	Germany						
意 大 利	Italy				5.2	5.1	4.9
英　　国	United Kingdom				0.5	0.5	0.5
澳大利亚	Australia	3.9	3.3	2.9	7.0	6.2	6.0
新 西 兰	New Zealand	4.1	3.8	4.0	5.8	5.5	5.8

附录2-31 国内生产总值缩减指数

Gross Domestic Product Deflator

资料来源：国际货币基金组织IFS数据。
Source:IMF IFS Database.

2010年＝100 （2010＝100）

国家或地区	Country or Area	2010	2011	2012	2013	2014
世　界	**World**	**100.0**	**104.9**	**107.8**	**110.3**	
中　国	China	100.0	107.8	109.8	111.7	
文　莱	Brunei Darussalam	100.0	119.4	120.3	116.5	
柬埔寨	Cambodia	100.0	103.4	104.9	105.7	
印度尼西亚	Indonesia	100.0	108.1	113.0	117.7	124.6
老　挝	Laos	100.0	107.6	112.0	118.0	
马来西亚	Malaysia	100.0	105.6	106.3	106.3	108.8
缅　甸	Myanmar					
菲律宾	Philippines	100.0	104.0	106.0	108.1	111.5
新加坡	Singapore	100.0	101.2	102.3	102.3	102.5
泰　国	Thailand	100.0	104.3	105.6	107.4	108.8
越　南	Viet Nam	100.0	121.3	134.5		
中国香港	Hong Kong,China	100.0	103.9	107.6	109.4	112.7
日　本	Japan	100.0	98.1	96.9	96.3	
韩　国	Korea,Rep.	100.0	101.6	102.7	103.5	104.1
印　度	India	100.0	108.9	116.6	122.8	
巴　西	Brazil	100.0	107.0			
俄罗斯联邦	Russian Fed.	100.0	115.5	124.8	131.2	139.9
加拿大	Canada	100.0	102.9	106.8	108.3	111.1
墨西哥	Mexico	100.0	105.4	108.8	110.5	114.7
美　国	United States	100.0	102.1	103.9	105.5	107.0
法　国	France	100.0	101.2	102.5	103.5	107.2
德　国	Germany	100.0	101.0	102.8	105.4	110.1
意大利	Italy	100.0	101.2	102.7	104.3	108.8
英　国	United Kingdom	100.0	102.1	103.8	105.7	107.5
澳大利亚	Australia	100.0	104.3	104.0	105.2	
新西兰	New Zealand	100.0	102.0	101.5	105.8	

附录2-32 生产者价格指数

Producer Price Indices

资料来源：联合国统计月报数据库。
Source:UN Monthly Bulletin of Statistics Database.

2005年＝100 （2005＝100）

国家或地区	Country or Area	2010	2011	2012	2013	2014
世　界	**World**					
中　国	China					
文　莱	Brunei Darussalam					
柬埔寨	Cambodia					
印度尼西亚	Indonesia		106.9	111.4	115.8	123.3
老　挝	Laos					
马来西亚	Malaysia					
缅　甸	Myanmar					
菲律宾	Philippines	105.9	106.9	106.3	98.2	97.2
新加坡	Singapore					
泰　国	Thailand	119.4	128.5	129.5	129.0	
越　南	Viet Nam					
中国香港	Hong Kong,China	115.8	125.6	125.8	121.8	119.8
日　本①	Japan①	100.0	101.3	99.7	100.3	103.2
韩　国	Korea,Rep.	100.0	109.0	108.6	105.3	103.1
印　度	India	125.7	134.9	142.7	147.3	152.1
巴　西	Brazil					
俄罗斯联邦	Russian Fed.	162.2	190.9	203.9	210.6	223.4
加拿大①	Canada①	100.0	107.0	108.1	108.6	111.3
墨西哥	Mexico	126.3	132.0	138.4	138.2	141.3
美　国	United States	116.7	126.1	126.2	126.7	127.5
法　国①	France①	100.0	105.3	108.2	108.6	107.1
德　国①	Germany①	100.0	105.3	107.0	106.9	105.9
意大利①	Italy①	100.0	105.1	109.5	108.1	106.2
英　国①	United Kingdom①	100.0	104.8	107.0	108.4	108.4
澳大利亚	Australia	115.2	119.1	118.6	119.8	123.6
新西兰	New Zealand	126.4	133.7	130.8	134.9	135.7

注：①2010年=100。
Note:①2010=100.

附录2-33 消费者价格指数

Consumer Price Indices

资料来源：联合国ILO数据库。
Source:UN ILO Database.

2010年=100 (2010=100)

国家或地区	Country or Area	2010	2011	2012	2013	2014
世　界	**World**					
中　国	China	123.5	130.2	133.4	136.9	139.9
文　莱	Brunei Darussalam					
柬埔寨	Cambodia	103.3	109.0	112.2	115.5	
印度尼西亚	Indonesia	120.3	127.4	132.9	142.2	
老　挝	Laos	127.4	137.0	142.9		
马来西亚①	Malaysia①	100.0	103.2	104.9	107.1	110.5
缅　甸	Myanmar	155.7	163.5	165.9	175.1	184.7
菲律宾②	Philippines②	120.4	126.2	130.1	133.9	139.5
新加坡	Singapore	113.7	119.7	125.1	128.1	129.4
泰　国	Thailand	108.0	112.1	115.5	105.3	107.3
越　南	Viet Nam	166.9	195.1	212.8		
中国香港	Hong Kong,China	111.7	117.6	122.4	127.7	133.3
日　本①	Japan①	100.0	99.7	99.7	100.0	102.8
韩　国①	Korea,Rep.①	100.0	104.0	106.3	107.7	109.0
印　度	India	182.7	198.9	217.4	241.1	256.4
巴　西	Brazil	125.7	134.1	141.3	150.1	159.6
俄罗斯联邦	Russian Fed.	162.8	176.5	185.4	198.0	213.5
加拿大	Canada	108.9	112.0	113.7	114.8	117.0
墨西哥	Mexico	124.2	128.5	133.7	138.8	144.4
美　国	United States	111.7	115.2	117.6	119.3	121.2
法　国	France	107.8	110.1	112.3	113.2	113.8
德　国①	Germany①	100.0	102.1	104.1	105.7	106.6
意大利①	Italy①	100.0	102.8	105.9	107.2	107.4
英　国	United Kingdom	116.4	122.5	126.4	130.3	133.4
澳大利亚	Australia	115.8	119.7	121.8	124.7	127.8
新西兰	New Zealand	114.9	119.5	120.8	122.2	123.7

注：①2010年=100。②2006年=100。
Note:①2010=100. ②2006=100.

附录2-34 食品消费价格指数

Food Consumption Price Indices

资料来源：联合国ILO数据库。
Source:UN ILO Database.

2000年＝100 （2000＝100）

国家或地区	Country or Area	2010	2011	2012	2013	2014
世　界	World					
中　国	China	165.2	184.7	193.6	202.6	208.9
文　莱	Brunei Darussalam					
柬埔寨	Cambodia	104.0	110.7	114.2	118.7	
印度尼西亚	Indonesia	136.0	148.6	157.3	176.1	
老　挝	Laos	144.9	159.1	168.5		
马来西亚①	Malaysia①	100.0	104.8	107.6	111.5	115.2
缅　甸	Myanmar	154.2	159.7	157.3	166.8	176.6
菲律宾②	Philippines②	129.5	136.5	139.9	143.8	153.4
新加坡	Singapore	116.8	126.5	129.5	132.5	136.5
泰　国	Thailand	122.8	132.6	139.0	108.4	112.7
越　南	Viet Nam	198.6	247.6	266.5		
中国香港	Hong Kong,China	121.2	129.7	137.2	143.2	149.1
日　本①	Japan①	100.0	99.6	99.7	99.6	103.3
韩　国①	Korea,Rep.①	100.0	108.1	112.4	113.4	113.7
印　度	India	193.8	208.1	227.9	259.6	276.8
巴　西	Brazil	135.5	147.5	159.5	177.3	190.6
俄罗斯联邦	Russian Fed.	171.2	189.8	196.0	208.0	228.7
加拿大	Canada	115.7	120.1	122.9	124.4	127.3
墨西哥	Mexico	134.5	141.4	152.1	160.1	168.1
美　国	United States	113.7	119.2	122.1	123.2	126.2
法　国	France	109.3	111.5	114.7	116.0	115.1
德　国①	Germany①	100.0	102.8	106.3	110.4	111.5
意大利①	Italy①	100.0	102.4	105.0	107.5	107.6
英　国	United Kingdom	126.8	134.3	138.7	143.8	143.9
澳大利亚	Australia	121.6	127.5	125.4	126.4	129.6
新西兰	New Zealand	124.0	130.7	129.9	130.5	131.2

注：①2010年=100。②2006年=100。
Note:①2010=100. ②2006=100.

附录2-35 居民最终消费支出

Household Final Consumption Expenditure

资料来源：世界银行WDI数据库。
Source:World Bank WDI Database.

单位：亿美元 (100 million USD)

国家或地区	Country or Area	2010	2011	2012	2013	2014
世　界	**World**	**376414**	**413148**	**421720**	**435005**	
中　国	China	20791	26148	30193	34247	
文　莱	Brunei Darussalam	29	33	35	36	
柬埔寨	Cambodia	91	106	116	126	132
印度尼西亚	Indonesia	4245	4949	5176	5216	5087
老　挝	Laos	49	58	62	73	71
马来西亚	Malaysia	1176	1369	1493	1600	1694
缅　甸	Myanmar					
菲律宾	Philippines	1428	1647	1856	1994	2063
新加坡	Singapore	840	985	1058	1108	1132
泰　国	Thailand	1714	1883	2025	2108	2046
越　南	Viet Nam	772	899	1005	1121	1225
中国香港	Hong Kong,China	1403	1573	1695	1822	1932
日　本	Japan	32566	35616	36119	30078	
韩　国	Korea,Rep.	5508	6128	6282	6647	7112
印　度	India	9570	10582	10774	11113	12484
巴　西	Brazil	13308	15764	14891	14845	14659
俄罗斯联邦	Russian Fed.	7851	9334	10080	10891	
加拿大	Canada	9113	9913	10142	10215	9951
墨西哥	Mexico	7043	7762	7981	8654	8794
美　国	United States	102022	106893	110831	114843	
法　国	France	14861	15957	14927	15613	15700
德　国	Germany	19148	20945	19780	20866	21285
意大利	Italy	12982	14020	12785	12984	13044
英　国	United Kingdom	15515	16650	16943	17376	18954
澳大利亚	Australia	6320	7487	8243	8581	8063
新西兰	New Zealand	837	965	1021	1069	

附录2-36 人均居民最终消费支出

Household Final Consumption Expenditure Per Capita

资料来源：世界银行WDI数据库。
Source:World Bank WDI Database.

单位：2005年价格，美元 (constant 2005 USD)

国家或地区	Country or Area	2010	2011	2012	2013	2014
世　界	**World**	**4486**	**4554**	**4599**	**4658**	
中　国	China	1025	1133	1222	1307	
文　莱	Brunei Darussalam	6150	6282	6519	6615	
柬埔寨	Cambodia	512	556	577	598	614
印度尼西亚	Indonesia	958	994	1036	1079	1123
老　挝	Laos	431	464	470	491	477
马来西亚	Malaysia	3085	3244	3453	3642	3838
缅　甸	Myanmar					
菲律宾	Philippines	989	1026	1076	1117	1158
新加坡	Singapore	11665	11876	11987	12213	12356
泰　国	Thailand	1702	1720	1829	1828	1828
越　南	Viet Nam	610	629	652	679	712
中国香港	Hong Kong,China	18552	19974	20552	21403	21920
日　本	Japan	21284	21382	21912	22408	
韩　国	Korea,Rep.	11055	11291	11456	11622	11783
印　度	India	599	646	673	706	747
巴　西	Brazil	3653	3793	3907	3985	3987
俄罗斯联邦	Russian Fed.	3778	4029	4338	4530	
加拿大	Canada	21442	21722	21882	22166	22524
墨西哥	Mexico	5443	5634	5839	5894	5940
美　国	United States	29933	30377	30693	31190	
法　国	France	20078	20076	19941	19929	19970
德　国	Germany	20720	21187	21691	21809	21990
意大利	Italy	18807	18776	17986	17277	17024
英　国	United Kingdom	25022	24848	24953	25214	25559
澳大利亚	Australia	21089	21573	21742	21784	21912
新西兰	New Zealand	16691	17017	17351	17713	

附录2-37 居民收入分配

Personal Income Distribution

资料来源：世界银行WDI数据库。
Source:World Bank WDI Database.

国家或地区	Country or Area	年 份 Year	基尼系数 GINI Index	各组占全部收入或消费的比重（%） As Percentage of Total Income or Consumption（%） 最低的20% Lowest 20%	第二个20% Second 20%	第三个20% Third 20%	第四个20% Fourth 20%	最高的20% Highest 20%
世 界	**World**							
中 国	China	2011	0.37	4.7	9.7	15.3	23.2	47.1
文 莱	Brunei Darussalam							
柬埔寨	Cambodia	2011	0.32	9.0	12.5	16.1	21.2	41.2
印度尼西亚	Indonesia	2011	0.38	7.3	10.7	14.9	21.2	46.0
老 挝	Laos	2012	0.36	7.6	11.5	15.5	21.1	44.3
马来西亚	Malaysia	2009	0.46	4.5	8.7	13.7	21.6	51.5
缅 甸	Myanmar							
菲律宾	Philippines	2012	0.43	5.9	9.4	13.9	21.2	49.7
新加坡	Singapore	1998	0.42	5.0	9.4	14.6	22.0	49.0
泰 国	Thailand	2010	0.39	6.8	10.5	14.6	21.5	46.7
越 南	Viet Nam	2012	0.36	7.0	11.6	16.1	22.2	43.0
中国香港	Hong Kong,China	1996	0.43	5.3	9.4	13.9	20.8	50.8
日 本	Japan	2008	0.32	7.4	12.9	17.3	22.7	39.7
韩 国	Korea,Rep.	1998	0.32	7.9	13.6	18.0	23.1	37.5
印 度	India	2011	0.34	7.6	11.3	15.6	21.8	43.7
巴 西	Brazil	2012	0.53	3.4	7.7	12.4	19.3	57.2
俄罗斯联邦	Russian Fed.	2009	0.40	6.5	10.6	14.8	21.2	47.0
加拿大	Canada	2010	0.34	7.1	12.4	16.8	22.7	41.0
墨西哥	Mexico	2012	0.48	4.9	8.8	12.8	19.5	54.1
美 国	United States	2010	0.41	4.7	10.4	15.8	23.1	46.0
法 国	France	2005	0.32	7.8	12.8	17.0	22.6	39.7
德 国	Germany	2010	0.31	8.3	13.1	17.1	22.4	39.1
意大利	Italy	2010	0.36	6.1	12.0	17.0	23.2	41.8
英 国	United Kingdom	2010	0.38	5.8	11.4	16.2	22.6	44.1
澳大利亚	Australia	2003	0.34	7.0	12.2	16.5	23.2	41.1
新西兰	New Zealand	1997	0.36	6.5	11.4	15.8	22.6	43.8

附录2-38　农业生产指数

Agriculture Production Indices

资料来源：世界银行WDI数据库。
Source:World Bank WDI Database.

2004－2006年＝100　　(2004-2006＝100)

国家或地区	Country or Area	农业 Agriculture			食品 Food		
		2011	2012	2013	2011	2012	2013
世　界	**World**	**116.9**	**118.2**	**121.9**	**117.2**	**118.4**	**122.4**
中　国	China	124.2	128.7	130.9	124.6	129.2	131.6
文　莱	Brunei Darussalam	148.1	153.3	166.6	148.6	153.8	167.2
柬埔寨	Cambodia	170.2	174.7	177.2	170.3	174.8	177.4
印度尼西亚	Indonesia	127.1	135.4	136.9	127.5	136.2	137.6
老　挝	Laos	138.0	155.0	156.4	136.2	151.5	152.9
马来西亚	Malaysia	119.7	119.3	121.4	124.4	124.8	128.1
缅　甸	Myanmar	133.0	129.7	132.1	131.7	128.8	131.3
菲律宾	Philippines	114.8	118.9	119.5	115.0	119.3	120.0
新加坡	Singapore	101.1	105.1	112.1	101.1	105.1	112.1
泰　国	Thailand	120.7	129.0	128.8	122.3	130.7	129.2
越　南	Viet Nam	125.4	134.4	135.9	123.6	131.5	133.3
中国香港	Hong Kong,China	56.9	58.7	59.7	56.9	58.7	59.7
日　本	Japan	95.8	98.2	97.9	96.0	98.5	98.2
韩　国	Korea,Rep.	99.2	101.0	104.0	99.3	101.1	104.1
印　度	India	132.4	135.0	139.7	131.1	133.9	138.7
巴　西	Brazil	128.0	126.5	134.6	128.4	126.9	136.1
俄罗斯联邦	Russian Fed.	116.0	108.3	117.3	115.8	108.1	117.1
加拿大	Canada	101.8	105.0	115.0	102.4	105.6	115.4
墨西哥	Mexico	107.8	113.1	115.1	107.6	113.0	115.4
美　国	United States	104.1	103.3	108.2	105.4	104.2	109.9
法　国	France	99.4	98.3	96.9	99.5	98.4	97.0
德　国	Germany	104.0	104.7	105.3	104.0	104.7	105.4
意大利	Italy	95.5	88.4	90.3	95.7	88.6	90.6
英　国	United Kingdom	104.0	98.1	99.5	103.9	98.0	99.5
澳大利亚	Australia	107.9	117.2	115.6	107.3	116.6	115.3
新西兰	New Zealand	104.5	109.8	108.2	105.8	111.3	109.6

附录2-39 主要农作物收获面积（2013年）

Harvest Areas of Major Farm Crops（2013）

资料来源：联合国FAO数据库。
Source:UN FAO Database.

单位：千公顷 （1 000 hectares）

国家或地区	Country or Area	谷物总计 Cereals, Total	稻谷 Rice, Paddy	小麦 Wheat	玉米 Maize	大豆 Soybeans
世界	**World**	**721817.5**	**165163.4**	**219046.7**	**185121.3**	**111544.7**
中国	China	93845.0	30311.8	24117.3	36318.4	6790.5
文莱	Brunei Darussalam	1.8	1.8			
柬埔寨	Cambodia	3310.0	3100.0		210.0	71.5
印度尼西亚	Indonesia	17656.8	13835.3		3821.5	550.8
老挝	Laos	1100.0	880.0		220.0	4.0
马来西亚	Malaysia	698.0	688.2		9.8	…
缅甸	Myanmar	8532.5	7500.0	104.5	470.0	167.0
菲律宾	Philippines	7309.9	4746.1		2563.6	0.2
新加坡	Singapore					
泰国	Thailand	13745.3	12373.2	1.2	1145.9	106.0
越南	Viet Nam	9074.8	7902.8		1170.3	117.2
中国香港	Hong Kong,China					
日本	Japan	1930.5	1599.0	210.2	0.1	128.8
韩国	Korea,Rep.	896.6	832.6	7.4	15.9	80.0
印度	India	99250.0	43940.0	29650.0	9500.0	12200.0
巴西	Brazil	20906.1	2353.2	2087.4	15279.7	27906.7
俄罗斯联邦	Russian Fed.	40343.9	189.0	23371.4	2321.9	1202.9
加拿大	Canada	15917.1		10441.5	1480.4	1819.6
墨西哥	Mexico	9806.4	33.1	634.2	7095.6	157.4
美国	United States	59472.7	998.8	18274.2	35478.0	30703.0
法国	France	9544.2	20.3	5323.0	1849.6	43.0
德国	Germany	6526.0		3128.2	497.0	1.0
意大利	Italy	3458.6	212.5	1904.4	908.1	184.5
英国	United Kingdom	3028.0		1615.0		
澳大利亚	Australia	17870.6	113.6	12979.4	78.6	41.1
新西兰	New Zealand	135.2		49.2	18.6	

附录2-39 续表 1 continued

单位：千公顷 (1 000 hectares)

国家或地区	Country or Area	根茎类作物 Roots and Tubers	花生 Groundnuts in Shell	油菜籽 Rapeseed	芝麻 Sesame Seed	纤维植物 Fibres, Crops Primary
世　　界	**World**	**56014.2**	**25417.8**	**36498.7**	**9416.4**	**35294.0**
中　　国	China	9344.8	4633.0	7519.4	418.5	4438.7
文　　莱	Brunei Darussalam	0.7				
柬埔寨	Cambodia	364.1	18.0		35.0	0.8
印度尼西亚	Indonesia	1360.5	519.0			170.5
老　　挝	Laos	53.8	22.5		11.5	2.6
马来西亚	Malaysia	6.0	0.1			
缅　　甸	Myanmar	97.0	890.0		1590.0	347.8
菲律宾	Philippines	343.0	25.6			145.8
新加坡	Singapore					
泰　　国	Thailand	1417.1	32.0		70.0	41.6
越　　南	Viet Nam	702.7	216.2		42.8	13.9
中国香港	Hong Kong,China					
日　　本	Japan	147.0	7.0	1.6		
韩　　国	Korea,Rep.	49.6	4.4	1.6	23.2	
印　　度	India	2311.0	5250.0	6340.0	1860.0	12600.0
巴　　西	Brazil	1718.1	121.0	38.0	10.0	1127.6
俄罗斯联邦	Russian Fed.	2087.8		1119.7		63.2
加拿大	Canada	142.1		8007.0		24.0
墨西哥	Mexico	72.0	56.4	…	63.6	148.1
美　　国	United States	471.7	421.0	685.0		3053.1
法　　国	France	160.7		1437.7		61.4
德　　国	Germany	242.8		1465.6		
意大利	Italy	54.1		18.0	0.2	3.0
英　　国	United Kingdom	139.0		715.0		10.0
澳大利亚	Australia	34.8	7.6	3271.6		444.0
新西兰	New Zealand	13.3		**2.6**		4.6

附录2-39　续表 2　continued

单位：千公顷　(1 000 hectares)

国家或地区	Country or Area	籽　棉 Seed Cotton	黄麻及麻类纤维 Jute & Jute like Fibres	甘　蔗 Sugar Cane	甜　菜 Sugar Beets	茶　叶 Tea	水　果（不包括瓜类） Fruit Excluding Melons
世　界	**World**	**32168.3**	**1706.6**	**26942.7**	**4368.0**	**3521.2**	**59622.0**
中　国	China	4345.6	17.1	1816.5	181.8	1750.0	13723.7
文　莱	Brunei Darussalam						1.5
柬埔寨	Cambodia	0.2	0.6	28.5			62.1
印度尼西亚	Indonesia	12.0	2.2	450.0		122.4	711.5
老　挝	Laos	1.9		21.0		2.7	47.6
马来西亚	Malaysia			4.5		2.7	91.5
缅　甸	Myanmar	330.0	17.7	156.5		79.9	435.8
菲律宾	Philippines	0.2		435.4			1231.6
新加坡	Singapore						
泰　国	Thailand	8.0	2.7	1321.6		21.5	1203.1
越　南	Viet Nam	2.8	0.4	310.3		121.6	562.9
中国香港	Hong Kong,China						0.4
日　本	Japan			21.9	58.2	45.4	188.5
韩　国	Korea,Rep.					2.5	168.8
印　度	India	11700.0	900.0	5060.0		564.0	6939.2
巴　西	Brazil	943.7	7.0	10195.2		0.4	2294.9
俄罗斯联邦	Russian Fed.		13.2		889.5	0.5	445.4
加拿大	Canada				8.9		81.2
墨西哥	Mexico	124.1		782.8	0.1		1282.8
美　国	United States	3053.1		368.6	467.0		1132.6
法　国	France				393.6		876.4
德　国	Germany				357.4		180.9
意大利	Italy				40.7		1148.8
英　国	United Kingdom				117.0		29.4
澳大利亚	Australia	444.0		329.3			275.3
新西兰	New Zealand						72.2

附录2-40　主要农产品产量（2013年）

Production of Major Farm Crops（2013）

资料来源：联合国粮农组织数据库。
Source:UN FAO Database.

单位：万吨　　(10 000 tons)

国家或地区	Country or Area	谷物总计 Cereals, Total	稻谷 Rice, Paddy	小麦 Wheat	玉米 Maize	大豆 Soybeans
世　界	**World**	**277994.0**	**74090.3**	**71590.9**	**101811.2**	**27603.2**
中　国	China	55287.6	20361.2	12192.6	21848.9	1195.1
文　莱	Brunei Darussalam	0.2	0.2			
柬埔寨	Cambodia	1031.7	939.0		92.7	12.2
印度尼西亚	Indonesia	8979.2	7128.0		1851.2	78.0
老　挝	Laos	456.5	341.5		115.0	0.7
马来西亚	Malaysia	271.5	262.7		8.8	
缅　甸	Myanmar	3106.8	2876.7	18.8	170.0	20.5
菲律宾	Philippines	2581.7	1843.9		737.7	828.0
新加坡	Singapore					
泰　国	Thailand	4153.3	3606.3	0.2	506.3	19.0
越　南	Viet Nam	4923.2	4403.9		519.1	16.8
中国香港	Hong Kong,China					
日　本	Japan	1178.7	1075.8	81.2	18.0	20.0
韩　国	Korea,Rep.	581.8	563.2	2.7	8.0	15.4
印　度	India	29394.0	15920.0	9351.0	2329.0	1194.8
巴　西	Brazil	10090.2	1178.3	573.8	8027.3	8172.4
俄罗斯联邦	Russian Fed.	9037.5	93.5	5209.1	1163.5	163.6
加拿大	Canada	6637.2		3753.0	1419.4	519.8
墨西哥	Mexico	3321.0	18.0	335.7	2266.4	23.9
美　国	United States	43655.4	861.3	5796.7	35369.9	8948.3
法　国	France	6751.8	8.2	3861.4	1505.3	11.0
德　国	Germany	4775.7		2501.9	438.7	0.2
意大利	Italy	1808.4	133.9	727.7	790.0	62.5
英　国	United Kingdom	2007.6		1192.1		
澳大利亚	Australia	3559.8	116.1	2285.6	50.7	9.2
新西兰	New Zealand	109.8		44.8	20.2	

附录2-40 续表 1 continued

单位：万吨 (10 000 tons)

国家或地区	Country or Area	根茎类作物 Roots and Tubers	花生 Groundnuts in Shell	油菜籽 Rapeseed	芝麻 Sesame Seed	纤维植物 Fibres, Crops Primay
世　界	**World**	**84018.1**	**4565.4**	**7270.0**	**484.8**	**2951.1**
中　国	China	17290.3	1697.2	1445.8	62.3	653.7
文　莱	Brunei Darussalam	0.4				
柬埔寨	Cambodia	809.2	3.0		2.6	0.4
印度尼西亚	Indonesia	2776.7	134.0			7.8
老　挝	Laos	123.9	4.8		1.4	0.4
马来西亚	Malaysia	14.3	0.1			
缅　甸	Myanmar	130.2	137.5		89.0	15.3
菲律宾	Philippines	314.6	2.9			7.2
新加坡	Singapore					
泰　国	Thailand	3068.2	4.7		5.2	4.2
越　南	Viet Nam	1142.9	49.2		3.3	8.9
中国香港	Hong Kong,China					
日　本	Japan	395.0	1.6	0.2		
韩　国	Korea,Rep.	105.7	1.1	0.2	1.2	
印　度	India	5371.3	947.2	782.0	63.6	810.4
巴　西	Brazil	2578.8	39.0	5.8	0.7	137.9
俄罗斯联邦	Russian Fed.	3019.9		139.3		9.2
加拿大	Canada	462.0		1793.5		3.0
墨西哥	Mexico	189.1	10.0		4.2	19.0
美　国	United States	2097.0	189.3	88.0		284.2
法　国	France	697.5		437.0		8.4
德　国	Germany	967.0		578.4		…
意大利	Italy	134.4		3.9	0.3	0.5
英　国	United Kingdom	558.0		212.8		1.4
澳大利亚	Australia	131.6	2.2	414.2		89.8
新西兰	New Zealand	57.7		0.3		0.3

附录2-40 续表 2 continued

单位：万吨 （10 000 tons）

国家或地区	Country or Area	籽 棉 Seed Cotton	黄麻及麻类纤维 Jute & Jute like Fibres	甘 蔗 Sugar Cane	甜 菜 Sugar Beets	茶 叶 Tea	水 果（不包括瓜类） Fruit Excluding Melons
世 界	**World**	**7305.3**	**368.0**	**191118.0**	**24652.2**	**534.6**	**67667.0**
中 国	China	1893.0	6.1	12820.0	926.0	192.4	15183.8
文 莱	Brunei Darussalam						0.7
柬 埔 寨	Cambodia	26.0	315.0	60.0			38.1
印度尼西亚	Indonesia	0.4	0.3	3370.0		14.8	1600.3
老 挝	Laos	0.6		118.0		9.0	60.2
马来西亚	Malaysia			21.4		1.8	93.9
缅 甸	Myanmar	28.0	1.8	965.0		3.2	230.8
菲 律 宾	Philippines	55.0		3187.4			1588.7
新 加 坡	Singapore						8.0
泰 国	Thailand	0.8	0.4	10009.6		7.5	1109.6
越 南	Viet Nam	0.3	0.1	2013.1		21.4	712.7
中国香港	Hong Kong,China						0.5
日 本	Japan			119.1	343.5	8.5	298.5
韩 国	Korea,Rep.					0.3	275.2
印 度	India	1891.3	205.2	34120.0		120.9	8263.2
巴 西	Brazil	341.7	1.0	76809.0		763.0	3777.4
俄罗斯联邦	Russian Fed.		5.1		3932.1	9.0	336.8
加 拿 大	Canada				59.9		81.6
墨 西 哥	Mexico	58.7		6118.2	84.0		1755.3
美 国	United States	762.6		2790.6	2976.7		2698.6
法 国	France				3361.4		818.3
德 国	Germany				2282.9		233.4
意 大 利	Italy				215.9		1637.1
英 国	United Kingdom				800.0		39.2
澳大利亚	Australia	267.6		2713.6			338.2
新 西 兰	New Zealand						133.4

附录2-41 牲畜饲养量（2013年）

Number of Livestock（2013）

资料来源：联合国FAO数据库。
Source:UN FAO Database.

单位：万头（只） （10 000 heads）

国家或地区	Country or Area	牛 Cattle	马 Horses	山 羊 Goats	绵 羊 Sheep	猪 Pigs
世 界	**World**	**146754.9**	**5976.9**	**97580.3**	**116287.6**	**97727.4**
中 国	China	11350.0	633.5	18270.0	17500.0	47592.2
文 莱	Brunei Darussalam	0.1		0.7	0.4	0.1
柬 埔 寨	Cambodia	290.0	3.0			215.0
印度尼西亚	Indonesia	1660.7	45.4	1857.6	1456.0	824.6
老 挝	Laos	170.0	3.3	45.0		280.0
马来西亚	Malaysia	75.2	0.4	48.2	13.0	181.7
缅 甸	Myanmar	1435.0	11.6	393.0	86.2	1053.0
菲 律 宾	Philippines	249.8	24.0	369.4	3.0	1184.3
新 加 坡	Singapore			0.1		27.2
泰 国	Thailand	514.8	0.8	42.0	4.2	792.4
越 南	Viet Nam	515.7	7.9	134.5		2626.1
中国香港	Hong Kong,China	0.2	0.2	0.1		17.6
日 本	Japan	406.5	1.6	1.7	1.3	968.5
韩 国	Korea,Rep.	334.2	2.9	26.0	0.3	991.2
印 度	India	18900.0	62.8	13400.0	6380.0	1013.0
巴 西	Brazil	21176.4	531.2	877.9	1729.1	3674.4
俄罗斯联邦	Russian Fed.	1993.0	137.9	211.9	2206.1	1881.6
加 拿 大	Canada	1221.5	40.7	3.0	89.2	1287.9
墨 西 哥	Mexico	3240.3	635.6	866.5	849.7	1620.2
美 国	United States	8930.0	1035.0	281.1	533.5	6477.5
法 国	France	1909.6	40.8	129.1	723.4	1348.8
德 国	Germany	1258.7	46.1	13.0	189.3	2769.0
意 大 利	Italy	609.2	39.4	89.2	701.6	866.2
英 国	United Kingdom	984.4	39.5	9.8	3285.6	488.5
澳大利亚	Australia	2929.1	26.7	355.0	7554.8	209.8
新 西 兰	New Zealand	1018.2	5.7	8.0	3078.7	29.8

附录2-42 畜产品产量（2013年）

Output of Livestock Products（2013）

资料来源：联合国FAO数据库。
Source:UN FAO Database.

单位：万吨 （10 000 tons）

国家或地区	Country or Area	肉类总产量 Meat, Total	牛肉 Beef and Buffalo Meat	羊肉 Sheep and Goat Meat	猪肉 Pig Meat	禽肉 Poultry Meat
世界	**World**	**31038.0**	**6770.6**	**1396.2**	**11303.5**	**10866.9**
中国	China	8346.2	673.0	408.1	5273.3	1826.5
文莱	Brunei Darussalam	2.8	0.1			2.7
柬埔寨	Cambodia	19.8	7.3		9.9	2.7
印度尼西亚	Indonesia	331.7	58.6	11.3	74.3	187.2
老挝	Laos	13.9	4.8	0.2	6.4	2.5
马来西亚	Malaysia	162.4	3.1	0.2	23.1	136.0
缅甸	Myanmar	212.6	26.2	4.8	62.1	119.6
菲律宾	Philippines	312.8	29.7	5.5	168.1	107.9
新加坡	Singapore	11.7			2.0	9.7
泰国	Thailand	263.4	19.5	0.2	96.7	147.0
越南	Viet Nam	426.5	37.9	0.8	321.8	63.3
中国香港	Hong Kong,China	16.7	0.8		12.4	2.8
日本	Japan	327.6	50.8		130.9	145.0
韩国	Korea,Rep.	203.6	33.6	0.1	100.7	68.6
印度	India	621.5	257.7	74.7	35.4	235.8
巴西	Brazil	2601.1	967.5	11.6	328.0	1291.5
俄罗斯联邦	Russian Fed.	854.4	163.3	19.0	281.6	346.3
加拿大	Canada	433.4	105.6	1.7	197.7	125.4
墨西哥	Mexico	612.2	180.7	9.8	128.4	284.6
美国	United States	4264.2	1169.8	7.3	1051.0	2008.5
法国	France	556.0	140.0	12.3	212.1	174.3
德国	Germany	820.1	110.6	3.5	549.4	145.7
意大利	Italy	405.3	85.4	3.5	162.5	123.3
英国	United Kingdom	364.2	84.7	28.9	83.3	166.2
澳大利亚	Australia	448.9	231.8	68.6	36.1	109.8
新西兰	New Zealand	125.5	56.4	45.1	3.9	17.1

附录2-42 续表 continued

单位：万吨 (10 000 tons)

国家或地区	Country or Area	蛋类 Eggs Primary	鸡蛋 Hen Eggs	奶类总产量 Milk, Total	牛奶 Cow Milk	羊毛 Wool, Greasy	蜂蜜 Honey
世界	**World**	**7385.5**	**6826.2**	**74670.8**	**63557.6**	**212.7**	**166.4**
中国	China	2876.0	2444.6	4019.3	3531.0	47.1	45.0
文莱	Brunei Darussalam	0.7	0.7				
柬埔寨	Cambodia	2.3	1.9	2.3	2.3		
印度尼西亚	Indonesia	150.4	122.4	138.8	98.2	3.1	
老挝	Laos	1.7	1.7	0.7	0.7		
马来西亚	Malaysia	67.8	66.4	8.8	7.9		
缅甸	Myanmar	42.5	38.2	170.8	138.0	0.1	0.2
菲律宾	Philippines	46.9	42.8	2.0	2.0		
新加坡	Singapore	2.7	2.6				
泰国	Thailand	106.3	66.8	109.5	109.5		0.9
越南	Viet Nam	37.8	37.8	48.7	45.6		1.3
中国香港	Hong Kong,China						
日本	Japan	252.2	252.2	750.8	750.8		0.3
韩国	Korea,Rep.	64.7	61.5	209.7	209.3		2.5
印度	India	383.5	383.5	13560.0	6060.0	4.7	6.1
巴西	Brazil	237.7	217.2	3440.8	3425.5	1.2	3.5
俄罗斯联邦	Russian Fed.	231.7	228.4	3052.3	3028.6	5.5	6.8
加拿大	Canada	44.3	44.3	839.4	839.4	0.1	3.5
墨西哥	Mexico	251.6	251.6	1111.8	1096.6	0.5	5.7
美国	United States	563.6	563.6	9127.1	9127.1	1.4	6.8
法国	France	94.4	94.4	2455.4	2371.4	1.4	1.1
德国	Germany	89.3	89.3	3114.3	3112.2	1.4	1.6
意大利	Italy	77.5	77.5	1100.4	1039.7	0.8	1.0
英国	United Kingdom	68.6	67.2	1394.1	1394.1	6.8	0.6
澳大利亚	Australia	24.1	24.1	952.2	952.2	36.1	1.1
新西兰	New Zealand	5.7	5.4	1888.3	1888.3	16.5	1.8

附录2-43 鱼类产量

Output of Total Fishes

资料来源：联合国FAO数据库。
Source:UN FAO Database.

单位：万吨 （10 000 tons）

国家或地区	Country or Area	鱼类总产量 Total		海 域 Ocean Area		内陆水域 Land Area	
		2012	2013	2012	2013	2012	2013
世 界	**World**						
中 国	China	3580.6	3740.2	1082.9	1092.4	2497.7	2647.9
文 莱	Brunei Darussalam	0.5	0.4	0.5	0.4		
柬埔寨	Cambodia	61.2	70.2	9.3	8.8	51.9	61.4
印度尼西亚	Indonesia	791.6	865.3	539.7	580.6	251.9	284.7
老 挝	Laos	13.6	14.2			13.6	14.2
马来西亚	Malaysia	144.2	143.8	127.4	130.1	16.8	13.8
缅 甸	Myanmar	435.3	460.5	228.4	243.3	206.9	217.2
菲律宾	Philippines	279.0	282.6	235.7	237.9	43.2	44.7
新加坡	Singapore	0.5	0.5	0.4	0.5	0.1	0.1
泰 国	Thailand	191.0	197.5	126.1	129.6	64.9	68.0
越 南	Viet Nam	437.0	451.6	190.0	196.3	247.0	255.4
中国香港	Hong Kong,China	14.5	15.8	14.3	15.6	0.2	0.2
日 本	Japan	317.5	314.3	311.9	309.3	5.5	5.0
韩 国	Korea,Rep.	127.1	119.5	124.6	117.4	2.5	2.1
印 度	India	816.2	826.5	293.3	293.6	523.0	532.9
巴 西	Brazil	114.2	108.0	50.1	45.8	64.1	62.2
俄罗斯联邦	Russian Fed.	432.0	432.2	392.6	393.2	39.4	38.9
加拿大	Canada	52.1	53.6	48.4	49.9	3.7	3.7
墨西哥	Mexico	136.3	141.0	122.3	125.8	14.0	15.2
美 国	United States	422.5	437.0	402.2	414.7	20.3	22.3
法 国	France	41.7	45.2	37.7	41.2	4.1	4.0
德 国	Germany	21.0	23.3	18.1	20.2	2.8	3.1
意大利	Italy	18.9	17.0	14.7	12.7	4.3	4.3
英 国	United Kingdom	64.4	64.4	63.1	63.0	1.3	1.4
澳大利亚	Australia	16.6	15.8	16.5	15.6	0.2	0.2
新西兰	New Zealand	41.0	42.0	40.7	41.9	0.2	0.2

附录2-44 工业生产指数

Index of Industrial Production

资料来源：联合国统计月报数据库。
Source:UN Monthly Bulletin of Statistics Database.

2010年=100 （2010=100）

国家或地区	Country or Area	2010	2011	2012	2013	2014
世　　界	**World**					
中　　国	China					
文　　莱	Brunei Darussalam	100.0	103.2	100.8	94.0	90.7
柬 埔 寨	Cambodia					
印度尼西亚	Indonesia					
老　　挝	Laos					
马来西亚	Malaysia	100.0	102.4	106.7	110.3	116.0
缅　　甸	Myanmar					
菲 律 宾	Philippines					
新 加 坡	Singapore					
泰　　国	Thailand					
越　　南	Viet Nam	100.0		111.3	119.1	127.5
中国香港	Hong Kong,China					
日　　本	Japan	100.0	97.1	97.7	96.9	98.6
韩　　国	Korea,Rep.	100.0	106.0	107.4	107.7	107.7
印　　度	India	100.0	102.9	104.1	104.0	
巴　　西	Brazil	100.0	100.4	98.1	100.1	96.9
俄罗斯联邦	Russian Fed.	100.0	105.0	108.6	109.0	110.9
加 拿 大	Canada	100.0	104.1	105.8	107.3	111.4
墨 西 哥	Mexico	100.0	103.3	106.3	107.1	109.0
美　　国	United States	100.0	103.5	107.6	111.0	115.8
法　　国	France	100.0	102.2	99.6	98.7	97.7
德　　国	Germany	100.0	107.0	106.2	106.1	107.5
意 大 利	Italy	100.0	100.4	94.4	91.4	90.5
英　　国	United Kingdom	100.0	99.2	96.5	96.0	97.5
澳大利亚	Australia	100.0	101.1	104.7	107.5	110.9
新 西 兰	New Zealand	100.0	101.3	99.0	99.9	101.2

附录2-45　主要工业产品产量

Output of Major Industrial Products

资料来源：联合国数据库。联合国粮农组织数据库。
Source:UN Data. UN FAO Database.

国家或地区	Country or Area	粗钢（万吨）Crude Steel (10 000 tons)		煤（万吨）Coal (10 000 tons)		原油（万吨）Crude Petroleum (10 000 tons)	
		2013	2014	2013	2014	2013	2014
世　界	**World**						
中　国	China	77904				20820	
文　莱	Brunei Darussalam					583	546
柬埔寨	Cambodia						
印度尼西亚	Indonesia					4072	3911
老　挝	Laos						
马来西亚	Malaysia					2721	
缅　甸	Myanmar					85	76
菲律宾	Philippines					69	74
新加坡	Singapore						
泰　国	Thailand			1835	1799	1201	1162
越　南	Viet Nam				4234		
中国香港	Hong Kong,China						
日　本	Japan	11058	11066			58	55
韩　国	Korea,Rep.	6606	7153			4	3
印　度	India	8122	8653	60604	64699	3768	3754
巴　西	Brazil	3418	3391			10315	11491
俄罗斯联邦	Russian Fed.	6881	7032	34778	35461	49856	50048
加拿大	Canada	1247	1273	6890		16359	17521
墨西哥	Mexico	1842	1900	1378	1200	13113	12627
美　国	United States	8695	8818	89254	92227	49991	57765
法　国	France	1568	1614	31	26	79	76
德　国	Germany	4265	4295	19024	18522	480	489
意大利	Italy	2406	2374			543	568
英　国	United Kingdom	1186	1213	1284	1033	3846	3725
澳大利亚	Australia	464	461	53794		1726	
新西兰	New Zealand					159	175

附录2-45　续表 1　continued

国家或地区	Country or Area	发电量（亿千瓦小时）Electricity（100 million kwh）		水泥（万吨）Cement（10 000 tons）		化肥（万吨）Chemical Fertilizer（10 000 tons）	
		2013	2014	2013	2014	2011	2012
世　界	**World**					**20154**	
中　国	China			241440		6331	7220
文　莱	Brunei Darussalam						
柬埔寨	Cambodia						
印度尼西亚	Indonesia					410	440
老　挝	Laos						
马来西亚	Malaysia	1316		2147		75	49
缅　甸	Myanmar					8	10
菲律宾	Philippines						26
新加坡	Singapore						
泰　国	Thailand			4549	4379	14	
越　南	Viet Nam					67	
中国香港	Hong Kong,China	391		176	194		
日　本	Japan	9001		5796	5791	86	84
韩　国	Korea,Rep.			5326	5197	78	70
印　度	India					1638	1591
巴　西	Brazil					342	353
俄罗斯联邦	Russian Fed.	10578	10559	6665	6860	1721	
加拿大	Canada	6113	6005	1162	1188	1351	1243
墨西哥	Mexico	1728		3980	4152	56	63
美　国	United States	40476	40929	7540	8100	2283	
法　国	France	4956	5334				127
德　国	Germany	4625					412
意大利	Italy	2878	2777				109
英　国	United Kingdom					66	
澳大利亚	Australia	2283	2289	976		89	72
新西兰	New Zealand	423	430				38

附录2-45 续表 2 continued

国家或地区	Country or Area	天然气（万亿焦耳）Natural Gas（terajoule）		汽车（万辆）Motor Vehicles（10 000 vehicles）		新闻纸（万吨）Newsprint（10 000 tons）	
		2013	2014	2013	2014	2013	2014
世界	**World**						
中国	China	4423380		2660		369	
文莱	Brunei Darussalam	522432	507696				
柬埔寨	Cambodia						
印度尼西亚	Indonesia	2978232					
老挝	Laos						
马来西亚	Malaysia	2552904		107			
缅甸	Myanmar						
菲律宾	Philippines	134532	140580				
新加坡	Singapore						
泰国	Thailand	1216752	1218984				
越南	Viet Nam			14			
中国香港	Hong Kong,China						313
日本	Japan	122928	115788	1664	1655	322	142
韩国	Korea,Rep.	19368	13428	824	825	149	
印度	India	1352868	1273644				
巴西	Brazil						164
俄罗斯联邦	Russian Fed.	22518720	21539124	379	348	158	
加拿大	Canada	5402616	5672472				17
墨西哥	Mexico	2929920	2987808	400	436		
美国	United States	26433708	27925452	874	850		
法国	France	11988	528				
德国	Germany	414564	353304	1091	1121	214	
意大利	Italy	294660	272304				
英国	United Kingdom	1526940	1531440				
澳大利亚	Australia	2185596	2305644				
新西兰	New Zealand	187164	200784				

附录2-46 铁路运输

Railway Traffic

资料来源：世界银行WDI数据库。
Source:World Bank WDI Database.

国家或地区	Country or Area	铁路总长度（公里）Rail Lines Total（km）		铁路货运周转量（亿吨公里）Goods Transported Hauled（100 million ton-km）		铁路客运周转量（亿人公里）Passengers Carried（100 million passenger-km）	
		2010	2012	2010	2012	2010	2012
世　界	**World**						
中　国	China	66239	66298	24511.9	25183.1		7956.4
文　莱	Brunei Darussalam						
柬埔寨	Cambodia						
印度尼西亚	Indonesia		4684		71.7		202.8
老　挝	Laos						
马来西亚	Malaysia	1665	2250	13.8	30.7	15.3	32.9
缅　甸	Myanmar						
菲律宾	Philippines						
新加坡	Singapore						
泰　国	Thailand	4429	5327	31.6	24.6	80.4	75.0
越　南	Viet Nam	2347	2347	39.0	39.6	43.8	45.6
中国香港	Hong Kong,China						
日　本	Japan	20035	20140	204.3	202.6	2442.4	2445.9
韩　国	Korea,Rep.	3379	3650	94.5	100.0	330.3	216.0
印　度	India	63974	64460	6005.5	6257.2	9034.7	9785.1
巴　西	Brazil	29817	29817	2677.0	2677.0		
俄罗斯联邦	Russian Fed.	85292	84249	20113.1	22223.9	1390.3	1446.1
加拿大	Canada	58345	52002	3227.4	3525.4	28.8	27.8
墨西哥	Mexico	26704	26704		691.9	1.8	4.5
美　国	United States	228513	228218	24687.4	25245.9	95.2	95.2
法　国	France		30013		316.2		856.3
德　国	Germany	33708	33509	1057.9	1058.9		802.1
意大利	Italy	18011	17060	120.4	112.5	445.4	386.8
英　国	United Kingdom	31471	16423			550.2	643.2
澳大利亚	Australia	8615	1829	641.7	596.5	15.0	
新西兰	New Zealand						

附录2-47　国际海运装货量和卸货量

International Maritime Freight Loaded and Unloaded

资料来源：联合国统计月报数据库。
Source:UN Monthly Bulletin of Statistics Database.

单位：万吨　　(10 000 tons)

国家或地区	Country or Area	国际海运装货量 International Maritime Freight Loaded			国际海运卸货量 International Maritime Freight Unloaded		
		2005	2010	2014	2005	2010	2014
世　界	**World**						
中　国	China						
文　莱	Brunei Darussalam	8.4			168.0		
柬埔寨	Cambodia						
印度尼西亚	Indonesia	27372.0	50118.0		8479.2	11253.6	
老　挝	Laos		466.8				
马来西亚	Malaysia	7940.4	11240.4	13252.8②	10390.8	13682.4	15770.4②
缅　甸	Myanmar		361.2①	472.8③		614.4①	1039.2③
菲律宾	Philippines						
新加坡	Singapore	42266.4	47145.6①				
泰　国	Thailand						
越　南	Viet Nam	3309.6	4500.0①				
中国香港	Hong Kong,China	8918.4	11346.0	11342.4	14095.2	15428.4	18507.6
日　本	Japan						
韩　国	Korea,Rep.	24249.6	28602.0④		51244.8	57650.4④	
印　度	India						
巴　西	Brazil						
俄罗斯联邦	Russian Fed.	909.6	20151.6	18924.0⑤	74.4	2353.2	2184.0⑤
加拿大	Canada	20175.6	18574.8	22728.0⑤	12915.6	11412.0	11426.4⑤
墨西哥	Mexico						
美　国	United States	40533.6			94160.4		
法　国	France	10065.6	9986.4	10353.6	22710.0	19930.8	18888.0
德　国	Germany	10832.4	10230.0	12106.8	16866.0	17070.0	17479.2
意大利	Italy						
英　国	United Kingdom						
澳大利亚	Australia	62401.2	88736.4	130390.8	6988.8	8895.6	9894.0
新西兰	New Zealand	2167.2	3039.6	3778.8	1844.4	1797.6	2187.6

注：①2009年数据。②2013年数据。③2012年数据。④2007年数据。⑤2011年数据。
Note:①Data refer to 2009.②Data refer to 2013.③Data refer to 2012.④Data refer to 2007.⑤Data refer to 2011.

附录2-48　空运货物周转量和客运量

Freight and Passengers Carried by Air

资料来源：世界银行WDI数据库。
Source:World Bank WDI Database.

国家或地区	Country or Area	空运货物周转量（万吨公里）Air Transport,Freight（100 million ton-km）			航空客运量（万人）Air Transport,Passengers Carried（10 000 persons）		
		2011	2012	2013	2011	2012	2013
世　界	**World**	**18302881**	**17504290**	**175580441**	**278692**	**289404**	**302330**
中　国	China	1676487	1556875	1605373	29216	31848	35280
文　莱	Brunei Darussalam	14958	12823	15245	131	104	120
柬埔寨	Cambodia	10	7	5	50	51	77
印度尼西亚	Indonesia	75430	88034	95905	7091	7941	8510
老　挝	Laos		97	141		88	115
马来西亚	Malaysia	219326	194396	199093	3822	3917	4632
缅　甸	Myanmar	353	383	379	154	166	188
菲律宾	Philippines	47000	53328	56953	2633	2854	2931
新加坡	Singapore	730080	689937	651252	2651	2914	3055
泰　国	Thailand	287079	275844	264447	3194	3639	4071
越　南	Viet Nam	47539	50355	53350	1654	1698	1829
中国香港	Hong Kong,China	1005390	946842	943996	3029	3225	3421
日　本	Japan	654595	704578	745588	8979	9891	10591
韩　国	Korea,Rep.		1229068	1178527		3997	4108
印　度	India	170270	157923	161746	7400	7215	7532
巴　西	Brazil	129450	136345	163303	8786	9475	9592
俄罗斯联邦	Russian Fed.	390012	413214	330510	5056	5873	6599
加拿大	Canada	198000	196000	194631	6608	7047	7153
墨西哥	Mexico	77460	76389	68911	2954	3291	3881
美　国	United States		3911134	3710713		73670	74310
法　国	France	506876	462615	438346	6419	6468	6673
德　国	Germany	771676	723698	733406	10704	10598	10502
意大利	Italy	76027	79512	87749	3392	3107	2523
英　国	United Kingdom		624354	603161		11542	11830
澳大利亚	Australia	284660	273170	268177	6336	6636	7088
新西兰	New Zealand	89285	97502	96561	1375	1394	1372

附录2-49 港口集装箱吞吐量

Container Port Traffic

资料来源：世界银行WDI数据库。
Source:World Bank WDI Database.

单位：万标准集装箱 (10 000 TEUs)

国家或地区	Country or Area	2009	2010	2011	2012	2013
世　界	**World**	**47217.5**	**54224.8**	**58748.4**	**61667.4**	**65109.9**
中　国	China	10880.0	13029.0	14464.2	16005.9	17408.0
文　莱	Brunei Darussalam	8.6	9.9	10.5	11.3	12.2
柬埔寨	Cambodia	20.8	22.4	23.7	25.5	27.5
印度尼西亚	Indonesia	725.5	848.3	896.6	963.9	1079.1
老　挝	Laos					
马来西亚	Malaysia	1592.3	1826.8	2013.9	2089.8	2142.7
缅　甸	Myanmar	16.4	19.0	20.1	21.6	23.3
菲律宾	Philippines	430.7	494.7	528.9	568.6	586.0
新加坡	Singapore	2659.3	2917.9	3072.8	3249.9	3351.6
泰　国	Thailand	589.8	664.9	717.1	746.9	770.3
越　南	Viet Nam	493.7	598.4	693.0	293.7	812.1
中国香港	Hong Kong,China	2104.0	2369.9	2438.4	2311.7	2235.2
日　本	Japan	1628.6	1809.8	1942.2	2011.6	1968.8
韩　国	Korea,Rep.	1570.0	1854.3	2083.4	2161.0	2258.3
印　度	India	801.5	975.3	1028.5	1029.0	1065.3
巴　西	Brazil	659.0	813.9	871.4	932.3	1017.7
俄罗斯联邦	Russian Fed.	242.8	320.0	395.5	393.1	396.8
加拿大	Canada	419.2	483.0	490.8	530.4	538.3
墨西哥	Mexico	287.4	369.4	422.9	479.9	490.0
美　国	United States	3735.4	4233.8	4291.6	4421.2	4425.5
法　国	France	467.4	556.0	558.8	593.9	637.2
德　国	Germany	1329.6	1482.2	1721.9	1888.4	1903.9
意大利	Italy	953.3	978.7	1053.1	1129.1	1216.5
英　国	United Kingdom	767.1	859.0	892.1	849.6	916.7
澳大利亚	Australia	620.0	666.8	701.2	725.9	731.3
新西兰	New Zealand	232.5	246.3	251.7	286.7	309.3

附录2-50 货物出口总额

Merchandise Export

资料来源：世界贸易组织数据库。
Source:WTO Database.

单位：亿美元 (100 million USD)

国家或地区	Country or Area	2010	2011	2012	2013	2014
世　界	**World**	**153010.0**	**183330.0**	**184080.0**	**188260.0**	**189350.0**
中　国	China	15777.5	18983.8	20487.1	22090.0	23427.5
文　莱	Brunei Darussalam	89.1	124.6	130.0	114.5	105.0
柬埔寨	Cambodia	51.4	67.0	78.4	92.5	108.0
印度尼西亚	Indonesia	1577.8	2035.0	1900.3	1825.5	1762.9
老　挝	Laos	17.5	21.9	22.7	22.6	26.5
马来西亚	Malaysia	1986.1	2280.9	2275.4	2283.3	2341.4
缅　甸	Myanmar	86.6	92.4	88.8	112.3	150.0
菲律宾	Philippines	515.0	483.1	521.0	567.0	618.1
新加坡	Singapore	3518.7	4095.0	4083.9	4102.5	4097.7
泰　国	Thailand	1933.1	2225.8	2292.4	2285.0	2275.7
越　南	Viet Nam	722.4	969.1	1145.3	1320.3	1504.8
中国香港	Hong Kong,China	4006.9	4555.7	4929.1	5351.9	5240.6
日　本	Japan	7697.7	8231.8	7985.7	7151.0	6838.5
韩　国	Korea,Rep.	4663.8	5552.1	5478.7	5596.3	5726.7
印　度	India	2263.5	3029.1	2968.3	3148.5	3173.8
巴　西	Brazil	2019.2	2560.4	2425.8	2420.3	2251.0
俄罗斯联邦	Russian Fed.	4006.3	5220.1	5292.6	5232.8	4966.6
加拿大	Canada	3874.8	4513.3	4555.9	4583.2	4742.6
墨西哥	Mexico	2983.1	3495.7	3706.4	3799.6	3975.4
美　国	United States	12785.0	14825.1	15457.0	15795.9	16232.0
法　国	France	5237.7	5964.7	5687.1	5809.6	5831.8
德　国	Germany	12589.2	14739.9	14051.0	14518.3	15109.3
意大利	Italy	4473.0	5232.6	5013.1	5182.7	5286.8
英　国	United Kingdom	4159.6	5065.7	4727.9	5410.2	5067.9
澳大利亚	Australia	2126.3	2703.9	2564.2	2526.4	2402.3
新西兰	New Zealand	314.0	376.7	373.0	394.4	416.2

附录2–51 货物进口总额

Merchandise Import

资料来源：世界贸易组织数据库。
Source:WTO Database.

单位：亿美元 （100 million USD）

国家或地区	Country or Area	2010	2011	2012	2013	2014
世　　界	**World**	**155110.0**	**185080.0**	**186150.0**	**189040.0**	**190240.0**
中　　国	China	13962.5	17434.8	18184.1	19499.9	19602.9
文　　莱	Brunei Darussalam	25.4	36.3	35.7	36.1	34.0
柬 埔 寨	Cambodia	67.9	93.0	113.5	128.0	135.0
印度尼西亚	Indonesia	1356.6	1774.4	1916.9	1866.3	1781.8
老　　挝	Laos	20.6	24.0	30.6	30.2	33.0
马来西亚	Malaysia	1646.2	1874.7	1963.9	2059.0	2088.6
缅　　甸	Myanmar	47.6	90.2	91.8	120.4	177.5
菲 律 宾	Philippines	584.7	636.9	653.5	651.0	670.9
新 加 坡	Singapore	3107.9	3657.7	3797.2	3730.2	3662.5
泰　　国	Thailand	1829.2	2287.9	2499.9	2504.1	2279.5
越　　南	Viet Nam	848.4	1067.5	1137.8	1320.3	1492.6
中国香港	Hong Kong,China	4413.7	5108.6	5534.9	6214.2	6006.1
日　　本	Japan	6940.6	8553.8	8858.4	8331.7	8222.5
韩　　国	Korea,Rep.	4252.1	5244.1	5195.8	5155.9	5255.2
印　　度	India	3502.3	4644.6	4896.9	4654.0	4604.1
巴　　西	Brazil	1915.4	2369.6	2334.0	2505.6	2390.8
俄罗斯联邦	Russian Fed.	2486.3	3238.3	3354.5	3413.4	3080.0
加 拿 大	Canada	4026.9	4636.4	4749.4	4743.0	4749.0
墨 西 哥	Mexico	3102.1	3610.7	3804.8	3909.7	4115.8
美　　国	United States	19691.8	22660.2	23365.2	23290.6	24093.9
法　　国	France	6110.7	7200.3	6744.2	6814.7	6792.0
德　　国	Germany	10548.1	12548.7	11632.3	11915.5	12173.9
意 大 利	Italy	4870.5	5587.9	4886.0	4794.5	4716.9
英　　国	United Kingdom	5911.0	6771.3	6905.6	6558.3	6829.2
澳大利亚	Australia	2016.4	2437.0	2609.4	2421.3	2376.0
新 西 兰	New Zealand	306.2	371.1	382.5	396.4	425.2

附录2-52 出口货物构成（2013年）

Exports by Commodity Groups（2013）

资料来源：世界银行WDI数据库。
Source:World Bank WDI Database.

单位：% (%)

国家或地区	Country or Area	农业原材料 Agricultural Raw Materials	食品 Food	燃料 Fuel	矿物和金属 Ores and Metals	制成品 Manufactures	其他 Others
世界	**World**	**1.7**	**8.6**	**14.0**	**4.5**	**67.6**	**3.6**
中国	China	0.4	2.7	1.5	1.2	94.0	0.2
文莱	Brunei Darussalam	0.0	0.2	96.5	0.1	3.0	0.2
柬埔寨	Cambodia	2.7	4.3	0.0	0.2	92.8	0.0
印度尼西亚	Indonesia	5.8	17.7	31.6	7.1	37.8	0.0
老挝	Laos						
马来西亚	Malaysia	2.2	11.0	22.2	3.3	60.8	0.5
缅甸①	Myanmar①	10.6	19.6	38.5	0.9	30.0	0.4
菲律宾	Philippines	1.1	10.9	3.9	6.4	77.7	0.0
新加坡	Singapore	0.3	2.4	17.4	1.2	70.6	8.1
泰国	Thailand	4.7	13.0	6.0	1.3	74.9	0.1
越南	Viet Nam	2.4	14.5	7.4	0.7	74.7	0.3
中国香港	Hong Kong,China	3.4	10.4	3.2	13.3	68.6	1.1
日本	Japan	0.9	0.6	2.3	2.9	88.2	5.1
韩国	Korea,Rep.	1.0	1.1	9.5	2.0	86.2	0.2
印度	India	2.1	11.2	20.3	3.0	61.9	1.5
巴西	Brazil	3.5	34.3	7.4	16.4	36.4	2.0
俄罗斯联邦	Russian Fed.	1.8	3.1	71.2	4.7	16.6	2.6
加拿大	Canada	4.2	10.7	27.2	7.3	47.2	3.4
墨西哥	Mexico	0.4	6.4	13.0	3.1	76.2	0.9
美国	United States	2.4	10.2	10.9	3.4	62.2	10.9
法国	France	0.9	13.2	3.9	2.2	77.2	2.6
德国	Germany	0.8	5.7	2.9	2.8	82.8	5.0
意大利	Italy	0.7	8.3	4.3	2.0	83.1	1.6
英国	United Kingdom	0.6	8.0	19.3	3.1	63.3	5.7
澳大利亚	Australia	2.9	13.1	27.3	38.2	14.8	3.7
新西兰	New Zealand	12.4	58.8	3.7	3.3	18.8	3.0

注：①2010年数据。
Note:①Data refer to 2010

附录2-53　进口货物构成（2013年）

Imports by Commodity Groups（2013）

资料来源：世界银行WDI数据库。
Source:World Bank WDI Database.

单位：%　　　　(%)

国家或地区	Country or Area	农业原材料 Agricultural Raw Materials	食　品 Food	燃　料 Fuel	矿物和金属 Ores and Metals	制成品 Manufactures	其　他 Others
世　界	**World**	**1.4**	**7.6**	**18.7**	**4.2**	**65.1**	**3.0**
中　国	China	3.6	5.5	17.4	12.7	55.0	5.8
文　莱	Brunei Darussalam	0.2	15.0	7.5	1.4	75.1	0.8
柬埔寨	Cambodia	0.7	6.3	11.0	1.2	80.7	0.1
印度尼西亚	Indonesia	2.7	8.8	24.4	3.1	60.0	1.0
老　挝	Laos						
马来西亚	Malaysia	2.1	7.7	16.5	6.0	67.2	0.5
缅　甸①	Myanmar①	0.4	8.3	22.4	0.9	67.9	0.1
菲律宾	Philippines	0.7	10.4	20.8	3.0	65.1	0.0
新加坡	Singapore	0.4	3.5	31.5	1.6	61.5	1.5
泰　国	Thailand	1.6	5.5	22.2	3.7	66.9	0.1
越　南	Viet Nam	3.3	8.3	7.7	3.8	76.5	0.4
中国香港	Hong Kong,China	0.6	4.4	3.7	1.6	89.8	-0.1
日　本	Japan	1.4	8.6	33.8	6.5	48.4	1.3
韩　国	Korea,Rep.	1.6	4.9	34.6	7.3	51.6	0.0
印　度	India	1.8	3.9	43.0	6.3	42.4	2.6
巴　西	Brazil	1.0	4.9	19.1	2.7	72.3	0.0
俄罗斯联邦	Russian Fed.	0.9	13.2	1.3	1.7	82.3	0.6
加拿大	Canada	0.9	7.6	11.2	2.5	75.6	2.2
墨西哥	Mexico	1.1	6.6	8.6	2.3	79.1	2.3
美　国	United States	0.9	5.3	16.8	2.2	71.6	3.2
法　国	France	1.2	9.0	16.6	2.6	70.5	0.1
德　国	Germany	1.4	7.8	14.6	4.4	66.4	5.4
意大利	Italy	2.4	10.6	20.4	4.7	60.7	1.2
英　国	United Kingdom	1.4	13.4	6.8	2.7	73.1	2.6
澳大利亚	Australia	0.6	5.8	17.8	1.5	72.0	2.3
新西兰	New Zealand	0.7	10.6	17.0	1.5	69.4	0.8

注：①2010年数据。
Note:①Data refer to 2010.

附录2-54 农产品进出口额

Imports and Exports of Agriculture Products

资料来源：世界贸易组织数据库。
Source:WTO Database.

单位：亿美元 (100 million USD)

国家或地区	Country or Area	出口额 Emports			进口额 Inports		
		2011	2012	2013	2011	2012	2013
世　界	**World**	**16618.0**	**16527.8**	**17448.3**	**17003.7**	**17671.0**	**18512.3**
中　国	China	646.1	661.8	701.6	1447.2	1568.2	1654.6
文　莱	Brunei Darussalam	0.1	0.1	0.1	5.1	5.1	5.1
柬埔寨	Cambodia	4.2	4.1	4.8	4.8	5.9	6.9
印度尼西亚	Indonesia	481.4	450.2	426.3	224.1	209.1	215.1
老　挝	Laos						
马来西亚	Malaysia	389.0	339.1	301.0	211.4	214.3	199.9
缅　甸	Myanmar	32.0	23.6	29.9	6.9	7.0	9.2
菲律宾	Philippines	54.2	50.8	64.3	70.3	72.4	71.6
新加坡	Singapore	100.7	98.6	108.8	137.6	139.5	143.1
泰　国	Thailand	476.0	420.3	403.6	152.0	168.4	166.5
越　南	Viet Nam	222.3	234.0	285.0	131.9	132.4	158.2
中国香港	Hong Kong,China	92.2	93.5	101.1	242.3	250.0	278.3
日　本	Japan	109.3	108.6	107.7	959.8	937.2	859.9
韩　国	Korea,Rep.	127.1	126.3	118.1	346.8	330.8	333.9
印　度	India	344.9	424.0	469.5	225.5	256.7	244.2
巴　西	Brazil	864.4	864.4	906.6	135.8	131.1	141.7
俄罗斯联邦	Russian Fed.	292.2	301.7	295.8	432.6	420.4	447.3
加拿大	Canada	601.4	628.3	656.9	364.5	379.1	387.8
墨西哥	Mexico	229.5	234.1	250.4	292.4	270.8	292.0
美　国	United States	1682.7	1719.8	1755.7	1371.6	1418.5	1464.8
法　国	France	835.5	781.8	822.7	697.4	647.6	700.0
德　国	Germany	944.4	912.1	992.3	1173.2	1102.1	1172.1
意大利	Italy	440.4	427.5	460.4	653.0	579.6	613.4
英　国	United Kingdom	344.6	338.2	343.1	687.2	686.3	718.8
澳大利亚	Australia	374.0	384.1	376.0	135.3	141.1	146.1
新西兰	New Zealand	240.7	240.9	267.5	41.3	43.1	44.7

附录2-55　服务出口总额

Commercial Service Exports

资料来源：世界贸易组织数据库。
Source:WTO Database.

单位：亿美元　　(100 million USD)

国家或地区	Country or Area	2010	2011	2012	2013	2014
世　界	**World**	**38203.9**	**42845.1**	**44280.5**	**46664.5**	**48615.5**
中　国	China	1705.4	1840.1	2151.6	2065.0	2222.0
文　莱	Brunei Darussalam	10.5	12.1	11.1	11.3	10.8
柬埔寨	Cambodia	19.2	26.0	30.5	33.5	39.2
印度尼西亚	Indonesia	163.3	213.2	230.7	223.3	225.1
老　挝	Laos	4.9	5.3	5.5	7.6	
马来西亚	Malaysia	319.3	360.5	378.0	397.3	380.4
缅　甸	Myanmar	3.4	7.3	11.8	22.0	
菲律宾	Philippines	177.7	188.7	204.3	226.3	241.0
新加坡	Singapore	1005.8	1165.1	1251.6	1297.9	1328.6
泰　国	Thailand	340.9	412.8	493.1	586.1	550.1
越　南	Viet Nam	73.6	85.8	95.1	103.8	108.5
中国香港	Hong Kong,China	804.7	912.3	984.3	1053.8	1069.9
日　本	Japan	1285.0	1345.1	1310.7	1326.5	1580.8
韩　国	Korea,Rep.	822.4	897.1	1023.0	1025.3	1057.6
印　度	India	1165.8	1379.4	1450.3	1481.9	1541.4
巴　西	Brazil	300.7	364.4	381.2	374.6	398.3
俄罗斯联邦	Russian Fed.	486.4	573.5	614.7	691.1	657.4
加拿大	Canada	753.0	836.7	885.4	884.6	847.7
墨西哥	Mexico	152.3	155.8	161.5	201.2	210.4
美　国	United States	5428.6	6034.3	6305.8	6628.9	6855.8
法　国	France	2007.0	2354.8	2363.4	2537.2	2630.2
德　国	Germany	2201.7	2427.0	2355.4	2553.4	2671.7
意大利	Italy	992.5	1090.2	1067.5	1118.7	1136.8
英　国	United Kingdom	2688.2	3012.7	3052.3	3154.1	3290.5
澳大利亚	Australia	455.6	507.2	520.7	522.9	520.7
新西兰	New Zealand	114.5	130.9	129.8	133.4	144.5

附录2-56 服务进口总额

Commercial Service Imports

资料来源：世界贸易组织数据库。
Source:WTO Database.

单位：亿美元 (100 million USD)

国家或地区	Country or Area	2010	2011	2012	2013	2014
世　界	**World**	**36944.5**	**41363.7**	**42880.8**	**45360.7**	**47405.1**
中　国	China	1928.6	2378.4	2810.2	3300.0	3821.0
文　莱	Brunei Darussalam	13.7	15.5	14.7	13.7	14.5
柬埔寨	Cambodia	9.5	12.9	15.0	17.4	19.9
印度尼西亚	Indonesia	259.7	311.6	336.4	344.3	331.9
老　挝	Laos	2.6	3.3	3.3	5.2	
马来西亚	Malaysia	322.3	379.1	422.0	444.3	437.3
缅　甸	Myanmar	7.5	10.7	14.3	14.6	
菲律宾	Philippines	117.1	120.1	139.6	159.5	195.7
新加坡	Singapore	1010.2	1137.7	1243.2	1291.0	1295.7
泰　国	Thailand	447.7	519.7	528.6	549.8	529.7
越　南	Viet Nam	97.7	117.1	123.5	130.2	147.9
中国香港	Hong Kong,China	702.5	741.2	764.7	767.7	780.8
日　本	Japan	1629.2	1738.1	1828.3	1690.4	1899.3
韩　国	Korea,Rep.	965.5	1020.4	1077.9	1091.6	1139.7
印　度	India	1140.4	1242.0	1289.6	1251.9	1240.6
巴　西	Brazil	595.2	729.8	777.5	832.0	869.5
俄罗斯联邦	Russian Fed.	732.3	893.9	1067.2	1257.6	1189.4
加拿大	Canada	969.9	1059.6	1114.5	1110.6	1056.0
墨西哥	Mexico	224.5	261.0	267.6	293.2	318.2
美　国	United States	3773.5	4044.7	4225.0	4367.9	4545.0
法　国	France	1809.3	2022.2	2025.9	2300.0	2438.4
德　国	Germany	2618.3	2940.1	2868.9	3231.1	3267.9
意大利	Italy	1106.1	1164.3	1061.4	1078.8	1117.0
英　国	United Kingdom	1722.9	1816.9	1845.2	1911.9	1888.1
澳大利亚	Australia	506.4	609.0	643.9	663.2	618.9
新西兰	New Zealand	101.4	120.2	122.8	124.5	129.2

附录2-57 货物和服务出口占国内生产总值比重

Exports of Goods and Services as Percentage of GDP

资料来源：世界银行WDI数据库。
Source:World Bank WDI Database.

单位：% (%)

国家或地区	Country or Area	2009	2010	2011	2012	2013
世　　界	**World**	**25.8**	**28.2**	**29.9**	**29.9**	**29.9**
中　　国	China	26.7	29.4	28.5	27.3	26.4
文　　莱	Brunei Darussalam	72.8	81.4	79.7	81.4	76.2
柬 埔 寨	Cambodia	49.2	54.1	54.1	62.8	65.7
印度尼西亚	Indonesia	24.2	24.6	26.4	24.3	23.7
老　　挝	Laos	30.9	35.5	37.2	38.8	37.2
马来西亚	Malaysia	91.4	93.3	91.5	85.3	81.7
缅　　甸	Myanmar	0.1	0.1			
菲 律 宾	Philippines	32.2	34.8	32.0	30.8	27.9
新 加 坡	Singapore	191.9	199.3	200.2	195.1	190.5
泰　　国	Thailand	68.4	71.3	76.9	75.0	73.6
越　　南	Viet Nam	63.0	72.0	79.4	80.0	83.9
中国香港	Hong Kong,China	191.2	219.4	225.5	225.6	229.6
日　　本	Japan	12.7	15.2	15.1	14.7	16.2
韩　　国	Korea,Rep.	47.6	49.4	55.8	56.3	53.9
印　　度	India	20.1	22.0	24.3	24.4	25.2
巴　　西	Brazil	11.0	10.9	11.9	12.6	12.6
俄罗斯联邦	Russian Fed.	27.9	29.2	30.3	29.6	28.4
加 拿 大	Canada	28.4	29.1	30.7	30.0	30.1
墨 西 哥	Mexico	27.3	29.9	31.3	32.7	31.8
美　　国	United States	11.0	12.4	13.6	13.6	13.5
法　　国	France	24.1	26.0	27.8	28.1	28.3
德　　国	Germany	37.9	42.3	44.8	45.9	45.6
意 大 利	Italy	22.5	25.2	27.0	28.3	28.6
英　　国	United Kingdom	27.0	28.7	30.9	30.3	29.8
澳大利亚	Australia	22.5	19.5	21.2	21.3	19.9
新 西 兰	New Zealand	29.3	30.9	31.4	29.7	29.7

附录2-58 货物和服务进口占国内生产总值比重

Imports of Goods and Services as Percentage of GDP

资料来源：世界银行WDI数据库。
Source:World Bank WDI Database.

单位：% (%)

国家或地区	Country or Area	2009	2010	2011	2012	2013
世　界	**World**	**25.5**	**28.0**	**30.0**	**30.0**	**29.7**
中　国	China	22.3	25.6	26.1	24.5	23.8
文　莱	Brunei Darussalam	35.8	32.9	28.6	31.2	32.5
柬埔寨	Cambodia	55.9	59.5	59.5	68.5	73.8
印度尼西亚	Indonesia	21.4	22.9	25.0	25.9	25.7
老　挝	Laos	40.1	37.9	43.1	48.7	46.1
马来西亚	Malaysia	71.1	76.3	75.1	73.7	72.4
缅　甸	Myanmar	0.1	0.1			
菲律宾	Philippines	33.4	36.6	35.7	33.9	32.0
新加坡	Singapore	168.4	172.8	173.8	172.6	167.5
泰　国	Thailand	57.8	63.9	72.4	73.8	70.3
越　南	Viet Nam	73.3	80.2	83.5	76.5	79.8
中国香港	Hong Kong,China	183.4	213.5	221.6	224.4	228.7
日　本	Japan	12.3	14.0	16.0	16.7	19.0
韩　国	Korea,Rep.	42.9	46.2	54.3	53.5	48.9
印　度	India	25.4	26.3	30.7	31.1	28.1
巴　西	Brazil	11.1	11.9	12.6	14.0	15.0
俄罗斯联邦	Russian Fed.	20.5	21.1	21.7	22.3	22.5
加拿大	Canada	29.9	31.0	32.0	32.0	31.8
墨西哥	Mexico	28.8	31.1	32.5	33.7	32.4
美　国	United States	13.8	15.8	17.3	17.1	16.5
法　国	France	25.5	27.9	30.4	30.1	29.8
德　国	Germany	32.9	37.1	40.0	40.0	39.8
意大利	Italy	23.1	27.1	28.6	27.4	26.3
英　国	United Kingdom	28.9	31.1	32.3	32.3	31.7
澳大利亚	Australia	22.4	20.4	20.1	21.5	21.1
新西兰	New Zealand	26.9	28.6	29.6	28.9	27.8

附录2-59 外商直接投资

Foreign Direct Investment

资料来源：联合国贸发会议FDI数据库。
Source:UNCTAD FDI Database.

单位：亿美元 （100 million USD）

国家或地区	Country or Area	外商直接投资 FDI Inflows			对外直接投资 FDI Outflows		
		2011	2012	2013	2011	2012	2013
世 界	**World**	**17000.8**	**13302.7**	**14519.7**	**17116.5**	**13466.7**	**14108.1**
中 国	China	1239.9	1210.8	1239.1	746.5	878.0	1010.0
文 莱	Brunei Darussalam	12.1	8.7	9.0	0.1	-4.2	-1.4
柬埔寨	Cambodia	8.2	14.5	14.0	0.3	0.4	0.4
印度尼西亚	Indonesia	192.4	191.4	184.4	77.1	54.2	36.8
老 挝	Laos	3.0	2.9	3.0	…	-0.2	-0.1
马来西亚	Malaysia	122.0	100.7	123.1	152.5	171.2	136.0
缅 甸	Myanmar	22.0	22.4	26.2			
菲律宾	Philippines	20.1	32.2	38.6	23.5	41.7	36.4
新加坡	Singapore	503.7	611.6	637.7	234.9	134.6	269.7
泰 国	Thailand	37.1	107.1	129.5	66.2	128.7	66.2
越 南	Viet Nam	75.2	83.7	89.0	9.5	12.0	19.6
中国香港	Hong Kong,China	961.3	748.9	766.3	958.9	881.2	915.3
日 本	Japan	-17.6	17.3	23.0	1076.0	1225.5	1357.5
韩 国	Korea,Rep.	97.7	95.0	122.2	297.1	306.3	291.7
印 度	India	361.9	242.0	282.0	124.6	84.9	16.8
巴 西	Brazil	666.6	652.7	640.5	-10.3	-28.2	-35.0
俄罗斯联邦	Russian Fed.	550.8	505.9	792.6	668.5	488.2	949.1
加拿大	Canada	396.7	430.3	623.3	521.5	554.5	426.4
墨西哥	Mexico	233.5	176.3	382.9	126.4	224.7	129.4
美 国	United States	2237.6	1605.7	1875.3	3867.2	3669.4	3383.0
法 国	France	385.5	250.9	48.8	595.5	372.0	-25.6
德 国	Germany	593.2	132.0	267.2	809.7	796.1	575.5
意大利	Italy	343.2	0.9	165.1	536.3	79.8	316.6
英 国	United Kingdom	511.4	458.0	371.0	1066.7	349.6	194.4
澳大利亚	Australia	652.1	555.2	498.3	87.0	62.1	63.6
新西兰	New Zealand	41.4	22.0	9.9	25.3	-5.1	6.9

附录2-60 货币汇率（年平均价）

Exchange Rate（Period Average）

资料来源：世界银行WDI数据库。
Source:World Bank WDI Database.

单位：1美元合本币数 （local currency unit per US dollar）

国家或地区	Country or Area	2010	2011	2012	2013	2014
世　界	**World**					
中　国	China	6.77	6.46	6.31	6.20	6.14
文　莱	Brunei Darussalam	1.36	1.26	1.25	1.25	1.27
柬埔寨	Cambodia	4184.92	4058.50	4033.00	4027.25	4037.50
印度尼西亚	Indonesia	9090.43	8770.43	9386.63	10461.24	11865.21
老　挝	Laos	8258.77	8030.06	8007.76	7860.14	8048.96
马来西亚	Malaysia	3.22	3.06	3.09	3.15	3.27
缅　甸	Myanmar	5.64	5.44	640.65	933.57	984.35
菲律宾	Philippines	45.11	43.31	42.23	42.45	44.40
新加坡	Singapore	1.36	1.26	1.25	1.25	1.27
泰　国	Thailand	31.69	30.49	31.08	30.73	32.48
越　南	Viet Nam	18612.92	20509.75	20828.00	20933.42	21148.00
中国香港	Hong Kong,China	7.77	7.78	7.76	7.76	7.75
日　本	Japan	87.78	79.81	79.79	97.60	105.95
韩　国	Korea,Rep.	1156.06	1108.29	1126.47	1094.85	1052.96
印　度	India	45.73	46.67	53.44	58.60	61.03
巴　西	Brazil	1.76	1.67	1.95	2.16	2.35
俄罗斯联邦	Russian Fed.	30.37	29.38	30.84	31.84	38.38
加拿大	Canada	1.03	0.99	1.00	1.03	1.11
墨西哥	Mexico	12.64	12.42	13.17	12.77	13.29
美　国	United States	1.00	1.00	1.00	1.00	1.00
法　国	France	0.75	0.72	0.78	0.75	0.75
德　国	Germany	0.75	0.72	0.78	0.75	0.75
意大利	Italy	0.75	0.72	0.78	0.75	0.75
英　国	United Kingdom	0.65	0.62	0.63	0.64	0.61
澳大利亚	Australia	1.09	0.97	0.97	1.04	1.11
新西兰	New Zealand	1.39	1.27	1.23	1.22	1.21

附录2-61 国际旅游人数

Number of Arrivals and Departures of International Tourism

资料来源：世界银行WDI数据库。
Source:World Bank WDI Database.

单位：万人 （10 000 persons）

国家或地区	Country or Area	入境（过夜）旅游人数 Number of Arrivals			出境旅游人数 Number of Departures		
		2011	2012	2013	2011	2012	2013
世　界	**World**	**102530**	**107161**	**112320**	**114989**	**116040**	**121497**
中　国	China	5758	5773	5569	7025	8318	9819
文　莱	Brunei Darussalam	24	21	23			
柬埔寨	Cambodia	288	358	421	71	79	87
印度尼西亚	Indonesia	765	804	880	675	745	797
老　挝	Laos	179	214	251			
马来西亚	Malaysia	2471	2503	2572			
缅　甸	Myanmar	82	106	204			
菲律宾	Philippines	392	427	468			
新加坡	Singapore	1039	1110	1190	775	805	865
泰　国	Thailand	1923	2235	2655	540	572	597
越　南	Viet Nam	601	685	757			
中国香港	Hong Kong,China	2232	2377	2566	8482	8528	8441
日　本	Japan	622	836	1036	1699	1849	1747
韩　国	Korea,Rep.	980	1114	1218	1269	1374	1485
印　度	India	631	658	697	1399	1492	1663
巴　西	Brazil	543	568	581	781	847	867
俄罗斯联邦	Russian Fed.	2493	2818	3079	4373	4781	5407
加拿大	Canada	1601	1634	1659	3045	3228	3298
墨西哥	Mexico	2340	2340	2415	1480	1558	1591
美　国	United States	6282	6666	6977	5921	6070	6157
法　国	France	8155	8305	8473	2616	2545	2624
德　国	Germany	2837	3041	3155			
意大利	Italy	4612	4636	4770	2930	2881	2780
英　国	United Kingdom	2931	2928	3117	5684	5654	5851
澳大利亚	Australia	577	603	638	779	821	877
新西兰	New Zealand	251	247	263	209	217	219

附录2-62 国际旅游收支

Expenditures and Receipts of International Tourism

资料来源：世界银行WDI数据库。
Source:World Bank WDI Database.

单位：亿美元 (100 million USD)

国家或地区	Country or Area	国际旅游支出 International Tourism Expenditures			国际旅游收入 International Tourism Receipts		
		2011	2012	2013	2011	2012	2013
世　界	**World**	**11293**	**11886**	**12749**	**12582**	**12967**	**13811**
中　国	China	790	1099	1383	533	549	564
文　莱	Brunei Darussalam		6			1	
柬埔寨	Cambodia	3	4	5	23	27	29
印度尼西亚	Indonesia	87	91	103	90	95	103
老　挝	Laos	2	2	4	4	5	6
马来西亚	Malaysia	102	115	120	196	203	210
缅　甸	Myanmar	1	3	1	3	6	9
菲律宾	Philippines	61	71	84	41	50	56
新加坡	Singapore	215	236	246	181	189	191
泰　国	Thailand	73	79	84	309	377	460
越　南	Viet Nam	17	19	21	57	69	75
中国香港	Hong Kong,China	190	201	212	332	371	426
日　本	Japan	398	410	322	125	162	169
韩　国	Korea,Rep.	222	229	240	174	189	193
印　度	India	137	141	138	177	183	190
巴　西	Brazil	251	262	294	68	69	70
俄罗斯联邦	Russian Fed.	373	481	595	170	179	202
加拿大	Canada	412	430	352	200	207	177
墨西哥	Mexico	97	107	120	125	133	143
美　国	United States	1164	1299	1367	1876	2006	2148
法　国	France	539	500	532	660	639	661
德　国	Germany	998	938	1053	534	516	552
意大利	Italy	357	328	335	454	430	462
英　国	United Kingdom	646	660	681	459	457	494
澳大利亚	Australia	339	351	350	341	343	334
新西兰	New Zealand	35	37	39	73	71	75

主要统计指标解释

人口密度 指由年中人口除以国土面积得来。国土面积是指一个国家包括内陆水域和沿海水域在内的总面积。

陆地面积 是指土地的总面积，不包括内陆水域的面积。“内陆水域”的定义一般包括主要的河流与湖泊。

耕地面积 是指种植短期作物的土地面积（种植两季作物的土地面积只计算一次），供割草或放牧的短期性草场，供应市场的菜园和自用菜园，以及暂时休闲的土地（少于5年）。而转换耕作方式而休闲的土地不包括在此类。

永久性作物面积 是指有长期生长的作物而在每次收获后不需要再种植的土地面积，如可可、咖啡和橡胶；它包括生长灌木、果树、坚果树和藤本植物的土地，但不包括用材林所占的土地。

永久性牧场面积 是指有长期生长的作物而在每次收获后不需要再种植的牧场面积。

探明储量 指已探明可开采的原煤、原油、天然气的储量。

已探明可开采的储量 是将来在现有和可承受的经济条件下，已探明的可开采的吨数。

二氧化碳排放量 是指矿物燃料燃烧以及水泥制造等过程中排放的二氧化碳，包括使用固体、液体、气体燃料以及煤气时产生的二氧化碳。

国内生产总值 指生产活动总成果，等于所有常住单位创造的增加值的总和（包括产出价值中未包括的产品税，不包括各项产品补贴）。等于按购买者价格计算的货物和服务最终使用价值（不包括中间消费）减去进口的货物和服务价值，或等于常住生产单位初次收入分配的总和。

国民总收入 指国内生产总值减去生产税和进口税净额，减去支付给国外的雇员报酬和财产收入，加来自国外的雇员报酬和财产收入（即国内生产总值减去支付给非常住单位的初次收入，加上收到的非常住单位的初次收入）。按市场价格计算国民总收入的另一种方法是各部门所有初次收入的总和（注意，国民总收入即国民生产总值，后者是以往国民核算中使用的概念）。

就业人员 为一定年龄以上，在特定短期（一周或一天）内，属于下列类型的所有人：

（1）有酬从业人员，包括两类：①正在工作的人，指在参考期内做某些工作以得到现金或实物形式工资或薪金的人员；②有工作岗位但目前不工作的人，指现在有工作，却在短期内暂时不上班，但同时与工作单位有正式联系的人。这种正式联系，可以按照如下的一项或多项标准，根据各国的不同情况，予以判断：1）持续领到工资或薪金；2）保证在暂时的不上班状态终止后返回该岗位，或对返回的时间有协议；3）在不工作的这段时间里，该从业者能得到补偿而无须接受其他工作。

（2）自营就业者，包括两类：①正在工作，指在短期时间内以利润或家庭收入为目的，从事某些工作得到现金或实物的人；②拥有企业而不工作的人，指自己拥有企业（如商业企业，农场，服务性企业），在一定时期内因特殊原因暂不工作的人。

失业人员 在调查期内，适龄劳动人口中的失业者分为：

（1）没有工作，即没有得到有报酬的工作，又没有自营就业的人；

（2）目前有工作能力，即在调查期内可从事有酬工作和自营就业的人；

（3）正在寻找工作，在最近特定时期已采取具体步骤寻求有酬工作或自营就业的人。这些具体步骤包括：在公共或私人职业介绍所登记；向雇主提出就业申请；在工地、农场、工厂大门外、市场或其他聚集地寻找工作；通过报纸刊登广告或应聘；寻求亲友帮助就业；自己开业寻找土地、厂房、机器或设备；筹集资金；许可证和执照等。

失业率 反映了失业的严重程度。失业率是参考期内（一般是特定的一天或一周）特定分组的失业人数和同一时间该组就业、失业人数之和相比得出的。

货币供应量 货币（Money）指流通中现金和除中央政府以外的常住机构活期存款构成；准货币（Quasi-Money）指除中央政府以外的外汇现汇与期汇存款和外汇现汇储蓄与期汇存款之和，即由常住居民的现汇、储蓄、与外汇存款构成。货币（Money）通称为M_1，而货币和准货币之和通称为广义货币，相当于M_2。

一次能源生产量 固体能源指硬煤、褐煤、泥炭和油岩；液体能源指原油和液化天然气；气体能源指天然气；电能指水电、核电、地热发电、潮汐发电和太阳能发电。

库存变化、进口和出口 包括所有的一次能源和商业能源。

国际运输燃料 指供给国际运输的飞机或轮船的燃料，空运燃料包括航空汽油和喷气发动机燃料，海运燃料,包括硬煤、柴油等。

能源消费量 固体能源消费量指一次形式的固体燃料消费、二次形式的燃料的净进口和库存变化；液体能源消费量指各种形式的液体能源的消费；气体能源消费量指天然气的消费、煤气的净进口和库存变化。电能消费指一次形式的电能的消费和电能的净进口。

消费量＝产量＋进口－出口－国际运输燃料－库存变化

平衡差额 在“能源平衡表”中的“平衡差额”一项是为了使能源的生产和消费总量平衡，它一般是由于排除非能源用石油和无法取得的库存数据引起的。

货物出口额 是指按美元计价的本国向世界其他国家和地区提供的以离岸价格（F.O.B）计算的货物价值总和。

货物进口额 是指按美元计价的世界其他国家和地区向本国提供的以到岸价格（C.I.F）计算的货物价值总和。

Explanatory Notes on Main Statistical Indicators

Population Density comes from population in mid-year divided by area of country soil is the total area including inland water area and marginal sea area.

Land Area（in Hectares） is a country total area, excluding area under inland water bodies, national claims to continental shelf, and exclusive economic zones. In most cases the definition of inland water bodies includes major rivers and lakes.

Arable Land includes land defined by the FAO as land under temporary crops（double-cropped areas are counted once）, temporary meadows for mowing or for pasture, land under market or kitchen gardens, and land temporarily fallow. Land abandoned as a result of shifting cultivation is excluded.

Permanent Cropland is land cultivated with crops that occupy the land for long periods and need not be replanted after each harvest, such as cocoa, coffee, and rubber. This category includes land under flowering shrubs, fruit trees, nut trees, and vines, but excludes land under trees grown for wood or timber.

Permanent Pastures is land used permanently（five years or more） for herbaceous forage crops, either cultivated or growing wild（wild prairie or grazing land）.

Proved Amount in Place is the tonnage of crude coal, crude petroleum, nature gas that has been both carefully measured and assessed.

Proved Recoverable Reserves are the tonnage of the proved amount in place that can be recovered under present and expected local economic conditions with existing available technology.

Carbon Dioxide Emissions are those stemming from the burning of fossil fuels and the manufacture of cement. They include contributions to the carbon dioxide produced during consumption of solid, liquid, and gas fuels and gas flaring.

Gross Domestic Product An aggregate measure of production equal to the sum of the gross values added of all resident institutional units engaged in production（plus any taxes, and minus any subsidies, on products not included in the value of their outputs）. The sum of the final uses of goods and services（all uses except intermediate consumption）measured in purchasers' prices, less the value of imports of goods and services, or the sum of primary incomes distributed by resident producer units.

Gross National Income is GDP less net taxes on production and imports, less compensation of employees and property income payable to the rest of the world plus the corresponding items receivable from the rest of the world （in other words, GDP less primary incomes payable to non- resident units plus primary incomes receivable from non-resident units）. An alternative approach to measuring GNI at market prices is as the aggregate value of the balances of gross primary incomes for all sectors; （note that gross national income is identical to gross national product （GNP） as previously used in national accounts generally）.

Employment comprise all persons above a specific age who during a specified brief period, either one week or one day, were in the following categories:

（1）paid employment:①at work: persons who during the reference period performed some work for wage or salary, in cash or in kind;②with a job but not at work: persons who, having already worked in their present job, were temporarily not at work during the reference period and had a formal attachment to their job. This formal job attachment should be determined in the light of national circumstance, according to one or more of the following criteria: 1）the continued receipt of wage or salary; 2）an assurance of return to work following the end of the contingency, or an agreement as to the data of return; 3）the elapsed duration of absence from the job which, wherever relevant, may be that duration for which workers can receive compensation benefits without obligations to accept other jobs.

(2) self-employment:①at work: person who during the reference period performed some work for profit or family gain, in cash or in kind;②with an enterprise but not at work: persons with an enterprise, which may be a business enterprise, a farm or a service undertaking ,who were temporarily not at work during the reference period for any specific reason.

Unemployment comprise all persons above a specified age who during the reference period were: (1) Without works were not in paid employment or self-employment; (2) Currently available for work were available for paid employment or self-employment during the reference period; (3) Seeking work had taken specific steps in a specified reference period to seek paid employment or self-employment. The specific steps may include registration at a public or private employment exchange; application to employers; checking at worksites, farms, factory gates, market or other assembly places; placing or answering newspaper advertisement; seeking assistance of friends or relatives; looking for land, building, machinery or equipment to establish own enterprise; arranging for financial resources; applying for permits and licences, etc.

Unemployment Rate illustrate the relative severity of unemployment. These rates are calculated by relating the number of persons in the given group who are unemployed during the reference period (usually a particular day or a given week) to the total of employed and unemployed persons in the group at the same date.

Money Supply equals the sum of currency outside deposit money banks and demand deposits other than those of the central government. Quasi-Money equals the sum of time & foreign currency outside banks and time, savings & foreign currency deposit,comprising time,savings, and foreign currency deposits of resident sectors other than central government. The data of Money is commonly called M_1,while the sum of Money and Quasi-Money gives a broader measure of money which is commonly called M_2.

Primary Energy Production Including in the production of commercial primary energy for solids are hard coal, lignite, peat and oil shale; liquids are comprised of crude petroleum and natural gas liquids; gas comprises natural gas and natural gas liquids; electricity is comprised of primary electricity generation from hydro, nuclear, geothermal, wind, tide wave and solar sources.

Changes in Stocks, Imports and Exports refer to all primary and secondary forms of commercial energy.

Bunkers Airs bunkers refer to bunkers of aviation gasoline and jet fuel. Sea bunkers refer to bunkers of hard coal, gas-diesel oil and residual fuel oil.

Energy Consumption Including in the consumption of commercial energy for solids are consumption of primary forms of solid fuels, net imports and changes in stocks of secondary fuels; liquids are comprised of consumption of energy petroleum products including feed stocks, natural gasolene, condensate, refinery gas and input of crude petroleum to thermal power plants; gases including the consumption of natural gas, net imports and changes in stocks of gasworks and coke-oven gas; and Electricity is comprised of production of primary electricity and net imports of electricity.

Consumption=Production+Imports-Exports-Bunkers-Changes in stocks

Balance An unallocated has been created in order to balance out the difference between the results of the above formula for consumption and the total consumption. This inequality occurs primarily because of the exclusion of non-energy petroleum products as well as inadequate or unavailable stock data.

Merchandize Exports Goods which are generally reported on f.o.b. (free-on-board) basis, represent the value of all goods provided to the rest of the world. Data are usually in US$.

Merchandize Imports Goods which are generally reported on c.i.f. (cost, insurance, freight) basis, represent the value of all goods received from the rest of the world. Data are usually in US$.